IFRS

고급회계

ADVANCED ACCOUNTING

김기동

홍성고등학교 졸업
고려대학교 경영대학 경영학과 졸업
공인회계사, 세무사
삼일회계법인 근무
USCPA Becker 강사
국세청 국세공무원교육원 재무회계 강사

현 삼덕회계법인 이사
나무경영아카데미 강사
LG 인화원 강사
한국금융연수원 강사
CFO Academy 강사
국세청 인트라넷 재무회계 강사

저 서 중급회계 Ⅰ·Ⅱ(2008, 지혜의샘)
객관식 재무회계(2008, 지혜의샘)
재무회계연습(2008, 지혜의샘)
기업회계기준 해설(2013, 세학사)
IFRS 회계원리(2024, 샘앤북스)
IFRS 중급회계 Ⅰ·Ⅱ(2025, 샘앤북스)
IFRS 고급회계(2025, 샘앤북스)
IFRS 세무사 고급회계(2023, 샘앤북스)
IFRS 중급회계연습 Ⅰ·Ⅱ(2025, 샘앤북스)
IFRS 고급회계연습(2025, 샘앤북스)
IFRS 세무사 재무회계연습(2024, 샘앤북스)
IFRS 재무회계 워크북(2025, 샘앤북스)
IFRS 객관식 재무회계(2024, 샘앤북스)

홈페이지 : cafe.daum.net/KDianS

| 7th Edition |

IFRS 고급회계

발 행 일 | 2010. 8. 3. 초판(전정판) 발행
⋮
2020. 5. 28. 5판 발행
2023. 6. 8. 6판 발행
2025. 5. 28. 7판 1쇄 발행
2025. 8. 1. 7판 2쇄 발행

저 자 | 김 기 동
발 행 인 | 이 낙 규
발 행 처 | 주식회사 샘앤북스
등록번호 | 신고 제 2013-000086 호
주 소 | 서울특별시 영등포구 양평로22길 21, 선유도코오롱디지털타워 310호
전 화 | 02-323-6763 **팩 스 |** 02-323-6764
이 메 일 | wisdom6763@hanmail.net

편집 및 디자인 홍수기 · 김용재 · 김은서 | **도서관리** 김보영

정가 32,000원
ISBN 979-11-5626-549-8 93320

샘앤북스

▮ 제작과정에서 잘못 만들어진 도서는 교환하여 드립니다.

머 리 말

정보통신기술의 발달 못지않게 회계환경 역시 빠르게 변화하고 있다. IMF 외환위기 이후 우리의 기업회계기준이 여러 차례 바뀌더니 이제는 전 세계가 국제회계기준이라는 하나의 기준으로 통일되어가고 있으며, 우리나라도 IFRS를 전면 도입하게 되었다. 어찌 보면 각 나라의 경제규모나 환경이 매우 다른데 하나의 기준을 적용한다는 것이 과연 맞는 것일까 하는 의구심도 갖게 하지만, 우리나라의 경우에는 무엇보다도 국제적으로 회계투명성이 낮은 국가라는 인식을 불식시켜야 하는 목표가 있었기에 아시아에서는 중국, 일본, 대만 등의 주변국가보다 먼저 IFRS 도입국가 대열에 합류하게 되었다.

IFRS의 가장 커다란 특징은 원칙중심(principle-based)의 기준이라는 데에 있다. 그런데 우리 모두는 오랫동안 규칙중심(rule-based)에만 익숙해 왔기 때문에 원칙중심이 무척 생소하고 혼란스럽기까지 하다. 과거에는 재무제표 작성자나 회계감사인 모두 규정에 따르기만 하면 되었는데 이제는 원칙에 맞는지 여부를 스스로 판단하여야 하고 논리적인 판단 근거를 제시해야 하기에, 더 많은 자유가 주어진 것 같으면서도 한편으로는 책임이 무거워진 것이다. 마찬가지로 공부하는 학생의 입장에서도 과거에는 회계기준에 따른 회계처리방법을 외우면 되었는데, 이제는 논리적 판단능력을 더욱 키워야 하기에 개념과 이론에 바탕을 둔 논리적 사고능력을 함양하는 데에 더 많은 노력을 기울여야 한다. 우리나라의 회계투명성은 IFRS 채택만으로 저절로 높아지는 것이 아니라 재무제표의 작성자, 이용자, 감사인 모두의 노력이 뒷받침 되어야만 하는 것이다. 본 교재의 특징은 다음과 같다.

1. 국제회계기준의 완벽한 반영

현재까지 공표된 한국채택국제회계기준인 기준서와 해석서, 그리고 실무적용지침을 모두 반영하였다. 또한 수험목적으로 지엽적이라고 부분도 설명을 생략하지 않고, 보론에서 충분히 설명하였다.

2. 다양한 그림을 통한 시각적 효과의 극대화

반복적인 회계처리를 단순 나열한 암기위주의 서술형 교재에서 탈피하여 책을 처음 접하는 수험생들도 한 눈에 보다 많은 원리를 쉽게 이해할 수 있도록 노력하였다. 이는 회계학의 학습원리인 나무가 아닌 숲을 볼 수 있는 자세를 가지게 할 것이며, 그림을 통한 자연스러운 암기효과를 기대할 수 있을 것이다.

3. 재무상태표 계정과목과 포괄손익계산서 계정과목의 구분

재무회계에서 수험생들이 가장 어려워하는 부분은 무엇일까? 그 중의 하나가 수많은 계정과목의 특징을 파악하여 완벽하게 회계처리를 수행해야 하는 것이다. 이를 위하여 본서에서는 재무상태표 계정과목과 포괄손익계산서 계정과목을 구분하여 회계처리를 수행하였다. 재무상태표 계정과목은 '**검은색**'을 사용하였으며, 포괄손익계산서의 계정과목 중 당기손익계정은 '회색'을 사용하였고, 기타포괄손익계정은 '**파란색**'을 사용하였다. 이는 기존의 재무회계 교재 어디에서도 시도하지 않았던 설명방법으로, 독자들이 시각적으로 계정과목의 차이를 구분할 수 있도록 배려한 본서만의 독창적인 특징이다.

4. 회계처리의 순서제시

재무회계를 공부하면서 수험생들이 가장 어려워하는 것 중의 또 하나는 복식부기하의 회계처리이다. 복식부기의 회계처리를 위해서는 회계상의 거래로 인해 변동한 자산과 부채, 그리고 자본의 영향을 파악할 수 있어야 하며, 이를 차변과 대변으로 다시 구분해서 분개할 줄 알아야 하기에 처음 재무회계를 공부하는 학생들에게는 당연히 어려울 수밖에 없다. 회계는 기업의 언어라고 한다. 우리가 처음 외국어로 영어를 배우면서 어순을 몰라 혼란스러워 하는 것처럼, 처음 기업의 언어인 회계를 배울 때도 회계처리 순서를 모르기 때문에 혼란스러울 수밖에 없다. 이를 위하여 본서에서는 회계처리의 순서를 번호로 제시하였다. 독자들이 책을 보면서 회계처리를 수행할 때, 제시된 대로 ① ➡ ② ➡ ③ ➡ ④ 의 순서를 따라서 하다보면 자연스럽게 회계처리의 어려움을 해결할 수 있을 것이라고 본다. 이것 또한 기존의 재무회계 교재 어디에서도 시도하지 않았던 독창적인 설명방법이다.

5. 연습문제의 체계적 구성

1차 시험을 위해서 이론형의 ○×문제와 계산형의 객관식 연습문제를 수록하였으며, 2차시험을 위해 중복 없는 주관식 연습문제를 수록하였다. 또한 국제회계기준 기반으로 처음 출제된 2010년부터 2025년까지 공인회계사와 세무사 1차시험과 2차시험의 기출문제를 연습문제에 수록하였다. 이를 통하여 수험생들이 실전에 대비한 문제감각을 가지도록 하였다.

본 교재가 출간되기까지 많은 분들의 도움을 받았습니다. 보기 좋은 책이 되도록 편집디자인 작업을 비롯하여 물심양면으로 지원을 아끼지 않은 도서출판 샘앤북스 이낙규 사장님과 직원 여러분들께 감사를 드립니다. 무엇보다도 '김기동' 이름 석자를 믿고 계속 저를 따라와 주신 수강생 여러분들과 KDianS 회원여러분들. 여러분들이 없다면 이 책도 그리고 저도 의미가 없음을 잘 알고 있습니다. 고개 숙여 감사드립니다. 이 책을 통하여 우리나라의 회계 분야에 작은 도움이라도 되길 바라며, 더 좋은 책이 될 수 있도록 지속적으로 수정 및 보완하여 나갈 것을 약속드립니다.

2025년 5월 공인회계사 김기동

차 례

제 1 장 환율변동회계

제 2 장 파생상품회계

제 3 장 관계기업과 공동기업투자

제 4 장 사업결합과 합병회계

제 5 장 연결재무제표의 의의와 작성원칙

제 6 장 내부거래와 미실현손익

제 7 장 소유지분의 변동

제 8 장 연결회계의 기타사항

부 록 국제회계기준 재무제표, 현가표

CHAPTER

01

환율변동회계

제 1 절 환율변동회계의 개념

IFRS

세계화(globalization)로 인하여 기업의 경영활동은 기존의 각 국가별 경제체계 범주에서 벗어나 국제간의 거래로 확장되고 있다. 이에 따라 국내기업도 외국기업과의 거래가 빈번하게 발생하고 있으며, 심지어는 해외에 사업장으로 현지지점이나 현지법인을 설립하여 적극적인 경영활동을 하기도 한다.

특정 기업이 외국기업과의 거래를 하게 되면 일반적으로 자국의 화폐단위(local currency)가 아닌 외국의 화폐단위인 외화(foreign currency)로 거래가 이루어지게 된다. 이 경우 재무제표의 작성을 위해서 외화거래를 자국의 화폐단위로 환산해야 할 필요가 있다. 한편 해외사업장이 있는 기업의 경우에는 보고기업의 개별재무제표나 연결재무제표의 작성을 위해서 외화로 작성된 해외사업장의 재무제표를 자국의 화폐단위로 환산해야 할 필요성이 있다.

이렇게 외화로 이루어진 거래를 자국화폐단위로 환산하는 경우에는 환율의 변동에 따라 최초 인식일 이후 환율변동손익이 발생하게 된다. 환율변동회계는 이러한 환율변동손익을 재무제표에 반영하는 일련의 과정을 말한다.

1 환율의 개념

환율은 서로 다른 두 나라 통화를 교환할 때의 교환비율[1]을 말한다. 또한 환율은 두 나라 통화의 교환비율을 나타내는 동시에 한 나라 통화의 대외적인 가치와 위상을 나타내기도 한다. 환율은 기본적으로 국제수지(international balance of payments)의 결과에 따라 변동한다. 외국과의 거래 결과 외화의 공급이 수요보다 많으면 외화의 가치가 하락하고, 원화의 가치는 상승하여 원화 환율이 하락하게 된다. 반대로 외화에 대한 수요가 공급보다 많으면 외화의 가치가 상승하고 원화 가치는 하락하여 원화 환율이 상승하게 된다.

(1) 직접환율과 간접환율

두 나라간의 통화가치비율을 어느 나라의 통화를 기준으로 가치를 표시하느냐에 따라 환율은 직접환율과 간접환율로 표시될 수 있다.

1) Exchange rate is the ratio of exchange for two currencies.

① 직접환율

직접환율은 외국의 통화를 기준으로 하여 자국의 통화를 표시하는 방법으로 자국통화 표시환율이라고도 한다. 예를 들면 '$1 = ₩1,000'로 표시하는 것을 직접환율에 의한 환율표시라 한다. 외화금액에 직접환율을 그대로 적용하면 자국의 화폐금액이 산출되므로 직접환율이라 부르는 것이다. 이 방법에서는 자국화폐 대비 외화가격이 상승하는 것을 환율상승이라 하며, 그 반대를 환율하락이라 한다. 우리나라를 비롯한 대부분의 국가는 직접표시방법을 사용하여 환율을 공시하고 있다.

② 간접환율

간접환율은 자국의 통화를 기준으로 하여 외국의 통화를 표시하는 방법으로 외국통화 표시환율이라고도 한다. 예를 들면 '₩1 = $0.001'로 표시하는 것을 간접환율에 의한 환율표시라 한다. 간접환율은 자국의 화폐금액을 산정하기 위하여 외화금액을 당해 간접환율로 나누어 적용하여야 하므로 불편하다. 이 방법에서는 자국화폐 대비 외화가격이 상승하는 것을 평가절하라 하며, 그 반대를 평가절상이라 한다. 영국, 캐나다, 호주 등은 간접표시방식을 사용하여 환율을 공시하고 있다.

[공시방법에 따른 환율]

구 분	내 용
직접환율	외국의 통화를 기준을 한 자국의 통화비율
간접환율	자국의 통화를 기준을 한 외국의 통화비율

(2) 현물환율과 선도환율

외화가 거래되는 시점에 따라 환율은 현물환율과 선도환율로 구분할 수 있다.

① 현물환율

현물환율은 외환의 매매계약 성립과 동시에 통화의 인도와 대금의 결제가 이루어지는 현물거래(spot transaction)에 적용되는 환율을 말한다. 외환거래가 발생한 당시의 현물환율을 역사적환율이라 하며, 보고기간 말에 재무제표 작성시점의 현물환율을 마감환율[2]이라 한다.

② 선도환율

선도환율은 미래의 특정시점에서 화폐단위를 교환하는 약정인 선물환거래(forward contract)에 적용되는 환율을 말하며, 선물환율이라고도 한다. 선도환율은 외환파생상품거래에서 사용되는 환율로 제2장 '파생상품회계'에서 학습하게 될 것이다.

2) Closing rate is the spot exchange rate at the end of the reporting period.

[시점에 따른 환율]

구 분		내 용
현물환율	역사적환율	거래발생일의 현물환율
	마감환율	보고기간 말의 현물환율
선도환율		미래의 선물환거래에 적용되는 환율

[현물환율 : 2024년 12월 31일 기준]

통화명	현 찰		송 금		매매기준율	달러당 환산율
	대고객매도	대고객매입	대고객매입	대고객매도		
미국 USD	1,502.84	1,451.16	1,491.40	1,462.60	1,477.00	1.0000
일본 JPY 100	955.52	922.66	948.29	929.89	939.09	0.6358
유로 EUR	1,560.24	1,499.36	1,545.09	1,514.51	1,529.80	1.0357
영국 GBP	1,884.80	1,811.98	1,866.87	1,829.91	1,848.39	1.2514
중국 CNY	211.52	191.38	203.46	199.44	201.45	0.1364

[선도환율 : 2024년 12월 31일 기준]

구 분	1주일물	3개월물	6개월물	1년물	2년물	3년물
원화 대비 달러	1,472.20	1,467.32	1,459.90	1,445.65	1,416.92	1,391.16
원화 대비 유로	1,524.76	1,519.70	1,512.02	1,497.26	1,467.50	1,440.82
원화 대비 파운드	1,908.08	1,901.76	1,892.14	1,873.67	1,836.43	1,803.05

2 기능통화와 표시통화

국제회계기준 제1021호 '환율변동효과'의 가장 중요한 특징은 재무제표 작성용 통화인 기능통화와 재무제표 공시용 통화인 표시통화를 각각 구분하여 이를 중심으로 하는 외화환산회계를 다루고 있다는 것이다. 이는 기존의 자국통화기준의 외화환산회계에서 진일보한 방식이다.

(1) 기능통화 : 분개용 통화

기능통화는 기업의 영업활동이 이루어지는 주된 경제 환경의 통화[3])를 말한다. 여기서 영업활동이 이루어지는 주된 경제 환경은 주로 현금을 창출하고 사용하는 환경을 말한다. 즉 기능통화는 기업이 수익을 창출하고, 수익을 창출하기 위하여 원가를 지출하는 주요 영업활동에 사용되는 통화라 할 수 있다. 일반적으로 기업이 주요 영업활동에서 사용하는 통화는 자국통화이다. 따라서 대부분의 기업의 경우 자국통화가 기능통화가 되지만, 기업의 업종이나 영업활동의 특성상 자국통화가 아닌 다른 통화도 기능통화가 될 수 있다. 기업이 기능통화 개념을 사용하여 재무제표를 작성하게 되면 외화는 외국의 통화가 아닌 기능통화 이외의 다른 모든 통화[4])를 지칭하게 된다.

참 고 기능통화 도입의 필요성

우리나라의 해운기업은 국내법인이지만 영업활동의 주요 무대가 국외이며, 영업과 투자 및 재무활동의 주요 거래통화가 미국달러이다. 따라서 해운기업의 재무상태를 올바르게 표시하는 통화는 원화가 아닌 미국달러이다. 기능통화 회계제도를 도입하여 달러를 기능통화로 결정하면 달러표시 채권과 채무는 외화가 아니므로 환율변동손익이 당기손익에 반영되지 않게 된다. 이렇게 기업의 주된 현금흐름을 창출하는 통화를 기능통화로 결정하고 기능통화를 기준으로 재무제표를 작성하면, 외화로 거래되는 항목의 비중이 상대적으로 감소하게 된다. 따라서 환율의 변동으로 인한 환율변동손익이 기업전체의 재무상태와 경영성과를 왜곡시키는 것을 감소시키게 되고, 기업활동의 경제적 실질을 보다 충실하게 표시할 수 있게 된다. 실제로 우리나라의 해운회사인 대한해운, SK해운, 팬오션, 현대상선(HMM), 흥아해운, 창명해운과 유코카캐리어스 등의 7개사는 분개용 통화인 기능통화를 미국달러로 결정하였으며, 현재 미국달러기준의 재무제표를 작성하고 있다.

[대한민국에서 기능통화와 표시통화의 개념]

구 분	개별거래의 통화	분개용 : 기능통화	공시용 : 표시통화	외화의 개념
일반기업	KRW, USD, EUR	KRW	KRW	USD, EUR
해운기업	KRW, USD, EUR	USD	KRW	KRW, EUR

(2) 기능통화의 결정

기능통화의 정의에서 규정한 영업활동이 이루어지는 주된 경제 환경은 주로 현금을 창출하고 사용하는 환경을 말한다. 기업이 재무제표 작성을 위해 기능통화를 결정할 때 고려하여야 할 지표는 다음과 같다.

3) Functional currency is the currency of the primary economic environment in which the entity operates.

4) Foreign currency is a currency other than the functional currency of the entity.

(1) **주요지표**

① 재화와 용역의 공급가격에 주로 영향을 미치는 통화로 공급가격을 표시하고 결제하는 통화

② 재화와 용역의 공급가격을 주로 결정하는 경쟁요인과 법규가 있는 국가의 통화

③ 재화를 공급하거나 용역을 제공하는 데 드는 노무원가, 재료원가와 그 밖의 원가에 주로 영향을 미치는 통화로 이러한 원가를 표시하고 결제하는 통화

(2) **보조지표**

① 영업활동에서 유입되어 통상적으로 보유하는 통화

② 재무활동인 채무상품이나 지분상품의 발행으로 조달되는 통화

위의 지표들이 서로 다른 결과를 제시하여 기능통화가 분명하지 않으면 경영진이 판단하여 실제 거래, 사건과 상황의 경제적 효과를 가장 충실하게 표현하는 기능통화를 결정한다. 이때 위의 주요지표를 우선 고려한 후 추가적으로 보조지표를 고려해야[5] 한다.

(3) 기능통화의 변경

기능통화는 관련된 실제 거래, 사건과 상황을 반영해야 하므로 일단 기능통화를 결정하면 변경하지 않는 것이 원칙이다. 다만 실제 거래, 사건과 상황에 변화가 있다면 예외적으로 기능통화를 변경할 수 있으며, 이 경우에는 새로운 기능통화에 의한 환산절차를 변경한 날부터 전진적용한다. 이에 대하여는 본장의 보론에서 설명하고자 한다.

(4) 표시통화 : 공시용 통화

표시통화는 재무제표를 표시할 때 사용하는 통화[6]를 말한다. 표시통화는 보고통화라고도 하며, 기능통화로 작성된 재무제표를 정보이용자에게 공시하는 경우 사용하여야 하는 통화이다.

---

5) 한편, 해외사업장을 가지고 있는 보고기업의 경우 해외사업장의 기능통화를 결정할 때나 해외사업장의 기능통화가 보고기업의 기능통화와 같은지 판단할 때에는 다음 사항을 추가적으로 고려한다.

(1) 해외사업장의 활동이 보고기업 활동의 일부로서 수행되는지 아니면 상당히 독자적으로 수행되는지

① 해외사업장이 보고기업에서 수입한 재화를 판매하고 그 판매대금을 보고기업으로 송금하는 역할만 한다면 해외사업장이 보고기업의 일부로서 활동하는 예에 해당한다.

② 해외사업장이 대부분 현지통화로 현금 등의 화폐성항목을 축적하고 비용과 수익을 발생시키며 차입을 일으킨다면 해외사업장의 활동이 상당히 독자적으로 수행되는 예에 해당한다.

(2) 보고기업과의 거래가 해외사업장의 활동에서 차지하는 비중이 높은지 낮은지

(3) 해외사업장 활동에서의 현금흐름이 보고기업의 현금흐름에 직접 영향을 주고 보고기업으로 쉽게 송금될 수 있는지

(4) 보고기업의 자금 지원 없이 해외사업장 활동에서의 현금흐름만으로 현재의 채무나 통상적으로 예상되는 채무를 감당하기에 충분한지

6) Presentation currency is the currency in which the financial statements are presented.

예제 1 기능통화의 결정 사례[7)]

다음에 제시하는 각 사례의 상황별로 보고기업인 A회사와 A회사의 해외사업장인 B회사의 기능통화를 결정하시오.

(1) 해운업을 영위하고 있는 A회사의 매출은 주로 해운 영업으로부터 창출되는데, 매출가격은 국제해운시장에서 결정되고 미국달러화로 회수된다. 선박도입을 위한 주요자금은 미국달러화로 차입하며, 원가의 중요한 부분을 차지하는 용선료, 연료 및 기타 운항비도 미국달러화로 표시되어 지급된다. 매출액과 총원가 중 미국달러화로 표시되는 부분은 각각 94%와 88%에 달하며, 기타비용은 원화로 지급된다.

(2) 지배기업인 A회사는 한국회사이고 A회사의 종속기업인 B회사는 미국에서 의류를 생산하고 판매하는 미국회사이다. B회사가 판매하는 의류의 판매가격은 미국시장에서 결정되며 의류의 판매가격 및 원가는 미국달러화로 표시되고 결제된다.

(3) 위의 사례(2)에서 B회사는 지배기업인 A회사로부터 원화로 차입해오고 있으며 B회사가 창출한 현금이 정기적으로 A회사에게 이전된다.

(4) 지배기업인 A회사는 한국회사이고, A회사의 종속기업인 B회사는 미국에서 의류를 생산하고 판매하는 미국회사이다. B회사는 미국에서 의류를 생산하지 않고 한국에서 만들어진 의류를 구입하여 미국에 판매하고 있다. 의류의 판매가는 미국시장에서 결정되지만, 매출원가는 원화로 결제된다.

물음 Question

각 사례별로 보고기업인 A회사와 해외사업장인 B회사의 기능통화를 결정하시오.

해답 answer

(1) A회사의 기능통화는 미국달러화로 결정된다.

(2) B회사의 기능통화는 미국달러화로 결정된다.

(3) B회사의 기능통화는 미국달러화로 결정된다. 재무활동은 원화로 이루어지고 있지만, 주된 영업활동이 미국달러화로 이루어지고 있기 때문이다.

(4) B회사의 영업활동 중 매출통화가 미국달러화이지만, 매입통화는 원화이므로 B회사의 기능통화를 미국달러화로 확정시키는 것은 어려울수 있다. 기능통화가 분명하지 않은 경우에는 경영진이 판단하여 실제 거래, 사건과 상황의 경제적 효과를 가장 충실하게 표현하는 통화를 기능통화를 결정하면 된다.

---

7) 박경호외 3인 '국제회계기준에 근거한 기능통화 회계제도의 도입' 논문에서 인용

3 국제회계기준에 의한 외화환산

기능통화와 표시통화 회계제도를 도입하게 되면 경영자는 국제회계기준의 규정에 의하여 다음과 같은 방식으로 재무제표를 작성하고 공시하게 된다.

1단계 : 기능통화재무제표의 작성

경영진은 우선 해당 기업의 기능통화를 결정한다. 이후 기능통화거래는 그대로 분개를 수행하여 재무제표를 작성하고, 기능통화가 아닌 외화거래는 당해 기능통화로 환산하여 재무제표를 작성한다.

2단계 : 표시통화재무제표의 작성

정보이용자의 요구에 따라 기능통화로 작성된 재무제표는 어떤 통화로도 표시될 수 있다. 기능통화와 표시통화가 동일한 경우에는 기능통화로 작성된 재무제표를 그대로 정보이용자에게 공시한다. 하지만 기능통화와 표시통화가 다른 경우에는 기능통화로 작성된 재무제표를 표시통화로 환산하여 회계정보를 정보이용자에게 공시한다.

[기능통화와 표시통화를 이용한 외화환산]

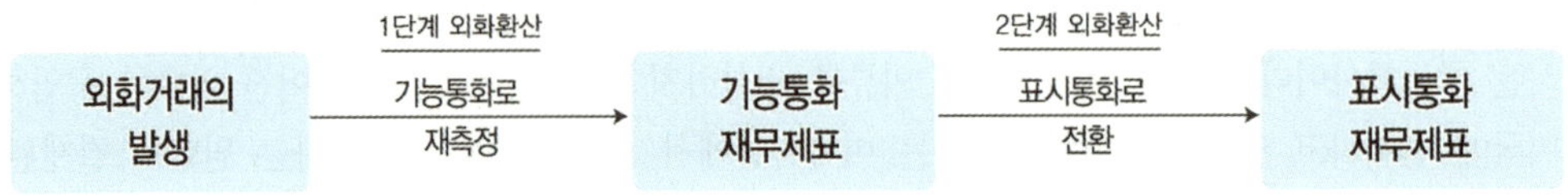

4 이론적인 외화환산의 방법론

국제회계기준에 의한 외화거래의 환산방법을 학습하기 전에 이론적인 외화환산의 방법론을 알아볼 필요가 있다. 결론부터 말하면, 아래의 네 가지의 외화환산방법 중 국제회계기준은 화폐성·비화폐성법과 시제법, 그리고 현행환율법의 세 가지 방법론을 이용하여 외화환산을 수행하도록 규정하고 있다.

(1) 유동성·비유동성법

유동성·비유동성법은 외화환산방법 중에서 가장 고전적인 방법으로 미국에서 1931년에 채택된 방법이다. 재무제표의 과목을 유동항목과 비유동항목으로 구분하여 유동항목에는 보고기간 말의 현행환율을 적용하고, 비유동성 항목은 역사적 환율로 적용하여 외화거래를 환산하는 방법이다. 유동성·비유동성법은 재무제표의 계정분류방법을 그대로 이용할 수 있어 간편하다는 장점이 있으나, 환산대상 항목의 속성을 무시하고 환산하므로 기간 손익이 잘못될 수도 있다는 단점을 가지고 있다.

(2) 화폐성·비화폐성법

화폐성·비화폐성법은 1956년에 개발된 외화환산방법이다. 이 방법은 재무제표의 과목을 화폐성 항목과 비화폐성 항목으로 분류하고 화폐성 항목은 보고기간 말의 현행환율을 적용하여 환산하고, 비화폐성 항목은 거래발생일의 역사적 환율을 적용하여 환산하며 이에 따른 환율변동손익을 전액 당기손익으로 인식하는 방법이다. 화폐성·비화폐성법은 각 항목의 화폐적 성격에 따라 환율을 적용한다는 장점이 있으므로 위의 유동성·비유동성법 보다는 진일보한 방법이다. 그러나 화폐성 항목과 비화폐성 항목의 분류가 모호한 경우가 있으며, 환율변동손익이 당기순이익에 직접적으로 영향을 미치게 되어 당기순이익의 변동이 심하며, 해외지점이나 해외법인의 재무제표를 환산하는 경우에는 당해 해외지점과 해외법인의 경영성과가 환산으로 인하여 왜곡표시 될 수 있는 단점이 있다.

(3) 시제법

시제법은 1975년 미국에서 처음으로 채택된 외화환산방법이다. 이 방법은 재무제표에 공정가치로 측정되어 있는 항목은 당해 공정가치 측정일의 현행환율을 적용하여 환산하며, 역사적원가로 측정되어 있는 항목은 당해 거래 발생일의 환율을 적용하여 환산하고, 이에 따른 환율변동손익은 공정가치변동손익을 인식하는 방법에 따라 당기손익이나 기타포괄손익으로 인식하는 방법이다. 시제법은 재무제표 개별항목의 측정기준에 맞추어 환율을 적용한다는 장점이 있으나, 개별항목의 측정기준을 파악하기 모호한 경우가 있으며, 해외지점이나 해외법인의 재무제표를 환산하는 경우에는 당해 해외지점과 해외법인의 경영성과가 환산으로 인하여 왜곡표시 될 수 있다는 단점이 있다.

(4) 현행환율법

현행환율법은 1968년에 영국에서 처음으로 채택된 외화환산방법이다. 이 방법은 재무제표의 모든 자산과 부채항목은 보고기간 말의 현행환율을 적용하여 환산하고, 자본과 손익항목은 당해 거래발생일의 환율을 적용하여 환산하며, 이에 따른 환율변동손익을 당기손익으로 인식하지 않고 기타포괄손익으로 이연시키는 방법이다. 현행환율법은 주로 해외지점이나 종속회사의 외화표시 재무제표를 환산할 때 사용하는 방법으로 해외실체를 독립된 개별기업의 영역으로 보아 무리한 측정기준의 적용을 피할 수 있고, 화폐성·비화폐성의 구분이 필요 없기 때문에 환율 적용시의 임의성을 배제할 수 있다는 장점이 있지만, 재무제표 구성항목의 속성을 전혀 고려하지 않는다는 단점을 가지고 있다.

[이론적인 외화환산방법]

구 분	내 용
유동성·비유동성법	유동항목×보고기간 말의 현행환율, 비유동항목×거래발생일의 현행환율
화폐성·비화폐성법	화폐성항목×보고기간 말의 현행환율, 비화폐성항목×거래발생일의 현행환율
현행환율법	자산과 부채항목×보고기간 말의 현행환율, 자본과 손익항목×거래발생일의 현행환율
시제법	공정가치항목×공정가치측정일의 현행환율, 역사적원가항목×거래발생일의 현행환율

(5) 국제회계기준

국제회계기준에서는 기능통화재무제표를 작성하는 과정에서는 화폐성·비화폐성법과 시제법을 함께 사용하여 외화거래를 환산하도록 규정하고 있으며, 기능통화 재무제표를 표시통화 재무제표로 환산하는 과정에서는 현행환율법을 적용하여 환산하도록 규정하고 있다.

[국제회계기준에 의한 외화환산]

구 분	내 용
기능통화재무제표의 작성	화폐성·비화폐성법+시제법
표시통화재무제표로 환산	현행환율법

① 화폐성항목

화폐성항목의 본질적 특징은 확정되었거나 결정가능할 수 있는 화폐단위의 수량으로 받을 권리인 채권과 지급할 의무인 채무라는 것이다. 예를 들어, 현금으로 지급하는 연금과 그 밖의 종업원급여, 현금으로 상환하는 충당부채, 부채로 인식하는 현금배당 등이 화폐성항목에 속한다. 또 수량이 확정되지 않은 기업 자신의 지분상품이나 금액이 확정되지 않은 자산을 받거나 주기로 한 계약의 공정가치가 화폐단위로 확정되었거나 결정가능할 수 있다면 이러한 계약도 화폐성항목에 속한다.

② 비화폐성항목

비화폐성항목의 본질적 특징은 확정되었거나 결정가능할 수 있는 화폐단위의 수량으로 받을 권리나 지급할 의무가 없다는 것이다. 예를 들어, 재화와 용역에 대한 선급금과 선급비용(예 선급임차료), 영업권, 무형자산, 재고자산, 유형자산과 비화폐성 자산의 인도로 상환되는 충당부채 등이 비화폐성항목에 속한다.

[화폐성항목과 비화폐성항목의 계정과목]

구 분		계 정 과 목
자 산	화폐성 항목	매출채권, 미수금, 대여금, 미수수익, 투자사채 등
	비화폐성 항목	재고자산, 유형자산, 무형자산, 선급금, 선급비용, 투자주식 등
부 채	화폐성 항목	매입채무, 미지급금, 차입금, 미지급비용, 사채 등
	비화폐성 항목	선수금, 선수수익 등

이 해 **미수금과 선수금 vs 투자사채와 투자주식**

(1) 미수금과 미지급금은 미래에 확정된 현금으로 결제되는 권리와 의무이므로 화폐성항목이다. 하지만, 선급금과 선수금은 미래에 현금이 아닌 재화나 용역으로 결제되는 권리와 의무이므로 화폐성항목이 아니다. 이와 유사하게 미수수익과 미지급비용은 화폐성항목이며, 선급비용과 선수수익은 화폐성항목이 아니다.

(2) 기업이 보유한 투자사채는 미래에 확정된 현금으로 결제되는 권리이므로 화폐성항목이다. 하지만 기업이 보유한 투자주식은 미래에 확정된 현금으로 결제되는 권리가 아니기에 화폐성항목이 아니다.

제 2 절 기능통화 재무제표의 작성

IFRS

보고기업의 기능통화가 아닌 통화로 거래(이하, 외화거래)가 발생하면 이를 기능통화로 환산하여 재무제표를 작성해야 한다. 외화거래는 외화로 표시되어 있거나 외화로 결제되어야 하는 거래를 말한다. 예를 들면 외화로 가격이 표시된 재화나 용역의 매매거래, 또는 지급하거나 수취할 금액이 외화로 표시된 자금의 차입이나 대여거래와 외화로 표시된 자산의 취득이나 처분, 외화로 표시된 부채의 발생이나 상환거래 등이 외화거래이다.

1 외화거래의 최초인식

기능통화로 외화거래를 최초로 인식하는 경우에 거래일의 외화와 기능통화 사이의 현물환율을 외화금액에 적용하여 인식[8]한다. 거래일은 국제회계기준에 따라 거래의 인식요건을 최초로 충족하는 날이다. 실무적으로는 거래일의 실제 환율에 근접한 환율을 자주 사용한다. 예를 들어, 일주일이나 한 달 동안 발생하는 모든 외화거래에 대하여 해당 기간의 평균환율을 사용할 수 있다. 그러나 환율이 유의적으로 변동된 경우에 해당기간의 평균환율을 사용하는 것은 부적절하다.

이 해 **이자비용과 이자수익에 적용할 환율**

외화채무에 대한 이자비용은 차입개시일부터 상환일까지의 기간에 걸쳐 매일 발생한다. 따라서 원칙적으로는 이자비용에 해당일자별 환율을 적용하여 환산하여야 한다. 하지만 실무적으로 해당기간 중에 환율이 유의적으로 변동하지 않았다면 이자비용이 발생한 기간동안의 평균환율을 적용하여 환산하는 것이 적절할 수 있다. 다만, 이자비용이 발생한 기간 중 환율이 유의적으로 변동하였다면, 평균환율의 계산기간을 좀 더 세분화하여 평균환율과 일자별 환율에 유의적인 차이가 나지 않도록 하여야 한다. 이러한 논리는 외화채권에 대한 이자수익의 경우에도 동일하게 적용된다.

---

8) A foreign currency transaction shall be recorded, on initial recognition in the functional currency, by applying to the foreign currency amount the spot exchange rate between the functional currency and the foreign currency at the date of the transaction.

2 화폐성 외화항목의 후속측정

화폐성항목은 확정되었거나 결정가능할 수 있는 화폐단위의 수량으로 결제될 수 있는 자산과 부채를 말한다. 화폐성 외화항목은 시점에 따라 다음과 같이 환산하여 후속측정한다.

(1) 보고기간 말의 측정

보고기간 말에 존재하는 화폐성 외화자산과 부채는 보고기간 말의 마감환율을 적용하여 환산한다[9]. 이 경우 최초인식일에 적용한 환율(또는 전기의 보고기간 말에 적용한 환율)과 당기의 보고기간 말의 마감환율이 다른 경우 외환차이가 발생하게 된다. 외환차이는 특정 통화로 표시된 금액을 변동된 환율을 사용하여 다른 통화로 환산할 때 생기는 차이를 말한다.

화폐성항목의 환산에 발생하는 외환차이는 그 외환차이가 발생하는 회계기간의 당기손익으로 인식한다[10]. 한편, 국제회계기준에서는 보고기간 말의 환율변동으로 발생하는 외환차이에 대한 계정과목(예 외화환산이익과 외화환산손실)을 예시하지 않고 있다. 본서에서는 이를 외환손익의 계정과목으로 하여 인식하고자 한다.

(2) 결제일의 측정

화폐성 외화자산과 부채가 보고기간 중에 결제되는 경우에는 당해 결제금액에는 결제일의 현물환율을 적용하여 측정한다. 이 경우 최초인식일에 적용한 환율(또는 전기의 보고기간 말에 적용한 환율)과 결제시점의 현물환율이 다른 경우 외환차이가 발생하게 된다.

화폐성항목의 결제시점에서 발생하는 외환차이는 그 외환차이가 발생하는 회계기간의 당기손익으로 인식한다. 한편, 국제회계기준에서는 결제일의 환율변동으로 발생하는 외환차이(예 외환차익과 외환차손)에 대한 계정과목을 예시하지 않고 있다. 본서에서는 이를 외환손익의 계정과목으로 하여 인식하고자 한다.

[화폐성 외화항목의 환율변동손익]

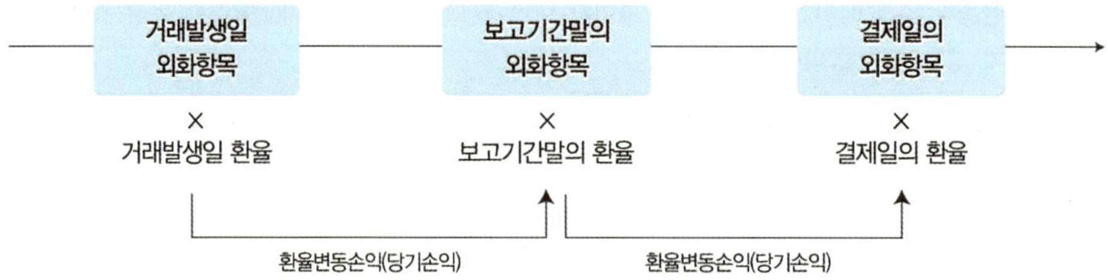

---

9) Foreign currency monetary items shall be translated using the closing rate.

10) 화폐성 외화항목에 대하여 위험회피회계를 적용하는 경우 외환차이는 기준서 제1109호 '금융상품'에 따라 회계처리한다. 예를 들어, 현금흐름위험회피수단의 요건을 갖춘 화폐성항목에 대한 외환차이 중 위험회피에 효과적인 부분은 당기손익이 아닌 기타포괄손익으로 보고한다. 이에 대하여는 제2장 '파생상품회계'에서 설명하고자 한다.

예제 2 화폐성 외화항목의 최초인식과 후속측정 (1)

다음의 상황별로 외화거래를 환산하시오. A회사의 기능통화는 원화이다.

(1) A회사는 20×1년 11월 1일에 $2,000의 가격으로 상품을 미국으로 수출하였다. 대금회수는 20×2년 2월 28일에 이루어진다.

(2) B회사는 20×1년 11월 1일에 $2,000의 가격으로 상품을 미국에서 수입하였다. 대금지급은 20×2년 2월 28일에 이루어진다.

(3) 일자별 환율은 다음과 같다.

20×1년 11월 1일	20×1년 12월 1일	20×1년 12월 31일	20×2년 2월 28일
₩1,000/$	₩1,100/$	₩1,060/$	₩1,150/$

물음 Question

1. 상기의 거래(1)과 관련하여 기능통화 재무제표 작성을 위하여 A회사가 수행하여야 할 회계처리를 일자별로 제시하시오.
2. 상기의 거래(2)와 관련하여 기능통화 재무제표 작성을 위하여 B회사가 수행하여야 할 회계처리를 일자별로 제시하시오.
3. 상기의 거래(1)과 관련하여 A회사가 주된 영업활동을 미국달러화로 수행하는 경우 기능통화 재무제표 작성을 위하여 A회사가 수행하여야 할 회계처리를 일자별로 제시하시오.

해답 answer

1. 재고자산 매출거래

일자	차변	금액	대변	금액
20×1.11. 1	(차) 매출채권	2,000,000 ①	(대) 매　　출	2,000,000 ②
	① $2,000×₩1,000=2,000,000			
20×1.12.31	(차) 매출채권	120,000 ①	(대) 외환이익	120,000 ②
	① $2,000×(₩1,060−₩1,000)=120,000			
20×2. 2.28 (이론적분개)	(차) 매출채권	180,000 ①	(대) 외환이익	180,000 ②
	(차) 현　　금	2,300,000 ④	(대) 매출채권	2,300,000 ③
	① $2,000×(₩1,150−₩1,060)=180,000			
20×2. 2.28 (관행상분개)	(차) 현　　금	2,300,000 ②	(대) 매출채권	2,120,000 ①
			외환이익	180,000 ③

2. 재고자산 매입거래

20×1.11. 1	(차) 재고자산	2,000,000 ②	(대) 매입채무	2,000,000 ①
	① $2,000×₩1,000 = 2,000,000			
20×1.12.31	(차) 외환손실	120,000 ②	(대) 매입채무	120,000 ①
	① $2,000×(₩1,060 − ₩1,000) = 120,000			
20×2. 2.28	(차) 외환손실	180,000 ②	(대) 매입채무	180,000 ①
(이론적분개)	(차) 매입채무	2,300,000 ③	(대) 현　　금	2,300,000 ④
	③ $2,000×(₩1,150 − ₩1,060) = 180,000			
20×2. 2.28	(차) 매입채무	2,120,000 ①	(대) 현　　금	2,300,000 ②
(관행상분개)	외환손실	180,000 ③		

3. 기능통화가 미국달러화인 경우

20×1.11. 1	(차) 매출채권	$2,000 ①	(대) 매　　출	$2,000 ②
20×1.12.31		회계처리 없음		
20×2. 2.28	(차) 현　　금	$2,000 ②	(대) 매출채권	$2,000 ①

예제 3 화폐성 외화항목의 최초인식과 후속측정 (2)

다음의 상황별로 외화거래를 환산하시오. A회사의 기능통화는 원화이다.

(1) A회사는 20×1년 1월 1일에 은행으로부터 연 이자율 10%로 $10,000를 차입하였다. 차입금의 상환기일은 20×2년 12월 31일이며, 이자는 후급조건으로 매년 12월 31일에 지급한다.

(2) 원금은 20×2년 12월 31일 상환기일에 정상적으로 상환되었으며, 일자별 환율은 다음과 같다.

20×1년 1월 1일	20×1년 평균	20×1년 12월 31일	20×2년 평균	20×2년 12월 31일
₩1,000/$	₩1,060/$	₩1,100/$	₩1,130/$	₩1,200/$

물음
Question

1. 기능통화 재무제표 작성을 위하여 A회사가 수행하여야 할 회계처리를 일자별로 제시하시오. 이자가 발생한 기간동안 환율의 유의적인 변동은 없다고 가정한다.

2. 위의 외화차입금을 외화대여금으로 간주하는 경우 A회사가 수행하여야 할 회계처리를 일자별로 제시하시오. 이자가 발생한 기간동안 환율의 유의적인 변동은 없다고 가정한다.

3. A회사의 주된 영업활동이 미국달러화로 수행되는 경우 기능통화 재무제표 작성을 위하여 A회사가 수행하여야 할 회계처리를 일자별로 제시하시오.

해 답

1. 기능통화가 원화인 경우

(1) 거래가 외화금액인 미국달러화로 체결되었으므로 A회사는 이를 기능통화인 원화로 환산하여야 하며, 이에 따른 외환차이는 당기손익에 반영하여야 한다. 원화로 환산된 차입금관련 장부금액의 변동을 그림으로 표시하면 다음과 같다.

20×1. 1. 1	이자비용	20×1.12.31	이자비용	20×2.12.31
$10,000	$1,000	$10,000	$1,000	$10,000
×₩1,000	×₩1,060	×₩1,100	×₩1,130	×₩1,200
	1,060,000		1,130,000	
10,000,000	→ 1,000,000	11,000,000	→ 1,000,000	12,000,000

(2) 관련된 회계처리

일자	차변	금액	대변	금액
20×1. 1. 1	(차) 현 금	10,000,000 ①	(대) 차 입 금	10,000,000 ②
	① $10,000×₩1,000=1,000,000			
20×1.12.31	(차) 이자비용	1,060,000 ①	(대) 현 금	1,100,000 ②
	외환손실	40,000 ③		
	(차) 외환손실	1,000,000 ⑤	(대) 차 입 금	1,000,000 ④
	① $10,000×10%×₩1,060=1,060,000		② $10,000×10%×₩1,100=1,100,000	
	⑤ $10,000×(₩1,000－₩1,100)=(-)1,000,000			
20×2.12.31	(차) 이자비용	1,130,000 ①	(대) 현 금	1,200,000 ②
	외환손실	70,000 ③		
	(차) 차 입 금	11,000,000 ④	(대) 현 금	12,000,000 ⑤
	외환손실	1,000,000 ⑥		
	① $10,000×10%×₩1,130=1,130,000		② $10,000×10%×₩1,200=1,200,000	
	⑥ $10,000×(₩1,100－₩1,200)=(-)1,000,000			

(3) 이자비용에 평균환율을 적용하는 이유

일자	차변	금액	대변	금액
20×1.12.31	(차) 이자비용	1,060,000 ②	(대) 미지급이자	1,060,000 ①
	(차) 미지급이자	1,060,000 ③	(대) 현 금	1,100,000 ④
	외환손실	40,000 ⑤		
	① $10,000×10%×₩1,060=1,060,000		④ $10,000×10%×₩1,100=1,100,000	

2. 외화대여금인 경우의 회계처리

(1) 관련된 회계처리

20×1. 1. 1	(차) 대 여 금	10,000,000 ②	(대) 현 금	10,000,000 ①
20×1.12.31	(차) 현 금	1,100,000 ②	(대) 이자수익	1,060,000 ①
			외환이익	40,000 ③
	(차) 대 여 금	1,000,000 ④	(대) 외환이익	1,000,000 ⑤
20×2.12.31	(차) 현 금	1,200,000 ②	(대) 이자수익	1,130,000 ①
			외환이익	70,000 ③
	(차) 현 금	12,000,000 ⑤	(대) 대 여 금	11,000,000 ④
			외환이익	1,000,000 ⑥

(2) 이자수익에 평균환율을 적용하는 이유

20×1.12.31	(차) 미수이자	1,060,000 ①	(대) 이자수익	1,060,000 ②
	(차) 현 금	1,100,000 ④	(대) 미수이자	1,060,000 ③
			외환이익	40,000 ⑤
	① $10,000×10%×₩1,060 = 1,060,000		④ $10,000×10%×₩1,100 = 1,100,000	

3. 기능통화가 미국달러화인 경우

20×1. 1. 1	(차) 현 금	$10,000 ①	(대) 차 입 금	$10,000 ②
20×1.12.31	(차) 이자비용	$1,000 ①	(대) 현 금	$1,000 ②
20×2.12.31	(차) 이자비용	$1,000 ①	(대) 현 금	$1,000 ②
	(차) 차 입 금	$10,000 ③	(대) 현 금	$10,000 ④

3 비화폐성 외화항목의 후속측정

비화폐성항목은 확정되었거나 결정가능할 수 있는 화폐단위의 수량으로 결제될 수 없는 자산과 부채를 말한다. 비화폐성 외화항목은 당해 항목이 역사적원가 측정대상항목인지 아니면 공정가치 측정대상항목인지의 여부에 따라 후속측정시 적용할 환율이 달라진다.

(1) 역사적원가 측정대상 비화폐성 외화항목의 후속측정

역사적원가로 측정하는 비화폐성 외화항목은 거래일의 현물환율로 환산하여 후속측정 한다[11]. 비화폐성 외화항목이 역사적원가로 측정되고 있다면 장부금액을 취득원가로 측정하고자 하는 것이므로, 환율도 최초거래발생일의 환율을 적용하여 후속측정하는 것이 취득원가주의에 부합한다.

역사적원가 측정대상 비화폐성 외화항목의 경우 최초인식시에 거래발생일의 현물환율을 적용하여 측정하고, 후속측정시에도 해당 거래발생일의 환율을 적용하여 측정하므로 외환차이가 발생하지 않는다.

예제 4 원가측정대상 비화폐성 외화항목의 후속측정

다음의 상황별로 외화거래를 환산하시오. A회사의 기능통화는 원화이다.

(1) A회사는 20×1년 12월 1일에 재고자산 $5,000의 구매계약을 체결하였으며, 계약체결과 동시에 $1,000을 송금하였다. 잔금은 재고자산 인도시점인 20×2년 2월 28일에 지급하기로 약정하였으며, 실제 지급하였다.

(2) A회사는 20×1년 12월 1일에 재고자산 $5,000의 판매계약을 체결하였으며, 계약체결과 동시에 $1,000을 송금받았다. 잔금은 재고자산 인도시점인 20×2년 2월 28일에 수령하기로 약정하였으며, 실제로 수령하였다.

(3) 일자별 환율은 다음과 같다.

20×1년 11월 1일	20×1년 12월 1일	20×1년 12월 31일	20×2년 2월 28일
₩1,000/$	₩1,100/$	₩1,060/$	₩1,150/$

물음 Question

1. 상기의 거래(1)과 관련하여 기능통화 재무제표 작성을 위하여 A회사가 수행하여야 할 회계처리를 일자별로 제시하시오.

2. 상기의 거래(2)와 관련하여 기능통화 재무제표 작성을 위하여 A회사가 수행하여야 할 회계처리를 일자별로 제시하시오.

11) Non-monetary items that are measured in terms of historical cost in a foreign currency shall be translated using the exchange rate at the date of the transaction

해답
answer

1. 재고자산의 구매거래

(1) 선급금은 비화폐성이면서, 원가로 측정하는 자산이므로 외화환산의 대상이 아니다. 따라서 환율변동손익을 인식하지 않는다.

(2) 관련된 회계처리

20×1.12. 1	(차) 선 급 금	1,100,000 ②	(대) 현 금	1,100,000 ①
	① $1,000×₩1,100 = 1,100,000			
20×1.12.31	회계처리 없음			
20×2. 2.28	(차) 재고자산	5,700,000 ③	(대) 선 급 금	1,100,000 ①
			현 금	4,600,000 ②
	② $4,000×₩1,150 = 4,600,000			

2. 재고자산의 판매거래

(1) 선수금은 비화폐성이면서, 원가로 측정하는 부채이므로 외화환산의 대상이 아니다. 따라서 환율변동손익을 인식하지 않는다.

(2) 관련된 회계처리

20×1.12. 1	(차) 현 금	1,100,000 ①	(대) 선 수 금	1,100,000 ②
20×1.12.31	회계처리 없음			
20×2. 2.28	(차) 선 수 금	1,100,000 ①	(대) 매 출	5,700,000 ③
	현 금	4,600,000 ②		

(2) 공정가치 측정대상 비화폐성 외화항목의 후속측정

공정가치로 측정하는 비화폐성 외화항목은 공정가치가 측정된 날의 현물환율로 환산하여 후속측정 한다[12]. 비화폐성 외화항목이 공정가치로 측정되고 있다면 장부금액을 공정가치로 측정하고자 하는 것이므로, 환율도 공정가치측정일의 환율을 적용하여 후속측정하는 것이 공정가치주의에 부합한다.

공정가치 측정대상 비화폐성 외화항목의 경우 최초인식시에 거래발생일의 환율을 적용하여 측정하고, 후속측정시에도 공정가치측정일의 환율을 적용하여 측정하므로 외환차이가 발생한다. 해당 비화폐성항목에서 생긴 공정가치변동손익을 당기손익으로 인식하는 경우에는 그 손익에 포함된 환율변동효과도 당기손익으로 인식한다. 반면에, 해당 비화폐성항목에서 생긴 공정가치변동손익을 기타포괄손익으로 인식하는 경우에 그 손익에 포함된 환율변동효과도 기타포괄손익으로 인식한다. 여기서 주의할 점은 이

12) Non-monetary items that are measured at fair value in a foreign currency shall be translated using the exchange rates at the date when the fair value was determined.

경우에 환율변동손익을 분리하여 인식하지 않는다는 것이다. 비록 해당 비화폐성 외화항목의 가치변동에는 순수한 자산가치의 변동뿐만이 아니라 환율변동에 따른 효과가 포함되어 있지만, 이를 분리하여 인식하지 않고 자산가치의 변동손익에 포함하여 환율변동손익을 인식한다.

참 고 원가모형과 공정가치모형을 선택하여 회계처리를 할 수 있는 경우

유형자산의 경우 원가모형과 재평가모형 중 하나를 선택하여 회계처리를 할 수 있다. 이 경우 외화로 표시된 유형자산에 원가모형을 적용하여 측정하는 경우에는 당해 외화표시금액에 거래발생일의 환율을 적용하여 후속측정하므로 외환차이는 발생하지 않는다. 하지만 재평가모형을 적용하여 측정하는 경우에는 당해 재평가금액에 재평가일의 환율을 적용하여 후속측정하므로 외환차이가 발생하게 된다. 이 외환차이는 재평가손익에 포함하여 기타포괄이익(재평가잉여금)이나 당기손실(재평가손실)로 인식한다.

한편, 저가법을 적용하는 상황에서는 둘 이상의 금액을 비교하여 장부금액을 결정해야 하는 경우가 있다. 예를 들어, 재고자산의 장부금액은 취득원가와 순실현가능가치 중에서 적은 금액으로 한다. 또한 손상을 시사하는 징후가 있는 자산인 유형자산과 무형자산의 장부금액은 잠재적 손상차손을 고려하기 전 장부금액과 회수가능액 중 적은 금액으로 한다. 이러한 자산이 비화폐성항목이고 외화로 측정되는 경우에는 다음의 두 가지를 비교하여 적은 금액을 장부금액을 결정한다.

(1) 그 금액이 결정된 날인 거래발생일의 환율로 적절하게 환산한 취득원가나 장부금액
(2) 그 가치가 결정된 날인 보고기간 말의 환율로 적절하게 환산한 순실현가능가치나 회수가능액

위 (1)과 (2)를 비교하는 경우 외화 기준으로는 평가손실이나 손상차손을 인식할 필요가 없는 상황이지만, 기능통화를 기준으로는 평가손실이나 손상차손을 인식해야 하는 경우가 있다. 반대로, 외화 기준으로는 평가손실이나 손상차손을 인식해야 하는 상황이지만, 기능통화를 기준으로는 평가손실이나 손상차손을 인식하지 않을 수도 있다.

[공정가치 측정대상 비화폐성 지분상품의 환율변동손익]

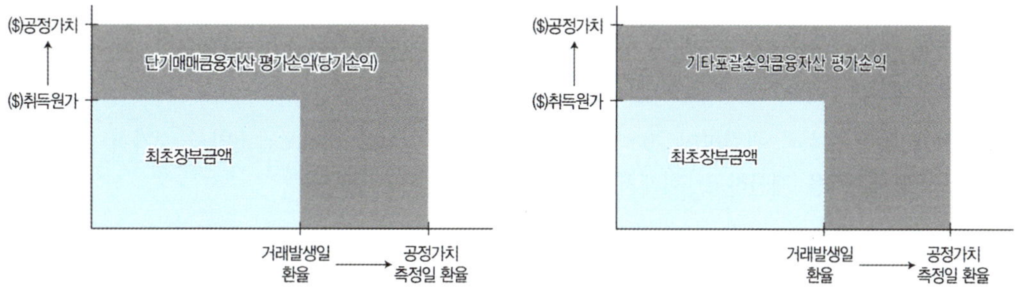

[외화거래의 기능통화로의 환산]

구 분		최초인식	후속측정	환율변동손익의 인식
화폐성 외화항목		거래발생일 환율	보고기간 말 환율	당기손익
비화폐성 외화항목	공정가치측정대상	거래발생일 환율	공정가치일 환율	당기손익 or 기타포괄손익
	원가측정대상	거래발생일 환율	거래발생일 환율	해당사항 없음

예제 5 공정가치 측정대상 비화폐성 외화항목의 후속측정

A회사의 기능통화는 원화이며, 다음과 같은 외화자산을 보유하고 있다. 제시되는 상황별로 물음에 답하시오.

(1) 20×1년 9월 1일 미국에 상장되어있는 B회사의 주식을 $5,000에 취득하였으며, 이를 당기손익-공정가치 측정 금융자산으로 분류하였다. 보고기간 말 B회사의 주가는 $5,100이다.

(2) 20×1년 10월 1일 미국에 상장되어있는 C회사의 주식을 $3,000에 취득하였으며, 이를 기타포괄손익-공정가치 측정 금융자산으로 분류하기로 선택하였다. 보고기간 말 주가는 $2,700이다.

(3) 20×1년 11월 1일에 미국으로부터 상품 $1,000을 매입하여 보유하고 있다. 보고기간 말 현재 상품의 순실현가능가치는 $900이다.

(4) 20×1년 12월 1일에 미국에 소재하고 있는 토지를 $80,000에 구입하여 보유중이다. A회사는 토지에 대하여 재평가모형을 적용하여 평가하고 있으며, 보고기간 말 토지의 공정가치는 $100,000이다. 일자별 환율은 다음과 같다.

20×1년 9월 1일	20×1년 10월 1일	20×1년 11월 1일	20×1년 12월 1일	20×1년 12월 31일
₩1,000/$	₩1,060/$	₩1,100/$	₩1,130/$	₩1,300/$

물음
Question

1. B회사에 대한 주식과 관련하여 20×1년 말에 A회사가 인식할 당기손익-공정가치 측정 금융자산의 평가손익을 계산하고, 회계처리를 수행하시오.

2. C회사에 대한 주식과 관련하여 20×1년 말에 A회사가 인식할 기타포괄손익-공정가치 측정 금융자산의 평가손익을 계산하고, 회계처리를 수행하시오.

3. A회사가 보유하고 있는 재고자산과 관련하여 20×1년 말에 인식할 재고자산 평가손실을 계산하고, 관련된 회계처리를 수행하시오. 한편, 20×1년 말의 재고자산의 순실현가치가 $1,100이며, 환율이 ₩800/$인 것으로 가정하는 경우 관련된 회계처리를 수행하시오.

4. A회사가 보유하고 있는 토지와 관련하여 20×1년 말에 기타포괄손익으로 인식되는 손익을 계산하고, 관련된 회계처리를 수행하시오.

5. A회사가 보유하고 있는 토지가 공정가치모형을 적용하는 투자부동산으로 분류되는 경우 관련된 회계처리를 수행하시오.

6. A회사가 보유하고 있는 토지의 20×2년 말 공정가치가 $90,000이며, 환율이 ₩900인 경우 해당 토지가 유형자산으로 분류되는 경우와 투자부동산으로 분류되는 경우로 구분하여 20×2년의 회계처리를 수행하시오.

해답

1. 당기손익-공정가치 측정 금융자산의 경우

당기손익금융자산의 공정가치 :	$5,100 × ₩1,300 =	6,630,000
당기손익금융자산의 최초금액 :	$5,000 × ₩1,000 =	5,000,000
당기손익금융자산 평가이익 :		1,630,000

20×1. 9. 1	(차) 당기손익금융자산	5,000,000 ②	(대)	현 금	5,000,000 ①
20×1.12.31	(차) 당기손익금융자산	1,630,000 ①	(대)	금융자산평가이익	1,630,000 ②

❖ 비화폐성항목에서 생긴 공정가치변동손익을 당기손익으로 인식하는 경우에는 환율변동손익을 당기손익으로 인식한다.

2. 기타포괄금융자산의 경우

기타포괄금융자산의 공정가치 :	$2,700 × ₩1,300 =	3,510,000
기타포괄금융자산의 최초금액 :	$3,000 × ₩1,060 =	3,180,000
기타포괄금융자산의 평가이익 :		330,000

20×1.10. 1	(차) 기타포괄금융자산	3,180,000 ②	(대)	현 금	3,180,000 ①
20×1.12.31	(차) 기타포괄금융자산	330,000 ①	(대)	기타포괄평가이익	330,000 ②

❖ 비화폐성항목에서 생긴 공정가치변동손익을 기타포괄손익으로 인식하는 경우에는 환율변동손익을 기타포괄손익으로 인식한다. 이 경우 외화금액기준으로 평가손실이 발생하였으나, 기능통화로 환산한 후에는 평가이익이 발생할 수도 있다.

3. 재고자산의 평가

(1) 평가손실을 인식하지 않는 경우

재고자산의 순실현가치 :	$900 × ₩1,300 =	1,170,000
재고자산의 취득원가 :	$1,000 × ₩1,100 =	1,100,000
재고자산평가손실 :		-

20×1.11. 1	(차) 재고자산	1,100,000 ②	(대)	현 금	1,100,000 ①
20×1.12.31	회계처리 없음				

❖ 둘 이상의 금액을 비교하여 장부금액을 결정하는 경우 외화를 기준으로 할 때는 평가손실을 인식하여야 하나, 기능통화를 기준으로 할 때는 평가손실을 인식하지 말아야 하는 경우도 있다.

(2) 평가손실을 인식하는 경우

재고자산의 순실현가치 : $1,100×₩800 = 880,000
재고자산의 취득원가 : $1,000×₩1,100 = 1,100,000
재고자산평가손실 : (-)220,000

20×1.11. 1	(차) 재고자산	1,100,000 ②	(대) 현 금	1,100,000 ①
20×1.12.31	(차) 재고자산평가손실	220,000 ①	(대) 재고자산평가충당금	220,000 ②

❖ 둘 이상의 금액을 비교하여 장부금액을 결정하는 경우 외화를 기준으로 할 때는 평가손실을 인식할 필요가 없으나, 기능통화를 기준으로 할 때는 평가손실을 인식해야 하는 경우도 있다.

4. 토지재평가의 경우

토지의 공정가치 : $100,000×₩1,300 = 130,000,000
토지의 취득원가 : $80,000×₩1,130 = 90,400,000
토지재평가이익 : 39,600,000

20×1.12. 1	(차) 토 지	90,400,000 ②	(대) 현 금	90,400,000 ①
20×1.12.31	(차) 토 지	39,600,000 ①	(대) 재평가잉여금	39,600,000 ②

❖ 비화폐성항목에서 생긴 공정가치변동손익을 당기손익으로 인식하는 경우에는 환율변동손익을 당기손익으로 인식한다. 다만, 비화폐성항목에서 생긴 공정가치변동손익을 기타포괄손익으로 인식하는 경우에는 환율변동손익을 기타포괄손익으로 인식한다.

5. 투자부동산의 경우

투자부동산의 공정가치 : $100,000×₩1,300 = 130,000,000
투자부동산의 취득원가 : $80,000×₩1,130 = 90,400,000
투자부동산평가이익 : 39,600,000

20×1.12. 1	(차) 투자부동산	90,400,000 ②	(대) 현 금	90,400,000 ①
20×1.12.31	(차) 투자부동산	39,600,000 ①	(대) 부동산평가이익	39,600,000 ②

❖ 투자부동산을 공정가치모형으로 회계처리하는 경우에는 공정가치변동에 따른 손익을 당기손익으로 인식하므로 관련된 환율변동손익도 당기손익에 반영하여야 한다.

6. 20×2년 말의 회계처리

(1) 유형자산으로 분류하는 경우

20×2년 말 토지의 공정가치 : $90,000×₩900 = 81,000,000
20×2년 말 토지의 평가전 장부금액 : $100,000×₩1,300 = 130,000,000
20×2년 토지의 공정가치변동손익 : 49,000,000

20×2.12.31	(차) 재평가잉여금 재평가손실	39,600,000 ② 9,400,000 ③	(대) 토 지	49,000,000 ①

❖ 유형자산으로 분류되는 토지의 재평가손실은 기인식 재평가잉여금과 우선상계하여 기타포괄손실로 인식하여야 한다. 한편 이를 초과하는 평가손실은 재평가손실의 계정으로 당기손실로 인식한다.

(2) 투자부동산으로 분류하는 경우

20×2년 말 토지의 공정가치 :	\$90,000×₩900 =	81,000,000
20×2년 말 토지의 평가전 장부금액 :	\$100,000×₩1,300 =	130,000,000
20×2년 토지의 공정가치변동손익 :		49,000,000

20×2.12.31	(차) 부동산평가손실	49,000,000 ②	(대) 투자부동산	49,000,000 ①

❖ 투자부동산을 공정가치모형으로 회계처리하는 경우에는 공정가치변동에 따른 손익을 당기손익으로 인식하므로 관련된 환율변동손익도 당기손익에 반영하여야 한다.

예제 6 감가상각대상 비화폐성 외화항목의 후속측정

회사의 기능통화는 원화이며, 다음과 같은 외화자산을 보유하고 있다. 제시되는 상황별로 물음에 답하시오.

(1) 20×1년 1월 1일에 미국에서 기계장치를 \$4,000에 구입하여 사용 중이다. 기계장치의 내용연수는 5년이며, 내용연수 종료후 잔존가치는 없다. A회사는 감가상각방법으로 정액법을 적용하고 있으며, 재평가모형을 적용하여 평가하고 있다. 20×1년 말과 20×2년 말의 기계장치의 공정가치는 각각 \$3,500과 \$2,000이다.

(2) 재평가로 인한 장부금액의 조정은 총장부금액에서 감가상각누계액을 제거하는 방법으로 하며, 재평가잉여금은 사용하면서 대체하지 않는다. 일자별 환율은 다음과 같다.

20×1년 1월 1일	20×1년 12월 31일	20×2년 12월 31일
₩1,130/\$	₩1,300/\$	₩1,400/\$

물음 Question

1. A회사가 보유하고 있는 기계장치와 관련하여 20×1년 말에 기타포괄손익으로 인식되는 손익을 계산하고, 20×1년과 20×2년의 관련된 회계처리를 수행하시오.
2. 위에 제시된 조건과 다르게 A회사가 기계장치에 대하여 원가모형을 적용하는 경우 20×1년과 20×2년의 관련된 회계처리를 수행하시오.

해답

1. 감가상각대상자산의 재평가

(1) 20×1년의 거래

① 기계장치의 취득원가 : \$4,000×₩1,130 = 4,520,000

② 20×1년의 감가상각비 : 4,520,000÷5년 = 904,000

③ 20×1년 말의 감가상각후 장부금액 : 4,520,000 - 904,000 = 3,616,000

④ 20×1년 말의 기계장치의 공정가치 : \$3,500×₩1,300 = 4,550,000

⑤ 20×1년 재평가손익 : 4,550,000 - 3,616,000 = (+)934,000

20×1.12.31

기계장치	4,550,000		
감가상각누계액	-	기타포괄손익누계액	934,000

(2) 20×2년의 거래

① 20×2년의 감가상각비 : 4,550,000÷4년 = 1,137,500

② 20×2년 말의 감가상각후 장부금액 : 4,550,000 - 1,137,500 = 3,412,500

③ 20×2년 말의 기계장치의 공정가치 : \$2,000×₩1,400 = 2,800,000

④ 20×2년 재평가손익 : 2,800,000 - 3,412,500 = (-)612,500

20×2.12.31

기계장치	2,800,000		
감가상각누계액	-	기타포괄손익누계액	321,500

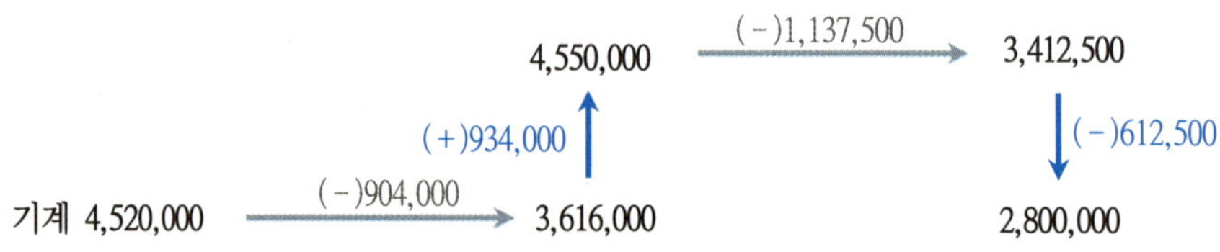

(3) 관련된 회계처리 : 순장부금액을 이용하는 경우

20×1. 1. 1	(차)	기계장치	4,520,000 ②	(대)	현　　금	4,520,000 ①
20×1.12.31	(차)	감가상각비	904,000 ①	(대)	기계장치	904,000 ②
	(차)	기계장치	934,000 ③	(대)	재평가잉여금	934,000 ④
20×2.12.31	(차)	감가상각비	1,137,500 ①	(대)	기계장치	1,137,500 ②
	(차)	재평가잉여금	612,500 ④	(대)	기계장치	612,500 ③

(4) 관련된 회계처리 : 감가상각누계액을 이용하는 경우

20×1. 1. 1	(차) 기계장치	4,520,000 ②	(대) 현 금	4,520,000 ①
20×1.12.31	(차) 감가상각비	904,000 ①	(대) 감가상각누계액	904,000 ②
	(차) 감가상각누계액	904,000 ④	(대) 재평가잉여금	934,000 ③
	기계장치	30,000 ⑤		
20×2.12.31	(차) 감가상각비	1,137,500 ①	(대) 감가상각누계액	1,137,500 ②
	(차) 감가상각누계액	1,137,500 ④	(대) 기계장치	1,750,000 ⑤
	재평가잉여금	612,500 ③		

2. 원가모형을 적용하는 경우의 회계처리

(1) 장부금액의 변동

기계 4,520,000 —(−)904,000→ 3,616,000 —(−)904,000→ 2,712,000

(2) 관련된 회계처리

20×1. 1. 1	(차) 기계장치	4,520,000 ②	(대) 현 금	4,520,000 ①
20×1.12.31	(차) 감가상각비	904,000 ①	(대) 감가상각누계액	904,000 ②
20×2.12.31	(차) 감가상각비	904,000 ①	(대) 감가상각누계액	904,000 ②

4 외화사채의 발행

외화사채는 외화로 발행되고 표시이자의 지급과 액면금액의 상환도 외화로 이루어지는 사채를 말한다. 외화사채는 화폐성 항목이므로 외화기준으로 보고기간 말의 상각후원가를 결정한 후에 보고기간 말의 마감환율을 적용하여 환산한다.

(1) 외화사채의 발행일

외화사채를 발행한 경우 외화로 발행가액을 결정한 후에 사채발행일의 환율을 적용하여 회계처리한다.

(2) 보고기간 말의 환산

보고기간 말에 외화로 이자관련 회계처리를 수행한 후 일괄적으로 환율을 적용한다. 이때 유효이자비용은 평균환율을 적용하여 환산한다. 표시이자 현금지급액은 이자지급일의 환율을 적용하고, 사채발행차금의 상각액은 기초환율로 적용하여 환산한다. 한편 여기에 추가하여, 보고기간 말 사채의 상각후원가가 기초환율로 환산되어 있으므로 이를 기말환율로 환산하는 절차를 수행해야 한다.

참 고 **사채발행차금 상각액에 적용할 환율**

사채발행차금의 상각액에 어떠한 환율을 적용하느냐에 대한 논란이 있다. 본서는 사채발행차금에 기초환율을 적용하여 환산하고 있지만, 평균환율을 적용하는 경우도 있으며, 기말환율을 적용하는 경우도 있다. 사채발행차금에 어떠한 환율을 적용하더라도 해당 보고기간의 포괄손익계산서에 계상되는 환율변동손익에는 영향이 없다. 이는 보고기간 말에 사채의 장부금액을 기말환율로 후속측정하면서 모두 조정되기 때문이다. 따라서 본서에서는 사채발행차금 상각액에 기초환율을 적용하여 환율변동손익을 계산하고자 한다.

5 외화사채의 보유

(1) 외화사채의 취득일

외화사채를 취득한 경우 외화로 최초인식금액을 결정한 후에 사채취득일의 환율을 적용하여 회계처리한다.

(2) 보고기간 말의 환산

취득한 사채는 상각후원가측정 금융자산으로 분류할 수 있으며, 공정가치측정 금융자산으로 분류할 수도 있다.

① 상각후원가측정 금융자산으로 분류한 경우

발행자와 동일하게 외화로 보고기간 말의 이자관련 회계처리를 수행한 후 일괄적으로 환율을 적용한다. 이때 유효이자수익은 평균환율을 적용하여 환산한다. 표시이자 현금수령액은 이자수령일의 환율을 적용하고, 현재가치할인차금의 상각액은 기초환율로 적용하여 환산한다. 여기에 추가하여, 보고기간 말 사채의 상각후원가가 기초환율로 환산되어 있으므로 이를 기말환율로 환산하는 절차를 수행해야 한다.

② 기타포괄손익-공정가치측정 금융자산으로 분류한 경우

보고기간 말에 외화기준 공정가치와 외화기준 상각후원가와의 차액을 기타포괄손익누계액으로 측정한 후 여기에 공정가치 결정일인 보고기간 말의 환율을 적용하여 환산한다.

기말 기타포괄평가손익누계액 = (기말 외화공정가치 − 기말 외화상각후원가) × 기말 마감환율
특정기간의 기타포괄평가손익 = 당기말 기타포괄손익누계액 − 전기말 기타포괄손익누계액

참 고 **기타포괄손익-공정가치 측정 채무상품의 당기손익관련 규정**

기준서 제1109호 금융상품의 [문단 5.7.11]에 의하면 기타포괄손익-공정가치로 측정하는 투자채무상품의 경우 당기손익으로 인식하는 이자수익과 처분손익, 외환손익, 손상차손, 손상환입의 금액은 해당 금융자산을 상각후원가로 측정하였더라면 당기손익으로 인식하였을 금액과 같아야 한다고 규정하고 있다. 따라서 외화사채를 기타포괄손익-공정가치측정 금융자산으로 분류하고 있는 경우에도 이자수익과 외환손익은 상각후원가측정 금융자산을 기준으로 계산하고, 추가로 공정가치변동 손익만 기말환율을 적용하여 기타포괄손익으로 인식하면 된다.

[외화표시채무상품과 외화표시지분상품의 환산]

구 분		화폐성 여부	환율변동손익	가격변동손익
발행사채		화폐성	외화환산손익	해당사항없음
투자사채	상각후원가 측정 금융자산	화폐성	외화환산손익	해당사항없음
	기타포괄손익-공정가치 측정 금융자산	화폐성 + 비화폐성	외화환산손익	기타포괄평가손익
	당기손익-공정가치 측정 금융자산	화폐성 + 비화폐성	외화환산손익	당기손익평가손익
투자주식	당기손익-공정가치 측정 금융자산	비화폐성	당기손익평가손익	
	기타포괄손익-공정가치 선택 금융자산	비화폐성	기타포괄평가손익	

예 제 7 외화사채의 발행자와 보유자

다음은 A회사가 발행한 외화사채와 관련된 자료이다. 단, A회사의 기능통화는 원화이다.

(1) 외화사채의 발행일은 20×1년 1월 1일이며, 액면금액은 $10,000, 만기는 20×3년 말이다. 표시이자는 연 10%이고 매년 말 후급하는 조건이며, 사채발행일의 시장이자율은 연 12%이다.

(2) 환율자료는 다음과 같으며, 3기간 12% 현가계수와 연금현가계수는 각각 0.71178과 2.40183이다. 한편, 보고기간 말의 환율은 다음연도 보고기간 초의 환율과 동일한 것으로 가정한다.

20×1. 1. 1	20×1 평균	20×1.12.31	20×2 평균	20×2.12.31	20×3 평균	20×3.12.31
₩1,200/ $	₩1,190/ $	₩1,170/ $	₩1,200/ $	₩1,220/ $	₩1,210/ $	₩1,180/ $

물 음 Question

1. 외화사채의 발행가액을 외화기준으로 결정하시오.
2. 외화사채의 이자비용 인식을 위한 상각표를 외화기준으로 작성하시오.
3. 상기 외화사채와 관련하여 20×3년 말까지 각 시점별 회계처리를 제시하시오. 단, 사채할인발행차금계정을 이용하지 말고, 순액으로 회계처리를 수행하시오.

4. B회사는 A회사가 발행한 상기의 사채를 발행일에 취득하여 상각후원가 측정 금융자산으로 분류하였으며, 20×2년 초에 C회사에게 해당 사채를 공정가치인 $9,700에 매각하였다. 이와 관련된 B회사의 일자별 회계처리를 수행하시오.

5. B회사는 A회사가 발행한 상기의 사채를 취득하여 기타포괄손익-공정가치 측정 금융자산으로 분류하였으며, 20×2년 초에 C회사에게 해당 사채를 공정가치인 ₩9,700에 매각하였다. 이와 관련된 B회사의 일자별 회계처리를 수행하시오. 단, 20×1년 말의 사채 공정가치도 $9,700인 것을 가정한다.

해답 answer

1. 외화사채의 발행가액(외화기준) : $1,000×2.40183 + $10,000×0.71178 = $9,520

2. 유효이자율법에 의한 상각표

일 자	유효이자	표시이자	상각액	장부금액	환 율	원화장부금액
20×1. 1. 1				$ 9,520	₩1,200	11,424,000
20×1.12.31	$1,142	($1,000)	$142	$ 9,662	₩1,170	11,304,540
20×2.12.31	$1,159	($1,000)	$159	$ 9,821	₩1,220	11,981,620
20×3.12.31	$1,179	($1,000)	$179	$10,000	₩1,180	11,800,000

3. 사채할인발행차금 계정을 이용하지 않는 경우

(1) 회계처리

일자	차변	금액	대변	금액
20×1. 1. 1	(차) 현 금	11,424,000 ②	(대) 사 채	11,424,000 ①
	① ($10,000 − $480) × ₩1,200 = 11,424,000			
20×1.12.31	(차) 이자비용	1,358,980 ①	(대) 현 금	1,170,000 ②
			사 채	170,400 ③
			외환이익	18,580 ④
	(차) 사 채	289,860 ⑤	(대) 외환이익	289,860 ⑥
	① $1,142 × ₩1,190 = 1,358,980 ③ $142 × ₩1,200 = 170,400 ⑤ ($10,000 − $338) × (₩1,170 − ₩1,200) = (−)289,860		② $1,000 × ₩1,170 = 1,170,000	
20×2.12.31	(차) 이자비용	1,390,800 ①	(대) 현 금	1,220,000 ②
	외환손실	15,230 ④	사 채	186,030 ③
	(차) 외환손실	491,050 ⑥	(대) 사 채	491,050 ⑤
	① $1,159 × ₩1,200 = 1,390,800 ③ $159 × ₩1,170 = 186,030 ⑤ ($10,000 − $179) × (₩1,220 − ₩1,170) = (+)491,050		② $1,000 × ₩1,220 = 1,220,000	

20×3.12.31	(차) 이자비용	1,426,590 ①	(대) 현 금	1,180,000 ②
			사 채	218,380 ③
			외환이익	28,210 ④
	(차) 사 채	12,200,000 ⑤	(대) 현 금	11,800,000 ⑥
			외환이익	400,000 ⑦
	① $1,179×₩1,210 = 1,426,590 ③ $179×₩1,220 = 218,380 ⑥ $10,000×₩1,180 = 11,800,000		② $1,000×₩1,180 = 1,180,000 ⑤ $10,000×₩1,220 = 12,200,000	

20×1년 말 재무상태표

	사 채	11,304,540

20×1년 포괄손익계산서

이자비용	(1,358,980)
외환이익	308,440

20×2년 말 재무상태표

	사 채	11,981,620

20×2년 포괄손익계산서

이자비용	(1,390,800)
외환손실	(506,280)

20×3년 말 재무상태표

	사 채	-

20×3년 포괄손익계산서

이자비용	(1,426,590)
외환이익	428,210

4. 상각후원가 측정 금융자산으로 분류한 경우

(1) 회계처리

20×1. 1. 1	(차) 상각후원가자산	11,424,000 ①	(대) 현 금	11,424,000 ②
20×1.12.31	(차) 현 금	1,170,000 ②	(대) 이자수익	1,358,980 ①
	상각후원가자산	170,400 ③		
	외환손실	18,580 ④		
	(차) 외환손실	289,860 ⑥	(대) 상각후원가자산	289,860 ⑤
	① $1,142×₩1,190 = 1,358,980 ③ $142×₩1,200 = 170,400		② $1,000×₩1,170 = 1,170,000 ⑤ $9,662×(₩1,170 - ₩1,200) = (-)289,860	
20×2. 1. 1	(차) 현 금	11,349,000 ②	(대) 상각후원가자산	11,304,540 ①
			금융자산처분이익	44,460 ③
	① $9,662×₩1,170 = 11,304,540		② $9,700×₩1,170 = 11,349,000	

20×1년 말 재무상태표

상각후원가자산	11,304,540	

20×1년 포괄손익계산서

이자수익	1,358,980
외환손실	(308,440)

5. 기타포괄손익-공정가치 측정 금융자산으로 분류한 경우

(1) 회계처리

일자	차변			대변		
20×1. 1. 1	(차)	기타포괄금융자산	11,424,000 ①	(대)	현　금	11,424,000 ②
20×1.12.31	(차)	현　금	1,170,000 ②	(대)	이자수익	1,358,980 ①
		기타포괄금융자산	170,400 ③			
		외환손실	18,580 ④			
	(차)	외환손실	289,860 ⑥	(대)	기타포괄금융자산	289,860 ⑤
	(차)	기타포괄금융자산	44,460 ⑦	(대)	기타포괄평가이익	44,460 ⑧
		⑦ ($9,700 − $9,662)×₩1,170 = 44,460				
20×2. 1. 1	(차)	현　금	11,349,000 ②	(대)	기타포괄금융자산	11,349,000 ①
	(차)	기타포괄평가이익	44,460 ③	(대)	금융자산처분이익	44,460 ④
		① $9,700×₩1,170 = 11,349,000			② $9,700×₩1,170 = 11,349,000	

20×1년 말 재무상태표

기타포괄자산	11,349,000		
		기타포괄누계	44,460

20×1년 포괄손익계산서

이자수익	1,358,980
외환손실	(308,440)
기타포괄평가이익	44,460

해 설

1. 사채관련 회계처리를 사채할인발행차금 계정을 사용하면 다음과 같다. 단, 아래의 회계처리는 수험목적으로는 중요하지 않다.

일자	차변			대변		
20×1. 1. 1	(차)	현　금	11,424,000 ②	(대)	사　채	12,000,000 ①
		사채할인발행차금	576,000 ①			
		① ($10,000 − $480)×₩1,200 = 11,424,000			② $9,520×₩1,200 = 11,424,000	
20×1.12.31	(차)	이자비용	1,358,980 ①	(대)	현　금	1,170,000 ②
					사채할인발행차금	170,400 ③
					외환이익	18,580 ④
	(차)	사　채	300,000 ⑤	(대)	사채할인발행차금	10,140 ⑤
					외환이익	289,860 ⑥
		① $1,142×₩1,190 = 1,358,980			② $1,000×₩1,170 = 1,170,000	
		③ $142×₩1,200 = 170,400			⑤ ($10,000 − $338)×(₩1,200 − ₩1,170) = 289,860	
20×2.12.31	(차)	이자비용	1,390,800 ①	(대)	현　금	1,220,000 ②
		외환손실	15,230 ④		사채할인발행차금	186,030 ③
	(차)	사채할인발행차금	8,950 ⑤	(대)	사　채	500,000 ⑤
		외환손실	491,050 ⑥			
		① $1,159×₩1,200 = 1,390,800			② $1,000×₩1,220 = 1,220,000	
		③ $159×₩1,170 = 186,030			⑤ ($10,000 − $179)×(₩1,220 − ₩1,170) = 491,050	

일자	차변	금액	대변	금액
20×3.12.31	(차) 이자비용	1,426,590 ①	(대) 현　　금	1,180,000 ②
			사채할인발행차금	218,380 ③
			외환이익	28,210 ④
	(차) 사　　채	12,200,000 ⑤	(대) 현　　금	11,800,000 ⑥
			외환이익	400,000 ⑦
	① $1,179×₩1,210 = 1,426,590		② $1,000×₩1,180 = 1,180,000	
	③ $179×₩1,220 = 218,380		⑤ $10,000×₩1,220 = 12,200,000	
	⑥ $10,000×₩1,180 = 11,800,000			

20×1년 말 재무상태표

	사　　채	11,700,000
	사채발행차금	(395,460)
	순장부금액	11,304,540

20×1년 포괄손익계산서

이자비용	(1,358,980)
외환이익	308,440

20×2년 말 재무상태표

	사　　채	12,200,000
	사채발행차금	(218,380)
	순장부금액	11,981,620

20×2년 포괄손익계산서

이자비용	(1,390,800)
외환손실	(506,280)

20×3년 말 재무상태표

	사　　채	-
	사채발행차금	-
	순장부금액	-

20×3년 포괄손익계산서

이자비용	(1,426,590)
외환이익	428,210

2. 거래가 외화금액인 미국달러화로 체결되었으므로 A회사는 이를 기능통화인 원화로 환산하여야 하며, 이에 따른 외환차이는 환율변동손익의 계정으로 하여 당기손익에 반영하여야 한다. 원화로 환산된 사채관련 장부금액의 변동을 그림으로 표시하면 다음과 같다.

20×1. 1. 1	이자비용	20×1.12.31	이자비용	20×2.12.31	이자비용	20×3.12.31
$9,520	$1,142	$9,662	$1,159	$9,821	$1,179	$10,000
×₩1,200	×₩1,190	×₩1,170	×₩1,200	×₩1,220	×₩1,210	×₩1,180
	1,358,980		1,390,800		1,426,590	
11,424,000	→	11,304,540	→	11,981,620	→	11,800,000
	(-)119,460		(+)677,080		(-)181,620	

3. 수험목적으로 환율변동손익만 빠르게 계산하기 위함이라면, 아래와 같이 자산과 부채의 증감을 이용해서 도출하는 것이 훨씬 더 쉽다.

일자	차변	금액	대변	금액
20×1년	(차) 사채(기초)	11,424,000 ①	(대) 사채(기말)	11,304,540 ①
	이자비용	1,358,980 ③	현　　금	1,170,000 ②
			외환이익	308,440 ④
	① $1,142×₩1,190 = 1,358,980		② $1,000×₩1,170 = 1,170,000	
	③ 기말사채 11,304,540 － 기초사채 11,424,000 = (-)119,460			

20×2년	(차) 사채(기초)	11,304,540 ①	(대) 사채(기말)	11,981,620 ①
	이자비용	1,390,800 ③	현 금	1,220,000 ②
	외환손실	506,280 ④		
	① $1,159×₩1,200=1,390,800		② $1,000×₩1,220=1,220,000	
	③ 기말사채 11,981,620 - 기초사채 11,304,540=(+)677,080			

4. 상각후원가금융자산 관련 외환손익효과만 빠르게 계산하고 싶은 경우 아래와 같이 순액으로 분개하면 쉽다.

20×1년	(차) 상각후원가자산(말)	11,304,540 ①	(대) 상각후원가자산(초)	11,424,000 ①
	현 금	1,170,000 ②	이자수익	1,358,980 ③
	외환손실	308,440 ④		
	① $9,700×₩1,170－$9,520×₩1,200=(－)75,000		② $1,000×₩1,170=1,170,000	
	③ $1,142×₩1,190=1,358,980			

5. 기타포괄금융자산 관련 외환손익효과만 빠르게 계산하고 싶은 경우 아래와 같이 순액으로 분개하면 쉽다.

20×1년	(차) 기타포괄금융자산(말)	11,349,000 ①	(대) 기타포괄금융자산(초)	11,424,000 ①
	현 금	1,170,000 ②	이자수익	1,358,980 ③
	외환손실	308,440 ⑤	기타포괄평가이익	44,460 ④
	① $9,700×₩1,170－$9,520×₩1,200=(－)75,000		② $1,000×₩1,170=1,170,000	
	③ $1,142×₩1,190=1,358,980			
	④ $9,700×₩1,170－$9,662×₩1,170=(+)44,460			

6 기능통화의 변경

기능통화는 그와 관련된 실제 거래, 사건과 상황을 반영한다. 따라서 일단 기능통화를 결정하면 변경하지 아니하는 것을 원칙으로 한다. 다만 실제 거래, 사건과 상황에 변화가 있다면 기능통화를 변경할 수도 있다. 예를 들어, 재화나 용역의 공급가격에 주로 영향을 미치는 통화가 변경된 경우에는 기능통화를 변경해야 할 수도 있다.

기능통화가 변경되는 경우에는 새로운 기능통화에 의한 환산절차를 변경한 날부터 전진적용한다. 즉, 기능통화가 변경된 날의 환율을 사용하여 모든 항목을 새로운 기능통화로 환산한다. 이로 인해 비화폐성항목의 경우에는 새로운 기능통화로 환산한 금액이 역사적원가가 된다.

예제 8 기능통화의 변경

A조선은 20×1년 초에 설립되었으며, 한국에 소재하고 있으나 주요 매출과 매입거래가 모두 달러화로 이루어져 기능통화로 달러화(USD)를 사용하여 재무제표를 작성하고 있다. 다음은 20×2년 초의 A회사의 기능통화 재무제표이다.

(1) 재무상태표

재무상태표

자 산	20×2년 1월 1일	부채와 자본	20×2년 1월 1일
현금및현금성자산	$ 10,000	매입채무	$ 9,450
단기매매금융자산	8,000	당기법인세부채	8,000
순매출채권	5,000	사 채	10,000
재고자산	2,000	사채할인발행차금	(450)
토 지	12,000	이연법인세부채	3,000
기계장치	6,000	자 본 금	8,000
감가상각누계액	(3,000)	이익잉여금	2,000
합 계	40,000	합 계	40,000

(2) 일자별 환율자료는 다음과 같다.

20×1년 1월 1일	20×1년 평균	20×1년 12월 31일	20×2년 1월 1일
₩1,000/ $	₩1,150/ $	₩1,300/ $	₩1,400/ $

물음 Question

1. 20×2년 초 주된 경제환경의 변화로 인해 A조선은 원화(KRW)를 새로운 기능통화로 결정하였다. 20×2년 초 현재 새로운 기능통화로 환산된 재무상태표의 금액을 계산하시오.

해답 answer

1. 기능통화의 변경

계정과목	외화금액	환 율	환산후	계정과목	외화금액	환 율	환산후
현금및현금성자산	10,000	₩1,400	14,000,000	매입채무	9,450	₩1,400	13,230,000
단기매매금융자산	8,000	₩1,400	11,200,000	당기법인세부채	8,000	₩1,400	11,200,000
순매출채권	5,000	₩1,400	7,000,000	사 채	10,000	₩1,400	14,000,000
재고자산	2,000	₩1,400	2,800,000	사채할인발행차금	(450)	₩1,400	(630,000)
토 지	12,000	₩1,400	16,800,000	이연법인세부채	3,000	₩1,400	4,200,000
기계장치	6,000	₩1,400	8,400,000	자 본 금	8,000	₩1,400	11,200,000
감가상각누계액	(3,000)	₩1,400	(4,200,000)	이익잉여금	2,000	₩1,400	2,800,000
합 계	40,000		56,000,000	합 계	40,000		56,000,000

제 3 절 표시통화 재무제표로의 환산

외화거래가 발생하게 되면 보고기업의 재무제표는 일단 영업활동이 이루어지는 주된 경제환경의 통화인 기능통화로 환산하여 작성된다. 하지만 정보이용자의 요구에 따라 기능통화로 작성된 보고기업의 재무제표는 어떤 통화로도 표시되어 보고될 수 있다. 따라서 보고기업의 기능통화와 표시통화가 다른 경우에는 기능통화로 작성된 재무제표를 표시통화로 다시 환산하여 회계정보를 정보이용자에게 공시해야 한다. 또한 서로 다른 기능통화를 사용하는 개별기업으로 구성되는 연결실체의 경우에도 연결재무제표를 작성하기 위하여 각 기업의 경영성과와 재무상태를 같은 통화로 표시해야 한다.

이처럼 기능통화로 작성된 재무제표를 표시통화로 환산해야 하는 상황은 두 가지가 있다. 첫째로는 보고기업의 기능통화와 표시통화가 다른 경우이다. 이 경우 보고기업은 기능통화로 작성된 자신의 재무제표를 표시통화로 환산해야 한다. 둘째로는 보고기업의 표시통화와 해외사업장의 기능통화가 다른 경우이다.

1 보고기업 재무제표의 표시통화 환산

보고기업의 기능통화와 표시통화가 다른 경우에 기능통화 재무제표를 표시통화 재무제표로 환산하는 방법은 다음과 같다[13].

(1) 재무상태표의 자산과 부채 : 해당 보고기간 말의 마감환율로 환산

(2) 재무상태표의 자본 : 자본증감이 발생한 거래발생일의 환율로 환산

(3) 포괄손익계산서의 수익과 비용 : 수익과 비용 거래일의 환율 혹은 평균환율로 환산

(4) 위 (1), (2)와 (3)의 환산에서 생기는 외환차이 : 기타포괄손익으로 인식

[기능통화와 표시통화를 이용한 외화거래의 환산]

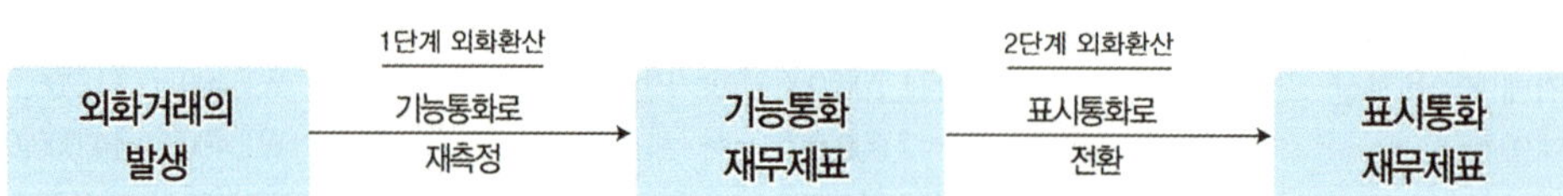

13) 지극히 예외적인 경우이기는 하지만 기능통화가 초인플레이션 경제의 통화인 경우 경영성과와 재무상태를 기능통화와 다른 표시통화로 환산하는 방법은 다음과 같다.
(1) 모든 금액(즉, 자산, 부채, 자본항목, 수익과 비용. 비교 표시되는 금액 포함)을 최근 보고기간 말의 마감환율로 환산한다.
(2) 다만, 금액을 초인플레이션이 아닌 경제의 통화로 환산하는 경우에 비교표시되는 금액은 전기에 보고한 재무제표의 금액(즉, 전기 이후의 물가수준변동효과나 환율변동효과를 반영하지 않은 금액)으로 한다.

원칙적으로 수익과 비용항목을 환산할 때에는 거래일의 환율을 적용해야 한다. 하지만 실무적으로 해당기간에 환율이 유의적으로 변동한 경우가 아니라면 해당기간의 평균환율을 사용할 수 있다.

이 해　표시통화의 적용에 따른 외환차이를 기타포괄손익으로 인식하는 이유

이러한 환율의 변동은 현재와 미래의 영업현금흐름에 직접적으로 영향을 미치지 않거나 거의 미치지 않으므로 외환차이를 당기손익으로 인식하면 기업의 재무상태와 경영성과가 왜곡되게 된다. 따라서 외환차이의 누계액은 자본의 별도 항목인 기타포괄손익누계액으로 표시하는 것이 타당하다.

[보고기업 기능통화 재무제표의 표시통화 환산]

예제 9 보고기업 재무제표의 표시통화 환산

A조선은 20×1년 설립되었으며, 한국에 소재하고 있으나 주요 매출과 매입거래가 모두 달러화로 이루어져 기능통화로 달러화를 사용하여 재무제표를 작성하고 있다. 매 보고기간 말 A조선은 달러표시 재무제표를 재무보고목적으로 표시통화인 원화표시 재무제표로 환산을 수행하고 있다. 다음은 20×1년 말의 A회사의 기능통화 재무제표이다. 단, 20×1년 동안 환율의 유의적인 변동은 없었다.

(1) 재무상태표와 포괄손익계산서는 다음과 같다.

재무상태표

자 산	20×1년 12월 31일	부채와 자본	20×1년 12월 31일
현금및현금성자산	$ 10,000	매입채무	$ 9,450
단기매매금융자산	8,000	당기법인세부채	8,000
순매출채권	5,000	사 채	10,000
재고자산	2,000	사채할인발행차금	(450)
토 지	12,000	이연법인세부채	3,000
기계장치	6,000	자 본 금	8,000
감가상각누계액	(3,000)	이익잉여금	2,000
합 계	40,000	합 계	40,000

포괄손익계산서

20×1년 1월 1일부터 20×1년 12월 31일까지

매출액	$ 40,000
매출원가	(30,000)
매출총이익	10,000
관리원가	(6,500)
기타비용	(1,500)
당기순이익	2,000

(2) 일자별 환율자료는 다음과 같다.

20×1년 1월 1일	20×1년 평균	20×1년 12월 31일
₩1,000/$	₩1,150/$	₩1,300/$

물음 Question

1. 표시통화로 환산된 A회사의 20×1년 기말 재무상태표를 작성하시오.
2. 표시통화로 환산된 A회사의 20×1년 포괄손익계산서를 작성하시오.

해 답 answer

1. 재무상태표의 환산

(1) T-계정접근법

계정과목	외화금액	환 율	환산후	계정과목	외화금액	환 율	환산후
현금및현금성자산	10,000	₩1,300	13,000,000	매입채무	9,450	₩1,300	12,285,000
단기매매금융자산	8,000	₩1,300	10,400,000	당기법인세부채	8,000	₩1,300	10,400,000
순매출채권	5,000	₩1,300	6,500,000	사 채	10,000	₩1,300	13,000,000
재고자산	2,000	₩1,300	2,600,000	사채발행차금	(450)	₩1,300	(585,000)
토 지	12,000	₩1,300	15,600,000	이연법인세부채	3,000	₩1,300	3,900,000
기계장치	6,000	₩1,300	7,800,000	자 본 금	8,000	₩1,000	8,000,000
감가상각누계액	(3,000)	₩1,300	(3,900,000)	이익잉여금	2,000	₩1,150	2,300,000
				해외환산이익			2,700,000
합 계	40,000		52,000,000	합 계	40,000		52,000,000

(2) 분개접근법

20×1년	(차) 순자산(말) 13,000,000 ② (대) 순자산(초) 8,000,000 ① 당기순이익 2,300,000 ③ 해외사업환산이익 2,700,000 ④ ① 기초순자산 : $8,000×₩1,000 = 8,000,000 ② 기말순자산 : $10,000×₩1,300 = 13,000,000 ③ 자본의 변동 중 당기순이익 : $2,000×₩1,150 = 2,300,000 ④ 해외사업환산이익 : 자본의 변동 5,000,000 − 순이익 2,300,000 = 2,700,000

2. 포괄손익계산서의 환산

계정과목	외화금액	환율	환산후	
매출수익	40,000	₩1,150	46,000,000	
매출원가	(30,000)	₩1,150	(34,500,000)	
매출총이익	10,000		11,500,000	
관리원가	(6,500)	₩1,150	(7,475,000)	
기타비용	(1,500)	₩1,150	(1,725,000)	
당기순이익	2,000		2,300,000	= $2,000×₩1,150
해외사업환산이익	-		2,700,000	
포괄이익	2,000		5,000,000	

2 해외사업장 재무제표의 표시통화 환산

(1) 해외사업장의 환산

해외사업장은 보고기업과 다른 국가에서 또는 다른 통화로 영업활동을 하는 종속기업이나 공동기업, 관계기업을 말한다. 보고기업이 해외사업장을 보유하고 있는 경우 다음의 단계를 거쳐 보고기업의 재무제표를 작성한다.

① 1단계 : 해외사업장의 기능통화재무제표 작성

해외사업장의 경영진은 우선 해당 해외사업장의 기능통화를 결정한다. 이후 기능통화거래는 그대로 분개를 수행하여 해외사업장의 재무제표를 작성하고, 기능통화가 아닌 외화거래는 당해 기능통화로 환산하여 해외사업장의 재무제표를 작성[14)]한다.

② 2단계 : 표시통화재무제표로 환산후 보고기업의 재무제표와 통합하여 공시

보고기업에 속해 있는 해외사업장의 경영성과와 재무상태는 보고기업이 재무제표를 보고하는 통화로 환산해야 한다. 해외사업장의 기능통화가 보고기업의 표시통화와 다른 경우에는 그 경영성과와 재무상태를 보고기업의 표시통화로 환산한다. 이후에 보고기업과 해외사업장의 재무제표를 통합하여 연결재무제표의 작성하거나 지분법을 적용하여 하나의 재무제표로 공시한다.

[기능통화와 표시통화를 이용한 외화환산]

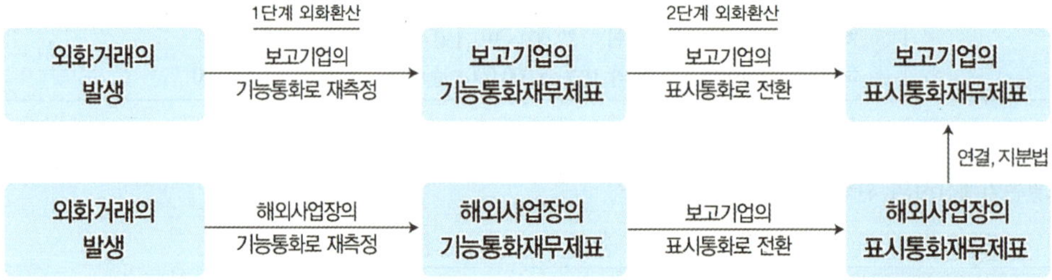

해외사업장의 기능통화가 보고기업의 표시통화와 다른 경우에 해외사업장의 기능통화 재무제표를 표시통화 재무제표로 환산하는 방법은 다음과 같다.

14) 해외사업장과 보고기업의 보고기간 말이 다른 경우, 보고기업의 보고기간 말 현재로 해외사업장의 재무제표를 추가로 작성하기도 한다. 그러나 기업회계기준서 제1110호 '연결재무제표'에 따라 보고기간 말의 차이가 3개월 이내이고 그 기간 동안 있었던 유의적인 거래나 기타 사건의 영향을 반영한 경우에는 보고기업의 보고기간 말이 아닌 해외사업장 보고기간 말 현재의 재무제표를 사용할 수 있다. 이 경우 해외사업장의 자산과 부채는 해외사업장의 보고기간 말 현재의 환율로 환산한다. 그리고 보고기업의 보고기간 말까지 환율이 유의적으로 변동한 경우에는 기업회계기준서 제1110호에 따라 그 영향을 반영한다. 기업회계기준서 제1028호 '관계기업과 공동기업투자'에 따라 관계기업이나 공동기업에 대하여 지분법을 적용하는 경우에도 같은 방법을 사용한다.

(1) 재무상태표의 자산과 부채 : 해당 보고기간 말의 마감환율로 환산
(2) 재무상태표의 자본 : 자본증감이 발생한 거래발생일의 환율로 환산
(3) 포괄손익계산서의 수익과 비용 : 수익과 비용 거래일의 환율 혹은 평균환율로 환산
(4) 위 (1), (2)와 (3)의 환산에서 생기는 외환차이 : 기타포괄손익으로 인식

이는 보고기업의 기능통화 재무제표를 표시통화로 환산하는 방법과 동일하며, 표시통화로의 환산에서 발생하는 외환차이는 해외사업환산손익의 계정으로 기타포괄손익으로 인식하면 된다. 한편 보고기업이 지분을 전부 소유하고 있지는 않지만 연결실체에 포함되는 해외사업장과 관련된 외환차이 중 비지배지분으로 인해 발생하는 외환차이의 누계액은 연결재무상태표의 비지배지분으로 배분하여 인식한다. 이에 대하여는 제8장 '연결회계의 기타사항'에서 자세히 설명할 것이다.

이 해 **해외사업장의 재무제표환산손익을 기타포괄손익으로 인식하는 이유**

해외사업장의 기능통화 재무제표를 보고기업의 표시통화로 환산하면서 발생하는 외환차이는 현재와 미래의 영업현금흐름에 직접적으로 영향을 미치지 않거나 거의 미치지 않는다. 따라서 이러한 외환차이는 당기손익으로 인식하지 않으며, 외환차이의 누계액은 해외사업장이 처분될 때까지 자본의 별도 항목인 기타포괄손익누계액으로 표시하는 것이다.

[해외사업장 기능통화 재무제표의 표시통화 환산]

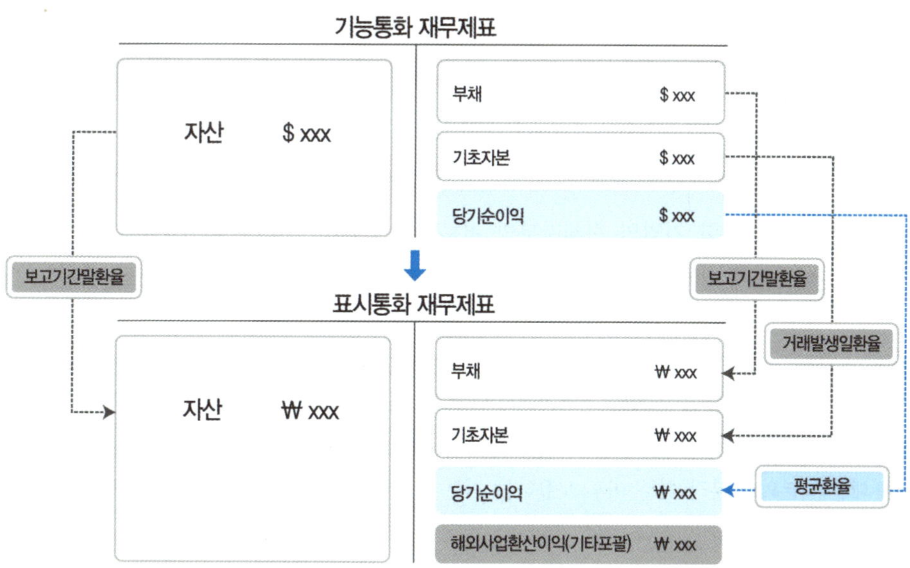

[연결재무제표 작성의 논리]

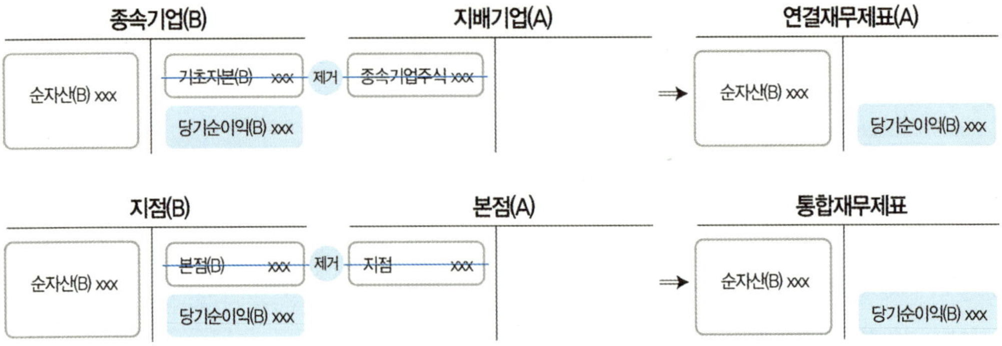

(2) 해외사업장의 처분

해외사업장을 처분하는 경우에는 기타포괄손익으로 인식한 해외사업장관련 외환차이의 누계액은 해외사업장의 처분손익을 인식하는 시점에 자본에서 당기손익으로 재분류조정한다. 여기서 주의할 점은, 해외사업장의 손실 또는 투자자가 인식한 손상으로 인한 해외사업장의 장부금액에 대한 손상의 인식은 해외사업장의 일부를 처분하는 경우에는 해당하지 않는다. 따라서 기타포괄손익으로 인식한 해외사업환산손익은 손상을 인식한 시점에서는 손익으로 재분류하지 아니하며, 오직 해외사업장의 처분에 의하여만 당기손익으로 재분류조정 된다는 것이다.

[해외사업환산손익의 재분류조정]

구 분	재분류조정의 여부
해외사업장의 처분시	재분류조정의 방식으로 기타포괄손익에서 당기손익으로 재분류
해외사업장의 손상시	재분류조정을 반영하지 않음

한편, 해외사업장에 대한 기업의 전체지분의 처분만이 아니라 다음의 부분적 처분의 경우에도 처분으로 회계처리한다. 이에 대하여는 제8장 '연결회계의 기타사항'에서 자세히 설명할 것이다.

(1) **지배력의 상실** : 부분적 처분 후에도 이전 종속기업에 대한 비지배지분을 유지하는지에 상관없이, 부분적 처분으로 해외사업장을 포함한 종속기업에 대한 지배력을 상실하는 경우

(2) **공동지배력과 유의적인 영향력의 상실** : 공동약정의 지분의 부분적 처분이나 해외사업장을 포함한 관계기업에 대한 지분의 부분적 처분 이후 보유하는 지분이 해외사업장을 포함하는 금융자산의 경우

예제 10 해외사업장 재무제표의 환산

12월말 결산법인인 A회사는 20×1년 초 미국에 해외법인을 설립하고 $10,000를 출자하였다. 해외법인의 기능통화는 미국달러화이며, A회사의 기능통화와 표시통화는 모두 원화이다. 다음은 해외법인의 시산표이며, 당기 중 환율의 유의적인 변동은 없다.

(1) 해외사업장의 시산표

시 산 표

자 산	20×1. 12. 31	부채와 자본	20×1. 12. 31
현금및현금성자산	$ 4,500	매입채무	$ 3,500
매출채권	6,500	차 입 금	6,000
재고자산	8,000	자 본 금	10,000
유형자산	3,500	매출수익	12,500
매출원가	8,000	기타수익	2,000
기타비용	3,500		
Total	34,000	Total	34,000

(2) 일자별 환율자료는 다음과 같다.

20×1년 1월 1일	20×1년 평균	20×1년 12월 31일
₩1,200/$	₩1,100/$	₩1,000/$

물음
Question

1. 보고기업의 표시통화로 환산된 해외종속기업의 20×1년 기말 시산표를 작성하시오.

2. 보고기업의 표시통화로 환산된 해외종속기업의 20×1년의 포괄손익계산서를 작성하시오.

해답

1. 해외사업장의 시산표 환산

(1) T-계정접근법

계정과목	외화금액	환 율	환산후	계정과목	외화금액	환 율	환산후
현금및현금성자산	4,500	₩1,000	4,500,000	매입채무	3,500	₩1,000	3,500,000
매출채권	6,500	₩1,000	6,500,000	차 입 금	6,000	₩1,000	6,000,000
재고자산	8,000	₩1,000	8,000,000	자 본 금	10,000	₩1,200	12,000,000
유형자산	3,500	₩1,000	3,500,000	매출수익	12,500	₩1,100	13,750,000
매출원가	8,000	₩1,100	8,800,000	기타수익	2,000	₩1,100	2,200,000
기타비용	3,500	₩1,100	3,850,000	해외환산손실			(2,300,000)
합 계	34,000		35,150,000	합 계	34,000		35,150,000

(2) 분개접근법

20×1년	(차) 순자산(말) 13,000,000 ② (대) 순자산(초) 12,000,000 ① 해외사업장환산손실 2,300,000 ④ 당기순이익 3,300,000 ③ ① 기초순자산 : $10,000×₩1,200 = 12,000,000 ② 기말순자산 : $13,000×₩1,000 = 13,000,000 ③ 자본의 변동 중 당기순이익 : $3,000×₩1,100 = 3,300,000 ④ 해외사업환산손실 : 자본의 변동 1,000,000 - 순이익 3,300,000 = (-)2,300,000

2. 해외사업장의 포괄손익계산서

계정과목	외화금액	환율	환산후	
매 출 액	12,500	₩1,100	13,750,000	
매출원가	(8,000)	₩1,100	(8,800,000)	
매출총이익	4,500		4,950,000	
기타수익	2,000	₩1,100	2,200,000	
기타비용	(3,500)	₩1,100	(3,850,000)	
당기순이익	3,000		3,300,000	= $3,000×₩1,100
해외사업장환산손실			(2,300,000)	
포괄이익	3,000		1,000,000	

해 설

1. 해외사업장인 미국법인의 재무제표는 미국에서 작성된 것이므로, 아래와 같이 영문으로 제공될 것이다. 따라서 해외사업장의 재무제표는 영문계정과목을 국문계정과목으로 번역한 후 이를 보고기업의 표시통화로 환산해야 한다.

Trial Balance

Debit	20×1. 12. 31	Credit	20×1. 12. 31
Cash and cash equivalent	$ 4,500	Account payables	$ 3,500
Account receivables	6,500	Borrowings	6,000
Inventory	8,000	Capital stock	10,000
Property, plant and equipment	3,500	Sales revenue	12,500
Cost of sales	8,000	Other revenue	2,000
Other expense	3,500		
Total	34,000	Total	34,000

예 제 11 해외사업장 재무제표의 환산

20×1년 1월 1일 A회사는 미국 현지법인인 B회사의 보통주 80%를 취득하였다. 종속기업인 B회사의 기능통화는 미국달러화이며, 지배기업인 A회사의 기능통화와 표시통화는 원화이다. B회사의 20×1년 기초와 기말 재무상태표 및 추가 자료는 다음과 같다.

(1) 재무상태표

재무상태표

자 산	20×1. 1. 1	20×1.12.31	부채와 자본	20×1. 1. 1	20×1.12.31
현금및현금성자산	$ 3,000	$ 4,000	차 입 금	$ 3,000	$ 3,500
매출채권	1,000	2,000	자 본 금	9,000	9,000
유형자산	10,000	9,500	이익잉여금	2,000	3,000
합 계	14,000	15,500	합 계	14,000	15,500

(2) 모두 현금거래로 이루어졌으며 연중 균등하게 발생하였으며, 환율의 유의적인 변동은 없다.

(3) B회사의 20×1년도 당기순이익은 $1,000이며, 일자별 환율자료는 다음과 같다.

20×1년 1월 1일	20×1년 평균	20×1년 10월 1일	20×1년 12월 31일
₩900/$	₩960/$	₩980/$	₩1,000/$

물음 Question

1. 보고기업의 표시통화로 환산된 해외종속기업의 20×1년 기말 재무상태표를 작성하시오.
2. 종속기업인 B회사에서 20×1년 10월 1일에 중간배당을 $200을 지급하였다. 따라서, B회사의 20×1년 말 현금및현금성자산과 이익잉여금의 잔액이 각각 $3,800과 $2,800인 경우 해외종속기업의 20×1년 기말 재무상태표를 작성하시오.

해답 answer

1. 해외사업장의 재무상태표 환산

(1) T-계정접근법

계정과목	외화금액	환 율	환산후	계정과목	외화금액	환 율	환산후
현금및현금성자산	4,000	₩1,000	4,000,000	차 입 금	3,500	₩1,000	3,500,000
매출채권	2,000	₩1,000	2,000,000	자 본 금	9,000	*1 ₩900	8,100,000
유형자산	9,500	₩1,000	9,500,000	이익잉여금(취득시)	2,000	*1 ₩900	1,800,000
				이익잉여금(순이익)	1,000	₩960	960,000
				해외사업환산이익*2			1,140,000
합 계	15,500		15,500,000	합 계	15,500		15,500,000

*1 취득일에 종속기업에 존재한 자본에 대하여는 거래발생일을 지분취득일로 보아 환율을 적용하여야 한다.

*2 종속기업투자이후 환율이 상승하고 있으므로 환율변동이익이 발생하며 이를 해외사업환산이익의 계정으로 기타포괄이익으로 처리한다.

(2) 분개접근법

20×1년	(차) 순자산(말)	12,000,000 ②	(대) 순자산(초)	9,900,000 ①
			당기순이익	960,000 ③
			해외사업장환산이익	1,140,000 ④
	① 기초순자산 : $11,000×₩900 = 9,900,000 ② 기말순자산 : $12,000×₩1,000 = 12,000,000 ③ 자본의 변동 중 당기순이익 : $1,000×₩960 = 960,000 ④ 해외사업환산손실 : 자본의 변동 2,100,000 - 순이익 960,000 = 1,140,000			

2. 중간배당 지급시 재무상태표의 환산

(1) T-계정접근법

계정과목	외화금액	환 율	환산후	계정과목	외화금액	환 율	환산후
현금및현금성자산	3,800	₩1,000	3,800,000	차 입 금	3,500	₩1,000	3,500,000
매출채권	2,000	₩1,000	2,000,000	자 본 금	9,000	*1 ₩900	8,100,000
유형자산	9,500	₩1,000	9,500,000	이익잉여금(취득시)	2,000	*1 ₩900	1,800,000
				이익잉여금(순이익)	1,000	₩960	960,000
				이익잉여금(배당시)	(200)	₩980	(196,000)
				해외사업환산이익*2			1,136,000
합 계	15,300		15,300,000	합 계	15,300		15,300,000

*1 취득일에 종속기업에 존재한 자본에 대하여는 거래발생일을 지분취득일로 보아 환율을 적용하여야 한다.

*2 종속기업투자이후 환율이 상승하고 있으므로 환율변동이익이 발생하며 이를 해외사업환산이익의 계정으로 기타포괄이익으로 처리한다.

(2) 분개접근법

20×1년	(차) 순자산(말)	11,800,000 ②	(대) 순자산(초)	9,900,000 ①
	이익잉여금	196,000 ④	당기순이익	960,000 ③
			해외사업환산이익	1,136,000 ⑤

① 기초순자산 : $11,000×₩900 = 9,900,000
② 기말순자산 : $11,800×₩1,000 = 11,800,000
③ 자본의 변동 중 당기순이익 : $1,000×₩960 = 960,000
④ 자본의 변동 중 현금배당 : (-)$200×₩980 = 196,000
⑤ 해외사업환산손실 : 자본의 변동 1,900,000 - 순이익 960,000 + 배당 196,000 = 1,136,000

제 4 절 해외사업장 순투자의 환산

IFRS

해외사업장에 대한 순투자(net investment in a foreign operation)는 해외사업장의 순자산에 대한 보고기업의 지분 해당 금액을 말하며, 일반적으로 보고기업의 투자주식이 해외사업장에 대한 순투자가 된다. 하지만 기업이 해외사업장으로부터 수취하거나 해외사업장에 지급할 화폐성항목 중에서 다음의 조건을 만족하는 경우에는 실질적으로 그 해외사업장에 대한 순투자의 일부로 본다. 이러한 화폐성항목에는 장기채권이나 장기대여금은 포함될 수 있으나 상거래 채권과 채무인 매출채권과 매입채무는 포함되지 않는다.

(1) 예측할 수 있는 미래에 결제할 계획이 없으며,
(2) 결제될 가능성이 낮은 항목

해외사업장으로부터 수취하거나 해외사업장에 지급할 화폐성항목을 보유하는 기업은 연결실체의 어떤 종속기업이든 가능하다. 예를 들어 종속기업 A와 B를 소유한 기업이 있으며 종속기업 B는 해외사업장이다. 종속기업 A가 종속기업 B에게 자금을 대여하였으나 이 대여금이 예측할 수 있는 미래에 결제할 계획이 없고 결제될 가능성이 낮다면, 종속기업 A의 대여금은 종속기업 B에 대한 순투자의 일부가 된다. 종속기업 A가 해외사업장인 경우에도 이러한 관계는 똑같이 성립한다.

보고기업의 해외사업장에 대한 순투자의 일부인 화폐성항목에서 생기는 외환차이는 보고기업의 별도재무제표나 해외사업장의 개별재무제표에서 당기손익으로 적절하게 인식한다. 그러나 보고기업과 해외사업장을 포함하는 재무제표인 연결재무제표에서는 이러한 외환차이를 처음부터 기타포괄손익으로 인식하고 관련 순투자의 처분시점에 자본에서 당기손익으로 재분류한다. 따라서 연결재무제표를 작성하는 경우에는 연결제거분개를 수행할 때 당기손익으로 인식된 환율변동손익을 기타포괄손익인 해외사업환산손익으로 대체하여야 한다.

[해외사업장에 대한 순투자의 일부인 화폐성항목에 대한 환율변동손익]

구 분	인식의 방법
별도재무제표 보고시	외환차이를 환율변동손익의 계정으로 당기손익으로 인식
연결재무제표 보고시	외환차이를 해외사업환산손익의 계정으로 기타포괄손익으로 인식

참고 **연결재무제표 작성을 위한 내부거래 제거시 외환손익의 제거여부**

보고기업과 해외사업장의 경영성과와 재무상태를 연결하는 경우 연결실체내 잔액 제거와 종속기업의 연결실체내 내부거래제거와 같은 정상적인 연결절차를 수행한다. 그러나 내부거래에서 생긴 화폐성자산을 이에 대응하는 화폐성부채와 상계하더라도 관련된 환율변동효과는 연결재무제표에 나타나게 된다. 내부거래에서 생긴 화폐성항목도 특정 통화를 다른 통화로 교환하는 과정이 따르므로 환율변동으로 보고기업의 손익이 영향을 받기 때문이다. 따라서 이러한 외환차이는 연결재무제표에서 당기손익으로 인식한다. 다만, 해외사업장 순투자로 간주되는 상황에서 생기는 외환차이는 해외사업장이 처분될 때까지 기타포괄손익으로 인식하고 별도의 자본항목으로 누계한다.

예제 12 해외사업장에 대한 순투자의 환산

20×0년 1월 1일 A회사는 미국 현지법인인 B회사의 보통주 100%를 취득하였다. 해외종속기업인 B회사의 기능통화는 미국달러화이며, 지배기업인 A회사의 기능통화와 표시통화는 원화이다. A회사는 20×1년 1월 1일에 B회사에 $1,000을 대여하였으며, 당해 대여금은 예측할 수 있는 미래에 회수될 계획이 없으며 회수될 가능성도 낮다. 일자별 환율자료는 다음과 같다.

일 자	20×1. 1. 1	20×1년 평균	20×1.12.31
환 율	₩1,000/$	₩1,080/$	₩1,100/$

물음 Question

1. A회사가 당해 대여금과 관련하여 20×1년에 수행할 회계처리를 제시하시오. 단 이자수익과 이자비용의 인식에 대한 회계처리는 생략하시오.
2. B회사가 당해 차입금과 관련하여 20×1년에 수행할 회계처리를 제시하시오. 단 이자수익과 이자비용의 인식에 대한 회계처리는 생략하시오.
3. A회사가 연결재무제표를 작성하기 위한 연결제거분개를 수행하시오. 한편, 위의 가정과는 달리 대여금이 해외사업장 순투자가 아닌 경우에 대하여도 연결제거분개를 수행하시오.
4. 위의 대여금에 적용되는 이자율이 연 10%이며, 매 연도 말에 지급하는 조건일 때 A회사와 B회사가 20×1년에 수행할 일련의 회계처리를 제시하시오.

해답
answer

1. A회사의 별도재무제표

(1) A회사의 기능통화는 원화이므로 기능통화 재무제표 작성으로 위한 외화환산이 필요하고 이를 A회사의 별도재무제표에서는 당기손익으로 인식한다.

(2) 회계처리

20×1. 1. 1	(차) 대 여 금	1,000,000 ②	(대) 현 금	1,000,000 ①
	① $1,000×₩1,000 = 1,000,000			
20×1.12.31	(차) 대 여 금	100,000 ①	(대) 외환이익	100,000 ②
	① $1,000×(₩1,100 − ₩1,000) = 100,000			

2. B회사의 개별재무제표

(1) B회사의 기능통화는 미국달러화이므로 기능통화 재무제표 작성으로 위한 외화환산은 필요 없다.

(2) 회계처리

20×1. 1. 1	(차) 현 금	$1,000 ②	(대) 차 입 금	$1,000 ①
20×1.12.31	회계처리 없음			

3. 연결재무제표의 입장

(1) 내부거래 채권과 채무는 상계하고 해외사업장 순투자로 간주되는 환율변동손익은 기타포괄손익으로 인식한다.

(2) 해외사업장 순투자인 경우의 회계처리

20×1.12.31	(차) 차 입 금	1,100,000 ②	(대) 대 여 금	1,100,000 ①
	(차) 외환이익	100,000 ③	(대) 해외사업환산이익	100,000 ④
	② 기말차입금 $1,000×기말환율 ₩1,100 = 1,100,000			

(3) 해외사업장 순투자가 아닌 경우의 회계처리

20×1.12.31	(차) 차 입 금	1,100,000 ②	(대) 대 여 금	1,100,000 ①
	② 종속기업 기말차입금 $1,000×기말환율 ₩1,100 = 1,100,000			

4. 별도의 내부거래 이자가 있는 경우의 회계처리

(1) A회사의 별도재무제표

20×1. 1. 1	(차) 대 여 금	1,000,000 ②	(대) 현 금	1,000,000 ①
	① $1,000×₩1,000 = 1,000,000			
20×1.12.31	(차) 현 금	110,000 ②	(대) 이자수익	108,000 ①
			외환이익	2,000 ③
	(차) 대 여 금	100,000 ④	(대) 외환이익	100,000 ⑤
	① $100×평균환율 ₩1,080 = 108,000		② $100×기말환율 ₩1,100 = 110,000	
	④ $1,000×(기말환율 ₩1,100 - 기초환율 ₩1,000) = 100,000			

(2) B회사의 개별재무제표

20×1. 1. 1	(차) 현 금	$1,000 ②	(대) 차 입 금	$1,000 ①
20×1.12.31	(차) 이자비용	$100 ②	(대) 현 금	$100 ①

(3) 연결재무제표의 입장 : 내부거래 채권과 채무는 상계하고 해외사업장 순투자로 간주되는 외환이익은 기타포괄손익으로 인식한다. 또한 내부거래 이자수익과 이자비용은 상계하지만, 이로 인한 내부거래 외환이익 ₩2,000은 당기손익으로 그대로 표시한다.

20×1.12.31	(차) 차 입 금	1,100,000 ②	(대) 대 여 금	1,100,000 ①
	(차) 외환이익	100,000 ③	(대) 해외사업환산이익	100,000 ④
	(차) 이자수익	108,000 ⑤	(대) 이자비용	108,000 ⑥
	② 종속기업 기말차입금 $1,000×기말환율 ₩1,100 = 1,100,000			
	⑥ 종속기업 이자비용 $100×평균환율 ₩1,080 = 108,000			

OX형 연습문제

1 영업활동이 이루어지는 주된 경제 환경의 통화를 기능통화라 하며, 기능통화 이외의 통화를 외화로 정의한다.

2 기능통화는 그와 관련된 실제 거래, 사건과 상황을 반영한다. 따라서 일단 기능통화를 결정하면 어떠한 경우에도 변경하지 아니한다.

3 화폐성항목의 본질적 특징은 고정되거나 확정될 수 있는 화폐단위의 수량으로 받을 권리나 지급할 의무라는 것이다. 한편, 비화폐성항목의 본질적 특징은 고정되거나 확정될 수 있는 화폐단위의 수량으로 받을 권리나 지급할 의무가 없다는 것이다.

4 보고기업에 속해 있는 개별기업의 경영성과와 재무상태는 보고기업의 기능통화로 환산한다. 보고기업은 어떤 통화든지 표시통화로 사용할 수 있다.

5 기능통화로 외화거래를 최초로 인식하는 경우에는 거래일의 외화와 기능통화 사이의 현물환율을 외화금액에 적용하여 기록한다.

6 보고기간 말에 공정가치로 측정하는 비화폐성 외화항목은 보고기간 말의 환율로 환산한다.

7 비화폐성항목에서 생긴 외환차이를 기타포괄손익으로 인식하는 경우에 그 손익에 포함된 환율변동효과도 기타포괄손익으로 인식한다. 그러나 비화폐성항목에서 생긴 외환차이를 당기손익으로 인식하는 경우에는 그 손익에 포함된 환율변동효과도 당기손익으로 인식한다.

8 보고기업의 해외사업장에 대한 순투자의 일부인 화폐성항목에서 생기는 외환차이는 보고기업의 별도재무제표나 해외사업장의 개별재무제표에서 당기손익으로 적절하게 인식한다. 그러나 보고기업과 해외사업장을 포함하는 재무제표(예 해외사업장이 종속기업인 경우의 연결재무제표)에서는 이러한 외환차이를 처음부터 기타포괄손익으로 인식하여야 한다.

9 기능통화에서 표시통화로 환산하면서 발생한 외환차이는 현재와 미래의 영업현금흐름에 직접적으로 영향을 미치므로 당해 외환차이를 당기손익으로 인식한다.

10 해외사업장을 처분하는 경우에는 기타포괄손익으로 인식한 해외사업장관련 외환차이의 누계액은 해외사업장의 처분손익을 인식하는 시점에 자본에서 당기손익으로 재분류조정한다.

해 답

answer

1 ○

2 × 기능통화는 그와 관련된 실제 거래, 사건과 상황을 반영한다. 따라서 일단 기능통화를 결정하면 변경하지 아니한다. 다만 실제 거래, 사건 상황에 변화가 있다면 변경할 수 있으며, 기능통화의 변경에 따른 효과는 전진적용하여 회계처리한다.

3 ○

4 × 보고기업에 속해 있는 개별기업의 경영성과와 재무상태는 보고기업이 재무제표를 보고하는 통화로 환산한다. 즉, 보고기업에 속해 있는 각 기업의 기능통화가 보고기업의 표시통화와 다른 경우에는 그 경영성과와 재무상태를 보고기업의 표시통화로 환산해야 한다.

5 ○

6 × 보고기간 말에 공정가치로 측정하는 비화폐성 외화항목은 공정가치가 결정된 날의 환율로 환산한다.

7 ○

8 ○

9 × 기능통화에서 표시통화로 환산하면서 발생한 외환차이는 현재와 미래의 영업현금흐름에 직접적으로 영향을 미치지 않거나 거의 미치지 않으므로 당기손익으로 인식하지 아니하고 기타포괄손익으로 인식한다.

10 ○

실전형 연습문제

01 선다형

1 A회사는 통신 및 관측에 사용되는 민간용 인공위성을 제조 판매하는 한국기업이다. 아래 자료를 이용하여 기능통화, 표시통화 및 외화의 정의와 A회사의 경영환경을 고려하여 A회사의 기능통화와 표시통화, 그리고 외화는 어떠한 통화인지 설명하시오. (회계사 2010)

> (1) 인공위성의 제조판매 산업은 단위당 판매금액이 ₩100억 이상이며, 매출순이익률(당기순이익/매출)이 80% 내외가 되는 높은 이익률이 보장된 산업이다.
>
> (2) A회사가 생산하는 인공위성의 수요자 중 90%는 유럽연합(EU)에 속한 국가의 통신회사이고, 나머지 10%는 미국의 통신회사이다. 따라서 A회사는 영업활동이 이루어지는 주된 경제 환경인 유럽의 법규와 제품규격에 맞게 제품을 생산하며, 제품의 가격 역시 해당 기준 충족 여부에 따라 차이가 있다.
>
> (3) A회사의 매매계약서에 표시된 인공위성 제품의 가격은 수요자가 속한 국가의 통화인 유로 또는 달러로 표시하고, 제품이 판매되는 거래일의 국제환율을 적용하여 구매자로부터 유럽통화인 유로로 수령하여 보유 관리한다. A회사가 인공위성을 제조하는데 필요한 부품의 매입과 제작에 종사하는 근로자의 임금지급 결제통화는 한국통화인 원화이다.

	기능통화	표시통화	외화		기능통화	표시통화	외화
①	원	달러	원, 유로	②	유로	달러	원, 유로
③	유로	원	달러, 원	④	달러	원	원, 유로
⑤	달러	유로	원, 유로				

해답

기능통화는 영업활동이 이루어지는 주된 경제 환경의 통화를 말하며, 재화와 용역의 공급가격에 주로 영향을 미치는 통화를 말한다. 여기서는 재화의 판매가격이 주로 유로화로 결정되므로, A회사의 기능통화는 유로화이며, 유로화 이외의 통화가 외화가 된다.

③

2 ㈜대한의 기능통화는 원화이다. ㈜대한은 20×1년 7월 1일에 은행으로부터 미화 1,000달러를 1년 만기로 차입하였다. 차입금의 표시이자율은 연 6%이며, 만기시점에 원금과 이자를 일시상환하는 조건이다. 차입기간 중 달러화 대비 원화의 환율변동내역은 다음과 같다.

구 분	일자 또는 기간	환율(₩/$)
차입일	20×1년 7월 1일	₩1,100
평 균	20×1년 7월 1일부터 20×1년 12월 31일까지	₩1,080
기 말	20×1년 12월 31일	₩1,050
평 균	20×2년 1월 1일부터 20×2년 6월 30일까지	₩1,020
상환일	20×2년 6월 30일	₩1,000

㈜대한은 20×2년 6월 30일에 외화차입금의 원리금을 모두 상환하였다. ㈜대한의 20×2년도 포괄손익계산서에 당기손익으로 보고되는 외환차이(환율변동손익)는 얼마인가? 단, 이자비용은 월할 계산한다. (회계사 2018)

① ₩52,100 손실　② ₩50,900 손실　③ ₩50,000 이익
④ ₩50,900 이익　⑤ ₩52,100 이익

해답

(1) 20×2년 초 차입금 : $1,000×₩1,050 = 1,050,000
(2) 20×2년 초 미지급이자 : $1,000×6%×6/12×₩1,050 = 31,500
(3) 20×2년 6월 30일 상환금액 : $1,000×₩1,000 = 1,000,000
(4) 20×2년 6월 30일 이자지급액 : $1,000×6%×₩1,000 = 60,000
(5) 20×2년 총당기손익 : (1,050,000 + 31,500) − (1,000,000 + 60,000) = (+)21,500
(6) 20×2년의 이자비용 : $1,000×6%×6/12×₩1,020 = (−)30,600
(7) 20×2년 환율변동손익 : 21,500 + 30,600 = (+)52,100
(8) 참고용 회계처리

20×2년	(차) 미지급이자	31,500 ①	(대) 현 금	1,060,000 ③
	차 입 금	1,050,000 ②	환율변동이익	52,100 ⑤
	이자비용	30,600 ④		

⑤

3 ㈜대한(기능통화는 원화(₩)임)의 다음 외화거래 사항들로 인한 손익효과를 반영하기 전 20×1년 당기순이익은 ₩20,400이다. 아래의 외화거래들을 반영한 후 ㈜대한의 20×1년 포괄손익계산서의 당기순이익은 얼마인가? (회계사 2021)

(1) ㈜대한은 20×1년 11월 1일에 재고자산 ¥500을 현금 매입하였으며 기말 현재 순실현가능가치는 ¥450이다. ㈜대한은 계속기록법과 실지재고조사법을 병행·적용하며 장부상 수량은 실제수량과 같았다.

(2) ㈜대한은 20×1년 1월 1일에 일본 소재 토지를 장기 시세차익을 얻을 목적으로 ¥2,000에 현금 취득하였으며 이를 투자부동산으로 분류하였다. 동 토지(투자부동산)에 대해 공정가치모형을 적용하며 20×1년 12월 31일 현재 공정가치는 ¥2,200이다.

(3) 20×1년 각 일자별 환율정보는 다음과 같다.

구분	20×1. 1. 1	20×1. 11. 1	20×1. 12. 31	20×1년 평균
₩/¥	₩10.0	₩10.3	₩10.4	₩10.2

(4) 기능통화와 표시통화는 모두 초인플레이션 경제의 통화가 아니다. 거래일을 알 수 없는 수익과 비용은 해당 회계기간의 평균환율을 사용하여 환산하며, 설립 이후 기간에 환율의 유의한 변동은 없었다.

① ₩23,750 ② ₩23,000 ③ ₩22,810
④ ₩21,970 ⑤ ₩21,930

해답

(1) 재고자산평가손익 : ¥450×₩10.4－¥500×₩10.3＝(−)470
(2) 투자부동산평가손익 : ¥2,200×₩10.4－¥2,000×₩10.0＝2,880
(3) 당기손익 : 20,400－470＋2,880＝22,810

③

4 기능통화가 원화인 ㈜대한이 20×1년 12월 31일 현재 보유하고 있는 외화표시 자산과 외화표시 부채와 관련된 자료는 다음과 같다.

계정과목	외화표시금액($)	최초인식금액(₩)
매출채권	200	185,000
FVOCI측정 금융자산	45	43,000
재고자산	160	158,000
선 수 금	30	28,000
차 입 금	150	140,000

(1) 기타포괄손익-공정가치측정 금융자산은 지분상품으로 $45에 취득하였으며, 20×1년 말 공정가치는 $50이다.

(2) 20×1년 말 재고자산의 순실현가능가치는 $150이다. 20×1년 말 마감환율은 ₩1,000/$이다.

상기 외화표시 자산 · 부채에 대한 기말평가와 기능통화로의 환산이 ㈜대한의 20×1년도 포괄손익계산서 상 당기순이익에 미치는 영향은 얼마인가? 단, 상기 자산 · 부채는 모두 20×1년 중에 최초 인식되었고, 위험회피회계가 적용되지 않는다. (회계사 2025)

① ₩5,000 감소 ② ₩3,000 감소 ③ ₩4,000 증가
④ ₩5,000 증가 ⑤ ₩7,000 증가

해답

(1) 기타포괄금융자산은 환율변동손익을 기타포괄손익으로 인식하며, 선수금은 비화폐성항목이면서 원가측정 항목이므로 환율변동손익을 인식하지 않는다. 또한 재고자산은 저가평가를 수행하여 당기손실로 반영한다.

(2) 따라서 당기손익으로 인식하는 환율변동손익과 자산평가손익은 다음과 같다.

구 분	외화금액	마감환율	보고기간말	최초인식액	관련손익
매출채권	$200	₩1,000	200,000	185,000	15,000
재고자산	$150	₩1,000	150,000	158,000	(8,000)
차 입 금	($150)	₩1,000	(150,000)	(140,000)	(10,000)
순합계			200,000	203,000	(3,000)

②

5 20×1년 초에 ㈜갑은 지분 100%를 소유한 해외종속기업 ㈜ABC에 무이자로 $1,000을 대여하였다. ㈜갑의 기능통화와 표시통화는 원화(₩)이고, ㈜ABC의 기능통화는 달러화($)이다. 동 외화대여금은 해외사업장에 대한 순투자의 일부에 해당한다. 20×1년도에 동 외화대여금과 관련된 회계처리(연결절차 포함)는 모두 적절히 수행되었다. ㈜갑이 작성하는 20×1년 말 연결재무상태표상 외화대여금의 잔액과 동 회계처리가 20×1년도 연결포괄손익계산서상 기타포괄이익에 미치는 영향은 각각 얼마인가? 단, 20×1년 초 연결재무상태표상 외화대여금 잔액은 ₩0이고, 동 외화대여거래 이외에 다른 거래는 없었으며, 20×1년 환율정보는 다음과 같다. (회계사 2015)

구 분	20×1년 1월 1일	20×1년 평균	20×1년 12월 31일
현물환율(₩/$)	₩1,000	₩1,050	₩1,100

	외화대여금	기타포괄이익		외화대여금	기타포괄이익
①	₩0	₩100,000 증가	②	₩0	영향없음
③	₩1,000,000	영향없음	④	₩1,100,000	영향없음
⑤	₩1,100,000	₩100,000 증가			

해 답

(1) 외화대여금의 환율변동손익 : $1,000×(₩1,100－₩1,000)＝(+)100,000 ➡ 기타포괄손익인식

(2) 외화대여금은 연결재무제표작성시 내부거래 채권·채무의 제거분개로 인해 인식되지 않는다.

①

6 ㈜갑은 20×1년 초에 설립되었으며, 미국달러화(USD)를 기능통화로 사용하여 왔다. 20×3년 초 주된 경제환경의 변화로 인해 ㈜갑은 원화(KRW)를 새로운 기능통화로 결정하였다. 달러화로 측정된 ㈜갑의 20×3년 초 현재 요약재무상태표와 환율정보는 다음과 같다. 20×3년 초 현재 새로운 기능통화로 환산된 재무상태표 상 자본금, 이익잉여금 및 환산차이(기타포괄손익누계액)는 각각 얼마인가? (회계사 2014)

요약재무상태표

㈜갑 20×3년 1월 1일 현재 (단위 : 달러)

자 산	$ 8,400	부 채	$ 5,250
		자 본 금	2,000
		이익잉여금	1,150
자산총계	$ 8,400	부채 및 자본총계	$ 8,400

(1) 자본금은 설립시의 발행금액으로서 설립 후 변동은 없다. 또한 20×1년과 20×2년의 당기순이익은 각각 $450과 $700이다.

(2) ㈜갑의 설립시부터 20×3년 초까지 환율변동정보는 다음과 같다.

연 도	기 초	평 균	기 말
20×1년	₩1,000	₩1,020	₩1,050
20×2년	₩1,050	₩1,080	₩1,100

	자본금	이익잉여금	환산차이
①	₩ 2,200,000	₩ 1,265,000	변동없음
②	₩ 2,200,000	₩ 1,215,000	₩ 50,000
③	₩ 2,000,000	₩ 1,265,000	₩ 185,000
④	₩ 2,000,000	₩ 1,242,500	₩ 222,500
⑤	₩ 2,000,000	₩ 1,215,000	₩ 250,000

해답

(1) 기능통화의 변경에 따른 효과는 전진적용하여 회계처리한다. 즉, 기능통화가 변경된 날의 환율을 사용하여 모든 항목을 새로운 기능통화로 환산한다. 비화폐성항목의 경우에는 새로운 기능통화로 환산한 금액이 역사적원가가 된다.

(2) 자본금 : $2,000×₩1,100 = 2,200,000

(3) 이익잉여금 : $1,150×₩1,100 = 1,265,000

(4) 기타포괄손익누계액 : 변동없음

①

7 ㈜한국은 20×1년 초 미국에 지분 100%를 소유한 해외현지법인 ㈜ABC를 설립하였다. 종속기업인 ㈜ABC의 기능통화는 미국달러화($)이며 지배기업인 ㈜한국의 표시통화는 원화(₩)이다. ㈜ABC의 20×2년 말 요약재무상태표와 환율변동정보 등은 다음과 같다. 20×2년 말 ㈜ABC의 재무제표를 표시통화인 원화로 환산하는 과정에서 대변에 발생한 외환차이가 ₩100,000일 때, 20×1년 말 ㈜ABC의 원화환산 재무제표의 이익잉여금은 얼마인가? (회계사 2020)

요약재무상태표

㈜ABC 20×2. 12. 31. 현재 (단위 : $)

자 산	3,000	부 채	1,500
		자본금	1,000
		이익잉여금	500
	3,000		3,000

(1) 자본금은 설립 당시의 보통주 발행금액이며, 이후 변동은 없다.

(2) 20×2년의 당기순이익은 $300이며, 수익과 비용은 연중 균등하게 발생하였다. 그 외 기타 자본변동은 없다.

(3) 20×1년부터 20×2년 말까지의 환율변동정보는 다음과 같다. 한편, 기능통화와 표시통화는 모두 초인플레이션 경제의 통화가 아니다. 수익과 비용은 해당 회계기간의 평균환율을 사용하여 환산하며, 설립 이후 기간에 환율의 유의한 변동은 없었다.

	기초(₩/$)	평균(₩/$)	기말(₩/$)
20×1년	800	?	850
20×2년	850	900	1,000

① ₩30,000 ② ₩100,000 ③ ₩130,000
④ ₩300,000 ⑤ ₩330,000

해답

(1) 20×2년 말 순자산 : $1,500×₩1,000 = 1,500,000

(2) 20×1년 초 순자산 : $1,000×₩800 = 800,000

(3) 20×2년 당기순이익 : $300×₩900 = 270,000

(4) 2년간 자본의 증가액 : 1,500,000 − 800,000 = 700,000

(5) 20×2년 말 해외사업환산이익 : 자본증감 700,000 − 20×1년 순이익 ***X*** − 20×2년 순이익 270,000 = 100,000

(6) 20×1년 당기순이익(***X***) : 330,000

⑤

8 ㈜대한은 20×1년 초 설립된 해운기업이다. 우리나라에 본사를 두고 있는 ㈜대한의 표시통화는 원화(₩)이나, 해상운송을 주된 영업활동으로 하고 있어 기능통화는 미국달러화($)이다. 기능통화로 표시된 ㈜대한의 20×1년 및 20×2년 요약 재무정보(시산표)와 관련 정보는 다음과 같다. ㈜대한의 20×1년도 및 20×2년도 원화(₩) 표시 포괄손익계산서 상 총포괄이익은 각각 얼마인가?

(회계사 2022)

(1) ㈜대한의 20×1년 및 20×2년 요약 재무정보(시산표)는 다음과 같다.

계정과목	20×1년		20×2년	
	차변	대변	차변	대변
자 산	$3,000	-	$4,000	-
부 채	-	$1,500	-	$2,300
자 본 금	-	1,000	-	1,000
이익잉여금	-	-	-	500
수 익	-	2,500	-	3,000
비 용	2,000	-	2,800	-
합 계	$5,000	$5,000	$6,800	$6,800

(2) 기능통화와 표시통화는 모두 초인플레이션 경제의 통화가 아니며, 설립 이후 환율에 유의적인 변동은 없었다. 수익과 비용은 해당 회계기간의 연평균환율을 사용하여 환산한다. 20×1년 및 20×2년 환율(₩/$) 변동정보는 다음과 같다.

구 분	기초	연평균	기말
20×1년	₩1,000	₩1,100	₩1,200
20×2년	₩1,200	₩1,150	₩1,100

	20×1년	20×2년		20×1년	20×2년
①	₩600,000	₩120,000	②	₩600,000	₩320,000
③	₩800,000	₩70,000	④	₩800,000	₩120,000
⑤	₩800,000	₩320,000			

해답

(1) 20×1년 총포괄손익

① 20×1년 초 순자산 : $1,000×₩1,000 = 1,000,000

② 20×1년 말 순자산 : ($3,000 - $1,500)×₩1,200 = 1,800,000 → 총포괄손익 : 800,000

20×1년	(차) 기말순자산	1,800,000 ②	(대) 기초순자산	1,000,000 ①
			당기순이익	550,000 ③
			기타포괄이익	250,000 ④

(2) 20×2년 총포괄손익

① 20×2년 초 순자산 : ($3,000 - $1,500) × ₩1,200 = 1,800,000

② 20×2년 말 순자산 : ($4,000 - $2,300) × ₩1,100 = 1,870,000 → 총포괄손익 : 70,000

20×2년	(차) 기말순자산	1,870,000 ②	(대) 기초순자산	1,800,000 ①
	기타포괄손실	160,000 ④	당기순이익	230,000 ③

(3) 총포괄손익만의 계산을 요구하고 있으므로, 기초순자산과 기말순자산의 변동을 이용해서 위와 같이 간편하게 계산하면 된다. 해외사업장의 당기순이익과 기타포괄이익을 구분하여 각각 계산할 필요가 없다.

③

02 환율변동회계

(회계사 2010)

A회사의 기능통화는 원화이며, 달러화 대비 원화의 환율이 다음과 같을 때 아래의 각 독립적 물음에 답하시오.

구 분	20×1년 10월 1일	20×1년 12월 31일	20×2년 3월 1일
환 율	₩1,000	₩1,040	₩1,020

물음 Question

1. A회사는 20×1년 10월 1일 미국에 $1,000의 외상매출을 하였다. A회사가 20×2년 3월 1일에 동 매출채권 전액을 회수하였을 때 행할 회계처리를 제시하시오.
2. A회사는 20×1년 10월 1일 미국으로부터 재고자산 $1,000을 매입하여 20×1년 12월 31일 현재 보유하고 있다. A회사는 재고자산을 취득원가와 순실현가능가치 중 낮은 가격으로 측정한다. 20×1년 12월 31일 현재 외화표시 재고자산의 순실현가능가치가 $980일 경우에 A회사가 기능통화 재무제표에 표시할 재고자산의 장부금액을 계산하시오.
3. A회사는 20×1년 10월 1일 미국에 소재하는 사업목적의 토지를 $12,000에 취득하였고, 20×1년 12월 31일 현재 토지의 공정가치는 $13,000이다. A회사가 20×2년 3월 1일에 토지의 1/4을 $5,000에 매각하였을 때, 원가모형에 의한 유형자산처분이익(또는 손실)을 계산하시오. 단, 손실의 경우에는 금액 앞에 (-)표시할 것.
4. A회사는 매년 재평가를 실시한다고 가정하고, [물음3]에서 재평가모형에 의한 A회사의 유형자산처분이익(또는 손실)을 계산하시오. 단, 손실의 경우에는 금액 앞에 (-)표시할 것.
5. A회사는 20×1년 10월 1일 미국회사가 발행한 지분상품을 $5,000에 취득하였고, 20×1년 12월 31일 현재 지분상품의 공정가치는 $6,000이다. A회사는 20×2년 3월 1일에 지분상품 전부를 $7,000에 처분하였다. A회사가 지분상품의 공정가치평가손익을 당기손익으로 인식하는 경우, 20×2년 3월 1일에 행할 회계처리를 제시하시오.

해답 answer

1. 매출채권회수시의 회계처리

20×2. 3. 1	(차) 현 금	1,020,000 *2	(대) 매출채권	1,040,000 *1
	외환손실	20,000		
	*1 장부상환율(전기말 환율)을 적용함		*2 결제일의 현물환율을 적용함	

2. 재고자산

재고자산의 순실현가치	$980 × ₩1,040 =	1,019,200
재고자산의 취득원가	$1,000 × ₩1,000 =	1,000,000
재고자산평가손실		-

∴ 재고자산의 장부금액 : 1,000,000

3. 원가모형의 처분손익

토지의 처분가액	$5,000 × ₩1,020 =	5,100,000
토지의 장부금액	$12,000 × 1/4 × ₩1,000 =	3,000,000
토지의 처분손익		2,100,000

20×1.10. 1	(차) 토 지	12,000,000	(대) 현 금	12,000,000
20×2. 3. 1	(차) 현 금	5,100,000	(대) 토 지	3,000,000
			유형자산처분이익	2,100,000

4. 재평가모형의 처분손익

토지의 처분가액	$5,000 × ₩1,020 =	5,100,000
토지의 장부금액	$13,000 × 1/4 × ₩1,040 =	3,380,000
토지의 처분손익		1,720,000

20×1.10. 1	(차) 토 지	12,000,000	(대) 현 금	12,000,000
20×1.12.31	(차) 토 지	1,520,000	(대) 재평가잉여금	1,520,000
20×2. 3. 1	(차) 현 금	5,100,000	(대) 토 지	3,380,000
			유형자산처분이익	1,720,000
	(차) 재평가잉여금	380,000	(대) 미처분이익잉여금	380,000

5. 당기손익인식 지분상품

20×2. 3. 1	(차) 당기손익금융자산	900,000 *1	(대) 금융자산평가이익	900,000
	(차) 현 금	7,140,000	(대) 당기손익금융자산	7,140,000
	*1 처분시공정가치 $7,000 × ₩1,020 - 장부금액 $6,000 × ₩1,040 = 900,000			

03 외화자산의 환율변동효과

(회계사 2017)

㈜한국의 기능통화는 원화이다. 다음에 제시되는 물음은 각각 독립적이다. 단, 영향을 묻는 경우에는 금액 앞에 증가(+) 또는 감소(-)를 표기하고, 손익을 묻는 경우에는 금액 앞에 이익(+) 또는 손실(-)을 표시하시오.

물음 Question

1. ㈜한국은 20×1년 11월 1일에 원가 ₩80,000인 상품을 $100에 수출하고, 수출대금은 20×2년 2월 28일에 전액 수령하였다. 동 거래가 ㈜한국의 20×1년 및 20×2년의 당기순이익에 미치는 영향을 각각 계산하시오. 일자별 환율정보는 다음과 같다.

20×1년 11월 1일	20×1년 12월 31일	20×2년 2월 28일
₩1,010	₩1,040	₩1,020

2. ㈜한국은 20×1년 9월 1일에 외국시장에 상장되어 있는 ㈜미국의 주식(A)을 $200에 취득하고 이를 기타포괄손익-공정가치 측정 금융자산으로 분류하였다. 20×1년 12월 31일 현재 A주식의 공정가치는 $220이며, 일자별 환율정보는 다음과 같다. A주식의 후속측정(기말평가 및 기능통화환산)이 ㈜한국의 20×1년도 당기순이익과 기타포괄이익에 미치는 영향을 각각 계산하시오.

20×1년 9월 1일	20×1년 12월 31일
₩1,000	₩970

3. ㈜한국은 20×1년 1월 1일에 ㈜일본이 발행한 외화 사채(B)를 ¥8,969에 취득하였다. 외화사채(B)는 액면금액이 ¥10,000이며, 발행일은 20×1년 1월 1일, 만기일은 20×3년 12월 31일이다. 표시이자율은 4%이며, 매년말 지급조건이다. 취득시점의 시장(유효)이자율은 8%이며, 20×1년 말 현재 공정가치은 ¥9,400이다. 환율정보는 다음과 같다.

20×1년 1월 1일	20×1년 평균	20×1년12월 28일
₩10/¥	₩11/¥	₩12/¥

(1) ㈜한국이 위 외화사채(B)를 상각후원가측정 금융자산으로 분류한 경우, 동 사채와 관련하여 20×1년도 포괄손익계산서에 보고할 이자수익과 환율변동손익을 각각 계산하시오. 단, 외화기준 이자금액을 소수점 첫째 자리에서 반올림하여 정수로 산출한 후에 기능통화 환산을 수행하시오.

(2) ㈜한국이 위 외화사채(B)를 기타포괄손익-공정가치측정 금융자산으로 분류한 경우, 동 사채와 관련하여 20×1년도 포괄손익계산서에 보고할 기타포괄평가손익을 계산하시오. 단, 외화기준 이자금액을 소수점 첫째자리에서 반올림하여 정수로 산출한 후에 후속측정을 수행하시오.

해답

1. 외화매출채권관련 손익

(1) 20×1년 11월 1일 매출총이익 : $100×₩1,010 - 80,000 = 21,000

(2) 20×1년 12월 31일 매출채권의 외화환산손익 : $100×₩1,040 - $100×₩1,010 = 3,000

(3) 20×2년 2월 28일 매출채권의 외환차손익 : $100×₩1,020 - $100×₩1,040 = (-)2,000

(4) ㈜한국의 ① **20×1년의 당기손익은 (+)24,000**이며, ② **20×2년의 당기손익은 (-)2,000**이다.

2. 기타포괄지분상품관련 손익

(1) 20×1년 12월 31일 기타포괄평가손익 : $220×₩970 - $200×₩1,000 = (+)13,400

(2) ㈜한국의 ③ **20×1년의 당기손익은 없으며**, ④ **20×2년의 기타포괄손익은 (+)13,400**이다.

3-1. 상각후원가금융자산으로 분류되는 투자사채관련 손익

(1) 상각후원가금융자산(초) : ¥8,969×₩10 = 89,690

(2) 상각후원가금융자산(말) : ¥8,969×1.08 - 4,000 = ¥9,287 ➡ ¥9,287×₩12 = 111,444

(3) 현금수령액(말) : ¥400×₩12 = 4,800

(4) 20×1년 초 이자수익 : ¥8,969×8% = ¥718 ➡ ¥718×₩11 = 7,898

(5) 회계처리로 인한 풀이 (간편법)

20×1년	(차) 상각후원가금융자산(말)	111,444 ②	(대) 상각후원가금융자산(초)	89,690 ①
	현　　금	4,800 ③	이자수익	7,898 ④
			환율변동이익	18,656 ⑤

(6) 20×1년에 **이자수익으로 인식할 금액은 ⑤ ₩7,898이며, 환율변동손익은 ⑥ (+)₩18,656**이다.

3-2. 기타포괄금융자산으로 분류되는 기타포괄평가손익

(1) 기타포괄금융자산의 상각후원가(말) : ¥8,969×1.08 - 4,000 = ¥9,287 ➡ ¥9,287×₩12 = 111,444

(2) 기타포괄금융자산의 공정가치(말) : ¥9,400×₩12 = 112,800

(3) **20×1년 기타포괄평가손익** : 112,800 - 111,444 = ⑦ **(+)1,356**

(4) 회계처리로 인한 풀이 (참고용)

20×1년	(차) 기타포괄금융자산(말)	112,800 ②	(대) 기타포괄금융자산(초)	89,690 ①
	현　　금	4,800 ③	이자수익	7,898 ④
			환율변동이익	18,656 ⑤
			기타포괄평가이익	1,356 ⑥

04 2기간 재무제표의 표시통화 환산

A조선은 20×1년 설립되었으며, 한국에 소재하고 있으나 주요 매출과 매입거래가 모두 달러화로 이루어져 기능통화로 달러화(USD)를 사용하여 재무제표를 작성하고 있다. 매 보고기간 말 A조선은 달러표시재무제표를 재무보고목적으로 표시통화인 원화(KRW)표시 재무제표로 환산을 수행하고 있다.

(1) 20×1년 말과 20×2년 말의 재무상태표

재무상태표

자 산	20×1년말	20×2년말	부채와 자본	20×1년말	20×2년말
현금및현금성자산	$ 130	$ 90	매입채무	$ 100	$ 110
단기매매증권	420	650	당기법인세부채	90	90
순매출채권	180	200	사 채	500	600
재고자산	150	140	사채할인발행차금	(30)	(25)
관계기업투자주식	200	230	이연법인세부채	130	30
토 지	500	600	자 본 금	1,200	1,200
기계장치	1,000	1,100	이익잉여금	10	450
감가상각누계액	(580)	(555)			
합 계	2,000	2,455	합 계	2,000	2,455

(2) 20×1년과 20×2년의 포괄손익계산서

포괄손익계산서

구 분	20×1년	20×2년
매 출 액	1,300	1,500
매출원가	(1,100)	(800)
매출총이익	200	700
관리원가	(150)	(110)
기타비용	(40)	(150)
당기순이익	10	440

(3) 일자별 환율자료는 다음과 같다.

20×1. 1. 1	20×1년 평균	20×1.12.31	20×2년 평균	20×2.12.31
₩1,000/$	₩1,060/$	₩1,100/$	₩1,150/$	₩1,200/$

물음 Question

1. 표시통화로 환산된 A회사의 20×1년 말 재무상태표를 작성하시오.

2. 표시통화로 환산된 A회사의 20×2년 말 재무상태표를 작성하시오.

3. 표시통화로 환산된 A회사의 20×1년과 20×2년의 포괄손익계산서를 작성하시오.

해 답

1. 20×1년 말 재무상태표의 환산

(1) T-계정접근법

계정과목	외화금액	환 율	환산후	계정과목	외화금액	환 율	환산후
현금및현금성자산	130	₩1,100	143,000	매입채무	100	₩1,100	110,000
단기매매증권	420	₩1,100	462,000	당기법인세부채	90	₩1,100	99,000
순매출채권	180	₩1,100	198,000	사 채	500	₩1,100	550,000
재고자산	150	₩1,100	165,000	사채발행차금	(30)	₩1,100	(33,000)
지분법적용주식	200	₩1,100	220,000	이연법인세부채	130	₩1,100	143,000
토 지	500	₩1,100	550,000	자 본 금	1,200	₩1,000	1,200,000
기계장치	1,000	₩1,100	1,100,000	이익잉여금(×1)	10	₩1,060	10,600
감가상각누계액	(580)	₩1,100	(638,000)	환산누계액(×1)			120,400
합 계	2,000		2,200,000	합 계	2,000		2,200,000

(2) 분개접근법

20×1년	(차) 순자산(말)	1,331,000 ②	(대) 순자산(초)	1,200,000 ①
			당기순이익	10,600 ③
			해외사업환산이익	120,400 ④

① 기초 순자산 : $1,200×₩1,000 = 1,200,000　② 기말 순자산 : $1,210×₩1,100 = 1,331,000
③ 자본의 변동 중 당기순이익 : $10×₩1,060 = 10,600
④ 해외사업환산이익 : 자본의 변동 131,000 - 순이익 10,600 = 120,400

2. 20×2년 말 재무상태표의 환산

계정과목	외화금액	환 율	환산후	계정과목	외화금액	환 율	환산후
현금및현금성자산	90	₩1,200	108,000	매입채무	110	₩1,200	132,000
단기매매증권	650	₩1,200	780,000	당기법인세부채	90	₩1,200	108,000
순매출채권	200	₩1,200	240,000	사 채	600	₩1,200	720,000
재고자산	140	₩1,200	168,000	사채발행차금	(25)	₩1,200	(30,000)
지분법적용주식	230	₩1,200	276,000	이연법인세부채	30	₩1,200	36,000
토 지	600	₩1,200	720,000	자 본 금	1,200	₩1,000	1,200,000
기계장치	1,100	₩1,200	1,320,000	이익잉여금(×1)	10	₩1,060	10,600
감가상각누계액	(555)	₩1,200	(666,000)	이익잉여금(×2)	440	₩1,150	506,000
				환산누계액(×1)			120,400
				환산누계액(×2)			143,000
합 계	2,455		2,946,000	합 계	2,455		2,946,000

(1) 분개접근법

20×2년	(차) 순자산(말)	1,980,000 ②	(대) 순자산(초)	1,331,000 ①
			당기순이익	506,000 ③
			해외사업환산이익	143,000 ④
	① 20×2년 초의 순자산 : \$1,210×₩1,100 = 1,331,000 ② 20×2년 말의 순자산 : \$1,650×₩1,200 = 1,980,000 ③ 자본의 변동 중 당기순이익 : \$440×₩1,150 = 506,000 ④ 해외사업환산이익 : 자본의 변동 649,000 − 순이익 506,000 = 143,000			

(2) 누적분개접근법

20×2년까지	(차) 순자산(×2말)	1,980,000 ②	(대) 순자산(×1초)	1,200,000 ①
			당기순이익(×1년)	10,600 ③
			당기순이익(×2년)	506,000 ④
			해외사업환산이익(×1년)	120,400 ⑤
			해외사업환산이익(×2년)	143,000 ⑥

3. 20×1년과 20×2년의 포괄손익계산서의 작성

계정과목	20×1년			20×2년		
	외화금액	환율	환산후	외화금액	환율	환산후
매출액	1,300	1,060	1,378,000	1,500	1,150	1,725,000
매출원가	(1,100)	1,060	(1,166,000)	(800)	1,150	(920,000)
매출총이익	200		212,000	700		805,000
관리원가	(150)	1,060	(159,000)	(110)	1,150	(126,500)
기타비용	(40)	1,060	(42,400)	(150)	1,150	(172,500)
당기순이익	10		10,600	440		506,000
해외사업환산이익	−		120,400	−		143,000
포괄이익	10		131,000	440		649,000

05 보고기업 재무제표의 표시통화 환산

(회계사 2013)

달러화($)가 기능통화인 ㈜한국은 보고목적용으로 원화(₩)를 표시통화로 하여 재무제표를 작성하고 있다. 20×2년 ㈜한국의 기능통화로 작성된 시산표는 다음과 같다.

20×2년 요약 시산표

과 목	금 액	과 목	금 액
현 금	$1,200	유동부채	$1,000
재고자산	1,800	장기차입금	1,200
유형자산	2,400	자 본 금	2,000
투자자산	600	이익잉여금	1,000
매출원가	2,000	매 출	3,500
기타비용	700		

(1) 달러화($) 대비 원화(₩)의 환율 정보는 다음과 같다.

일 자	환 율
20×2년 1월 1일	$1 = ₩1,100
20×2년 평균	$1 = ₩1,080
20×2년 12월 31일	$1 = ₩1,050

(2) ㈜한국의 수익과 비용은 연중 균등하게 발생하므로 편의상 평균환율을 적용하여 환산하고, 이익잉여금을 제외한 자본 항목은 해당 거래일의 환율을 적용하여 환산한다. 달러화와 원화 모두 초인플레이션 경제에서의 통화가 아니며 20×2년 중 중요한 환율변동은 없다고 가정한다.

물음 Question

1. 20×2년 중 자본금의 변동은 없었으며, 20×1년 말 원화(₩)로 표시된 재무상태표상 자본금과 이익잉여금은 각각 ₩2,200,000과 ₩830,000이다. 단, 이하에서 사용되는 '환산차이'는 기업의 경영성과와 재무상태를 기능통화가 아닌 표시통화로 환산함에 따라 생기는 외환차이를 의미한다.
   (1) ㈜한국이 원화(₩)로 표시되는 재무제표를 작성할 때 발생하는 환산차이는 재무제표상 어떤 항목으로 보고되는지 제시하시오.
   (2) 20×2년 ㈜한국의 원화(₩)로 표시된 재무제표에 보고되는 다음 항목의 금액을 계산하시오. 단, 환산차이의 경우 손실에 해당하면 금액 앞에 (-)를 표시하시오.

항 목	금 액
순 자 산	①
자 본 금	②
이익잉여금	③
환산차이	④

해 답
answer

1. 표시통화재무제표로의 환산

(1) 표시통화재무제표로의 환산에서 발생하는 외환차이는 기타포괄손익으로 인식한다.

(2) 재무제표의 환산

계정과목	외화금액	환 율	환산후	계정과목	외화금액	환 율	환산후
현 금	$1,200	₩1,050	1,260,000	유동부채	$1,000	₩1,050	1,050,000
재고자산	1,800	₩1,050	1,890,000	장기차입금	1,200	₩1,050	1,260,000
유형자산	2,400	₩1,050	2,520,000	자 본 금	2,000	?	2,200,000
투자자산	600	₩1,050	630,000	이익잉여금	1,000	?	830,000
				당기순이익	$800	₩1,080	864,000
				해외환산차이			96,000
합 계	6,000		6,300,000	합 계	8,700		6,300,000

(3) 답안의 작성

항 목	금 액
순 자 산	① 3,990,000
자 본 금	② 2,200,000
이익잉여금	③ 1,694,000
환산차이	④ 96,000

CHAPTER

02

파생상품회계

ADVANCED ACCOUNTING

제 1 절 파생상품의 의의

1 파생상품의 의의

파생상품은 주식, 채권, 외환과 금리 등의 금융상품을 기초로 만들어진 금융상품을 말한다. 파생상품의 기초가 되는 금융상품을 기초변수 혹은 기초자산이라 하며, 파생상품(derivatives)은 이 기초변수의 미래 가격변동을 예상하여 당해 가격변동을 상품화한 신종금융상품이다.

[기초변수와 파생상품의 종류]

기 초 변 수	파생상품의 종류			
	선도거래	선물거래	옵션거래	스왑거래
일반상품의 가격	상품선도	상품선물	상품옵션	상품스왑
타기업의주식의 가격	주식선도	주식선물	주식옵션	주식스왑
환 율	통화선도	통화선물	통화옵션	통화스왑
이자율	금리선도	금리선물	금리옵션	금리스왑

(1) 파생상품 계약의 종류

실제 금융시장에서는 다양한 종류의 파생상품이 거래되고 있다. 이 중 대표적인 파생상품으로는 선도계약, 선물계약, 옵션계약과 스왑계약이 있다[1].

① 선도계약

선도계약은 미래의 일정한 시점에 계약상의 특정대상을 미리 정한 가격으로 매입하거나 매도하기로 약정한 당사자간의 계약을 말한다. 예를 들어, A회사가 B회사와 6개월 후에 $1당 ₩1,200의 금액으로 통화선도 매입계약이나 통화선도 매도계약을 체결한 경우 만기시점인 6개월 후의 실제환율에 따라 다음과 같은 손익이 발생할 수 있다.

1) 파생상품은 보통 화폐금액, 주식 수, 무게, 부피의 단위나 계약에서 정해진 그 밖의 단위를 계약단위의 수량으로 한다. 그러나 파생상품의 투자자나 발행자가 처음 계약할 때에 계약단위의 수량을 투자하거나 수취하여야 하는 것은 아니다. 이와는 달리 계약단위의 수량과 관계없는 미래사건의 결과에 따라 변동할 수 있는 금액(기초변수의 변동에 비례적이지 않음)이나 확정된 금액을 지급해야 하는 파생상품이 있을 수 있다. 예를 들면, 6개월 LIBOR가 100 베이시스 포인트 증가하면 ₩1,000을 정액으로 지급하는 계약은 비록 정해진 계약단위의 수량이 없더라도 파생상품이다.

[통화선도 매입계약을 체결한 경우]

구 분	만기시점의 실제환율		
	₩1,100/$	₩1,200/$	₩1,300/$
만기시점 고정지급액	(-)1,200	(-)1,200	(-)1,200
만기시점 변동수령액	(+)1,100	(+)1,200	(+)1,300
만기시점 정산손익	손실 100	손익 없음	이익 100

[통화선도 매도계약을 체결한 경우]

구 분	만기시점의 실제환율		
	₩1,100/$	₩1,200/$	₩1,300/$
만기시점 고정수령액	(+)1,200	(+)1,200	(+)1,200
만기시점 변동지급액	(-)1,100	(-)1,200	(-)1,300
만기시점 정산손익	이익 100	손익 없음	손실 100

② 선물계약

선물계약은 수량, 규격이나 품질 등이 표준화되어 있는 특정대상에 대하여 현재시점에서 결정된 가격에 의해 미래일정시점에 매입이나 매도할 것을 약정한 계약으로서 조직화된 시장에서 정해진 방법으로 거래되는 정형화된 계약을 말한다.

이 해 선도계약과 선물계약의 차이

당사자간의 약정인 선도거래에 시장성을 부여한 것이 선물거래이다. 두 계약은 다음과 같은 차이점이 있다. 첫째, 선물계약은 선도계약과 달리 인수도조건이 표준화된 계약이며 이는 선물계약을 위해 허가된 특정거래소에서인 선물거래소에서만 거래된다. 둘째, 선물계약은 선도계약과 달리 매일매일의 결제를 수행하게 되는데 이를 일일정산이라고 한다. 셋째, 선물계약은 계약의 이행이 결제기관에 의해 보증되므로 선도계약과 달리 계약 불이행위험이 거의 없다. 넷째, 선물계약은 선도계약과 달리 상품의 실제 인수도가 이루어지는 경우가 극히 적다. 대부분 만기 이전에 반대매매로 선물거래가 정산된다.

③ 옵션계약

옵션계약은 계약당사자간에 정하는 바에 따라 일정한 기간 내에 미리 정해진 가격으로 주식, 채권 등 특정 자산을 매입하거나 매도할 수 있는 권리에 대한 계약을 말한다. 선도거래와는 달리 옵션거래는 매입하거나 매도할 수 있는 권리만을 거래하기에 당사자에게 불리한 경우에는 이를 행사하지 않아도 되는 것이 특징이다. 이때 매입할 수 있는 권리를 콜옵션이라 하며, 매도할 수 있는 권리를 풋옵션이라 한다. 예를 들어, A회사가 B회사의 주식을 6개월 후에 1주당 ₩12,000에 매입하는 콜옵션이나, 매도할 수 있는 풋옵션을 취득한 경우 다음과 같은 정산손익이 발생할 수 있다. 단, 콜옵션이나 풋옵션의 취득원가는 발생하지 않은 것으로 가정한다.

[주식 콜옵션을 취득한 경우]

구 분	만기시점 B회사의 주식가격		
	₩11,000	₩12,000	₩13,000
콜옵션 행사시 차액	11,000 - 12,000 = (-)1,000	12,000 - 12,000 = 0	13,000 - 12,000 = (+)1,000
만기시 옵션행사여부	행사하지 않음	행사하지 않음	행사함
만기시 정산손익	없음	없음	이익 1,000

[주식 풋옵션을 취득한 경우]

구 분	만기시점 B회사의 주식가격		
	₩11,000	₩12,000	₩13,000
풋옵션 행사시 차액	12,000 - 11,000 = (+)1,000	12,000 - 12,000 = 0	12,000 - 13,000 = (-)1,000
만기시 옵션행사여부	행사함	행사하지 않음	행사하지 않음
만기시 정산손익	이익 1,000	없음	없음

④ 스왑계약

스왑계약은 미래 특정일이나 특정기간 동안 일반상품 또는 금융상품을 상대방의 일반상품이나 금융상품과 교환하는 거래를 말한다. 예를 들어, A회사와 B회사가 계약금액 ₩1,000,000이며, 현재의 시장이자율 연 12%를 기준으로 12개월 후의 시장이자율로 차액결제되는 이자율스왑 매입계약이나 매도계약을 체결한 경우 다음과 같은 정산손익이 발생할 수 있다.

[이자율스왑 매입계약을 체결한 경우]

구 분	만기시점의 시장이자율		
	11%	12%	13%
만기시 고정이자 지급	(-)120,000	(-)120,000	(-)120,000
만기시 변동이자 수령	(+)110,000	(+)120,000	(+)130,000
만기시 정산손익	손실 10,000	없음	이익 10,000

[이자율스왑 매도계약을 체결한 경우]

구 분	만기시점의 시장이자율		
	11%	12%	13%
만기시 고정이자 수령	(+)120,000	(+)120,000	(+)120,000
만기시 변동이자 지급	(-)110,000	(-)120,000	(-)130,000
만기시 정산손익	이익 10,000	없음	손실 10,000

(2) 파생상품의 요건

기준서 제1109호 '금융상품'에서는 다음의 세 가지 특성을 모두 가진 금융상품이나 기타계약을 파생상품으로 정의하고 있다.

① 기초변수의 존재

파생상품으로 정의되기 위해서는 파생상품의 가치가 기초변수의 가격변동에 따라 변동하여야 한다. 기초변수는 이자율, 금융상품가격, 일반상품가격, 환율, 가격 또는 비율의 지수, 신용등급이나 신용지수 등 파생상품의 기초가 된 변수를 말한다. 다만, 비금융변수의 경우에는 계약의 당사자에게 특정되지 아니하여야 한다. 예를 들어, 기업이 특정 지역의 온도지수에 따라 보상받는 계약을 체결하는 경우에는 해당 비금융변수가 당사자인 기업에게 특정되지 않기에 파생상품계약을 체결한 것으로 본다. 반면에, 특정 지역의 기온상승으로 인해 기업이 보유한 농작물이 피해를 본 경우에 한하여 보상받는 계약을 체결한 경우에는 해당 비금융변수가 당사자인 기업에게만 특정되기에 파생상품계약이 아닌 보험계약을 체결한 것으로 본다.

② 최초의 적은 순투자금액

파생상품을 정의하는 특성 중의 하나는 최초 계약시 순투자금액이 필요하지 않거나 시장요소의 변동에 유사한 영향을 받을 것으로 기대되는 다른 유형의 계약보다 적은 순투자금액이 필요하다는 것이다. 예를 들어, 옵션이 연계된 기초금융상품을 취득하는 경우 필요한 투자금액보다 옵션프리미엄이 작으므로, 옵션계약은 파생상품의 정의를 충족한다. 최초 계약시에 동일한 공정가치를 가지는 다른 통화를 교환하는 통화스왑의 경우에도 최초 순투자금액이 영(0)이므로, 파생상품의 정의를 충족한다.

③ 미래의 결제

파생상품으로 정의되기 위해서는 당해 상품이 거래발생일에 결제되는 것이 아니라 미래에 결제되어야 한다. 이 경우 결제방법이 총액으로 결제될 수도 있고, 차액으로 결제[2)]될 수도 있다. 파생상품으로 정의되기 위해서는 현재의 결제가 아니라 미래에 결제된다는 사실이 중요할 뿐 결제방법이 영향을 미치지는 않는다.

---

2) 따라서 현금으로 차액결제할 수 있거나 다른 금융상품을 인도하거나 발행하여 결제할 수 있는 대출약정도 파생상품이며, 비금융항목을 매입하거나 매도하는 계약을 현금이나 다른 금융상품으로 차액결제 할 수 있거나 금융상품의 교환으로 결제할 수 있는 경우에는 그 계약도 파생상품이 된다. 한편, 정형화된 매매거래의 경우에도 매매일과 결제일 사이에 거래가격을 고정하는 거래이며, 향후 총액으로 결제되므로 파생상품의 정의를 충족한다. 그러나 계약기간이 짧기 때문에 파생금융상품으로 인식하지 아니한다.

참 고 **매입에 대한 확정계약이지만 차액결제가 가능한 경우**

기업이 확정가격으로 비금융상품(예 재고자산)을 매입하거나 매도하는 확정계약을 체결한 경우, 해당 계약은 파생상품계약이 아니다. 따라서 기준서 제1037호 '충당부채와 우발부채'에 따라 손실이 예상되는 경우에만 미이행 확정계약 관련 손실충당부채를 인식한다. 하지만 기업이 확정가격으로 비금융상품을 매입하거나 매도하는 계약을 체결하면서, 만기에 현금이나 다른 금융상품으로 차액결제 할 수 있는 계약을 체결한 경우에는 해당 계약은 파생상품계약이 된다. 이 경우 기준서 제1109호 '금융상품'에 따른 파생상품의 회계처리를 수행하여 미이행 확정계약을 공정가치로 평가하여 당기손익에 반영해야 한다. 한편, 파생상품으로 분류되지 않은 확정계약이라 할지라도 그 계약을 최초 인식시점에 당기손익-공정가치 측정 항목으로 지정한 경우에는 공정가치로 평가하여 당기손익에 반영할 수도 있다.

2 파생상품의 거래목적

파생상품투자의 가장 큰 특징은 초기 순투자금액이 없다는 것이다. 따라서 파생상품은 크게 두 가지 거래목적에 의해서 투자되고 운용된다. 하나는 단기적인 매매차익을 얻기 위한 단기매매목적의 거래이고, 나머지 하나는 기초자산의 가격변동위험을 제거하기 위한 위험회피목적의 거래이다.

(1) 단기매매목적의 파생상품거래

단기매매목적 파생상품은 당해 파생상품자체의 가격변동을 예측하여, 위험을 부담하면서 가격변동에 따른 단기적 시세차익을 목적으로 파생상품을 거래하는 것을 의미한다. 이를 투기목적이라고도 한다. 기준서 제1109호 '금융상품'에서는 후술하는 위험회피목적의 파생상품을 제외한 모든 파생상품거래를 단기매매목적의 거래로 규정하고 있다. 단기매매목적으로 파생상품을 보유하고 있는 경우에는 당기손익-공정가치 측정 금융자산으로 분류한 후 관련된 회계처리를 수행하면 된다. 이에 대하여는 절을 달리하여 설명하고자 한다.

참 고 **단기매매항목으로 분류하는 금융상품**

(1) 주로 단기간에 매각하거나 재매입할 목적으로 취득하거나 부담한 금융상품
(2) 최초 인식시점에 공동으로 관리하는 특정 금융상품 포트폴리오의 일부로 운용 형태가 단기적 이익 획득 목적이라는 증거가 존재하는 금융상품
(3) 파생금융상품 (단, 위험회피수단으로 지정되고 위험회피에 효과적인 파생상품을 제외)

[단기매매목적의 파생상품]

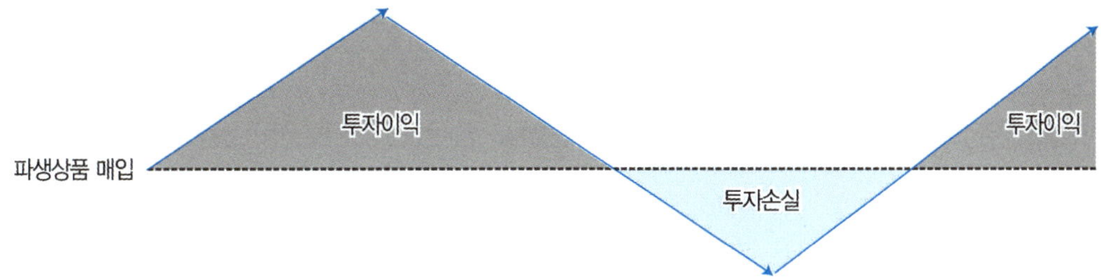

(2) 위험회피목적의 파생상품거래

위험회피목적 파생상품은 위험회피대상의 공정가치변동이나 미래현금흐름변동위험을 부분적 또는 전체적으로 상쇄하기 위해 위험회피의 수단으로 파생상품을 이용하는 것을 말한다.

① 공정가치 위험회피목적 : 유출위험회피

공정가치 위험회피목적(fair value hedge)은 특정 위험에 기인하고 당기손익에 영향을 줄 수 있는 것으로서, 인식된 자산이나 부채의 공정가치 변동이나 인식되지 않은 확정계약의 공정가치 변동 익스포저에 대한 위험을 회피하고자 위험회피수단으로 파생상품 등을 이용하는 것을 말한다.

② 현금흐름 위험회피목적 : 유입위험회피

현금흐름 위험회피목적(cash flow hedge)은 특정 위험에 기인하고 당기손익에 영향을 줄 수 있는 것으로서, 인식된 자산이나 부채로 인한 현금흐름 변동[3]이나 발생 가능성이 매우 큰 예상거래로 인한 현금흐름 변동 익스포저에 대한 위험을 회피하고자 위험회피수단으로 파생상품 등을 이용하는 것을 말한다.

③ 해외사업장순투자 위험회피목적 : 유출위험회피

해외사업장순투자에 대한 위험회피목적은 해외사업장의 순투자를 지배기업의 표시통화로 환산하는 과정에서 발생하는 환율변동 위험을 회피하고자 위험회피수단으로 파생상품 등을 이용하는 것을 말한다.

여기서 위험회피대상은 공정가치 변동위험과 현금흐름 변동위험에 노출되어 있으며, 위험회피대상으로 지정된 자산이나 부채, 확정계약, 발생가능성이 매우 높은 예상거래 또는 해외사업장순투자를 말한다. 또한 위험회피수단은 위험회피대상의 공정가치의 변동이나 현금흐름의 변동을 상쇄할 것으로 기대하여 지정한 파생상품 또는 비파생금융상품을 말한다. 위험회피목적으로 파생상품 등을 보유하는 경우에는 일반적인 회계처리가 아닌 위험회피회계를 적용하여야 한다.

---

3) 예를 들면, 기업이 변동금리 지급조건의 차입금을 보유하고 있는 경우 인식된 부채인 차입금으로 인해 미래 이자지급위험에 노출되게 된다. 또한 기업이 변동금리 수령조건의 대여금을 보유하고 있는 경우 인식된 자산인 대여금으로 인해 미래 이자수령위험에 노출되게 된다.

[위험회피목적의 파생상품]

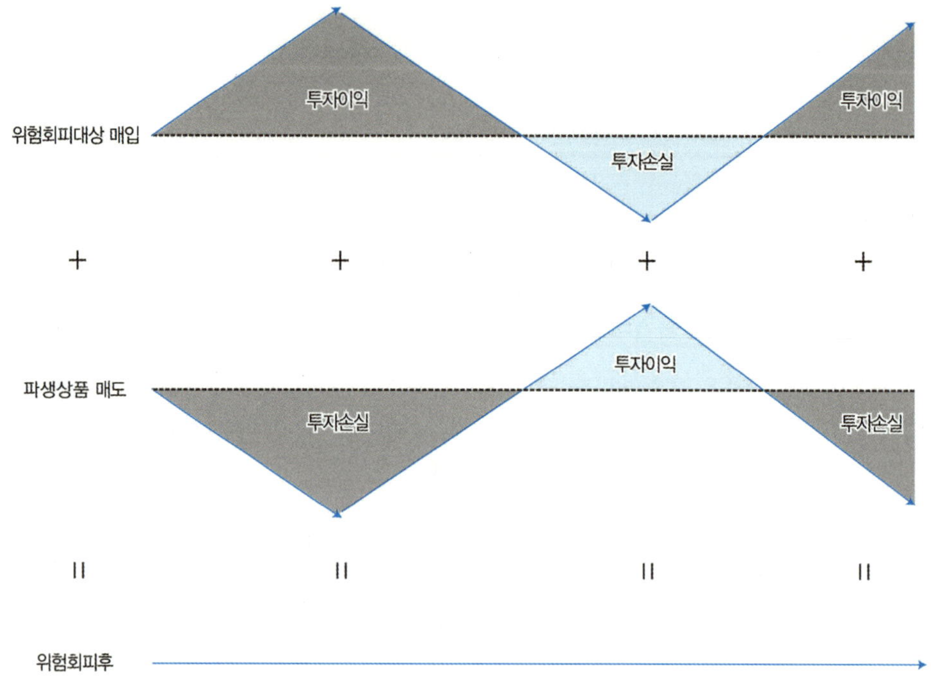

[위험의 개념과 위험회피목적의 종류]

위험회피목적	위험회피대상	위험회피수단
공정가치 위험회피	인식된 자산이나 부채의 공정가치 변동위험	파생상품 등을 이용
	미인식된 확정계약의 공정가치 변동위험	파생상품 등을 이용
현금흐름 위험회피	인식된 자산이나 부채의 현금흐름 변동위험	파생상품 등을 이용
	발생 가능한 예상거래의 현금흐름 변동위험	파생상품 등을 이용
해외사업장순투자 위험회피	해외사업장순투자의 표시통화 환산시 환율변동위험	파생상품 등을 이용

3 위험회피회계

(1) 위험회피회계의 의의

위험회피회계의 목적은 당기손익이나 기타포괄손익에 영향을 미칠 수 있는 특정 위험으로 생긴 익스포저를 관리하기 위하여 금융상품을 활용하는 위험관리 활동의 효과를 재무제표에 반영하는 것이다. 즉 위험회피회계는 위험회피대상과 위험회피수단 사이에 위험회피관계가 설정된 이후에 위험회피활동이 재무제표에 적절히 반영될 수 있도록 해당 위험회피대상과 위험회피수단에 대하여 기존의 회계처리기준과는 다른 별도의 회계처리방법을 적용하도록 하는 것을 말한다. 기업의 적극적인 위험회피활동으로 인하여 공정가치 변동위험 또는 현금흐름 변동위험이 상쇄되었음에도 일반적인 회계기준을 적용하는 경우에는 기업의 위험회피활동이 재무제표에 적절히 반영되지 못하는 경우가 생길 수 있다. 이를 위해서는 기존의 회계기준에 따른 회계처리방법과는 다른 회계처리방법을 적용해야 하며, 위험회피회계는 이러한 문제점을 해결하기 위하여 개발된 회계처리 방법이다. 이러한 의미에서 위험회피회계를 특별회계라고도 한다. 참고로 공정가치 위험회피의 대상에 대하여 위험회피회계를 적용하지 않은 경우와 위험회피회계를 적용한 경우 가격변동손익의 인식방법은 다음과 같다.

[공정가치 위험회피회계 적용시]

위험회피의 대상	가격변동손익의 인식방법	
	위험회피회계 미적용시	위험회피회계 적용시
재고자산	인식하지 않음	당기손익
원가모형을 적용한 유형자산	인식하지 않음	당기손익
재평가모형을 적용한 유형자산	당기손익이나 기타포괄손익	당기손익
상각후원가측정 채무상품	인식하지 않음	당기손익
기타포괄손익-공정가치측정 채무상품	기타포괄손익	당기손익
당기손익-공정가치측정 채무상품	당기손익	당기손익
화폐성 외화채권과 외화채무	당기손익	당기손익
미인식 확정계약	인식하지 않음	당기손익

이 해 **위험회피회계가 필요한 이유**

예를 들어 기업이 보유하고 있는 재고자산의 공정가치변동위험을 회피하고자, 당해 재고자산을 기초자산으로 하는 상품선도계약을 체결했다고 가정하자. 이 경우 재고자산의 공정가치변동이 상품선도계약의 공정가치변동과 정확히 상쇄된다고 하면 재고자산은 공정가치변동위험에서 완벽하게 회피가 된 것이므로 이에 대한 성과가 재무제표에 반영되어야 한다. 하지만 일반회계를 적용하는 경우 위험회피수단인 상품선도계약은 공정가치 변동손익을 당기손익에 반영해주지만, 위험회피대상인 재고자산은 원가평가가 원칙이므로 공정가치 변동손익을 재무제표에 인식하지 않게 되어, 측정상의 회계불균형이 이루어지게 된다. 따라서 이 경우에는 위험회피회계를 적용하여 위험회피대상인 재고자산의 공정가치 변동손익도 재무제표에 인식하여 위험회피수단의 공정가치변동손익과 대응하여 위험회피효과를 인식하게 할 필요성이 있다.

(2) 위험회피회계의 적용요건

위험회피목적으로 파생상품을 이용한다고 하여 모든 거래에서 위험회피회계를 적용하는 것은 아니다. 다음의 조건을 모두 충족하는 위험회피관계에 대해서만 위험회피회계를 적용한다.

⑴ **문서화** : 위험회피의 개시시점에 위험회피관계와 위험회피를 수행하는 위험관리의 목적과 전략을 공식적으로 지정하고 문서화한다. 이 문서에는 위험회피수단, 위험회피대상, 회피대상위험의 특성과 위험회피관계가 위험회피효과에 대한 요구사항을 충족하는지를 평가하는 방법(위험회피의 비효과적인 부분의 원인 분석과 위험회피비율의 결정 방법 포함)이 포함되어야 한다.

⑵ **적격성** : 위험회피관계는 적격한 위험회피수단과 적격한 위험회피대상으로만 구성된다.

⑶ 위험회피관계는 다음의 **위험회피효과에 관한 요구사항을 모두 충족**한다.

① **경제적 관계 존재** : 위험회피대상과 위험회피수단 사이에 경제적 관계가 있다.

② **지배적이지 않은 신용위험효과의 영향** : 신용위험의 효과가 위험회피대상과 위험회피수단의 경제적 관계로 인한 가치 변동보다 지배적이지 않다.

③ **동일한 위험회피비율** : 위험회피관계의 위험회피비율이 기업이 실제로 위험을 회피하는 위험회피대상의 수량과 위험회피대상의 수량의 위험을 회피하기 위해 기업이 실제 사용하는 위험회피수단의 수량의 비율과 같다.

① 위험회피효과

위험회피효과는 위험회피수단의 공정가치나 현금흐름의 변동이 위험회피대상의 공정가치나 현금흐름의 변동을 상쇄하는 정도이다. 위험회피에 비효과적인 부분은 위험회피수단의 공정가치나 현금흐름의 변동이 위험회피대상의 공정가치나 현금흐름의 변동보다 더 크거나 더 작은 정도이다.

② 위험회피대상과 위험회피수단 사이의 경제적 관계의 존재

위험회피대상과 위험회피수단 사이에 경제적 관계가 존재한다는 것은 위험회피수단과 위험회피대상이 같은 회피대상위험으로 인하여 일반적으로 반대 방향으로 변동하는 가치를 가지고 있다는 것이다. 경제적 관계가 존재하는 경우에만 위험회피회계를 적용할 수 있다.

③ 지배적이지 않은 신용위험효과의 영향

신용위험의 효과는 위험회피수단과 위험회피대상 사이에 경제적 관계가 있더라도 상계의 정도는 일정하지 않을 수 있다는 것을 의미한다. 위험회피수단이나 위험회피대상의 신용위험의 변동이 매우 커서 신용위험의 영향이 경제적 관계로 인한 가치 변동보다 지배적으로 발생하는 경우에는 위험회피회계를 적용할 수 없다. 지배적인지를 결정하는 규모의 수준은 기초변수의 변동이 유의적인 경우에도 신용위험으로부터의 손실이 위험회피수단이나 위험회피대상의 가치에 기초변수의 변동이 미치는 영향을 압도하는 것[4]을 말한다.

4) 신용위험이 위험회피관계를 지배하는 예로는 담보가 없는 파생상품을 사용하여 일반상품가격위험에 대한 익스포저를 위험회피하는 경우를 들 수 있다. 파생상품의 거래상대방의 신용수준이 심각하게 낮아진다면 주로 일반상품가격변동에 따라 가치가 변동하는 위험회피대상과는 달리, 위험회피수단의 공정가치에는 일반상품가격의 변동 효과 보다 거래상대방의 신용수준의 변동 효과가 더 크게 영향을 미칠 수 있다.

④ 동일한 위험회피비율

위험회피비율은 상대적인 가중치로 표현되는 위험회피대상과 위험회피수단 각각의 수량 사이의 관계를 말한다. 위험회피관계의 위험회피비율이 실제로 위험회피를 하는 위험회피대상의 수량과 기업이 그 수량을 위험회피하기 위해 사용하는 위험회피수단의 수량에 따른 위험회피비율과 같아야 위험회피회계를 적용할[5] 수 있다.

⑤ 위험회피효과 요구사항을 충족하는지를 평가하는 빈도

위험회피관계가 위험회피효과의 요구사항을 충족하는지 여부는 위험회피관계의 개시시점부터 지속적으로 평가한다. 이러한 지속적인 평가는 최소한 매 보고일이나 위험회피효과에 관한 요구사항에 영향을 미치는 상황의 유의적 변동이 있는 시점 중에서 이른 날에 수행한다. 이러한 평가는 위험회피효과에 관한 예상과 관련되므로 전진적으로만 수행한다.

4 파생상품의 인식과 측정

(1) 파생상품의 최초인식

금융자산이나 금융부채는 해당 금융상품의 계약당사자가 되는 시점에 관련된 금융자산이나 금융부채의 공정가치로 최초 측정후 인식한다. 따라서 금융상품인 파생상품도 당해 파생상품의 계약당사자가 되는 시점에 해당 계약에 따라 발생된 권리와 의무의 순금액을 공정가치로 측정하여 자산과 부채로 최초 인식하면 된다.

여기서 주의할 점은 자산과 부채로 최초에 재무제표에 계상하여야 할 금액은 권리와 의무 총공정가치가 아니라 권리와 의무의 순공정가치를 의미한다는 것이다. 예를 들어, 파생상품 중 선도계약의 경우 최초 계약체결 시점에 권리와 의무의 공정가치가 동일하다. 따라서, 선도계약의 경우 최초인식일에 권리의 공정가치에서 의무의 공정가치를 차감한 값이 영(0)이므로 재무제표에 계상되지는 않는다.

이 해 **파생상품의 최초인식시 공정가치**

파생상품을 정의하는 특성 중의 하나는 최초 계약시 순투자금액이 필요하지 않거나 시장요소의 변동에 유사한 영향을 받을 것으로 기대되는 다른 유형의 계약보다 적은 순투자금액이 필요하다는 것이다. 선도계약이나 스왑계약의 경우 최초 계약시점에 권리와 의무의 공정가치가 동일하기에 순공정가치가 영(0)이다. 따라서 최초인식일에 순투자금액이 필요하지 않으며, 관련 회계처리도 필요 없다. 하지만 옵션계약의 경우 처음 계약시점에 권리의 공정가치인 옵션프리미엄이 존재한다. 따라서 최초인식일에 해당 금액만큼의 순투자금액이 필요하며, 관련 회계처리가 필요하다.

---

5) 따라서 만일 위험회피대상의 익스포저 중 100% 미만인 85%를 위험회피한다면 그 익스포저의 85%와 이 85%를 위험회피하기 위해 실제로 사용하는 위험회피수단의 수량에 따른 위험회피비율과 같은 위험회피비율을 사용하여 위험회피관계를 지정한다. 이와 비슷하게, 금융상품 40단위의 명목금액을 사용하여 익스포저를 위험회피 한다면 40단위의 수량과 40단위로 실제로 위험회피를 하는 위험회피대상의 수량에 기초한 위험회피비율을 사용하여 위험회피관계를 지정한다.

(2) 파생상품의 후속측정

최초인식 후 파생상품은 공정가치로 후속측정을 수행한다. 여기서 공정가치는 합리적인 판단력과 거래의사가 있는 독립된 당사자 사이의 거래에서 자산이 교환되거나 부채가 결제될 수 있는 금액을 말하며, 매도 등에서 발생할 수 있는 거래원가를 차감하지 않은 금액이다.

① 단기매매목적의 파생상품

단기매매목적의 파생상품을 후속측정 하면서 발생한 공정가치변동에 따른 손익은 발생한 회계기간에 즉시 당기손익으로 인식한다.

② 위험회피목적의 파생상품

위험회피목적의 파생상품을 후속측정 하면서 발생한 공정가치변동에 따른 손익은 위험회피목적의 종류에 따라 당기손익이나 기타포괄손익으로 인식한다.

(3) 파생상품의 제거

파생상품이 만기에 청산되거나 중도에 반대매매를 통하여 청산되는 경우, 당해 청산이 금융상품의 제거요건을 충족한다면 파생상품을 재무제표에서 제거하고 제거에 따른 손익을 인식한다.

① 단기매매목적의 파생상품

단기매매목적의 파생상품을 제거하면서 발생한 결제손익은 발생한 회계기간에 즉시 당기손익으로 인식한다.

② 위험회피목적의 파생상품

위험회피목적의 파생상품을 제거하면서 발생한 결제손익은 위험회피목적의 종류에 따라 당기손익이나 기타포괄손익으로 인식한다.

제 2 절 단기매매목적의 파생상품

단기매매목적 파생상품은 당해 파생상품자체의 가격변동을 예측하여, 위험을 부담하면서 가격변동에 따른 단기적 시세차익을 목적으로 파생상품을 거래하는 것을 의미한다. 이를 투기목적이라고도 한다. 기준서 제1109호 '금융상품'에서는 위험회피목적의 파생상품을 제외한 모든 파생상품거래를 단기매매목적의 거래로 규정하고 있다. 단기매매목적으로 파생상품을 보유하고 있는 경우에는 단기매매목적의 일반 금융상품과 동일하게 당기손익-공정가치 측정 금융자산으로 분류한 후 회계처리를 수행하면 된다. 이하 파생상품 중에 가장 일반적인 거래인 선도계약을 중심으로 설명하고자 한다.

(1) 선도계약의 공정가치 산정

선물계약은 조직화된 시장에서 거래되는 것이기에 시장가격이 존재한다. 반면에, 선도계약은 거래당사자 간의 미래 결제약정이기에 시장가격이 존재하지 않는다. 따라서 선도계약의 공정가치는 현금흐름할인모형을 이용하여 다음과 같이 산정한다.

1단계 : 선도계약 결제시 미래예상 순현금흐름의 계산

선도계약에 따른 미래예상 순현금흐름을 만기시점에 계약을 이행할 때 당사자간에 수령할 금액인 매도가격과 지급할 금액인 매입가격과의 차이로 계산한다. 만약에 선도매입계약을 체결한 경우 예상 순현금흐름은 만기시점에 지급할 금액인 고정된 선도가격과 만기시점에 수령할 금액인 변동된 선도가격과의 차이로 계산한다. 아래의 통화선도계약 사례를 이용해서 설명하고자 한다.

구 분	20×1년 10월 1일 잔여만기 6개월	20×1년 12월 31일 잔여만기 3개월	20×2년 3월 31일 만기 시점
선도환율	₩1,020/ $	₩1,060/ $	₩1,100/ $

만약에 기업이 20×1년 10월 1일에 6개월의 계약 기간으로 $1당 ₩1,020의 통화선도매입계약을 체결한 경우 각 시점별 미래예상 순현금흐름은 다음과 같이 계산한다. 여기서 유의할 점은 선도계약의 만기시점에는 항상 선도가격과 현물가격이 동일해야 한다는 것이다.

[통화선도 매입계약을 체결한 경우]

구 분	20×1년 10월 1일	20×1년 12월 31일	20×2년 3월 31일
만기시점 고정된 실제 지급예상액	(-)1,020	(-)1,020	(-)1,020
만기시점 변동된 실제 수령예상액	(+)1,020	(+)1,060	(+)1,100
만기시점 미래예상 순현금흐름	-	유입 40	유입 80

2단계 : 현금흐름할인모형의 적용

미래예상 순현금흐름을 잔여만기에 대하여 적절한 이자율로 할인하여 각 시점별 선도계약의 공정가치를 산정한다. 미래예상 순현금흐름은 현재시점의 현금흐름이 아니라 만기시점의 현금흐름이므로 선도계약의 각 시점별 공정가치를 구하기 위해서는 이를 적절한 할인율[6]로 할인해야 한다. 위의 사례에서 통화선도의 공정가치를 측정하기 위한 적절한 할인율은 10%인 것으로 가정한다.

[통화선도 매입계약을 체결한 경우]

구 분	현재가치 고려전	현재가치 고려	현재가치 고려후
계약체결일 : 20×1.10. 1	-	$\div(1+10\%)^{181/365}$	-
후속측정일 : 20×1.12.31	(+)40	$\div(1+10\%)^{90/365}$	(+)39
제거일시점 : 20×2. 3.31	(+)80	$\div(1+10\%)^{0/365}$	(+)80

(2) 파생상품관련 손익의 처리

단기매매목적의 파생상품을 후속측정하면서 발생한 공정가치변동에 따른 손익은 발생한 회계기간에 즉시 당기손익으로 인식한다.

[단기매매목적 파생상품의 회계처리]

계약체결일	회계처리 없음			
보고기간말	(차) 파생상품자산	××× ①	(대) 파생상품평가이익	××× ②
만기결제일	(차) 파생상품자산	××× ③	(대) 파생상품평가이익	××× ④
	현 금	××× ⑥	파생상품자산	××× ⑤

[통화선도계약의 공정가치변동]

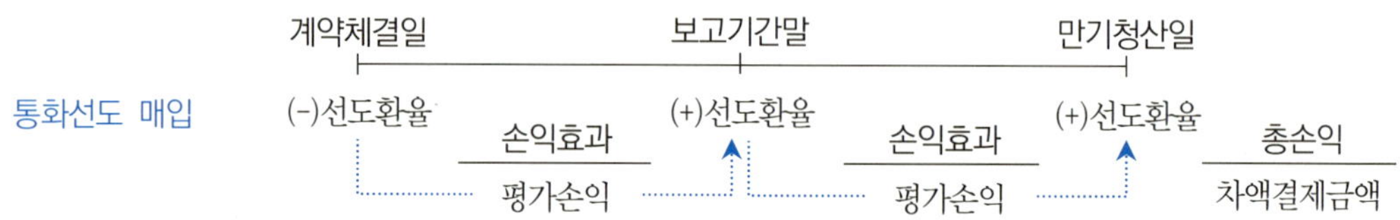

6) 이 경우 적절한 할인율은 선도계약당사자의 신용위험이 반영된 이자율이어야 하나 실무적 적용가능성을 고려하여 계약당사자의 동일신용위험을 가정한 이자율을 사용할 수도 있다. 예를 들어 통화선도계약 당사자에 대하여 우대금리수준의 위험을 가정한다면 원화대 외화 거래의 경우 주거래은행의 우대금리를 적절한 할인율로 사용할 수 있는 것이다.

예제 1 단기매매목적의 파생상품

12월 결산법인인 A회사는 단기적인 원화의 환율상승을 예상하고, 금융기관과 다음과 같은 통화선도거래계약을 체결하였다.

(1) 통화선도거래계약 체결일은 20×1년 10월 1일이며, 계약기간은 20×2년 3월 31일까지 6개월이다. 계약조건은 20×2년 3월 31일에 $1,000을 계약체결일의 선도환율인 $1당 ₩1,100에 매입하는 것이다.

(2) 통화선도의 공정가치를 측정하기 위한 적절한 할인율은 10%이며, 현재가치계산시 불연속연복리를 가정한다. 10%의 현가계수는 $1 \div (1+10\%)^{181/365} = 0.95384$이며, $1 \div (1+10\%)^{90/365} = 0.97677$임

(3) 시점별 현물환율과 선도환율은 다음과 같다.

구 분	20×1년 10월 1일	20×1년 12월 31일	20×2년 3월 31일
현물환율	₩1,050/ $	₩1,120/ $	₩1,180/ $
선도환율	₩1,100/ $	₩1,140/ $	-

물음 Question

1. 상기 통화선도계약의 일자별 공정가치를 계산하시오.
2. A회사가 각 일자에 수행해야할 회계처리를 제시하시오. 단, 만기 청산시 차액결제를 수행한다고 가정한다.
3. 통화선도거래의 공정가치 산정시 현재가치 할인효과를 반영하지 않는 경우 [물음1]에 답하시오.
4. A회사가 통화선도거래에 대하여 매입포지션을 취하지 않고, 매도포지션을 취한 경우 [물음1]에 답하시오. 단 현재가치 할인효과는 반영하지 않는다.

해답 answer

1. 거래의 분석과 통화선도계약의 공정가치

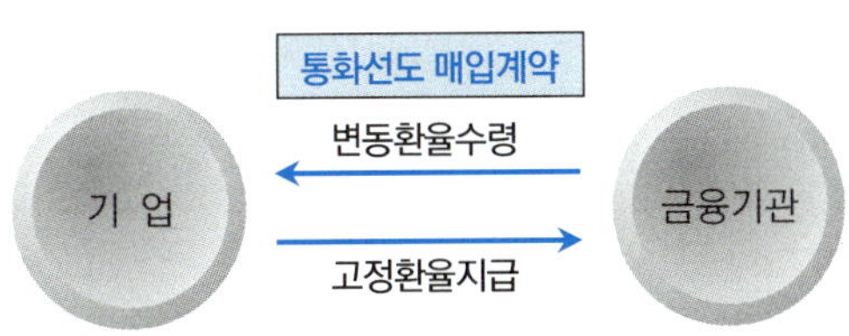

(1) 20×1.10. 1의 공정가치 : $1,000×(₩1,100－₩1,100)×0.95384 = 0
(2) 20×1.12.31의 공정가치 : $1,000×(₩1,140－₩1,100)×0.97677 = 39,071
(3) 20×2. 3.31의 공정가치 : $1,000×(₩1,180－₩1,100)×1.00000 = 80,000

통화선도 매입	계약체결일	보고기간말	만기청산일
지급(고정) :	(-)₩1,100,000	(-)₩1,100,000	(-)₩1,100,000
수령(변동) :	(+)₩1,100,000	(+)₩1,140,000	(+)₩1,180,000
미래현금흐름 :	-	(+)₩40,000	(+)₩80,000
현재가치계수 :	×0.95384	×0.97677	×1.00000
선도공정가치 :	-	(+)39,071	(+)80,000

손익효과	손익효과	총손익
(+)39,071	(+)40,929	(+)80,000

2. 회계처리

(1) 차액결제를 하는 경우의 회계처리

20×1.10. 1	회계처리 없음			
20×1.12.31	(차) 통화선도자산	39,071 ①	(대) 통화선도평가이익	39,071 ②
20×2. 3.31	(차) 통화선도자산	40,929 ①	(대) 통화선도평가이익	40,929 ②
	(차) 현 금	80,000 ④	(대) 통화선도	80,000 ③

(2) 총액결제를 하는 경우의 회계처리

20×1.10. 1	회계처리 없음			
20×1.12.31	(차) 통화선도자산	39,071 ①	(대) 통화선도평가이익	39,071 ②
20×2. 3.31	(차) 통화선도자산	40,929 ①	(대) 통화선도평가이익	40,929 ②
	(차) 현 금	1,180,000 ④	(대) 통화선도자산	80,000 ③
			현 금	1,100,000 ⑤

3. 현재가치 할인효과를 반영하지 않는 경우의 회계처리

(1) 손익의 계산

① 원칙적인 풀이법

통화선도 매입	계약체결일	보고기간말	만기청산일
지급(고정) :	(-)₩1,100	(-)₩1,100	(-)₩1,100
수령(변동) :	(+)₩1,100	(+)₩1,140	(+)₩1,180
선도공정가치 :	-	(+)₩40	(+)₩80

손익효과	손익효과	총손익
(+)40	(+)40	(+)80

② 간편한 풀이법

	계약체결일		보고기간말		만기청산일	
통화선도 매입 :	(-)₩1,100	손익효과 (+)40	(+)₩1,140	손익효과 (+)40	(+)₩1,180	총손익 (+)80

(2) 회계처리

20×1.10. 1	회계처리 없음			
20×1.12.31	(차) 통화선도자산	40,000 ①	(대) 통화선도평가이익	40,000 ②
20×2. 3.31	(차) 통화선도자산	40,000 ①	(대) 통화선도평가이익	40,000 ②
	(차) 현　　금	80,000 ④	(대) 통화선도자산	80,000 ③

4. 통화선도 매도계약

(1) 손익의 계산

① 원칙적인 풀이법

통화선도 매도	계약체결일		보고기간말		만기청산일	
수령(고정) :	(+)₩1,100		(+)₩1,100		(+)₩1,100	
지급(변동) :	(-)₩1,100		(-)₩1,140		(-)₩1,180	
선도계약 FV	-	손익효과 (-)40	(-)₩40	손익효과 (-)40	(-)₩80	총손익 (-)80

② 간편한 풀이법

	계약체결일		보고기간말		만기청산일	
통화선도 매도 :	(+)₩1,100	손익효과 (-)40	(-)₩1,140	손익효과 (-)40	(-)₩1,180	총손익 (-)80

(2) 회계처리

20×1.10. 1	회계처리 없음			
20×1.12.31	(차) 통화선도평가손실	40,000 ②	(대) 통화선도부채	40,000 ①
20×2. 3.31	(차) 통화선도평가손실	40,000 ②	(대) 통화선도부채	40,000 ①
	(차) 통화선도부채	80,000 ④	(대) 현　　금	80,000 ③

해설

통화선도의 공정가치 계산시 현재가치를 반영한 경우와 반영하지 않은 경우 2년간의 당기손익효과는 다음과 같다.

구 분	20×1년	20×2년	합 계
현재가치를 반영한 경우	39,071	40,929	80,000
현재가치를 반영하지 않은 경우	40,000	40,000	80,000
차이금액	(929)	929	-

결과적으로 통화선도의 공정가치 계산시 현재가치를 고려하는 경우와 고려하지 않는 경우 모두 손익계산서에 인식되는 총 효과는 동일하다. 즉, 인식할 총금액(total amount)은 차이가 없으며, 단지 인식할 손익의 시기(timing)의 차이만 있을 뿐이다. 따라서 이하에서는 별도의 언급이 없는 한 파생상품의 공정가치 계산시 현재가치효과를 반영하지 않고 풀이할 것이다.

제 3 절 공정가치 위험회피회계

IFRS

파생상품을 위험회피의 수단으로 이용하는 경우에는 위험회피회계에 따라 회계처리를 수행하여야 한다. 공정가치 위험회피는 특정 위험에 기인하고 당기손익에 영향을 줄 수 있는 것으로서, 인식된 자산이나 부채의 공정가치 변동이나 인식되지 않은 확정계약의 공정가치 변동 익스포저에 대한 위험을 회피하기 위하여 파생상품을 이용하는 것을 말한다. 따라서 공정가치 위험회피회계는 위험회피수단인 파생상품에서 발생한 공정가치변동 손익과 위험회피대상인 자산이나 부채, 확정계약에서 발생한 공정가치변동 손익을 해당 시점에 대칭적으로 인식하여 상쇄되도록 하는 것이 핵심이다.

참 고 **위험회피수단으로 활용하는 파생상품 이외의 금융상품**

파생상품이 아닌 당기손익-공정가치 측정 금융자산이나 부채도 위험회피수단으로 지정할 수 있다. 또한 당기손익-공정가치 측정 금융자산이나 부채가 아니어도 외화위험회피의 경우에는 관련 금융자산이나 부채를 외화위험회피수단으로 지정할 수 있다. 하지만 이하 설명은 위험회피수단으로 파생상품을 이용하는 것을 위주로 설명할 것이다.

1 인식된 자산이나 부채의 공정가치 위험회피

인식된 자산이나 부채의 공정가치 위험회피는 현재 존재하는 자산이나 부채의 가격변동위험을 회피하기 위해 위험회피수단으로 파생상품을 이용하는 것을 말한다.

(1) 위험회피수단의 회계처리

인식된 자산이나 부채의 공정가치 변동위험을 회피하기 위해 위험회피수단으로 지정된 파생상품의 공정가치변동은 당기손익으로 인식한다.

(2) 위험회피대상의 회계처리

회피대상위험으로 인한 위험회피대상의 공정가치변동은 인식된 자산이나 부채의 장부금액에서 조정하고 이를 당기손익으로 인식한다. 여기서 유의할 점은 공정가치위험회피의 대상으로 지정된 경우에는 원가로 후속측정하는 자산이나 부채일지라도 위험회피와 관련된 부분은 공정가치로 후속측정하여 당기손익으로 인식해야 한다는 것이다. 또한, 공정가치로 후속측정하여 기타포괄손익으로 인식하는 자산이나 부채일지라도 위험회피와 관련된 손익은 당기손익으로 인식해야 한다.[7]

[통화선도계약 이용한 공정가치 위험회피회계]

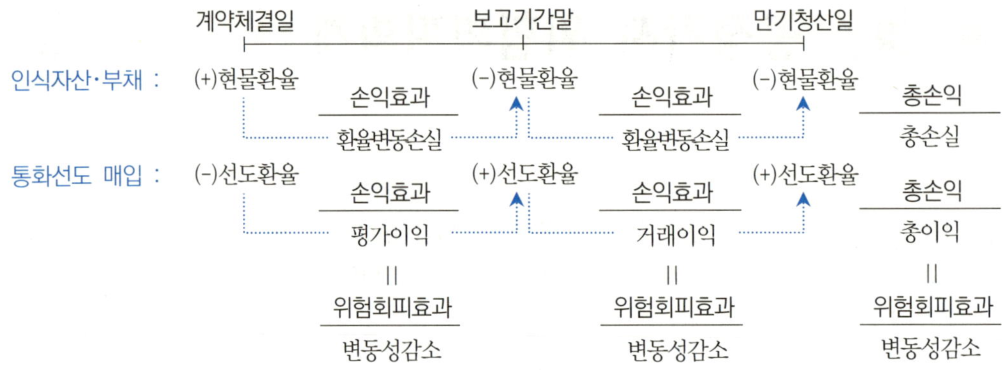

(3) 위험회피대상 : 기타포괄손익-공정가치측정 지분상품

예외적으로 공정가치위험회피의 대상이 공정가치변동을 기타포괄손익으로 표시하기로 선택한 지분상품의 경우에는 위험회피대상과 위험회피수단의 공정가치변동은 모두 당기손익이 아닌 기타포괄손익으로 인식한다.

이 해 투자지분상품의 기타포괄손익인식 선택

지분투자가 투자의 가치 증가를 위해서라기보다는 비계약적 이익을 위해 일부 지분상품을 보유(예 일례로 특정 국가에서 제품을 판매하려고 할 때 그와 같은 투자가 요구될 수도 있음)하는 것이라면 해당 지분상품의 공정가치 손익을 당기손익으로 나타내는 것은 해당 기업의 성과를 잘 나타내는 것이 아닐 수 있다. 이 경우 기업이 해당 지분투자의 손익을 선택적으로 기타포괄손익으로 인식하여 별도로 표시함으로써 관련 공정가치의 변동을 쉽게 식별할 수 있고, 재무제표이용자에게 유용한 정보를 제공할 수 있다. 이러한 표시선택권은 공정가치변동이 당기손익에 목적적합하지 않은 상황을 위한 것이기 때문에, 관련 손익은 위험회피회계를 적용하는 경우에도 당기손익으로 인식할 수 없다.

[자산·부채의 공정가치 위험회피회계]

위험회피대상 항목의 종류		위험회피대상 평가손익	위험회피수단 평가손익
원가법 적용 대상		당기손익인식	당기손익인식
공정가치법	기타포괄손익인식 대상	당기손익인식	당기손익인식
	당기손익인식 대상[*1]	당기손익인식	당기손익인식
기타포괄손익-공정가치 선택 지분상품		기타포괄손익인식	기타포괄손익인식

[*1] 위험회피대상의 공정가치변동을 당기손익으로 인식하고 있으므로 위험회피회계를 적용하지 않아도 결과는 동일함

7) 특정위험으로 인한 공정가치 평가손익을 당기손익으로 인식하는 자산과 부채의 경우, 이들 특정위험에 대하여 특정 파생상품을 위험회피수단으로 지정하고 위험회피회계를 적용하는 경우와 적용하지 않는 경우의 위험회피대상과 위험회피수단의 평가손익이 계상되는 시기는 일치한다. 따라서 이러한 자산과 부채의 특정위험으로 인한 공정가치 평가손익은 위험회피회계를 적용하지 않아도 파생상품평가손익과 상쇄되므로 위험회피회계가 불필요하게 된다.

예제 2 인식된 자산이나 부채의 공정가치 위험회피

12월 결산법인인 A회사는 20×1년 10월 1일에 $1,000의 상품을 매입하고 대금은 6개월 후에 결제하기로 하였다. 한편, A회사는 동 일자에 매입대금의 환율변동위험을 회피하기 위하여 다음과 같은 통화선도계약을 체결하였다.

(1) 통화선도거래계약 체결일은 20×1년 10월 1일이며, 계약기간은 20×1년 10월 1일부터 20×2년 3월 31일까지 6개월이다.

(2) 계약조건은 20×2년 3월 31일에 $1,000을 계약체결일의 선도환율인 $1당 ₩1,100에 매입하는 것이다.

(3) 통화선도의 공정가치를 측정하는 경우 현재가치 할인효과는 반영하지 않으며, 시점별 현물환율과 선도환율은 다음과 같다.

구 분	20×1년 10월 1일	20×1년 12월 31일	20×2년 3월 31일
현물환율	₩1,050/ $	₩1,120/ $	₩1,180/ $
선도환율	₩1,100/ $	₩1,140/ $	-

물음
Question

1. 상기 매입채무와 통화선도계약의 일자별 공정가치를 계산하시오.

2. A회사가 각 일자에 수행해야할 회계처리를 제시하시오. 단, 만기 청산시 차액결제를 수행한다고 가정한다.

해답
answer

1. 위험회피대상과 위험회피수단의 공정가치

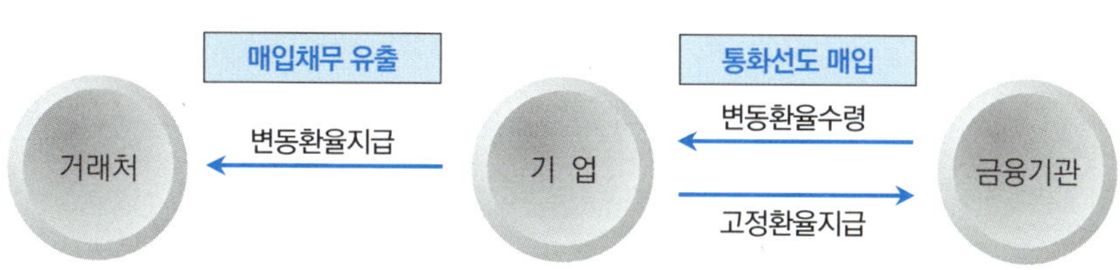

(1) 매입채무

① 20×1.10. 1의 공정가치 : $1,000×₩1,050 = 1,050,000
② 20×1.12.31의 공정가치 : $1,000×₩1,120 = 1,120,000
③ 20×2. 3.31의 공정가치 : $1,000×₩1,180 = 1,180,000

(2) 통화선도계약

① 20×1.10. 1의 공정가치 : $1,000×(₩1,100 - ₩1,100) = 0

② 20×1.12.31의 공정가치 : $1,000×(₩1,140 - ₩1,100) = 40,000

③ 20×2. 3.31의 공정가치 : $1,000×(₩1,180 - ₩1,100) = 80,000

2. 회계처리

(1) 손익의 계산 (원칙적인 풀이)

매입채무 보유	계약체결일		보고기간말		만기청산일	
현재환율지급 :	(-)₩1,050		(-)₩1,120		(-)₩1,180	
기존환율지급 :	(+)₩1,050		(+)₩1,050		(+)₩1,050	
환율변동손익 :	-		(-)₩70		(-)₩130	
		손익효과		손익효과		총손익
		70 손실		60 손실		130 손실

통화선도 매입	계약체결일		보고기간말		만기청산일	
고정환율지급 :	(-)₩1,100		(-)₩1,100		(-)₩1,100	
변동환율수령 :	(+)₩1,100		(+)₩1,140		(+)₩1,180	
선도공정가치 :	-		(+)₩40		(+)₩80	
		손익효과		손익효과		총손익
		40 이익		40 이익		80 이익

(2) 손익의 계산 (간편한 풀이)

	계약체결일		보고기간말		만기청산일	
매입채무 보유 :	(+)₩1,050	손익효과 70 손실	(-)₩1,120	손익효과 60 손실	(-)₩1,180	총손익 130 손실
통화선도 매입 :	(-)₩1,100	손익효과 40 이익	(+)₩1,140	손익효과 40 이익	(+)₩1,180	총손익 80 이익
		‖		‖		‖
		위험회피효과 30 손실		위험회피효과 20 손실		위험회피효과 50 손실

(3) 회계처리

20×1.10. 1	(차) 재고자산	1,050,000 ②	(대) 매입채무	1,050,000 ①
	① $1,000×₩1,050 = 1,050,000			
20×1.12.31	(차) 외화환산손실	70,000 ②	(대) 매입채무	70,000 ①
	(차) 통화선도자산	40,000 ①	(대) 통화선도평가이익	40,000 ②
	② $1,000×(₩1,050 − ₩1,120) = (−)70,000			
20×2. 3.31	(차) 매입채무	1,120,000 ①	(대) 현　　금	1,180,000 ②
	외환차손	60,000 ③		
	(차) 통화선도자산	40,000 ④	(대) 통화선도평가이익	40,000 ⑤
	현　　금	80,000 ⑦	통화선도자산	80,000 ⑥
	① $1,000×₩1,120 = 1,120,000		② $1,000×₩1,180 = 1,180,000	

20×1.12.31

통화선도자산	40,000	매입채무	1,120,000

해 설

1. 결과적으로 A회사는 매입채무를 결제하면서 $1당 계약체결일의 통화선도환율인 ₩1,100에 결제를 하게 되었으며, 이와 관련하여 손익계산서에 2년간 계약체결시점의 현물환율인 ₩1,050과 통화선도환율인 ₩1,100의 차이인 $1당 ₩50의 손실을 보고하게 된다.
2. 2개년 간의 거래를 통합해서 분석하면, 다음과 같다. 이러한 분석기법을 통해 파생상품거래를 바라보는 통찰력을 길러야 한다.

공정가치 위험회피회계

회피대상 :	재고자산	1,050	현　　금	1,180
	외화손실	130		
회피수단 :	현　　금	80	파생계약이익	80
거래결론 :	재고자산	1,050	현　　금	1,100
	순손실	50		

2 확정계약의 공정가치 위험회피

확정계약은 미래의 특정일에 거래 대상의 특정 수량을 특정 가격으로 매입하거나 매도하기로 하는 구속력 있는 약정을 말한다. 확정계약의 공정가치 위험회피는 현재 존재하는 확정계약의 가격변동위험을 회피하기 위해 위험회피수단으로 파생상품을 이용하는 것을 말한다.

(1) 위험회피수단의 회계처리

확정계약의 공정가치 변동위험을 회피하기 위해 위험회피수단으로 지정된 파생상품의 공정가치변동은 당기손익으로 인식한다.

(2) 위험회피대상의 회계처리

원칙적으로 확정계약은 미이행계약이므로 실제로 계약을 이행하는 시점까지는 인식하지 않아야 한다[8]. 하지만, 미인식 확정계약을 공정가치 위험회피의 대상으로 지정한 경우에는 회피대상위험으로 인한 확정계약의 후속적인 공정가치의 누적변동분은 자산이나 부채로 인식하고, 이에 상응하는 손익은 당기손익으로 인식한다. 이후에 확정계약을 이행한 결과로 인식하는 자산이나 부채의 최초 장부금액이 재무상태표에 인식된 위험회피대상의 공정가치 누적변동분을 포함하도록 조정한다.

참 고 확정계약에 대한 위험의 측정

위험회피대상인 확정계약의 공정가치변동에 대한 측정은 현물가격이 아닌 선도가격을 적용하여 측정해야 한다. 확정계약은 미래 일정시점에 이루어질 확정거래에 대한 예상손익의 변동을 반영하는 것이므로 현물가격의 변동보다는 선도가격의 변동과 직접적으로 관련되어 있기 때문이다.

[가격변동손익의 측정방법]

공정가치위험회피의 대상	위험회피대상 가격변동의 측정	위험회피수단의 가격변동의 측정
인식된 자산과 부채	현물가격을 이용	선도가격을 이용
미인식된 확정계약	선도가격을 이용	선도가격을 이용

8) 만약에 이행하지 않은 확정계약에서 미래에 손실이 예상되는 경우에는 기준서 제1037호 '충당부채와 우발부채'에 따라 미이행 확정계약 관련 손실충당부채를 인식한다.

(3) 위험회피대상 : 확정계약의 외화위험

환율변동에 대해 외화위험회피를 하는 확정계약에 대해서는 공정가치 위험회피회계나 현금흐름위험 회피회계를 선택하여 적용할 수 있다. 확정계약은 특정 자산을 확정가격으로 매입하거나 매도하는 계약이므로 공정가치 변동위험을 부담하며 현금흐름변동위험을 부담하지 않는다. 하지만, 확정계약으로 인해 지급하거나 수취할 금액이 외화라면 대상자산의 가격변동으로 인한 공정가치변동위험 뿐만이 아니라, 환율변동으로 인한 현금흐름변동위험도 부담하게 된다. 따라서 이러한 경우에는 기업의 선택에 따라 공정가치위험회피나 현금흐름위험회피로 지정할 수 있다.

[확정계약 공정가치 위험회피회계]

위험회피대상 항목의 종류		위험회피대상 평가손익	위험회피수단 평가손익
일반적인 확정계약에 대한 위험회피		당기손익인식	당기손익인식
확정계약 외화위험회피	공정가치위험회피 선택시	당기손익인식	당기손익인식
	현금흐름위험회피 선택시	인식하지 않음	기타포괄손익인식

예제 3 확정계약의 공정가치 위험회피 : 원화확정계약

12월 결산법인인 A회사는 20×1년 10월 1일에 상품 100kg을 6개월 후인 20×2년 3월 31일에 kg당 ₩10,000에 구입하기로 하는 확정매입계약을 체결하였다. 이 확정계약은 법적 강제력을 가지는 계약으로서 불이행시에는 그에 따른 위약금을 지불하기로 하는 내용을 포함하고 있다. 한편, A회사는 상품 구매 확정계약의 위험을 회피하기 위하여 다음과 같은 상품 매매선도거래계약을 역시 동일자에 체결하였다.

(1) 상품 선도거래계약 체결일은 20×1년 10월 1일이며, 계약기간은 20×2년 3월 31일까지 6개월이다. 계약조건은 상품 100kg을 kg당 ₩10,000에 매도하는 것이다.

(2) 상품 선도계약의 공정가치를 측정하는 경우 현재가치 할인효과는 반영하지 아니하며, 시점별 상품의 kg당 현물가격과 선도가격은 다음과 같다.

구 분	20×1년 10월 1일	20×1년 12월 31일	20×2년 3월 31일
현물가격	₩9,800	₩11,500	₩13,000
선도가격	₩10,000	₩12,000	₩13,000

물음
Question

1. A회사가 상기거래에 대하여 위의 상품 매매선도계약을 체결하지 않고 확정계약을 이행한 경우의 회계처리를 제시하시오.
2. A회사가 상기거래에 대하여 위의 상품 매매선도계약을 체결한 경우 확정계약과 상품 매매선도계약의 일자별 공정가치를 계산하시오.
3. [물음2]에서 A회사가 각 일자에 수행해야할 회계처리를 제시하시오. 단, 상품 매매선도계약은 만기 청산시 차액결제를 수행한다고 가정한다.

해답
answer

1. 선도계약을 체결하지 않은 경우

20×1.10. 1	회계처리 없음			
20×1.12.31	회계처리 없음			
20×2. 3.31	(차) 재고자산	1,000,000 ②	(대) 현　　금	1,000,000 ①

2. 거래의 분석과 위험회피대상과 수단의 공정가치

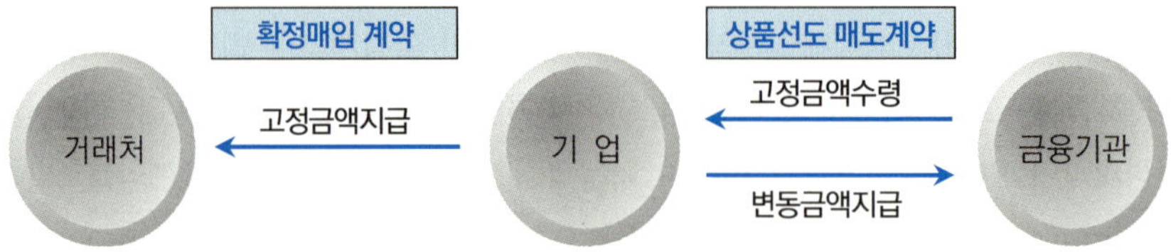

(1) 확정매입계약

① 20×1.10. 1의 공정가치 : 100kg×(₩10,000 - ₩10,000) = 0
② 20×1.12.31의 공정가치 : 100kg×(₩12,000 - ₩10,000) = (+)200,000
③ 20×2. 3.31의 공정가치 : 100kg×(₩13,000 - ₩10,000) = (+)300,000

(2) 상품선도매도계약

① 20×1.10. 1의 공정가치 : 100kg×(₩10,000 - ₩10,000) = 0
② 20×1.12.31의 공정가치 : 100kg×(₩10,000 - ₩12,000) = (-)200,000
③ 20×2. 3.31의 공정가치 : 100kg×(₩10,000 - ₩13,000) = (-)300,000

3. 회계처리

(1) 손익의 계산 (원칙적인 풀이)

확정매입계약	계약체결일	보고기간말	만기청산일	
구입예상가격 :	(+)10,000	(+)12,000	(+)13,000	
실제구입가격 :	(−)10,000	(−)10,000	(−)10,000	
확정계약가치 :	−	(+)2,000	(+)3,000	
		손익효과	손익효과	총손익
		(+)2,000	(+)1,000	(+)3,000

상품선도매도	계약체결일	보고기간말	만기청산일	
고정금액수령 :	(+)10,000	(+)10,000	(+)10,000	
변동금액지급 :	(−)10,000	(−)12,000	(−)13,000	
선도공정가치 :	−	(−)2,000	(−)3,000	
		손익효과	손익효과	총손익
		(−)2,000	(−)1,000	(−)3,000

(2) 손익의 계산 (간편한 풀이)

	계약체결일		보고기간말		만기청산일	
확정매입계약 :	(−)10,000	손익효과 (+)2,000	(+)12,000	손익효과 (+)1,000	(+)13,000	총손익 (+)3,000
상품선도매도 :	(+)10,000	손익효과 (−)2,000	(−)12,000	손익효과 (−)1,000	(−)13,000	총손익 (−)3,000
		‖		‖		‖
		위험회피효과 완전회피		위험회피효과 완전회피		위험회피효과 완전회피

(3) 회계처리

20×1.10. 1	회계처리 없음			
20×1.12.31	(차) 확정계약자산	200,000 ①	(대) 확정계약평가이익	200,000 ②
	(차) 선도계약평가손실	200,000 ④	(대) 상품선도부채	200,000 ③
20×2. 3.31	(차) 확정계약자산	100,000 ①	(대) 확정계약평가이익	100,000 ②
	(차) 선도계약평가손실	100,000 ④	(대) 상품선도부채	100,000 ③
	(차) 상품선도부채	300,000 ⑤	(대) 현 금	300,000 ⑥
	(차) 재고자산	1,300,000 ⑨	(대) 현 금	1,000,000 ⑦
			확정계약자산	300,000 ⑧

❖ 확정계약에 대한 공정가치 변동위험을 회피하기 위하여 위험회피 수단으로 상품 매매선도계약을 체결했으므로 위험회피대상인 확정계약의 공정가치변동을 당기손익으로 인식한다.

20×1.12.31

확정계약자산	200,000	상품선도부채	200,000

해설

1. 위험회피와 관련하여 2개년 간의 거래를 통합해서 분석하면, 다음과 같다. 이러한 분석기법을 통해 파생상품 거래를 바라보는 통찰력을 길러야 한다.

공정가치 위험회피회계

회피대상 :	확정계약자산	300,000	확정계약이익	300,000
회피수단 :	선도계약손실	300,000	현 금	300,000
자산구매 :	재고자산	1,000,000	현 금	1,000,000
거래결론 :	재고자산	1,300,000	현 금	1,300,000

예 제 4 확정계약의 공정가치 위험회피 : 외화확정계약

12월 결산법인인 A회사는 20×1년 10월 1일에 기계장치 1대를 6개월 후인 20×2년 3월 31일에 $1,000에 구입하기로 하는 확정계약을 체결하였다. 이 확정계약은 법적 강제력을 가지는 계약으로서 불이행시에는 그에 따른 위약금을 지불하기로 하는 내용을 포함하고 있다. 한편, A회사는 달러($)화의 원화(₩)에 대한 계약체결시점부터 기계구입시점까지의 통화선도환율변동에 따른 확정계약의 위험을 회피하기 위하여 다음과 같은 통화선도거래계약을 역시 동일자에 체결하였다.

(1) 통화선도거래계약 체결일은 20×1년 10월 1일이다. 계약기간은 20×2년 3월 31일까지 6개월이며, 계약조건은 20×2년 3월 31일에 $1,000을 선도환율인 ₩1,100/$에 매입하는 것이다.

(2) 통화선도의 공정가치를 측정하는 경우 현재가치 할인효과는 반영하지 않으며, 시점별 현물환율과 선도환율은 다음과 같다.

구 분	20×1년 10월 1일	20×1년 12월 31일	20×2년 3월 31일
현물환율	₩1,050/ $	₩1,120/ $	₩1,180/ $
선도환율	₩1,100/ $	₩1,140/ $	-

물음 Question

1. A회사가 상기거래에 대하여 통화선도계약을 체결하지 않고 확정계약을 이행한 경우의 회계처리를 제시하시오. 단 기계장치의 달러기준 공정가치는 변동이 없는 것으로 가정한다.
2. A회사가 상기거래에 대하여 통화선도계약을 체결한 경우 확정계약과 통화선도계약의 일자별 공정가치를 계산하시오. 단 기계장치의 달러기준 공정가치는 변동이 없는 것으로 가정한다.
3. [물음2]에서 A회사가 각 일자에 수행해야할 회계처리를 제시하시오. 단, 통화선도계약은 만기 청산시 차액결제를 수행한다고 가정한다.
4. A회사가 확정계약의 위험회피거래에 대한 통화선도계약을 현금흐름위험회피목적으로 지정하였다고 가정하고 [물음3]에 답하시오.

해답 answer

1. 통화선도계약을 체결하지 않은 경우

20×1.10. 1	회계처리 없음			
20×1.12.31	회계처리 없음			
20×2. 3.31	(차) 기계장치	1,180,000 ②	(대) 현　　금	1,180,000 ①

❖ A회사가 통화선도계약을 체결하지 않음으로 인하여 확정계약체결일 이후 환율변동위험이 그대로 기계장치의 취득원가에 반영되게 된다.

2. 거래의 분석과 위험회피대상과 수단의 공정가치

(1) 확정계약

① 20×1.10. 1의 공정가치 : $1,000×(₩1,100 − ₩1,100) = 0

② 20×1.12.31의 공정가치 : $1,000×(₩1,100 − ₩1,140) = (−)40,000

③ 20×2. 3.31의 공정가치 : $1,000×(₩1,100 − ₩1,180) = (−)80,000

(2) 통화선도계약

① 20×1.10. 1의 공정가치 : $1,000×(₩1,100 − ₩1,100) = 0

② 20×1.12.31의 공정가치 : $1,000×(₩1,140 − ₩1,100) = 40,000

③ 20×2. 3.31의 공정가치 : $1,000×(₩1,180 − ₩1,100) = 80,000

3. 회계처리

(1) 손익의 계산 (원칙적인 풀이)

확정매입계약	계약체결일		보고기간말		만기청산일	
구입예상환율 :	(+)₩1,100		(+)₩1,100		(+)₩1,100	
실제구입환율 :	(-)₩1,100		(-)₩1,140		(-)₩1,180	
확정계약가치 :	-		(-)₩40		(-)₩80	
		손익효과		손익효과		총손익
		40 손실		40 손실		80 손실

통화선도매입	계약체결일		보고기간말		만기청산일	
고정환율지급 :	(-)₩1,100		(-)₩1,100		(-)₩1,100	
변동환율수령 :	(+)₩1,100		(+)₩1,140		(+)₩1,180	
선도공정가치 :	-		(+)₩40		(+)₩80	
		손익효과		손익효과		총손익
		40 이익		40 이익		80 이익

(2) 손익의 계산 (간편한 풀이)

	계약체결일		보고기간말		만기청산일	
확정매입계약 :	(+)₩1,100	손익효과 40 손실	(-)₩1,140	손익효과 40 손실	(-)₩1,180	총손익 80 손실
통화선도매입 :	(-)₩1,100	손익효과 40 이익	(+)₩1,140	손익효과 40 이익	(+)₩1,180	총손익 80 이익
		‖		‖		‖
		위험회피효과 완전회피		위험회피효과 완전회피		위험회피효과 완전회피

(3) 회계처리

20×1.10. 1	회계처리 없음					
20×1.12.31	(차)	확정계약평가손실	40,000 ②	(대)	확정계약부채	40,000 ①
	(차)	통화선도자산	40,000 ③	(대)	통화선도평가이익	40,000 ④
		① 유동부채로 분류함				
20×2. 3.31	(차)	확정계약평가손실	40,000 ②	(대)	확정계약부채	40,000 ①
	(차)	통화선도자산	40,000 ③	(대)	통화선도평가이익	40,000 ④
		현 금	80,000 ⑥		통화선도자산	80,000 ⑤
	(차)	기계장치	1,180,000 ⑧	(대)	현 금	1,180,000 ⑦
		확정계약부채	80,000 ⑨		기계장치	80,000 ⑩

20×1.12.31			
통화선도자산	40,000	확정계약부채	40,000

4. 현금흐름위험회피수단으로 회계처리하는 경우

20×1.10. 1	회계처리 없음			
20×1.12.31	(차) 통화선도자산	40,000 ①	(대) 위험회피적립금	40,000 ②
20×2. 3.31	(차) 통화선도자산	40,000 ①	(대) 위험회피적립금	40,000 ②
	현 금	80,000 ④	통화선도자산	80,000 ③
	(차) 기계장치	1,180,000 ⑥	(대) 현 금	1,180,000 ⑤
	위험회피적립금	80,000 ⑦	기계장치	80,000 ⑧

20×1.12.31			
통화선도자산	40,000	⋮	⋮
⋮	⋮	기타포괄이익누계액	40,000

해 설

1. 일반적으로 위험회피대상에 적용할 환율은 현물환율을 적용해야 하지만, 확정계약의 경우 위험회피대상에 선도환율을 적용한다는 점에 유의하여야 한다. 결과적으로 A회사는 확정계약 결제하면서 $1당 계약체결일의 통화선도환율인 ₩1,100에 결제를 하게 되었으며, 이와 관련하여 손익계산서에 2년간 선도환율변동에 따른 손익은 완전히 위험회피 되어 계상되지 않게 된다.
2. 확정계약이 공정가치위험회피회계로 분류되는 경우 2개년 간의 거래를 통합해서 분석하면, 다음과 같다. 이러한 분석기법을 통해 파생상품거래를 바라보는 통찰력을 길러야 한다.

공정가치 위험회피회계

회피대상 :	확정계약손실	80	확정계약부채	80
회피수단 :	현 금	80	선도계약이익	80
자산구매 :	기계장치	1,180	현 금	1,180
거래결론 :	기계장치	1,100	현 금	1,100

3. 확정계약의 경우 재고자산등을 확정가격으로 매입하는 구속력있는 계약이므로 현금흐름변동위험을 부담하지 않는다. 다만, 확정계약으로 지급하거나 수령할 금액이 외화라면 환율변동위험으로 인해 현금흐름변동위험을 부담할 수도 있게 된다. 이러한 경우에는 기업의 선택에 따라 공정가치위험회피나 현금흐름위험회피로 지정할 수 있다.
4. 공정가치위험회피의 경우 위험회피대상과 수단이 모두 별도로 회계처리 되면서 장부금액에 조정되지만, 현금흐름위험회피의 경우에는 위험회피대상을 인식하지 아니하므로 위험회피수단만 회계처리를 수행한다. 하지만 위험회피대상의 인식시점에 위험회피수단의 관련손익을 위험회피대상의 장부금액 등에 반영할 수 있으므로, 결국 회계처리효과가 공정가치위험회피의 경우와 동일해지게 된다.

5. 확정계약이 현금흐름위험회피회계로 분류되는 경우 2개년 간의 거래를 통합해서 분석하면, 다음과 같다. 이러한 분석기법을 통해 파생상품거래를 바라보는 통찰력을 길러야 한다.

현금흐름 위험회피회계

회피대상 :				
회피수단 :	현　　금	80	위험회피적립금	80
자산구매 :	기계장치	1,180	현　　금	1,180
거래결론 :	기계장치	1,100	현　　금	1,100

제 4 절 현금흐름 위험회피회계

IFRS

현금흐름 위험회피는 특정 위험에 기인하고 당기손익에 영향을 줄 수 있는 것으로서, 인식된 자산이나 부채로 인한 현금흐름이나 발생 가능성이 매우 큰 예상거래의 현금흐름 변동 익스포저에 대한 위험을 회피하고자 파생상품을 이용하는 것을 말한다. 현금흐름 위험회피회계는 위험회피수단인 파생상품에서 발생한 손익을 위험회피대상의 미래현금흐름변동이 발생하는 기간에 대칭적으로 인식하여 상쇄되도록 하는 것이 핵심이다.

1 미래예상거래의 현금흐름 위험회피

미래예상거래는 이행해야 하는 구속력은 없으나, 향후 발생할 것으로 예상되는 거래를 말한다. 미래예상거래의 현금흐름 위험회피는 재무제표에 미인식된 미래예상거래에 따른 현금흐름 변동위험을 회피하고자 위험회피수단으로 파생상품을 이용하는 것을 말한다.

(1) 위험회피대상의 회계처리

위험회피대상인 미래예상거래의 현금흐름 변동은 미이행계약이며, 법적인 구속력이 없는 거래이므로 위험회피대상으로 지정된 경우에도 예상거래가 실행될 때까지는 예상거래에 대한 손익을 인식하지 않는다.

참 고 현금흐름위험회피에서 예상위험의 측정

현금흐름위험회피에서 미래예상거래의 현금흐름 변동은 현재의 현물가격이 아닌 미래의 현물가격으로 측정하여야 한다. 수험목적으로는 현재의 현물가격과 미래의 현물가격과 동일하다고 문제에서 제시가 되므로, 제시된 단서에 따라 미래예상거래의 현금흐름 변동을 측정하면 된다. 만약에 문제에서 미래의 현물가격에 대한 단서가 제시되지 않는 경우에는 현재의 현물가격과 미래의 현물가격이 동일한 것으로 간주하고 문제를 풀면 된다.

[가격변동손익의 측정방법]

현금흐름위험회피의 대상	위험회피대상 가격변동의 측정	위험회피수단의 가격변동의 측정
미래예상 현금흐름의 변동	기대현물가격을 이용	선도가격을 이용

(2) 위험회피수단의 회계처리

미래예상거래의 현금흐름 변동위험을 회피하고자 위험회피수단으로 지정된 파생상품의 공정가치 평가손익 중 위험회피에 효과적인 부분은 현금흐름위험회피적립금의 계정으로 기타포괄손익으로 인식하며, 별도자본요소인 기타포괄손익누계액으로 적립한다. 한편, 위험회피에 비효과적인 부분은 파생상품평가손익의 계정으로 당기손익으로 인식한다.

이 해 파생상품평가손익을 기타포괄손익과 당기손익으로 구분하여 인식하는 이유

현금흐름위험회피로 회계처리하는 파생상품평가손익 중 위험회피에 효과적인 평가손익은 기타포괄손익으로 인식하여, 당기손익의 인식시기를 이연시켜 주어야 한다. 이는 위험회피대상인 예상거래가 실행되는 시점에 발생하게 될 손익효과를 파생상품평가손익으로 상쇄하기 위함이다. 반면에 위험회피에 비효과적인 부분은 이연시킬 필요가 없다. 따라서 단기매매목적의 파생상품평가손익으로 간주하여 즉시 당기손익으로 인식하는 것이다.

여기서 위험회피수단의 공정가치변동손익 중 기타포괄손익으로 인식하는 위험회피에 효과적인 부분은 다음과 같이 판단하며, 누적기준으로 금액을 산정한다.

Min [위험회피대상의 예상손익 or 위험회피수단의 실제손익]
(1) 위험회피 개시 이후 위험회피대상인 미래예상현금흐름의 공정가치(현재가치) 변동누계액
(2) 위험회피 개시 이후 위험회피수단의 손익누계액

예를 들어 위험회피수단인 파생상품평가손익이 ₩15,000이고 위험회피대상거래의 현금흐름 변동액의 현재가치가 ₩10,000일 경우, 해당 기간에 발생한 파생상품평가손익 중 ₩10,000은 위험회피에 효과적이고 ₩5,000은 위험회피에 비효과적이다. 따라서 파생상품평가손익 중 ₩10,000은 기타포괄손익으로 인식하고, ₩5,000은 당기손익으로 인식하는 것이다. 반대로 파생상품평가손익이 ₩10,000이고, 위험회피대상거래의 현금흐름 변동액의 현재가치가 ₩15,000일 경우에는 해당 기간에 발생한 파생상품평가손익이 전액 위험회피에 효과적인 금액이므로 파생상품평가손익 ₩10,000을 모두 기타포괄손익으로 인식한다.

[파생상품평가손익 > 예상현금흐름 변동액의 현재가치]

보고기간말	(차) 파생상품자산	15,000 ①	(대) 위험회피적립금	10,000 ②
			파생상품평가이익	5,000 ①

[파생상품평가손익 < 예상현금흐름 변동액의 현재가치]

보고기간말	(차) 파생상품자산	10,000 ①	(대) 위험회피적립금	10,000 ②

여기서 주의할 점은, 기타포괄손익으로 계상해야 할 파생상품평가손익은 회계기간기준으로 산정하는 것이 아니라 누적기준으로 산정한다는 것이다. 따라서 전기에 위험회피에 비효과적이라고 판단하여 손익으로 인식한 파생상품평가손익이 당기에 위험회피에 효과적이라고 판단되는 경우에는 회계추정의 변경으로 간주하여 당기손익에서 기타포괄손익으로 대체하는 회계처리를 수행해야 한다. 예를 들어 20×1년에 파생상품평가이익이 ₩15,000이고 위험회피대상거래의 예상현금흐름 유출액의 현재가치가 ₩10,000이어서 해당 회계연도에 기타포괄손익으로 ₩10,000을, 당기손익으로 ₩5,000을 인식하였다. 20×2년에는 파생상품평가이익 ₩10,000, 위험회피대상거래의 예상현금흐름 유출액의 현재가치가 ₩15,000이 추가로 발생하였다면, 누적기준에 따라 누적파생상품평가이익과 누적현금흐름 유출액은 ₩25,000으로 동일하므로 위험회피에 비효과적인 부분은 없다. 따라서 20×2년에 파생상품평가이익 ₩10,000을 기타포괄손익으로 계상함과 동시에 추가로 ₩5,000을 기타포괄손익으로 인식하면서, 동액을 당기손실로 인식해야 한다.

[위험회피효과의 효과성 판단]

일자	차변	금액	대변	금액
20×1.12.31	(차) 파생상품자산	15,000 ①	(대) 위험회피적립금	10,000 ②
			파생상품평가이익	5,000 ③
20×2.12.31	(차) 파생상품자산	10,000 ①	(대) 위험회피적립금	10,000 ②
	파생상품평가손실	5,000 ③	위험회피적립금	5,000 ④

20×1.12.31

파생상품자산	15,000	⋮	⋮
⋮	⋮	기타포괄이익누계액	10,000

20×2.12.31

파생상품자산	25,000	⋮	⋮
⋮	⋮	기타포괄이익누계액	25,000

[현금흐름 위험회피회계]

위험회피대상 항목의 종류	위험회피대상 평가손익	위험회피수단(파생상품) 평가손익
자산이나 부채와 관련된 미래예상거래	인식하지 아니함	위험회피에 효과적인 부분은 기타포괄손익 인식
		위험회피에 비효과적인 부분은 당기손익 인식

(3) 기타포괄손익누계액인 현금흐름위험회피적립금의 후속처리

기타포괄손익누계액으로 인식된 위험회피수단의 현금흐름위험회피적립금은 위험회피대상인 예상거래의 종류에 따라 다음과 같이 후속처리 된다.

① 일반적인 경우

위험회피대상인 미래예상현금흐름이 당기손익에 영향을 미치는 기간(예 이자수익이나 이자비용을 인식[9]하는 기간이나 예상매출이 생긴 때)에 해당 현금흐름위험회피적립금을 재분류조정 방식으로 기타포괄손익에서 당기손익으로 재분류한다.

② 비금융자산이나 비금융부채와 관련된 거래의 경우

위험회피대상인 예상거래가 후속적으로 비금융자산이나 비금융부채를 인식하는 거래이거나, 비금융자산이나 비금융부채에 대한 위험회피대상 예상거래가 공정가치위험회피회계를 적용하는 확정계약인 경우에는 위험회피대상 자산 또는 부채를 최초 인식하는 시점에 해당 위험회피수단의 현금흐름위험회피적립금을 제거하고 관련 자산 또는 부채의 최초 원가나 그 밖의 장부금액에 직접 가감한다. 이는 재분류조정 방식이 아닌 자산과 자본의 직접상계방식이므로, 기타포괄손익에 영향을 미치지 않는다.

③ 미래기간에 회복되지 않을 것으로 예상되는 현금흐름위험회피손실적립금

현금흐름위험회피적립금이 차손이며 그 차손의 전부나 일부가 미래 기간에 회복되지 않을 것으로 예상된다면, 해당 금액을 재분류조정 방식으로 즉시 당기손익으로 재분류한다.

[손익으로 재분류조정하는 경우]

차액결제일	(차) 현　　금	×××	(대) 위험회피적립금	×××
거래발생일	(차) 현　　금	×××	(대) 매출수익	×××
	위험회피적립금	×××	매출수익	×××

[장부금액에 직접 가감하는 경우]

차액결제일	(차) 현　　금	×××	(대) 위험회피적립금	×××
거래발생일	(차) 비금융자산	×××	(대) 현　　금	×××
	위험회피적립금	×××	비금융자산	×××

[위험회피에 효과적인 현금흐름위험회피적립금의 처리방법]

예상거래의 성격	현금흐름위험회피적립금의 처리방법
일반적인 경우	당기손익에 영향을 미치는 기간에 당기손익 재분류조정
비금융자산이나 비금융부채와 관련된 거래	취득시 관련 비금융자산(부채)의 장부금액에서 직접 조정
회복가능성이 없는 현금흐름위험적립금 손실	해당 차손을 즉시 당기손실로 재분류조정

9) 현금흐름위험회피의 목적은 위험회피수단의 손익을 위험회피대상에서 예상되는 미래현금흐름이 당기손익에 영향을 미치는 기간으로 이연하는 것이다. 현금흐름위험회피의 예로는 변동금리 채무를 고정금리 채무로 변경하기 위해 스왑을 사용하는 것이 있다(위험회피되는 미래 현금흐름이 미래의 이자지급인 미래 거래에 대한 위험회피). 이에 반하여 취득 후 당기손익-공정가치로 회계처리하는 지분상품의 예상매입은 현금흐름위험회피에서 위험회피대상으로 지정할 수 없다. 이연될 위험회피수단의 손익은 상쇄될 기간에 당기손익으로 적절히 재분류될 수 없기 때문이다. 같은 이유로 취득 후 공정가치로 측정하고 공정가치의 변동을 기타포괄손익으로 회계처리하는 지분상품의 예상매입은 현금흐름위험회피에서 위험회피대상이 될 수 없다.

이 해 **현금흐름위험회피적립금에 대하여 장부금액조정법을 사용하는 이유**

현금흐름위험회피적립금은 당기손익의 인식시기를 이연시킨 개념이므로 향후 예상거래가 당기손익에 영향을 미치는 회계기간에 당기손익으로 재분류조정 하는 것이 원칙이다. 하지만 예상거래가 비금융자산(부채)의 인식거래인 경우 당기손익에 영향을 주는 회계기간까지 손익의 재분류조정 시기를 이연(예 기계장치 예상매입거래의 경우 기계장치의 내용연수에 걸쳐 감가상각비를 인식하면서 재분류조정을 수행)시킨다면 회계처리가 번거로워지게 된다. 따라서 간편한 회계처리를 위해 관련 현금흐름위험회피적립금을 비금융자산(부채)의 장부금액에서 조정하는 것을 강제하고 있는 것이다. 반면에, 금융자산(부채)를 인식하게 되는 예상거래에 대해서는 장부금액조정법을 사용할 수 없다. 장부금액을 조정하면 예상거래의 결과로 취득한 금융자산(부채)의 최초 장부금액이 공정가치로 인식되지 않게 되어 국제회계기준의 규정에 위배되기 때문이다.

[기타포괄손익누계액의 처리방법]

직접대체	(차) 기타포괄평가이익	×××	(대) 미처분이익잉여금	×××
재분류조정	(차) 기타포괄평가이익	×××	(대) 관련자산처분이익	×××
장부금액조정	(차) 기타포괄평가이익	×××	(대) 비금융자산	×××

예 제 5 미래예상거래의 현금흐름 위험회피 : 원화현금흐름위험

12월 결산법인인 A회사는 20×1년 10월 1일에 보유중인 제품 100kg을 6개월 후인 20×2년 3월 31일에 매출할 계획이며, 이는 발생가능성이 거의 확실하다. 한편, A회사는 예상매출로 인한 현금흐름위험을 회피하기 위하여 다음과 같은 선도거래계약을 동일자에 체결하였다.

(1) 제품선도거래계약 체결일은 20×1년 10월 1일이다. 계약기간은 20×2년 3월 31일까지 6개월이며, 계약조건은 20×2년 3월 31일에 제품 100kg을 선도가격인 kg당 ₩10,000에 매도하는 것이다.

(2) 선도계약의 공정가치를 측정하는 경우 현재가치 할인효과는 반영하지 아니하며, 현재의 현물가격은 미래의 기대현물가격과 같은 것으로 가정한다. 시점별 제품의 kg당 현물가격과 선도가격은 다음과 같다.

구 분	20×1년 10월 1일	20×1년 12월 31일	20×2년 3월 31일
현물가격	₩12,000	₩11,000	₩9,500
선도가격	₩10,000	₩9,800	₩9,500

물음
Question

1. A회사가 상기거래에 대하여 선도계약을 체결하지 않고 매출거래를 실행한 경우의 회계처리를 제시하시오. 단, 매출원가를 인식하는 회계처리는 수행할 필요 없다.
2. 위험회피대상인 미래예상거래의 현금흐름 변동액과 위험회피수단인 선도계약의 일자별 공정가치를 계산하시오.
3. A회사가 각 일자에 수행해야할 회계처리를 제시하시오. 단, 만기 청산시 차액결제를 수행한다고 가정한다.
4. 만일 20×1년 12월 31일의 현물가격이 ₩11,900/kg인 경우 [물음3]에 답하시오.

해답
answer

1. 현금흐름위험회피회계를 적용하지 않은 경우

20×1.10. 1	회계처리 없음			
20×1.12.31	회계처리 없음			
20×2. 3.31	(차) 현 금	950,000 ①	(대) 매 출	950,000 ②

2. 거래의 분석과 위험회피대상과 수단의 공정가치

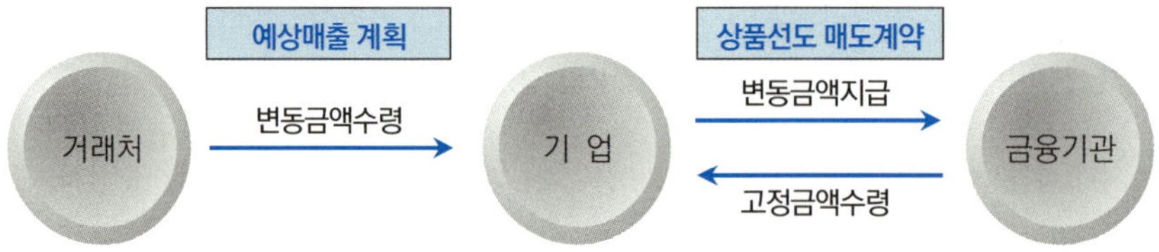

(1) 예상현금흐름 변동액

① 20×1.10. 1의 현금흐름 변동 : 100kg×(₩12,000－₩12,000) = 0
② 20×1.12.31의 현금흐름 변동 : 100kg×(₩11,000－₩12,000) = (−)100,000
③ 20×2. 3.31의 현금흐름 변동 : 100kg×(₩9,500－₩12,000) = (−)250,000

(2) 통화선도계약의 공정가치

① 20×1.10. 1의 공정가치 : 100kg×(₩10,000－₩10,000) = 0
② 20×1.12.31의 공정가치 : 100kg×(₩10,000－₩9,800) = (+)20,000
③ 20×2. 3.31의 공정가치 : 100kg×(₩10,000－₩9,500) = (+)50,000

3. 현금흐름위험회피회계를 적용한 경우

(1) 손익의 계산 (원칙적 풀이)

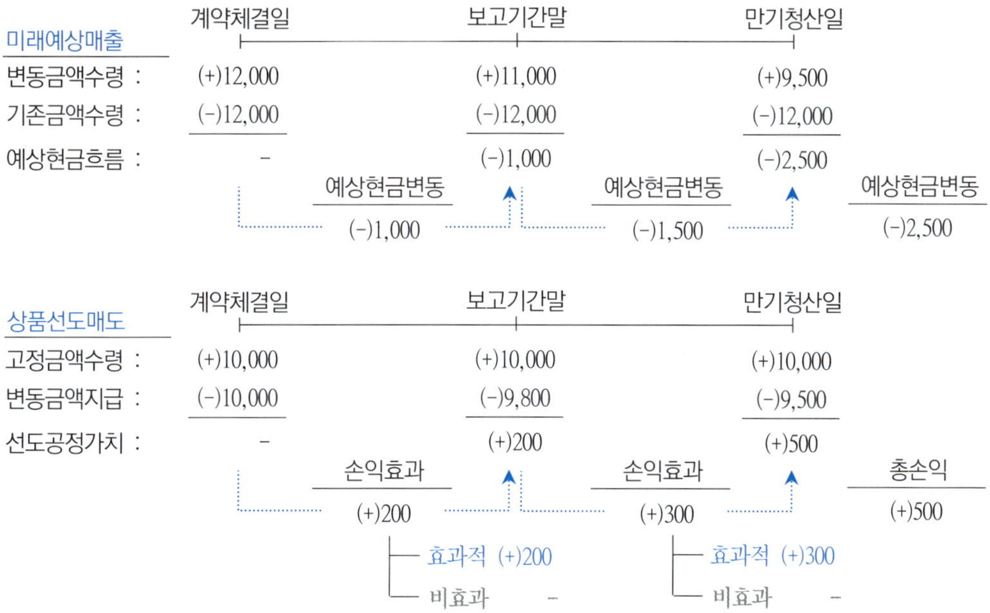

(2) 손익의 계산 (간편한 풀이)

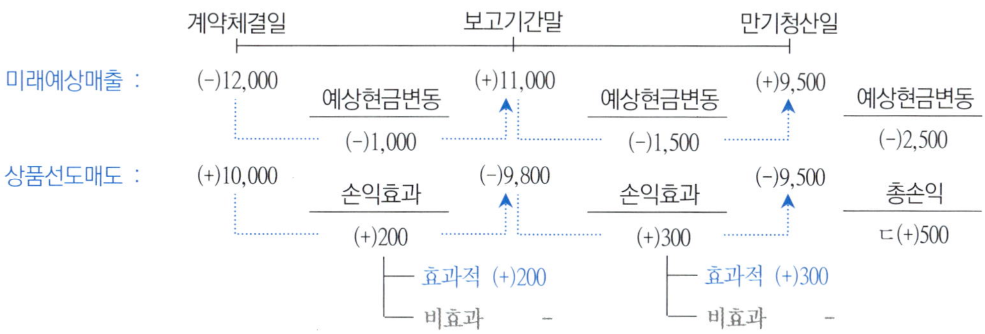

(3) 회계처리

20×1.10. 1	회계처리 없음			
20×1.12.31	(차) 상품선도자산	20,000 ①	(대) 위험회피적립금	20,000 ②
20×2. 3.31	(차) 상품선도자산	30,000 ①	(대) 위험회피적립금	30,000 ②
	(차) 현 금	50,000 ④	(대) 상품선도자산	50,000 ③
	(차) 현 금	950,000 ⑤	(대) 매 출	950,000 ⑥
	위험회피적립금	50,000 ⑦	매 출	50,000 ⑧

20×1.12.31

상품선도자산	20,000	⋮	⋮
⋮	⋮	기타포괄이익누계액	20,000

4. 현금흐름위험회피회계를 적용한 경우

(1) 손익의 계산

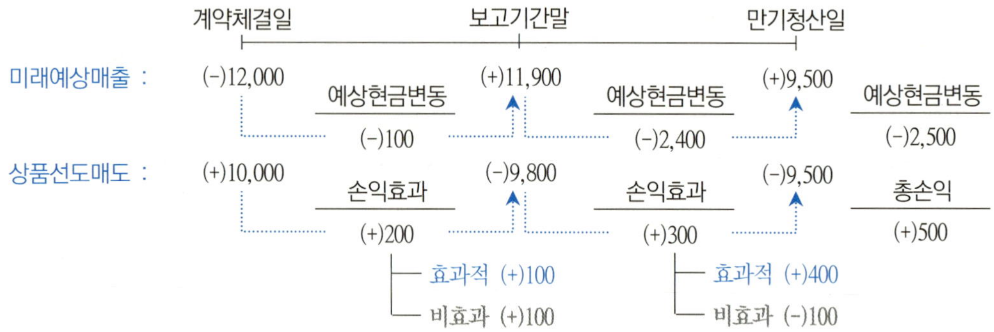

(2) 회계처리

일자	차변	금액	대변	금액
20×1.10. 1	회계처리 없음			
20×1.12.31	(차) 상품선도자산	20,000 ①	(대) 위험회피적립금	10,000 ②
			선도계약평가이익	10,000 ③
20×2. 3.31	(차) 상품선도자산	30,000 ②	(대) 위험회피적립금	30,000 ①
	선도계약평가손실	10,000 ③	위험회피적립금	10,000 ④
	(차) 현 금	50,000 ⑥	(대) 상품선도자산	50,000 ⑤
	(차) 현 금	950,000 ⑦	(대) 매 출	950,000 ⑧
	위험회피적립금	50,000 ⑨	매 출	50,000 ⑩

20×1.12.31

상품선도자산	20,000	⋮	⋮
⋮	⋮	기타포괄이익누계액	10,000

해 설

1. 미래예상거래가 현금흐름위험회피회계로 분류되는 경우 2개년 간의 거래를 통합해서 분석하면, 다음과 같다. 이러한 분석기법을 통해 파생상품거래를 바라보는 통찰력을 길러야 한다.

현금흐름 위험회피회계

	차변	금액	대변	금액
회피대상 :				
회피수단 :	현 금	50,000	위험회피적립금	50,000
자산매출 :	현 금	950,000	매 출	950,000
거래결론 :	현 금	1,000,000	매 출	1,000,000

예제 6 미래예상거래의 현금흐름 위험회피 : 외화현금흐름위험

12월 결산법인인 A회사는 20×2년 3월 31일에 $1,000의 재고자산을 구입할 계획을 세우고 있으며 예상 생산량을 고려할 때 구입거래가 이루어질 것이 거의 확실하다. A회사는 20×2년 3월 31일에 매입할 예정으로 있는 재고자산의 매입가격이 환율변동으로 인하여 상승할 위험에 대비하여 20×1년 10월 1일에 상기 조건의 통화선도계약을 체결하였다.

(1) 통화선도거래계약 체결일 : 20×1년 10월 1일

(2) 계약기간 : 20×1년 10월 1일부터 20×2년 3월 31일까지 6개월

(3) 계약조건 : $1,000을 ₩1,100/$1(통화선도환율)에 매입함

(4) 통화선도의 공정가치를 측정하는 경우 현재가치 할인효과는 반영하지 아니하며, 현재의 현물환율은 미래의 기대현물환율과 같은 것으로 가정한다.

(5) 환율자료는 다음과 같다.

	20×1년 10월 1일	20×1년 12월 31일	20×2년 3월 31일
현물환율	₩1,050/ $	₩1,120/ $	₩1,180/ $
선도환율	₩1,100/ $	₩1,140/ $	-

물음 Question

1. 상기 미래예상거래의 현금흐름 변동액과 통화선도계약의 일자별 공정가치를 계산하시오.
2. A회사가 각 일자에 수행해야할 회계처리를 제시하시오. 단, 만기 청산시 차액결제를 수행한다고 가정한다.
3. 만일 20×1년 12월 31일의 현물환율이 ₩1,080/$인 경우 [물음2]에 답하시오.

해답 answer

1. 거래의 분석과 위험회피대상과 수단의 공정가치

(1) 예상현금흐름 변동액

① 20×1.10. 1의 현금흐름 변동 : $1,000×(₩1,050－₩1,050)＝ 0

② 20×1.12.31의 현금흐름 변동 : $1,000×(₩1,050－₩1,120)＝ (－)70,000

③ 20×2. 3.31의 현금흐름 변동 : $1,000×(₩1,050－₩1,180)＝ (－)130,000

(2) 통화선도계약의 공정가치

① 20×1.10. 1의 공정가치 : $1,000×(₩1,100－₩1,100)＝ 0

② 20×1.12.31의 공정가치 : $1,000×(₩1,140－₩1,100)＝ (+)40,000

③ 20×2. 3.31의 공정가치 : $1,000×(₩1,180－₩1,100)＝ (+)80,000

2. 장부금액 조정법의 회계처리

(1) 손익의 계산 (원칙적 풀이)

예상매입계획	계약체결일	보고기간말	만기청산일	
기존환율지급 :	(+)₩1,050	(+)₩1,050	(+)₩1,050	
변동환율지급 :	(−)₩1,050	(−)₩1,120	(−)₩1,180	
확정계약가치 :	-	(−)₩70	(−)₩130	
예상현금변동		70 손실예상	60 손실예상	130 손실예상

통화선도매입	계약체결일	보고기간말	만기청산일	
고정환율지급 :	(−)₩1,100	(−)₩1,100	(−)₩1,100	
변동환율수령 :	(+)₩1,100	(+)₩1,140	(+)₩1,180	
선도공정가치 :	-	(+)₩40	(+)₩80	
손익효과		40 평가이익	40 평가이익	총손익 (+)80
효과적		(+)40	(+)40	
비효과		-	-	

(2) 손익의 계산 (간편한 풀이)

	계약체결일		보고기간말		만기청산일	
예상매입계획 :	(+)₩1,050	예상현금변동 70 손실예상	(−)₩1,120	예상현금변동 60 손실예상	(−)₩1,180	예상현금변동 130 손실확정
통화선도매입 :	(−)₩1,100	손익효과 40 평가이익	(+)₩1,140	손익효과 40 평가이익	(+)₩1,180	총손익 80 평가이익
		효과적 40 이익 / 비효과 -		효과적 40 이익 / 비효과 -		

(3) 회계처리

20×1.10. 1	회계처리 없음			
20×1.12.31	(차) 통화선도자산	40,000 ①	(대) 위험회피적립금	40,000 ②
20×2. 3.31	(차) 통화선도자산	40,000 ①	(대) 위험회피적립금	40,000 ②
	현　　금	80,000 ④	통화선도자산	80,000 ③
	(차) 재고자산	1,180,000 ⑥	(대) 현　　금	1,180,000 ⑤
	위험회피적립금	80,000 ⑦	재고자산	80,000 ⑧
	④ $1,000×₩1,180 = 1,180,000			
재고 판매시	(차) 매출원가	1,100,000 ②	(대) 재고자산	1,100,000 ①

20×1.12.31

통화선도자산	40,000	⋮	⋮
⋮	⋮	기타포괄이익누계액	40,000

3. 현물환율이 ₩1,080/$인 경우

(1) 손익의 계산

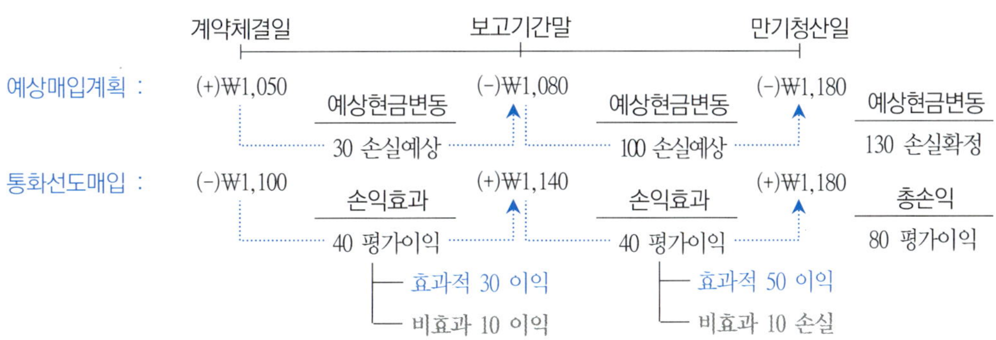

(2) 회계처리

20×1.10. 1	회계처리 없음			
20×1.12.31	(차) 통화선도자산	40,000 ①	(대) 위험회피적립금	30,000 ②
			통화선도평가이익	10,000 ③
20×2. 3.31	(차) 통화선도자산	40,000 ①	(대) 위험회피적립금	40,000 ②
	통화선도평가손실	10,000 ③	위험회피적립금	10,000 ④
	(차) 현　　금	80,000 ⑥	(대) 통화선도자산	80,000 ⑤
	(차) 재고자산	1,180,000 ⑧	(대) 현　　금	1,180,000 ⑦
	위험회피적립금	80,000 ⑨	재고자산	80,000 ⑩
재고 판매시	(차) 매출원가	1,100,000 ②	(대) 재고자산	1,100,000 ①

20×1.12.31			
통화선도자산	40,000	⋮	⋮
⋮	⋮	기타포괄이익누계액	30,000

해 설

1. 20×2년의 예상현금흐름의 누적손실액은 $1당 ₩130이며, 통화선도 평가이익의 누적액은 $1당 ₩80이므로 20×2년에 발생한 파생상품 평가이익은 전액이 위험회피에 효과적이므로 이를 기타포괄이익으로 인식한다. 결과적으로 A회사는 미래 예상거래를 결제하면서 $1당 통화선도계약 체결일의 통화선도환율인 ₩1,100에 결제를 하게 되었으며, 장부금액 조정법을 통해 재고자산의 매입금액은 $1당 ₩1,100으로 확정되게 된다. 이를 그림으로 분석하면 다음과 같다.
2. 미래예상거래가 현금흐름위험회피회계로 분류되는 경우 2개년 간의 거래를 통합해서 분석하면, 다음과 같다. 이러한 분석기법을 통해 파생상품거래를 바라보는 통찰력을 길러야 한다.

현금흐름 위험회피회계

회피대상 :				
회피수단 :	현 금	80	위험회피적립금	80
자산구매 :	재고자산	1,180	현 금	1,180
거래결론 :	재고자산	1,100	현 금	1,100
	매출원가	1,100	재고자산	1,100

3. 보고기간 말의 현물환율이 ₩1,080/$인 경우 20×2년 예상현금흐름의 누적손실액은 $1당 ₩130이며, 통화선도 평가이익의 누적액은 $1당 ₩80이므로 누적적으로 볼 때 20×1년과 20×2년에 발생한 파생상품 평가이익 전액이 위험회피에 효과적이다. 따라서 20×1년에 당기이익으로 인식한 통화선도평가이익을 20×2년에 다시 기타포괄이익으로 수정해야 하며, 이를 회계추정의 변경으로 회계처리 한다.

2 인식된 자산이나 부채의 현금흐름 변동위험회피

기업이 변동이자율 수취조건의 대여금이나 변동이자율 지급조건의 차입금을 보유하고 있는 경우가 있다. 대여금이나 차입금이 변동이자율 조건이라면, 시장이자율의 변동에 따른 대여금과 차입금 자체의 공정가치 변동위험에는 노출되어 있지 않다. 하지만 시장이자율의 변동에 따라 미래에 수취하는 이자와 지급하는 이자가 변동 될 수 있으므로 현금흐름 변동위험에는 노출되어 있다. 이 경우 현금흐름 변동위험을 파생상품을 이용하여 위험을 회피할 수 있다. 예를 들어, 대여금은 변동금리를 지급하고 고정금리를 수취하는 이자율스왑계약을 체결하고, 차입금은 변동금리를 수취하고 고정금리를 지급하는 이자율스왑계약을 체결하면 미래현금흐름은 고정금리로 확정되게 된다. 이 경우 변동금리조건의 이자현금흐름은 현금흐름 위험회피대상이 되는 것이며, 파생상품인 이자율스왑계약은 현금흐름 위험회피수단이 된다. 이에 대하여는 보론에서 이자율스왑계약을 통해 자세히 설명할 것이다.

제 5 절 해외사업장순투자 위험회피

IFRS

1 해외사업장순투자 위험회피

해외사업장은 보고기업과 다른 국가에서 또는 다른 통화로 영업활동을 하는 종속기업, 공동기업, 관계기업을 말한다. 해외사업장에 대한 순투자는 해외사업장의 순자산에 대한 보고기업의 지분해당액을 의미한다. 이 때 해외사업장의 기능통화가 보고기업의 표시통화와 다르다면 기능통화로 작성된 해외사업장의 재무제표를 보고기업의 표시통화로 환산하여 각각 연결이나 지분법를 적용하고, 이 결과를 보고기업의 재무제표에 반영하여야 한다.

해외사업장의 기능통화가 보고기업의 표시통화와 다른 경우에 기능통화 재무제표를 표시통화 재무제표로 환산하는 방법은 다음과 같으며, 환산과정에서 발생한 기타포괄손익은 당해 해외사업장을 처분하는 시점에 당기손익으로 재분류하여 인식한다.

(1) 재무상태표의 자산과 부채 : 해당 보고기간말의 마감환율로 환산
(2) 재무상태표의 자본(지점의 경우 본점계정) : 해당 거래발생일의 환율로 환산
(3) 포괄손익계산서의 수익과 비용 : 해당 거래일의 환율 혹은 해당기간의 평균환율로 환산
(4) 위 (1), (2)와 (3)의 환산에서 생기는 외환차이 : 기타포괄손익으로 인식

해외사업장이 많이 있는 기업은 높은 외화위험에 노출되어 있을 수 있다. 따라서 해외사업장순투자 위험회피회계에서 회피대상위험은 해외사업장의 재무제표를 보고기업의 표시통화로 환산하는 과정에서 발생하는 환율변동위험이다. 기업은 해외사업장순투자의 환율변동위험을 회피하기위해 위험회피수단으로 파생상품 등을 이용하게 된다.

2 해외사업장순투자 위험회피의 회계처리

해외사업장순투자의 위험회피에서 발생하는 위험회피수단의 손익은 다음과 같이 현금흐름위험회피와 유사하게 회계처리한다.

(1) **효과적** : 위험회피수단의 손익 중 위험회피에 효과적인 부분은 기타포괄손익으로 인식
(2) **비효과** : 위험회피수단의 손익 중 위험회피에 비효과적인 부분은 당기손익으로 인식

해외사업장의 경영성과 및 재무상태의 환산으로 인하여 기타포괄손익으로 인식한 외환차이의 누계액과 해외사업장순투자에 대한 효과적인 위험회피로 결정된 위험회피수단의 손익과 관련하여 기타포괄손익에 인식된 외환차이의 누계액은 보고기업이 해외사업장을 처분하는 시점에 재분류조정으로 기타포괄손익에서 당기손익으로 재분류한다.

이 해 해외사업장순투자에 대한 위험회피에 대하여 기타포괄손익으로 인식하는 이유

해외사업장순투자의 환율변동에 대한 위험회피의 경우 당해 해외사업장에 대한 순투자가 재무제표에 자산으로 존재하고 있으나, 일반 금융자산처럼 관련 환율변동위험이 일정기간 내에 실현될 가능성이 낮다. 따라서 당해 가격변동위험을 당기손익으로 즉시 인식하는 공정가치 위험회피회계와는 다른 회계처리가 필요하다. 국제회계기준에서는 해외사업장순투자에 대한 위험회피의 경우 당해 위험회피대상과 위험회피수단의 환율변동손익을 모두 기타포괄손익으로 인식하도록 규정하고 있으며, 이를 해외사업장순투자 위험회피로 별도로 규정하고 있다.

[위험회피회계]

구 분		위험회피대상의 손익	위험회피수단의 손익
공정가치 위험회피		당기손익으로 인식	당기손익으로 인식
현금흐름 위험회피	예상시	인식하지 아니함	기타포괄손익으로 인식
	확정시	당기손익으로 인식	당기손익으로 재분류조정
해외사업장순투자 위험회피	발생시	기타포괄손익으로 인식	기타포괄손익으로 인식
	처분시	당기손익으로 인식	당기손익으로 인식

예제 7 해외사업장 재무제표의 환산 (해외종속기업의 경우)

12월말 결산법인인 A회사는 20×1년 초에 $10,000를 차입하여 미국 현지법인을 설립하였으며, 현지법인에 대한 지분율은 100%이다. 현지법인의 기능통화는 미국달러화이며, A회사의 기능통화와 표시통화는 모두 원화이다. 다음은 현지법인의 시산표이며, 당기 중 환율의 유의적인 변동은 없다.

(1) 시산표

시 산 표

자 산	20×1. 12. 31	부채와 자본	20×1. 12. 31
자 산	$ 22,500	부 채	$ 9,500
		자 본 금	10,000
		당기순이익	3,000
Total	22,500	Total	22,500

(2) 일자별 환율자료는 다음과 같다.

20×1년 1월 1일	20×1년 평균	20×1년 12월 31일
₩1,200/$	₩1,100/$	₩1,000/$

물음 Question

1. A회사의 표시통화로 환산된 해외사업장의 20×1년 기말 시산표를 작성하시오.
2. A회사의 20×1년 별도재무제표에 인식될 차입금관련 회계처리를 수행하시오.
3. 해외사업장을 포함한 A회사의 20×1년 연결재무제표 작성을 위한 연결조정분개를 수행하고, 연결재무제표에 기타포괄손익으로 인식될 해외사업장관련 환산손익을 계산하시오. 단, A회사는 외화차입금을 해외사업장순투자의 위험회피수단으로 지정하였다.

해답 answer

1. 시산표의 환산

계정과목	외화금액	환 율	환산후	계정과목	외화금액	환 율	환산후
자 산	22,500	₩1,000	22,500,000	부 채	9,500	₩1,000	9,500,000
				자 본 금	10,000	₩1,200	12,000,000
				당기순이익	3,000	₩1,100	3,300,000
				해외환산손실			(2,300,000)
합 계	22,500		22,500,000	합 계	22,500		22,500,000

2. 차입금관련 회계처리

20×1. 1. 1	(차) 종속기업주식	12,000,000 ②	(대) 차 입 금	12,000,000 ①
20×1.12.31	(차) 차 입 금	2,000,000 ①	(대) 외화환산이익	2,000,000 ②
	① \$10,000×(₩1,200－₩1,000)＝2,000,000			

3. 연결재무제표의 작성

(1) 관련 회계처리

투자자본상계	(차) 자 본 금	12,000,000	(대) 종속기업주식	12,000,000
계정대체	(차) 외화환산이익	2,000,000	(대) 순투자위험회피적립금	2,000,000
위험회피	(차) 순투자위험회피적립금	2,000,000	(대) 해외사업장환산손실	2,000,000

(2) 기타포괄손익으로 인식할 금액 : (－)2,300,000＋2,000,000＝(－)300,000

제 6 절 이자율스왑거래

IFRS

(1) 스왑계약의 의의

스왑계약은 미래 특정일이나 특정기간 동안 일반상품이나 금융상품을 상대방의 일반상품이나 금융상품과 교환하는 거래를 말한다. 교환대상이 상품인 경우를 상품스왑이라 하고 금융상품인 경우를 금융스왑이라 한다. 예를 들어, 이자율스왑계약은 거래당사자간 각각의 채권이나 채무에 대한 이자 지급조건을 일정기간 동안 교환하여 부담하기로 약정함으로써 금리변동위험을 회피하기 위한 파생상품이다. 파생상품인 이자율스왑의 경우에도 단기매매목적으로 보유할 수도 있으며, 위험회피목적으로 보유할 수도 있다.

(2) 공정가치 위험회피의 이자율스왑

특정기업이 고정금리의 표시이자를 수령하는 대여금을 보유하고 있는 경우 공정가치위험회피목적으로 고정금리의 표시이자를 지급하고 변동금리의 표시이자를 수령하는 아래와 같은 이자율스왑거래가 가능하다.

[공정가치 위험회피수단으로서의 스왑계약]

상 황		위험회피대상	위험회피수단	포괄손익효과
표시이자관련		(+)고정이자수령	(-)고정이자지급 (+)변동이자수령	(+)변동이자수익
공정가치 (무위험)	시장금리 상승시	(-)현물평가손실	(+)스왑평가이익	없음
	시장금리 하락시	(+)현물평가이익	(-)스왑평가손실	없음

[고정이자율 조건의 대여금 : 공정가치위험회피 스왑거래]

보고기간말	(차) 현 금	×××	(대) 이자수익	×××
	이자수익	×××	현 금	×××
	(차) 대여금평가손실	×××	(대) 장기대여금	×××
	이자율스왑자산	×××	스왑평가이익	×××

동일한 논리로 고정금리의 표시이자를 지급하는 차입금을 보유하고 있는 경우 공정가치위험회피목적으로 고정금리의 표시이자를 수령하고 변동금리의 표시이자를 지급하는 이자율스왑거래가 가능하다.

(3) 현금흐름 위험회피의 이자율스왑

특정기업이 변동금리의 표시이자를 수령하는 대여금을 보유하고 있는 경우 현금흐름위험회피목적으로 변동금리의 표시이자를 지급하고 고정금리의 표시이자를 수령하는 아래와 같은 이자율스왑거래가 가능하다.

[현금흐름 위험회피수단으로서의 스왑계약]

상 황		위험회피대상	위험회피수단	포괄손익효과
표시이자관련 (무위험)		(+)변동이자수령	(-)변동이자지급 (+)고정이자수령	(+)고정이자수익
공정가치	시장금리 상승시	없음	(-)스왑평가손실	(-)스왑평가손실
	시장금리 하락시	없음	(+)스왑평가이익	(+)스왑평가이익

[변동이자율 조건의 대여금 : 현금흐름위험회피 스왑거래]

20×1.12.31	(차) 현　　금	×××	(대) 이자수익	×××
	이자수익	×××	현　　금	×××
		예상현금흐름 회계처리 없음		
	(차) 이자율스왑자산	×××	(대) 스왑평가이익	×××

동일한 논리로 변동금리의 표시이자를 지급하는 차입금을 보유하고 있는 경우 현금흐름위험회피목적으로 변동금리의 표시이자를 수령하고 고정금리의 표시이자를 지급하는 이자율스왑거래가 가능하다.

예제 8 스왑거래 (단기매매목적)

12월 결산법인인 A회사는 향후 시장이자율의 상승을 예상하고 변동이자율을 수취하고 고정이자율 6%를 지급하는 이자율스왑을 체결했으며 계약체결일에 수수된 프리미엄은 없다.

(1) 이자율스왑과 관련된 세부사항은 다음과 같다.

구 분	이자율스왑계약
계약체결일 또는 차입일	20×1년 1월 1일
만 기 일	20×3년 12월 31일
계약금액	1,000,000
고정이자율	연 6% 지급
변동이자율	연 LIBOR 수취

(2) 이자율스왑에 대한 이자결제는 12월 말에 이루어지고, 이를 결정하는 LIBOR는 20×1년 1월 1일, 20×1년 12월 31일, 20×2년 12월 31일에 확정되며, 각각 6%, 9%와 10%이다.

(3) A회사가 당해 스왑거래의 공정가치평가에 적용할 할인율은 LIBOR+2%이다.

물음 Question

1. 각 일자별로 이자율스왑의 현금흐름을 분석하고 연도별 공정가치를 계산하시오.
2. A회사가 각 일자별로 수행할 회계처리를 제시하시오.

해답 answer

1. 거래의 분석과 이자율스왑의 공정가치

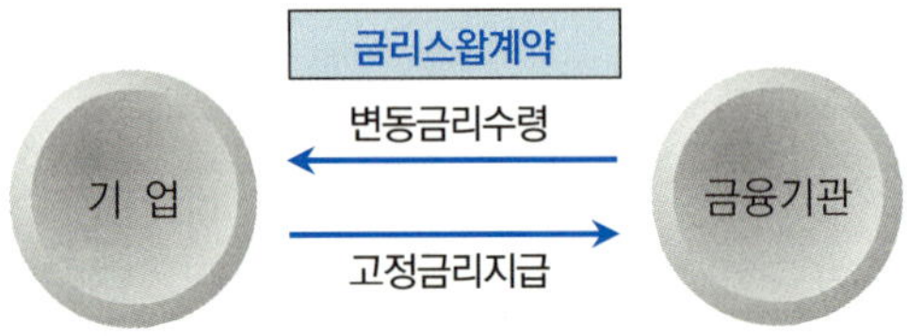

시 점	스왑거래			=	순현금흐름
20×1. 1 .1	(−)6%	+	(+)Libor	=	
20×1.12.31	(−)60,000	+	(+)60,000	=	−
20×2.12.31	(−)60,000	+	(+)90,000	=	(+)30,000
20×3.12.31	(−)60,000	+	(+)100,000	=	(+)40,000

(1) 20×1. 1. 1 예상현금흐름과 공정가치

	20×1. 1. 1		20×1.12.31	20×2.12.31	20×3.12.31
스왑관련	FV : − *1	←	−	−	−

*1 스왑 공정가치 − $= \dfrac{-}{(1+8\%)^1} + \dfrac{-}{(1+8\%)^2} + \dfrac{-}{(1+8\%)^3}$

(2) 20×1.12.31 예상현금흐름과 공정가치

	20×1.12.31		20×2.12.31	20×3.12.31
스왑관련	FV : 51,376 *2	←	30,000	30,000

*2 스왑 공정가치 51,376 $= \dfrac{30,000}{(1+11\%)^1} + \dfrac{30,000}{(1+11\%)^2}$

⑶ 20×2.12.31 예상현금흐름과 공정가치

	20×1.12.31	20×2.12.31		20×3.12.31
스왑관련		FV : 35,714 [*3]	←	40,000

[*3] 스왑 공정가치 35,714 $= \dfrac{40,000}{(1+12\%)^1}$

2. 회계처리

⑴ 현금수령액을 이자율스왑의 회수로 회계처리하는 경우 : 단기매매목적 스왑거래에 적절함

일자	차변	금액	대변	금액
20×1. 1. 1	스왑거래 회계처리 없음			
20×1.12.31	(차) 이자율스왑자산	51,376 ①	(대) 이자율스왑평가이익	51,376 ②
20×2.12.31	(차) 현 금	30,000 ①	(대) 이자율스왑자산	30,000 ②
	이자율스왑자산	14,338 ③	이자율스왑평가이익	14,338 ④
	③ 35,714 − (51,376 − 30,000) = 14,338			
20×3.12.31	(차) 이자율스왑자산	4,286 ①	(대) 이자율스왑평가이익	4,286 ②
	현 금	40,000 ④	이자율스왑자산	40,000 ③

20×1년 말 재무상태표		
스왑자산	51,376	

20×1년 포괄손익계산서	
스왑평가이익	51,376

20×2년 말 재무상태표		
스왑자산	35,714	

20×2년 포괄손익계산서	
스왑평가이익	14,338

20×3년 말 재무상태표		
스왑자산	−	

20×3년 포괄손익계산서	
스왑평가이익	4,286

⑵ 현금수령액을 이자수익으로 회계처리하는 경우 : 위험회피목적 스왑거래에 적절함

일자	차변	금액	대변	금액
20×1. 1. 1	스왑거래 회계처리 없음			
20×1.12.31	(차) 이자율스왑자산	51,376 ①	(대) 이자율스왑평가이익	51,376 ②
20×2.12.31	(차) 현 금	30,000 ①	(대) 이자수익	30,000 ②
	이자율스왑평가손실	15,662 ④	이자율스왑자산	15,662 ③
20×3.12.31	(차) 현 금	40,000 ①	(대) 이자수익	40,000 ②
	이자율스왑평가손실	35,714 ④	이자율스왑자산	35,714 ③

예제 9 스왑거래 (장기대여금의 공정가치위험회피)

12월 결산법인인 A회사는 B회사에 20×1년 1월 1일에 만기가 3년인 대여금 ₩1,000,000을 고정이자율 8%로 대여했으며, 고정이자율 8%는 대여일 당시의 LIBOR 6%에 B회사의 신용위험을 고려하여 결정된 것이다.

(1) A회사는 시장이자율 변동에 따른 대여금의 공정가치 변동위험을 회피하기 위해서 동 일자에 변동이자율을 수취하고 고정이자율 6%를 지급하는 이자율스왑을 체결했으며 계약체결일에 수수된 프리미엄은 없다. 대여금 및 이자율스왑과 관련된 세부사항은 다음과 같다.

구 분	이자율스왑계약	장기대여금
계약체결일 또는 차입일	20×1년 1월 1일	20×1년 1월 1일
만 기 일	20×3년 12월 31일	20×3월 12월 31일
계약금액	1,000,000	1,000,000
고정이자율	연 6% 지급	연 8% 수취
변동이자율	연 LIBOR 수취	-

(2) 장기대여금의 이자수취과 이자율스왑의 결제는 12월말에 이루어지고, 이를 결정하는 LIBOR는 20×1년 1월 1일, 20×1년 12월 31일, 20×2년 12월 31일에 각각 확정된다.

(3) 확정된 LIBOR와 이에 근거한 이자율스왑의 공정가치는 다음과 같다. 한편, A회사가 당해 스왑거래의 공정가치평가에 적용할 할인율은 LIBOR+2%이다.

이자율스왑 결제금액 확정일	1년 만기 LIBOR	공정가치	
		이자율스왑	장기대여금
20×1년 1월 1일	6%	-	1,000,000
20×1년 12월 31일	9%	51,376	948,624
20×2년 12월 31일	10%	35,714	964,286

물음
Question

1. A회사가 체결한 이자율스왑 거래는 국제회계기준에 규정된 위험회피유형 중 어느 유형에 해당하는지 밝히고, 그 이유를 간략히 설명하시오. 또한 위험회피대상과 위험회피수단의 총 현금흐름을 연도별로 분석하시오.

2. A회사가 위의 이자율스왑과 장기대여금에 대하여 일자별로 행할 회계처리를 제시하시오. 단, 스왑거래로 수수하는 현금회수액을 이자수익으로 회계처리하시오.

3. 국제회계기준에 따라 20×1년 12월 31일 시점에서 위의 이자율스왑이 높은 위험회피효과를 가지는지 평가하시오.

해 답
answer

1. 거래의 분석과 위험회피의 종류

(1) 공정가치 위험회피 회계에 해당한다. 위험회피수단인 이자율스왑거래가 위험회피대상 항목인 고정이자율 수취조건 장기대여금의 공정가치변동위험을 회피시켜 주기 때문이다. 위험회피수단과 위험회피대상의 총 현금흐름은 다음과 같다.

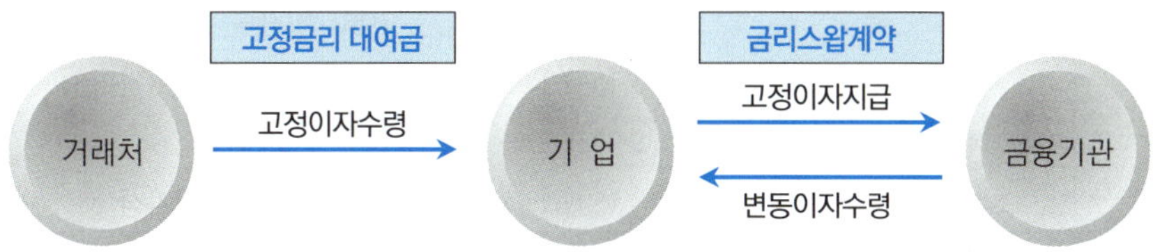

시 점	현물거래	스왑거래				포트폴리오	대여금	스왑자산
20×1. 1 .1	(+)8%	(−)6%	+	(+)Libor	=	Libor + 2%	1,000,000	−
20×1.12.31	(+)80,000	(−)60,000	+	(+)60,000	=	(+)80,000	948,624	51,376
20×2.12.31	(+)80,000	(−)60,000	+	(+)90,000	=	(+)110,000	964,286	35,714
20×3.12.31	(+)80,000	(−)60,000	+	(+)100,000	=	(+)120,000	1,000,000	−

(2) 공정가치 위험회피거래이므로 스왑자산과 장기대여금의 공정가치 합계는 항상 ₩1,000,000으로 유지된다. 따라서 장기대여금의 공정가치는 스왑자산의 공정가치를 이용해서 역산해도 된다. 한편, 스왑자산과 장기대여금의 공정가치 평가손익은 상쇄되어 당기손익으로 인식되지 않으며, 순이자수익(변동이자)만이 당기손익으로 인식된다.

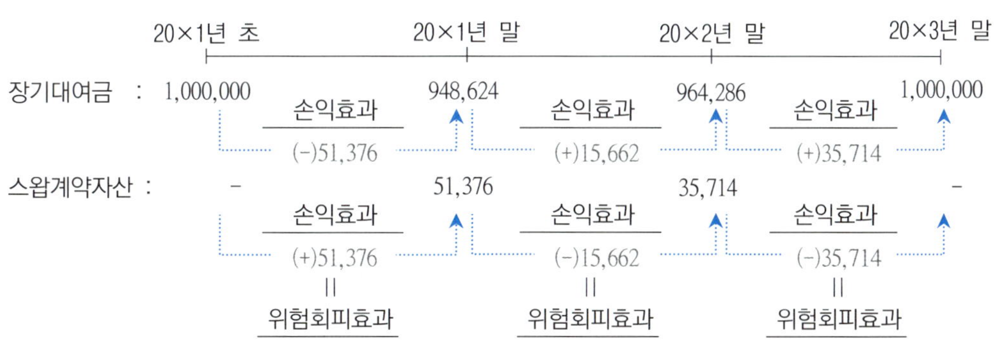

2. 회계처리

20×1. 1. 1	(차)	장기대여금	1,000,000 ②	(대)	현 금	1,000,000 ①
			스왑거래 회계처리 없음			
20×1.12.31	(차)	현 금	80,000 ①	(대)	이자수익	80,000 ②
		장기대여금평가손실	51,376 ④		장기대여금	51,376 ③
	(차)	이자율스왑자산	51,376 ⑤	(대)	이자율스왑평가이익	51,376 ⑥
20×2.12.31	(차)	현 금	80,000 ①	(대)	이자수익	80,000 ②
		장기대여금	15,662 ③		장기대여금평가이익	15,662 ④
	(차)	현 금	30,000 ⑤	(대)	이자수익	30,000 ⑥
		이자율스왑평가손실	15,662 ⑧		이자율스왑자산	15,662 ⑦
20×3.12.31	(차)	현 금	80,000 ①	(대)	이자수익	80,000 ②
		장기대여금	35,714 ③		장기대여금평가이익	35,714 ④
	(차)	현 금	40,000 ⑤	(대)	이자수익	40,000 ⑥
		이자율스왑평가손실	35,714 ⑧		이자율스왑자산	35,714 ⑦
		현 금	1,000,000 ⑨		장기대여금	1,000,000 ⑩

20×1년 말 재무상태표

장기대여금	948,624	
스왑자산	51,376	
⋮	⋮	

20×1년 포괄손익계산서

이자수익	80,000
대여금평가손실	(51,376)
스왑평가이익	51,376

20×2년 말 재무상태표

장기대여금	964,286	
스왑자산	35,714	
⋮	⋮	

20×2년 포괄손익계산서

이자수익	110,000
대여금평가이익	15,662
스왑평가손실	(15,662)

20×3년 말 재무상태표

장기대여금	1,000,000	
스왑자산	−	
⋮	⋮	

20×3년 포괄손익계산서

이자수익	120,000
대여금평가이익	35,714
스왑평가손실	(35,714)

3. 위험회피효과의 판단

이자율스왑의 경우 해당 스왑의 계약금액과 위험회피대상 항목의 원금 및 만기가 일치하고 최초 스왑 계약 체결시 스왑의 공정가치가 "0"이라면 위험회피효과의 평가시 완전한 위험회피가 가능하다.

해설

1. 20×1년 1월 1일의 예상현금흐름과 공정가치

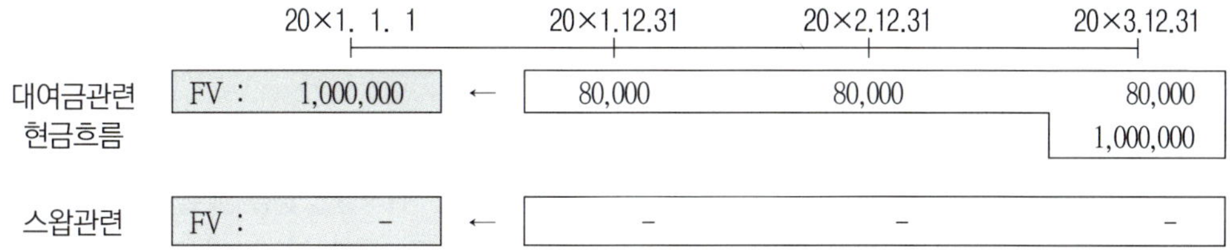

(1) 대여금 공정가치 1,000,000 $= \frac{80,000}{(1+8\%)^1} + \frac{80,000}{(1+8\%)^2} + \frac{80,000}{(1+8\%)^3} + \frac{1,000,000}{(1+8\%)^3}$

(2) 스왑 공정가치 – $= \frac{-}{(1+8\%)^1} + \frac{-}{(1+8\%)^2} + \frac{-}{(1+8\%)^3}$

2. 20×1년 12월 31일의 예상현금흐름과 공정가치

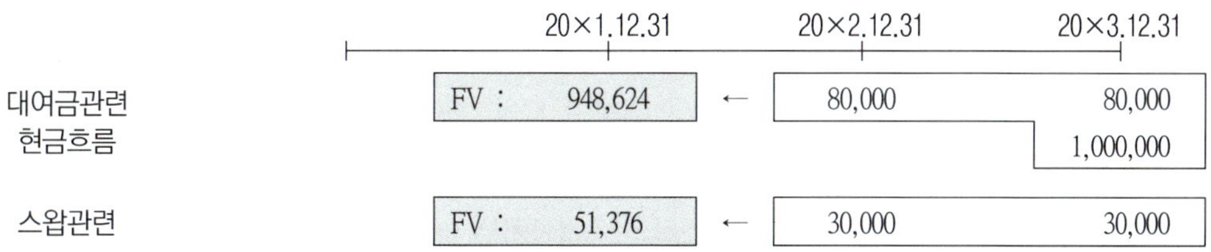

(1) 대여금 공정가치 948,624 $= \frac{80,000}{(1+11\%)^1} + \frac{80,000}{(1+11\%)^2} + \frac{1,000,000}{(1+11\%)^2}$

(2) 스왑 공정가치 51,376 $= \frac{30,000}{(1+11\%)^1} + \frac{30,000}{(1+11\%)^2}$

3. 20×2년 12월 31일의 예상현금흐름과 공정가치

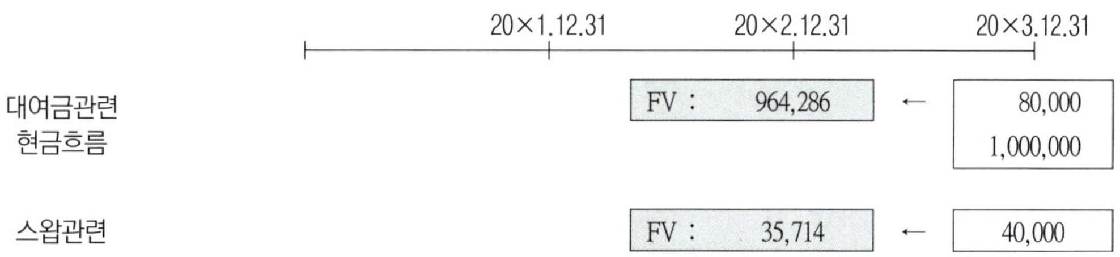

(1) 대여금 공정가치 964,286 $= \frac{80,000}{(1+12\%)^1} + \frac{1,000,000}{(1+12\%)^1}$

(2) 스왑 공정가치 35,714 $= \frac{40,000}{(1+12\%)^1}$

예제 10 스왑거래 (장기대여금의 현금흐름위험회피)

12월 결산법인인 A회사는 B회사에 20×1년 1월 1일에 만기가 3년인 대여금 ₩1,000,000을 변동이자율 Libor+2%로 대출하였다.

(1) A회사는 시장이자율 변동에 따른 표시이자의 현금흐름 변동위험을 회피하기 위해서 동 일자에 고정이자율을 6%를 수취하고 변동이자인 Libor를 지급하는 이자율스왑을 체결했으며 계약체결일에 수수된 프리미엄은 없다. 대여금 및 이자율스왑과 관련된 세부사항은 다음과 같다.

구 분	이자율스왑계약	장기대여금
계약체결일 또는 차입일	20×1년 1월 1일	20×1년 1월 1일
만 기 일	20×3년 12월 31일	20×3월 12월 31일
계약금액	1,000,000	1,000,000
고정이자율	연 6% 수령	연 Libor+2% 수취
변동이자율	연 LIBOR 지급	-

(2) 장기대여금의 이자수취과 이자율스왑의 결제는 12월말에 이루어지고, 이를 결정하는 LIBOR는 20×1년 1월 1일, 20×1년 12월 31일, 20×2년 12월 31일에 각각 확정된다.

(3) 확정된 LIBOR와 이에 근거한 이자율스왑의 공정가치는 다음과 같다. 한편, A회사가 당해 스왑거래의 공정가치평가에 적용할 할인율은 LIBOR+2%이다.

이자율스왑 결제금액 확정일	1년 만기 LIBOR	공정가치	
		이자율스왑	장기대여금
20×1년 1월 1일	6%	-	1,000,000
20×1년 12월 31일	9%	(-)51,376	1,000,000
20×2년 12월 31일	10%	(-)35,714	1,000,000

물음
Question

1. A회사가 체결한 이자율스왑 거래는 국제회계기준에 규정된 위험회피유형 중 어느 유형에 해당하는지 밝히고, 그 이유를 간략히 설명하시오. 또한 위험회피대상과 위험회피수단의 총 현금흐름을 연도별로 분석하시오.

2. A회사가 위의 이자율스왑과 장기대여금에 대하여 일자별로 행할 회계처리를 제시하시오. 단, 스왑거래로 수수하는 현금회수액을 이자수익으로 회계처리하시오.

해 답
answer

1. 거래의 분석과 위험회피의 종류

(1) 현금흐름 위험회피 회계에 해당한다. 위험회피수단인 이자율스왑거래가 위험회피대상 항목인 변동이자율 수취조건 장기대여금의 현금흐름 변동위험을 회피시켜 주기 때문이다. 위험회피수단과 위험회피대상의 총현금흐름은 다음과 같다.

시 점	현물거래	스왑거래				포트폴리오	대여금	스왑자산
20×1. 1 .1	Libor + 2%	(-)Libor	+	(+)6%	=	(+)8%	1,000,000	-
20×1.12.31	(+)80,000	(-)60,000	+	(+)60,000	=	(+)80,000	1,000,000	(-)51,376
20×2.12.31	(+)110,000	(-)90,000	+	(+)60,000	=	(+)80,000	1,000,000	(-)35,714
20×3.12.31	(+)120,000	(-)100,000	+	(+)60,000	=	(+)80,000	1,000,000	-

(2) 장기대여금은 변동이자율 조건이므로 공정가치변동손익은 발생하지 않는다. 한편, 스왑부채의 공정가치변동은 현금흐름 위험회피거래이므로 기타포괄손익으로 인식하며, 순이자수익(고정이자)만이 당기손익으로 인식된다.

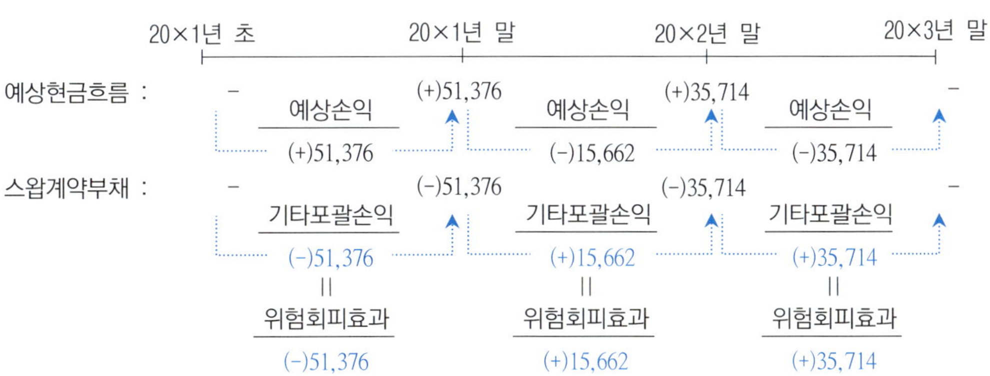

2. 회계처리

20×1. 1. 1	(차)	장기대여금	1,000,000 ②	(대)	현　　금	1,000,000 ①
			스왑거래 회계처리 없음			
20×1.12.31	(차)	현　　금	80,000 ①	(대)	이자수익	80,000 ②
	(차)	위험회피적립금	51,376 ④	(대)	이자율스왑부채	51,376 ③
20×2.12.31	(차)	현　　금	110,000 ①	(대)	이자수익	110,000 ②
	(차)	이자수익	30,000 ④	(대)	현　　금	30,000 ③
		이자율스왑부채	15,662 ⑤		위험회피적립금	15,662 ⑥
20×3.12.31	(차)	현　　금	120,000 ①	(대)	이자수익	120,000 ②
	(차)	이자수익	40,000 ④	(대)	현　　금	40,000 ③
		이자율스왑부채	35,714 ⑤		위험회피적립금	35,714 ⑥
	(차)	현　　금	1,000,000 ⑦	(대)	장기대여금	1,000,000 ⑧

20×1년 말 재무상태표

장기대여금	1,000,000	스왑부채	51,376
⋮	⋮	기타포괄누계	(51,376)

20×1년 포괄손익계산서

이자수익	80,000
위험회피적립금손실	(51,376)

20×2년 말 재무상태표

장기대여금	1,000,000	스왑부채	35,714
⋮	⋮	기타포괄누계	(35,714)

20×2년 포괄손익계산서

이자수익	80,000
위험회피적립금이익	15,662

20×3년 말 재무상태표

장기대여금	1,000,000	스왑부채	-
⋮	⋮	기타포괄누계	-

20×3년 포괄손익계산서

이자수익	80,000
위험회피적립금이익	35,714

해 설

1. 참고로 이해를 위하여, 현금흐름위험회피목적 스왑거래를 기타포괄손익의 재분류조정의 회계처리를 이용하여 제시하면 다음과 같다.

20×1. 1. 1	(차)	장기대여금	1,000,000 ②	(대)	현 금	1,000,000 ①
			스왑거래 회계처리 없음			
20×1.12.31	(차)	현 금	80,000 ①	(대)	이자수익	80,000 ②
	(차)	위험회피적립금	51,376 ④	(대)	이자율스왑부채	51,376 ③
20×2.12.31	(차)	현 금	110,000 ①	(대)	이자수익	110,000 ②
	(차)	이자수익	30,000 ④	(대)	위험회피적립금	30,000 ③
	(차)	이자율스왑부채	30,000 ⑥	(대)	현 금	30,000 ⑤
		위험회피적립금	14,338 ⑧		이자율스왑부채	14,338 ⑦
20×3.12.31	(차)	현 금	120,000 ①	(대)	이자수익	120,000 ②
	(차)	이자수익	40,000 ④	(대)	위험회피적립금	40,000 ③
	(차)	이자율스왑부채	40,000 ⑥	(대)	현 금	40,000 ⑤
		위험회피적립금	4,286 ⑧		이자율스왑부채	4,286 ⑦
	(차)	현 금	1,000,000 ⑩	(대)	장기대여금	1,000,000 ⑨

IFRS

제 7 절 내재파생상품의 투자자

(1) 내재파생상품의 의의

내재파생상품은 파생상품이 아닌 주계약을 포함하는 복합상품의 구성요소이며, 복합상품의 현금흐름 중 일부를 독립적인 파생상품의 경우와 유사하게 변동시키는 금융상품을 말한다. 내재파생상품(embedded derivative)은 내재파생상품이 포함되지 않았을 경우에 발생할 현금흐름의 전부나 일부를 이자율, 금융상품가격, 일반상품가격, 환율, 가격 또는 비율의 지수, 신용등급이나 신용지수 및 기타 변수에 따라 변경시킨다. 이때 당해 변수가 비금융변수인 경우에는 계약의 당사자에게 특정되지 아니하여야 한다. 특정 금융상품에 부가되어 있더라도, 계약상 당해 금융상품과는 독립적으로 양도할 수 있거나 당해 금융상품과는 다른 거래상대방이 있는 파생상품은 내재파생상품이 아니며, 별도의 금융상품이다.

[복합금융상품의 발행자와 투자자]

구 분	발 행 자		보 유 자	
	부 채	자 본	자 산	자 산
전환사채	채무상품	내재파생상품	채무상품	내재파생상품
비분리형 신주인수권부사채	채무상품	내재파생상품	채무상품	내재파생상품
분리형 신주인수권부사채	채무상품	별도파생상품*1	채무상품	별도파생상품*1

*1 분리형신주인수권부사채의 경우 신주인수옵션은 사채와 분리하여 양도할 수 있는 별도의 금융상품이므로 내재파생상품이 아닌 별도의 파생상품으로 회계처리 해야 한다.

(2) 주계약이 금융자산인 복합계약

복합계약이 기준서 제1109호 '금융상품'의 적용범위에 포함되는 금융자산을 주계약으로 포함하는 경우에는 내재파생상품을 분리하여 인식하지 않는다. 즉, 주계약이 금융자산인 경우 내재파생상품도 금융자산이므로 하나의 금융자산으로 처리하는 것이다. 이 경우 해당 복합계약은 계약상 현금흐름이 원리금만으로 구성된 것은 아니므로 당기손익-공정가치측정 금융자산으로 분류해야 한다.

현금흐름의 특성	사업모형	금융자산의 계정분류
원리금으로만 구성	현금흐름 수취목적	상각후원가 측정 금융자산
	현금흐름 수취와 매도목적	기타포괄손익-공정가치 측정 금융자산
	매도목적	당기손익-공정가치 측정 금융자산
원리금 이외	매도목적	당기손익-공정가치 측정 금융자산

(3) 주계약이 금융자산이 아닌 복합계약

복합계약이 기준서 제1109호 '금융상품'의 적용범위에 포함되는 금융자산이 아닌 주계약을 포함하는 경우(예 주계약이 비금융자산이거나 금융부채인 경우)에는 다음을 모두 충족하는 경우에만 내재파생상품을 주계약과 분리하여 별도의 파생상품으로 회계처리한다.

(1) **주계약과의 비연계성** : 내재파생상품의 경제적 특성이나 위험이 주계약의 경제적 특성이나 위험과 밀접하게 관련되어 있지 않다.

(2) **주계약의 당기손익 무인식** : 복합계약의 공정가치 변동을 당기손익으로 인식하지 않는다. 즉, 당기손익-공정가치 측정 금융부채에 내재된 파생상품은 분리하지 아니한다.

(3) **파생상품의 정의 충족** : 내재파생상품과 조건이 같은 별도의 금융상품이 파생상품의 정의를 충족한다.

내재파생상품을 분리한 이후 주계약은 적절한 기준서에 따라 회계처리하며, 분리된 내재파생상품은 파생상품의 보유목적에 따라 단기매매목적이나 위험회피목적의 회계처리를 수행[10]하면 된다. 한편, 자본으로 분류되는 내재파생상품은 자산이나 부채로 분류되는 내재파생상품과 분리하여 회계처리한다. 이에 대하여는 중급회계 제14장 '복합금융상품'에서 이미 설명하였다.

예제 11 전환사채의 투자자

20×1년 초에 B회사는 다음의 조건으로 A회사가 발행한 전환사채를 액면 취득하였다. A회사는 이 전환사채를 당기손익-공정가치 측정 금융자산으로 분류한다.

(1) 사채액면금액은 ₩1,000,000이며, 만기는 20×3년 말이다. 표시이자율은 연 10%(매년 말 후급)이며, 보장수익률과 동일하다.

(2) 전환사채 액면금액 ₩10,000당 보통주 1주(액면가액 ₩5,000)를 발행 교부하며, 전환청구기간은 사채발행일 이후 3개월 경과일로부터 만기전일까지이다.

(3) 사채 발행일에 주계약인 일반사채와 내재파생상품인 전환권옵션의 공정가치는 각각 ₩951,963과 ₩48,037이다. 20×3년 초 위의 투자전환사채 100%를 전환 청구하여 주식을 교부 받았다.

(4) 주계약인 채무상품의 20×1년 말과 20×2년 말의 공정가치는 각각 ₩970,000과 ₩990,000이다. 전환권옵션의 20×1년 말과 20×2년 말의 공정가치는 각각 ₩50,000과 ₩57,000이다.

---

10) 한편, 주계약과 분리하여야 하는 내재파생상품을 취득시점이나 그 후의 재무보고일에 주계약과 분리하여 측정할 수 없는 경우에는 복합계약 전체를 당기손익-공정가치 측정 항목으로 지정한다.

물음

Question

1. 전환사채 투자자의 입장에서 전환사채에 내재되어 있는 지분전환옵션의 분리여부에 대하여 설명하시오.

2. 20×1년 초부터 20×2년 말까지 일자별 회계처리를 제시하시오

3. 20×3년 초 전환된 주식의 시가가 1주당 ₩12,000인 경우 주식의 취득원가와 전환일의 회계처리를 제시하시오. 전환된 주식은 당기손익-공정가치 측정 금융자산으로 분류한다.

해답

answer

1. 내재파생상품의 분리여부

분리인식하지 않는다. 투자전환사채의 경우 주계약은 채무상품이고, 내재파생상품은 지분전환옵션이지만, 복합계약이 기준서 제1109호 '금융상품'의 적용범위에 포함되는 금융자산을 주계약으로 포함하고 있기에 내재파생상품을 분리하여 인식하지 않으며, 해당 복합계약 전체에 대하여 당기손익-공정가치 측정 금융자산으로 분류하여 회계처리한다.

2. 관련회계처리

(1) 20×1년 말 투자전환사채의 공정가치 : 970,000 + 50,000 = 1,020,000

(2) 20×2년 말 투자전환사채의 공정가치 : 990,000 + 57,000 = 1,047,000

20×1. 1. 1	(차) 당기손익금융자산	1,000,000 ②	(대) 현 금	1,000,000 ①
20×1.12.31	(차) 현 금	100,000 ②	(대) 이자수익	100,000 ①
	(차) 당기손익금융자산	20,000 ③	(대) 당기손익평가이익	20,000 ④
20×2.12.31	(차) 현 금	100,000 ②	(대) 이자수익	100,000 ①
	(차) 당기손익금융자산	27,000 ③	(대) 당기손익평가이익	27,000 ④

3. 전환의 회계처리

(1) 전환 받은 주식의 최초원가 : 1,000,000 ÷ 10,000 × ₩12,000 = ₩1,200,000

(2) 회계처리

20×3. 1. 1	(차) 당기손익금융자산	1,200,000 ②	(대) 당기손익금융자산	1,047,000 ①
			당기손익평가이익	153,000 ③

보론 위험회피대상과 수단

본문에서는 조건을 충족하는 위험회피대상과 위험회피수단에 대하여 일반적인 것들만을 설명하였다. 여기에서는 위험회피대상과 위험회피수단의 특수한 상황에 대하여 설명하고자 한다.

1 위험회피대상

위험회피대상(hedged items)은 공정가치 변동위험과 현금흐름 변동위험에 노출되어 있으며, 위험회피대상으로 지정된 자산이나 부채, 확정계약, 발생가능성이 매우 높은 예상거래 또는 해외사업장순투자를 말한다.

(1) 조건을 충족하는 위험회피대상

위험회피대상은 단일 항목이거나 항목의 집합일 수 있으며, 또는 단일 항목의 구성요소나 항목 집합의 구성요소일 수도 있다. 위험회피대상은 신뢰성 있게 측정할 수 있어야 하며, 위험회피대상이 예상거래인 경우 그 거래는 발생 가능성이 매우 높아야 한다.

① 지분법적용투자주식과 종속기업투자주식

지분법적용투자주식은 공정가치위험회피의 위험회피대상이 될 수 없다. 지분법은 피투자기업의 손익 중 투자기업의 몫을 당기손익으로 인식하기에 투자주식의 공정가치 변동위험과는 무관하다. 이와 마찬가지로 연결대상 종속기업에 대한 투자주식은 공정가치위험회피의 위험회피대상이 될 수 없다. 연결은 종속기업의 손익을 당기손익으로 인식하기에 투자주식의 공정가치 변동위험과는 무관하기 때문이다. 여기서 유의할 점은 지분법적용투자주식과 종속기업투자주식이 해외사업장순투자인 경우 해외사업장순투자의 위험회피대상은 될 수 있다는 점이다. 이는 투자지분의 공정가치 변동에 대한 공정가치위험회피가 아니라 외화 익스포저에 대한 위험회피이므로 위험회피대상이 될 수 있기 때문이다.

② 연결실체내의 내부거래

위험회피회계의 목적상 보고기업의 외부 당사자와 관련된 자산, 부채, 확정계약 또는 발생가능성이 매우 높은 예상거래만을 위험회피대상으로 지정할 수 있다. 연결실체 내의 개별기업 사이의 거래는 연결실체 내의 개별기업의 개별재무제표나 별도재무제표에서 위험회피대상으로 지정할 수 있으나, 연결재무제표에서는 위험회피대상으로 지정할 수 없다. 하지만 예외적으로 연결실체 내의 화폐성항목이 연결재무제표에서 모두 제거되지 않는 외환손익에 노출되어 있는 경우 해당 외화위험은 연결재무제표에서 위험회피대상으로 지정할 수 있다. 또한 예상거래가 해당 거래를 체결한 기업의 기능통화가 아닌 통화로 표시되며 외화위험이 연결손익에 영향을 미친다면, 발생가능성이 매우 큰 연결실체 내 해당 예상거래의 외화위험은 연결재무제표에서 위험회피대상으로 지정할 수 있다.

③ 사업을 취득하기로 하는 확정계약

사업결합에서 사업을 취득하기로 하는 확정계약은 위험회피대상이 될 수 없다. 다만, 외화위험에 대하여는 위험회피대상으로 지정할 수 있다. 그 이유는 외화위험이 아닌 다른 회피대상위험은 특정하여 식별할 수도 없고 측정할 수도 없기 때문이다. 이러한 다른 위험은 일반적인 사업위험이다.

④ 통합 익스포저

위험회피대상의 조건을 충족할 수 있는 익스포저와 파생상품이 결합된 통합 익스포저는 위험회피대상으로 지정[11)]할 수 있다. 예상거래가 포함된 통합 익스포저의 경우에는 통합 익스포저의 발생 가능성이 매우 커야하며, 발생되어 더 이상 예상거래가 아니게 되는 경우에도 위험회피대상으로서 적격해야 한다. 예를 들어 15개월 후에 특정 수량을 매입할 가능성이 매우 큰 커피의 가격 변동위험을 15개월물 커피 선물계약을 이용해 회피할 수 있다. 하지만 커피가격이 미국달러화로 결제된다면, 선물계약을 통해 커피의 가격변동위험은 회피되었지만, 여전히 환율변동위험을 부담하고 있다. 이 경우 커피 예상매입거래와 커피 선물계약을 통합하여 해당 통합 익스포저를 위험회피대상으로 지정하고 위험회피수단으로 통화선도계약을 지정하여 체결 할 수 있다.

[위험회피대상의 특이상황]

구 분		위험회피대상 판단
관계기업과 종속기업투자주식	공정가치변동위험	위험회피대상으로 지정 불가능
	해외사업장순투자위험	위험회피대상으로 지정 가능
사업을 취득하기로 하는 확정계약	일반위험	위험회피대상으로 지정 불가능
	환율변동위험	위험회피대상으로 지정 가능
연결실체내의 거래	별도재무제표 기준	위험회피대상으로 지정 가능
	연결재무제표 기준	위험회피대상으로 지정 불가능
통합 익스포저		위험회피대상으로 지정 가능

11) 원칙적으로 파생상품은 위험회피의 수단으로 활용되며, 위험회피의 대상이 될 수는 없다. 하지만 파생상품이 통합익스포저로 이용되는 경우에는 위험회피의 대상이 될 수도 있다.

(2) 위험회피대상의 지정

위험회피관계에서 항목 전체나 항목의 구성요소를 위험회피대상으로 지정할 수 있다. 전체 항목은 항목의 모든 현금흐름 변동이나 모든 공정가치 변동을 말하며, 항목의 구성요소는 전체 항목보다 더 작은 위험회피대상을 말한다. 따라서 구성요소는 항목의 위험 중 일부 위험만을 반영하거나 위험의 일부분만을 반영한다. 위험회피대상으로 지정하기 위해서는 위험 구성요소는 금융항목이나 비금융항목의 별도로 식별할 수 있는 구성요소이어야 하며, 위험 구성요소의 변동으로 인한 항목의 현금흐름이나 공정가치의 변동은 신뢰성 있게 측정할 수 있어야 한다. 또한 금융항목이나 비금융항목의 현금흐름의 구성요소를 위험회피대상으로 지정하는 경우에 해당 구성요소는 전체 항목의 현금흐름 총액보다 적거나 같아야 한다.

2 위험회피수단

위험회피수단(hedging instruments)은 위험회피대상의 공정가치의 변동이나 현금흐름의 변동을 상쇄할 것으로 기대하여 지정한 파생상품 또는 비파생금융상품을 말한다. 위험회피수단은 위험회피대상이 당기손익에 미치는 영향을 상쇄시켜야 하므로 공정가치 변동을 당기손익으로 인식하는 금융상품이어야 하는 것이 원칙이다.

(1) 조건을 충족하는 위험회피수단

일부 발행(매도)한 옵션을 제외[12]하고, 당기손익-공정가치 측정 파생상품은 위험회피수단으로 지정할 수 있다. 또한 비파생상품의 경우에도 당기손익-공정가치 측정 비파생금융자산과 부채는 위험회피수단으로 지정할 수 있다. 한편 외화위험회피의 경우에는 비파생금융자산이나 비파생금융부채의 외화위험 부분은 위험회피수단으로 지정할 수 있다.

위험회피수단이 되기 위해서는 공정가치변동을 당기손익으로 인식해야 하는 것이 원칙이다. 따라서 당기손익-공정가치로 측정하도록 지정한 금융부채로서 신용위험의 변동으로 생기는 공정가치의 변동금액을 기타포괄손익으로 표시하는 금융부채와 공정가치의 변동을 기타포괄손익으로 표시하기로 선택한 지분상품의 투자는 위험회피수단으로 지정할 수 없다.

또한 복합계약에 내재된 파생상품의 경우 이를 분리하여 회계처리하지 않는 경우에는 별도의 위험회피수단으로 지정할 수 없으며, 자기지분상품의 경우에도 해당 기업의 금융자산이나 금융부채가 아니므로 위험회피수단으로 지정할 수 없다. 위험회피회계의 목적상, 보고실체의 외부 당사자(보고하는 연결실체 또는 개별기업의 외부 당사자)와 체결한 계약만을 위험회피수단으로 지정할 수 있다.

---

12) 발행한 옵션인 매도옵션은 매입한 옵션(다른 금융상품에 내재된 매입한 옵션을 포함)을 상쇄하기 위해 위험회피수단으로 지정하는 경우(예 중도상환할 수 있는 부채의 위험회피에 사용된 매도콜옵션)를 제외하고는 위험회피수단의 조건을 충족하지 못한다.

[위험회피수단의 특이상황]

구 분		위험회피수단 판단
파생상품	당기손익-공정가치 측정 금융자산	위험회피수단으로 지정 가능
	일부의 매도옵션	위험회피수단으로 지정 불가능
비파생금융자산과 비파생금융부채	당기손익-공정가치 측정 항목	위험회피수단으로 지정 가능
	외화위험 부분	위험회피수단으로 지정 가능
	당기손익-공정가치 지정 금융부채	위험회피수단으로 지정 불가능
	기타포괄손익-공정가치 선택 지분상품	위험회피수단으로 지정 불가능
복합계약에 내재된 파생상품	분리하여 회계처리 않는 경우	위험회피수단으로 지정 불가능
	분리하여 회계처리 하는 경우	위험회피수단으로 지정 가능
자기지분상품		위험회피수단으로 지정 불가능

(2) 위험회피수단의 지정

위험회피수단으로 지정할 수 있는 금융상품은 전체를 위험회피수단으로 지정해야 하는 것이 원칙이다. 하지만, 다음의 경우에 예외적으로 금융상품 전체의 일부를 위험회피수단으로 지정할 수 있다.

(1) **내재가치와 시간가치를 분리** : 옵션계약의 내재가치와 시간가치를 구분하여 내재가치의 변동만을 위험회피수단으로 지정하고 시간가치의 변동은 제외하는 경우

(2) **선도요소와 현물요소를 분리** : 선도계약에서 선도요소와 현물요소를 구분하고 선도계약의 현물요소의 공정가치 변동만을 위험회피수단으로 지정하는 경우와 금융상품에서 외화 베이시스 스프레드를 구분하여 이를 제외하고 위험회피수단으로 지정하는 경우

(3) **비례적 부분을 분리** : 전체 위험회피수단의 비례적 부분(예 명목금액의 50%)을 위험회피관계에서 위험회피수단으로 지정하는 경우. 단 위험회피수단의 잔여 만기 중 일부 기간에서만 생긴 공정가치의 일부 변동을 위험회피수단으로 지정할 수는 없음

① 옵션의 시간가치에 대한 회계처리

옵션계약의 내재가치와 시간가치를 구분하고 옵션의 내재가치 변동만을 위험회피수단으로 지정하는 경우에 옵션의 공정가치 중 시간가치 변동으로 인한 부분은 기타포괄손익으로 인식한다.

② 선도계약의 선도요소에 대한 회계처리

선도계약의 선도요소와 현물요소를 분리하고 현물요소의 변동만 위험회피수단으로 지정한 경우에 선도계약의 공정가치 중 선도요소로 인한 부분은 기타포괄손익으로 인식한다. 또한 금융상품의 외화 베이시스 스프레드 가치 변동을 위험회피수단 지정에서 제외할 때 외화 베이시스 스프레드의 가치 변동으로 인한 부분도 기타포괄손익으로 인식한다.

보론 위험회피비율 재조정과 중단

1 위험회피비율의 재조정

원칙적으로 위험회피회계를 적용하기 위해서는 실제로 위험회피를 하는 위험회피대상의 수량과 위험회피하기 위해 사용하는 위험회피수단의 수량의 비율이 같아야 한다. 예를 들어, 위험회피대상의 익스포저 중 100%가 아닌 85%만을 위험회피한다면, 위험회피수단도 이 85%와 동일한 수량을 기준으로 위험회피관계를 지정해야 한다.

하지만, 예외적으로 이미 존재하는 위험회피대상항목이나 위험회피수단의 지정된 수량을 위험회피효과에 관한 요구사항에 부합하도록 유지하기 위하여 위험회피비율을 조정할 수 있다. 이를 위험회피비율의 재조정이라 한다. 여기서 유의할 점은 위험회피관계에 대한 위험관리목적이 바뀌었다면 재조정하는 것이 아니라 그 위험회피관계에 대한 위험회피회계를 중단해야 한다는 것이다.

위험회피관계를 재조정할 경우 위험회피대상과 위험회피수단간의 위험회피비율은 다음과 같은 방법으로 조정할 수 있다.

(1) **위험회피대상의 가중치 조정** : 위험회피대상의 수량 증가시키거나 위험회피수단의 수량을 감소시켜 위험회피대상의 가중치를 증가(동시에 위험회피수단의 가중치가 감소)시킨다.

(2) **위험회피수단의 가중치 조정** : 위험회피수단의 수량 증가시키거나 위험회피대상의 수량을 감소시켜 위험회피수단의 가중치를 증가(동시에 위험회피대상의 가중치가 감소)시킨다.

위험회피비율의 재조정으로 인해 위험회피수단인 파생상품의 일부가 위험회피회계에서 제외되면, 해당부분은 전진적으로 당기손익-공정가치측정 금융자산으로 재분류한 후 관련 회계처리를 수행하면 된다.

[위험회피비율의 재조정]

구 분	변경전 대상과 수단의 비율	변경후 대상과 수단의 비율
위험회피대상의 가중치 증가	100kg : 100kg	120kg : 100kg
	100kg : 100kg	100kg : 80kg
위험회피수단의 가중치 증가	100kg : 100kg	100kg : 120kg
	100kg : 100kg	80kg : 100kg

2 위험회피회계의 중단

원칙적으로 위험회피회계의 자발적인 중단은 허용되지 않는다. 하지만, 위험회피수단이 소멸, 매각, 종료, 행사되었거나 위험회피대상과 위험회피수단의 관계가 더 이상 위험회피회계의 적용조건을 충족하지 않는 경우에는 전진적으로 위험회피회계를 중단해야 한다. 한편, 위험회피회계가 일부나 전체가 중단된 종전의 위험회피관계의 위험회피수단이나 위험회피대상을 새로운 위험회피관계로 지정할 수 있다. 이는 위험회피관계의 지속이 아니라 재시작이다.

예제 12 현금흐름 위험회피비율의 재조정과 중단

12월 결산법인인 A회사는 20×1년 10월 1일에 보유중인 제품 100kg을 6개월 후인 20×2년 3월 31일에 매출할 계획이며, 이는 발생가능성이 거의 확실하다. 한편, A회사는 예상매출로 인한 현금흐름위험을 회피하기 위하여 다음과 같은 선도거래계약을 동일자에 체결하였다.

(1) 제품선도거래계약 체결일은 20×1년 10월 1일이다. 계약기간은 20×2년 3월 31일까지 6개월이며, 계약조건은 20×2년 3월 31일에 제품 100kg을 선도가격인 kg당 ₩10,000에 매도하는 것이다.

(2) 선도계약의 공정가치를 측정하는 경우 현재가치 할인효과는 반영하지 아니하며, 현재의 현물가격은 미래의 기대현물가격과 같은 것으로 가정한다. 시점별 제품의 kg당 현물가격과 선도가격은 다음과 같다.

구 분	20×1년 10월 1일	20×1년 12월 31일	20×2년 3월 31일
현물가격	₩12,000	₩11,000	₩9,500
선도가격	₩10,000	₩9,800	₩9,500

물음 Question

1. A회사가 20×2년 1월 1일에 위험회피효과에 관한 요구사항에 부합하도록 위험회피비율을 유지하기 위하여 위험회피대상은 예상매출거래 100kg을 유지하면서 위험회피수단만 80kg으로 조정한 경우 해당시점에 수행할 회계처리를 제시하시오.

2. A회사가 20×2년 1월 1일에 위험회피대상인 예상매출거래의 발생가능성이 희박해진 경우 해당시점에 수행할 회계처리를 제시하시오.

해 답
answer

1. 현금흐름 위험회피회계의 비율재조정

(1) 위험회피에서 배제된 선도계약 : 20,000×20kg/100kg = 4,000

(2) 관련된 회계처리

20×1.10. 1	회계처리 없음					
20×1.12.31	(차)	상품선도자산	20,000 ①	(대)	위험회피적립금	20,000 ②
20×2. 1 .1	(차)	당기손익금융자산	4,000 ②	(대)	상품선도자산	4,000 ①
		위험회피적립금	4,000 ③		당기손익평가이익	4,000 ④

2. 현금흐름 위험회피회계의 중단

(1) 위험회피에서 중단된 선도계약 : 20,000×100kg/100kg = 20,000

(2) 관련된 회계처리

20×1.10. 1	회계처리 없음					
20×1.12.31	(차)	상품선도자산	20,000 ①	(대)	위험회피적립금	20,000 ②
20×2. 1 .1	(차)	당기손익금융자산	20,000 ②	(대)	상품선도자산	20,000 ①
		위험회피적립금	20,000 ③		당기손익평가이익	20,000 ④

OX형 연습문제

1 금융상품이 파생상품으로 정의되기 위해서는 해당 금융상품이 기초변수의 변동에 따라 가치가 변동하여야 하며, 최초 계약시 순투자금액이 필요하지 않거나 시장요소의 변동에 유사한 영향을 받을 것으로 기대되는 다른 유형의 계약보다 적은 순투자금액이 필요하고, 미래에 차액 결제되어야 한다.

2 파생상품은 기초변수의 변동에 따라 그 가치가 변동한다. 여기서 기초변수는 이자율, 금융상품가격, 일반상품가격, 환율, 가격 또는 비율의 지수, 신용등급이나 신용지수 또는 기타 변수를 말한다. 다만, 비금융변수의 경우에는 계약의 당사자에게 특정되어야 한다.

3 위험회피수단은 공정가치나 현금흐름의 변동이 지정된 위험회피대상의 공정가치나 현금흐름의 변동을 상쇄할 것으로 기대하여 지정한 파생상품을 말한다. 따라서 비파생상품은 위험회피수단으로 지정할 수 없다.

4 위험회피수단의 비례적 부분(예 계약단위 수량의 50%)을 위험회피관계에서 위험회피수단으로 지정할 수 있으나, 위험회피수단의 잔여만기 중 일부 기간에 대하여 위험회피관계를 지정할 수 없다.

5 위험회피대상의 조건을 충족할 수 있는 익스포저와 파생상품이 결합된 통합 익스포저는 위험회피대상으로 지정할 수 있다.

6 지분법적용투자주식은 공정가치위험회피의 위험회피대상이 될 수 없다. 그 이유는 지분법이 투자주식의 공정가치 변동이 아닌 피투자기업의 손익 중 투자기업의 지분을 당기손익으로 인식하는 방법이기 때문이다.

7 복합계약이 기준서 제1109호 '금융상품'의 적용범위에 포함되는 자산을 주계약으로 포함하는 경우에는 내재파생상품을 분리하여 인식하지 않으며, 해당 복합계약 전체에 대하여 금융자산의 분류규정을 적용한다.

8 확정계약의 외화위험회피에는 공정가치위험회피회계만을 적용할 수 있다.

9 공정가치 위험회피회계에서는 위험회피수단으로 지정된 파생상품의 재측정에 따른 공정가치의 변동과 회피대상위험으로 인한 위험회피대상의 손익은 모두를 당기손익으로 인식한다.

10 공정가치 위험회피회계에서는 위험회피대상이 원가로 측정하거나 공정가치 측정을 하지만 기타포괄손익으로 인식하는 경우에도 회피대상위험으로 인한 손익을 당기손익으로 인식하는 것이 원칙이다.

11 현금흐름 위험회피회계에서는 위험회피수단의 손익 중 위험회피에 효과적인 부분은 기타포괄손익으로 인식하며, 위험회피수단의 손익 중 비효과적인 부분은 인식하지 아니한다.

12 해외사업장순투자의 위험회피는 위험회피수단의 손익 중 위험회피에 효과적인 부분은 기타포괄손익으로 인식하며, 위험회피수단의 손익 중 비효과적인 부분은 당기손익으로 인식한다.

13 해외사업장순투자의 위험회피와 관련하여 위험회피수단의 손익 중 위험회피에 효과적이어서 기타포괄손익으로 인식한 부분은 향후 해외사업장의 처분시점에 재분류조정으로 자본에서 당기손익으로 재분류한다.

해 답

answer

1 × 미래에 결제조건이어야 하며, 차액결제가 필요한 것은 아니며 총액결제도 가능하다.

2 × 비금융변수의 경우에는 계약의 당사자에게 특정되지 아니하여야 한다.

3 × 당기손익-공정가치 측정 비파생금융자산 및 비파생금융부채는 위험회피수단으로 지정가능하다. 또한 환율변동위험을 회피하기 위한 경우에도 위험회피수단으로 지정가능하다.

4 ○

5 ○

6 ○

7 ○

8 × 확정계약의 외화위험회피에 공정가치위험회피회계 또는 현금흐름위험회피회계를 적용할 수 있다.

9 ○

10 ○

11 × 현금흐름 위험회피회계에서는 위험회피수단의 손익 중 위험회피에 효과적인 부분은 기타포괄손익으로 인식하며, 위험회피수단의 손익 중 비효과적인 부분은 당기손익으로 인식한다.

12 ○

13 ○

실전형 연습문제

01 선다형, 단답형

1 ㈜대한은 20×1년 9월 1일에 옥수수 100단위를 ₩550,000에 취득하였다. 20×1년 10월 1일에 ㈜대한은 옥수수 시가하락을 우려하여 만기가 20×2년 3월 1일인 선도가격인 ₩520,000에 옥수수 100단위를 판매하는 선도계약을 체결하여 위험회피관계를 지정하였으며, 이는 위험회피회계 적용요건을 충족한다. 일자별 옥수수 현물가격 및 선도가격은 다음과 같다. 자산에 대한 손상징후에 따른 시가 하락은 고려하지 않는다. 파생상품평가손익 계산시 화폐의 시간가치는 고려하지 않는다. 20×2년 3월 1일에 수행하는 회계처리가 포괄손익계산서의 당기순이익에 미치는 순효과는 얼마인가? (회계사 2021)

일 자	옥수수 100단위 현물가격	옥수수 100단위 선도가격
20×1. 10. 1	₩550,000	₩520,000(만기 5개월)
20×1. 12. 31	₩510,000	₩480,000(만기 2개월)
20×2. 3. 1	₩470,000	

① ₩50,000 이익　② ₩45,000 손실　③ ₩30,000 이익
④ ₩30,000 손실　⑤ ₩10,000 이익

해답

(1) 위험회피의 분석 : 공정가치 위험회피

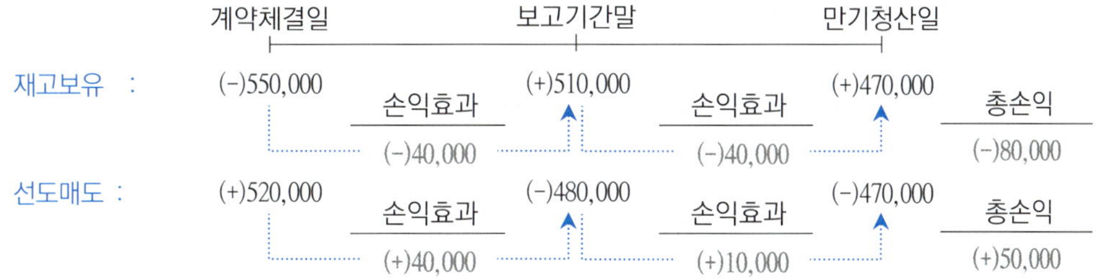

(2) 20×2년의 당기손익 : (-)40,000 + 10,000 = (-)30,000

(3) 회계처리

20×1. 9. 1	(차) 재고자산	550,000	(대) 현 금	550,000
20×1.10. 1	회계처리 없음			
20×1.12.31	(차) 재고자산평가손실	40,000	(대) 재고자산	40,000
	(차) 상품선도자산	40,000	(대) 선도자산평가이익	40,000
20×2. 3.31	(차) 재고자산평가손실	40,000	(대) 재고자산	40,000
	(차) 상품선도자산	10,000	(대) 선도자산평가이익	10,000
	(차) 현 금	50,000	(대) 상품선도자산	50,000

④

2 ㈜대한은 20×1년 11월 1일에 선박 1척을 US$2,000에 구입하기로 하는 확정계약을 체결하였다. 선박의 인수일은 20×2년 4월 30일이고, 인수일에 구입대금을 지급하고 선박을 인수함으로써 계약이 이행된다. 이 확정계약은 법적구속력을 갖기 때문에 불이행시에는 위약금을 지급해야 한다. ㈜대한은 계약체결시점부터 대금지급시점까지의 환율변동에 따른 확정계약의 위험을 회피하기 위해 20×1년 11월 1일에 통화선도계약을 체결하였다. 관련 정보는 다음과 같다.

(1) 통화선도 계약기간은 20×1년 11월 1일부터 20×2년 4월 30일까지이다. 통화선도의 계약조건은 ₩2,600,000을 지급하고 US$2,000을 수취한다.

(2) 환율 정보는 다음과 같다.

일 자	현물환율(₩/$)	통화선도환율(₩/$)
20×1년 11월 1일	₩1,200	₩1,300 (만기 6개월)
20×1년 12월 31일	₩1,340	₩1,400 (만기 4개월)
20×2년 4월 30일	₩1,380	

㈜대한이 위 거래에 대해 공정가치위험회피회계를 적용하는 경우, ㈜대한의 20×1년 말 재무상태표상 확정계약자산(또는 부채)은 얼마인가? 단, 현재가치 평가는 고려하지 않는다. (회계사 2024)

① 부채 ₩200,000　② 부채 ₩280,000　③ 자산 ₩200,000
④ 자산 ₩280,000　⑤ 자산 및 부채 ₩0

해답

⑴ 공정가치 위험회피로 지정된 경우 단위당 위험회피효과의 분석

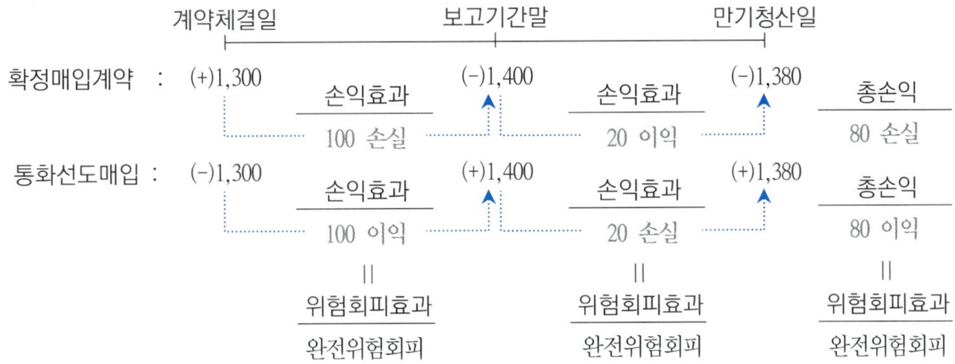

⑵ 확정매입계약 : $2,000×(-)100=200,000 손실 → 부채 ₩100,000의 증가

⑶ 통화선도계약 : $2,000×(+)100=200,000 이익 → 자산 ₩100,000의 증가

일자	차변	금액	대변	금액
20×1.11. 1	회계처리 없음			
20×1.12.31	(차) 확정계약평가손실	200,000	(대) 확정계약부채	200,000
	(차) 통화선도자산	200,000	(대) 통화선도평가이익	200,000
20×2. 4.30	(차) 확정계약부채	40,000	(대) 확정계약평가이익	40,000
	(차) 통화선도평가손실	40,000	(대) 통화선도자산	40,000
	(차) 현 금	160,000	(대) 통화선도자산	160,000
	(차) 선박자산	2,760,000	(대) 현 금	2,760,000
	확정계약부채	160,000	선박자산	160,000

①

3 ㈜대한은 전기차용 배터리를 생산 및 판매하는 회사이다. ㈜대한은 20×2년 3월 말에 100개의 배터리를 국내 전기차 제조사들에게 판매할 가능성이 매우 높은 것으로 예측하였다. ㈜대한은 배터리의 판매가격 하락을 우려하여 20×1년 12월 1일에 선도계약을 체결하고, 이를 위험회피수단으로 지정하였다. 관련 정보는 다음과 같다.

(1) 선도거래 계약기간은 20×1년 12월 1일부터 20×2년 3월 31일까지 만기 4개월이다. 선도거래 계약은 결제일에 100개의 배터리에 대해 선도거래 계약금액(개당 ₩12,000)과 시장가격의 차액이 현금으로 결제된다.

(2) 현물가격 및 선도가격 정보는 다음과 같다. 한편, 배터리의 개당 제조원가는 ₩10,000이고, 판매와 관련하여 다른 비용은 발생하지 않는다.

일 자	현물가격(개당)	선도가격(개당)
20×1년 12월 1일	₩13,000	₩12,000 (만기 4개월)
20×1년 12월 31일	₩12,500	₩11,300 (만기 3개월)
20×2년 3월 31일	₩10,500	

예측과 같이, ㈜대한은 20×2년 3월 말에 배터리를 판매하였다. ㈜대한이 위 거래에 대해 현금흐름위험회피회계를 적용하는 경우 ㈜대한의 20×2년도 당기순이익에 미치는 영향은 얼마인가? 단, 파생상품 평가손익 계산 시 화폐의 시간가치는 고려하지 않으며, 배터리 판매가 당기순이익에 미치는 영향은 포함한다. **(회계사 2023)**

① ₩0 ② ₩130,000 증가 ③ ₩150,000 증가
④ ₩180,000 증가 ⑤ ₩200,000 증가

해 답

(1) 위험회피회계를 적용하는 경우

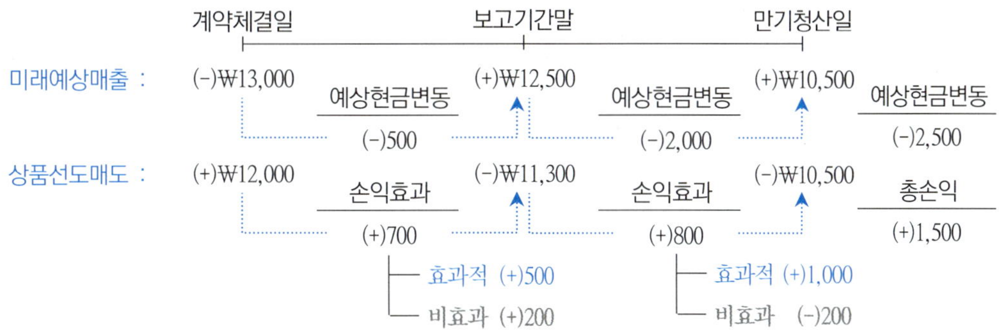

20×1.12.31	(차)	상품선도자산	70,000	(대)	기타포괄평가이익	50,000
					당기손익평가이익	20,000
20×2. 3.31	(차)	상품선도자산	80,000	(대)	기타포괄평가이익	80,000
		당기손익평가손실	20,000		기타포괄평가이익	20,000
	(차)	현　　금	150,000	(대)	상품선도자산	150,000
	(차)	현　　금	1,050,000	(대)	매　　출	1,050,000
		기타포괄평가이익	150,000		매　　출	150,000
	(차)	매출원가	1,000,000	(대)	재고자산	1,000,000

④

4 ㈜대한은 제조공정에서 사용하는 금(상품)을 시장에서 매입하고 있는데, 향후 예상매출을 고려할 때 금 10온스를 20×2년 3월 말에 매입할 것이 거의 확실하다. 한편 ㈜대한은 20×2년 3월 말에 매입할 금의 시장가격 변동에 따른 미래현금흐름변동위험을 회피하기 위해 20×1년 10월 1일에 다음과 같은 금선도계약을 체결하고, 이에 대해 위험회피회계를 적용(적용요건은 충족됨을 가정)하였다.

(1) 계약기간은 6개월로 20×1년 10월 1일부터 20×2년 3월 31일까지이다. 계약조건은 결제일에 금 10온스를 선도계약금액인 1온스당 ₩200,000과 결제일 시장가격의 차액을 현금으로 수수하는 것이다.

(2) 금의 현물가격, 선도가격에 대한 자료는 다음과 같다. 현재시점의 현물가격은 미래시점의 기대현물가격과 동일하며, 현재가치평가는 고려하지 않는다.

일 자	현물가격(₩/온스)	선도가격(₩/온스)
20×1. 10. 1	₩190,000	₩200,000 (만기 6개월)
20×1. 12.31	₩195,000	₩210,000 (만기 3개월)
20×2. 3.31	₩220,000	-

㈜대한은 예상과 같이 20×2년 3월 말에 금(상품)을 시장에서 매입하여 보유하고 있다. 금선도계약 만기일에 ㈜대한이 당기손익으로 인식할 파생상품평가손익은 얼마인가? **(회계사 2020)**

① ₩50,000 손실 ② ₩100,000 손실 ③ ₩0
④ ₩50,000 이익 ⑤ ₩100,000 이익

해 답

(1) 거래의 분석

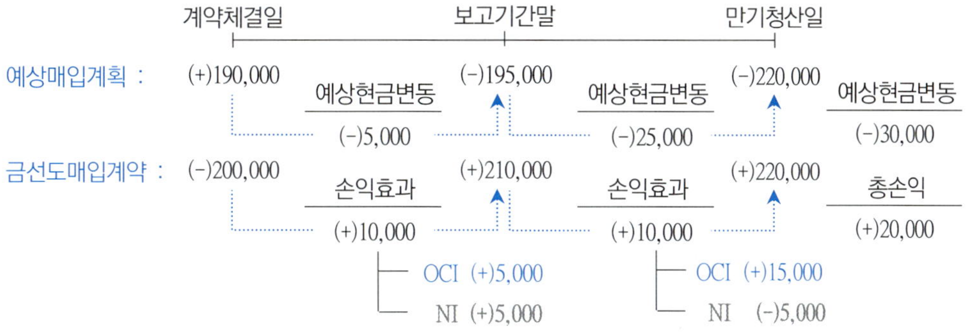

(2) 회계처리 (참고용)

일자	차변	금액	대변	금액
20×1.12.31	(차) 금선도자산	100,000	(대) 기타포괄평가이익	50,000
			당기손익평가이익	50,000
20×2. 3.31	(차) 금선도자산	100,000	(대) 기타포괄평가이익	100,000
	당기손익평가손실	50,000	기타포괄평가이익	50,000
	(차) 현 금	200,000	(대) 금선도자산	200,000
	(차) 재고자산	2,200,000	(대) 현 금	2,200,000
	기타포괄평가이익	200,000	재고자산	200,000

①

5 ㈜한국은 20×2년 2월 28일에 $500의 상품수출을 계획하고 있으며 판매대금은 미국달러화($)로 수취할 것이 예상된다. ㈜한국은 동 수출과 관련된 환율변동위험에 대비하기 위해 20×1년 11월 1일에 다음과 같은 통화선도계약을 체결하였다. ㈜한국이 위 통화선도계약을 (가)위험회피수단으로 지정한 경우, 또는 (나)위험회피수단으로 지정하지 않은 경우에 수행하여야 할 각각의 회계처리에 관하여 옳은 설명은? 단, 파생상품에 대한 현재가치 평가는 고려하지 않는다. (회계사 2017)

(1) 계약기간은 20×1년 11월 1일부터 20×2년 2월 28일까지이며, 계약조건은 계약만기일에 $500를 선도환율인 ₩1,050/$에 매도하기로 하였다.

(2) 시점별 현물환율과 선도환율에 대한 정보는 다음과 같다.

일 자	현물환율(₩/$)	통화선도환율(₩/$)
20×1년 11월 1일	₩1,060	₩1,050 (만기 4개월)
20×1년 12월 31일	₩1,040	₩1,020 (만기 2개월)
20×2년 2월 28일	₩1,000	-

① (가)의 경우 ㈜한국은 통화선도거래에 대해 공정가치위험회피회계를 적용해야 한다.

② (나)의 경우 ㈜한국은 통화선도 계약체결일에 현물환율과 선도환율의 차이인 ₩5,000을 통화선도(부채)로 인식한다.

③ (가)의 경우 ㈜한국이 20×1년도에 당기손익으로 인식하는 파생상품평가손익은 ₩10,000 이익이다.

④ (나)의 경우 ㈜한국이 20×1년도에 당기손익으로 인식하는 파생상품평가손익은 ₩15,000 손실이다.

⑤ ㈜한국이 20×1년 말의 재무상태표에 계상하는 통화선도(자산) 금액은 (가)의 경우와 (나)의 경우가 동일하다.

해답

(1) 위험회피회계를 적용하는 경우

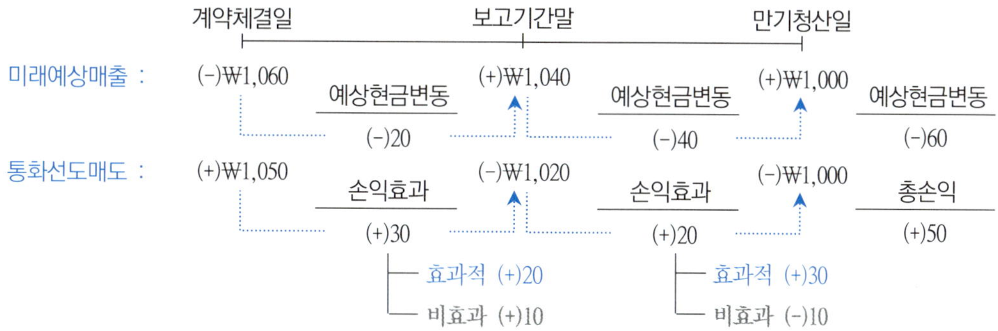

20×1.12.31	(차) 통화선도자산	15,000	(대)	기타포괄평가이익	10,000
				당기손익평가이익	5,000
20×2. 2.28	(차) 통화선도자산	10,000	(대)	기타포괄평가이익	10,000
	현　　금	25,000		통화선도자산	25,000
	(차) 당기손익평가손실	5,000	(대)	기타포괄평가이익	5,000
	(차) 현　　금	500,000	(대)	매　　출	500,000
	기타포괄평가이익	25,000		매　　출	25,000

(2) 위험회피회계를 적용하지 않는 경우의 회계처리

20×1.12.31	(차) 통화선도자산	15,000	(대)	파생상품평가이익	15,000
20×2. 2.28	(차) 통화선도자산	10,000	(대)	파생상품평가이익	10,000
	현　　금	25,000		통화선도자산	25,000

⑤

6 ㈜대한은 20×1년 10월 1일에 상품을 20×2년 3월 31일 $1,000에 매입하기로 하는 확정계약을 체결하였다. 이 확정계약은 법적 강제력을 가지는 계약으로서 불이행 시 그에 따른 위약금을 지불하기로 하는 내용을 포함하고 있다. 한편, ㈜대한은 확정계약의 환율변동위험을 회피하기 위하여 다음과 같은 통화선도계약을 체결하였다.

(1) 통화선도계약 체결일은 20×1년 10월 1일이며, 계약기간은 6개월로 20×1년 10월 1일부터 20×2년 3월 31일까지 이다.

(2) 계약조건은 $1,000을 통화선도환율 ₩1,100/$에 매입하기로 하였다. 환율정보는 다음과 같다.

일 자	현물환율(₩/$)	통화선도환율(₩/$)
20×1. 10. 1	₩1,050	₩1,100 (만기 6개월)
20×1. 12. 31	₩1,110	₩1,130 (만기 3개월)
20×2. 3. 31	₩1,150	-

㈜대한이 상기 거래에 대해 (가) 공정가치위험회피회계를 적용하는 경우와 (나) 현금흐름위험회피회계를 적용하는 경우, 다음 설명 중 옳지 않은 것은? 단, 현재가치 평가는 고려하지 않고, 위험회피회계 적용요건은 충족되었으며, 20×2년 3월 31일 상품 매입거래와 통화선도거래는 계약대로 발생하였다고 가정한다. **(회계사 2025)**

① (가)의 경우 ㈜대한이 20×1년 말 재무상태표 상 인식하는 확정계약부채는 ₩30,000이다.

② ㈜대한이 20×1년 말 재무상태표 상 인식하는 통화선도자산 금액은 (가)와 (나)가 동일하다.

③ (나)의 경우 상기 거래가 ㈜대한의 20×2년도 포괄손익계산서 상 기타포괄이익에 미치는 영향은 (-)₩50,000이다.

④ 상기 거래가 ㈜대한의 20×1년도와 20×2년도 포괄손익계산서 상 당기순이익에 미치는 영향은 (가)와 (나)가 동일하다.

⑤ ㈜대한이 20×2년 3월 31일에 상품(재고자산)의 취득원가로 인식할 금액은 (가)와 (나)가 동일하다.

해 답

(1) 공정가치 위험회피로 지정된 경우 단위당 위험회피효과의 분석

① 거래의 분석

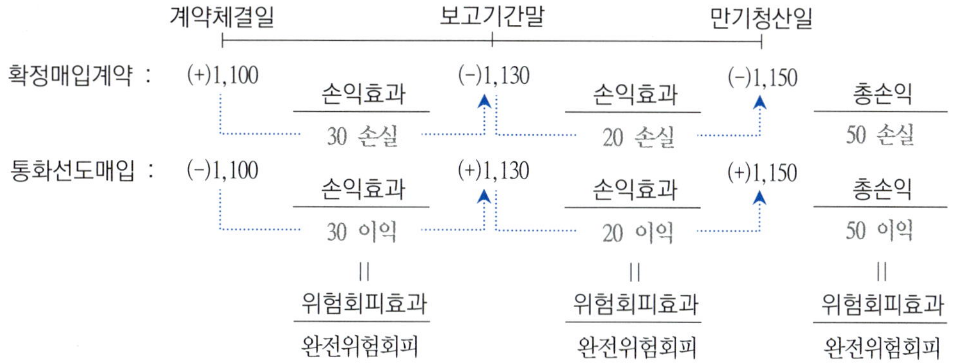

② 20×1년 확정매입계약 : $1,000×(-)30 = 30,000 손실 → 부채 ₩30,000의 증가와 당기손실 ₩30,000

③ 20×1년 통화선도계약 : $1,000×(+)30 = 30,000 이익 → 자산 ₩30,000의 증가와 당기이익 ₩30,000

20×1.10. 1	회계처리 없음					
20×1.12.31	(차)	확정계약평가손실	30,000	(대)	확정계약부채	30,000
	(차)	통화선도자산	30,000	(대)	통화선도평가이익	30,000
20×2. 3.31	(차)	확정계약평가손실	20,000	(대)	확정계약부채	20,000
	(차)	통화선도자산	20,000	(대)	통화선도평가이익	20,000
	(차)	현 금	50,000	(대)	통화선도자산	50,000
	(차)	재고자산	1,150,000	(대)	현 금	1,150,000
		확정계약부채	50,000		재고자산	50,000

(2) 현금흐름 위험회피로 지정된 경우 단위당 위험회피효과의 분석

① 거래의 분석

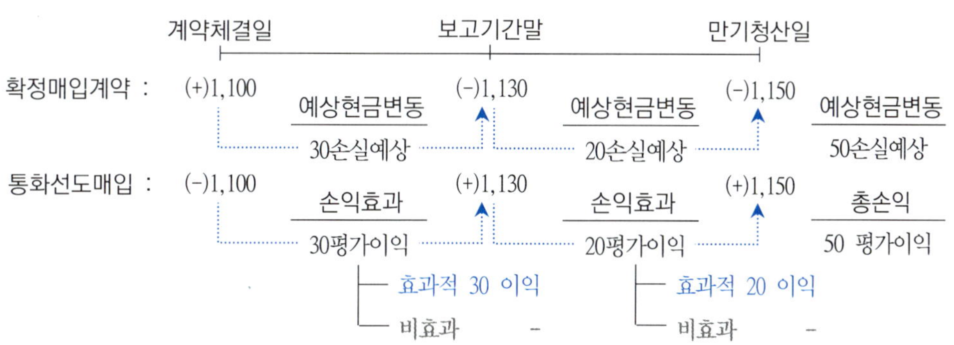

② 20×1년 통화선도계약 : $1,000×(+)30 = 30,000 이익 → 자산 ₩30,000의 증가와 기타포괄이익 ₩30,000

③ 20×2년 통화선도계약 : $1,000×(+)20 = 20,000 이익 → 자산 ₩20,000의 증가와 기타포괄이익 ₩20,000

20×1.10. 1	회계처리 없음					
20×1.12.31	(차)	통화선도자산	30,000	(대)	위험회피적립금	30,000
20×2. 3.31	(차)	통화선도자산	20,000	(대)	위험회피적립금	20,000
	(차)	현　　금	50,000	(대)	통화선도자산	50,000
	(차)	재고자산	1,150,000	(대)	현　　금	1,150,000
		위험회피적립금	50,000		재고자산	50,000

③

7 ㈜대한은 20×1년 1월 1일 ₩500,000(3년 만기, 고정이자율 연 5%)을 차입하였다. 고정이자율 연 5%는 20×1년 1월 1일 한국은행 기준금리(연 3%)에 ㈜대한의 신용스프레드(연 2%)가 가산되어 결정된 것이다. 한편, ㈜대한은 금리변동으로 인한 차입금의 공정가치 변동위험을 회피하고자 다음과 같은 이자율스왑계약을 체결하고 위험회피관계를 지정하였다. 이러한 차입금과 이자율스왑계약 간의 위험회피관계는 위험회피회계의 적용 요건을 충족한다. ㈜대한이 아래의 거래와 관련하여 20×1년도에 인식할 차입금평가손익과 이자율스왑계약평가손익은 각각 얼마인가? 단, 단수차이로 인해 오차가 있다면 가장 근사치를 선택한다. (회계사 2022)

(1) 이자율스왑계약 체결일은 20×1년 1월 1일이며, 이자율스왑계약 만기일은 20×3년 12월 31일이다.
(2) 이자율스왑계약 금액은 ₩500,000이며, 이자율스왑계약 내용은 매년 말 연 3%의 고정이자를 수취하고, 매년 초(또는 전년도 말)에 결정되는 한국은행 기준금리에 따라 변동이자를 지급한다.
(3) 차입금에 대한 이자지급과 이자율스왑계약의 결제는 매년 말에 이루어지며, 이자율스왑계약의 공정가치는 무이표채권할인법으로 산정된다. 전년도 말과 당년도 초의 한국은행 기준금리는 동일하며, 연도별로 다음과 같이 변동하였다.

20×1. 1. 1	20×1. 12. 31	20×2. 12. 31
연 3%	연 2%	연 1%

	차 입 금	이자율스왑계약
①	평가이익 ₩9,708	평가손실 ₩9,708
②	평가손실 ₩9,708	평가이익 ₩9,708
③	평가손익 ₩0	평가손익 ₩0
④	평가이익 ₩9,430	평가손실 ₩9,430
⑤	평가손실 ₩9,430	평가이익 ₩9,430

해답

(1) 20×1년 말 차입금의 공정가치 : $25,000 \div 1.04^1 + 525,000 \div 1.04^2 = 509,430$ → 차입금평가손실 : 9,430
(2) 20×1년 말 스왑의 공정가치 : $5,000 \div 1.04^1 + 5,000 \div 1.04^2 = 9,430$ → 스왑평가이익 : 9,430

20×1. 1. 1	(차) 현 금	500,000	(대) 장기차입금	500,000
	이자율 스왑회계처리 없음			
20×1.12.31	(차) 이자비용	25,000	(대) 현 금	25,000
	(차) 차입금평가손실	9,430	(대) 장기차입금	9,430
	(차) 이자율스왑자산	9,430	(대) 스왑평가이익	9,430

⑤

02 파생상품의 보유목적에 따른 회계처리

(회계사 2006 수정)

12월말 결산법인인 A회사는 다음에 제시되는 4개의 상황에서 선도계약을 이용하고 있으며 체결된 선도계약의 내용은 아래와 같다.

(1) 통화선도계약 체결일은 20×1년 11월 1일이다. 계약기간은 3개월로 20×1년 11월 1일부터 20×2년 1월 31일까지이다.

(2) 선도계약 내용에 따라 20×2년 1월 31일에 $100를 약정통화선도환율 ₩980/$로 매입하기로 하였다. 시점별 현물환율과 선도환율은 다음과 같다.

구 분	20×1. 11. 1	20×1. 12. 31	20×2. 1. 31
현물환율 (₩/$)	₩960	₩1,060	₩990
선도환율 (₩/$)	₩980	₩1,040	₩990

다음에 제시되는 4개의 상황은 서로 독립적이며, 각 물음에서 통화선도환율 변동액에 대한 현재가치 평가는 생략한다.

(1) A회사는 20×2년 1월 31일에 US$100의 재고자산을 구입하는 확정계약을 20×1년 11월 1일 체결하였다. A회사는 확정계약 체결시부터 재고자산 구입시점까지 발생할 수 있는 환율변동위험을 회피하기 위하여 확정계약을 체결한 당일에 상기 조건의 통화선도계약을 체결하였다.

(2) A회사는 20×2년 1월 31일에 US$100의 재고자산을 구입할 계획을 세우고 있으며 예상 생산량을 고려할 때 구입거래가 이루어질 것이 거의 확실하다. A회사는 20×2년 1월 31일에 매입할 예정으로 있는 재고자산의 매입가격이 환율변동으로 인하여 상승할 위험에 대비하여 20×1년 11월 1일에 상기 조건의 통화선도계약을 체결하였다.

(3) A회사는 20×1년 11월 1일 US$100의 재고자산을 구입하였으며 구입대금은 20×2년 1월 31일에 지급될 예정이다. A회사는 재고자산 구입대금의 환율변동위험에 대비하기 위하여 20×1년 11월 1일에 상기 조건의 통화선도계약을 체결하였다.

(4) A회사는 20×1년 11월 1일과 20×2년 1월 31일 사이에 US$의 가치가 상승할 것으로 예상하고 상기 조건의 통화선도계약을 체결하였다.

물음
Question

1. [상황 1]과 관련하여 20×1년 12월 31일 재무상태표에 계상할 계정과목과 금액을 제시하시오. 단, 각 계정과목이 자산, 부채, 자본 중 어디에 속하는가를 나타내어야 하며, 만일 재무상태표에 계상될 과목이 없는 경우에는 '해당 없음'이라고 표시하여야 한다.

2. [상황 1]과 [상황 2]에서 20×2년 1월 31일 A회사가 재고자산의 취득원가로 계상해야 할 금액은 각각 얼마인가?

3. [상황 1] ~ [상황 4]로 인하여 20×1년 포괄손익계산서에 당기손익으로 계상되어야 할 계정과목과 금액을 각 상황별로 구분하여 제시하시오. 단, 당기손익으로 계상될 과목이 없는 경우에는 '해당없음'이라고 표시하여야 한다.

4. 위의 [상황 1] ~ [상황 4] 중에서 그 성격상 국제회계기준에 규정되어 있는 파생상품 위험회피회계의 적용 대상이 되지 않는 경우를 지적하고 그 이유를 4줄 이내로 약술하시오.

해답 answer

1. 재무상태표 효과
   (1) 자산 : 파생상품(통화선도) = ₩6,000
   (2) 부채 : 확정계약부채 = ₩6,000

2. 재고자산의 취득원가
   (1) 상황1의 재고자산취득원가 : ₩98,000
   (2) 상황2의 재고자산취득원가 : ₩98,000

3. 당기손익효과

상 황	거래의 종류	손익계산서 계정과목	금 액
상황1	공정가치위험회피 (확정계약)	확정계약평가손실	(-)6,000
		통화선도평가이익	6,000
상황2	현금흐름위험회피 (미래예상거래)	해당사항없음*1	-
상황3	공정가치위험회피 (자산부채)	외화환산손실*2	(-)10,000
		통화선도평가이익	6,000
상황4	매매목적	통화선도평가이익	6,000

*1 파생상품평가손익이 전액 위험회피에 효과적이므로 포괄손익계산서에 당기손익으로 계상되는 평가손익은 없음

*2 외화환산손실 : (₩960 - ₩1,060) × $100 = (-)10,000

4. 위험회피회계의 적용여부
   상황4는 위험회피대상이 없으므로 위험회피회계를 적용할 필요가 없다. 따라서 파생상품을 단기매매목적으로 간주하여 일반 금융상품의 회계처리를 수행하면 된다.

해설

1. [상황 1]은 확정계약의 공정가치위험회피 파생상품거래이며, 관련 회계처리를 제시하면 다음과 같다.

일자	차변	금액	대변	금액
20×1.12.31	(차) 확정계약평가손실	6,000[*1]	(대) 확정계약부채	6,000
	(차) 파생상품	6,000	(대) 파생상품평가이익	6,000
	[*1] (₩980 − ₩1,040) × $100 = (−)6,000			
20×2. 1.31	(차) 확정계약부채	5,000[*2]	(대) 확정계약평가이익	5,000
	(차) 재고자산	98,000	(대) 현　금	99,000
	확정계약부채	1,000		
	(차) 파생상품평가손실	5,000	(대) 파생상품	5,000
	현　금	1,000	파생상품	1,000
	[*2] (₩1,040 − ₩990) × $100 = 5,000			

2. [상황 2]는 미래예상거래의 현금흐름 위험회피 파생상품거래이며, 관련 회계처리를 제시하면 다음과 같다.

일자	차변	금액	대변	금액
20×1.12.31	(차) 파생상품	6,000	(대) 기타포괄평가이익	6,000[*1]
	[*1] (1,040 − 980) × $100 = 6,000			
20×2. 1.31	(차) 기타포괄평가이익	5,000	(대) 파생상품	5,000
	현　금	1,000	파생상품	1,000
	(차) 재고자산	99,000	(대) 현　금	99,000
	기타포괄평가이익	1,000	재고자산	1,000

3. [상황 3]은 매입채무의 공정가치변동 위험회피 파생상품거래이며, 관련 회계처리를 제시하면 다음과 같다.

일자	차변	금액	대변	금액
20×1.12.31	(차) 외화환산손실	10,000[*1]	(대) 매입채무	10,000
	(차) 파생상품	6,000	(대) 파생상품평가이익	6,000
	[*1] (₩960 − ₩1,060) × $100 = (−)10,000			
20×2. 1.31	(차) 매입채무	106,000	(대) 외환차익	7,000[*2]
			현　금	99,000
	(차) 파생상품평가손실	5,000	(대) 파생상품	5,000
	현　금	1,000	파생상품	1,000
	[*2] (₩1,060 − ₩990) × $100 = 7,000			

4. [상황 4]는 매매목적 파생상품거래이며, 관련 회계처리를 제시하면 다음과 같다.

일자	차변	금액	대변	금액
20×1.12.31	(차) 파생상품	6,000	(대) 파생상품평가이익	6,000
20×2. 1.31	(차) 파생상품평가손실	5,000	(대) 파생상품	5,000
	현　금	1,000	파생상품	1,000

03 통화선도거래의 회계처리

(회계사 2014)

아래에서 제시되는 자료는 모든 물음에 적용되는 공통자료이며, 각각의 물음은 독립적인 상황이다.

1. ㈜한국은 20×1년 10월 1일에 재고자산을 6개월 후 $1,000에 구입하는 계약을 체결하였다. 동 일자에 ㈜한국은 동 재고자산 구입계약의 환율변동으로 인한 위험을 회피하기 위해서 계약만기시 $1,000을 수취하고 ₩1,100,000을 지급하는 조건의 통화선도계약을 체결하고 위험회피수단으로 지정하였다. 통화선도계약의 계약기간은 6개월(20×1년 10월 1일부터 20×2년 3월 31일까지)이며, 현물환율과 통화선도환율은 다음과 같다.

일 자	현물환율	선도환율
20×1.10. 1	₩1,080/$	₩1,100/$ (만기 6개월)
20×1.12.31	₩1,120/$	₩1,150/$ (만기 3개월)
20×2. 3.31	₩1,200/$	-

2. 공통자료에 제시된 재고자산 구입계약과 통화선도계약은 위험회피회계 적용을 위한 조건을 충족하는 것으로 가정하고, 현재가치평가는 고려하지 않는다.

물음
Question

1. 공통자료에 제시된 재고자산 구입계약은 법적 강제력을 가지는 계약으로서 확정계약에 해당된다. ㈜한국이 공정가치위험회피회계를 적용하는 경우 위험회피대상과 위험회피수단에 대한 회계처리가 20×1년 말 재무상태표상 자본에 영향을 미치는 금액을 구하시오. 단, 감소의 경우에는 금액 앞에 (-)를 표시하시오.

2. 공통자료에 제시된 재고자산 구입계약은 법적 강제력은 없지만 발생가능성이 매우 높은 예상거래에 해당되며, 20×2년 3월 31일에 동 예상거래와 통화선도거래는 해당 계약대로 발생하였다. 20×1년 12월 31일 및 20×2년 3월 31일에 ㈜한국의 위험회피수단에 대한 회계처리가 포괄손익계산서의 각 항목에 영향을 미치는 금액을 구하시오.

항 목	20×1년 12월 31일	20×2년 3월 31일
기타포괄손익	①	③
당기순이익	②	④

3. 위의 [물음2]에서 20×2년 3월 31일에 재고자산 구입 예상거래와 통화선도거래는 계약대로 발생하였으며, ㈜한국은 동 재고자산을 20×2년 중에 모두 ₩1,500,000에 외부로 판매하였다. 매출거래 시 회계처리(계속기록법 적용)를 제시하시오.

해 답
answer

1. 확정계약에 대한 공정가치위험회피

(1) 위험회피효과의 분석

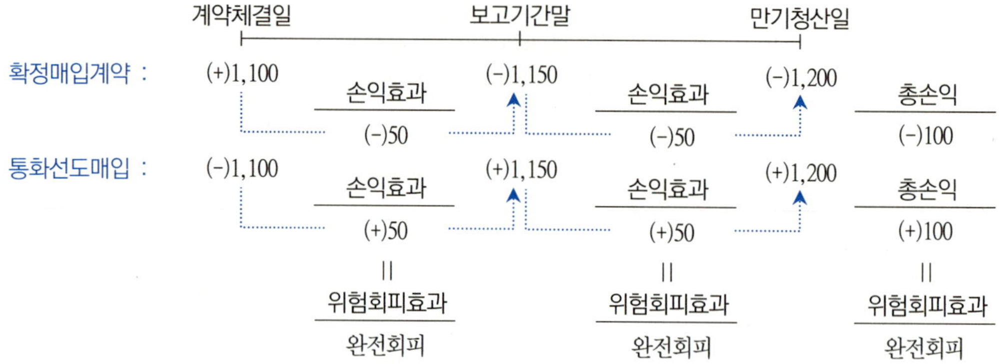

(2) 20×1년 말을 기준으로 확정계약에 대하여 공정가치위험회피회계를 적용하는 경우 위험회피대상과 위험회피수단에 대한 회계처리가 재무상태표상 자본에 영향을 미치는 금액은 없다.

(3) 참고로 회계처리를 제시하면 다음과 같다.

20×1.12.31	(차) 확정계약평가손실	50,000 [*1]	(대) 확정계약부채	50,000
	(차) 통화선도자산	50,000	(대) 통화선도평가이익	50,000
	[*1] (₩1,100 - ₩1,150) × $1,000 = (-)50,000			

2. 미래예상거래에 대한 현금흐름 위험회피

(1) 위험회피효과의 분석

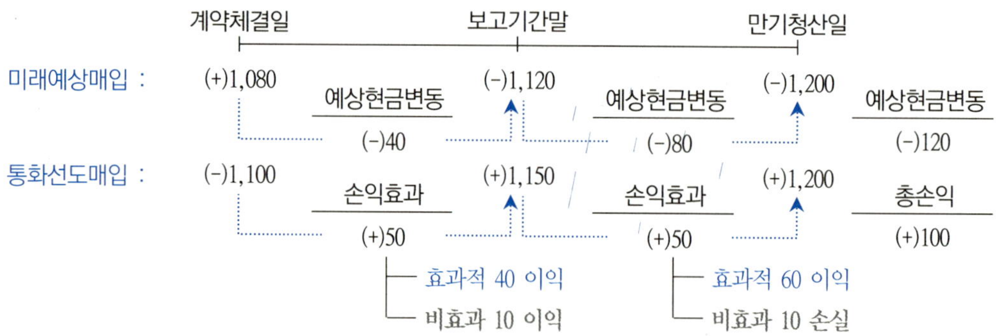

(2) 참고로 연도별 회계처리를 제시하면 다음과 같다.

20×1.12.31	(차) 통화선도자산	50,000	(대) 기타포괄평가이익	40,000
			당기손익평가이익	10,000
20×2. 3.31	(차) 통화선도자산	50,000	(대) 기타포괄평가이익	50,000
	현　　금	100,000	통화선도자산	100,000
	(차) 당기손익평가손실	10,000	(대) 기타포괄평가이익	10,000

(3) 연도별 손익효과

항 목	20×1년 12월 31일	20×2년 3월 31일
기타포괄손익	① (+)40,000	③ (+)60,000
당기순이익	② (+)10,000	④ (−)10,000

3. 매출거래시 회계처리

재고매입시	(차)	재고자산	1,200,000	(대)	현 금	1,200,000
	(차)	기타포괄평가이익	100,000	(대)	재고자산	100,000
매 출 시	(차)	현 금	1,500,000	(대)	매 출	1,500,000
		매출원가	1,100,000		재고자산	1,100,000

04 위험회피 종합문제

(회계사 2024)

㈜대한은 다음 [추가자료]의 독립된 각 상황별 위험회피의 필요성에 따라, 20×1년 11월 1일 [공통자료]에 나타난 통화선도계약을 체결하였다. ㈜대한의 기능통화 및 표시통화는 원화(₩)이며, 이하 통화선도의 현재가치 평가는 생략한다.

[공통자료]

(1) 계약기간은 20×1년 11월 1일부터 20×2년 2월 28일까지, 계약조건은 $2,000을 만기에 선도환율인 ₩1,350/$에 매도하기로 하며, 만기에 차액결제한다.

(2) 환율정보는 다음과 같다. 동 계약은 위험회피대상에 대한 효과적인 위험회피 수단이며, 다음의 각 상황별로 위험회피요건은 모두 충족한 것으로 가정한다.

일 자	현물환율	선도환율
20×1. 11. 1	₩1,380/$	₩1,350/$ (만기 4개월)
20×1. 12.31	₩1,365/$	₩1,330/$ (만기 2개월)
20×2. 2.28	₩1,340/$	-

[추가자료]

(상황 1) ㈜대한은 20×1년 중 해외종속기업 ㈜미국(기능통화는 $)에 20×1년 11월 1일 $2,000을 무이자로 대여하였으며, 이에 대한 환율변동위험을 회피하고자 한다. 동 대여금은 예측할 수 있는 미래에 회수할 계획이며 회수될 가능성도 높다.

(상황 2) ㈜대한은 20×1년 11월 1일 ㈜유럽에 $2,000의 상품을 판매하는 법적 구속력이 있는 확정계약을 체결하고, 20×2년 2월 28일에 상품수출 후, 판매대금은 1개월 후에 수령하기로 하였다. ㈜대한은 동 확정계약의 환율변동위험을 회피하고자 하며, [공통자료]의 통화선도계약을 공정가치 위험회피수단으로 지정하기로 선택한다.

(상황 3) ㈜대한은 20×2년 2월 28일 ㈜영국에 $2,000의 제품을 수출할 계획을 수립하고 있고, 수출 가능성이 매우 높다고 판단하고 있으며 관련 환율변동위험을 회피하고자 한다.

(상황 4) ㈜대한은 20×1년 11월 1일 미국의 ㈜ABC에 $2,000의 제품을 수출하고, 대금은 20×2년 2월 28일에 달러화($)로 수령하기로 하였다. ㈜대한은 해당 매출채권의 환율변동위험을 회피하고자 한다.

물음
Question

1. [추가자료]의 (상황 1)에서, ㈜대한이 [공통자료]의 통화선도계약을 체결하지 않은 경우와 체결한 경우로 구분하여 ㈜대한의 20×1년도 연결포괄손익계산서 상 당기순이익을 원화(₩)로 제시하시오. 단, ㈜대한과 ㈜민국은 (상황 1)의 대여 및 통화선도 외에 다른 총포괄손익 항목은 없다고 가정한다. 당기순손실의 경우 금액 앞에 (-)를 표시하시오.

2. [추가자료]의 독립된 (상황 2)~(상황 4)의 거래가 모두 성사된다고 가정할 경우, [공통자료]에서 체결한 통화선도계약의 효과를 반영하여 해당 거래가 ㈜대한의 20×2년도 당기순이익에 미치는 영향을 각각 계산하시오. 단, 상품과 제품 수출의 매출 인식 및 위험회피적립금의 재분류조정에 따른 영향은 고려하지 않으며, 당기순이익이 감소하는 경우 금액 앞에 (-)를 표시하시오.

해답
answer

1. 외화대여금에 대한 공정가치위험회피

(1) 통화선도계약을 체결하지 않은 경우

① 20×1년 11월 1일 대여금 : $2,000×₩1,380 = 2,760,000

② 20×1년 12월 31일 대여금 : $2,000×₩1,365 = 2,730,000 → 해당 외화대여금은 해외사업장순투자의 일부로 보는 화폐성항목이 아니기에 연결포괄손익계산서에도 환율변동손익을 당기손익으로 인식

20×1.11. 1	(차) 대 여 금	2,760,000	(대) 현 금	2,760,000
20×1.12.31	(차) 외환손실	30,000	(대) 대 여 금	30,000

(2) 통화선도계약을 체결한 경우 → 공정가치 위험회피회계적용

① 20×1년 선도자산평가손익 : $2,000×(₩1,350 - ₩1,330) = 40,000

20×1.11. 1	(차) 대 여 금	2,760,000	(대) 현 금	2,760,000
20×1.12.31	(차) 외환손실	30,000	(대) 대 여 금	30,000
20×1.12.31	(차) 통화선도자산	40,000	(대) 통화선도평가이익	40,000

통화선도계약을 체결하지 않은 경우	① (-)30,000
통화선도계약을 체결한 경우	② 10,000

2. 상황별 당기손익효과

(1) 상황 2 : 확정계약에 대한 공정가치위험회피

① 20×2년 선도자산평가손익 : $2,000×(₩1,330 - ₩1,340) = (-)20,000

② 20×2년 확정계약평가손익 : $2,000×(₩1,340 - ₩1,330) = (+)20,000 → 당기손익 : 없음

(2) 상황 3 : 미래예상거래에 대한 현금흐름위험회피

① 20×2년 당기손익효과 : \$2,000×(-)₩5 = (-)10,000

② 손익효과 분석

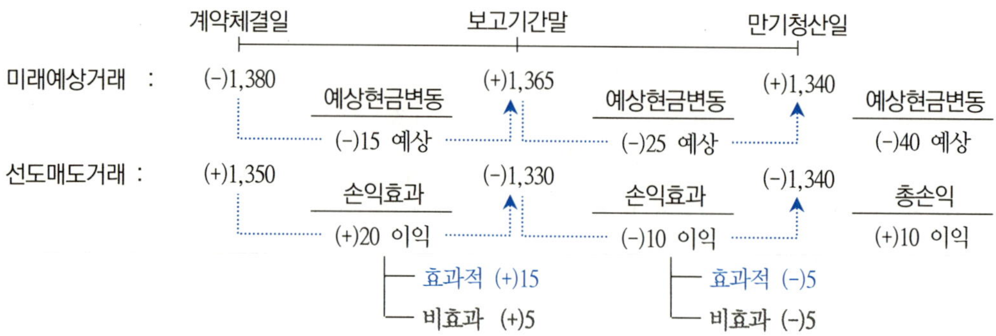

(3) 상황 4 : 매출채권에 대한 공정가치위험회피

① 20×2년 선도자산평가손익 : \$2,000×(₩1,330 - ₩1,340) = (-)20,000

② 20×2년 매출채권외환손익 : \$2,000×(₩1,340 - ₩1,365) = (-)50,000 → 당기손익 : (-)70,000

상황 2	**① 없음**
상황 3	**② (-)10,000**
상황 4	**③ (-)70,000**

05 스왑종합문제

(회계사 2020)

㈜대한은 차입금의 시장이자율 변동에 따른 위험을 회피하기 위해 스왑계약을 체결하였다. 스왑계약은 위험회피회계 요건을 충족하여 위험회피회계를 적용하였다.

(1) 차입금의 차입일은 20×1년 1월 1일이며 만기는 3년이다. 차입금액은 ₩10,000이고, 차입금리는 차입일의 LIBOR(연 5%)에 연 1%의 신용위험을 가산하여 결정된 연 6% 고정금리조건이며 매년 말에 이자지급 조건이다.

(2) 위험회피수단으로 지정된 이자율스왑의 계약체결일은 20×1년 1월 1일이며, 만기는 3년이다. 계약금액은 ₩10,000이다. 스왑계약은 연 5% 고정이자를 수취하고 변동이자율 LIBOR를 지급하며, 매년 말에 이자를 정산하고 이를 결정하는 LIBOR는 매년 초 확정된다.

(3) 장기차입금과 이자율스왑의 공정가치는 무이표채할인법에 의하여 산정하며 이자율스왑의 공정가치는 다음과 같다. 한편, 기말의 이자율과 다음연도 기초의 이자율은 동일한 것으로 가정한다.

일 자	LIBOR	이자율스왑 공정가치(₩)
20×1년 초	5%	-
20×1년 말	6%	(181)
20×2년 말	3%	192

물음 Question

1. 차입금과 이자율스왑 관련 거래가 ㈜대한의 20×1년 부채와 20×2년 자산에 미치는 영향을 계산하시오. 단, 감소하는 경우 (-)를 숫자 앞에 표시하시오.

20×1년 부채에 미치는 영향	①
20×2년 자산에 미치는 영향	②

2. ㈜대한은 20×2년 1월 1일 차입금액 ₩10,000을 지급하는 조건으로 조기 상환하게 되어 위험회피회계의 적용조건을 충족하지 못하게 되었으며 위험회피회계 전체를 중단한 경우, 차입금과 이자율스왑 관련 거래가 ㈜대한의 20×1년과 20×2년 당기순이익에 미치는 영향을 계산하시오. 단, 감소하는 경우 (-)를 숫자 앞에 표시하시오.

20×1년 당기순이익에 미치는 영향	①
20×2년 당기순이익에 미치는 영향	②

해답
answer

1. 관련된 재무제표효과

(1) 스왑거래의 분석

시 점	현물거래	스왑거래				포트폴리오
20×1. 1 .1	지급 6%	수령 5%	+	지급 Libor	=	지급 Libor+1%
20×1.12.31	(-)600	(+)500	+	(-)500	=	(-)600
20×2.12.31	(-)600	(+)500	+	(-)600	=	(-)700
20×3.12.31	(-)600	(+)500	+	(-)300	=	(-)400

구 분	보고기간 말의 장부금액		보고기간동안의 포괄손익효과	
	장기차입금	스왑자산(부채)	당기손익	기타포괄손익
20×1년	(-)9,819	(-)181	(-)600	-
20×2년	(-)10,192	(+)192	(-)700	-
20×3년	(-)10,000	-	(-)400	-

➡ 공정가치 위험회피가 적용되기에 위험회피수단인 장기차입금도 공정가치평가를 수행하여 당기손익에 반영해야 한다. 한편, 차입금의 공정가치는 스왑의 공정가치를 이용해서 측정가능하다.

(2) 참고용 회계처리

일자	차변	계정	금액	대변	계정	금액
20×1. 1. 1	(차)	현 금	10,000	(대)	장기차입금	10,000
20×1.12.31	(차)	이자비용	600	(대)	현 금	600
	(차)	장기차입금	181	(대)	차입금평가이익	181
	(차)	스왑평가손실	181	(대)	스왑부채	181
20×2.12.31	(차)	이자비용	600	(대)	현 금	600
	(차)	이자비용	100	(대)	현 금	100
	(차)	차입금평가손실	373	(대)	장기차입금	373
	(차)	스왑부채	181	(대)	스왑평가이익	373
		스왑자산	192			

(3) 20×1년 부채의 영향 : 차입금부채증가 10,000+차입금부채감소 (-)181+스왑부채증가 (+)181=(+)10,000

(4) 20×2년 자산의 영향 : 현금감소 (-)700+스왑자산증가 (+)192=(-)508

20×1년 부채 영향	20×2년 자산 영향
① 10,000	② (-)508

2. 위험회피회계가 중단된 경우

(1) 20×2년 초에 공정가치 위험회피회계가 중단되면, 파생상품인 스왑거래는 매매목적의 회계처리를 수행하면 된다. 참고로 회계처리를 제시하면 다음과 같다.

20×1. 1. 1	(차)	현　　금	10,000	(대)	장기차입금	10,000
20×1.12.31	(차)	이자비용	600	(대)	현　　금	600
	(차)	장기차입금	181	(대)	차입금평가이익	181
	(차)	스왑평가손실	181	(대)	스왑부채	181
20×2. 1. 1	(차)	장기차입금	9,819	(대)	현　　금	10,000
		차입금상환손실	181			
20×2.12.31	(차)	이자비용	100	(대)	현　　금	100
	(차)	스왑부채	181	(대)	스왑평가이익	373
		스왑자산	192			

(2) 20×1년 당기손익 : 이자비용 (-)600 + 차입금평가이익 (+)181 + 스왑평가손실 (-)181 = (-)600

(3) 20×2년 당기손익 : 상환손실 (-)181 + 스왑이자비용 (-)100 + 스왑평가이익 (+)373 = (+)92

20×1년 당기손익 영향	20×2년 당기손익 영향
① (-)600	② 92

CHAPTER

03

관계기업과 공동기업투자

ADVANCED ACCOUNTING

제 1 절 관계기업과 공동기업투자

IFRS

1 관계기업과 공동기업에 대한 투자

투자자가 피투자자에 대하여 유의적인 영향력을 행사할 수 있는 지분(또는 공동지배력을 행사할 수 있는 지분)을 취득하여 피투자자가 관계기업(또는 공동기업)이 되는 경우, 투자자는 관계기업(또는 공동기업)의 여러 의사결정에 영향을 주게 된다. 이러한 지분취득거래의 경제적 실질은 투자자가 지분율만큼 관계기업이나 공동기업을 사업결합한 것과 유사하다. 따라서 단순히 매각목적으로 보유하고 있는 투자지분과는 다른 후속측정 방법이 필요하다.

(1) 관계기업과 공동기업의 의의

관계기업은 투자자가 유의적인 영향력을 행사하는 대상기업이다. 여기서 유의적인 영향력은 피투자자의 재무·영업정책에 관한 의사결정에 참여할 수 있는 능력을 말한다. 공동기업은 투자자가 공동지배력을 행사하는 대상기업이다. 여기서 공동지배력은 약정의 지배력에 대한 계약상 합의된 공유를 말한다.

참 고 **유의적인 영향력과 공동지배력, 그리고 지배력**

(1) **유의적영향력** : 피투자자의 재무정책과 영업정책에 관한 의사결정에 투자자가 참여할 수 있는 능력을 말하며, 공동지배력이나 지배력과는 다르다.

(2) **공동지배력** : 계약상 합의에 의하여 피투자자의 경제활동에 대한 지배력을 다른 투자자들과 공유하는 능력을 말하며, 지배력과는 다르다.

(3) **지배력** : 투자자가 피투자자에 대한 관여로 변동이익에 노출되거나 변동이익에 대한 권리가 있고, 피투자자에 대하여 자신의 힘으로 그러한 이익에 영향을 미치는 능력을 말한다. 다른 투자자들과 합의에 의한 지배력이 아니기에 공동지배력과는 다르다.

[지분율에 따른 회사의 명칭]

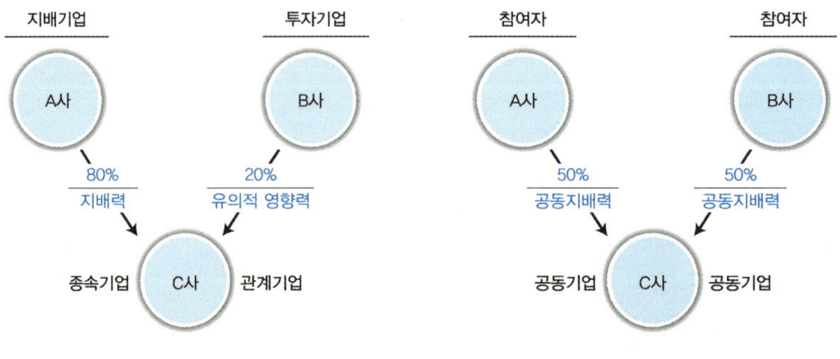

(2) 지분법의 의의

지분법은 투자지분을 최초에 취득원가로 인식하고, 취득시점 이후 발생한 피투자기업의 순자산 변동액 중 투자기업의 몫을 해당 투자지분에 가감하여 보고하는 회계처리방법이다. 따라서 투자지분에 대하여 지분법을 적용하게 되면, 지분취득일 이후에는 피투자기업의 순자산 변동을 보유지분율만큼 투자기업이 보유하고 있는 투자지분에 직접 반영하게 되어 실질적으로 지분율만큼 관계기업이나 공동기업과 연결되는 효과가 발생하게 된다. 지분법을 한 줄로 된 연결(one-line consolidation)이라 부르는 것은 이런 이유 때문이다. 지분법을 적용하면 투자기업과 관계기업이나 공동기업간의 경제적 실질을 올바르게 표시할 수 있게 되며, 관계기업이나 공동기업의 배당정책을 조정하거나 부당한 내부거래를 통해 투자자의 당기순이익을 조작할 위험을 방지하는 효과를 기대할 수 있다. 한편, 참여기업이 보유하는 공동기업 투자지분에 대하여는 보론에서 자세히 설명할 것이므로, 이하 설명은 관계기업에 대한 투자지분을 위주로 설명하고자 한다.

이 해 지분법과 정보의 유용성

분배금 수취액을 근거로 하는 수익의 인식은 관계기업이나 공동기업의 성과와 관련성이 거의 없을 수도 있기 때문에 관계기업이나 공동기업의 투자에 대한 투자자 수익의 적절한 측정치가 되지 않을 수도 있다. 투자자는 피투자자에 대하여 공동지배력이나 유의적인 영향력을 보유하기 때문에 관계기업이나 공동기업의 성과에 대한 지분을 가지며 따라서 그것은 투자자산의 수익이 된다. 투자자는 피투자자의 손익 중 자신의 몫이 포함되도록 자신의 재무제표의 범위를 확장시키는 방법으로 이러한 이해관계를 회계처리한다. 그 결과 지분법을 적용하면 투자자의 순자산과 당기순손익에 관하여 더 유익한 정보를 제공한다.

[지분율에 따른 투자지분의 회계처리]

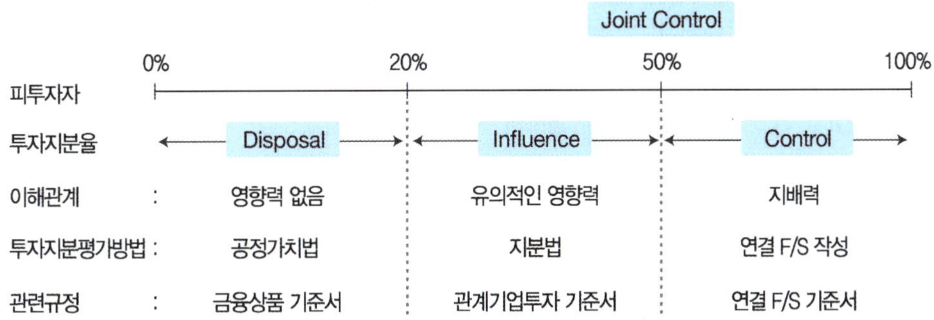

(3) 유의적인 영향력 행사 여부의 판단

투자자가 관계기업의 투자지분에 대하여 지분법을 적용하기 위해서는 피투자자의 의사결정활동에 유의적인 영향력을 행사할 수 있어야 한다. 이에 대한 판단기준은 다음과 같다.

① 현재 보유지분율 기준

투자자가 직접으로 또는 종속기업을 통하여 간접으로 피투자자에 대한 의결권의 20% 이상을 소유하고 있다면 명백한 반증이 없는 한 유의적인 영향력이 있는 것으로 본다. 반대로 투자자가 직접으로 또는 종속기업을 통하여 간접으로 피투자자에 대한 의결권의 20% 미만을 소유하고 있다면 역시 명백한 반증이 없는 한 유의적인 영향력이 없는 것으로 본다. 여기서 간접이라 함은 투자자의 종속관계에 있는 기업을 통하여 우회적으로 지분을 취득하는 것을 말한다. 한편, 다른 투자자가 해당 피투자자의 주식을 상당한 부분 또는 과반수 이상을 소유하여 지배력을 행사하고 있다고 하여도 투자자가 피투자자에 대하여 유의적인 영향력을 보유하고 있다는 것을 반드시 배제하는 것은 아니다.

② 잠재적 의결권의 행사가능성 기준

기업은 주식매입권, 주식콜옵션, 보통주식으로 전환할 수 있는 채무상품이나 지분상품, 또는 그 밖의 유사한 금융상품을 소유할 수 있다. 이러한 금융상품은 행사되거나 전환될 경우 해당 피투자자의 재무정책과 영업정책에 대한 기업의 의결권을 증가시키거나 다른 상대방의 의결권을 줄일 수 있는 잠재력을 가지고 있다. 따라서 기업이 해당 피투자자에 대하여 유의적인 영향력이 있는지 여부를 평가할 때에는, 다른 기업이 보유한 잠재적 의결권을 포함하여 현재 행사할 수 있거나 전환할 수 있는 잠재적 의결권의 존재와 영향을 고려해야 한다.

여기서 주의할 점은 잠재적 의결권이 있는 경우에도, 피투자자의 당기순손익과 자본변동 중 투자자의 지분은 현재 소유하고 있는 지분율에 기초하여 산정하며 잠재적 의결권의 행사가능성이나 전환가능성은 반영하지 않는다는 것이다.

한편, 투자자가 다음 중 하나 이상에 해당하는 경우 관계기업에 대한 지분율이 20% 미만인 경우에도 일반적으로 유의적인 영향력이 있는 것으로 본다.

(1) 피투자자의 이사회나 이에 준하는 의사결정기구에 참여
(2) 배당이나 다른 분배에 관한 의사결정에 참여하는 것을 포함하여 정책결정과정에 참여
(3) 투자자와 피투자자 사이의 중요한 거래
(4) 경영진의 상호 교류
(5) 필수적 기술정보의 제공

후속적으로 기업이 피투자자의 재무정책과 영업정책에 참여할 수 있는 능력을 상실하면, 기업은 피투자자에 대한 유의적인 영향력을 상실한 것이다. 유의적인 영향력은 일반적으로 절대적이거나 상대적인 소유 지분율의 변동에 따라 상실될 수 있지만, 관계기업에 대한 지분율이 20% 이상인 경우에도 다음의 경우에는 유의적인 영향력이 상실될 수 있다.

(1) 관계기업이 정부, 법원, 관재인, 감독기관의 지배를 받게 되는 경우
(2) 계약상 합의의 결과로 유의적인 영향력을 상실되는 경우

[유의적인 영향력 행사여부의 판단]

구 분		유의적인 영향력 행사여부
보유 지분율	추가상황	
20% 이상 보유	일반적인 경우	영향력 행사할 수 있음
	2가지 중 하나의 사례인 경우	영향력 행사할 수 없음
20% 미만 보유	일반적인 경우	영향력 행사할 수 없음
	종속기업과 합산해서 20% 이상	영향력 행사할 수 있음
	5가지 중 하나의 사례인 경우	영향력 행사할 수 있음
	잠재적 의결권을 보유하고 있는 경우	영향력 행사할 수 있음

(4) 지분법의 적용배제

투자자가 피투자자에 대하여 유의적인 영향력을 행사하고 있는 경우에는 당해 관계기업에 대한 투자지분에 대하여 지분법을 적용하여 회계처리 해야 한다. 하지만 예외적으로 다음의 경우에는 유의적인 영향력을 행사할 수 있음에도 불구하고 지분법을 적용하지 않고[1] 공정가치법이나 저가법을 적용하여 측정하고, 관련손익은 당기손익에 반영한다.

1) 또한, 기업이 기업회계기준서 제1110호 '연결재무제표'의 규정에 따라 연결재무제표 작성이 면제되는 지배기업이거나 다음의 조건을 모두 충족하는 경우에도, 관계기업이나 공동기업에 대한 투자에 대하여 지분법을 적용할 필요가 없다.
(1) 기업이 그 자체의 지분 전부를 소유하고 있는 다른 기업의 종속기업이거나, 그 자체의 지분 일부를 소유하고 있는 다른 기업의 종속기업이면서 그 기업이 지분법을 적용하지 않는다는 사실을 그 기업의 다른 소유주들(의결권이 없는 소유주 포함)에게 알리고 그 다른 소유주들이 그것을 반대하지 않는 경우
(2) 기업의 채무상품 또는 지분상품이 공개시장에서 거래되지 않는 경우
(3) 기업이 공개시장에서 증권을 발행할 목적으로 증권감독기구나 그 밖의 감독기관에 재무제표를 제출한 적이 없으며 현재 제출하는 과정에 있지도 않은 경우
(4) 기업의 최상위 지배기업이나 중간 지배기업이 국제회계기준을 적용하여 작성한 공용 가능한 재무제표에 이 기준서에 따라 종속기업을 연결하거나 종속기업을 공정가치로 측정하여 당기손익에 반영한 경우

> (1) **투자전문기업의 보유지분** : 벤처캐피탈 투자기구, 뮤추얼 펀드, 단위신탁 및 이와 유사한 기업이 소유하고 있는 관계기업 투자자산
>
> (2) **매각예정으로 계정분류** : 관계기업투자자산이 기준서 제1105호 '매각예정비유동자산과 중단영업'의 요구사항을 충족하여 매각예정으로 분류되는 경우

① 벤처캐피탈 투자기구, 뮤추얼 펀드 등의 관계기업에 대한 투자자산

벤처캐피탈 투자기구, 뮤추얼 펀드, 단위신탁 및 이와 유사한 기업이 보유하고 있는 투자자산은 취득목적이 유의적인 영향력을 행사하기 위함이기보다는 자산가치 상승을 통한 매각이익의 실현이다. 따라서 당해 투자자산에 대하여는 지분법이 아니라 공정가치법을 이용한 측정이 경영진이나 투자자들에게 보다 목적적합한 정보를 제공하게 된다. 또한 이러한 투자자산은 빈번한 매입과 매각을 통해 소유 지분율이 자주 변동하며, 이에 따라 회계처리 방법이 자주 변동하게 되어 지분법을 적용할 경우 오히려 재무제표의 유용성이 하락하게 된다. 따라서 해당 회사가 관계기업에 투자한 지분상품은 당기손익-공정가치 측정항목으로 지정할 수 있다.

② 매각예정으로 분류된 투자자산

기준서 제1105호 '매각예정비유동자산과 중단영업'에 따라 매각예정으로 분류된 관계기업에 대한 투자자산의 경우에는 지분법을 적용하지 않는다. 이 경우에는 당해 투자자산을 매각예정비유동자산으로 분류하고 순공정가치와 장부금액 중 작은 금액으로 측정하여 차액을 손상차손으로 당기손실에 반영하는 것이 더욱 목적적합한 정보가 된다. 이에 대하여는 보론에서 자세히 설명할 것이다.

[지분법 적용여부]

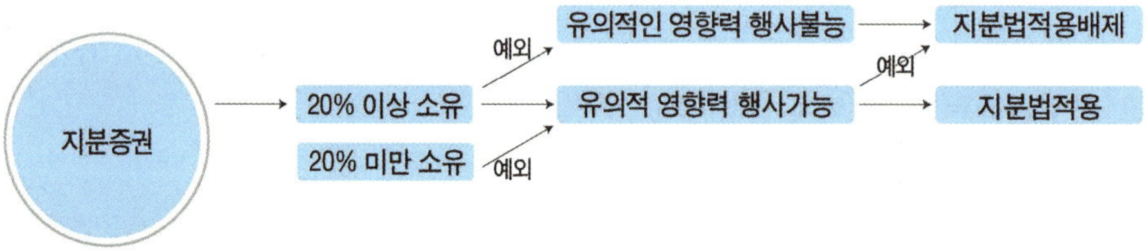

(5) 지분법적용대상 관계기업의 재무제표

투자자는 지분법을 적용할 때 가장 최근의 이용가능한 관계기업 재무제표를 사용한다. 투자자와 관계기업의 보고기간 종료일이 다른 경우, 관계기업은 실무적으로 적용할 수 없지 않다면 투자자의 사용을 위하여 투자자의 재무제표와 동일한 보고기간 종료일의 재무제표를 작성해야 한다. 만일 실무적으로 적용할 수 없기에, 관계기업의 재무제표 보고일자를 투자자와 일치시킬 수 없는 경우에는 투자자 재무제표의 보고기간 종료일과 관계기업 재무제표의 보고기간 종료일 사이에 발생한 중요한 거래나 사건의 영향을 반영한다. 하지만 어떠한 경우라도 투자자의 보고기간 종료일과 관계기업의 보고기간

종료일 간의 차이는 3개월을 초과할 수 없으며, 보고기간의 길이 그리고 보고기간 종료일의 차이는 매 기간마다 동일해야 한다.

또한 투자자는 유사한 상황에서 발생한 동일한 거래와 사건에 대하여는 투자자와 동일한 회계정책을 적용한 관계기업의 재무제표를 이용하여 지분법을 적용해야 한다. 관계기업이 유사한 상황에서 발생한 동일한 거래와 사건에 대하여 투자자의 회계정책과 다른 회계정책을 사용한 경우, 투자자는 지분법을 적용하기 위하여 관계기업의 재무제표를 사용할 때 관계기업의 회계정책을 투자자의 회계정책과 일관되도록 수정하여 지분법을 적용해야 한다.

2 기본적인 지분법 회계처리

지분법은 투자자산을 최초에 취득원가로 인식하고, 취득시점 이후 발생한 피투자자인 관계기업의 순자산 변동액 중 투자자의 지분을 해당 투자자산에 가감하여 보고하는 회계처리방법이다.

관계기업투자주식의 장부금액 = 관계기업의 순자산장부금액 × 투자자의 지분율

피투자자의 순자산은 일반적으로 당기순이익의 발생으로 증가하고, 현금배당의 지급으로 감소한다. 이에 따라 투자자의 관계기업투자주식도 증가 또는 감소한다.

예제 1 기본적인 지분법

20×1년 1월 1일 A회사는 B회사의 보통주 300주(지분율 30%)를 ₩300,000에 취득하여 유의적인 영향력을 행사하게 되었다.

(1) 주식취득일 현재 B회사의 장부상 순자산가액은 ₩1,000,000이며, 주식취득일 현재 B회사의 식별가능한 순자산 중 장부금액과 공정가치는 일치하였다.

(2) 주식취득일 이후 B회사의 순자산 변동은 다음과 같다. 한편 20×3년 초에 A회사는 B회사의 모든 주식을 ₩400,000에 처분하였다.

보고기간	당기순이익	현금배당	순자산변동
20×1년	125,000	(50,000)	75,000
20×2년	150,000	(100,000)	50,000

물음 Question

1. A회사가 관계기업 투자주식에 대하여 공정가치법을 적용하는 경우 투자주식의 취득시점부터 처분일까지 관계기업 투자주식과 관련하여 수행할 모든 회계처리를 제시하시오. 단, 20×1년 말과 20×2년 말에 관계기업 투자주식의 공정가치는 취득원가와 동일한 것으로 가정한다.
2. A회사가 관계기업 투자주식에 대하여 지분법을 적용하는 경우 투자주식의 취득시점부터 처분일까지 관계기업 투자주식과 관련하여 수행할 모든 회계처리를 제시하시오.
3. A회사가 20×2년 말의 재무상태표에 계상할 관계기업 투자주식의 장부금액을 계산하시오.

해답 answer

1. 공정가치법 회계처리

일자	차변	금액	대변	금액
20×1. 1. 1	(차) 관계기업주식	300,000 ②	(대) 현 금	300,000 ①
20×1.12.31	(차) 현 금	15,000 ①	(대) 배당수익	15,000 ②
	① 50,000×30%=15,000			
20×2.12.31	(차) 현 금	30,000 ①	(대) 배당수익	30,000 ②
	① 100,000×30%=30,000			
20×3. 1. 1	(차) 현 금	400,000 ②	(대) 관계기업주식	300,000 ①
			관계기업주식처분이익	100,000 ③

2. 지분법 회계처리

일자	차변	금액	대변	금액
20×1. 1. 1	(차) 관계기업주식	300,000 ②	(대) 현 금	300,000 ①
20×1.12.31	(차) 관계기업주식	37,500 ②	(대) 지분법이익	37,500 ①
	(차) 현 금	15,000 ③	(대) 관계기업주식	15,000 ④
	① 125,000×30%=37,500		③ 50,000×30%=15,000	
20×2.12.31	(차) 관계기업주식	45,000 ②	(대) 지분법이익	45,000 ①
	(차) 현 금	30,000 ③	(대) 관계기업주식	30,000 ④
	① 150,000×30%=45,000		③ 100,000×30%=30,000	
20×3. 1. 1	(차) 현 금	400,000 ②	(대) 관계기업주식	337,500 ①
			관계기업주식처분이익	62,500 ③

3. 20×2년 말 관계기업주식의 장부금액

(1) 가산접근법 : 300,000 + (125,000 - 50,000 + 150,000 - 100,000) × 30% = 337,500

(2) 잔액접근법 : (1,000,000 + 125,000 - 50,000 + 150,000 - 100,000) × 30% = 337,500

(3) 가산접근법은 위에 제시한 회계처리에 따라 관계기업주식을 산정한 것이고, 잔액접근법은 피투자자의 순자산을 기준으로 관계기업주식을 산정한 것이다.

해 설

1. 공정가치법을 적용하는 경우와 지분법을 적용하는 경우 당기손익효과를 비교하면 다음과 같다. 어떤 방법을 적용하든지 간에 수익의 총금액은 차이가 없으며, 단지 인식할 수익인식의 시기의 차이만 있을 뿐이다.

구 분	20×1년	20×2년	20×3년	합 계
공정가치법 적용시	15,000	30,000	100,000	145,000
지분법 적용시	37,500	45,000	62,500	145,000
차이금액	(22,500)	(15,000)	37,500	-

3 관계기업의 순자산변동

관계기업의 순자산은 당기순이익과 현금배당 이외의 사유로도 변동한다. 이 경우 순자산 변동 중 투자자 지분해당액을 관계기업주식에 반영할 때에는 순자산의 변동 원인별로 구분 처리해야 한다. 관계기업의 순자산의 변동원인은 납입자본, 기타자본구성요소(자본조정항목과 기타포괄손익누계액)과 이익잉여금의 변동으로 구분되며, 이 때 순자산 즉 자본의 변동원인에 따라 투자자가 지분법을 달리 적용[2]하는 것이 합리적이다.

2) 관계기업의 자본 중 이익잉여금은 당기순손익을 통해 변동되는 것이 일반적이지만, 당기순손익을 통하지 않고 재무상태표에 직접 반영될 수도 있다. 예를 들어 관계기업이 회계변경이나 오류수정의 누적효과를 전기이월이익잉여금에 직접 반영하는 경우에는 투자자도 지분율에 해당하는 금액을 전기이월이익잉여금에 직접 반영하여 인식하는 것이 타당하다. 또한 관계기업의 자본이 자본조정 항목의 변동으로 발생하는 경우에는 그러한 자본 변동분 중 지분율에 해당하는 금액을 투자자산의 장부금액에 반영해야 한다. 이러한 피투자자의 자본조정 항목의 변동액 중 투자자의 지분은 투자자도 자본조정항목으로 인식하는 것이 타당하다.

(1) 관계기업의 당기순손익과 현금배당

관계기업의 당기순손익 중 투자자의 지분에 해당하는 금액을 투자자도 당기순손익으로 인식하며, 이를 관계기업투자주식의 장부금액에 가감한다. 향후 관계기업이 배당금지급을 결의한 시점에 수취하게 될 배당금 금액을 관계기업투자주식에서 직접 차감한다. 다만, 주식배당의 경우에는 관계기업의 순자산가액이 변동하지 않으므로 회계처리하지 않는다.

예를 들어, 관계기업의 당기순손익에 대한 투자기업의 몫이 ₩100,000이며, 현금배당으로 수령한 금액이 ₩60,000, 주식배당으로 10주를 수령한 경우 관련 회계처리는 다음과 같다.

당기순이익보고	(차) 관계기업주식	100,000	(대) 지분법이익	100,000
현금배당수령	(차) 현　　금	60,000	(대) 관계기업주식	60,000
주식배당수령	회계처리 없음			

(2) 관계기업의 기타포괄손익

관계기업의 기타포괄손익 중 투자자의 지분에 해당하는 금액을 투자자도 기타포괄손익으로 인식하며, 이를 관계기업투자주식의 장부금액에 가감한다. 투자자가 기타포괄손익으로 인식한 지분법기타포괄손익은 관계기업이 관련 자산이나 부채를 직접 처분한 경우의 회계처리와 동일한 기준으로 그 관계기업과 관련하여 기타포괄손익으로 인식한 모든 금액에 대하여 회계처리한다. 관계기업이 기타포괄손익-공정가치 측정 채무상품과 관련된 누적 평가손익이 있고, 투자자가 관계기업투자주식을 제거하는 경우 해당 채무상품과 관련하여 이전에 지분법기타포괄손익으로 인식했던 손익을 당기손익으로 재분류[3]한다. 하지만 관계기업이 기타포괄손익-공정가치 측정 지분상품과 관련된 누적 평가손익이 있고, 투자자가 관계기업투자주식을 제거하는 경우 해당 지분상품과 관련하여 이전에 지분법기타포괄손익으로 인식했던 손익을 당기손익으로 재분류조정하지 않고 이익잉여금으로 직접 대체해야 한다.

예를 들어, 20×2년 말에 관계기업의 기타포괄손익에 대한 투자자의 몫이 누적금액으로 ₩100,000이며, 다음연도에 해당 관계기업주식을 처분한 경우 회계처리는 다음과 같다.

20×1. 1. 1	(차) 관계기업주식	200,000	(대) 현　　금	200,000
20×1.12.31	(차) 관계기업주식	30,000	(대) 지분법기타포괄이익	30,000
20×2.12.31	(차) 관계기업주식	70,000	(대) 지분법기타포괄이익	70,000
처분시점 (재분류조정)	(차) 현　　금 지분법기타포괄이익	300,000 100,000	(대) 관계기업주식 관계주식처분이익	300,000 100,000
처분시점 (직접대체함)	(차) 현　　금 지분법기타포괄이익	300,000 100,000	(대) 관계기업주식 미처분이익잉여금	300,000 100,000

3) 이와 동일하게, 관계기업이나 공동기업이 해외사업장과 관련된 누적 외환차이가 있고 기업이 지분법의 사용을 중단하는 경우, 기업은 해외사업장과 관련하여 이전에 기타포괄손익으로 인식했던 손익을 당기손익으로 재분류한다.

[관계기업의 순자산변동 원인별 지분법]

관계기업			투자기업			
순자산 BV		→	(차) 관계기업주식	×××	(대) 현 금	×××
	납입자본의 변동 ×××	→	(차) 관계기업주식	×××	(대) 현 금	×××
	자본조정항목의 변동 ×××	→	(차) 관계기업주식	×××	(대) 지분법자본조정	×××
	기타포괄손익누계액 변동 ×××	→	(차) 관계기업주식	×××	(대) 지분법기타포괄이익	×××
	이익잉여금 직접변동 ×××	→	(차) 관계기업주식	×××	(대) 지분법이익잉여금	×××
	당기순이익 ×××	→	(차) 관계기업주식	×××	(대) 지분법이익	×××
	현금배당의 지급 (×××)	→	(차) 현 금	×××	(대) 관계기업주식	×××

예제 2 피투자자의 순자산변동

A회사는 20×1년 1월 1일에 B회사의 발행주식 총 1,000주 중 300주의 지분을 ₩300,000에 취득하여 유의적인 영향력을 행사하게 되었다.

(1) 20×1년 1월 1일 B회사의 자본금은 ₩500,000, 이익잉여금은 ₩500,000이며, 식별가능한 순자산 장부금액은 순자산 공정가치와 일치하였다.

(2) 20×1년 초 이후 B회사의 순자산 장부금액의 변동은 다음과 같다. 기타포괄이익은 B회사가 보유한 기타포괄손익-공정가치 측정 금융자산의 평가에 따른 것이다.

보고기간	당기순이익	기타포괄이익
20×1년	300,000	80,000

물음 Question

A회사가 20×1년 말에 수행할 모든 회계처리를 제시하시오.

해답 answer

20×1. 1. 1	(차) 관계기업주식	300,000 ②	(대) 현 금	300,000 ①
20×1.12.31	(차) 관계기업주식	114,000 ③	(대) 지분법이익	90,000 ①
			지분법기타포괄이익	24,000 ②

4 관계기업 순자산과소금액과 영업권이 존재하는 경우

지분법은 관계기업에 대한 주식을 최초에 취득원가로 인식하고, 취득시점 이후 발생한 관계기업의 순자산 변동액 중 투자자의 지분을 해당 주식에 가감하여 보고하는 방법이다. 따라서 다음의 공식이 항상 성립해야 한다.

특정일자의 관계기업주식 장부금액 = 특정일자의 관계기업 순자산장부금액 × 투자자지분율

하지만 투자자가 관계기업주식을 취득할 때 관계기업의 자산과 부채의 순장부금액에 대한 투자자의 지분에 해당하는 대가를 지불하지 않고 초과(혹은 미달)하여 지급하는 경우가 있다. 이때 다음과 같은 차액(differences)이 발생하게 되며, 해당 차액이 향후의 지분법 회계처리에 영향을 주게 된다. 취득 시점의 차액은 관계기업의 식별가능한 순자산 공정가치 과소금액과 관계기업의 영업권으로 구분할 수 있다. 관계기업의 순자산 과소금액 차액을 평가차액이라고 하며, 영업권 차액을 투자차액이라고 한다.

관계기업 주식취득일의 차액 = 관계기업 순자산장부금액 × 투자자지분율 – 취득원가

[관계기업투자주식의 취득시 차액]

(1) 관계기업의 순자산 공정가치와 장부금액의 차액

투자주식의 취득시점에 관계기업의 식별가능한 자산과 부채를 공정가치로 평가한 금액과 장부상 금액의 차이금액인 순자산 과소금액(fair value difference)은 다음과 같이 계산할 수 있다.

순자산 과소금액 = (관계기업 순자산의 공정가치 – 관계기업 순자산의 장부금액) × 투자자지분율

순자산 과소금액은 관계기업의 식별가능한 자산과 부채의 순공정가치가 장부금액을 초과하는 금액에 대해서 투자자가 추가로 지급한 금액이다. 이 금액은 투자자의 투자주식 장부금액에 포함하여 인식하며, 즉시 비용으로 인식하지 않고, 투자자의 지분율에 해당하는 금액을 지분법이익 계산시 해당 자산과 부채에 대한 관계기업의 처리방법에 따라 상각한다.

한편, 관계기업의 식별가능한 순자산의 공정가치가 장부금액에 미달하는 상황이 발생할 수도 있다. 이 경우에 발생하는 부(-)의 순자산 과소금액인 관계기업의 순자산 과대금액은 즉시 수익으로 인식하지 않고, 투자자의 지분율에 해당하는 금액을 지분법이익 계산시 해당 자산과 부채에 대한 관계기업의 처리방법에 따라 환입한다.

이 해 지분법손익계산시 순자산과소금액을 상각하는 이유

지분법을 적용하는 절차의 많은 부분이 고급회계에서 공부할 사업결합 절차와 유사하다. 이는 관계기업투자 지분 취득거래의 실질이 지분율만큼 사업결합한 것이기 때문이다. 관계기업이 보고기간 말에 보고한 장부상 당기순이익은 관계기업의 순자산 장부금액을 기준으로 계산된 것이다. 하지만 관계기업의 투자자 관점에서 본다면, 관계기업의 당기순이익은 지분취득일의 순자산 공정가치를 기준으로 계산되어야 한다. 따라서 지분법손익계산시 순자산과소금액을 상각하는 이유는 장부상 당기순이익에 관계기업의 순자산과소금액의 상각액을 조정하여 지분취득일의 순자산공정가치를 기준으로 한 당기순이익을 계산하기 위함이다. 이와 동일한 논리를 적용하여, 관계기업이 순자산 과소금액에 해당하는 자산에 대하여 기타포괄손익을 보고한 경우에도 순자산과소금액의 상각액을 기타포괄손익에서 조정하여 지분취득일의 순자산 공정가치를 기준으로 한 기타포괄손익을 계산해야 한다.

(2) 관계기업의 영업권

투자주식을 취득한 시점에 투자자산의 취득원가와 관계기업의 식별가능한 자산과 부채의 순공정가치 중 투자자의 몫에 해당하는 금액과의 차이인 영업권(goodwill difference)은 다음과 같이 계산할 수 있다.

영업권차액(투자차액) = 투자주식의 취득원가 − 관계기업 식별가능 순자산공정가치 × 투자자지분율

이 금액은 투자자가 관계기업의 식별가능한 순자산공정가치 중 투자자의 몫을 초과하여 지급한 금액이므로 관계기업이 보유하고 있는 식별불가능한 영업권에 대한 대가로 본다. 해당 영업권효과는 투자자의 투자주식 장부금액에 포함하여 인식한다. 하지만 영업권의 상각은 허용되지 않으므로 관계기업의 당기순손익에 대하여 투자자가 지분법손익을 인식하는 경우에는 당해 상각효과를 포함하면 안 된다. 이것이 순자산과소금액과의 차이점이다.

한편, 관계기업의 식별가능한 자산과 부채의 순공정가치 중 투자자의 몫이 투자자산의 취득원가를 초과하는 경우가 발생하기도 한다. 이 경우에 발생하는 부(-)의 투자차액은 영업권효과가 아니라 염가매수효과이다. 염가매수효과는 투자자산을 취득한 회계기간의 관계기업 당기순손익 중 투자자의 몫을 결정할 때 수익에 포함하여 인식한다. 투자차액이 영업권효과인 경우와 달리 염가매수효과인 경우 이를 즉시 당기손익으로 인식하는 이유는 고급회계 제4장 '사업결합과 합병회계'에서 자세히 설명할 것이다.

참 고 **사업결합시 영업권과 염가매수차익의 인식과 회계처리**

(1) **영업권의 상황** : 영업권은 사업결합에서 취득자가 피취득자의 주주에게 지급한 이전대가가 피취득자의 식별가능한 자산과 부채의 순공정가치를 초과하여 발생한 금액을 말한다. 영업권은 취득자가 개별적으로 식별하여 인식할 수 없는 피취득자의 자산에서 미래경제적효익이 발생할 것을 기대하고 추가로 지급한 이전대가를 의미한다. 사업결합으로 취득한 영업권은 상각하지 않으며, 손상검사를 수행한 후 손상차손만을 인식한다.

(2) **염가매수차익의 상황** : 염가매수차익은 사업결합에서 취득자가 피취득자의 주주에게 지급한 이전대가가 피취득자의 식별가능한 자산과 부채의 순공정가치를 미달하여 발생한 금액을 말한다. 취득자는 염가매수차익을 취득일에 당기손익으로 인식한다.

관계기업의 순자산과소금액과 영업권을 고려하는 경우 매 보고기간 말에 인식할 지분법손익과 관계기업주식의 장부금액은 다음과 같이 결정된다.

지분법 당기순이익 = (관계기업의 당기순이익 − 순자산과소금액의 상각액) × 지분율
지분법 기타포괄이익 = (관계기업의 기타포괄이익 − 순자산과소금액의 상각액) × 지분율
관계기업주식의 장부금액 = (관계기업순자산장부금액 + 순자산과소금액의 잔액) × 지분율 + 영업권의 잔액

취득시		취득일 이후		특정시점의 잔액
순자산장부금액×지분율	±	순자산변동금액×지분율	=	순자산장부금액의 잔액×지분율
순자산과소금액×지분율	−	과소금액상각액×지분율	=	순자산과소금액의 잔액×지분율
부분영업권 발생액		변동 없음	=	부분영엽권의 잔액
취득원가		취득일 이후의 변동		장부금액

[지분법회계처리 요약]

구 분			지분법 회계처리
관계기업 시가총계	순자산 장부금액에 대한 지분	당기순이익효과	± 당기순이익 × 지분율
		기타포괄이익효과	± 기타포괄이익 × 지분율
		현금배당효과	− 현금배당액 × 지분율
		주식배당효과	회계처리 없음
	순자산 공정가치 차이에 대한 지분	공정가치보다 과소계상효과	− 소멸액 상각
		공정가치보다 과대계상효과	+ 소멸액 환입
	순자산 공정가치 초과액에 대한 지분	영업권효과	상각하지 않음
		염가매수효과	+ 전액환입

[순자산과소금액과 영업권이 존재하는 경우의 지분법]

관계기업		투자기업			
순자산 BV		(차) 관계기업주식	×××	(대) 현 금	×××
	납입자본의 변동 ×××	(차) 관계기업주식	×××	(대) 현 금	×××
	자본조정항목의 변동 ×××	(차) 관계기업주식	×××	(대) 지분법자본조정	×××
	기타포괄손익누계액 변동 ×××	(차) 관계기업주식	×××	(대) 지분법기타포괄이익	×××
	이익잉여금 직접변동 ×××	(차) 관계기업주식	×××	(대) 지분법이익잉여금	×××
	당기순이익 ×××	(차) 관계기업주식	×××	(대) 지분법이익	×××
	현금배당의 지급 (×××)	(차) 현 금	×××	(대) 관계기업주식	×××
순자산 FV-BV		(차) 관계기업주식	×××	(대) 현 금	×××
		(차) 지분법이익	×××	(대) 관계기업주식	×××
영업권 FV		(차) 관계기업주식	×××	(대) 현 금	×××
		회계처리 없음			

예제 3 순자산과소금액과 영업권 존재시 지분법

20×1년 1월 1일 A회사는 B회사의 지분 30%를 ₩345,000에 취득하여 유의적인 영향력을 행사하게 되었다.

(1) 주식취득일 현재 B회사의 장부상 순자산가액은 ₩1,000,000이었다. 주식취득일 현재 B회사의 순자산 중 장부금액과 공정가치가 다른 항목은 다음과 같다.

구 분	장부금액	공정가치	관련 정보
재고자산	100,000	130,000	20×1년 동안 모두 판매
건 물	500,000	550,000	잔여내용연수 10년, 잔존가액 없음, 정액법 상각

(2) B회사의 순자산은 20×1년과 20×2년에 당기순이익으로 각각 ₩300,000과 ₩400,000만큼 증가하였다.

물음 Question

1. A회사가 20×1년과 20×2년에 수행할 모든 회계처리를 제시하시오.

2. A회사가 20×2년 말 재무상태표에 계상할 관계기업주식의 장부금액은 얼마인가?

해답

answer

1. 20×1년과 20×2년의 회계처리

(1) 취득시 투자차액 : (순자산 1,000,000 + 재고 30,000 + 건물 50,000) × 30% − 345,000 = (−)21,000 (영업권효과)

(2) 순자산 과소금액의 상각

내 역	20×1년 초	20×1년	20×2년
재고자산	30,000	(30,000)	−
건 물	50,000	(5,000)	(5,000)
부분영업권	21,000	−	−

(3) 회계처리

① 20×1년의 지분법이익 : (300,000 − 35,000) × 30% = 79,500

② 20×2년의 지분법이익 : (400,000 − 5,000) × 30% = 118,500

20×1. 1. 1	(차) 관계기업주식	345,000 ②	(대) 현 금	345,000 ①
20×1.12.31	(차) 관계기업주식	79,500 ②	(대) 지분법이익	79,500 ①
20×2.12.31	(차) 관계기업주식	118,500 ②	(대) 지분법이익	118,500 ①

(4) 지분법 관련 장부금액의 변동을 검증하면 다음과 같다.

구 분	장부금액		순자산공정가치		영업권
20×1년 초 취득원가	345,000	=	(장부상금액 1,000,000 + 과소금액 80,000) × 30%	+	21,000
20×1년 지분법이익	79,500	=	(당기순이익 300,000 − 과소상각 35,000) × 30%	−	0
20×2년 지분법이익	118,500	=	(당기순이익 400,000 − 과소상각 5,000) × 30%	−	0
20×2년 말 장부금액	543,000	=	(장부상금액 1,700,000 + 과소잔액 40,000) × 30%	+	21,000

2. 20×2년 말 관계기업투자주식의 장부금액

(1) 가산접근법 : 취득원가 345,000 + 지분법이익 79,500 + 지분법이익 118,500 = 543,000

(2) 잔액접근법 : (장부금액 1,700,000 + 과소금액 40,000) × 30% + 21,000 = 543,000

5 내부거래미실현손익의 제거

지분법 회계처리에서는 관계기업이 당기순이익을 보고하면 투자자가 지분율에 해당하는 금액을 다시 당기순이익으로 인식하게 되는 순환구조를 가지고 있다. 따라서 관계기업이 당기순이익을 일시적으로 과대 계상하는 경우 지분법을 적용한 투자자도 당기순이익을 일시적으로 과대 계상할 수 있게 된다. 여기서 투자자와 관계기업은 그들의 특수관계를 이용하여 자산 등을 서로에게 매각하고, 이를 보유하는 내부거래를 통하여 손익을 일시적으로 조작할 수 있게 된다.

투자자가 관계기업에게 자산 등을 매각하는 내부거래를 하향판매라 하며, 관계기업이 투자자에게 자산 등을 매각하는 내부거래를 상향판매라 한다. 하향판매를 통해서는 투자자가 직접적으로 내부거래로 인한 이익을 인식하게 되며, 상향판매를 통해서는 관계기업이 내부거래로 인한 이익을 인식한 후 투자자가 이를 다시 지분법이익으로 인식하게 된다.

예를 들어 20×1년에 ₩800의 재고를 ₩1,000에 판매한 후, 이를 다시 20×2년에 ₩1,000에 외부에 판매한 경우 상향판매거래와 하향판매 내부거래미실현이익의 조정은 각각 다음과 같이 이루어진다. 단 A회사의 B회사에 대한 지분율은 40%인 것으로 가정한다.

[내부거래미실현 이익의 조정효과]

계정과목	B회사가 A회사에 판매한 경우				A회사가 B회사에 판매한 경우			
	B회사 →		A회사		B회사 ←		A회사	
	20×1년	20×2년	20×1년	20×2년	20×1년	20×2년	20×1년	20×2년
매 출	1,000	-	-	1,000	-	1,000	1,000	-
매출원가	(800)	-	-	(1,000)	-	(1,000)	(800)	-
매출총이익	200	-	-	-	-	-	200	-
지분법이익(순이익조정)	-	-	80	-	-	-	-	-
지분법이익(미실현조정)	-	-	(80)	80	-	-	(80)	80
당기순이익	200	-	-	80	-	-	120	80

구 분	상향판매 내부 미실현거래			하향판매 내부 미실현거래		
	20×1년	20×2년	합 계	20×1년	20×2년	합 계
조정전 투자자 순이익	80	-	80	200	-	200
미실현손익 조정	(80)	80	-	(80)	80	-
조정후 투자자 순이익	-	80	80	120	80	200

(1) 일반적인 내부거래의 미실현손익

기준서 제1028호 '관계기업투자'에서는 투자자와 관계기업 사이의 상향판매거래나 하향판매거래에서 발생한 당기손익에 대하여 투자자는 그 관계기업 투자지분과 무관한 손익까지만 투자자의 재무제표에 인식하도록 규정하고 있다. 이는 투자자와 관계기업간의 내부거래에서 발생한 미실현이익은 하향판매와 상향판매의 구분 없이 이를 제거하여 관계기업주식과 지분법손익에 각각 차감하여 반영하도록 하는 것이다. 이 때 제거되는 내부미실현이익은 하향판매와 상향판매 모두 투자자지분율을 곱하여 계산해야 한다. 또한 제거한 내부미실현이익이 차기이후에 실현되는 경우에는 실현되는 보고기간의 관계기업주식과 지분법손익에 다시 가산하여 인식한다.

한편, 하향 내부거래가 매각대상 자산의 순실현가능가치의 감소나 그 자산에 대한 손상차손의 증거를 제공하는 경우에는 미실현손실로 보지 않으며, 투자자는 그러한 손실을 모두 인식한다. 동일한 논리로 상향 내부거래가 구입된 자산의 순실현가능가치의 감소나 그 자산에 대한 손상차손의 증거를 제공하는 경우, 투자자는 그러한 손실 중 자신의 몫을 모두 인식한다.

지분법이익 = (관계기업 당기순이익 - 과소금액 당기상각액) × 지분율
+ 전기발생 내부거래실현이익 × 지분율 - 당기발생 내부거래미실현이익 × 지분율

관계기업주식의 장부금액 = (관계기업 순자산장부금액 + 과소금액미상각잔액) × 지분율 + 투자차액잔액
- 당기말 내부거래미실현이익 × 지분율

[내부거래 미실현 손익에 대한 지분법]

구 분		지분법이익에 반영방법
상향 · 하향판매	미실현이익 발생시	[미실현이익×지분율]을 발생연도의 지분법이익에서 차감
	미실현이익 소멸시	[실현이익×지분율]을 실현연도의 지분법이익에서 가산
순실현가능가치의 감소로 인한 손실시		지분법손실에서 제거하지 않음

예 제 4 내부미실현손익의 제거

20×1년 1월 1일 A회사는 B회사의 지분 20%를 ₩80,000에 취득하여 유의적인 영향력을 행사하게 되었다. 주식취득일 현재 B회사의 주주지분은 자본금 ₩200,000과 이익잉여금 ₩100,000으로 구성되어 있었으며, 순자산의 장부금액과 공정가치는 동일하였다.

(1) 관계기업인 B회사의 20×1년 당기순이익은 ₩150,000이며, 20×2년의 당기순이익은 ₩250,000이다.

(2) 20×1년 중 B회사는 A회사에게 원가 ₩80,000인 상품을 ₩100,000에 판매하였다. 20×1년 말 현재 A회사는 이 상품 중 ₩30,000을 기말재고로 보유하고 있으며, 20×2년에 전부 판매하였다.

물음
Question

1. A회사가 20×1년도 손익계산서에 계상할 지분법이익과 20×1년 말 재무상태표에 계상할 관계기업주식은 얼마인가?

2. A회사가 20×2년도 손익계산서에 계상할 지분법이익과 20×2년 말 재무상태표에 계상할 관계기업주식은 얼마인가?

3. 위의 내부거래 재고자산을 B회사가 판매한 것이 아니라, A회사가 판매한 것인 경우를 가정한다면, 20×1년과 20×2년의 지분법손익은 얼마인가?

4. 위의 내부거래와는 달리 20×1년 중 B회사가 A회사에게 원가 ₩80,000인 상품을 순실현가능가치인 ₩60,000에 판매하였으며, 해당 재고 중 ₩20,000을 A회사가 보유하고 있는 것으로 가정한다. 이 경우 20×1년과 20×2년의 지분법손익은 얼마인가?

해답
answer

1. 20×1년의 거래
   (1) 취득시 투자차액 : (순자산 300,000 + 과소금액 0) × 20% − 80,000 = (−)20,000 (영업권효과)
   (2) 20×1년 말 내부거래미실현이익 : 총내부거래이익 20,000 × 기말보유비율 30% = 6,000
   (3) 지분법손익 : 순이익 150,000 × 20% − 미실현이익 6,000 × 20% = 28,800 → 동일논리 : 순이익 150,000 × 20% − 내부거래이익 20,000 × 20% + 실현이익 14,000 × 20% = 28,800
   (4) 20×1년 장부금액
      ① 가산접근법 : 취득원가 80,000 + 지분법이익 28,800 = 108,800
      ② 잔액접근법 : 순자산 장부금액 450,000 × 20% + 영업권 20,000 − 미실현이익 6,000 × 20% = 108,800

2. 20×2년의 거래
   (1) 지분법손익 : 순이익 250,000 × 20% + 실현이익 6,000 × 20% = 51,200
   (2) 20×2년 장부금액
      ① 가산접근법 : 취득원가 80,000 + 지분법이익 28,800 + 지분법이익 51,200 = 160,000
      ② 잔액접근법 : 순자산 장부금액 700,000 × 20% + 영업권 20,000 = 160,000
   (3) 지분법을 적용한 장부금액의 변동을 제시하면 다음과 같다. 20×1년에 발생한 내부거래이익인 ₩20,000을 모두 제거하고, 20×1년의 실현이익인 ₩14,000을 다시 인식하는 것이 이해하기 더 쉽다.

구 분	장부금액		순자산공정가치		영업권		상향미실현손익
20×1년 초 취득원가	80,000	=	300,000×20%	+	20,000		
20×1년 지분법이익	28,800	=	150,000×20%	−	0	− +	20,000×20% 14,000×20%
20×2년 지분법이익	51,200	=	250,000×20%	−	0	+	6,000×20%
20×2년 말 장부금액	160,000	=	700,000×20%	+	20,000	−	0

(4) 회계처리

20×1. 1. 1	(차) 관계기업주식	80,000 ②	(대) 현 금	80,000 ①
20×1.12.31	(차) 관계기업주식	28,800 ②	(대) 지분법이익	28,800 ①
20×2.12.31	(차) 관계기업주식	51,200 ②	(대) 지분법이익	51,200 ①

3. 하향판매 내부거래

(1) 20×1년 지분법손익 : 순이익 150,000×20% − 미실현이익 6,000×20% = 28,800

(2) 20×2년 지분법손익 : 순이익 250,000×20% + 실현이익 6,000×20% = 51,200

➡ 상향판매와 하향판매의 경우 모두 미실현이익에 지분율을 곱하여 제거하고, 실현하게 하므로 지분법손익의 차이는 없다.

4. 내부거래 미실현손실이 순실현가능가치의 하락을 반영하는 경우

(1) 20×1년 지분법손익 : 순이익 150,000×20% = 30,000

(2) 20×2년 지분법손익 : 순이익 250,000×20% = 50,000

해 설

내부거래가 발생한 경우와 발생하지 않은 경우로 구분하여, 연도별 인식할 지분법손익을 비교하면 다음과 같다.

구 분	20×1년	20×2년	합 계
내부거래가 발생한 경우	28,800	51,200	80,000
내부거래가 발생하지 않은 경우	30,000	50,000	80,000
차이금액	(1,200)	1,200	-

결과적으로 내부거래가 발생했는지 여부에 관계없이 연도별로 인식할 총지분법손익의 합계는 동일하다. 내부거래 미실현손익이 발생하여도 지분법손익으로 인식할 총금액(total amount)은 차이가 없으며, 단지 인식할 시기(timing)의 차이만 있을 뿐이다.

(2) 현물출자에 따른 내부거래미실현손익

투자자가 관계기업 지분과의 교환으로 관계기업에 비화폐성자산을 현물출자하는 경우 현물출자된 자산의 처분손익 중 투자자의 몫에 상당하는 금액만큼은 제거한다. 미실현손익은 지분법을 이용하여 회계처리하는 투자주식과 상쇄되어 제거되며, 재무상태표에 별도의 이연손익으로 표시하지 않는다. 제거한 미실현이익은 차기이후에 실현되는 경우 실현되는 보고기간의 관계기업주식과 지분법손익에 다시 가산하여 인식한다.

> 현물출자에 따른 미실현손익 = 현물출자된 자산의 공정가치 − 현물출자자산의 장부금액

[현물출자로 관계기업주식만 취득시]

주식취득시	(차) 관계기업주식	×××	(대) 현물자산	×××
			현물자산처분이익	×××
보고기간말	(차) 지분법이익	×××	(대) 관계기업주식	×××

여기서 유의할 점은 관계기업이나 공동기업의 지분을 수령하면서 추가로 화폐성이나 비화폐성자산을 받는 경우, 기업은 수령한 화폐성이나 비화폐성 자산과 관련하여 비화폐성 출자에 대한 손익의 해당 부분을 당기손익으로 모두 인식한다는 것이다. 따라서 지분법 적용시 제거할 현물출자에 따른 미실현손익은 다음과 같이 계산하면 된다.

$$\text{현물출자에 따른 미실현손익} = \text{현물출자된 자산의 처분손익} \times \frac{\text{총공정가치} - \text{수령한 자산공정가치}}{\text{현물출자자산의 총공정가치}}$$

[현물출자로 일부 현금수령후 주식취득시]

주식취득시	(차) 현　　금	×××	(대) 현물자산	×××
	관계기업주식	×××	현물자산처분이익	×××
보고기간말	(차) 지분법이익	×××	(대) 관계기업주식	×××

[현물출자에 따른 내부거래 미실현손익]

구　분	제거대상 미실현이익
지분만을 수령한 경우	전체 미실현이익 × 지분율
지분과 현금 등을 함께 수령한 경우	미실현이익 × 주식가치 ÷ 현물출자자산가치 × 지분율

한편, 현물출자거래에 상업적 실질이 결여되어 있다면, 해당 손익은 전액 미실현된 것으로 보며, 관련자산의 처분손익은 처음부터 인식하지 않기 때문에, 미실현손익의 제거논리를 적용할 필요는 없다.

예제 5 현물출자의 내부거래미실현손익

20×1년 1월 1일 A회사는 장부금액 ₩60,000, 공정가치가 ₩80,000인 토지를 현물출자하고 B회사의 지분 20%를 취득하여 유의적인 영향력을 행사하게 되었다. 주식취득일 현재 B회사의 주주지분은 자본금 ₩200,000과 이익잉여금 ₩100,000으로 구성되어 있었으며, 순자산의 장부금액과 공정가치는 동일하였다.

(1) 관계기업인 B회사의 20×1년 당기순이익은 ₩150,000이며, 20×2년의 당기순이익은 ₩250,000이다.

(2) 20×1년 말 현재 B회사는 A회사로부터 현물출자 받은 토지를 보유하고 있으며, 20×2년에 외부에 ₩120,000에 일괄 매각하였다.

물음 Question

1. A회사가 20×1년과 20×2년에 손익계산서에 계상할 지분법이익은 각각 얼마인가?
2. A회사가 현물출자를 하면서 B회사로부터 지분 20% 이외에 추가로 현금 ₩10,000을 수령한 경우 20×1년과 20×2년에 손익계산서에 계상할 지분법이익은 각각 얼마인가?
3. 위의 [물음1]에서 현물출자거래에 상업적 실질이 없는 경우 A회사가 20×1년과 20×2년에 수행할 회계처리를 제시하시오.

해답 answer

1. 연도별 지분법손익
   (1) 취득시 투자차액 : 순자산공정가치 300,000×20% - 취득원가 80,000 = (-)20,000 (영업권효과)
   (2) 현물출자자산 미실현이익 : 토지공정가치 80,000 - 토지장부금액 60,000 = 20,000
   (3) 20×1년 지분법손익 : 순이익 150,000×20% - 미실현이익 20,000×20% = 26,000
   (4) 20×2년 지분법손익 : 순이익 250,000×20% + 실현이익 20,000×20% = 54,000
   (5) 회계처리

일자	차변	금액	대변	금액
20×1. 1. 1	(차) 관계기업주식	80,000 ③	(대) 토 지	60,000 ①
			유형자산처분이익	20,000 ②
20×1.12.31	(차) 관계기업주식	26,000 ②	(대) 지분법이익	26,000 ①
20×2.12.31	(차) 관계기업주식	54,000 ②	(대) 지분법이익	54,000 ①

2. 일부 현금수령시 연도별 지분법손익

(1) 취득시 투자차액 : 순자산공정가치 300,000×20% - 취득원가 70,000 = (-)10,000 (영업권효과)

(2) 현물출자자산 미실현이익 : 토지처분이익 20,000×주식수령분 70,000÷총공정가치 80,000 = 17,500

(3) 20×1년 지분법손익 : 순이익 150,000×20% - 미실현이익 17,500×20% = 26,500

(4) 20×2년 지분법손익 : 순이익 250,000×20% + 실현이익 17,500×20% = 53,500

(5) 회계처리

20×1. 1. 1	(차) 현 금	10,000 ③	(대) 토 지	60,000 ①
	관계기업주식	70,000 ④	유형자산처분이익	20,000 ②
20×1.12.31	(차) 관계기업주식	26,500 ②	(대) 지분법이익	26,500 ①
20×2.12.31	(차) 관계기업주식	53,500 ②	(대) 지분법이익	53,500 ①

3. 상업적실질이 없는 경우의 회계처리

(1) 취득시 투자차액 : 순자산공정가치 300,000×20% - 취득원가 60,000 = 0 (영업권효과 없음)

(2) 현물출자자산 미실현이익 : 상업적 실질이 없으므로 토지처분손익을 인식하지 않음

(3) 20×1년 지분법손익 : 순이익 150,000×20% = 30,000

(4) 20×2년 지분법손익 : 순이익 250,000×20% = 50,000

(5) 회계처리

20×1. 1. 1	(차) 관계기업주식	60,000 ③	(대) 토 지	60,000 ①
20×1.12.31	(차) 관계기업주식	30,000 ②	(대) 지분법이익	30,000 ①
20×2.12.31	(차) 관계기업주식	50,000 ②	(대) 지분법이익	50,000 ①

해 설

투자자가 현물출자 후 현금을 수령하지 않은 경우와 현금을 일부 수령한 경우로 구분하여, 연도별 인식할 지분법손익을 비교하면 다음과 같다.

구 분	20×1년	20×2년	합 계
현금을 수령하지 않은 경우	26,000	54,000	80,000
현금을 수령한 경우	26,500	53,500	80,000
차이금액	(500)	500	-

결과적으로 투자자가 현물출자 후 현금을 수령하였는지 여부에 관계없이 연도별로 인식할 총지분법손익의 합계는 동일하다. 내부거래 미실현손익이 발생하여도 지분법손익으로 인식할 총금액(total amount)은 차이가 없으며, 단지 인식할 시기(timing)의 차이만 있을 뿐이다.

제 2 절 지분법 특수회계

IFRS

1 단계적 취득

단계적 취득(step-by-step acquisition)은 투자자가 피투자자의 주식을 2회 이상 취득하여 피투자자에 대한 지분을 증가시키는 거래를 말한다. 이는 유의적인 영향력의 획득 여부에 따라 다음과 같은 상황으로 구분하여 회계처리한다.

(1) 추가취득으로 유의적인 영향력 행사

단계적으로 이루어지는 주식취득으로 유의적인 영향력을 행사하게 되는 경우 투자자는 이전에 보유하고 있던 관계기업에 대한 지분을 취득일의 공정가치로 재측정하고, 그 결과 차손익이 있다면 기존 보유지분의 회계처리방법에 따라 당기손익이나 기타포괄손익으로 인식한다. 따라서 단계적 취득으로 관계기업주식을 취득하는 경우 지분법 적용을 위한 최초인식 원가는 다음과 같다.

관계기업주식의 취득금액 = 기존보유지분의 공정가치 + 추가취득지분의 취득원가

이 해 **단계적 취득시 회계처리의 논리**

지분법을 적용하는데 적합한 절차의 많은 부분이 고급회계에서 공부할 연결절차와 유사하다. 이는 지분법 회계처리가 연결회계처리의 간편법이기 때문이다. 특히 종속기업을 취득할 때 사용한 회계처리 절차의 기본 개념은 관계기업에 대한 투자의 취득시 회계처리에도 동일하게 적용한다. 단계적 취득으로 유의적인 영향력을 행사하게 되는 경우 기존보유주식을 영향력 행사가능일에 처분하고 다시 일괄 취득한 것으로 본다. 이 경우 기존 보유지분이 당기손익-공정가치 측정항목인 경우 관련손익을 당기손익으로 인식하며, 기타포괄손익-공정가치 측정항목인 경우 관련손익을 기타포괄손익으로 인식해야 한다.

한편, 이전의 보고기간에, 취득자가 피취득자 지분의 가치변동을 기타포괄손익(예 기존 투자지분이 기타포괄손익-공정가치 측정 지분상품으로 분류된 경우)으로 인식하였을 수 있다. 이 경우 기타포괄손익으로 인식한 금액은 취득자가 이전에 보유하던 지분을 직접 처분하였다면 적용할 기준과 동일하게 인식한다. 즉 기존 보유주식에 대한 기인식 기타포괄손익의 누계액은 당기손익으로 재분류하지 않으며, 이익잉여금으로 대체할 수는 있다.

예제 6 유의적인 영향력의 최초취득

A회사는 B회사의 발행주식을 두 번에 걸쳐 취득하여 유의적인 영향력을 확보하였으며, 이와 관련된 자료는 다음과 같다. 주식의 취득원가는 해당 시점의 공정가치와 동일한 것으로 가정한다.

주식취득일	A회사 투자주식		B회사 자본	
	취득 지분율	취득원가	자본금	이익잉여금
20×1년 초	10%	75,000	500,000	200,000
20×2년 초	15%	150,000	500,000	300,000

(1) B회사의 주식은 상장주식으로 20×1년 말과 20×2년 초의 공정가치는 각각 ₩90,000과 ₩100,000이다. A회사는 B회사의 주식을 당기손익-공정가치 측정항목으로 분류하고 있다.

(2) 20×2년 초 B회사의 순자산의 장부금액은 건물을 제외하고는 모두 일치하였다. 건물의 장부금액은 공정가치보다 ₩80,000이 과소평가되어 있으며, 잔여내용연수는 10년, 정액법으로 감가상각한다. B회사의 20×2년도 당기순이익은 ₩140,000이며, 20×1년 초 이후 이익잉여금 처분은 없다.

물음 Question

1. B회사 주식과 관련하여 20×1년 1월 1일부터 20×1년 12월 31일까지 A회사가 수행할 회계처리를 제시하시오.
2. B회사 주식과 관련하여 A회사가 20×2년도 손익계산서에 계상할 당기손익효과를 계산하고 관련된 회계처리를 제시하시오.
3. A회사가 B회사 주식을 기타포괄손익-공정가치 측정 지분상품으로 분류하는 경우 A회사가 20×2년도에 수행할 관련된 회계처리를 제시하시오.
4. 20×2년 초 B회사 발행주식 15%의 공정가치가 ₩150,000임에도 불구하고, 영향력 프리미엄으로 인해 ₩160,000에 취득한 경우 20×2년의 회계처리를 수행하시오.

해답 answer

1. 20×1년의 회계처리와 부분재무상태표

20×1. 1. 1	(차) 당기손익금융자산	75,000 ②	(대) 현　　금	75,000 ①
20×1.12.31	(차) 당기손익금융자산	15,000 ①	(대) 금융자산평가이익	15,000 ②

20×1.12.31

당기손익금융자산	90,000	이익잉여금	15,000

2. 20×2년의 당기손익효과와 부분재무상태표

(1) 취득시 투자차액 : (순자산 800,000 + 건물과소 80,000) × 25% - 취득원가 250,000 = (-)30,000 (영업권효과)

(2) 20×2년 지분법이익 : (순이익 140,000 - 건물상각 80,000 ÷ 10년) × 25% = 33,000

(3) 당기손익효과 : 지분법이익 33,000 + 금융자산평가이익 10,000 = 43,000

(4) 20×1년의 보유주식의 회계처리와 부분재무상태표를 제시하면 다음과 같다. 아래의 부분재무상태표에서 현금계정은 주식의 취득에 따른 현금지급액을 제외하고 표시한 것이다.

일자	차변	금액	대변	금액
20×2. 1. 1	(차) 당기손익금융자산	10,000 ①	(대) 금융자산평가이익	10,000 ②
	(차) 관계기업주식	250,000 ⑤	(대) 당기손익금융자산	100,000 ③
			현 금	150,000 ④
20×2.12.31	(차) 관계기업주식	33,000 ②	(대) 지분법이익	33,000 ①

20×2.12.31

자산	금액	자본	금액
당기손익금융자산	-		
관계기업주식	283,000	이익잉여금	58,000

3. 기타포괄손익-공정가치 측정 지분상품으로 분류하는 경우

일자	차변	금액	대변	금액
20×1. 1. 1	(차) 기타포괄금융자산	75,000 ②	(대) 현 금	75,000 ①
20×1.12.31	(차) 기타포괄금융자산	15,000 ①	(대) 기타포괄평가이익	15,000 ②

20×1.12.31

자산	금액	자본	금액
기타포괄금융자산	90,000	기타포괄평가이익	15,000

일자	차변	금액	대변	금액
20×2. 1. 1	(차) 기타포괄금융자산	10,000 ①	(대) 기타포괄평가이익	10,000 ②
	(차) 관계기업주식	250,000 ⑤	(대) 기타포괄금융자산	100,000 ③
			현 금	150,000 ④
	(차) 기타포괄평가이익	25,000 ⑥	(대) 미처분이익잉여금	25,000 ⑦
20×2.12.31	(차) 관계기업주식	33,000 ②	(대) 지분법이익	33,000 ①

20×2.12.31

자산	금액	자본	금액
기타포괄금융자산	-	기타포괄평가이익	-
관계기업주식	283,000	이익잉여금	58,000

4. 영향력 프리미엄이 존재하는 경우 회계처리

일자	차변	금액	대변	금액
20×2. 1. 1	(차) 당기손익금융자산	10,000 ①	(대) 금융자산평가이익	10,000 ②
	(차) 관계기업주식	260,000 ⑤	(대) 당기손익금융자산	100,000 ③
			현 금	160,000 ④
20×2.12.31	(차) 관계기업주식	33,000 ②	(대) 지분법이익	33,000 ①

(2) 유의적인 영향력 행사 후 추가취득

투자자가 관계기업의 주식을 추가로 취득하는 상황이다. 투자자는 이미 지분법을 적용하고 있으므로 추가 취득한 주식은 각각의 주식취득일을 기준으로 추가 취득분의 투자차액을 산정한다.

참고 관계기업투자주식에서 공동기업투자주식으로의 분류변경

관계기업 투자가 공동기업 투자로 되거나 공동기업 투자가 관계기업 투자로 되는 경우, 기업은 지분법을 계속 적용하며 잔여 보유 지분을 재측정하지 않는다. 따라서 관계기업이나 공동기업에 대한 투자자의 소유지분이 감소하지만 그 투자자산이 각각 관계기업 또는 공동기업에 대한 투자로 계속 분류된다면, 기업은 이전에 기타포괄손익으로 인식했던 손익이 관련 자산이나 부채의 처분에 따라 당기손익으로 재분류되는 경우라면, 그 손익 중 소유지분의 감소와 관련된 비례적 부분을 당기손익으로 재분류만을 수행하며, 추가로 잔여보유지분에 대한 공정가치 변동손익을 인식할 필요 없다.

[단계적 취득]

구 분	회계처리
유의적인 영향력의 최초취득	기존의 보유주식을 공정가치로 처분하고 재취득하는 것으로 간주하여 지분법을 적용함
유의적인 영향력의 추가취득	추가취득분과 기존보유분을 별개로 하여 지분법을 적용

예제 7 유의적 영향력의 추가취득

A회사는 B회사의 지분을 두 번 취득하였으며, 이와 관련된 자료는 다음과 같다.

주식취득일	A회사 투자주식		B회사 자본	
	취득지분율	취득원가	자본금	이익잉여금
20×1년 초	20%	280,000	500,000	500,000
20×2년 초	10%	150,000	500,000	700,000

(1) 주식취득일 현재 B회사의 순자산의 장부금액과 공정가치는 아래의 건물을 제외하고는 모두 일치하였다. 각 시점별 건물의 금액은 다음과 같으며, 정액법으로 감가상각한다.

주식취득일	B회사 보유 건물		
	장부금액	공정가치	잔여내용연수
20×1년 초	100,000	160,000	10년
20×2년 초	90,000	135,000	9년

(2) B회사의 20×1년도와 20×2년도 당기순이익은 각각 ₩200,000과 ₩150,000이며, 당기순이익을 제외한 이익잉여금의 변동은 없다.

물음

1. 20×1년도에 A회사가 수행할 회계처리를 제시하시오.
2. 20×2년도에 A회사가 수행할 회계처리를 제시하시오.

해답

1. 20×1년의 거래

(1) 취득시 투자차액 : (순자산 1,000,000 + 건물과소 60,000) × 20% − 취득원가 280,000 = (−)68,000 (영업권효과)

(2) 20×1년 당기손익인식 지분법이익 : (순이익 200,000 − 건물상각 60,000 ÷ 10년) × 20% = 38,800

20×1. 1. 1	(차) 관계기업주식	280,000 ②	(대) 현 금	280,000 ①
20×1.12.31	(차) 관계기업주식	38,800 ②	(대) 지분법이익	38,800 ①

20×1.12.31

관계기업주식	318,800	이익잉여금	38,800

2. 20×2년의 거래

(1) 추가취득시 투자차액 : (순자산 1,200,000 + 건물과소 45,000) × 10% − 취득원가 150,000 = (−)25,500 (영업권효과)

(2) 20×2년 당기손익인식 지분법이익 : (순이익 150,000 − 건물상각 60,000 ÷ 10년) × 20% + (순이익 150,000 − 건물상각 45,000 ÷ 9년) × 10% = 43,300

20×2. 1. 1	(차) 관계기업주식	150,000 ②	(대) 현 금	150,000 ①
20×2.12.31	(차) 관계기업주식	43,300 ②	(대) 지분법이익	43,300 ①

20×2.12.31

관계기업주식	512,100	이익잉여금	82,100

(3) 지분법 관련 장부금액의 변동을 검증하면 다음과 같다.

구 분	장부금액		순자산공정가치		영업권
20×1년 초 취득원가	280,000	=	(장부상금액 1,000,000 + 건물과소 60,000) × 20%	+	68,000
20×1년 지분법이익	38,800	=	(당기순이익 200,000 − 건물상각 6,000) × 20%		
20×1년 말 장부금액	318,800	=	(장부상금액 1,200,000 + 건물잔액 54,000) × 20%	+	68,000
20×2년 초 추가취득	150,000	=	(장부상금액 1,200,000 + 건물과소 45,000) × 10%	+	25,500
20×2년 지분법이익	28,800	=	(당기순이익 150,000 − 건물상각 6,000) × 20%		
	14,500	=	(당기순이익 150,000 − 건물상각 5,000) × 10%		
20×2년 말 장부금액	347,600	=	(장부상금액 1,350,000 + 건물잔액 48,000) × 20%	+	68,000
	164,500	=	(장부상금액 1,350,000 + 건물잔액 40,000) × 10%	+	25,500

2 단계적 처분

투자자가 보유중인 관계기업주식 전부를 처분한 경우 처분대가와 처분된 주식의 장부금액과의 차이를 관계기업주식처분손익으로 처리한다. 이 때 처분된 관계기업주식관련 지분법기타포괄이익은 기타포괄손익의 발생원인에 따라 당기손익으로 재분류하거나 이익잉여금으로 대체한다. 그러나 보유중인 관계기업주식의 일부를 처분한 경우에는 각 상황별로 다음과 같은 사항을 추가적으로 고려해야 한다.

(1) 유의적인 영향력 유지

투자자가 보유중인 관계기업주식 일부를 처분한 이후에도 유의적인 영향력을 유지하고 있는 경우에는 관계기업주식의 일부를 비례적으로 처분한 것으로 본다. 처분대가로 수령한 금액과 처분된 주식의 장부금액과의 차이를 관계기업주식의 처분손익으로 당기손익 인식한다.

한편, 관계기업주식과 관련하여 이전에 기타포괄손익으로 인식한 손익 중 처분과 관련한 비례적 금액만을 당해 기타포괄손익의 발생원인에 따라 당기손익으로 재분류하거나 이익잉여금으로 대체한다. 한편, 일부 처분 후 잔여 관계기업주식에 대해서는 지분법을 계속적으로 적용한다.

[영향력을 유지하는 단계적 처분]

구 분	회계처리
처분한 주식	처분대가와 장부금액의 차이를 처분손익으로 인식
보유중인 주식	잔여지분에 대하여 지분법을 적용
지분법기타포괄손익	처분한 관계기업주식과 관련하여 계상한 기타포괄손익만 당해 기타포괄손익의 발생원인에 따라 당기손익으로 재분류하거나 이익잉여금으로 대체

예제 8 일부처분 후 유의적인 영향력 유지

20×1년 1월 1일 A회사는 B회사의 지분 40%를 현금 ₩500,000에 취득하였다. 이 때 B회사의 순자산 장부금액은 ₩1,000,000이며, 순자산의 장부금액은 건물을 제외하고는 모두 일치하였다.

(1) 건물은 공정가치보다 ₩100,000이 과소평가되어 있으며, 잔여내용연수는 10년, 정액법으로 감가상각한다. B회사의 연도별 당기순이익과 기타포괄손익, 현금배당인 중간배당은 다음과 같다. B회사의 기타포괄이익은 당기손익으로 재분류조정이 되는 항목이다.

보고기간	현금배당	당기순이익	기타포괄이익
20×1년	(100,000)	250,000	50,000
20×2년	(150,000)	200,000	-

(2) 20×2년 1월 1일에 A회사는 B회사의 지분 10%를 공정가치인 ₩150,000에 처분하였다.

물음 Question

1. A회사가 B회사 주식과 관련하여 20×1년에 수행할 회계처리를 제시하시오.
2. A회사가 B회사 주식과 관련하여 20×2년에 수행할 회계처리를 제시하시오.

해답 answer

1. 20×1년의 회계처리
   (1) 취득시 투자차액 : (순자산 1,000,000 + 건물과소 100,000) × 40% - 500,000 = (-)60,000 (영업권효과)
   (2) 배당수령으로 인한 투자주식의 감소액 : 100,000 × 40% = 40,000
   (3) 20×1년의 지분법이익 : (순이익 250,000 - 건물상각 10,000) × 40% = 96,000
   (4) 20×1년의 지분법기타포괄이익 : 기타포괄이익 50,000 × 40% = 20,000
   (5) 20×1년의 지분법관련 회계처리와 부분재무상태표를 제시하면 다음과 같다. 아래의 부분재무상태표에서 현금계정은 관계기업주식의 취득에 따른 현금지급액을 제외하고 표시한 것이다.

20×1. 1. 1	(차) 관계기업주식	500,000 ②	(대) 현　　금	500,000 ①
현금 배당	(차) 현　　금	40,000 ①	(대) 관계기업주식	40,000 ②
20×1.12.31	(차) 관계기업주식	116,000 ③	(대) 지분법이익	96,000 ①
			지분법기타포괄이익	20,000 ②

20×1.12.31

관계기업주식	576,000	지분법기타포괄이익	20,000
현　　금	40,000	이익잉여금	96,000

2. 20×2년의 회계처리
   (1) 20×2년 초 처분된 관계기업주식 : (500,000 - 40,000 + 116,000) × 10%/40% = 144,000
   (2) 20×2년 초 처분손익 : 처분금액 150,000 - 장부금액 144,000 + 재분류조정이익 20,000 × 10% ÷ 40% = 11,000
   (3) 배당수령으로 인한 투자주식의 감소액 : 150,000 × 30% = 45,000
   (4) 20×2년의 지분법이익 : (순이익 200,000 - 건물상각 10,000) × 30% = 57,000

20×2. 1. 1	(차) 현　　금	150,000 ①	(대) 관계기업주식	144,000 ②
			관계기업주식처분이익	6,000 ③
	(차) 지분법기타포괄이익	5,000 ④	(대) 관계기업주식처분이익	5,000 ⑤
현금 배당	(차) 현　　금	45,000 ①	(대) 관계기업주식	45,000 ②
20×2.12.31	(차) 관계기업주식	57,000 ②	(대) 지분법이익	57,000 ①

20×2.12.31

관계기업주식	444,000	지분법기타포괄이익	15,000
현　　금	235,000	이익잉여금	164,000

(5) 지분법 관련 장부금액의 변동을 검증하면 다음과 같다.

구 분	장부금액		순자산공정가치		영업권
20×1년 초 취득원가	500,000	=	(장부상금액 1,000,000 + 건물과소 100,000) × 40%	+	60,000
현금배당수령	(40,000)	=	(배당금감소 - 100,000) × 40%		
지분법이익	96,000	=	(당기순이익 250,000 - 건물상각 10,000) × 40%		
지분법기타포괄이익	20,000	=	(기타포괄이익 50,000) × 40%		
20×1년 말 장부금액	576,000	=	(장부상금액 1,200,000 + 건물잔액 90,000) × 40%	+	60,000
20×2년 초 일부처분	(144,000)	=	(장부상금액 1,200,000 + 건물잔액 90,000) × 10%	+	(15,000)
현금배당수령	(45,000)	=	(배당금감소 - 150,000) × 30%		
20×2년 지분법이익	57,000	=	(당기순이익 200,000 - 건물상각 10,000) × 30%		
20×2년 말 장부금액	444,000	=	(장부상금액 1,250,000 + 건물잔액 80,000) × 30%	+	45,000

(2) 유의적인 영향력 상실

투자자가 보유중인 관계기업주식 일부를 처분한 이후 유의적인 영향력을 상실하는 경우에는 관계기업주식의 전부를 처분한 것으로 본다. 이 경우 관계기업에 대한 지분의 일부 처분으로 발생한 대가의 공정가치와 잔여 보유 지분의 공정가치 합계를 지분법을 중단한 시점의 투자자산의 장부금액과 비교하여 그 차이를 당기손익으로 인식한다. 유의적인 영향력을 상실한 잔여 보유지분은 공정가치로 재측정한 후 당기손익인식 금융자산 등으로 분류변경한다.

한편, 관계기업주식과 관련하여 이전에 기타포괄손익으로 인식한 금액은 당해 기타포괄손익의 발생원인에 따라 전액을 당기손익으로 재분류하거나 이익잉여금으로 대체한다.

[영향력을 상실하는 단계적 처분]

구 분	회계처리
처분한 주식	처분대가와 장부금액의 차이를 처분손익으로 인식
보유 중인 주식	공정가치와 장부금액의 차이를 처분손익으로 인식
지분법기타포괄손익	관계기업주식과 관련하여 계상한 모든 기타포괄손익은 당해 기타포괄손익의 발생원인에 따라 당기손익으로 재분류하거나 이익잉여금으로 대체

예제 9 일부처분 후 분류변경

20×1년 1월 1일 A회사는 B회사의 지분 40%를 현금 ₩500,000에 취득하였다. 이 때 B회사의 순자산 장부금액은 ₩1,000,000이며, 순자산의 장부금액은 건물을 제외하고는 모두 일치하였다.

(1) 건물은 공정가치보다 ₩100,000이 과소평가되어 있으며, 잔여내용연수는 10년, 정액법으로 감가상각한다. B회사의 연도별 당기순이익과 기타포괄손익, 현금배당인 중간배당은 다음과 같다. B회사의 기타포괄이익은 당기손익으로 재분류조정이 되는 항목이다.

보고기간	현금배당	당기순이익	기타포괄이익
20×1년	(100,000)	250,000	50,000
20×2년	(150,000)	200,000	-

(2) 20×2년 1월 1일 A회사는 B회사의 지분 30%를 공정가치인 ₩450,000에 처분하였으며, 잔여지분인 10%의 공정가치는 ₩150,000이다. 잔여지분은 당기손익-공정가치 측정 금융자산으로 분류하여 인식하기로 하였다.

(3) 20×2년 12월 31일 A회사가 보유하고 있는 B회사주식의 공정가치는 ₩155,000이다.

물음 Question

1. A회사가 B회사 주식과 관련하여 20×1년도에 수행할 회계처리를 제시하시오.
2. A회사가 B회사 주식과 관련하여 20×2년에 수행할 회계처리를 제시하시오.
3. 위의 [물음1]과 달리 B회사의 기타포괄이익이 당기손익으로 재분류조정이 되지 않는 항목인 경우 A회사의 20×2년 회계처리를 제시하시오.

해답 answer

1. 20×1년의 회계처리
   (1) 취득시 투자차액 : (순자산 1,000,000 + 건물과소 100,000) × 40% - 500,000 = (-)60,000 (영업권효과)
   (2) 배당수령으로 인한 투자주식의 감소액 : 100,000 × 40% = 40,000
   (3) 20×1년의 지분법이익 : (순이익 250,000 - 건물상각 10,000) × 40% = 96,000
   (4) 20×1년의 지분법기타포괄이익 : 기타포괄이익 50,000 × 40% = 20,000

(5) 20×1년의 지분법관련 회계처리와 부분재무상태표를 제시하면 다음과 같다. 아래의 부분재무상태표에서 현금계정은 관계기업주식의 취득에 따른 현금지급액을 제외하고 표시한 것이다.

20×1. 1. 1	(차) 관계기업주식	500,000 ②	(대) 현 금	500,000 ①
현금 배당	(차) 현 금	40,000 ①	(대) 관계기업주식	40,000 ②
20×1.12.31	(차) 관계기업주식	116,000 ③	(대) 지분법이익	96,000 ①
			지분법기타포괄이익	20,000 ②

20×1.12.31

관계기업주식	576,000	지분법기타포괄이익	20,000
현 금	40,000	이익잉여금	96,000

2. 20×2년의 회계처리

(1) 20×2년 초 처분된 관계기업주식 : 576,000

(2) 20×2년 초 처분손익 : 현금처분금액 450,000 + 잔여공정가치 150,000 - 장부금액 576,000 + 재분류조정이익 20,000 = 44,000

(3) 20×2년 배당금수익 : 150,000 × 10% = 15,000

(4) 20×2년 당기손익금융자산의 평가이익 : 기말공정가치 155,000 - 직전장부금액 150,000 = 5,000

20×2. 1. 1	(차) 현 금	450,000 ②	(대) 관계기업주식	576,000 ①
	당기손익금융자산	150,000 ③	관계기업주식처분이익	24,000 ④
	(차) 지분법기타포괄이익	20,000 ⑤	(대) 관계기업주식처분이익	20,000 ⑥
현금 배당	(차) 현 금	15,000 ①	(대) 배당금수익	15,000 ②
20×2.12.31	(차) 당기손익금융자산	5,000 ②	(대) 금융자산평가이익	5,000 ①

20×2.12.31

당기손익금융자산	155,000	지분법기타포괄이익	-
현 금	505,000	이익잉여금	160,000

(5) 지분법 관련 장부금액의 변동을 검증하면 다음과 같다.

구 분	장부금액		순자산공정가치		영업권
20×1년 초 취득원가	500,000	=	(장부상금액 1,000,000 + 건물과소 100,000) × 40%	+	60,000
현금배당수령	(40,000)	=	(배당금감소 - 100,000) × 40%		
지분법이익	96,000	=	(당기순이익 250,000 - 건물상각 10,000) × 40%		
지분법기타포괄이익	20,000	=	(기타포괄이익 50,000) × 40%		
20×1년 말 장부금액	576,000	=	(장부상금액 1,200,000 + 건물잔액 90,000) × 40%	+	60,000
20×2년 초 전부처분	(576,000)	=	(장부상금액 1,200,000 + 건물잔액 90,000) × 40%	+	(60,000)

3. 재분류조정을 수행하지 않는 경우 20×2년의 회계처리

(1) 20×2년 초 처분손익 : 현금처분금액 450,000 + 잔여공정가치 150,000 - 장부금액 576,000 = 24,000

(2) 20×2년의 회계처리

20×2. 1. 1	(차) 현 금	450,000 ②	(대) 관계기업주식	576,000 ①
	당기손익금융자산	150,000 ③	관계기업주식처분이익	24,000 ④
	(차) 지분법기타포괄이익	20,000 ⑤	(대) 미처분이익잉여금	20,000 ⑥
현금 배당	(차) 현 금	15,000 ①	(대) 배당금수익	15,000 ②
20×2.12.31	(차) 당기손익금융자산	5,000 ②	(대) 금융자산평가이익	5,000 ①

20×2.12.31

당기손익금융자산	155,000	지분법기타포괄이익	-
현 금	505,000	이익잉여금	160,000

3 지분법적용의 중지와 재개

관계기업의 손실 중 투자자의 지분이 관계기업 투자지분과 같거나 초과하는 경우 투자자는 관계기업 투자지분 이상의 손실에 대하여 인식을 중지한다. 즉, 관계기업의 당기순손실이 누적되어 투자자의 관계기업주식이 계산상 '영'이하가 될 경우에는 장부금액 '영'에서 지분법적용을 중지한다. 관계기업주식이 '(-)'의 금액이 계상된다는 것은 피투자자에 대하여 투자자가 추가 출자의무인 부채를 부담한다는 의미가 된다. 그러나 주식회사 주주는 출자액을 한도로 하여 유한책임만 부담하므로 '(-)'의 투자주식은 인식하지 않는다.

만약 관계기업이 추후에 이익을 보고할 경우 투자자는 자신의 지분에 해당하는 이익의 인식을 재개하되, 인식하지 못한 손실을 초과한 금액만을 이익으로 인식한다.

[지분법적용의 중지와 재개]

*1 지분법적용중지, 투자성격자산 보유시 혹은 추가의무를 부담하는 경우 지분법손실에 추가로 반영

*2 지분법적용재개, 단 전기미반영 지분법손실을 차감후 지분법이익으로 처리

여기서 유의할 점은 투자자가 인식하는 지분법손실이 관계기업투자지분을 초과한 경우에도 다음과 같이 지분법손실의 인식을 중지하지 않는 예외적인 경우도 있다는 것이다.

① 관계기업에 대해 다른 투자자산을 보유하고 있는 경우

투자자가 관계기업에 대해 실질적으로 투자자의 순투자의 일부를 구성하는 장기투자지분항목을 보유하고 있으면, 그 금액까지도 지분법손실을 계속하여 인식하고 관련 자산을 차감해야 한다. 예를 들어, 투자자가 관계기업에 대하여 예측 가능한 미래에 상환받을 계획도 없고 상환가능성도 높지 않은 우선주식, 장기수취채권이나 장기대여금을 보유하고 있다면 이는 실질적으로 관계기업 투자의 연장[4]이다. 따라서 해당 금융자산을 관계기업투자주식으로 간주하여 지분법손실을 계속하여 인식해야 한다. 지분법 적용으로 관계기업 보통주에 대한 투자 금액을 초과한 손실은 관계기업 투자지분 중 보통주와 다른 구성항목이 있으면 관계기업이 청산된다면 상환받는 우선순위와는 반대의 순서로 적용하여 인식한다. 한편, 관계기업 순투자의 일부를 구성하는 금융자산에서 기대신용손실이 발생한 경우에는 기대신용손실을 우선 인식한 후 지분법을 적용해야 한다.

이 해 **지분법손실을 중지하지 않고 계속 인식하는 이유**

지분법손실 인식시 영(0)까지 감소되는 기준의 범위는 잔여지분투자보다 넓어야 하며 장기수취채권과 같이 실질적으로 관계기업이나 공동기업에 대한 순투자자산의 일부인 그 밖의 비지분투자도 포함해야 한다. 비지분투자자산을 영(0)까지 감소되는 기준의 범위에 포함시키지 않는다면, 기업은 지분법에 따른 관계기업이나 공동기업의 손실 인식을 회피하기 위하여 투자의 대부분을 비지분투자에 투자함으로써 자신의 투자자산을 재구성할 수 있기 때문이다.

② 관계기업에 대해 손실을 보전해주기로 한 경우

투자자의 지분이 '영'으로 감소된 이후 추가 손실분에 대하여 투자자에게 법적의무 또는 의제의무가 있거나 관계기업을 대신하여 지급하여야 하는 경우, 그 금액까지는 손실과 부채를 추가로 인식해야 한다.

[지분법중지의 예외적인 회계처리]

보고기간말	(차) 지분법손실	×××	(대) 관련투자자산	×××
보고기간말	(차) 지분법손실	×××	(대) 관련손실부채	×××

[지분법적용의 중지와 재개]

구 분		지분법 회계처리
지분법적용의 중지	원칙	추가손실의 인식을 중지
	다른 투자자산 있는 경우	지분법손실을 계속인식하고 관련 자산을 차감
	손실보전의무 있는 경우	지분법손실을 계속인식하고 관련 부채를 인식
지분법적용의 재개		미인식손실을 초과하는 금액만 지분법이익으로 인식

4) 그러나 매출채권, 매입채무 또는 담보부대여금과 같이 적절한 담보가 있는 장기수취채권은 제외한다.

예제 10 지분법적용의 중지와 재개

20×1년 1월 1일 A회사는 B회사의 지분 40%를 현금 ₩500,000에 취득하였다. 이 때 B회사의 순자산 장부금액은 ₩1,000,000이며, 공정가치도 이와 같다. B회사의 연도별 자본의 변동은 다음과 같다.

보고기간	현금배당	당기순이익(손실)
20×1년	(250,000)	(200,000)
20×2년	-	(900,000)
20×3년	-	300,000

물음 Question

1. A회사가 20×1년에 수행할 회계처리를 제시하시오.
2. A회사가 20×2년과 20×3년에 수행할 회계처리를 제시하시오.
3. 20×2년 말 A회사에게 B회사의 지분법손실에 대한 손실보전의무가 있는 경우 A회사의 20×2년과 20×3년의 회계처리를 제시하시오.
4. 20×2년 말 B회사에 대한 장기대여금이 ₩100,000 존재할 경우 A회사의 20×2년과 20×3년의 회계처리를 제시하시오. 단, 해당 장기대여금은 관계기업 순투자의 일부를 구성한다.
5. 위의 [물음4]에서 20×2년 말 장기대여금에서 발생한 기대신용손실이 ₩20,000이며, 20×3년 말의 기대신용손실이 ₩25,000인 경우 A회사의 20×2년과 20×3년의 회계처리를 제시하시오.

해답 answer

1. 20×1년의 회계처리
   (1) 취득시 투자차액 : 순자산공정가치 1,000,000×40% - 500,000 = (-)100,000 (영업권효과)
   (2) 배당수령으로 인한 투자주식의 감소액 : 250,000×40% = 100,000
   (3) 20×1년의 지분법손익 : 당기순손실 (-)200,000×40% = (-)80,000 → 손실인식한도 : 400,000

20×1. 1. 1	(차) 관계기업주식	500,000 ②	(대) 현 금	500,000 ①
현금 배당	(차) 현 금	100,000 ①	(대) 관계기업주식	100,000 ②
20×1.12.31	(차) 지분법손실	80,000 ①	(대) 관계기업주식	80,000 ②

2. 20×2년과 20×3년의 회계처리
   (1) 계산상 20×2년의 지분법손익 : 당기순손실 (-)900,000×40% = (-)360,000 → 손실인식한도 : 320,000
   (2) 손실한도 고려후 20×2년의 지분법손익 : (-)320,000 → 미인식지분법손실 (-)40,000

(3) 계산상 20×3년의 지분법손익 : 당기순이익 (+)300,000×40% = 120,000

(4) 미인식손실 고려후 20×3년의 지분법손익 : 지분법이익 120,000 - 미인식손실 40,000 = 80,000

20×2.12.31	(차) 지분법손실	320,000 ①	(대) 관계기업주식	320,000 ②
20×3.12.31	(차) 관계기업주식	80,000 ②	(대) 지분법이익	80,000 ①

3. 손실보전의무를 부담하는 경우의 지분법

20×2.12.31	(차) 지분법손실	360,000 ①	(대) 관계기업주식	320,000 ②
			손실충당부채	40,000 ③
20×3.12.31	(차) 손실충당부채	40,000 ②	(대) 지분법이익	120,000 ①
	관계기업주식	80,000 ③		

20×2.12.31

관계기업주식	-	손실충당부채	40,000
장기대여금	100,000		

20×3.12.31

관계기업주식	80,000	손실충당부채	-
장기대여금	100,000		

4. 투자목적 자산존재시의 지분법중지

20×2.12.31	(차) 지분법손실	360,000 ①	(대) 관계기업주식	320,000 ②
			대여금손실충당금	40,000 ③
20×3.12.31	(차) 대여금손실충당금	40,000 ②	(대) 지분법이익	120,000 ①
	관계기업주식	80,000 ③		

20×2.12.31

관계기업주식	-	
장기대여금	100,000	
손실충당금	(40,000)	

20×3.12.31

관계기업주식	80,000	
장기대여금	100,000	
손실충당금	-	

5. 추가로 장기대여금의 기대신용손실이 존재하는 경우

20×2.12.31	(차) 대여금손상차손	20,000 ①	(대) 대여금손실충당금	20,000 ②
	(차) 지분법손실	360,000 ③	(대) 관계기업주식	320,000 ④
			대여금손실충당금	40,000 ⑤
20×3.12.31	(차) 대여금손실충당금	40,000 ②	(대) 지분법이익	120,000 ①
	관계기업주식	80,000 ③		
	(차) 대여금손상차손	5,000 ④	(대) 대여금손실충당금	5,000 ⑤

20×2.12.31		
관계기업주식	-	
장기대여금	100,000	
손실충당금	(60,000)	

20×3.12.31		
관계기업주식	80,000	
장기대여금	100,000	
손실충당금	(25,000)	

4 관계기업주식의 손상차손

관계기업의 손실 인식을 포함하여 지분법을 적용한 이후, 기업은 관계기업투자주식에 대하여 추가적인 손상차손 인식여부에 대하여 검토해야 한다. 관계기업에 대한 순투자의 최초 인식 이후 발생한 하나 또는 그 이상의 사건이 발생한 결과 손상되었다는 객관적인 증거[5]가 있으며, 그 손실사건이 신뢰성 있게 추정할 수 있는 순투자의 추정미래현금흐름에 영향을 미친 경우에만 해당 순투자는 손상된 것이고 손상차손이 발생한 것이다. 이 경우 관계기업주식 손상차손의 계산은 구체적으로 다음과 같다.

(1) **관계기업주식손상차손** = 회수가능가액 - 손상시점의 장부금액

(2) **회수가능가액** = Max (순공정가치 or 사용가치)

(3) **순공정가치** = 매각으로부터 수취할 수 있는 금액에서 처분부대원가를 차감한 금액

(4) **사용가치** = ① 또는 ②

① 관계기업이 영업 등을 통하여 창출할 것으로 기대되는 추정 미래현금흐름의 현재가치 중 투자자의 지분과 해당 투자자산의 최종 처분금액의 현재가치

② 투자자산에서 배당으로 기대되는 추정 미래현금흐름의 현재가치와 해당 투자자산의 최종 처분금액의 현재가치

손상차손을 인식한 후에 회수가능가액이 회복된 경우 회복된 금액을 관계기업주식 손상차손환입의 계정으로 하여 당기이익으로 처리[6]한다.

---

5) 순투자가 손상되었다는 객관적인 증거에는 기업의 주의를 끄는 다음의 손실사건에 대한 관측 가능한 자료가 포함된다.

(1) 관계기업이나 공동기업의 유의적인 재무적 어려움

(2) 관계기업이나 공동기업의 채무불이행 또는 연체와 같은 계약의 위반

(3) 관계기업이나 공동기업의 재무적 어려움에 관련된 경제적 또는 법률적 이유로 인해 다른 경우라면 고려하지 않았을 양보를 그 관계기업이나 공동기업에게 제공

(4) 관계기업이나 공동기업이 파산이나 그 밖의 재무적 구조조정의 가능성이 높은 상태가 됨

(5) 관계기업이나 공동기업의 재무적 어려움으로 순투자에 대한 활성시장의 소멸

6) 기준서 1028호 '관계기업투자'에서는 관계기업투자주식의 손상환입에 대한 별도의 한도규정이 없다. 하지만 관계기업투자주식의 손상은 기준서 제1036호 '자산손상'의 규정을 준용하여 손상차손을 인식하므로 손상환입의 한도도 기준서 제1036호에 따라 손상되지 않았을 경우의 장부금액으로 인식하는 것이 타당하다.

참고 **지분법 적용시 영업권의 우선 손상여부**

관계기업의 투자주식에 대한 손상차손은 관계기업의 순투자 장부금액의 일부를 구성하는 어떠한 자산(영업권 포함)에도 배분하지 않는다. 따라서 이후에 인식하는 손상차손의 모든 환입은 순투자자산의 회수가능액이 후속적으로 증가하는 만큼 인식한다. 이는 사업결합거래에서 규정하고 있는 영업권을 포함한 현금창출단위의 손상인식 방법과 다르므로 유의해야 한다.

예제 11 관계기업주식의 손상

20×1년 1월 1일 A회사는 B회사의 지분 40%를 현금 ₩500,000에 취득하였다. 이 때 B회사의 순자산장부금액은 ₩1,000,000이며, 공정가치도 이와 같다. B회사의 연도별 자본의 변동은 다음과 같다.

보고기간	현금배당	당기순이익(손실)
20×1년	(250,000)	(200,000)
20×2년	-	100,000

(1) A회사는 20×1년 말 현재 보유 중인 B회사에 대한 투자주식의 회수가능가액을 ₩200,000으로 추정하였으며, 손상차손 발생에 대한 객관적 증거가 있다고 판단하였다.

(2) 20×2년 말 현재 보유중인 B회사에 대한 투자주식의 회수가능가액은 ₩310,000으로 회복되었다.

물음 Question

1. 20×1년에 A회사가 수행할 모든 회계처리를 제시하시오.
2. 20×2년에 A회사가 수행할 모든 회계처리를 제시하시오.

해답 answer

1. 20×1년의 회계처리
   (1) 취득시 투자차액 : 순자산공정가치 1,000,000×40% − 500,000 = (−)100,000 (영업권효과)
   (2) 배당수령으로 인한 투자주식의 감소액 : 250,000×40% = 100,000
   (3) 20×1년의 지분법손익 : 당기순손실 (−)200,000×40% = (−)80,000 → 손상전 장부금액 : 320,000
   (4) 20×1년 말 관계기업주식의 손상차손 : 회수가능액 200,000 − 손상전금액 320,000 = (−)120,000

20×1. 1. 1	(차) 관계기업주식	500,000 ②	(대) 현　　금	500,000 ①
현금 배당	(차) 현　　금	100,000 ①	(대) 관계기업주식	100,000 ②
20×1.12.31	(차) 지분법손실	80,000 ①	(대) 관계기업주식	80,000 ②
	(차) 관계주식손상차손	120,000 ③	(대) 관계기업주식	120,000 ④

20×1.12.31

관계기업주식	200,000	이익잉여금	(-)200,000
현　　금	100,000		

2. 20×2년의 회계처리

(1) 20×2년의 지분법손익 : 당기순이익 (+)100,000×40% = (+)40,000 → 환입전 장부금액 : 240,000

(2) 20×2년 말 손상차손환입 : 회수가능액 310,000 - 환입전금액 240,000 = (+)70,000

20×2.12.31	(차) 관계기업주식	40,000 ①	(대) 지분법이익	40,000 ②
	(차) 관계기업주식	70,000 ③	(대) 관계주식손상환입	70,000 ④

20×2.12.31

관계기업주식	310,000	이익잉여금	(-)90,000
현　　금	100,000		

5 피투자자의 우선주

피투자자가 우선주를 발행한 경우 보통주와 우선주의 지분변동액은 그 우선주의 특성을 고려하여 산정해야 한다. 그리고 우선주와 보통주로 배분된 지분변동액을 기준으로 지분법을 적용한다. 지분변동액의 배분시 우선주는 보통주에 비하여 상위청구권자이다. 따라서 피투자자의 자본변동 중 우선주 지분을 먼저 배분하고 그 나머지(잔여지분)를 보통주지분으로 계산한다. 따라서 관계기업이 자본으로 분류하는 누적적우선주를 발행하였고 이를 다른 투자자가 소유하고 있는 경우, 투자자는 배당결의 여부와 관계없이 이러한 주식의 배당금에 대하여 조정한 후 보통주 당기순손익에 대한 투자자의 지분을 산정해서 지분법이익을 인식한다.

우선주 존재시 지분법이익 = (피투자자의 당기순이익 - 우선주귀속배당) × 보통주지분율

예제 12 우선주존재시 지분법

A회사는 20×1년 초 B회사가 발행한 보통주 40%를 취득하였다. 주식의 취득시 순자산과소금액과 투자차액은 발생하지 않았다.

(1) 20×1년 말 현재 B회사의 유통중인 우선주자본금은 ₩200,000이며, 보통주자본금은 ₩1,400,000이다. 우선주는 누적적 우선주로 10%의 배당률이 보장되어 있다.

(2) B회사는 20×1년에 ₩120,000의 당기순이익을 보고 하였다. B회사는 우선주와 보통주 배당에 대하여 20×1년 귀속 배당을 지급하지 않기로 결의하였다.

물음 Question

A회사가 20×1년 B회사의 관계기업주식(보통주)에 대하여 지분법이익으로 인식할 금액을 구하여라.

해답 answer

(1) 보통주귀속 당기순이익 : 120,000 - 200,000 × 10% = 100,000
(2) 보통주 지분법이익 : 100,000 × 40% = 40,000

보론 공동약정과 매각예정분류

1 공동약정

공동약정은 둘 이상의 당사자들이 공동영업이나 공동기업에 대한 공동지배력을 보유하는 약정이며, 다음과 같은 특징이 있다.

(1) **강제력 있는 약정** : 당사자들이 계약상 약정에 구속된다.
(2) **공동지배력의 존재** : 계약상 약정은 둘 이상의 당사자들에게 약정의 공동지배력을 부여한다.

공동지배력은 약정의 지배력에 대한 합의된 공유인데, 관련활동에 대한 결정에 지배력을 공유하는 당사자들 전체의 동의가 요구될 때에만 존재한다. 공동약정에서, 단일의 당사자는 그 약정을 단독으로 지배할 수 없다. 약정의 공동지배력을 보유하는 한 당사자는 다른 당사자들이나 일부 당사자들집단이 약정을 지배하는 것을 방해할 수 있다. 약정의 모든 당사자들이 약정의 공동지배력을 보유하지 않더라도 그 약정은 공동약정이 될 수 있다. 공동약정은 공동지배력을 보유하는 당사자들(공동영업자들 또는 공동기업 참여자들)과 공동약정에는 참여하지만 공동지배력을 보유하지 않는 당사자들로 구성된다. 공동약정의 사례는 다음과 같다.

① A와 B의 공동약정

약정에서 A는 의결권의 50%, B는 30% 그리고 C는 20%를 보유한다. A, B 그리고 C 사이의 계약상 약정에는 약정과 관련활동에 대한 결정을 위하여 최소한 의결권의 75%가 요구된다고 명시한다. A는 어떠한 결정이라도 막을 수 있지만, B의 합의를 필요로 하기 때문에 약정을 지배하지는 못한다. 관련활동에 대한 결정을 위해 최소한 의결권의 75%를 요구하는 계약상 약정의 조건은, A와 B 모두 동의해야 약정의 관련활동에 대한 결정이 이루어질 수 있기 때문에, A와 B가 약정의 공동지배력을 보유한다는 것을 의미한다.

② A와 B의 공동약정 혹은 A와 C의 공동약정

약정에서 A는 의결권의 50%, B와 C는 각각 25%를 보유한다. A, B 그리고 C 사이의 계약상 약정에는 약정의 관련활동에 대한 결정을 위하여 최소한 의결권의 75%가 요구된다고 명시한다. A는 어떠한 결정이라도 막을 수 있지만, B 또는 C의 합의가 필요하기 때문에 약정을 지배하지는 못한다. 이 예시에서 A, B 그리고 C는 집합적으로 약정을 지배한다. 그러나 하나 이상의 당사자들의 조합은 의결권의 75%를 충족할 수 있다(A와 B 또는 A와 C). 이러한 경우 공동약정이 되려면, 계약상 약정에 약정에 대한 관련활동을 결정하기 위하여 어떤 당사자들 결합의 전체 동의를 요구하여야 하는지 명시할 필요가 있다.

③ A와 B의 공동약정

약정에서 A와 B가 의결권의 35%를 각각 보유하고 잔여 의결권의 30%는 널리 분산되어 있다고 가정한다. 관련활동에 관한 결정은 의결권의 다수결에 의한 승인을 요구한다. A와 B는 계약상 약정에 대한 관련활동을 결정하기 위하여 A와 B 모두의 합의를 요구하는 것을 명시한 경우에만, 약정의 공동지배력을 보유한다.

기업은 자신이 관여된 공동약정의 유형을 결정해야 한다. 공동약정은 약정의 당사자들의 권리와 의무에 따라 공동영업이나 공동기업의 두 가지로 분류된다.

(1) 공동영업

공동영업은 약정의 공동지배력을 보유하는 당사자들이 약정의 자산에 대한 권리와 부채에 대한 의무를 보유하는 공동약정이다. 공동영업의 당사자들을 공동영업자라고 한다. 공동영업자는 공동영업에 대한 자신의 지분과 관련하여 재무제표에 다음을 인식한다.

(1) **자신의 자산** : 공동으로 보유하는 자산 중 자신의 몫을 포함한 자신의 자산
(2) **자신의 부채** : 공동으로 발생한 부채 중 자신의 몫을 포함한 자신의 부채
(3) **자신의 수익** : 공동영업에서 발생한 산출물 중 자신의 몫의 판매 수익
(4) **자신의 수익** : 공동영업의 산출물 판매 수익 중 자신의 몫
(5) **자신의 비용** : 공동으로 발생한 비용 중 자신의 몫을 포함한 자신의 비용

공동영업자인 기업이 공동영업에 자산을 판매하거나 출자하는 것과 같은 거래를 하는 경우, 그것은 공동영업의 다른 당사자와의 거래를 수행하는 것이고, 공동영업자는 거래의 결과인 손익을 다른 당사자들의 지분 한도까지만 인식한다. 또한 공동영업자인 기업이 공동영업과 자산의 구매와 같은 거래를 하는 경우, 기업은 자산을 제3자에게 재판매하기 전까지는 손익에 대한 자신의 몫을 인식하지 않는다.

하지만 이러한 거래가 공동영업에 판매되거나 출자되는 자산, 구매되는 자산의 순실현가능가치 감소나 손상차손의 증거를 제공하는 경우, 공동영업자는 그러한 손실 중 자신과 관련된 부분은 전부 인식한다.

(2) 공동기업

공동기업은 약정의 공동지배력을 보유하는 당사자들이 그 약정의 순자산인 자본에 대한 권리를 보유하는 공동약정이다. 공동기업의 공동지배력을 보유하고 있는 그 공동기업의 당사자를 공동기업의 참여자라고 한다. 공동기업 참여자는 공동기업에 대한 자신의 지분을 투자자산으로 인식하며, 그 투자자산은 기업회계기준서 제1028호 '관계기업과 공동기업에 대한 투자'에 따라 지분법으로 회계처리한다.

참 고 법인격이 있는 별도기구가 설립된 경우

공동약정을 이행하기 위해 법인격이 있는 별도기구가 설립되었다면, 해당 약정은 공동기업약정으로 보는 것이 일반적이다. 하지만 별도기구의 법적 형식이나 계약상 약정의 조건 등으로 인해 공동약정의 당사자들이 특정한 비율로 설립된 기업의 자산에 대한 지분을 보유하고, 설립된 기업의 부채에 대한 법적 의무를 부담하도록 계약상 약정을 했다면, 해당 공동약정은 공동기업이 아니라 공동영업으로 간주해야 한다.

2 관계기업에 대한 투자지분을 매각예정으로 분류

관계기업이나 공동기업에 대한 투자 또는 그 투자의 일부가 매각예정분류 기준을 충족하는 경우, 기준서 제1105호 '매각예정비유동자산과 중단영업'을 적용한다. 매각예정으로 분류되지 않은 관계기업이나 공동기업에 대한 투자의 잔여 보유분은 매각예정으로 분류된 부분이 매각될 때까지 지분법을 적용하여 회계처리한다. 또한 실제 매각 이후 잔여 보유 지분이 계속해서 관계기업이나 공동기업에 해당하여 지분법이 적용되는 경우가 아니라면, 관계기업이나 공동기업에 대한 잔여 보유 지분에 대하여 기준서 제1109호 '금융상품'에 따라 회계처리한다.

[매각예정으로 분류되는 경우의 회계처리]

구 분		관련 회계처리
매각 예정시	매각 예정지분	지분법 적용을 중지하고 순공정가치를 기준으로 손상차손인식
	계속보유 예정지분	지분법을 적용
실제 매각시	매각된 지분	매각예정비유동자산의 처분손익 인식
	계속 보유지분	영향력을 상실한 경우 당기손익-공정가치 측정 금융자산 등으로 대체

한편, 이전에 매각예정으로 분류된 관계기업이나 공동기업에 대한 투자 또는 그 투자의 일부가 더 이상 그 분류기준을 충족하지 않는다면 당초 매각예정으로 분류되었던 시점부터 소급하여 지분법으로 회계처리한다. 이 경우 매각예정으로 분류된 시점 이후 기간의 재무제표는 이에 따라 수정되어야 한다.

예제 13 일부를 매각예정으로 분류한 경우

20×1년 1월 1일 A회사는 B회사의 지분 40%를 현금 ₩500,000에 취득하였다. 이 때 B회사의 순자산 장부금액은 ₩1,000,000이며, 순자산의 장부금액은 건물을 제외하고는 모두 일치하였다.

(1) 건물은 공정가치보다 ₩100,000이 과소평가되어 있으며, 잔여내용연수는 10년, 정액법으로 감가상각한다. B회사의 20×1년과 20×2년의 당기순이익은 각각 ₩250,000과 ₩200,000이다. 당기순이익을 제외한 자본의 변동은 없다.

(2) 20×2년 1월 1일 A회사는 B회사의 지분 30%를 매각예정으로 분류하였다. 해당 시점에서 지분 30%의 공정가치는 ₩403,000이며, 매각을 가정하는 경우 처분수수료는 ₩3,000이다.

(3) 20×2년 12월 31일 A회사는 매각예정으로 분류된 지분을 공정가치 ₩392,000에 현금 매각하였으며 실제 처분수수료 ₩2,000을 지급하였다.

(4) 20×2년 12월 31일 A회사가 보유하고 있는 B회사 주식의 공정가치는 ₩155,000이다.

물음

1. A회사가 B회사 주식과 관련하여 20×1년도에 수행할 회계처리를 제시하시오.
2. A회사가 B회사 주식과 관련하여 20×2년에 수행할 회계처리를 제시하시오.

해답

1. 20×1년의 회계처리
   (1) 취득시 투자차액 : (순자산 1,000,000 + 건물과소 100,000) × 40% − 500,000 = (−)60,000 (영업권효과)
   (2) 20×1년의 지분법이익 : (순이익 250,000 − 건물상각 10,000) × 40% = 96,000
   (3) 20×1년의 관련된 회계처리를 제시하면 다음과 같다.

20×1. 1. 1	(차) 관계기업주식	500,000 ②	(대) 현 금	500,000 ①
20×1.12.31	(차) 관계기업주식	96,000 ②	(대) 지분법이익	96,000 ①

20×1.12.31

관계기업주식	596,000	이익잉여금	96,000

2. 20×2년의 회계처리
   (1) 20×2년 초 매각예정으로 분류된 관계기업주식의 장부금액 : 596,000 × 30% ÷ 40% = 447,000
   (2) 20×2년 초 매각예정분류시 손상차손 : 순공정가치 400,000 − 장부금액 447,000 = (−)47,000
   (3) 20×2년 말 매각예정자산 처분손실 : 순매각금액 300,000 − 400,000 = (−)100,000
   (4) 20×2년 말 계속보유지분 지분법이익 : (순이익 200,000 − 건물상각 10,000) × 10% = 19,000

(5) 20×2년 말 계속보유지분의 장부금액 : 596,000×10%÷40%+지분법이익 19,000=168,000

(6) 20×2년 말 계속보유지분의 처분손실 : 당기손익금융자산 155,000−관계기업주식 168,000=(−)13,000

20×2. 1. 1	(차) 매각예정비유동자산	400,000 ②	(대) 관계기업주식	447,000 ①
	예정자산손상차손	47,000 ③		
20×2.12.31	(차) 현　　금	300,000 ②	(대) 매각예정비유동자산	400,000 ①
	예정자산처분손실	100,000 ③		
	(차) 관계기업주식	19,000 ⑤	(대) 지분법이익	19,000 ④
	(차) 당기손익금융자산	155,000 ⑦	(대) 관계기업주식	168,000 ⑥
	관계주식처분손실	13,000 ⑧		

OX형 연습문제

1 투자자 외의 다른 투자자가 해당 피투자자의 주식을 상당한 부분 또는 과반수 이상을 소유하고 있다고 하여도 투자자가 피투자자에 대하여 유의적인 영향력이 있다는 가능성을 배제하지는 못한다.

2 기업이 해당 피투자자에 대하여 유의적인 영향력이 있는지 여부를 평가할 때에는, 현재 유통되고 있는 보통주식수에 대하여만 지분율 조건을 판단하면 된다.

3 잠재적 의결권이 있는 경우, 피투자자의 당기순손익과 자본변동 중 투자자의 지분은 현재 소유하고 있는 지분율에 잠재적 의결권의 행사가능성으로 증가하는 지분율을 가산하여 지분법을 적용한다.

4 단계적 처분으로 관계기업의 정의를 충족하지 못하게 된 시점의 당해 투자자산의 공정가치를 금융자산의 최초 원가로 간주한다.

5 투자자와 관계기업 사이의 '상향'거래나 '하향'거래에서 발생한 미실현당기손익에 대하여 투자자는 상향판매는 지분율을 고려하여 제거하고 하향판매는 전액 제거한다.

6 투자자는 지분법을 적용할 때 가장 최근의 이용가능한 관계기업 재무제표를 사용한다. 투자자와 관계기업의 보고기간종료일이 다른 경우, 관계기업은 실무적으로 적용할 수 없지 않다면 투자자의 사용을 위하여 투자자의 재무제표와 동일한 보고기간종료일의 재무제표를 작성한다.

7 관계기업이 자본으로 분류하는 누적우선주를 발행하였고 이를 다른 투자자가 소유하고 있는 경우, 투자자는 배당결의 여부에 관계없이 이러한 주식의 배당금에 대하여 조정한 후 당기순손익에 대한 투자자의 지분을 산정한다.

8 관계기업의 손실누적으로 지분법이 중지가 되고, 관계기업이 추후에 이익을 보고할 경우 투자자는 투자자의 지분에 해당하는 이익의 인식을 재개하되, 인식하지 못한 손실에 대하여는 전기오류수정손실을 인식한다.

9 관계기업주식에 대하여 손상차손을 인식하는 경우에는 투자차액인 영업권에 대하여 별도의 손상절차가 필요하다.

해답
answer

1 ○

2 × 기업이 해당 피투자자에 대하여 유의적인 영향력이 있는지 여부를 평가할 때에는, 다른 기업이 보유한 잠재적 의결권을 포함하여 현재 행사할 수 있거나 전환할 수 있는 잠재적 의결권의 존재와 영향을 고려해야 한다.

3 × 잠재적 의결권이 있는 경우, 피투자자의 당기순손익과 자본변동 중 투자자의 지분은 현재 소유하고 있는 지분율에 기초하여 산정하며 잠재적 의결권의 행사가능성이나 전환가능성은 반영하지 않는다.

4 ○

5 × 투자자와 관계기업 사이의 '상향'거래나 '하향'거래에서 발생한 당기손익에 대하여 투자자는 그 관계기업 투자지분과 무관한 손익까지만 투자자의 재무제표에 인식한다.

6 ○

7 ○

8 × 만약 관계기업이 추후에 이익을 보고할 경우 투자자는 투자자의 지분에 해당하는 이익의 인식을 재개하되, 인식하지 못한 손실을 초과한 금액만을 이익으로 인식한다.

9 × 관계기업 투자에 대한 장부금액에 포함된 영업권은 분리하여 인식하지 않으므로 기준서 제1036호 '자산손상'의 영업권 손상검사에 관한 요구사항을 적용한 별도의 손상검사를 하지 않는다.

실전형 연습문제

01 단답형

1 다음 자료는 A회사와 B회사 간의 거래내역이다. A회사가 20×1년 12월 31일에 보고해야 할 지분법손익은 얼마인가? (세무사 2003)

> 20×1년 1월 3일 A회사는 B회사의 발행주식 총수의 40%에 해당하는 400주를 ₩3,500,000에 취득하였다. 취득일 현재 B회사의 장부상 순자산가액은 ₩8,000,000이었고, B회사의 장부상 순자산가액과 공정가치가 일치하지 않는 항목은 다음과 같다.

구 분	재고자산	토 지	건 물
공정가치	₩500,000	₩1,000,000	₩800,000
장부금액	300,000	800,000	500,000

> (1) 위 재고자산은 모두 20×1년 중에 외부에 판매되었다.
> (2) 위 토지는 20×1년 중 ₩1,100,000의 가격으로 외부에 매각되었다.
> (3) 위 건물의 20×1년 초 현재 잔존내용연수는 10년, 잔존가치 ₩0이며 정액법으로 상각한다.
> (4) 20×1년 12월 31일 B회사는 ₩1,000,000의 당기순이익을 보고하였다.

① ₩125,000 이익 ② ₩114,000 이익 ③ ₩114,000 손실
④ ₩228,000 이익 ⑤ ₩228,000 손실

해답

(1) 관계기업주식 취득시 투자차액 : 3,500,000 − (순자산 8,000,000 + 재고차액 200,000 + 토지차액 200,000 + 건물차액 300,000) × 40% = 20,000 (영업권)

(2) 지분법이익 : (순이익 1,000,000 − 재고상각 200,000 − 토지상각 200,000 − 건물상각 30,000) × 40% = 228,000

④

2 20×1년 1월 1일에 ㈜대한은 ㈜민국의 의결권 있는 주식 20%를 ₩600,000에 취득하여 유의적인 영향력을 가지게 되었다. 20×1년 1월 1일 현재 ㈜민국의 순자산 장부금액은 ₩2,000,000이다. ㈜대한의 20×1년 12월 31일 현재 재무상태표에 표시되는 ㈜민국에 대한 지분법적용투자주식의 장부금액은 얼마인가? 단, 상기 기간 중 ㈜민국의 기타포괄손익은 발생하지 않은 것으로 가정한다. (회계사 2021)

(1) ㈜대한의 주식 취득일 현재 ㈜민국의 자산 및 부채 가운데 장부금액과 공정가치가 일치하지 않는 계정과목은 다음과 같다.

계정과목	장부금액	공정가치
토　지	350,000	400,000
재고자산	180,000	230,000

(2) ㈜민국은 20×1년 7월 1일에 토지 전부를 ₩420,000에 매각하였으며, 이 외에 20×1년 동안 토지의 추가 취득이나 처분은 없었다.

(3) ㈜민국의 20×1년 1월 1일 재고자산 중 20×1년 12월 31일 현재 보유하고 있는 재고자산의 장부금액은 ₩36,000이다.

(4) ㈜민국은 20×1년 8월 31일에 이사회 결의로 ₩100,000의 현금배당(중간배당)을 선언 · 지급하였으며, ㈜민국의 20×1년 당기순이익은 ₩300,000이다.

① ₩622,000　② ₩642,000　③ ₩646,000
④ ₩650,000　⑤ ₩666,000

해답

(1) 투자차액 : 600,000 - (장부금액 2,000,000 + 토지과소 50,000 + 재고과소 50,000) × 20% = 180,000 → 영업권

(2) 현금배당으로 인한 주식의 감소 : 100,000 × 20% = 20,000

(3) 재고자산 과소상각비율 : 1 - 36,000 ÷ 180,000 = 80%

(4) 지분법이익으로 인한 주식의 증가 : (순이익 300,000 - 토지상각 50,000 - 재고상각 40,000) × 20% = 42,000

(5) 관계기업주식의 장부금액 : 취득 600,000 - 배당 20,000 + 지분법이익 42,000 = 622,000

20×1. 1. 1	(차) 관계기업주식	600,000	(대) 현　금	600,000
20×1. 8.31	(차) 현　금	20,000	(대) 관계기업주식	20,000
20×1.12.31	(차) 관계기업주식	42,000	(대) 지분법이익	42,000

①

3 ㈜대한은 20×1년 초에 ㈜민국의 의결권 있는 보통주 25%를 ₩45,000에 취득하고 유의적인 영향력을 행사할 수 있게 되었다.

> (1) 취득일 현재 ㈜민국의 순자산 장부금액은 ₩150,000이며, 장부금액과 공정가치가 다른 자산·부채 내역은 다음과 같다.
>
> | 계정과목 | 장부금액 | 공정가치 |
> |---|---|---|
> | 건 물 | ₩100,000 | ₩140,000 |
>
> (2) 위 건물은 20×1년 초 현재 잔존내용연수 20년에 잔존가치 없이 정액법으로 상각한다. ㈜민국은 20×1년 8월에 총 ₩10,000의 중간배당을 결의하고 현금으로 지급하였다.
>
> (3) ㈜민국은 20×1년도에 당기순이익 ₩20,000과 기타포괄손실 ₩8,000을 보고하였다.

㈜대한이 ㈜민국의 보통주를 지분법에 따라 회계처리하는 경우, 20×1년 말 재무상태표에 계상되는 관계기업투자주식의 장부금액은 얼마인가? (회계사 2024 수정)

① ₩50,000 ② ₩50,500 ③ ₩51,000
④ ₩52,000 ⑤ ₩47,500

해답

(1) 20×1년 초 취득시 투자차액 : (순자산 150,000 + 건물과소 40,000) × 25% − 45,000 = 염가매수차익 2,500

(2) 20×1년 말 장부금액 : 취득원가 45,000 + 지분법순이익 (순이익 20,000 − 건물상각 40,000 ÷ 20년) × 25% + 염가매수차익 2,500 − 지분법기타포괄손실 8,000 × 25% − 현금배당 10,000 × 25% = 47,500

20×1. 1. 1	(차)	관계기업주식	45,000	(대)	현 금	45,000
현금배당일	(차)	현 금	2,500	(대)	관계기업주식	2,500
20×1.12.31	(차)	관계기업주식	7,000	(대)	지분법이익	7,000
	(차)	지분법기타포괄손실	2,000	(대)	관계기업주식	2,000

⑤

4 ㈜대한은 20×1년 초에 ㈜민국의 보통주 30%를 ₩350,000에 취득하여 유의적인 영향력을 행사하고 있으며 지분법을 적용하여 회계처리한다. 20×1년 말 현재 ㈜대한의 재무상태표에 표시되는 ㈜민국에 대한 지분법적용투자주식의 기말 장부금액은 얼마인가? (회계사 2019)

> (1) 20×1년 초 현재 ㈜민국의 순자산 장부금액과 공정가치는 동일하게 ₩1,200,000이다. ㈜대한은 ㈜민국에게 원가 ₩20,000의 재고를 ₩25,000에 판매하였다. ㈜민국은 이 중에서 ₩17,500의 재고를 보유하고 있다. 20×2년 중 ㈜민국은 20×1년 ㈜대한으로부터 매입한 재고자산을 외부에 모두 판매하였다.
>
> (2) 20×2년 3월 31일 ㈜민국은 주주에게 현금배당금 ₩10,000을 지급하였다. 다음은 ㈜민국의 20×1년도 및 20×2년도 포괄손익계산서 내용의 일부이다.

구 분	20×1년	20×2년
당기순이익	100,000	(-)100,000
기타포괄이익	50,000	110,000

① ₩403,950 ② ₩400,000 ③ ₩395,000
④ ₩393,950 ⑤ ₩350,000

해답

(1) 20×1년 초 취득시 투자차액 : 350,000 - 1,200,000×30% = 10,000 → 염가매수차익

(2) 20×1년 지분법순이익 : 당기순이익 100,000×30% + 염가매수차익 10,000 - 내부거래이익 5,000×미실현비율 17,500÷25,000×30% = 38,950

(3) 20×1년 지분법기타포괄이익 : 50,000×30% = 15,000

(4) 20×1년 말 관계기업주식의 장부금액 : 350,000 + 38,950 + 15,000 = 403,950

①

5 위의 [문제4]에서 지분법 적용이 ㈜대한의 20×2년도 당기순이익에 미치는 영향은 얼마인가?

① ₩18,950 감소 ② ₩28,950 감소 ③ ₩33,950 증가
④ ₩38,950 증가 ⑤ ₩38,950 감소

해답

(1) 20×2년 지분법순이익 : 순이익 (-)100,000×30%+내부이익 5,000×실현비율 17,500÷25,000×30%=(-)28,950

20×1. 1. 1	(차) 관계기업주식	350,000	(대)	현　　금	350,000
20×1.12.31	(차) 관계기업주식	53,950	(대)	지분법이익	38,950
				지분법기타포괄이익	15,000
20×1. 1. 1	(차) 현　　금	3,000	(대)	관계기업주식	3,000
20×2.12.31	(차) 관계기업주식	4,050	(대)	지분법기타포괄이익	33,000
	지분법손실	28,950			

②

6 ㈜대한은 20×1년 초에 ㈜민국의 의결권 있는 보통주 250주(지분율 25%)를 ₩150,000에 취득하고, 유의적인 영향력을 행사할 수 있게 되었다. 취득일 현재 ㈜민국의 식별가능한 순자산의 장부금액과 공정가치는 모두 ₩500,000으로 동일하다. 20×1년 중 발생한 두 기업 간 거래내역 및 ㈜민국의 보고이익 정보는 다음과 같다. ㈜대한이 ㈜민국에 대한 투자주식과 관련하여, 20×1년도의 포괄손익계산서에 보고할 지분법이익은 얼마인가? (회계사 2018)

(1) 20×1년 10월 초 ㈜대한은 ㈜민국에게 원가 ₩50,000인 상품을 ₩80,000에 판매하였다. ㈜민국은 20×1년 말 현재 동 상품의 50%를 외부에 판매하였고, 나머지 50%는 재고자산으로 보유하고 있다.

(2) 20×1년 12월 초 ㈜민국은 ㈜대한에게 원가 ₩50,000인 상품을 ₩30,000에 판매하였고, ㈜대한은 20×1년 말 현재 동 상품 모두를 재고자산으로 보유하고 있다. 판매가격 ₩30,000은 해당 상품의 순실현가능가치에 해당한다. ㈜민국이 보고한 20×1년도 당기순이익은 ₩60,000이다.

① ₩10,500　② ₩11,250　③ ₩12,500
④ ₩15,000　⑤ ₩16,250

해답

(1) 지분법이익 : 60,000×25% - 내부미실현이익 30,000×50%×25%=11,250

(2) 하향거래가 매각대상 또는 출자대상 자산의 순실현가능가치의 감소나 그 자산에 대한 손상차손의 증거를 제공하는 경우 투자자는 그러한 손실을 모두 인식한다. 상향거래가 구입된 자산의 순실현가능가치의 감소나 그 자산에 대한 손상차손의 증거를 제공하는 경우, 투자자는 그러한 손실 중 자신의 몫을 인식한다.

②

7 ㈜대한은 20×1년 초에 ㈜민국의 의결권 있는 보통주식 30주(지분율 30%)를 ₩150,000에 취득하여 유의적인 영향력을 행사하게 되었다. 취득당시 ㈜민국의 순자산 장부금액은 ₩500,000이며 공정가치와 일치하였다. 20×1년도에 ㈜민국은 당기순이익 ₩120,000과 기타포괄이익(기타포괄손익-공정가치 측정 채무상품의 평가이익) ₩50,000을 보고하였으며 배당결의나 지급은 없었다. ㈜대한은 20×2년 초에 보유하고 있던 ㈜민국의 주식 20주(지분율 20%)를 주당 공정가치 ₩6,500에 매각하여 유의적인 영향력을 상실하였다. 나머지 10주는 당기손익-공정가치 측정 금융자산으로 재분류하였다. ㈜민국의 주식 20주 처분과 10주의 재분류가 ㈜대한의 20×2년도 당기순이익에 미치는 영향은? **(회계사 2017)**

① ₩6,000 감소 ② ₩9,000 증가 ③ ₩6,000 증가
④ ₩9,000 감소 ⑤ ₩15,000 증가

해답

(1) 관계기업주식취득시 차액 : 500,000×30% − 150,000 = 0

(2) 20×2년 초 장부금액 : 150,000 + 120,000×30% + 50,000×30% = 201,000

(3) 20×2년 초 당기손익효과 : 30주×₩6,500 − 201,000 + 재분류조정 15,000 = (+)9,000

(4) 관련 회계처리

일자	차변	금액	대변	금액
20×1. 1. 1	(차) 관계기업주식	150,000	(대) 현 금	150,000
20×1.12.31	(차) 관계기업주식	51,000	(대) 지분법이익	36,000
			지분법기타포괄이익	15,000
20×2. 1. 1	(차) 현 금	130,000	(대) 관계기업주식	201,000
	당기손익금융자산	65,000		
	관계기업주식처분손익	6,000		
	(차) 지분법기타포괄이익	15,000	(대) 관계기업주식처분손익	15,000

②

8 20×1년 1월 1일 ㈜대한은 ㈜민국의 의결권 있는 보통주식의 25%를 ₩450,000에 취득하여 유의적인 영향력을 행사할 수 있게 되었으며, 지분법 회계처리와 관련한 자료는 다음과 같다. ㈜대한이 20×2년도 포괄손익계산서 상 인식할 지분법손실은 얼마인가? (회계사 2025)

(1) 주식취득일 현재 ㈜민국의 순자산 장부금액과 공정가치는 각각 ₩1,820,000과 ₩2,000,000이며, 자산·부채 중 장부금액과 공정가치가 일치하지 않는 항목은 다음과 같다.

구 분	재고자산	기계장치(순액)
장부금액	100,000	120,000
공정가치	200,000	200,000

(2) 재고자산은 20×1년 중 40%, 20×2년 중 60%가 외부로 판매되었다. 20×1년 초 기계장치의 잔존내용연수는 4년이며, 잔존가치 없이 정액법으로 감가상각한다.

(3) ㈜민국은 20×1년과 20×2년 각각 ₩400,000과 ₩1,600,000의 당기순손실을 보고하였으며, 배당 등 다른 자본의 변동은 없다.

(4) 20×2년 12월 31일에 ㈜대한은 ㈜민국에 대한 매출채권 ₩20,000과 무담보부 장기대여금 ₩10,000을 보유하고 있다.

① ₩385,000　② ₩395,000　③ ₩415,000
④ ₩420,000　⑤ ₩470,000

해답

(1) 취득시 투자차액 : 관계주식 취득원가 450,000 - (순자산장부금액 1,820,000 + 재고과소 100,000 + 기계과소 80,000) × 25% = (-)50,000 → 염가매수효과

(2) 20×1년 지분법손익 : {순손실 (-)400,000 - 재고과소상각 100,000 × 40% - 기계과소상각 80,000 ÷ 4년} × 25% + 염가매수 50,000 = (-)65,000

(3) 20×2년 말 지분법손실 인식전 관계주식의 장부금액 : 450,000 - 65,000 = 385,000

(4) 20×2년 조정전 지분법손익 : {순손실 (-)1,600,000 - 재고과소상각 100,000 × 60% - 기계과소상각 80,000 ÷ 4년} × 25% = (-)420,000

(5) 20×2년 조정후 지분법손익 : Min [조정전 420,000 or 관계주식 385,000 + 대여금 10,000] = (-)395,000

일자	차변	금액	대변	금액
20×1. 1. 1	(차) 관계기업주식	450,000 ②	(대) 현 금	450,000 ①
20×1.12.31	(차) 지분법손실	65,000 ①	(대) 관계기업주식	65,000 ②
20×2.12.31	(차) 지분법손실	395,000 ①	(대) 관계기업주식	385,000 ②
			장기대여금	10,000 ③

②

02 지분법 종합문제

(회계사 2020)

㈜대한은 20×2년 1월 1일에 상장기업 A사, B사, C사의 의결권 있는 보통주를 추가 취득 또는 일괄 취득하면서 이들 기업에 대해 유의적인 영향력을 행사할 수 있게 되었다. ㈜대한이 20×2년 1월 1일에 취득한 주식의 세부내역은 다음과 같다.

피투자기업	취득주식수(지분율)	취득원가	비고
A사	150주(15%)	390,000	추가 취득
B사	300주(30%)	450,000	일괄 취득
C사	400주(40%)	900,000	일괄 취득

물음 Question

1. 다음에 제시되는 자료를 이용하여 요구사항에 답하시오.

(1) ㈜대한은 20×1년 10월 1일에 A사 보통주 100주(지분율 : 10%)를 ₩250,000에 취득하고, 동 주식을 기타포괄손익-공정가치 측정 금융자산으로 분류하였다. A사 주식 100주의 20×1년 12월 31일과 20×2년 1월 1일 공정가치는 각각 ₩275,000과 ₩245,000이었다.

(2) ㈜대한은 A사에 대해 기업회계기준서 제1103호 '사업결합'의 단계적 취득을 준용하여 지분법을 적용한다. 20×2년 1월 1일 현재 A사의 순자산장부금액은 ₩2,520,000이며, 자산·부채의 장부금액은 공정가치와 일치하였다.

(3) A사는 20×2년 6월 30일에 1주당 ₩200의 현금배당을 실시하였으며, 20×2년도 당기순이익과 기타포괄이익을 각각 ₩150,000과 ₩50,000으로 보고하였다.

(4) A사 지분투자와 관련하여, ㈜대한의 관계기업투자주식 취득원가에 포함된 영업권 금액과 ㈜대한의 20×2년 말 재무상태표에 표시해야 할 관계기업투자주식의 장부금액을 계산하시오.

영 업 권	①
관계기업투자주식 장부금액	②

2. 다음에 제시되는 자료를 이용하여 요구사항에 답하시오.

(1) 20×2년 1월 1일 현재 B사의 순자산은 납입자본 ₩1,000,000과 이익잉여금 ₩400,000으로 구성되어 있으며, 자산·부채의 장부금액은 공정가치와 일치하였다.

(2) 20×2년 이후 B사가 보고한 순자산 변동내역은 다음과 같으며, 순자산의 변동은 전부 당기손익에 의해서만 발생하였다.

구 분	20×2. 12. 31	20×3. 12. 31
납입자본	1,000,000	1,000,000
이익잉여금	100,000	300,000

(3) B사는 20×2년 중에 유의적인 재무적 어려움에 처하게 됨으로써 20×2년 말 현재 ㈜대한이 보유한 B사 투자주식의 회수가능액이 ₩250,000으로 결정되었다. 그러나 20×3년도에는 B사의 유의적인 재무적 어려움이 일부 해소되어 20×3년 말 현재 ㈜대한이 보유한 B사 투자주식의 회수가능액은 ₩350,000으로 회복되었다.

(4) B사 지분투자와 관련하여, ㈜대한이 20×2년도에 인식할 손상차손과 20×3년도에 인식할 손상차손환입을 계산하시오.

20×2년 손상차손	①
20×3년 손상차손환입	②

3. 다음에 제시되는 자료를 이용하여 요구사항에 답하시오.

(1) 20×2년 1월 1일 현재 C사의 순자산장부금액은 ₩2,100,000이며, 자산·부채 중 장부금액과 공정가치가 일치하지 않는 항목은 다음과 같다.

계 정	장부금액	공정가치	비 고
재고자산	40,000	55,000	20×2년 중 전액 외부판매되었음
건 물	1,000,000	1,250,000	잔존내용연수 : 5년, 잔존가치 : ₩0, 정액법 상각

(2) 20×2년 중에 C사는 ㈜대한으로부터 원가 ₩120,000인 재고자산을 ₩100,000에 매입하여 20×2년 말 현재 전부 보유하고 있다. 동 하향거래는 재고자산의 순실현가능가치 감소에 대한 증거를 제공한다.

(3) 20×2년 중에 C사는 ㈜대한에 재고자산을 판매(매출액은 ₩350,000이며, 매출총이익률은 30%)하였는데, 20×2년 말 현재 ㈜대한은 매입한 재고자산의 80%를 외부에 판매하였다.

(4) C사는 20×2년도 당기순손실을 ₩60,000으로 보고하였다. C사 지분투자와 관련하여, ㈜대한이 염가매수차익에 해당하는 금액을 인식하기 위한 회계처리에 대해 기업회계기준서 제1028호 '관계기업과 공동기업에 대한 투자'에 근거하여 간략히 서술하시오.

(5) C사 지분투자와 관련하여, ㈜대한의 20×2년도 포괄손익계산서에 표시되는 지분법손익을 계산하시오. 단, 지분법손실은 (-)를 숫자 앞에 표시하시오.

지분법손익	①

해답

1. 단계적 취득에 의한 영향력의 획득

(1) 20×2년 초 영향력 획득의 원가 : 기보유지분의 공정가치 245,000 + 추가취득원가 390,000 = 635,000

(2) 20×2년 초 투자차액 : 2,520,000×25% - 635,000 = (-)5,000 → 영업권효과 5,000

(3) 20×2년 말 장부금액 : 취득원가 635,000 - 현금배당수령액 200×250주 + (당기순이익 150,000 + 기타포괄이익 50,000)×25% = 635,000

영업권	관계주식장부금액
① **5,000**	② **635,000**

2. 관계기업주식의 손상과 환입

(1) 20×2년 초 투자차액 : 1,400,000×30% - 450,000 = (-)30,000 → 영업권효과 30,000

(2) 20×2년 말 손상전 장부금액 : 취득원가 450,000 - 지분법손실 300,000×30% = 360,000

(3) 20×2년 손상차손 : 250,000 - 360,000 = **(-)110,000**

(4) 20×3년 말 환입전 장부금액 : 기초장부금액 250,000 + 지분법이익 200,000×30% = 310,000

(5) 20×3년 손상환입 : 350,000 - 310,000 = **40,000**

20×2년 손상차손	20×3년 손상환입
① **110,000**	② **40,000**

3-1. 염가매수차익의 지분법회계처리

피투자자의 식별가능한 자산과 부채의 순공정가치 중 기업의 몫이 투자자산의 원가를 초과하는 부분은 투자자산을 취득한 회계기간의 **관계기업이나 공동기업의 당기순손익 중 기업의 몫을 결정할 때 수익에 포함**한다.

3-2. 지분법손익의 계산

(1) 20×2년 초 투자차액 : (순자산장부금액 2,100,000 + 재고과소 15,000 + 건물과소 250,000)×40% - 900,000 = (+)46,000 → 염가매수차익

(2) 20×2년 지분법이익 : (당기순손실 (-)60,000 - 재고상각 15,000 - 건물상각 250,000÷5년)×40% - 미실현이익 105,000×20%×40% + 염가매수차익 46,000 = (-)12,400

20×2년 지분법손익
① **(-)12,400**

03 단계적 처분으로 인한 영향력상실 (회계사 2022)

㈜대한은 20×1년 1월 1일 ㈜민국의 보통주 400주(발행주식의 40%)를 주당 ₩2,000에 취득하였다. 이로 인해 ㈜대한은 ㈜민국에 대해 유의적인 영향력을 가지게 되었다. 다음 자료를 이용하여 각 물음에 답하시오.

(1) 20×1년 1월 1일 ㈜민국의 순자산 장부금액은 ₩1,000,000이다. 공정가치와 장부금액의 차이가 발생하는 항목은 다음과 같다. 단, 기계장치와 건물의 잔존가치는 없으며, 감가상각방법으로 정액법을 이용한다.

계정과목	장부금액	공정가치	비 고
재고자산	100,000	150,000	20×1년에 모두 판매
기계장치	300,000	450,000	잔존내용연수 5년
건 물	500,000	1,000,000	잔존내용연수 10년

(2) 20×1년도와 20×2년도에 ㈜민국이 보고한 당기순이익 등의 자료는 다음과 같다. 기타포괄손익은 재분류조정이 되는 항목이다.

구 분	20×1년	20×2년
당기순이익	300,000	400,000
기타포괄손익	70,000	(-)35,000
현금배당	50,000	80,000

(3) ㈜대한도 ㈜민국의 20×1년 현금배당을 받을 권리가 있다고 가정한다. ㈜민국은 자기주식을 보유하고 있지 않고, ㈜대한과 ㈜민국 사이에는 내부거래가 없으며, ㈜대한이 보유한 ㈜민국의 보통주에 대한 손상징후는 존재하지 않는다.

물음 Question

1. ㈜대한이 취득한 ㈜민국의 보통주와 관련하여 다음의 금액을 계산하시오.

20×1년 보통주 취득시 영업권의 가치	①
20×1년 말 관계기업투자주식 장부금액	②
20×2년 말 관계기업투자주식 장부금액	③

2. ㈜대한은 20×3년 1월 1일 ㈜민국의 보통주 300주를 시장가격인 주당 ₩3,000에 처분하였다. 이에 따라 ㈜민국에 대한 유의적인 영향력을 잃게 되었다. 그리고 남은 ㈜민국의 보통주 100주를 기타포괄손익-공정가치 측정 금융자산으로 분류를 변경하였다. 이러한 주식처분과 분류 변경이 ㈜대한의 20×3년도 당기순이익과 기타포괄이익에 미치는 영향을 각각 계산하시오. 단, [물음1]에 대한 해답과 관계없이 ㈜대한이 취득한 ㈜민국의 보통주에 대한 20×2년 기말 장부금액이 ₩900,000이라고 가정한다. 답안을 작성할 때 당기순이익이나 기타포괄이익 등이 감소하는 경우 금액 앞에 (-)를 표시하시오.

20×3년도 당기순이익에 미치는 영향	①
20×3년도 기타포괄이익에 미치는 영향	②

해답
answer

1. 순자산과소금액이 있는 경우의 지분법

(1) 투자차액(영업권효과) : (1,000,000 + 재고 50,000 + 기계 150,000 + 건물 500,000) × 40% − 800,000 = (−)120,000

계정과목	FV−BV	20×1년	20×2년
재고자산	50,000	(50,000)	−
기계장치	150,000	(30,000)	(30,000)
건　물	500,000	(50,000)	(50,000)
부분영업권	120,000	−	−
합　계		(130,000)	(80,000)

① 20×1년 지분법이익 : (300,000 − 130,000) × 40% = 68,000 → 배당차감액 50,000 × 40% = 20,000

② 20×1년 지분법기타포괄이익 : 70,000 × 40% = 28,000

③ 20×2년 지분법이익 : (400,000 − 80,000) × 40% = 128,000 → 배당차감액 80,000 × 40% = 32,000

④ 20×2년 지분법기타포괄이익 : (−)35,000 × 40% = (−)14,000

⑤ 20×1년 말 관계기업주식 장부금액 : 800,000 + 68,000 − 20,000 + 28,000 = 876,000

⑥ 20×2년 말 관계기업주식 장부금액 : 876,000 + 128,000 − 32,000 − 14,000 = 958,000

⑦ 20×2년 말의 검증 : (1,000,000 + 700,000 + 35,000 − 130,000 + 700,000 − 210,000) × 40% + 120,000 = 958,000

20×1년 보통주 취득시 영업권의 가치	① 120,000
20×1년 말 관계기업투자주식 장부금액	② 876,000
20×2년 말 관계기업투자주식 장부금액	③ 958,000

2. 단계적 처분으로 인한 유의적 영향력의 상실

(1) 관련된 회계처리

20×3. 1. 1	(차)	현 금	900,000	②	(대)	관계기업주식	900,000	①
		기타포괄금융자산	300,000	③		관계주식처분이익	300,000	④
	(차)	지분법기타포괄이익	14,000	⑤	(대)	관계주식처분이익	14,000	⑥

20×3년도 당기순이익에 미치는 영향	① **314,000**
20×3년도 기타포괄이익에 미치는 영향	② **(-)14,000**

04 현물출자에 대한 지분법

(회계사 2023)

㈜대한은 20×1년 1월 1일에 장부금액 ₩260,000이며 공정가치 ₩300,000인 토지A를 ㈜민국에 현물출자하고 보통주식 30%와 현금 ₩30,000을 수취하여 유의적인 영향력을 행사할 수 있게 되었다. 아래의 추가자료를 이용하여 각 물음에 답하시오.

(1) ㈜민국의 20×1년 1월 1일 다음의 자산을 제외한 모든 자산과 부채의 장부금액과 공정가치는 일치하였다.

계정과목	장부금액	공정가치	비 고
재고자산	80,000	120,000	20×1년과 20×2년에 각각 50%씩 판매
기계장치	120,000	150,000	잔존내용연수 6년, 정액법으로 상각

(2) ㈜민국의 순자산 변동은 다음과 같다.

구 분	20×1년	20×2년
기초의 순자산 장부금액	800,000	870,000
현금배당	-	(20,000)
당기순이익	70,000	90,000
기타포괄이익	-	40,000

(3) 20×1년 중에 ㈜대한과 ㈜민국 간에 다음과 같은 상호거래가 발생하였다. ㈜대한과 ㈜민국 간의 재고자산 거래는 다음과 같으며, 기말재고자산은 20×2년에 모두 판매된다.

판매회사	매입회사	매출액	매출총이익률	기말보유비율
㈜대한	㈜민국	30,000	30%	40%
㈜민국	㈜대한	15,000	20%	20%

(3) 20×1년 5월 1일 ㈜대한은 ㈜민국에게 비품(취득원가 ₩40,000, 감가상각누계액 ₩20,000, 잔존내용연수 3년, 잔존가치 없이 정액법 상각)을 ₩16,400에 매각하였으며, ㈜민국은 20×2년 말 현재 계속 사용 중이다.

(4) ㈜대한과 ㈜민국은 유형자산(기계장치, 토지와 비품)에 대해 원가모형을 적용하고 있다.

물음
Question

1. 20×1년 12월 31일 ㈜대한의 재무상태표에 표시되는 ㈜민국에 대한 관계기업투자주식과 20×1년도 포괄손익계산서에 인식되는 지분법이익을 계산하시오.

2. 20×2년 12월 31일 ㈜대한의 재무상태표에 표시되는 ㈜민국에 대한 관계기업투자주식을 계산하시오.

해 답 answer

1. 20×1년의 지분법

(1) 관계기업주식의 취득원가 : 300,000 - 30,000 = 270,000

(2) 투자차액 : (장부 800,000 + 재고 40,000 + 기계 30,000 + 토지 20,000) × 30% - 270,000 = (-)3,000 ← 영업권

(3) 현물출자미실현이익 : 40,000 × 270,000 ÷ 300,000 = 36,000

(4) 20×1년 재고미실현이익 : 30,000 × 30% × 40% + 15,000 × 20% × 20% = 4,200

(5) 20×1년 비품미실현손실 : 16,400 - (40,000 - 20,000) = (-)3,600

(6) 20×1년 비품실현손실 : 3,600 ÷ 3년 × 8/12 = 800 → 20×2년 실현손실 : 3,600 ÷ 3년 = 1,200

(7) 20×1년 지분법이익 : (순이익 70,000 - 재고상각 40,000 × 50% - 기계상각 30,000 ÷ 6년 - 출자미실현이익 36,000 - 재고미실현이익 4,200 + 비품미실현손실 3,600 - 비품실현손실 800) × 30% = 2,280

20×1. 1. 1	(차) 관계기업투자주식	270,000	(대) 토 지	260,000
	현 금	30,000	유형자산처분이익	40,000
20×1.12.31	(차) 관계기업투자주식	2,280	(대) 지분법이익	2,280

관계기업투자주식	① 272,280
지분법이익	② 2,280

2. 20×2년의 지분법

(1) 20×2년 현금배당으로 인한 주식감소액 : 20,000 × 30% = 6,000

(2) 20×2년의 지분법당기손익 : (순이익 90,000 - 재고상각 40,000 × 50% - 기계상각 30,000 ÷ 6년 - 토지상각 20,000 + 재고실현이익 4,200 - 비품실현손실 1,200) × 30% = 14,400

(3) 20×2년의 지분법기타포괄손익 : 40,000 × 30% = 12,000

(4) 20×2년 말 관계기업투자주식의 잔액 : 기초 272,280 - 배당수령 6,000 + 지분법순이익 14,400 + 지분법기포이익 12,000 = 292,680

(5) 20×2년의 지분법관련 회계처리를 제시하면 다음과 같다.

배당 수령	(차) 현 금	6,000	(대) 관계기업투자주식	6,000
20×2.12.31	(차) 관계기업투자주식	14,400	(대) 지분법이익	14,400
	(차) 관계기업투자주식	12,000	(대) 지분법기타포괄이익	12,000

관계기업투자주식	① 292,680

CHAPTER

04

사업결합과 합병회계

제1절 사업결합의 개념

제2절 합병회계

제3절 사업결합의 기타사항

제4절 영업권의 손상차손과 환입

보론1 역취득

보론2 식별가능한 무형자산의 사례

ADVANCED ACCOUNTING

제 1 절 사업결합의 개념

1 사업결합의 의의

기업은 설립일 이후 설립목적을 달성하기 위해 지속적인 성장을 추구한다. 이러한 기업의 성장전략을 기업확장(business expansion)이라 하며, 기업확장전략은 다시 내적확장전략과 외적확장전략으로 구분이 가능하다.

내적확장전략(internal expansion)은 부채금융이나 자본금융으로 자금을 조달하고, 신규설비투자와 신제품개발 등에 투자하여 기업활동을 점진적으로 확대하여 나가는 확장전략으로 기업의 내부자원에 의존한 확장전략을 말한다. 반면에 외적확장전략(external expansion)은 기업의 내부자원에 의존하지 않고 외부자원을 이용한 성장전략으로 기존의 다른 기업과 결합하여 기업활동을 점진적으로 확대하여 나가는 전략을 말한다. 이러한 기업의 외적확장전략을 사업결합(business combination)이라 부른다.

[기업확장전략의 방법]

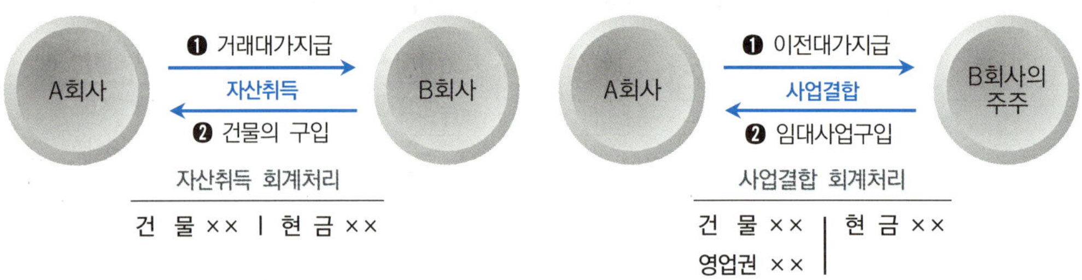

사업결합은 취득자가 피취득자의 주주에게 대가를 지급하고 하나 이상의 사업에 대한 지배력을 획득하는 거래나 그 밖의 사건[1]을 말한다. 여기서 취득자(acquirer)는 피취득자에 대한 지배력(control)을 획득하는 기업을 말하며, 피취득자(acquiree)는 취득자가 사업결합으로 지배력을 획득하는 대상 사업 또는 사업들을 말한다. 취득자는 다음과 같이 다양한 방법으로 피취득자에 대한 지배력을 획득할 수 있다.

1) 사업결합은 법률상, 세무상 또는 그 밖의 이유로 다양한 방법으로 이루어질 수 있다. 예를 들면, ① 하나 이상의 사업이 취득자의 종속기업이 되거나, ② 하나 이상의 사업의 순자산이 취득자에게 법적으로 합병되거나, ③ 하나의 결합참여기업이 자신의 순자산을, 또는 결합참여기업의 소유주가 자신의 지분을 다른 결합참여기업 또는 다른 결합참여기업의 소유주에게 이전하거나, ④ 결합참여기업 모두가 자신의 순자산을 또는 모든 결합참여기업의 소유주가 자신의 지분을 신설된 기업에게 이전하거나, ⑤ 결합참여기업 중 한 기업의 이전 소유주 집단이 결합기업에 대한 지배력을 획득할 수 있다.

(1) 현금, 현금성자산이나 그 밖의 자산(사업을 구성하는 순자산 포함)의 이전
(2) 부채의 부담
(3) 지분의 발행
(4) 두 가지 형태 이상의 대가의 제공
(5) 계약만으로 이루어지는 경우를 포함하여 대가의 이전이 없는 방식

이 해 **사업결합의 동기에 대한 다양한 이론**

(1) **효율성 이론** : 사업결합을 통해 대상기업의 경영성과를 향상시키거나 시너지 효과를 달성함으로써 추가적인 이윤을 남길 수 있다.
(2) **정보와 신호효과 이론** : 특정 기업에 대해 공개매수 발표가 있을 경우 주식시장에서는 이 발표를 공개매수 대상기업이 저평가되어 있다는 정보로서 받아들이고 대상기업의 주가는 상승하게 된다.
(3) **대리인문제 이론** : 대리인 비용이 많이 지출될수록 기업의 가치는 떨어지고 비효율적인 경영성과를 보이게 되므로 해당기업은 결합의 대상이 되고 사업결합을 통해 기업가치를 상승시킬 수 있다.
(4) **시장지배력 이론** : 유사업종의 다른 기업을 인수해 기업의 규모를 키우고 규모의 경제나 시너지 효과를 통해 시장점유율을 높일 목적으로 사업결합이 이루어진다.

2 회계목적상의 사업결합

기준서 제1103호 '사업결합'에서는 사업결합을 취득자가 하나 이상의 사업에 대한 지배력을 획득하는 거래나 그 밖의 사건으로 정의하고 있다. 따라서 이 기준서에 따라 사업결합의 회계처리를 수행하기 위해서는 다음의 세 가지 조건을 모두 만족하여야 한다.

(1) **취득자의 식별** : 사업결합에는 취득자가 존재한다.
(2) **취득의 대상** : 취득의 대상은 사업이어야 한다.
(3) **취득으로 인한 지배력행사** : 취득한 사업에 대하여 취득자가 지배력을 행사할 수 있어야 한다.

(1) 취득의 주체 : 취득자

사업결합회계를 적용하기 위해서는 각 사업결합에서 결합참여기업 중 한 기업을 취득자로 식별할 수 있어야 한다. 여기서 취득자(acquirer)는 피취득자에 대한 지배력을 획득하는 기업을 말한다.

(2) 취득의 대상 : 사업

사업결합회계를 적용하기 위해서는 사업결합으로 취득한 자산과 인수한 부채가 사업을 구성해야 한다고 규정하고 있다. 취득 자산이 사업이 아닐 경우에 보고기업은 해당 거래를 개별 자산의 취득으로 회계처리 한다. 사업은 고객에게 재화나 용역을 제공하거나, 투자수익을 창출하거나 통상적인 활동에서 기타 수익을 창출할 목적으로 수행되고 관리될 수 있는 활동과 자산의 통합된 집합을 말한다. 사업은 투입물 그리고 그러한 투입물에 적용되어 산출물을 창출할 수 있는 과정으로 구성된다. 사업의 3가지 요소는 다음과 같이 정의된다.

① 투입물(input)

투입물은 하나 이상의 과정이 적용될 때 산출물을 창출하거나 산출물의 창출에 기여할 수 있는 능력이 있는 모든 경제적 자원을 말한다. 예를 들어, 비유동자산이나 지적 재산, 필요한 재료 또는 권리에의 접근을 획득할 수 있는 능력과 종업원 등을 들 수 있다.

② 과정(process)

과정은 투입물에 적용할 때 산출물을 창출하거나 산출물의 창출에 기여할 수 있는 모든 시스템이나 표준, 프로토콜, 관례, 규칙을 말한다. 예를 들어, 전략적 경영과정, 운영과정, 자원관리과정 등을 들 수 있다. 이러한 과정은 대개 문서화되어 있지만, 규칙과 관례에 따른 필요한 기술과 경험을 갖추고 조직화된 노동력의 지적 능력은 필요한 과정, 즉 투입물에 적용하여 산출물을 창출할 수 있는 과정을 제공할 수도 있다.

③ 산출물(output)

산출물은 투입물과 그 투입물에 적용하는 과정의 결과물로 고객에게 재화나 용역을 제공하거나, 투자수익(예 배당금 또는 이자)을 창출하거나 통상적인 활동에서 기타 수익을 창출하는 것을 말한다. 사업은 보통 산출물을 갖지만, 산출물은 사업의 정의를 충족하기 위한 통합된 집합체에 반드시 필요한 요소는 아니다. (예 IT스타트업의 인수합병)

[사업의 구성요소]

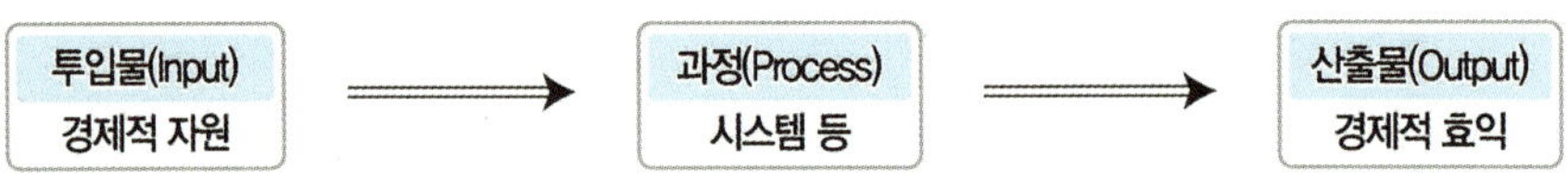

거의 대부분의 사업은 부채도 보유하고 있으나 부채가 반드시 필요한 것은 아니다. 또한, 자산과 활동의 특정 집합이 사업인지의 여부를 평가할 때, 매도자가 그 집합을 사업으로 운영하였는지 또는 취득자가 그 집합을 사업으로 운영할 의도가 있는지와는 관련이 없다. 따라서 특정 집합이 사업인지의 여부는 시장참여자가 그 통합된 집합체를 사업으로 수행하고 운영할 수 있는지에 기초하여 결정한다. 반증이 없다면 영업권이 존재하는 자산과 활동의 특정 집합은 사업으로 간주한다. 그러나 사업에 영업권이 반드시 필요한 것은 아니다.

(3) 취득의 결과 : 지배력의 행사

사업결합회계를 적용하기 위해서는 취득자는 취득한 사업에 대하여 지배력을 행사할 수 있어야 한다. 여기서 지배력은 투자자가 피투자자에 대한 관여로 변동이익에 노출되거나 변동이익에 대한 권리가 있고, 피투자자에 대하여 자신의 힘으로 그러한 이익에 영향을 미치는 능력을 말한다. 지배력의 행사여부에 대한 판단기준은 5장 '연결재무제표의 의의와 작성원칙'에서 설명할 것이다.

(4) 사업결합으로 보지 않는 거래

기준서 제1103호 '사업결합'은 위에서 설명한 사업결합의 정의를 충족하는 거래나 그 밖의 사건에 적용한다. 따라서 다음 경우에는 적용하지 아니한다.

⑴ **취득의 대상이 사업이 아님** : 사업을 구성하지 않는 자산이나 자산 집단의 취득
⑵ **지배력 취득이 아님** : 공동약정자체의 재무제표에서 공동약정의 구성에 대한 회계처리
⑶ **지배력의 최초 취득이 아님** : 동일지배 하에 있는 기업이나 사업 간의 결합

사업을 구성하지 않는 자산집단을 취득하면, 해당 자산집단만을 일괄적으로 취득한 것으로 본다. 이 경우 일괄취득원가를 자산집단 내 개별 자산과 부채의 상대적 공정가치에 기초하여 각각의 자산과 부채에 배분한다. 이러한 거래나 사건에서는 영업권이 발생하지 않는다.

예제 1 자산취득과 사업결합의 개념

20×1년 초에 A회사는 B회사가 소유하고 있는 건물이 있는 토지를 일괄구입 하였다. 취득 당시의 건물의 공정가치는 ₩2,000,000, 토지의 공정가치는 ₩3,000,000이었다.

물음
Question

1. A회사가 토지와 건물을 자가사용할 목적으로 B회사에게 ₩4,500,000을 지급하고 취득한 경우 각 자산의 취득원가와 관련된 회계처리를 제시하시오. 단, B회사의 토지와 건물은 사업을 구성하지 않는다.
2. 위에서 제시된 상황과는 다르게 B회사는 해당 토지와 건물을 임대사업에 사용하고 있다. A회사가 B회사의 주주에게 사업결합대가로 ₩5,200,000을 지급하고 B회사를 사업결합한 경우 관련된 회계처리를 제시하시오.

해답
answer

1. 사업결합이 아닌 경우 자산의 취득
   (1) 일괄구입원가 : 4,500,000
   (2) 토지 : 4,500,000×3,000,000÷(2,000,000+3,000,000)=2,700,000
   (3) 건물 : 4,500,000×2,000,000÷(2,000,000+3,000,000)=1,800,000

20×1. 1. 1	(차) 토 지	2,700,000 ②	(대) 현 금	4,500,000 ①
	건 물	1,800,000 ③		

2. 사업결합인 경우의 자산취득

20×1. 1. 1	(차) 토 지	3,000,000 ①	(대) 현 금	5,200,000 ③
	건 물	2,000,000 ②		
	영 업 권	200,000 ④		

3 법적형식의 관점에서 바라본 사업결합의 유형

사업결합은 법률상, 세무상 또는 그 밖의 이유로 다양한 방법으로 이루어질 수 있다. 사업결합을 법적 형식에 따라 분류하면 합병과 주식취득으로 분류할 수 있으며, 다음과 같은 경우를 포함하고 이에 한정되는 것은 아니다.

(1) **합병으로 인한 지배력 획득** : 하나 이상의 사업의 순자산이 취득자에게 법적으로 합병된다. 하나의 결합참여기업이 자신의 순자산(또는 결합참여기업의 소유주가 자신의 지분)을 다른 결합참여기업 또는 다른 결합참여기업의 소유주에게 이전한다. 결합참여기업 모두가 자신의 순자산(또는 모든 결합참여기업의 소유주가 자신의 지분)을 신설된 기업에게 이전한다.

(2) **주식취득으로 인한 지배력 획득** : 하나 이상의 사업이 취득자의 종속기업이 되거나, 결합참여기업 중 한 기업의 이전 소유주 집단이 결합기업에 대한 지배력을 획득한다.

(1) 합 병

기업의 합병은 두 개 이상의 기업이 결합하여 법률적, 경제적으로 하나의 실체가 되는 형식의 사업결합을 의미한다. 기업의 합병(merger)은 법률적으로는 흡수합병과 신설합병의 두 가지 방법이 있다. 흡수합병은 기존의 기업 가운데 하나(취득자)는 존속하고, 다른 하나의 기업(피취득자)은 흡수되어 법률적 실체를 해산시키는 형태의 합병을 말하며, 신설합병은 2개 이상의 기존 기업(피취득자)를 모두 해산·소멸시키고 전혀 새로운 회사(취득자)를 설립시키는 것을 말한다. 즉, 합병은 피취득자를 법적으로 소멸시키는 형식의 사업결합을 말하는 것이다. 이때 취득자를 합병기업이라 하며, 피취득자를 피합병기업이라 한다. 합병회계에 대하여는 본장에서 설명할 것이다.

(2) 주식취득

주식취득은 지분인수라고도 불리우며, 취득자가 피취득자의 주식을 취득하지만 피취득자의 법률적 실체를 소멸시키지 않고, 피취득자를 지배하는 형식의 사업결합을 말한다. 주식취득(stock acquisition)을 통한 사업결합의 경우 합병방식을 통한 사업결합과 달리 취득자와 피취득자가 법적으로 독립된 실체로서 계속 존속하며, 각각 별도의 회계시스템에 따라 재무제표를 작성하게 된다. 이 때 취득자를 지배기업이라 하며, 피취득자를 종속기업이라 한다. 주식취득회계에 대하여는 장을 달리하여 설명할 것이다.

4 경제적실질의 관점에서 바라본 사업결합의 유형

사업결합을 법적형식의 관점에서 바라본다면, 피취득기업의 소멸여부에 따라 합병과 주식취득으로 구분할 수 있다. 하지만 경제적실질의 관점에서 바라본다면 지분통합과 지분취득으로 구분할 수 있다.

(1) 지분통합

지분통합(pooling of interest) 사업결합은 결합참여기업 중 어느 일방도 취득자가 되지 아니하고 각 결합참여기업의 주주들이 결합참여기업들의 자산 및 영업활동에 대한 지배력을 결합하여 그 결합된 실체에 내재된 위험과 효익을 지속적으로 상호 분담하는 형태의 사업결합[2]을 말한다. 사업결합의 경제적 실질이 지분통합으로 분류되는 경우에는 당해 결합의 회계처리를 지분통합법(pooling method)에 따라 장부금액접근법으로 수행하여야 한다.

(2) 지분취득

지분취득(acquisition of interest) 사업결합은 취득자가 피취득자의 순자산 및 영업활동에 대한 지배력을 행사하기 위하여 그 대가로 자산의 이전, 채무의 부담 또는 주식을 발행하는 형태의 사업결합을 말한다. 사업결합의 경제적 실질이 취득으로 분류되는 경우에는 당해 결합의 회계처리를 취득법(acquisition method)에 따라 공정가치접근법으로 수행하여야 한다. 기준서 제1103호 '사업결합'에서는 모든 사업결합의 경제적 실질이 지배력 획득을 목적으로 하는 사실상의 지분취득거래라는 결론을 내리고, 취득법으로만 사업결합의 회계처리를 수행하도록 규정하고 있다.

---

2) 결합참여기업 중 누구도 다른 결합참여기업에 대하여 지배력을 획득하지 않는 거래를 '진정한 합병'이나 '대등합병'이라고 한다. 하지만 국제회계기준위원회에서는 이러한 거래는 사실상 존재하지 않을 정도로 상당히 드물다고 결론지었고, 많은 의견제출자도 이에 동의하였다. 또한 그 밖의 의견제출자는 진정한 합병 또는 대등합병이 발생하였더라도 매우 드물기 때문에 별도의 회계처리가 정당화되지 않는다고 기술하였다.

이 해 사업결합의 회계처리로 취득법을 채택한 이유

취득법은 일반적으로 자산을 취득하고 부채를 인수하거나 부담하는 다른 거래에 대한 회계처리방법과 일관된다. 또한 취득자는 순자산을 매수하거나 다른 방법으로 순자산에 대한 지배력을 획득하여, 취득 자산과 인수 부채(피취득자가 과거에 인식하지 않은 자산과 부채 포함)를 재무제표에 인식한다. 그 결과, 재무제표이용자는 최초 투자와 그 투자의 후속 성과를 더 잘 평가할 수 있고 이를 다른 기업의 성과와 더 잘 비교할 수 있게 되어 비교가능성을 제고하게 된다. 한편, 취득법에서는 거의 모든 취득 자산과 인수 부채를 최초에 공정가치로 인식함으로써, 그 자산 및 부채와 관련된 미래현금흐름의 가치에 대한 시장의 기대에 대해 더 많은 정보를 재무제표에 포함하며, 이는 그러한 정보의 목적적합성을 제고하게 된다. 따라서 국제회계기준은 모든 사업결합의 회계처리에 있어서 취득법의 사용을 강제하고 있다.

[사업결합의 회계처리]

법적 형식	경제적 실질	이론적인 회계처리	국제회계기준
합병방식	지분통합	지분통합법	취 득 법
	지분취득	취 득 법	
주식취득	지분통합	지분통합법	취 득 법
	지분취득	취 득 법	

5 취득법의 적용

모든 사업결합은 취득법을 적용하여 회계처리를 수행한다. 취득법에 의한 회계처리는 다음의 절차에 따른다.

(1) 취득자의 식별
(2) 취득일의 결정
(3) 식별가능한 취득 자산, 인수 부채 및 피취득자에 대한 비지배지분의 인식과 측정
(4) 영업권 또는 염가매수차익의 인식과 측정

(1) 취득자의 식별

각 사업결합에서 결합참여기업 중 한 기업을 취득자로 식별한다. 취득자는 피취득자에 대한 지배력을 획득하는 기업을 말하며, 기준서 제1110호 '연결재무제표'의 지침[3]에 따라 피취득자에 대한 지배력을 획득하는 기업을 취득자로 식별한다. 하지만 사업결합이 발생하였으나, 기준서 제1110호의 지침을 적용하여도 결합참여기업 중 취득자를 명확히 파악하지 못한다면 아래의 추가요소를 고려하여 취득자를 식별한다.

3) 일반적으로 지배기업이 직접으로 또는 종속기업을 통하여 간접으로 기업 의결권의 과반수를 소유하는 경우에는 지배기업이 그 종속기업을 지배한다고 본다.

① 현금이나 그 밖의 자산을 이전하거나 부채를 부담하여 이루어지는 사업결합

주로 현금이나 그 밖의 자산을 이전하거나 부채를 부담하여 이루어지는 사업결합의 경우에는 보통 현금이나 그 밖의 자산을 이전한 기업 또는 부채를 부담하는 기업이 취득자이다.

② 지분을 교환하여 이루어지는 사업결합의 경우

주로 지분을 교환하여 이루어지는 사업결합의 경우에는 보통 지분을 발행하는 기업이 취득자[4]다. 다만, 역취득에서는 지분을 발행하는 기업이 피취득자이다. 역취득(reverse acquition)의 회계처리에 대하여는 보론에서 설명하고자 한다.

취득자는 보통 다른 결합참여기업이나 결합참여기업들보다 상대적 크기(예 자산, 수익 또는 이익으로 측정)가 유의적이게 큰 결합참여기업이다. 그러나 기업이 셋 이상 포함된 사업결합에서, 취득자는 결합참여기업의 상대적 크기뿐만 아니라 특히 결합참여기업 중 어느 기업이 결합을 제안하였는지도 고려하여 결정한다.

한편, 사업결합을 추진하기 위하여 새로운 기업이 설립된 경우 해당 새로운 기업이 반드시 취득자는 아니다. 만약 새로운 기업이 지분을 발행하여 설립된 경우, 사업결합 전에 존재하였던 결합참여기업 중 한 기업을 취득자로 식별한다. 이와는 달리, 새로운 기업이 사업결합을 위하여 이전대가로 현금이나 그 밖의 자산을 이전하거나 부채를 부담하는 경우 해당 새로운 기업이 취득자가 된다.

이 해 신설합병에서 취득자의 식별

(1) A회사가 100주를 출자하고, B회사가 40주를 출자하여 C회사를 신설하였다. 이후 C회사가 A회사와 B회사의 사업을 양수받으면 A회사가 B회사를 취득한 것으로 본다. 이 경우 합병 후 신설법인인 C회사의 재무상태표에는 A회사로부터 양수받은 자산과 부채는 장부금액으로 측정하며, B회사로부터 양수받은 자산과 부채는 공정가치로 측정한다.

(2) 신설된 C회사가 A회사와 B회사의 주주에게 현금을 지급하고, A회사와 B회사의 사업을 양수받은 경우에는 C회사가 A회사와 B회사를 취득한 것으로 본다. 이 경우 합병 후 신설법인인 C회사의 재무상태표에는 A회사와 B회사로부터 양수받은 자산과 부채는 모두 공정가치로 측정한다.

---

4) 지분교환으로 이루어진 사업결합에서 취득자를 식별하기 위하여 고려할 그 밖의 관련 사실 또는 상황의 예는 다음과 같다.
① 사업결합 후 결합기업에 대한 상대적 의결권 : 보통 결합참여기업의 소유주 중 결합기업에 대한 의결권의 가장 큰 부분을 보유하거나 수취하는 소유주가 속한 결합참여기업이이 취득자이다. 한편, 특정 소유주 또는 조직화된 소유주 집단이 중요한 의결지분을 갖지 않은 경우에는 보통 결합기업에 대하여 가장 큰 소수의결지분을 보유하고 있는 단일 소유주 또는 소유주의 조직화된 집단이 속한 결합참여기업이 취득자이다.
② 결합기업 의사결정기구의 구성 : 보통 결합기업 의사결정기구의 구성원 과반수 이상을 지명 또는 임명하거나 해임할 수 있는 능력을 보유하고 있는 소유주가 속한 결합참여기업이 취득자이다.
③ 결합기업 경영진의 구성 : 결합기업 경영진 대부분이 결합참여기업의 이전 경영진으로 구성되는 경우, 보통 그 경영진이 속한 결합참여기업이 취득자이다.
④ 지분교환의 조건 : 보통 다른 결합참여기업이나 기업들의 지분에 대하여 결합전 공정가치를 초과하는 할증금을 지급해야 하는 결합참여기업이 취득자이다.

(2) 취득일의 결정

사업결합거래에서 취득자는 취득일을 식별하여야 한다. 여기서 취득일은 취득자가 피취득자에 대한 실질적인 지배력을 획득한 날이다. 취득자가 피취득자에 대한 지배력을 획득한 날은 일반적으로 취득자가 법적으로 대가를 이전하여, 피취득자의 자산을 취득하고 부채를 인수한 날인 종료일이다. 그러나 취득자는 종료일보다 이른 날 또는 늦은 날에 지배력을 획득하는 경우도 있다. 예를 들어 서면합의를 통하여 취득자가 종료일 전에 피취득자에 대한 지배력을 획득한다면 취득일은 종료일보다 이르다. 취득자는 모든 관련된 사실과 상황을 고려하여 취득일을 식별한다.

제 2 절 합병회계

기업의 합병(merger)은 두 개 이상의 기업이 결합하여 법률적, 경제적으로 하나의 실체가 되는 것을 의미한다. 국제회계기준에서는 합병의 회계처리를 취득법을 적용하여 다음과 같은 절차에 따라 회계처리 하도록 규정하고 있다.

> (1) **1단계** : 식별가능한 취득자산과 인수부채에 대한 인식과 측정
> (2) **2단계** : 이전대가의 측정
> (3) **3단계** : 영업권 또는 염가매수차익의 인식과 측정

[취득법의 회계처리]

식별가능한 순자산 공정가치 〈 이전대가 공정가치

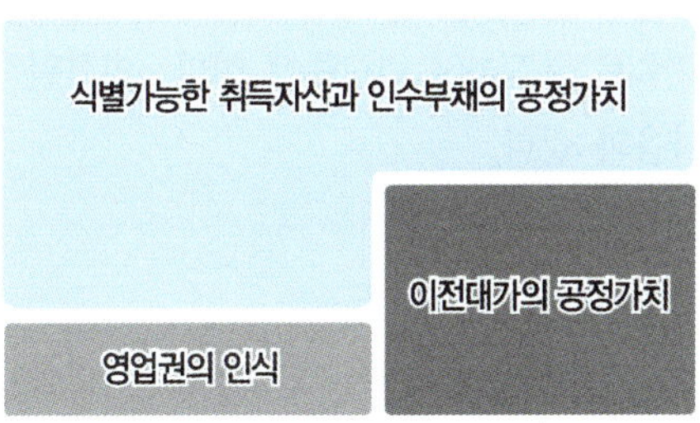

식별가능한 순자산 공정가치 〉 이전대가 공정가치

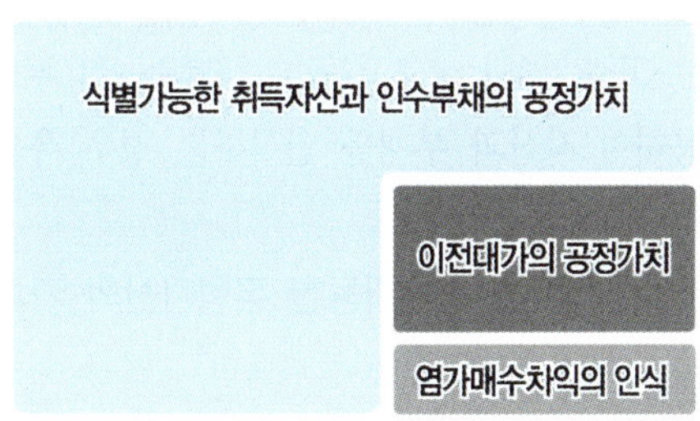

1 식별가능한 취득자산과 인수부채의 인식과 측정

(1) 인식의 원칙

취득일 현재 취득자는 영업권과 분리하여 식별가능한 취득 자산과 인수 부채를 취득자의 재무제표에 자산과 부채로 각각 인식하는 것을 원칙으로 한다. 다만, 사업결합으로 식별가능한 취득 자산과 인수 부채를 인식하기 위해서는 다음의 인식조건을 모두 충족하여야 한다.

① 사업결합거래의 결과로 교환된 자산과 부채

식별가능한 취득 자산과 인수 부채는 별도 거래의 결과가 아니라 사업결합거래에서 취득자와 피취득자 사이에 교환된 것의 일부이어야 한다. 따라서 취득 자산과 인수 부채가 사업결합거래에 따라 발생하는 교환의 일부가 아니라면, 해당 자산과 부채에는 사업결합에 관한 국제회계기준이 아닌 관련된 별도의 국제회계기준에 따라 회계처리해야 한다.

② 자산과 부채의 정의 충족

식별가능한 취득 자산과 인수 부채는 취득일에 재무제표의 작성과 표시를 위한 개념체계의 자산과 부채의 정의를 충족하여야 한다. 예를 들어, 피취득자의 영업활동을 종료하거나 피취득자의 고용관계를 종료하거나 재배치하는 것과 같은 계획의 실행에 의해 미래에 발생할 것으로 예상되지만 의무가 아닌 원가는 취득일의 부채가 아니다. 그러므로 취득자는 취득법을 적용하면서 그러한 원가는 인식하지 않는다. 그러한 원가는 다른 국제회계기준의 규정에 따라 사업결합 후의 재무제표에 인식한다.

[자산과 부채의 인식요건]

구 분	인식요건
개념체계의 경우	자산과 부채의 정의충족 & 목적적합한 정보 & 표현이 충실한 정보를 제공
다른 기준서의 경우	자산과 부채의 정의충족 & 효익의 유출입가능성 높음 & 신뢰성있는 측정가능
사업결합 기준서의 경우	사업결합거래의 결과로 교환된 자산과 부채 & 자산과 부채의 정의충족

여기서 주의할 점은 사업결합에서 취득자가 인식의 원칙과 조건을 적용할 경우에 피취득자의 이전 재무제표에 자산과 부채로 인식되지 않았던 자산과 부채의 일부가 사업결합의 결과로 새롭게 인식될 수 있다는 것이다. 예를 들어 취득자는 피취득자가 내부에서 개발하고 관련 원가를 비용으로 처리하였기 때문에 피취득자 자신의 재무제표에 자산으로 인식하지 않았던 연구개발 프로젝트, 브랜드명, 특허권 또는 고객관계와 같은 취득한 식별가능한 무형자산을 공정가치로 측정하여 인식해야 한다. 인식원칙을 적용하여 자산과 부채를 인식하는 경우 유의할 사항은 다음과 같다.

1) 피취득자의 식별가능한 무형자산의 가치

취득자는 사업결합에서 취득한 식별할 수 있는 무형자산을 영업권과 분리하여 인식한다. 무형자산은 분리가능성 기준이나 계약적이나 법적 기준을 충족하여 권리로부터 발생한 경우에 식별할 수 있다.

이 해 **사업결합으로 취득한 무형자산**

개별적인 식별이 불가능한 자산인 영업권은 피취득자의 식별가능한 자산 및 부채를 먼저 인식한 후 사업결합의 잔여원가로 측정된다. 따라서 사업결합으로 취득한 식별가능한 무형자산을 별도로 분리하지 않는다면, 그 금액만큼 결국 영업권으로 인식할 금액에 영향을 미치게 되고 영업권의 측정금액이 왜곡되어 사업결합의 경제적실질을 충실하게 표현하지 못할 수 있다. 또한 영업권은 상각대상자산이 아니므로 사업결합일 이후의 손익도 왜곡될 수 있다.

분리가능성기준은 취득한 무형자산이 피취득자에게서 분리되거나 분할될 수 있고, 개별적으로 또는 관련된 계약, 식별할 수 있는 자산이나 부채와 함께 매각이나 이전, 라이선스, 임대, 교환을 할 수 있음을 의미한다. 취득자가 매각, 라이선스, 교환을 할 의도가 없더라도, 취득자가 매각, 라이선스, 그 밖의 기타 가치 있는 것과 교환할 수 있는 무형자산은 분리가능성 기준을 충족한다. 분리할 수 있기에 식별가능한 사례를 들면, 다음과 같다.

(1) **피취득자의 고객과 구독자 목록** : 고객과 구독자 목록은 자주 라이선스 되므로 분리 가능성 기준을 충족한다. 피취득자가 자신의 고객목록은 다른 고객목록과 특성이 다르다고 여기더라도, 고객목록이 빈번하게 라이선스 된다는 사실은 일반적으로 취득한 고객목록이 분리가능성 기준을 충족한다는 것을 의미한다. 그러나 사업결합에서 취득한 고객목록이 비밀유지조건이나 그 밖의 약정 조건에서 고객에 관한 정보를 매각, 리스, 그 밖의 교환을 할 수 없도록 금지한 경우에는 분리 가능성 기준은 충족되지 않는다.

(2) **피취득자의 고객관계자산** : 시장참여자가 예금부채와 관련 예금자관계 무형자산을 관찰할 수 있는 교환거래에서 교환한다. 그러므로 취득자는 예금자관계 무형자산을 영업권과 분리하여 인식한다.

(3) **피취득자의 기술적전문지식** : 피취득자는 등록 상표와 그 상표를 붙인 제품의 제조에 사용하고 문서화하였지만 특허를 얻지 않은 기술적 전문지식을 보유한다. 상표 소유권을 이전하기 위하여 과거 소유주는 자신이 생산한 제품이나 용역과 구별할 수 없을 정도의 제품이나 용역을 새로운 소유주가 생산할 수 있도록 필요한 그 밖의 모든 것도 이전해야 한다. 특허를 얻지 않은 기술적 전문지식은 피취득자나 결합기업과 분리되어 있음이 분명하고 관련 상표를 매각할 경우에 팔리기 때문에 분리 가능성 기준을 충족한다.

한편, 계약적이나 법적 기준을 충족하여 권리로부터 발생한 무형자산도 피취득자에게서 또는 그 밖의 권리와 의무에서 이전하거나 분리할 수 없더라도 식별가능하다. 무형의 요소를 분리할 수는 없지만, 계약적이나 법적 기준을 충족하여 식별가능한 사례를 들면 다음과 같다.

(1) **피취득자의 시설운영권** : 피취득자는 원자력 발전소를 소유하여 운영한다. 그 발전소를 운영하는 라이선스는 취득자가 그 발전소에서 분리하여 매각하거나 이전할 수 없더라도 영업권과 분리하여 인식하는 계약적·법적 기준을 충족하는 무형자산이다. 취득자는 운영라이선스와 발전소의 내용연수가 비슷할 경우에, 라이선스의 공정가치와 발전소의 공정가치를 재무보고 목적상 하나의 자산으로 인식할 수 있다.

(2) **피취득자의 기술특허권** : 피취득자가 기술특허권을 소유한다. 그 특허권을 국내시장 밖에서 독점적으로 사용할 수 있도록 라이선스하고, 그 대가로 미래 해외 수익의 일정 비율을 받는다. 기술특허권과 관련 라이선스 약정은 서로 분리하여 실무적으로 매각하거나 교환할 수 없더라도, 각각 영업권과 분리하여 인식하는 계약적·법적 기준을 충족한다.

예를 들어, 피취득자의 재무상태표 상 식별가능한 순자산의 공정가치가 ₩1,000,000이며, 사업결합을 위하여 취득자가 피취득자의 소유주에게 제공한 이전대가가 ₩1,500,000인 것을 가정한다. 이전대가에는 재무상태표 상 순자산 이외에 피취득자가 보유하고 있는 고객목록의 공정가치 ₩200,000이 포함된 경우 사업결합 회계처리는 다음과 같다.

[식별가능한 무형자산 존재시]

취 득 일	(차) 순 자 산	1,000,000 ②	(대) 현 금	1,500,000 ①
	고객목록자산	200,000 ③		
	영 업 권	300,000 ④		

2) 다시 취득한 취득자의 권리인 재취득권리

취득자가 사업결합 이전에 자신이 인식했거나 인식하지 않았던 하나 이상의 자산을 사용하도록 피취득자에게 부여했던 권리를 사업결합의 일부로서 다시 취득할 수 있다. 예를 들어, 프랜차이즈 약정에 따라 취득자의 상표명을 사용할 권리나 기술라이선스 약정에 따라 취득자의 기술을 사용할 수 있는 권리가 있다. 다시 취득한 권리는 취득자가 영업권과 분리하여 인식하는 식별할 수 있는 무형자산이다. 여기서 유의할 점은 재취득권리는 취득자 자신의 권리이기는 하지만, 이를 사업결합으로 재취득하는 경우에는 이를 식별가능한 자산으로 본다는 것이다.

취득자가 다시 취득한 권리의 가치는 시장참여자가 공정가치를 측정할 때 계약의 잠재적 갱신을 고려하는지와 무관하게, 관련 계약의 남은 계약기간에 기초하여 측정한다. 무형자산으로 인식한 다시 취득한 권리는 그 권리가 부여된 계약의 남은 계약기간에 걸쳐 상각한다. 한편, 다시 취득한 권리에서 생기는 계약상 조건이 같거나 비슷한 항목에 대한 현행 시장거래의 조건과 비교하여 유리하거나 불리할 경우에 취득자는 정산차손익을 인식한다.

예를 들어, 피취득자의 재무상태표 상 순자산의 공정가치가 ₩1,000,000이며, 사업결합을 위하여 취득자가 피취득자의 소유주에게 제공한 이전대가가 ₩1,500,000인 것을 가정한다. 피취득자의 순자산 공정가치에 취득자가 피취득자에게 제공한 권리인 라이선스의 공정가치 ₩200,000이 제외된 경우 사업결합 회계처리는 다음과 같다.

[다시 취득한 권리 존재시]

취 득 일	(차) 순 자 산	1,000,000 ②	(대) 현 금	1,500,000 ①
	재취득권리	200,000 ③		
	영 업 권	300,000 ④		

3) 피취득자의 식별이 불가능한 무형자산의 가치

취득일 현재 식별가능하지 않은 취득한 무형자산의 가치는 영업권에 포함한다. 예를 들어 취득자는 취득한 사업의 운영을 취득일로부터 계속하는 것을 가능하게 해주는 현존하는 집합적 노동력인, 종업원 집단의 존재에 가치를 귀속시킬 수 있다. 집합적 노동력은 숙련된 종업원의 지적 자본 즉, 피취득자의 종업원이 자신의 업무에서 보유하고 있는 지식과 경험을 나타내지는 않는다. 집합적 노동력은 영업권과 분리하여 인식되는 식별가능한 자산이 아니기 때문에 그에 귀속될 만한 가치가 있다면 그 가치를 영업권에 포함한다.

또한, 취득일에 자산의 요건을 충족하지 못한 항목에 귀속될 만한 가치가 있다면 그 가치를 영업권에 포함한다. 예를 들어 취득자는 취득일에 피취득자가 미래의 새로운 고객과 협상 중인 잠재적 계약에 가치를 귀속시킬 수 있다. 취득일에 미래의 새로운 고객과의 잠재적 계약은 그 자체로 자산이 아니기 때문에 영업권과 분리하여 인식하지 않는다. 그러한 계약의 가치는 취득일 후에 발생하는 사건에 따라 후속적으로도 영업권에서 재분류하지 않는다.

예를 들어, 피취득자의 재무상태표 상 순자산의 공정가치가 ₩1,000,000이며, 사업결합을 위하여 취득자가 피취득자의 소유주에게 제공한 이전대가가 ₩1,500,000인 것을 가정한다. 이전대가에는 피취득자가 취득일에 보유하고 있는 집합적 노동력에 대한 대가 ₩200,000이 포함되어 있는 경우 사업결합 회계처리는 다음과 같다.

[집합적 노동력에 대한 대가가 포함되어 있는 경우]

취 득 일	(차) 순 자 산	1,000,000 ②	(대) 현 금	1,500,000 ①
	영 업 권	500,000 ③		

[인식의 원칙]

구 분	인식 방법
고객과 구독자 목록	분리가능성을 충족하므로 영업권과 분리하여 별도의 무형자산으로 인식
기술적 전문지식	
연구개발 프로젝트, 브랜드	
시설운영권	계약적·법적기준을 충족하므로 영업권과 분리하여 별도의 무형자산으로 인식
기술특허권	
재취득한 권리	식별가능하므로 영업권과 분리하여 별도의 무형자산으로 인식
집합적 노동력	개별적인 식별이 불가능하므로 영업권에 포함하여 인식
새로운 고객과의 잠재적 계약	

(2) 측정의 원칙

취득자는 식별가능한 취득 자산과 인수 부채를 취득일의 공정가치로 측정한다. 여기서 공정가치라 함은 합리적인 판단력과 거래의사가 있는 독립된 당사자 사이의 거래에서 자산이 교환되거나 부채가 결제될 수 있는 금액을 말한다. 식별가능한 취득 자산과 인수 부채를 측정하는 경우의 유의사항은 다음과 같다.

1) 현금흐름이 불확실한 자산인 손실충당금

취득일 현재 사업결합에서 취득일의 공정가치로 측정된 취득 자산에 대하여 별도의 평가손실충당금은 인식하지 않는다. 미래현금흐름의 불확실성의 효과를 공정가치 측정에 포함하였기 때문이다. 예를 들어, 취득한 수취채권을 취득일의 공정가치로 측정한 경우, 취득일에 회수불가능으로 간주되는 계약상 현금흐름에 대하여 별도의 평가충당금 또는 기대신용손실에 대한 손실충당금은 인식할 필요가 없다.

2) 피취득자가 리스제공자인 경우 운용리스대상 자산

피취득자가 리스제공자인 경우에 취득자는 그 운용리스의 대상인 건물이나 특허권과 같은 운용리스제공자산을 취득일의 공정가치로 측정할 때 해당 운용리스의 유리하거나 불리한 조건을 고려한다. 즉, 취득자는 시장조건과 비교할 때 그 운용리스의 조건이 유리(예 시가보다 높은 리스료 수령조건)한 경우 운용리스제공자산의 공정가치 측정시 가산하고, 불리(예 시가보다 낮은 리스료 수령조건)한 경우 운용리스제공자산의 공정가치 측정시 차감한다. 운용리스와 관련하여 유리하거나 불리한 조건은 관련된 별도의 자산이나 부채를 인식하지 않으며, 대상자산의 공정가치에 이를 가감한다는 것에 유의해야 한다.

운용리스제공자산 : 자가사용자산의 공정가치 + 유리한 리스조건의 가치 - 불리한 리스조건의 가치

예를 들어, 피취득자의 재무상태표 상 순자산의 공정가치가 ₩1,000,000이며, 사업결합을 위하여 취득자가 피취득자의 소유주에게 제공한 이전대가가 ₩1,500,000인 것을 가정한다. 순자산 공정가치에는 피취득자가 운용리스로 제공한 자산의 공정가치가 ₩200,000이 포함되어 있다. 운용리스는 시장조건보다 ₩20,000만큼 유리하며, 이에 대한 가치평가는 반영되어 있지 않다고 가정하는 경우 사업결합 회계처리는 다음과 같다.

[운용리스대상자산이 존재하는 경우]

취 득 일	(차) 순 자 산	1,000,000 ②	(대) 현 금	1,500,000 ①
	운용리스자산	20,000 ③		
	영 업 권	480,000 ④		

3) 취득자가 시장참여자가 사용하는 방법과 다른 방법으로 사용할 의도가 있는 자산

경쟁력 있는 지위를 보호하기 위하여, 또는 그 밖의 이유로 취득자가 취득한 비금융자산을 활발히 사용하지 않으려 하거나, 최고나 최선으로 자산을 사용하지는 않으려 할 수[5] 있다. 하지만 취득자는 처음에 그리고 후속 손상검사를 위하여 처분부대원가를 차감한 공정가치를 측정할 때에도 비금융자산의 공정가치를 적절한 평가 전제에 따라 시장참여자가 최고나 최선으로 사용함을 가정하여 측정한다.

[측정의 원칙]

구 분	측정 방법
불확실한 현금흐름을 가지는 자산	손실충당금을 해당 자산의 공정가치를 측정할 때 고려함
피취득자가 리스제공자인 경우 운용리스 대상자산	리스조건을 해당 자산의 공정가치를 측정할 때 고려함
다른 방법으로 사용할 의도가 있는 자산	시장참여자의 사용에 따라 결정된 공정가치로 측정

5) 예를 들어 취득자가 취득한 무형자산을 다른 기업이 사용하는 것을 막음으로써 그 무형자산을 방어적으로 사용하려고 계획하는 경우가 이에 해당할 수 있다.

(3) 인식원칙 또는 측정원칙의 예외

식별가능한 취득 자산과 인수부채에 대한 인식원칙과 측정원칙에 대하여는 일부 제한적인 예외가 있다. 인식원칙의 예외에 대하여는 추가적인 인식조건을 적용하거나 다른 국제회계기준의 요구사항을 적용하여 인식하며, 측정원칙의 예외에 대하여는 취득일의 공정가치가 아닌 다른 금액으로 측정한다.

1) 피취득자가 리스이용자인 경우의 리스

취득자는 피취득자가 리스이용자인 경우 기준서 제1116호 '리스'에 따라 식별되는 리스에 대하여 사용권자산과 리스부채를 인식[6]한다. 이 경우 취득자는 취득한 리스가 취득일에 새로운 리스인 것처럼 나머지 리스료의 현재가치로 리스부채를 측정하며, 리스부채와 같은 금액으로 사용권자산을 측정한다. 한편, 피취득자의 리스의 조건이 시장 조건에 비하여 유리(예 시가보다 낮은 리스료 지급조건인 경우)하다면 이를 사용권자산에 가산한다. 반면에, 피취득자의 리스의 조건이 시장 조건에 비하여 불리(예 시가보다 높은 리스료 지급조건인 경우)하다면 이를 사용권자산에 차감한다.

(1) **리스부채** : 잔여리스료의 현재가치 By 취득일의 수정할인율
(2) **사용권자산** : 리스부채의 인식금액 + 유리한 리스조건의 가치 - 불리한 리스조건의 가치

예를 들어, 피취득자가 3년에 걸쳐 매년 말 ₩100,000을 지급하는 리스를 이용하고 있는 것으로 가정하자. 시장조건의 리스료가 ₩120,000이고, 취득일의 내재이자율이 10%인 경우 피취득자의 리스부채의 측정치는 $100,000 \times 2.48685 =$ ₩248,685이며, 사용권자산의 측정치는 $248,685 + 20,000 \times 2.48685 =$ ₩298,422이다. 이와 반대로 시장조건의 리스료가 ₩90,000인 경우, 사용권자산의 측정치는 $248,685 - 10,000 \times 2.48685 =$ ₩223,817이다.

유리한 조건의 리스를 이용하는 경우 피취득자의 식별가능한 순자산

사용권자산	298,422	리스부채	248,685
⋮	⋮	⋮	⋮

불리한 조건의 리스를 이용하는 경우 피취득자의 식별가능한 순자산

사용권자산	223,817	리스부채	248,685
⋮	⋮	⋮	⋮

6) 예외적으로, 취득자는 리스기간이 취득일부터 12개월 이내에 종료되는 단기리스이거나, 기초자산이 소액인 리스인 경우에는 사용권자산과 리스부채를 인식하지 않아도 된다.

2) 피취득자의 우발부채

과거사건에서 발생한 현재의무이고, 그 공정가치를 신뢰성 있게 측정할 수 있다면, 취득자는 취득일 현재 사업결합에서 인수한 우발부채를 취득일의 인수 부채로 인식해야 한다. 그러므로 기준서 제1037호 '충당부채와 우발부채 및 우발자산'과는 달리 당해 의무를 이행하기 위하여 경제적 효익을 갖는 자원이 유출될 가능성이 높지 않더라도 취득자는 취득일에 사업결합으로 인수한 우발부채를 인식한다[7].

[충당부채의 인식요건]

구 분	인식요건
일반적인 경우	부채정의 충족 & 자원유출 가능성 높음 & 신뢰성있는 이행금액 추정가능
사업결합의 경우	부채정의 충족 & 자원유출 가능성 무관 & 신뢰성있는 공정가치 측정가능

3) 피취득자의 우발상황에 대한 보상자산

사업결합에서 매도자는 취득자에게 특정 자산이나 부채의 전부 또는 일부와 관련된 우발상황이나 불확실성의 결과에 대하여 계약상 보상을 할 수 있다. 예를 들어 매도자는 특정한 우발상황에서 발생하는 부채에 대한 일정 금액을 초과하는 손실을 취득자에게 보상할 수 있다. 다시 말하면, 매도자는 취득자의 부채가 일정 금액을 초과하지 않을 것을 보증한 것이다. 그 결과 취득자는 보상자산을 획득한다. 취득자는 보상대상항목을 인식하면서 동시에 보상대상항목과 동일한 근거로 측정된 보상자산을 인식하며, 보상이 취득일에 인식되고 공정가치로 측정된 자산이나 부채와 관련된 경우 취득자는 취득일의 공정가치로 측정하여 보상자산을 인식한다. 공정가치로 측정한 보상자산의 경우에 회수가능성으로 인한 미래현금흐름의 불확실성 영향을 공정가치 측정에 포함하였으므로, 별도의 평가충당금은 필요하지 않다.

예를 들어, 피취득자의 재무상태표 상 순자산의 공정가치가 ₩1,000,000이며, 사업결합을 위하여 취득자가 피취득자의 소유주에게 제공한 이전대가가 ₩1,500,000인 것을 가정한다. 피취득자의 순자산 공정가치에는 자원의 유출가능성이 높지 않은 우발부채 ₩80,000이 제외되어 있다. 또한 해당 우발부채에 대하여 매도자가 약속한 보상의 공정가치가 ₩30,000이라고 가정한다. 사업결합 회계처리는 다음과 같다.

[우발부채와 보상자산이 존재하는 경우]

취 득 일	(차) 순 자 산	1,000,000 ②	(대) 손실충당부채	80,000 ③
	보상자산	30,000 ④	현 금	1,500,000 ①
	영 업 권	550,000 ⑤		

7) 우발자산은 과거사건으로 생겼으나, 기업이 전적으로 통제할 수는 없는 하나 이상의 불확실한 미래 사건의 발생 여부로만 그 존재 유무를 확인할 수 있는 잠재적 자산으로 정의한다. 우발부채와 달리 취득자는 취득일에 우발자산을 인식하지 않는다.

4) 취득으로 인한 법인세관련 자산과 부채

취득자는 사업결합에서 식별가능한 취득자산과 인수부채는 취득일의 공정가치로 인식한다. 하지만 이 금액이 세법상의 장부금액과 다른 경우에는 취득일에 일시적차이가 발생한다. 또는 사업결합으로 피취득자의 세무상 결손금을 승계받거나 피취득자의 순자산과소금액으로 인하여 취득일에 일시적차이가 발생할 수 있다. 이러한 일시적차이에 대하여 기준서 제1012호 '법인세'에 따라 이연법인세자산이나 이연법인세부채를 인식하고 측정한다. 여기서 유의할 점은 취득자와 피취득자의 법인세율이 다를 수도 있다는 것이다. 사업결합 거래 중 합병에서는 피취득자인 피합병기업이 법적으로 소멸하므로, 취득자인 합병기업의 법인세율을 이용해서 이연법인세자산과 부채를 측정해야 한다.

예를 들어, 피취득자의 재무상태표 상 순자산의 공정가치가 ₩1,000,000이며, 사업결합을 위하여 취득자가 피취득자의 소유주에게 제공한 이전대가가 ₩1,500,000인 것을 가정한다. 피취득자는 공제가능한 세무상 결손금 ₩200,000이 있다. 취득자인 합병기업의 법인세율이 30%이며, 피취득자인 피합병기업의 법인세율이 20%인 것으로 가정하는 경우 사업결합 회계처리는 다음과 같다.

[일시적차이에 대한 법인세효과가 존재하는 경우]

취 득 일	(차) 순 자 산	1,000,000 ②	(대) 현　　금	1,500,000 ①
	이연법인세자산	60,000 ③		
	영 업 권	440,000 ④		

다만, 취득자의 자산과 부채에서 발생하는 일시적차이에 대한 이연법인세효과는 사업결합을 통해 피취득자로부터 취득한 자산과 부채가 아니므로, 취득일에 이연법인세자산이나 이연법인세부채로 인식하지 않는다. 이 금액에 대하여는 취득자가 사업결합일이 속한 보고기간 말에 별도로 법인세효과를 인식하면 된다.

5) 취득일의 매각예정비유동자산

취득자는 기준서 제1105호 '매각예정비유동자산과 중단영업'에 따라 취득일에 매각예정자산으로 분류된 취득 비유동자산을 순공정가치로 측정한다.

예를 들어, 피취득자의 재무상태표 상 순자산의 공정가치가 ₩1,000,000이며, 사업결합을 위하여 취득자가 피취득자의 소유주에게 제공한 이전대가가 ₩1,500,000인 것을 가정한다. 취득한 자산 중에 취득자가 취득일에 매각예정으로 분류한 자산이 포함되어 있으며, 이를 매각하는 경우 매각 수수료가 ₩10,000으로 예상되는 경우 사업결합 회계처리는 다음과 같다.

[매각예정으로 분류한 자산이 존재하는 경우]

취 득 일	(차) 순 자 산	990,000 ②	(대) 현　　금	1,500,000 ①
	영 업 권	510,000 ③		

6) 피취득자의 주식기준보상거래

취득자가 피취득자의 주식기준보상을 자신의 주식기준보상으로 대체하는 경우, 취득자는 관련된 부채 또는 지분상품을 기준서 제1102호 '주식기준보상'의 규정에 따른 방법으로 공정가치를 측정한다.

7) 피취득자의 종업원급여

취득자는 피취득자의 종업원급여약정과 관련된 부채(자산인 경우에는 그 자산)를 기준서 제1019호 '종업원급여'의 규정에 따른 방법으로 자산과 부채를 인식하고, 공정가치를 측정한다.

[인식과 측정의 예외]

구 분	인식과 측정의 방법
피취득자의 리스부채	취득일의 수정할인율을 이용한 잔여리스료의 현재가치
피취득자의 사용권자산	리스부채의 인식액+유리한 조건가치-불리한 조건가치
피취득자의 우발부채	발생가능성이 높지 않아도 충당부채로 인식
우발부채에 따른 보상자산	보상대상항목과 동일한 기준으로 인식과 측정
사업결합으로 인한 법인세효과	피취득자의 일시적차이에 대하여 법인세기준서에 따라 인식과 측정
매각예정자산	취득일에 순공정가치로 측정
피취득자의 주식기준보상	주식기준보상기준서에 따라 공정가치를 측정
피취득자의 종업원급여	종업원급여 관련 부채를 종업원급여기준서에 따라 인식과 측정

예제 2 식별가능한 취득자산과 인수부채의 인식과 측정

20×1년 1월 초에 A회사는 B회사를 취득하기 위해 B회사에 관한 다음 자료를 이용하여 취득자산과 인수부채의 가치를 평가하고자 한다.

(1) 20×1년 1월 1일의 B회사의 재무상태표

	장부금액	공정가치
현 금	100,000	100,000
재고자산	200,000	250,000
유형자산	420,000	700,000
투자부동산	80,000	100,000
무형자산	400,000	300,000
영 업 권	150,000	?
	1,350,000	

유동부채	100,000	100,000
비유동부채	300,000	250,000
자 본 금	650,000	
이익잉여금	300,000	
	1,350,000	

(2) B회사는 진행 중인 연구개발 프로젝트가 있다. B회사는 당해 연구개발 프로젝트에 대한 지출이 자산의 인식요건을 충족하지 않는다고 판단하여 전액 비용처리 하였다. 이 중 자산의 정의를 충족하며, 식별가능한 금액이 ₩120,000이다.

(3) B회사는 리스로 이용하고 있는 부동산을 운용리스로 전대리스 하였다. 따라서 사용권자산을 투자부동산으로 분류하고 있으며, 관련 리스부채는 비유동부채에 포함되어 있다. 시장조건보다 유리한 리스조건의 공정가치는 ₩50,000이며, 이는 사용권자산인 투자부동산의 공정가치에 반영되어 있지 않다.

(4) B회사는 취득일 현재 우발부채를 보유하고 있다. 우발부채의 공정가치는 ₩80,000이지만, 자원의 유출가능성이 높지 않아 이를 충당부채로 인식하고 있지는 않고 있으며 재무제표에 대한 주석에 관련 내용을 공시하고 있다.

(5) 위의 (4)와 관련하여 일정한 금액을 초과하는 우발부채에 대하여는 B회사가 보상을 해주기로 하였으며, 보상대상부채와 동일한 기준으로 측정한 보상자산의 공정가치는 ₩5,000이다.

(6) B회사의 유형자산에는 B회사가 리스제공자로 제공 중인 운용리스자산이 포함되어 있다. 해당 운용리스계약은 시장조건보다 유리한 조건으로 리스 되었으며, 유리한 운용리스 조건의 공정가치는 ₩8,000이지만 이 금액은 이미 운용리스자산의 공정가치에 반영되어 있다.

(7) B회사 홈페이지의 고객정보에는 고객의 주문내역과 각종 고객정보가 데이터베이스로 관리되고 있다. 데이터베이스 구축을 위해 관련원가는 ₩20,000이 지출되었으나, B회사는 이를 비용처리 하였다. 당해 고객목록의 공정가치는 ₩45,000이다.

(8) 취득일 현재 B회사는 미래의 새로운 고객과 협상 중인 잠재적 계약이 존재한다. 당해 잠재적 계약의 공정가치는 ₩13,000으로 추정되며, 이를 고려하여 이전대가가 결정되었다.

물음
Question

취득일 현재 B회사의 식별가능한 취득자산과 인수부채의 공정가치를 계산하고, 이전대가로 B회사의 주주에게 현금 ₩1,500,000을 지급한 경우 인식될 영업권의 금액을 제시하시오.

해답

answer

1. 식별가능한 취득자산과 인수부채의 공정가치

취득자산의 공정가치		1,670,000
현 금	100,000	
재고자산	250,000	
유형자산	700,000	
투자부동산	100,000	
무형자산	300,000	
영업권	-	
(2) 연구개발자산	120,000	
(3) 투자부동산 (유리한 리스이용조건)	50,000	
(5) 보상자산	5,000	
(6) 유형자산 (유리한 운용리스제공조건)	- 해설1	
(7) 고객목록자산	45,000	
(8) 잠재계약	- 해설2	
인수부채의 공정가치		(430,000)
유동부채	100,000	
비유동부채	250,000	
(4) 충당부채	80,000 해설3	
식별가능한 순자산 공정가치		1,240,000

2. 영업권의 금액

(1) 식별가능한 순자산 공정가치 : 1,240,000

(2) 영업권의 금액 : 1,240,000 - 1,500,000 = (-)260,000 ➡ 초과지급액 ₩260,000이 영업권으로 인식됨

해설

1. 피취득자가 리스제공자인 경우에 취득자는 그 운용리스의 대상인 건물이나 특허권과 같은 자산을 취득일의 공정가치로 측정할 때 해당 리스조건을 고려한다. 즉, 취득자는 시장조건과 비교할 때 그 운용리스의 조건이 유리하든 불리하든 별도의 자산이나 부채를 인식하지 않는다.
2. 취득자는 취득일에 피취득자가 미래의 새로운 고객과 협상 중인 잠재적 계약에 가치를 귀속시킬 수 있다. 취득일에 그러한 잠재적 계약은 그 자체로 자산이 아니기 때문에 영업권과 분리하여 인식하지 않는다.
3. 의무를 이행하기 위하여 경제적 효익을 갖는 자원이 유출될 가능성이 높지 않더라도 취득자는 취득일에 사업결합으로 인수한 우발부채를 인식한다.

2 이전대가의 측정

이전대가는 사업결합의 대가로 취득자가 피취득자의 이전 소유주에게 제공하는 대가를 말한다. 여기서 유의할 점은 이전대가는 취득자가 피취득자에게 지급하는 것이 아니라, 피취득자의 기존 소유주에게 제공하는 대가를 말한다는 것이다. 사업결합에서 취득자는 다음과 같이 다양한 이전대가(transferred consideration)를 제공하면서 피취득자에 대한 지배력을 획득할 수 있다.

(1) 현금, 현금성자산이나 그 밖의 자산(사업을 구성하는 순자산 포함)의 이전
(2) 부채의 부담
(3) 지분의 발행
(4) 두 가지 형태 이상의 대가의 제공
(5) 계약만으로 이루어지는 경우를 포함하여 대가의 이전이 없는 방식

(1) 일반적인 경우

사업결합에서 취득자가 지급하는 이전대가는 공정가치로 측정하며, 그 공정가치는 취득자가 이전하는 자산, 취득자가 피취득자의 이전 소유주에 대하여 부담하는 부채 및 취득자가 발행한 지분의 취득일의 공정가치 합계[8]로 산정한다.

이전대가 = 이전자산의 공정가치 + 부담하는 부채의 공정가치 + 발행한 지분의 공정가치

(2) 비현금대가를 제공하는 경우

취득일에 공정가치와 장부금액이 다른 취득자의 자산과 부채(예 취득자의 비화폐성자산)가 이전대가에 포함될 수 있다. 이 경우, 취득자는 이전된 자산이나 부채를 취득일 현재 공정가치로 재측정하고, 그 결과 차손익이 있다면 당기손익으로 인식한다.

예를 들어, 피취득자의 재무상태표 상 순자산의 공정가치가 ₩1,000,000이며, 사업결합을 위하여 취득자는 피취득자의 소유주에게 이전대가로 현금 ₩1,350,000과 장부금액이 ₩120,000이며, 공정가치 ₩150,000인 토지를 제공한 것으로 가정한다. 이 경우 사업결합 회계처리는 다음과 같다. 아래와 같이 합병회계처리를 1단계로 피취득자의 주식을 100% 인수한 후, 2단계로 법적인 통합절차를 수행한다고 이해하면 훨씬 쉽다.

8) 다만, 사업결합의 이전대가에 포함된 피취득자의 종업원이 보유하고 있는 보상과 교환하여 취득자가 부여한 주식기준보상은 공정가치로 측정하지 않고 기준서 제1102호 '주식기준보상'에 따라 측정한다.

[상업적 실질이 있는 비현금대가를 제공하는 경우]

지분의 인수	(차) 종속기업주식	1,500,000 ④	(대) 현 금	1,350,000 ①
			토 지	120,000 ②
			유형자산처분이익	30,000 ③
법적인 통합	(차) 순 자 산	1,000,000 ⑥	(대) 종속기업주식	1,500,000 ⑤
	영 업 권	500,000 ⑦		

그러나, 자산이나 부채가 피취득자의 이전 소유주가 아니라 피취득자에게 이전되는 경우에는 이전된 자산이나 부채가 사업결합 후 결합기업에 여전히 남아 있고, 취득자가 그에 대한 통제를 계속 보유하는 경우가 있다. 이러한 상황에서, 취득자는 이전된 자산과 부채를 취득일 직전의 장부금액으로 측정하고, 사업결합 전과 후에 여전히 통제하고 있는 자산과 부채에 대한 차손익을 당기손익으로 인식하지 않는다.

예를 들어, 피취득자의 재무상태표 상 순자산의 공정가치가 ₩1,000,000이며, 사업결합을 위하여 취득자는 피취득자의 소유주에게 이전대가로 현금 ₩1,350,000을 지급하고, B회사에게 장부금액이 ₩120,000이며, 공정가치 ₩150,000인 토지를 제공한 것으로 가정한다. 이 경우 사업결합 회계처리는 다음과 같다.

[상업적 실질이 없는 비현금대가를 제공하는 경우]

지분의 인수	(차) 종속기업주식	1,470,000 ③	(대) 현 금	1,350,000 ①
			토 지	120,000 ②
법적인 통합	(차) 기타순자산	850,000 ⑤	(대) 종속기업주식	1,470,000 ④
	토 지	120,000 ⑥		
	영 업 권	500,000 ⑦		

이 해 **피취득자에게 지급하는 이전대가**

사업결합을 하는 경우 이전대가는 피취득자가 아니라 피취득자의 소유주에게 지급한다. 따라서 사업결합을 위해 이전된 비현금자산이 사업결합 후 결합기업에 남아 있을 수는 없다. 하지만, 피취득자가 자기주식을 구입하여 보유하고 있는 경우에는 취득자는 사업결합을 위한 이전대가의 일부를 피취득자에게 직접 지급할 수 있다. 또한 피취득자에게 취득자의 비현금자산을 현물출자를 하면서 지배력을 획득할 수도 있다. 이러한 경우에는 이전된 비현금자산이 사업결합 후 결합기업에 남아 있을 수 있다.

(3) 지분만을 교환하는 경우

취득자와 피취득자가 지분만을 교환하여 사업결합을 하는 경우, 취득일에 피취득자 지분의 공정가치가 취득자 지분의 공정가치보다 더 신뢰성 있게 측정되는 경우가 있다. 이 경우, 취득자는 이전한 지분의 취득일의 공정가치 대신에 피취득자 지분의 취득일의 공정가치를 이용하여 이전대가를 측정하고, 영업권의 금액을 결정한다.

예를 들어, 피취득자의 재무상태표 상 순자산의 공정가치가 ₩1,000,000이며, 사업결합을 위하여 취득자가 피취득자의 소유주에게 이전대가로 취득자의 주식을 발행한 것을 가정한다. 취득자가 발행한 주식은 비상장주식으로 공정가치는 ₩1,500,000이며, 취득자가 취득한 피취득자 주식은 상장주식으로 공정가치가 ₩1,550,000이다. 이때 피취득자 주식의 공정가치가 더 신뢰성있게 측정된 금액인 경우 관련 회계처리는 다음과 같다. 단, 발행한 주식의 액면금액은 ₩200,000인 것으로 가정한다.

[취득한 주식의 공정가치가 더 신뢰성이 있는 경우]

지분의 인수	(차) 종속기업주식	1,550,000 ①	(대) 자 본 금	200,000 ②
			주식발행초과금	1,350,000 ③
법적인 통합	(차) 순 자 산	1,000,000 ⑤	(대) 종속기업주식	1,550,000 ④
	영 업 권	550,000 ⑥		

(4) 대가의 이전이 없는 경우

취득자는 때로 대가를 이전하지 않고 피취득자에 대한 지배력을 획득한다. 이러한 결합의 경우 사업결합 회계처리방법인 취득법을 적용한다. 이러한 상황은 다음의 경우를 포함한다.

(1) **피취득자의 자기주식 취득** : 기존 투자자(취득자)가 지배력을 획득할 수 있도록 피취득자가 충분한 수의 자기주식을 재매수하는 경우

(2) **피취득자의 소수거부권 소멸** : 피취득자 의결권의 과반수를 보유하고 있는 취득자의 지배를 가로막고 있던 소수거부권이 소멸한 경우

(3) **계약만으로 이루어진 사업결합** : 취득자와 피취득자가 계약만으로 사업결합하기로 약정한 경우. 취득자는 피취득자에 대한 지배력과 교환하여 대가를 이전하지 않으며, 취득일 또는 그 이전에도 피취득자의 지분을 보유하지 않는다. 계약만으로 이루어지는 사업결합의 예에는 단일화 약정으로 두 개의 사업을 통합하거나 이중 상장 기업을 설립하는 것을 포함한다.

계약만으로 이루어지는 사업결합에서, 취득자는 피취득자의 순자산 금액을 피취득자의 소유주에게 귀속시킨다. 물론 취득자가 아닌 그 밖의 참여자들이 보유하고 있는 피취득자에 대한 지분은 사업결합 후 취득자의 연결재무제표상 비지배지분으로 나타나게 된다. 대가의 이전없이 이루어진 사업결합에서, 취득자는 영업권 또는 염가매수차익을 측정하기 위하여 취득일에 이전대가의 공정가치가 아닌 피취득자 지분에 대한 공정가치를 사용한다.

3 영업권과 염가매수차익의 인식과 측정

영업권은 개별적으로 식별하여 별도로 인식할 수 없으나, 사업결합에서 획득한 그 밖의 자산에서 발생하는 미래경제적 효익을 나타내는 자산[9]을 말한다. 영업권(goodwill)은 개별적인 식별이 불가능하기 때문에 다른 무형자산처럼 개별적인 취득이 불가능하다. 이에 따라 영업권은 특정 사업을 매수하는 사업결합의 경우에만 인식되며 이를 매수영업권이라 한다.

참 고 내부창출 영업권

영업권은 정상적인 영업활동의 과정에서 내부적으로 창출될 수도 있다. 하지만 내부적으로 창출한 영업권은 어떠한 경우에도 자산으로 인식하지 아니한다. 미래경제적효익을 창출하기 위하여 발생한 무형의 자원에 대한 지출 중에는 무형자산의 인식기준을 충족하지 못하는 경우가 있다. 그러한 지출은 대부분 내부적으로 창출한 영업권에 기여할 수는 있다. 내부적으로 창출한 영업권은 취득원가를 신뢰성 있게 측정할 수 없고 기업이 통제하고 있는 식별가능한 자원이 아니기 때문에(즉, 분리가능하지 않고 계약상 또는 기타 법적 권리로부터 발생하지 않기 때문에)자산으로 인식하지 아니한다.

(1) 영업권의 인식

영업권은 개별적으로 식별하여 별도로 인식과 측정을 할 수 없기 때문에, 취득자는 취득일 현재 사업결합으로 취득한 식별가능한 순자산의 공정가치와 사업결합으로 제공한 이전대가를 비교하여 이전대가가 식별가능한 순자산의 공정가치를 초과하는 경우 이를 영업권으로 최초 인식한다.

영업권 (초과지급액) = 식별가능한 취득자산과 인수부채의 공정가치 − 취득일 현재 이전대가의 공정가치

(2) 염가매수차익의 인식

염가매수는 사업결합으로 취득한 식별가능한 순자산의 공정가치와 사업결합으로 제공한 이전대가의 공정가치를 비교하여 이전대가가 식별가능한 순자산의 공정가치에 미달하는 상황에서 발생한다. 염가매수(bargain purchase)의 결과로 발생하는 차익을 염가매수차익이라 하며, 취득자는 염가매수차익을 즉시 당기손익으로 인식한다.

염가매수차익 (과소지급액) = 식별가능한 취득자산과 인수부채의 공정가치 − 이전대가의 공정가치

9) An asset representing the future economic benefits arising from other assets acquired in a business combination that are not individually identified and separately recognised.

여기서 주의할 점은 염가매수차익을 인식하기 전에, 취득자는 모든 취득 자산과 인수 부채를 정확하게 식별하였는지에 대해 재검토하고, 이러한 재검토에서 식별된 추가 자산이나 부채가 있다면 이를 인식하여야 한다는 것이다. 이때 취득자는 취득일에 인식하도록 요구한 모든 사항[10]에 대해, 그 금액을 측정하는 데 사용한 절차를 재검토한다. 재검토하는 목적은 취득일 현재 이용가능한 모든 정보를 고려하여 관련 측정치에 적절히 반영하였는지 확인하기 위해서이다.

이 해 사업결합에서 염가매수의 발생이유

염가매수는 취득자가 피취득자의 식별가능한 순자산을 공정가치에 미달하여 취득하는 경우에 발생하게 된다. 일반적으로 사업기업과 그 소유주는 자산이나 사업을 공정가치보다 낮은 가격으로 의도적으로 기꺼이 매도하려고 하지 않기 때문에 염가매수는 극히 이례적인 경우에 발생한다. 염가매수는 소유주가 신속히 사업을 매각할 필요가 있는(예 설립자나 핵심 경영자의 사망 후) 강제청산이나 투매에서 발생하며, 또한 매도자가 매각을 강요받아 행한 사업결합에서 발생할 수도 있다.

예 제 3 영업권과 염가매수차익의 인식

A회사는 20×1년 초 B회사를 흡수 합병하였다. 취득일 현재 B회사의 식별가능한 순자산 장부금액과 공정가치는 다음과 같다. 단, 취득일 현재 A회사 보통주의 1주당 공정가치 ₩1,500이며 액면금액은 ₩500이다.

재무상태표

	장부금액	공정가치		장부금액	공정가치
현 금	80,000	80,000	부 채	630,000	580,000
재고자산	300,000	340,000	자 본 금	450,000	
투자자산	200,000	260,000	자본잉여금	100,000	
유형자산	750,000	900,000	이익잉여금	150,000	
	1,330,000			1,330,000	

물 음 Question

1. 취득일 현재 B회사의 식별가능한 취득자산과 인수부채의 순공정가치를 계산하시오.
2. 이전대가로 A회사가 보통주 1,000주를 발행한 경우 합병 후 재무제표에 인식할 영업권의 금액을 계산하시오.

---

10) 식별가능한 취득 자산과 인수 부채, 이전대가에 대하여 재검토 한다. 또한 단계적으로 취득한 사업결합의 경우에는 취득자가 이전에 보유하고 있던 피취득자에 대한 지분에 대하여도 재검토를 수행한다.

3. [물음2]와 관련된 회계처리를 수행하시오.

4. 이전대가로 A회사가 보통주 600주를 발행한 경우 합병 후 재무제표에 인식할 염가매수차익의 금액을 계산하고 관련된 회계처리를 수행하시오.

해답

1. 식별가능한 순자산 공정가치

(1) 취득자산의 공정가치 :	80,000 + 340,000 + 260,000 + 900,000 =	1,580,000
(2) 인수부채의 공정가치 :		(580,000)
(3) 식별가능한 순자산 공정가치 :		1,000,000

2. 영업권의 계산

(1) 식별가능한 순자산 공정가치 :		1,000,000	
(2) 이전대가의 공정가치 :	1,000주 × ₩1,500 =	(1,500,000)	
(3) 영업권 :		(-)500,000	초과지급액

3. 합병 회계처리

20×1. 1. 1	(차) 현 금	80,000 ①	(대) 부 채	580,000 ⑤
	재고자산	340,000 ②	자 본 금	500,000 ⑥
	투자자산	260,000 ③	주식발행초과금	1,000,000 ⑦
	유형자산	900,000 ④		
	영업권(무형자산)	500,000 ⑧		
	⑥ 1,000주 × ₩500 = 500,000		⑦ 1,000주 × (₩1,500 − ₩500) = 1,000,000	

4. 염가매수차익의 계산

(1) 식별가능한 순자산 공정가치 :		1,000,000	
(2) 이전대가의 공정가치 :	600주 × ₩1,500 =	(900,000)	
(3) 염가매수차익 :		100,000	과소지급액

20×1. 1. 1	(차) 현 금	80,000 ①	(대) 부 채	580,000 ⑤
	재고자산	340,000 ②	자 본 금	300,000 ⑥
	투자자산	260,000 ③	주식발행초과금	600,000 ⑦
	유형자산	900,000 ④	염가매수차익	100,000 ⑧
	⑥ 600주 × ₩500 = 300,000		⑦ 600주 × (₩1,500 − ₩500) = 600,000	
	⑧ 국제회계기준의 절차에 따라 재검토후 당기이익으로 인식			

4 영업권의 후속 회계처리

자산으로 인식한 영업권을 취득일 이후 연도에 후속 측정하는 방법으로는 이론적으로 다음의 세 가지가 있다.

(1) 즉시 상각법

즉시 상각법은 취득한 영업권을 전액 취득연도에 상각하여 비용으로 인식하는 방법이다. 이 방법은 내부창출영업권과 마찬가지로 매수영업권도 기업과 분리하여 별도로 판매할 수 없으며, 미래 경제적 효익의 발생가능성을 신뢰성 있게 추정할 수도 없다고 판단하여, 영업권을 자산으로 인식하지 않고 즉시 비용으로 인식하는 방법이다. 이 방법은 영업권의 자산성을 부인하는 모순이 발생하게 되고, 수익·비용대응의 원칙에 위배된다는 단점이 있다.

(2) 내용연수 상각법

내용연수 상각법은 영업권의 주요 원인인 초과수익력이 일정기간 이후에는 경쟁자의 진입에 의하여 상실되므로, 영업권을 미래 경제적 효익이 제공되는 기간에 걸쳐 상각을 통하여 비용으로 인식하는 방법이다. 이는 수익·비용 대응논리에는 충실할 수 있으나, 미래 경제적 효익이 제공되는 기간인 내용연수를 합리적으로 결정하기 어렵다는 단점이 있다.

(3) 무상각법

무상각법은 영업권은 일반적으로 비한정(indefinite)의 내용연수를 가지는 무형자산이므로 내용연수를 추정하는 것은 자의적이며, 또한 영업권이 감소하는 형태를 객관적으로 알 수도 없다고 판단하여, 취득한 영업권에 대하여 상각을 하지 않는 방법이다. 이 방법에서는 영업권을 자의적인 내용연수에 걸쳐 상각하지 않고, 영업권의 가치가 하락하는 경우 매 보고기간말에 영업권의 회수가능액을 재평가하여 당해 회수가능액의 하락을 손상차손으로 인식하게 된다.

(4) 국제회계기준

국제회계기준은 취득한 영업권에 대하여 상각하지 아니하고, 손상차손에 대한 인식여부만을 고려하므로 무상각법의 입장에 있다. 이에 대하여는 절을 달리하여 설명할 것이다.

IFRS

제 3 절 사업결합의 기타사항

1 취득관련원가

취득관련원가는 취득자가 사업결합을 하기 위해 발생시킨 원가이다. 그러한 원가(acquisition-related costs)에는 중개수수료(예 자문, 법률, 회계, 가치평가 및 그 밖의 전문가 또는 컨설팅 수수료), 내부 취득 부서의 유지 원가를 포함한 일반관리원가, 채무증권과 지분증권의 등록·발행 원가가 포함된다. 취득자는 취득관련원가에 대하여 원가가 발생하고 용역을 제공받은 기간에 비용으로 회계처리 한다. 다만, 채무증권과 지분증권의 등록·발행원가는 각각 사채발행비와 주식발행비에 해당하므로 당해 증권의 발행원가에서 직접 차감하여 인식한다. 따라서 취득관련원가가 지출되어도 영업권이나 염가매수차익의 최초인식금액은 영향을 받지 않는다는 것에 유의해야 한다.

참 고 합병으로 취득한 유형자산의 소유권이전 거래원가

사업결합의 형태 중에 합병방식을 이용하는 경우에는 피합병기업의 유형자산을 합병기업이 양수받으면서 취득세와 등록세 등의 소유권이전 거래원가가 발생할 수 있다. 하지만 기준서 제1103호 '사업결합'에는 이에 대한 규정이 없다. 유형자산 등의 소유권이전원가는 합병관련원가라기 보다는 해당 자산의 개별취득과 관련하여 발생하는 직접관련원가이므로 해당 자산의 취득원가의 일부로 처리하는 것이 타당하다고 본다.

[취득관련 원가의 회계처리]

구 분	관련규정	회계처리방법
중개수수료(직접원가)	즉시 비용인식	지급수수료로 비용 인식
일반관리원가	즉시 비용인식	유지관리비용으로 비용 인식
사채발행원가	발행가액 차감	사채할증발행차금과 차감하거나 사채할인발행차금으로 인식
주식발행원가	발행가액 차감	주식발행초과금과 차감
특정자산 취득관련원가	특정자산 원가가산	관련 자산의 장부금액을 직접 증가시킴

예제 4 취득관련원가

A회사는 20×1년 초 B회사의 지분 100%를 A회사의 신주를 발행하여 흡수합병하였다. 제시된 각각의 물음은 독립적이다.

(1) 취득일 현재 A회사가 발행한 보통주의 1주당 공정가치 ₩1,500이며, 액면금액은 ₩500이다. 취득일 현재 B회사의 식별가능한 순자산 장부금액과 공정가치는 다음과 같다.

재무상태표

	장부금액	공정가치		장부금액	공정가치
현 금	80,000	80,000	부 채	630,000	580,000
재고자산	300,000	340,000	자 본 금	450,000	
투자자산	200,000	260,000	자본잉여금	100,000	
유형자산	750,000	900,000	이익잉여금	150,000	
	1,330,000			1,330,000	

(2) 합병시 신주발행과 관련된 지출은 ₩2,000, 합병과 직접 관련된 법률수수료는 ₩10,000, 합병업무 담당부서의 관리를 위한 지출은 ₩5,000이며, 유형자산의 소유권이전을 위한 지출 ₩3,000을 현금으로 추가 지급하였다.

물음 Question

1. 이전대가로 A회사가 보통주 1,000주를 발행한 경우 관련된 회계처리를 수행하시오.
2. 이전대가로 A회사가 보통주 600주를 발행한 경우 관련된 회계처리를 수행하시오.

해답 answer

1. 1,000주 발행시

20×1. 1. 1	(차)	현 금	80,000 ①	(대)	부 채	580,000 ⑤
		재고자산	340,000 ②		자 본 금	500,000 ⑥
		투자자산	260,000 ③		주식발행초과금	1,000,000 ⑦
		유형자산	900,000 ④			
		영 업 권	500,000 ⑧			
	(차)	주식발행초과금	2,000 ②	(대)	현 금	20,000 ①
		지급수수료	10,000 ③			
		유지관리비용	5,000 ④			
		유형자산	3,000 ⑤			

2. 600주 발행시

20×1. 1. 1	(차) 현 금	80,000 ①	(대) 부 채	580,000 ⑤
	재고자산	340,000 ②	자 본 금	300,000 ⑥
	투자자산	260,000 ③	주식발행초과금	600,000 ⑦
	유형자산	900,000 ④	염가매수차익	100,000 ⑧
	(차) 주식발행초과금	2,000 ②	(대) 현 금	20,000 ①
	지급수수료	10,000 ③		
	유지관리비용	5,000 ④		
	유형자산	3,000 ⑤		

해 설

1. 결론적으로 사업결합관련비용은 영업권이나 염가매수차익과 무관하다. 따라서 수험목적으로 영업권이나 염가매수차익을 산정하는 경우에는 관련비용을 무시하고 계산하는 것이 편하다.

2 단계적취득에 의한 사업결합

취득자는 때때로 취득일 직전에 지분을 보유하고 있던 피취득자에 대한 지배력을 획득한다. 예를 들어 20×1년 12월 31일에 A회사는 B회사에 대한 비지배지분 10%를 보유하고 있고 있다. 동일자에 B회사의 지분 90%를 추가로 매수하여 합병하거나, 70%를 추가로 매수하여 B회사에 대한 지배력을 갖게 된다. 이러한 거래를 단계적으로 이루어지는 사업결합이라 하며, 단계적 취득이라고도 한다.

취득자는 이전에 보유하고 있던 피취득자에 대한 지분을 취득일의 공정가치로 재측정하고 관련손익은 당기손익이나 기타포괄손익으로 인식한다. 즉 기존보유지분을 사업결합일에 처분하고 다시 일괄 취득한 것으로 보아 이전대가를 산정하며 이를 일괄법이라 한다. 구체적으로 다음과 같다.

이전대가 = 취득일 직전 까지 보유한 기존지분의 공정가치 + 취득일에 추가 취득한 지분의 취득원가

한편, 기존의 보유지분을 기타포괄손익-공정가치 선택 지분상품으로 분류한 경우에는 이전의 보고기간에, 취득자가 피취득자에 대한 지분의 가치변동을 기타포괄손익으로 인식하였을 수 있다. 이 경우 기타포괄손익으로 인식한 금액에 대해 취득자가 이전에 보유하던 지분을 직접 처분한다면 적용하였을 동일한 근거로 인식한다. 즉 기존지분에 대한 기타포괄평가손익은 취득일에 당기손익으로 재분류할 수 없다. 만약 이전에 보유하고 있던 피취득자에 대한 지분에 대하여도 취득자의 지분을 발행하는 경우에는 취득일에 해당지분의 공정가치를 자기주식으로 계정재분류 하면 된다.

이해 **단계적 취득으로 인한 보유목적의 변경**

단계적취득에 의한 사업결합에 대하여 취득자의 기보유지분을 공정가치로 재측정하는 이유는 당해 사업결합 거래를 상업적실질이 있는 교환거래로 보기 때문이다. 기보유지분인 투자지분상품은 매각을 통하여 미래현금흐름을 창출하지만, 사업결합이 이루어지게 되면 사용을 통해 미래현금흐름을 창출하게 되므로 미래현금흐름의 성격과 시기, 금액이 유의적으로 달라지게 되며, 이는 자산의 보유목적이 변경된 것이다. 따라서 상업적실질이 있는 교환거래로 간주하여 공정가치접근법으로 회계처리 하는 것이다. 또한 이는 지분법에서 학습한 단계적취득의 논리와도 동일하다.

[단계적취득에 의한 합병]

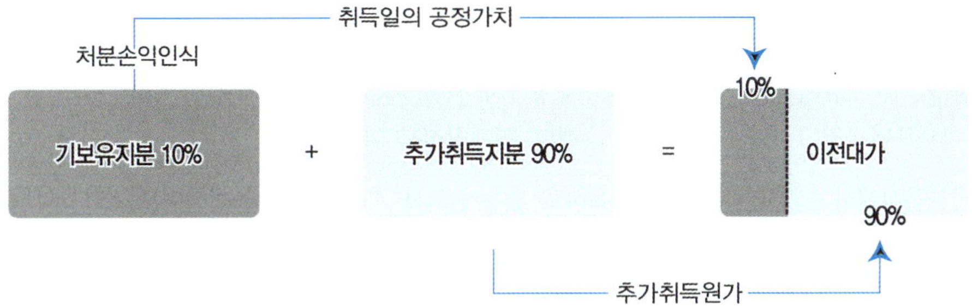

[단계적 취득시 기존보유지분의 회계처리]

기존 보유지분의 분류	공정가치 재측정손익의 처리방법
당기손익-공정가치 측정 금융자산	재측정손익을 당기손익으로 인식
기타포괄손익-공정가치 측정 금융자산	재측정손익을 기타포괄손익으로 인식하고 재분류조정은 금지
관계기업투자주식	재측정손익을 당기손익으로 인식
공동기업투자주식	재측정손익을 당기손익으로 인식

예제 5 단계적취득에 의한 사업결합

A회사는 20×0년 초 B회사의 지분 10%인 100주를 ₩100,000에 취득하였으며 이를 당기손익-공정가치 측정 금융자산으로 분류하였다. 20×0년 말 해당 금융자산의 공정가치는 ₩120,000이며, 20×1년 초 공정가치는 ₩150,000이다.

(1) 20×1년 초 A회사는 보통주 900주를 발행하여, B회사의 지분 90%를 추가 취득하면서 흡수 합병하였다.

(2) 20×1년 초 B회사의 식별가능한 순자산 장부금액과 공정가치는 다음과 같다. 단, 20×1년 초 A회사 보통주의 1주당 공정가치 ₩1,500이며 액면금액은 ₩500이다.

재무상태표

	장부금액	공정가치		장부금액	공정가치
현 금	80,000	80,000	부 채	630,000	580,000
재고자산	300,000	340,000	자 본 금	450,000	
투자자산	200,000	260,000	자본잉여금	100,000	
유형자산	750,000	900,000	이익잉여금	150,000	
	1,330,000			1,330,000	

물음 Question

1. 20×0년 1월 1일부터 20×1년 1월 1일까지 A회사가 수행할 회계처리를 제시하시오.
2. A회사가 기존보유지분을 기타포괄손익-공정가치 선택 지분상품으로 분류한 경우 20×0년 1월 1일부터 20×1년 1월 1일까지 A회사가 수행할 회계처리를 제시하시오.
3. 위의 [물음1]에서 A회사가 기존에 보유하고 있는 B회사 지분 100주에 대하여도 A회사의 주식 100주를 추가로 발행하여 보유하고 있는 경우 20×1년 1월 1일의 회계처리를 수행하시오.

해답 answer

1. 당기손익금융자산으로 분류한 경우

(1) 단계적 취득으로 인한 사업결합의 회계처리를 아래와 같이 종속기업주식을 100% 취득한 후 법적통합절차를 수행하는 것으로 회계처리하면 훨씬 더 이해하기 쉽다.

(2) 관련 회계처리

20×0. 1. 1	(차)	당기손익금융자산	100,000 ②	(대)	현 금	100,000 ①
20×0.12.31	(차)	당기손익금융자산	20,000 ①	(대)	금융자산평가이익	20,000 ②
20×1. 1. 1	(차)	당기손익금융자산	30,000 ①	(대)	금융자산평가이익	30,000 ②
	(차)	종속기업투자주식	1,500,000 ⑥	(대)	당기손익금융자산	150,000 ③
					자 본 금	450,000 ④
					주식발행초과금	900,000 ⑤
	(차)	현 금	80,000 ⑧	(대)	부 채	580,000 ⑫
		재고자산	340,000 ⑨		종속기업투자주식	1,500,000 ⑦
		투자자산	260,000 ⑩			
		유형자산	900,000 ⑪			
		영 업 권	500,000 ⑬			
		② 150,000 − 120,000 = 30,000			④ 900주 × ₩500 = 450,000	
		⑤ 900주 × (₩1,500 − ₩500) = 900,000				

(3) 위의 회계처리를 순액으로 분개하면 다음과 같다.

20×0. 1. 1	(차) 당기손익금융자산	100,000 ②	(대) 현 금	100,000 ①
20×0.12.31	(차) 당기손익금융자산	20,000 ①	(대) 금융자산평가이익	20,000 ②
20×1. 1. 1	(차) 당기손익금융자산	30,000 ①	(대) 금융자산평가이익	30,000 ②
	(차) 현 금	80,000 ⑥	(대) 부 채	580,000 ⑩
	재고자산	340,000 ⑦	당기손익금융자산	150,000 ③
	투자자산	260,000 ⑧	자 본 금	450,000 ④
	유형자산	900,000 ⑨	주식발행초과금	900,000 ⑤
	영 업 권	500,000 ⑪		

2. 기타포괄손익-공정가치 선택 지분상품으로 분류한 경우

20×0. 1. 1	(차) 기타포괄금융자산	100,000 ②	(대) 현 금	100,000 ①
20×0.12.31	(차) 기타포괄금융자산	20,000 ①	(대) 기타포괄평가이익	20,000 ②
20×1. 1. 1	(차) 기타포괄금융자산	30,000 ①	(대) 기타포괄평가이익	30,000 ②
	(차) 종속기업투자주식	1,500,000 ⑥	(대) 기타포괄금융자산	150,000 ③
			자 본 금	450,000 ④
			주식발행초과금	900,000 ⑤
	(차) 현 금	80,000 ⑧	(대) 부 채	580,000 ⑫
	재고자산	340,000 ⑨	종속기업투자주식	1,500,000 ⑦
	투자자산	260,000 ⑩		
	유형자산	900,000 ⑪		
	영 업 권	500,000 ⑬		
	(차) 기타포괄평가이익	50,000 ⑭	(대) 미처분이익잉여금	50,000 ⑮

3. 기존보유지분에 대하여 신주를 발행하는 경우

20×0. 1. 1	(차) 당기손익금융자산	100,000 ②	(대) 현 금	100,000 ①
20×0.12.31	(차) 당기손익금융자산	20,000 ①	(대) 금융자산평가이익	20,000 ②
20×1. 1. 1	(차) 당기손익금융자산	30,000 ①	(대) 금융자산평가이익	30,000 ②
	(차) 종속기업투자주식	1,500,000 ⑤	(대) 자 본 금	500,000 ③
			주식발행초과금	1,000,000 ④
	(차) 현 금	80,000 ⑦	(대) 부 채	580,000 ⑪
	재고자산	340,000 ⑧	종속기업투자주식	1,500,000 ⑥
	투자자산	260,000 ⑨		
	유형자산	900,000 ⑩		
	영 업 권	500,000 ⑫		
	(차) 자기주식(A)	150,000 ⑭	(대) 당기손익금융자산(B)	150,000 ⑬
	③ 1,000주×₩500 = 500,000		④ 1,000주×(₩1,500 − ₩500) = 1,000,000	

해설

3. 취득자가 기존에 보유하고 있던 피취득자의 지분에 대하여도 취득자의 신주를 발행하여 보유하는 경우, 이는 자기지분상품을 보유하는 것이므로 자기주식으로 처리해야 한다. 자기주식은 원가법을 적용하여 인식하므로, 자기주식취득의 대가로 지급한 기존보유지분의 장부금액인 ₩120,000이 아니라, 기존보유지분의 공정가치인 ₩150,000으로 최초인식하는 것이 타당하다.

3 측정기간과 잠정금액의 조정

(1) 측정기간과 잠정금액

측정기간은 사업결합에서 인식한 다음의 잠정금액을 사업결합 후 조정할 수 있는 기간을 말한다. 여기서 잠정금액은 사업결합에 대한 최초 회계처리가 사업결합이 발생한 보고기간 말까지 완료되지 못한 이유로 취득자의 회계처리가 완료되지 못한 채 재무제표에 임시금액으로 보고된 금액을 말한다.

(1) 식별가능한 취득 자산, 인수 부채
(2) 피취득자에 대한 이전대가
(3) 단계적으로 이루어지는 사업결합에서 취득자가 이전에 보유하고 있던 피취득자에 대한 지분
(4) 결과적으로 발생한 영업권 또는 염가매수차익

측정기간(measurement period)은 취득자가 취득일 현재 존재하던 사실과 상황에 대하여 찾고자 하는 정보를 얻거나 더 이상의 정보를 얻을 수 없다는 것을 알게 된 시점에 종료된다. 그러나 측정기간은 취득일로부터 1년을 초과할 수 없다.

(2) 잠정금액의 조정

사업결합에 대한 최초 회계처리가 사업결합이 발생한 보고기간 말까지 완료되지 못한다면, 취득자는 회계처리가 완료되지 못한 항목의 잠정 금액을 재무제표에 보고한다. 측정기간 동안에, 취득일 현재 존재하던 사실과 상황에 대하여 새롭게 입수한 정보가 있는 경우 취득자는 취득일에 이미 알았더라면 취득일에 인식한 금액의 측정에 영향을 주었을 그 정보를 반영하기 위하여 취득일에 인식한 잠정금액을 소급하여 조정하며, 측정기간 동안에 취득일 현재 존재하던 사실과 상황에 대해 새로 입수한 정보가 있는 경우 취득자는 취득일에 이미 알았더라면 인식하였을 추가적인 자산과 부채를 인식한다.

측정기간 동안 취득자는 마치 사업결합의 회계처리가 취득일에 완료되었던 것처럼 잠정 금액의 조정을 인식하며 해당 조정으로 인한 효과를 영업권이나 염가매수차익의 증감으로 인식한다. 또한 취득자는 필요한 경우 재무제표에 표시된 과거기간의 비교정보를 수정하여야 하며, 이러한 수정에는 최초 회계처리를 완료하면서 기인식된 감가상각, 상각 또는 그 밖의 수익 효과의 변경을 포함하게 된다.

하지만, 측정기간이 종료된 후에는 기준서 제1108호 '회계정책, 회계추정의 변경 및 오류'에 따라 당해 조정사항이 중요한 오류인 경우에만 사업결합의 회계처리를 수정한다.

참 고 **기준서 제1008호 '회계정책, 회계추정의 변경 및 오류'**

[문단41] 당기 중에 발견한 당기의 잠재적 오류는 재무제표의 발행승인일 전에 수정한다. 그러나 중요한 오류를 후속기간에 발견하는 경우, 이러한 전기오류는 해당 후속기간의 재무제표에 비교표시된 재무정보를 재작성하여 수정한다.

[잠정금액의 조정]

구 분	회계처리
취득일로부터 1년 이내에 발생 (측정기간 이내)	영업권이나 염가매수차익을 조정
취득일로부터 1년 이후에 발생 (측정기간 이후)	오류수정의 사유에 해당하는 경우 전기오류수정으로 처리

예 제 6 측정기간과 잠정금액의 조정

A회사는 20×1년 7월 1일 B회사를 흡수 합병하였다. 취득일 현재 B회사의 식별가능한 순자산 장부금액과 공정가치는 다음과 같다. 단, 취득일 현재 A회사 보통주의 1주당 공정가치 ₩1,500이며 액면금액은 ₩500이다. A회사는 이전대가로 보통주 1,000주를 발행하여 B회사의 주주에게 제공하였다.

재무상태표

	장부금액	공정가치		장부금액	공정가치
현 금	80,000	80,000	부 채	630,000	580,000
재고자산	300,000	340,000	자 본 금	450,000	
투자자산	200,000	260,000	자본잉여금	100,000	
유형자산	750,000	900,000	이익잉여금	150,000	
	1,330,000			1,330,000	

물음 Question

1. 유형자산의 공정가치 ₩900,000은 공정가치가 확정되지 않은 잠정금액이다. 20×2년 1월 1일 정확한 감정평가를 받은 결과 취득일 현재의 공정가치가 ₩1,000,000으로 확정된 경우 당해 유형자산과 관련하여 20×1년 말과 20×2년에 수행하여야 할 회계처리를 제시하시오. 단, 취득일 현재 유형자산의 잔존내용연수는 10년이며 잔존가치는 없고 정액법으로 감가상각한다.

2. [물음1]에서 감정평가를 받아 공정가치가 확정된 시점이 20×2년 10월 1이다. 이 경우 20×1년 말과 20×2년에 수행하여야 할 회계처리를 제시하시오. 단, 잠정금액과 확정금액과의 차이는 회계오류에 해당하지 않으며, 유형자산은 원가모형으로 회계처리한다.

해답 answer

1. 측정기간 동안의 잠정금액 조정

20×1. 7. 1	(차) 현 금	80,000 ①	(대) 부 채	580,000 ⑤
	재고자산	340,000 ②	자 본 금	500,000 ⑥
	투자자산	260,000 ③	주식발행초과금	1,000,000 ⑦
	유형자산	900,000 ④		
	영 업 권	500,000 ⑧		
	⑥ 1,000주×₩500 = 500,000		⑦ 1,000주×(₩1,500 − ₩500) = 1,000,000	
20×1.12.31	(차) 감가상각비	45,000 ①	(대) 감가상각누계액	45,000 ②
	① 900,000÷10년×6/12 = 45,000			
20×2. 1. 1	(차) 유형자산	100,000 ①	(대) 영 업 권	100,000 ②
	(차) 미처분이익잉여금	5,000 ③	(대) 감가상각누계액	5,000 ④
	③ 100,000÷10년×6/12 = 5,000			
20×2.12.31	(차) 감가상각비	100,000 ①	(대) 감가상각누계액	100,000 ②
	① 1,000,000÷10년 = 100,000			

2. 측정기간 이후의 잠정금액의 조정

20×1. 7. 1	(차) 현 금	80,000 ①	(대) 부 채	580,000 ⑤
	재고자산	340,000 ②	자 본 금	500,000 ⑥
	투자자산	260,000 ③	주식발행초과금	1,000,000 ⑦
	유형자산	900,000 ④		
	영 업 권	500,000 ⑧		
20×1.12.31	(차) 감가상각비	45,000 ①	(대) 감가상각누계액	45,000 ②
	① 900,000÷10년×6/12 = 45,000			
20×2.10. 1	측정기간 이후 회계처리 없음			
20×2.12.31	(차) 감가상각비	90,000 ①	(대) 감가상각누계액	90,000 ②
	① 900,000÷10년 = 90,000			

4 조건부대가

조건부대가는 보통 특정 미래 사건이 발생하거나 특정 조건이 충족되는 경우에, 피취득자에 대한 지배력과의 교환의 일부로 피취득자의 이전 소유주에게 추가로 자산이나 지분을 이전하여야 하는 취득자의 의무를 말한다.

(1) 조건부대가의 최초측정

취득자가 피취득자에 대한 교환으로 이전한 대가에 조건부대가 약정이 포함되는 경우에는 취득자는 당해 조건부대가를 취득일의 공정가치로 인식한다. 취득자는 조건부대가의 지급의무를 기준서 제1032호 '금융상품의 표시'의 규정에 따라 조건부대가부채 또는 조건부대가자본으로 분류한다. 예를 들면, 조건부대가 약정으로 주식을 발행하기로 한 경우 확정수량의 주식을 발행하는 비파생상품 약정이나 확정금액으로 확정수량의 주식을 발행하는 파생상품 약정은 자본으로 분류하고, 이 요건을 만족하지 않는 주식 발행약정은 모두 부채로 분류한다.

이 해 **성과조건부 주식발행약정의 분류**

이전대가로 취득일 이후 매출액 성장률이 50% 이상 증가하는 경우 10주를 추가로 발행하기로 하는 조건부약정을 체결하면, 발행할 주식의 수량이 확정되었으므로 이는 조건부대가자본으로 분류한다. 하지만 취득일 이후 매출액 성장률이 50% 이상 증가하면 매 10% 증가할 때마다 10주를 추가로 발행하기로 하는 조건부약정을 체결하면, 발행할 주식의 수량이 변동가능하므로 이는 조건부대가부채로 분류한다.

한편, 취득자가 특정조건을 충족하는 경우 과거의 이전대가를 회수할 수 있는 조건부대가의 권리를 보유하고 있다면, 이는 조건부대가자산으로 분류한다.

(2) 조건부대가의 후속측정

취득일에 존재한 사실과 상황에 대하여 취득일 후에 추가로 입수한 정보에 따른 조건부대가의 공정가치 변동은 측정기간 동안의 조정으로 간주하여 회계처리를 수행한다.

하지만 목표수익을 달성하거나, 특정 주가에 도달하거나, 연구개발 프로젝트의 주요 과제를 완료하는 등 취득일 이후에 발생한 사건에서 발생한 조건부대가의 공정가치변동은 측정기간 동안의 조정이 아니다. 취득자는 측정기간 동안의 조정이 아닌 조건부 대가의 공정가치 변동을 다음과 같이 회계처리한다.

(1) **자산이나 부채로 분류시** : 자산이나 부채로 분류된 조건부대가는 이를 공정가치로 재측정하고 그 결과로 생긴 차손익은 당기손익으로 인식한다.

(2) **자본으로 분류시** : 자본으로 분류된 조건부대가는 재측정하지 않으며, 그 후속 정산은 자본 내에서 회계처리한다.

[조건부대가의 최초측정과 후속측정]

구 분		변동한 이전대가의 인식방법
조건부대가의 최초인식		취득일의 공정가치로 측정
취득일 현재 존재한 사유로 인한 공정가치변동		측정기간 동안의 조정으로 간주하여 영업권 등을 조정
취득일 이후 발생한 사유로 인한 공정가치변동	자산이나 부채로 분류시	당기손익으로 인식하여 조정
	자본으로 분류시	재측정하지 않고 자본계정을 재분류하여 조정

예제 7 조건부대가의 후속측정

A회사는 20×1년 7월 1일 B회사를 흡수 합병하였다. 취득일 현재 B회사의 식별가능한 순자산 장부금액과 공정가치는 다음과 같다. 단, 취득일 현재 A회사 보통주의 1주당 공정가치 ₩1,500이며 액면금액은 ₩500이다. A회사는 이전대가로 보통주 1,000주를 발행하여 B회사의 주주에게 제공하였다.

(1) 취득일 현재의 재무상태표는 다음과 같으며, 추가자료는 사업결합과 관련한 합병계약서에 명시된 조건부약정이다.

재무상태표

	장부금액	공정가치		장부금액	공정가치
현 금	80,000	80,000	부 채	630,000	580,000
재고자산	300,000	340,000	자 본 금	450,000	
투자자산	200,000	260,000	자본잉여금	100,000	
유형자산	750,000	900,000	이익잉여금	150,000	
	1,330,000			1,330,000	

(2) 취득일 현재 진행되는 소송사건에서 B회사가 승소하는 경우 추가로 현금을 지급하기로 약정한 금액은 ₩100,000이지만, 취득일 기준으로 이에 대한 합리적인 추정치는 ₩80,000이다. 20×1년 말 소송사건에서 승소하였으며, A회사는 약정대로 ₩100,000을 B회사의 기존주주들에게 지급하였다. 이는 취득일에 존재한 사실과 상황으로 인한 조건부대가의 변동이다.

(3) B회사의 취득일 이후의 영업성과에 따라 추가지급약정이 존재하며, 취득일 현재 지급할 것으로 예상되는 금액은 ₩70,000이나 20×1년 말 영업성과를 예상보다 초과달성하여 실제로 지급한 금액은 ₩120,000이다. 이는 취득일 이후 발생한 사건으로 인한 조건부대가의 변동이다.

(4) 취득일 이후 6개월 이내에 A회사의 주가가 ₩1,000이하로 하락하는 경우에 이에 대한 손실보전명목으로 추가로 500주를 더 발행해야 하는 약정이 있다. 취득일 기준으로 이 주식결제약정의 공정가치는 ₩400,000이다. 20×1년 말 A회사의 주가가 ₩900으로 하락하여 추가로 500주를 발행하여 B회사의 기존주주에게 교부하였다. 이는 취득일 이후 발생한 사건으로 인한 조건부대가의 변동이다.

물음 Question

1. A회사가 조건부대가가 포함된 사업결합과 관련하여 취득일인 20×1년 7월 1일부터 20×1년 12월 31일까지 수행해야 할 회계처리를 제시하시오.
2. 위에 제시된 상황과 다르게 주식을 추가로 발행하는 약정이 취득일에 존재한 사실과 상황으로 인한 조건부대가의 변동으로 가정하는 경우 이와 관련한 회계처리만 제시하시오.

해답 answer

1. 조건부대가의 회계처리

20×1. 7. 1	(차)	현 금	80,000 ①	(대)	부 채	580,000 ⑤
		재고자산	340,000 ②		자 본 금	500,000 ⑥
		투자자산	260,000 ③		주식발행초과금	1,000,000 ⑦
		유형자산	900,000 ④		미지급금(소송관련)	80,000 ⑧
		영 업 권	1,050,000 ⑪		미지급금(성과관련)	70,000 ⑨
					미교부주식	400,000 ⑩
		⑥ 1,000주×₩500 = 500,000			⑦ 1,000주×(₩1,500 − ₩500) = 1,000,000	
20×1.12.31	(차)	미지급금(소송)	80,000 ①	(대)	현 금	100,000 ②
		영 업 권	20,000 ③			
	(차)	미지급금(성과)	70,000 ④	(대)	현 금	120,000 ⑤
		미지급금상환손실	50,000 ⑥			
	(차)	미교부주식	400,000 ⑦	(대)	자 본 금	250,000 ⑧
					주식발행초과금	150,000 ⑨
		⑧ 500주×₩500 = 250,000				

2. 주식발행약정을 취득일에 존재한 사실과 관련된 조정으로 보는 경우

20×1.12.31	(차)	미교부주식	400,000 ①	(대)	자 본 금	250,000 ②
		영 업 권	50,000 ④		주식발행초과금	200,000 ③
		② 500주×₩500 = 250,000			③ 500주×(₩900 − ₩500) = 200,000	

해설

1. 조건부대가 약정이 취득일에 예측가능하다면 이를 공정가치로 측정하여 이전대가에 반영한다.
2. 취득일에 존재한 사실과 상황에 대하여 취득일 후에 추가로 입수한 정보에 따른 조건부대가의 공정가치변동은 측정기간 동안의 조정사항이다. 따라서 취득일에 존재한 소송사건의 승소에 따른 초과지급액은 영업권을 조정하여 회계처리한다.

3. 취득일 이후에 발생한 사건인 영업성과에 따라 추가로 지급한 금액은 측정기간 동안의 조정이 아니다. 따라서 이에 대한 조건부대가의 변동은 당해 조건부대가가 금융부채이므로 당기손익으로 인식한다.
4. 취득일 이후에 발생한 사건인 주가하락에 따라 추가로 지급한 금액은 측정기간 동안의 조정이 아니다. 따라서 이에 대한 조건부대가의 변동은 당해 조건부대가가 지분상품이므로 재측정하지 않으며, 그 후속 정산은 자본 내에서 회계처리한다.

5 사업결합의 일부가 아닌 별도거래

취득자는 사업결합의 회계처리시 취득법에 의한 회계처리를 수행한다. 이 경우 취득자는 피취득자의 주주에게 이전한 대가와 피취득자로부터 취득한 자산과 인수한 부채만 인식해야 한다. 하지만, 취득자와 피취득자는 사업결합 협상을 개시하기 전에 기존 관계나 그 밖의 약정이 존재할 수 있으며, 협상하는 동안에 이 부분에 대하여 사업결합과는 별도로 약정을 맺을 수 있다. 이러한 상황에서는 사업결합시 취득자와 피취득자가 사업결합으로 교환한 항목의 일부가 아닌 항목이 존재할 수 있으며 이를 사업결합거래와는 구분하여 별도로 식별해야 한다. 이러한 별도 거래의 사례는 다음과 같다.

(1) **기존관계의 정산거래** : 취득자와 피취득자 사이의 기존의 소송관계를 정산하거나, 기존의 계약관계에서 유리하거나 불리한 관계를 사실상 정산하는 거래
(2) **피취득자에 대한 변제거래** : 피취득자나 피취득자의 이전 소유주가 대신 지급한 취득자의 취득관련원가를 피취득자나 피취득자의 이전 소유주에게 변제하는 거래
(3) **피취득자에 대한 대체보상거래** : 미래 용역에 대하여 피취득자의 종업원이나 피취득자의 이전 소유주에게 보상하는 거래

(1) 피취득자와의 비계약관계를 정산하는 경우

사업결합일 현재 취득자는 피취득자가 제기한 손해배상소송에 피소된 상태인 것을 가정한다. 사업결합일 현재 계류 중인 소송배상금의 공정가치는 ₩20,000으로 추정되고, 사업결합에 의해 소송관계는 정산되었다. 취득일 현재 피취득자 순자산의 공정가치가 ₩1,000,000이며, 사업결합을 위하여 취득자는 피취득자의 소유주에게 이전대가로 ₩1,500,000을 지급한 것으로 가정하는 경우 관련 회계처리는 다음과 같다.

[소송관계에 대하여 정산대가를 지급]

지분의 인수	(차) 소송정산손실	20,000 ②	(대) 현　　금	1,500,000 ①
	종속기업주식	1,480,000 ③		
법적인 통합	(차) 순 자 산	1,000,000 ⑤	(대) 종속기업주식	1,480,000 ④
	영 업 권	480,000 ⑥		

(2) 피취득자와의 계약관계를 정산하는 경우

사업결합일 현재 취득자는 피취득자로부터 시장요율보다 높게 재고자산을 매입하는 공급계약을 체결하고 있는 것으로 가정한다. 재고자산 공급계약의 공정가치는 ₩50,000이다. 이 중에서 ₩30,000은 공급계약의 시장가격이며, 나머지 ₩20,000은 시장요율보다 높게 매입하는 계약이기에 취득자에게 불리하며 피취득자에게 유리한 금액을 나타낸다. 이 공급계약을 제외한 피취득자 순자산공정가치가 ₩1,000,000이며, 사업결합을 위하여 취득자는 피취득자의 소유주에게 이전대가로 ₩1,500,000을 지급한 것으로 가정하는 경우 관련 회계처리는 다음과 같다.

[불리한 계약관계에 대하여 정산대가를 지급]

구분	차변	금액	대변	금액
지분의 인수	(차) 계약정산손실	20,000 ②	(대) 현 금	1,500,000 ①
	종속기업주식	1,480,000 ③		
법적인 통합	(차) 순 자 산	1,000,000 ⑤	(대) 종속기업주식	1,480,000 ④
	영 업 권	480,000 ⑥		

이와는 반대로, 사업결합일 현재 취득자는 피취득자로부터 시장요율보다 낮게 재고자산을 매입하는 공급계약을 체결하고 있는 것으로 가정한다. 재고자산 공급계약의 공정가치는 ₩50,000이며, 이 중에서 ₩70,000은 공급계약의 시장가격이며, 나머지 ₩20,000은 시장요율보다 낮게 매입하는 계약이기에 취득자에게 유리한 금액을 나타낸다. 이 공급계약을 제외한 피취득자 순자산공정가치가 ₩1,000,000이며, 사업결합을 위하여 취득자는 피취득자의 소유주에게 이전대가로 ₩1,500,000을 지급한 것으로 가정하는 경우 관련 회계처리는 다음과 같다.

[유리한 계약관계에 대하여 정산대가를 수령]

구분	차변	금액	대변	금액
지분의 인수	(차) 현 금	20,000 ①	(대) 계약정산이익	20,000 ②
	종속기업주식	1,520,000 ④	현 금	1,520,000 ③
법적인 통합	(차) 순 자 산	1,000,000 ⑥	(대) 종속기업주식	1,520,000 ⑤
	영 업 권	520,000 ⑦		

(3) 피취득자가 지급한 취득관련원가를 변제하는 경우

사업결합일 현재 피취득자가 취득자가 부담할 취득관련원가를 대신 지급한 것으로 가정한다. 피취득자가 취득자를 위하여 대신 지급한 실사원가는 ₩20,000이다. 취득일 현재 피취득자 순자산의 공정가치가 ₩1,000,000이며, 사업결합을 위하여 취득자는 피취득자의 소유주에게 이전대가로 ₩1,500,000을 지급한 것으로 가정하는 경우 관련 회계처리는 다음과 같다.

[피취득자에게 변제대가를 지급]

지분의 인수	(차) 수수료비용	20,000 ②	(대) 현 금	1,500,000 ①
	종속기업주식	1,480,000 ③		
법적인 통합	(차) 순 자 산	1,000,000 ⑤	(대) 종속기업주식	1,480,000 ④
	영 업 권	480,000 ⑥		

(4) 피취득자의 종업원 보상관계를 정산하는 경우

취득자의 제안으로 발생하여 지급해야 할 피취득자의 종업원에 대한 보상금액은 피취득자로부터 인수한 식별가능한 부채가 아니기에 별도거래로 처리한다. 예를 들어, 사업결합일 현재 취득자의 제안으로 피취득자의 종업원에게 사업매각에 대한 보상금으로 ₩20,000을 지급하는데 합의한 것으로 가정한다. 취득일에 이를 제외한 피취득자 순자산공정가치가 ₩1,000,000이며, 사업결합을 위하여 취득자는 피취득자의 소유주에게 이전대가로 ₩1,500,000을 지급한 것으로 가정하는 경우 관련 회계처리는 다음과 같다.

[취득자의 사유로 지급하는 보상금]

지분의 인수	(차) 종업원보상비용	20,000 ②	(대) 현 금	1,500,000 ①
	종속기업주식	1,480,000 ③		
법적인 통합	(차) 순 자 산	1,000,000 ⑤	(대) 종속기업주식	1,480,000 ④
	영 업 권	480,000 ⑥		

하지만, 피취득자가 체결한 기존의 계약 때문에 발생한 취득자가 지급해야 할 종업원 보상금액은 피취득자로부터 인수한 식별가능한 부채이기에 사업결합거래의 일부로 처리한다. 예를 들어, 사업결합일 현재 피취득자에게 피취득자가 다른 기업에게 매각되는 경우 종업원에게 보상금액 ₩20,000을 지급하기로 하는 약정이 있는 것으로 가정한다. 취득일에 이를 제외한 피취득자 순자산의 공정가치가 ₩1,000,000이며, 사업결합을 위하여 취득자는 피취득자의 소유주에게 이전대가로 ₩1,500,000을 지급한 것으로 가정하는 경우 관련 회계처리는 다음과 같다.

[피취득자의 사유로 지급하는 보상금]

지분의 인수	(차) 종속기업주식	1,500,000 ②	(대) 현 금	1,500,000 ①
법적인 통합	(차) 순 자 산	980,000 ④	(대) 종속기업주식	1,500,000 ③
	영 업 권	520,000 ⑤		

[사업결합대가가 아닌 별도거래]

구 분		변동한 이전대가의 인식방법
기존관계의 정산	비계약적 소송관계	소송대가 정산지급액을 이전대가에서 제외
	계약적인 유불리관계	불(유)리한 정산은 이전대가에서 차감(가산)
피취득자의 종업원보상	취득자의 사유	별도로 비용으로 인식하며 이전대가에서 제외
	피취득자의 사유	식별가능한 인수부채에 포함
피취득자에게 변제할 취득관련원가		변제대가 지급액을 이전대가에서 제외

6 사업결합의 후속측정

일반적으로, 취득자는 사업결합으로 취득한 자산이나 인수하거나 부담한 부채 및 발행한 지분상품에 대하여 해당 항목의 성격에 따라 적용가능한 다른 국제회계기준의 규정에 따라 후속 측정하고 회계처리한다. 그러나 사업결합으로 취득자산이나 인수부채 및 이전대가로 발행한 지분상품 중 다음 항목에 대하여는 기준서 제1103호 '사업결합'에 따라 후속 측정을 수행한다.

(1) 다시 취득한 권리

취득자가 사업결합 이전에 자신이 인식했거나 인식하지 않은 하나 이상의 자산을 사용하도록 피취득자에게 부여했던 권리를 사업결합의 일부로서 재취득[11)]할 수 있다. 사업결합에서 재취득한 권리는 취득자가 영업권과 분리하여 인식하는 식별가능한 무형자산이다. 무형자산으로 인식한 재취득한 권리는 그 권리가 부여된 계약의 잔존 계약기간에 걸쳐 상각한다. 후속적으로 재취득한 권리를 제3자에게 매각하는 경우, 무형자산의 매각차손익을 결정할 때 장부금액을 포함한다.

(2) 우발부채

취득자는 사업결합에서 인식한 우발부채를 최초 인식 이후 정산, 취소 또는 소멸되기 전까지 기준서 제1037호 '충당부채, 우발부채 및 우발자산'에 따라 인식되어야 할 금액(재측정금액)이나 최초 인식금액에서 수익으로 인식한 금액을 차감한 금액 중 큰 금액으로 측정한다.

(3) 보상자산

사업결합에서 매도자는 취득자에게 특정 자산이나 부채의 전부 또는 일부와 관련된 우발상황이나 불확실성의 결과에 대하여 계약상 보상을 할 수 있다. 그 결과로 발생하는 보상자산을 취득자는 식별가능한 취득자산으로 인식한다. 각 후속 보고기간 말에 취득자는 취득일에 보상대상부채 또는 보상대상자산과 동일한 근거로 인식한 보상자산을 보상금액에 대한 계약상 제한과 후속적으로 공정가치로 측정되지 않는 보상자산에 대한 회수가능성에 대해 경영진의 검토를 반영한다. 취득자는 보상자산을 회수하거나 매각하거나 그 밖에 보상자산에 대한 권리를 상실하는 경우에만 그 보상자산을 제거한다.

11) 그러한 권리의 예에는 프랜차이즈 약정에 따라 취득자의 상표명을 사용할 권리나 기술라이선스 약정에 따라 취득자의 기술을 사용할 수 있는 권리가 있다.

제 4 절 영업권의 손상차손과 환입

영업권은 개별적인 식별이 불가능한 자산이므로 내용연수를 추정하는 것은 자의적이며, 영업권이 감소하는 형태를 객관적으로 알 수도 없다. 따라서, 취득한 영업권은 상각을 하지 않고, 영업권이 배분된 현금창출단위를 기준으로 손상차손에 대한 인식 여부만을 고려한다. 영업권의 손상에 관한 규정은 기준서 제1036호 '자산손상'에서 규정하고 있으므로, 여기에서는 기준서 제1036호에 의한 자산손상에 관한 일반적인 규정을 먼저 설명하고 이 중에서 영업권손상에 관한 규정을 자세히 설명하고자 한다.

1 자산손상에 관한 일반적인 회계처리

(1) 기준서 제1036호 '자산손상'의 적용범위

기준서 제1036호 '자산손상'은 모든 자산의 손상에 관한 회계처리에 적용한다. 다만, 다음 자산의 손상에 대해서는 적용하지 아니한다. 왜냐하면 이러한 자산에 적용되는 다른 기준서에서 해당 자산의 인식과 측정에 관한 규정을 다루고 있기 때문이다.

(1) **재고자산** : 기준서 제1002호 '재고자산'을 적용
(2) **이연법인세자산** : 기준서 제1012호 '법인세'를 적용
(3) **종업원급여에서 발생한 자산** : 기준서 제1019호 '종업원급여'를 적용
(4) **금융자산** : 기준서 제1109호 '금융상품의 인식과 측정'을 적용
(5) **공정가치 측정 투자부동산** : 기준서 제1040호 '투자부동산'을 적용
(6) **순공정가치 측정 생물자산** : 기준서 제1041호 '농림어업'을 적용
(7) **매각예정 분류된 비유동자산** : 기준서 제1105호 '매각예정비유동자산과 중단영업'을 적용

(2) 개별자산의 손상검토와 손상

매 보고기간말마다 모든 자산은 당해 자산의 손상을 시사하는 징후가 있는지를 검토한다. 만약 그러한 징후가 있다면 해당 자산의 회수가능액을 추정한다. 다만, 다음의 경우에는 자산손상을 시사하는 징후가 있는지에 관계없이 매년 회수가능액을 추정하고 장부금액과 비교하여 손상검사를 수행한다.

(1) 내용연수가 비한정인 무형자산 또는 아직 사용할 수 없는 무형자산에 대해서는 매년 손상검사를 한다.
(2) 사업결합으로 취득한 영업권에 대해서는 매년 손상검사를 한다.

자산손상의 징후가 발생하였고, 자산의 회수가능액이 장부금액에 미달하는 경우에는 자산의 장부금액을 회수가능액으로 감소시키고 이를 손상차손의 계정으로 당기손익으로 인식한다. 여기서 회수가능액은 자산 순공정가치와 사용가치 중 큰 금액을 말한다.

매 보고기간말마다 영업권을 제외한 자산에 대해 과거에 인식한 손상차손이 더 이상 존재하지 않거나 감소된 것을 시사하는 징후가 있는지를 검토한다. 손상환입의 징후가 발생하였고, 자산의 회수가능액이 장부금액을 초과하는 경우에는 자산의 장부금액을 회수가능액으로 증가시키며, 이를 손상차손환입의 계정으로 당기손익으로 인식한다. 여기서 주의할 점은, 손상차손환입으로 증가된 장부금액은 과거에 손상차손을 인식하기 전 장부금액의 감가상각 또는 상각 후 잔액을 초과할 수 없다는 것이다.

참 고 **개별자산별 손상차손**

개별자산별로 손상의 징후를 검토하고, 회수가능액을 추정하여 손상차손과 손상차손환입을 인식하는 회계처리는 중급회계에서 이미 학습한 바 있다. 이에 대하여는 저자의 IFRS 중급회계 제6장 '유형자산'과 제8장 '무형자산'을 참고하면 된다.

예 제 8 개별자산의 손상차손

A회사는 20×1년 초에 취득원가 ₩1,000,000(잔존가치 없고, 내용연수 5년, 정액법 상각)의 기계장치를 취득하여 사용하였다.

(1) 20×2년 말에 동 기계장치의 순공정가치는 ₩250,000, 사용가치는 ₩360,000으로 하락하였음을 알았다. 동 금액과 장부금액과는 차이가 중요하다고 판단되며, 손상징후에 해당한다.

(2) 20×3년 말 동 기계장치의 회수가능액은 ₩420,000으로 회복되었으며, 이는 손상환입징후에 해당한다.

물 음
Question

1. 각 회계연도 말에 상기 기계장치와 관련된 회계처리를 행하시오.

2. 20×2년 말과 20×3년 말의 부분재무상태표를 작성하시오.

해 답

answer

1. 회계처리

20×1.12.31	(차) 감가상각비	200,000 ①	(대) 감가상각누계액	200,000 ②
	① 1,000,000÷5년 = 200,000			
20×2.12.31	(차) 감가상각비	200,000 ①	(대) 감가상각누계액	200,000 ②
	(차) 유형자산손상차손	240,000 ③	(대) 손상차손누계액	240,000 ④
	③ 유형자산손상차손 : Max[250,000, 360,000] − (1,000,000 − 400,000) = (−)240,000			
20×3.12.31	(차) 감가상각비	120,000 ①	(대) 감가상각누계액	120,000 ②
	(차) 손상차손누계액	160,000 ④	(대) 유형자산손상차손환입	160,000 ③
	① 손상일이후 감가상각비 : 360,000÷3년 = 120,000			
	③ 손상차손환입 : Min[400,000*1 or 420,000] − 240,000 = 160,000			
	*1 손상되지 않았을 경우의 장부금액 = 1,000,000 − 200,000×3년 = 400,000			

2. 부분재무상태표

A회사 재무상태표 20×2년 말

기계장치	1,000,000		
감가상각누계액	(400,000)		
손상차손누계액	(240,000)	360,000	

A회사 재무상태표 20×3년 말

기계장치	1,000,000		
감가상각누계액	(520,000)		
손상차손누계액	(80,000)	400,000	

해 설

손상차손을 인식한 후에 손상차손환입이 발생하여 손상되지 않았을 경우의 장부금액까지 자산이 증가되는 경우에도 손상차손누계액이 전액 해소되지 않는다. 왜냐하면 손상차손으로 인하여 감가상각대상금액이 감소하여 손상차손을 인식한 이후에는 감가상각비를 적게 계상하였기 때문이다. 손상과 환입의 상황을 그림으로 분석하면 아래와 같다.

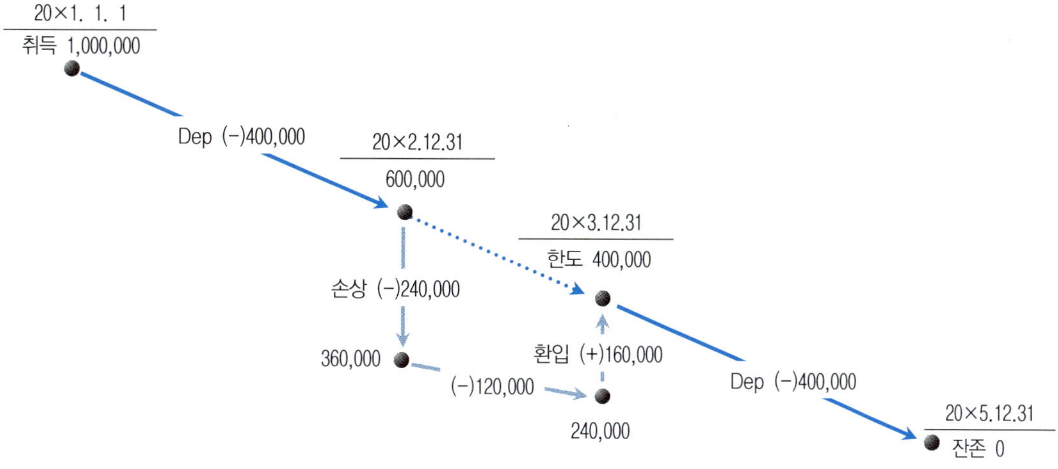

(3) 현금창출단위의 손상검토와 손상

자산손상을 시사하는 징후가 있다면 개별 자산별로 회수가능액을 추정하는 것이 원칙이다. 다만 개별 자산별로 회수가능액을 추정할 수 없다면 그 자산이 속하는 현금창출단위의 회수가능액을 결정[12)]하여, 현금창출단위 수준에서 손상차손과 손상차손의 환입을 인식하여야 한다. 여기서 현금창출단위(cash generating unit)는 다른 자산이나 자산집단에서의 현금유입과는 거의 독립적인 현금유입을 창출하는 식별가능한 최소자산집단을 말한다.

이 해 개별자산별로 회수가능액을 추정할 수 없는 이유

개별 자산의 현금유입이 다른 자산이나 자산집단에서의 현금유입과 거의 독립적으로 창출된다면 회수가능액은 개별 자산별로 결정할 수 있다. 하지만, 사용목적의 자산인 유형자산과 무형자산의 경우에는 특정 자산의 사용가치가 그 순공정가치에 근사하게 추정될 수 없으며, 특정 자산이 다른 자산의 현금흐름과 거의 독립적인 현금흐름을 창출하지 않을 수도 있다. 이 경우 회수가능액은 개별자산별로 결정할 수 없으며, 자산의 현금창출단위에 대해서만 결정할 수 있다.

12) 예를 들어, 광업기업은 채광활동을 지원하기 위해 사설철로를 소유하고 있다. 이 사설철로는 폐기물가치로만 매각될 수 있고, 사설철로는 광산의 다른 자산이 창출하는 현금유입과 거의 독립적인 현금유입을 창출하지는 않는다. 이 사설철로의 회수가능액은 추정할 수 없다. 왜냐하면 사설철로의 사용가치를 개별적으로 결정할 수 없고 그 사용가치가 폐기물가치와 다를 가능성이 높기 때문이다. 따라서 기업은 사설철로를 포함하는 현금창출단위, 즉 광산 전체의 회수가능액을 추정한다.

2 영업권이 배분된 현금창출단위의 손상

영업권은 사업결합에서 획득하였지만 개별적으로 식별하여 별도로 인식하는 것이 불가능한 여러 자산에서 발생하는 미래 경제적 효익을 나타내는 무형자산이다. 영업권은 다른 자산과는 달리 독립적으로 현금흐름을 창출하지는 못하지만, 특정 현금창출단위의 전체 현금흐름에 기여를 한다. 따라서 영업권은 해당 영업권만을 대상으로 개별적으로 손상차손을 인식하는 것이 불가능하며, 영업권이 속한 현금창출단위를 기준으로 손상가능성을 검토하고 손상차손을 인식하여야 한다. 영업권에 대한 손상을 인식하기 위하여는 다음의 절차를 따라야 한다.

(1) 영업권을 현금창출단위에 배분

취득자는 손상검사 목적상 사업결합으로 취득한 영업권을 취득일을 기준으로 사업결합으로 인한 시너지효과의 혜택을 받게 될 것으로 기대되는 각 현금창출단위나 현금창출단위집단에 배분하여야 한다. 이는 그 현금창출단위나 현금창출단위집단에 피취득자의 다른 자산이나 부채가 할당되어 있는지와 관계없이 진행된다. 영업권이 배분되는 각 현금창출단위나 현금창출단위집단은 다음을 모두 충족하여야 한다.

한편, 사업결합으로 취득한 영업권의 최초 배분을 사업결합이 이루어진 회계연도 말 이전에 완료할 수 없는 경우, 취득일 후 최초로 개시하는 회계연도 말까지 그 영업권의 최초 배분을 완료하여야 한다.

(2) 현금창출단위의 처분

영업권을 배분한 현금창출단위 내의 영업을 처분하는 경우에 처분하는 영업과 관련된 영업권은 처분손익을 산정할 때 그 영업의 장부금액에 포함한다. 한편, 기업이 처분되는 영업과 관련된 영업권을 더 잘 반영하는 다른 방법을 제시할 수 있는 경우를 제외하고는, 현금창출단위 내에 처분되는 영업과 존속하는 영업의 상대적인 가치를 기준으로 영업권의 장부금액을 배분한다. 결론적으로 영업권은 상각을 수행하지 않지만, 향후 영업의 처분시 영업의 장부금액에 포함되면서 비용화되는 것이다.

(3) 영업권이 배분된 현금창출단위에 대한 손상검사의 시기

영업권이 배분된 현금창출단위에 대해서는 매년, 그리고 손상을 시사하는 징후가 있을 때마다 영업권을 포함한 현금창출단위의 장부금액과 회수가능액을 비교하여 손상검사를 한다. 한편, 영업권이 배분된 현금창출단위를 구성하는 자산을 해당 현금창출단위와 같은 시점에 손상검사를 하는 경우에는 영업권을 포함하는 해당 현금창출단위보다 그 개별 자산에 대하여 먼저 손상검사를 수행한 후 개별 자산에 대해 먼저 손상차손을 인식한다.

(4) 영업권을 포함한 현금창출단위에 대한 손상차손의 인식

영업권을 포함한 현금창출단위의 회수가능액이 장부금액에 미달하는 경우에는 손상차손을 인식한다. 손상차손은 다음과 같은 순서로 배분하여 현금창출단위에 속하는 개별자산의 장부금액을 감소시킨다. 장부금액의 감소는 당기손익으로 인식한다. 물론, 재평가모형을 적용하는 자산에 배분된 손상차손은 재평가감소액으로 처리해야한다.

⑴ **1순위** : 현금창출단위에 배분된 영업권의 장부금액을 감소시킨다.
⑵ **2순위** : 현금창출단위에 속하는 다른 자산에 각각 장부금액에 비례하여 배분한다.

한편, 현금창출단위의 손상차손을 배분할 때 유의할 점은 개별 자산의 장부금액은 다음 중 가장 큰 금액 이하로 감소시킬 수는 없다는 것이다. 이러한 제약으로 인해 특정 자산에 배분되지 않은 손상차손은 현금창출단위내의 다른 자산에 각각 장부금액에 비례하여 배분한다. 이를 적용한 후에도 남은 손상차손이 있다면 다른 국제회계기준에서 특별히 정하고 있는 경우에만 부채로 인식한다.

⑴ 순공정가치 (측정할 수 있는 경우)
⑵ 사용가치 (산정할 수 있는 경우)
⑶ 영(0)

[현금창출단위에 대한 손상차손의 인식방법]

순 서	손상차손의 인식방법
1순위 : 영업권의 손상	영업권의 장부금액에 대하여 우선 손상차손을 인식
2순위 : 기타자산의 손상	잔여손상차손은 다른 자산의 장부금액에 비례하여 배분
3순위 : 손상차손의 재배분	배분되지 않은 손상차손은 다른 자산의 장부금액에 비례하여 재배분

(5) 현금창출단위에 대한 손상차손환입의 인식

매 보고일에 영업권을 제외한 자산에 대해 과거기간에 인식한 손상차손이 더 이상 존재하지 않거나 감소된 것을 시사하는 징후가 있는지를 검토하여, 환입의 징후가 있는 경우 당해 자산의 장부금액을 회수가능액으로 증가시킨다. 이때 당해 증가금액은 손상차손환입에 해당한다.

현금창출단위의 손상차손환입은 현금창출단위를 구성하는 영업권을 제외한 자산들의 장부금액에 비례하여 배분하며, 장부금액의 증가는 개별 자산의 손상차손환입으로 회계처리한다. 한편, 현금창출단위의 손상차손환입을 배분할 때 개별 자산의 장부금액은 다음 중 작은 금액을 초과하여 증가시킬 수 없으며, 이러한 제약으로 인해 특정 자산에 배분되지 않은 손상차손환입액은 현금창출단위 내의 영업권을 제외한 다른 자산에 각각 장부금액에 비례하여 배분한다.

(1) 회수가능액 (산정할 수 있는 경우)
(2) 과거기간에 손상차손을 인식하지 않았다면 현재 기록되어 있을 장부금액

이해 영업권 손상차손환입을 인식하지 않는 이유

영업권에 대해 인식한 손상차손은 후속기간에 환입할 수 없다. 기준서 제1038호 '무형자산'에 따르면 내부적으로 창출된 영업권은 자산으로 인식하지 아니한다. 영업권에 대해 손상차손을 인식하고 난 후 후속기간에 증가된 회수가능액은 사업결합으로 취득한 영업권의 손상차손환입액이 아니라 내부적으로 창출된 영업권 증가액일 것이다.

예제 9 현금창출단위의 손상

12월말 결산법인인 A회사는 20×1년 12월 31일 자산이 손상되었을 수 있음을 나타내는 징후를 발견하였다. A회사는 최소 현금창출단위 수준에서 손상여부를 검토하였으며 결과는 다음과 같다.

(1) 20×1년 말에 현금창출단위의 장부금액과 현금창출단위에 배분된 영업권의 금액은 다음과 같다. 단, 현금창출단위에 포함된 개별자산의 손상징후는 없는 것으로 가정한다.

현금창출단위	장부금액	비 고
건　　물	4,000,000	잔존내용연수 10년
기계장치	1,000,000	잔존내용연수 5년
영 업 권	2,000,000	
합 계	7,000,000	

(2) 현금창출단위의 회수가능액은 ₩4,500,000이며, 모든 상각대상자산의 잔존가치는 없으며, 정액법으로 상각한다.

물음 Question

1. 20×1년 말에 A회사가 현금창출단위에 대하여 인식할 손상차손을 계산하고, 관련된 회계처리를 제시하시오.
2. 20×2년 말에 A회사의 회계처리를 수행하시오.
3. 20×2년 말에 현금창출단위의 회수가능액이 ₩4,356,000으로 회복된 경우 인식할 손상차손환입과 관련된 회계처리를 제시하시오.

4. 20×2년 말에 현금창출단위의 회수가능액이 ₩4,554,000으로 회복된 경우 인식할 손상차손환입액을 각 자산별로 계산하시오.

5. 위에 제시된 물음과 달리, 20×1년 말 개별 건물의 사용가치는 산정할 수 없지만, 순공정가치가 ₩3,700,000으로 개별적인 측정이 가능한 것으로 가정하는 경우 20×1년 말 관련된 회계처리를 제시하시오.

해답 answer

1. 손상차손

(1) 현금창출단위의 손상차손 : 4,500,000 − 7,000,000 = (−)2,500,000

(2) 손상차손의 배분

현금창출단위	손상전 장부금액	손상차손의 배분	손상후 장부금액
영 업 권	2,000,000	(2,000,000) *1	−
건 물	4,000,000	(400,000) *2	3,600,000
기계장치	1,000,000	(100,000) *3	900,000
합 계	7,000,000	(2,500,000)	4,500,000

*1 우선배분

*2 (2,500,000 − 2,000,000) × 4,000,000 ÷ 5,000,000 = 400,000

*3 (2,500,000 − 2,000,000) × 1,000,000 ÷ 5,000,000 = 100,000

20×1.12.31	(차)	영업권손상차손	2,000,000 ①	(대)	손상차손누계액	2,000,000 ②
	(차)	건물손상차손	400,000 ③	(대)	손상차손누계액	400,000 ④
		기계장치손상차손	100,000 ⑤		손상차손누계액	100,000 ⑥

2. 손상일 이후의 회계처리

(1) 장부금액의 계산

현금창출단위	20×1.12.31	감가상각비	20×2.12.31
영 업 권	−	−	−
건 물	3,600,000	(360,000) *1	3,240,000
기계장치	900,000	(180,000) *2	720,000
합 계	4,500,000	(540,000)	3,960,000

*1 3,600,000 ÷ 10년 = 360,000

*2 900,000 ÷ 5년 = 180,000

(2) 회계처리

20×2.12.31	(차)	건물감가상각비	360,000 ①	(대)	감가상각누계액	360,000 ②
		기계장치감가상각비	180,000 ③		감가상각누계액	180,000 ④

3. 손상차손환입

(1) 현금창출단위의 손상차손환입 : 4,356,000 - 3,960,000 = 396,000

(2) 환입액의 배분

현금창출단위	환입전 장부금액	손상환입	환입후 장부금액
영 업 권	-	-	-
건 물	3,240,000	324,000 *1	3,564,000
기계장치	720,000	72,000 *2	792,000
합 계	3,960,000	396,000	4,356,000

*1 396,000 × 3,240,000 ÷ 3,960,000 = 324,000

*2 396,000 × 720,000 ÷ 3,960,000 = 72,000

(3) 회계처리

20×2.12.31	(차) 손상차손누계액	324,000 ②	(대)	건물손상차손환입	324,000 ①
	(차) 손상차손누계액	72,000 ④	(대)	기계장치손상차손환입	72,000 ③

❖ 영업권은 환입대상이 아니므로 고려하지 아니하며, 현금창출단위의 손상환입을 영업권을 제외한 자산의 장부금액 비율로 배분하여 환입을 인식한다.

4. 손상차손환입 (한도를 초과하는 회수가능액)

(1) 손상차손환입 : Min(4,554,000 - 3,960,000 = 594,000, 4,400,000 - 3,960,000 = 440,000) = 440,000

(2) 환입액의 배분

현금창출단위	환입전 장부금액	손상환입	손상전 장부금액
영 업 권	-	-	-
건 물	3,240,000	360,000	3,600,000 *1
기계장치	720,000	80,000	800,000 *2
합 계	3,960,000	440,000	4,400,000

*1 4,000,000 - 4,000,000 ÷ 10년 = 3,600,000

*2 1,000,000 - 1,000,000 ÷ 5년 = 800,000

(3) 회계처리

20×2.12.31	(차) 손상차손누계액	360,000 ②	(대)	건물손상차손환입	360,000 ①
	(차) 손상차손누계액	80,000 ④	(대)	기계장치손상차손환입	80,000 ③

5. 개별적인 회수가능액이 결정가능한 경우

(1) 현금창출단위의 손상차손 : 4,500,000 - 7,000,000 = (-)2,500,000

(2) 손상차손의 배분

현금창출단위	손상전	1차배분	1차배분후	2차배분	2차배분후
영 업 권	2,000,000	(2,000,000)	-	-	-
건 물	4,000,000	(400,000)	3,600,000	100,000	3,700,000
기계장치	1,000,000	(100,000)	900,000	(100,000)	800,000
합 계	7,000,000	(2,500,000)	4,500,000	0	4,500,000

20×1.12.31	(차)	영업권손상차손	2,000,000 ①	(대)	손상차손누계액	2,000,000 ②
	(차)	건물손상차손	300,000 ③	(대)	손상차손누계액	300,000 ④
		기계장치손상차손	200,000 ⑤		손상차손누계액	200,000 ⑥

보론 역취득

1 역취득의 의의

역합병(reverse merger)은 합병회사가 피합병회사를 흡수합병하는 전통적인 합병과 대비하여 쓰이는 용어로 법적으로는 피합병회사가 합병회사를 흡수합병하는 형태의 사업결합을 말하며, 국제회계기준은 이를 역취득(reverse acquisition)으로 표현하고 있다.

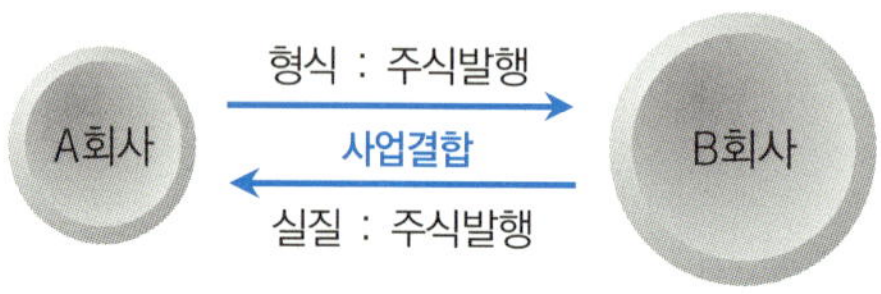

역취득의 조건

1. 이전대가로 주식발행
2. 더 많은 주식을 발행

이 해 역합병을 하는 이유

역합병을 하는 이유는 크게 두 가지가 있다. 첫 번째는 비상장기업이 상장기업을 역합병함으로써 비상장기업이 상장되는 효과를 누리는 것인데 이를 우회상장(backdoor listing)이라 한다. 증시에 상장하기 위해서는 관계법령이 정하는 일정한 자격을 갖춘 뒤 기업공개 심사기준을 거쳐야 하는데, 그 심사기준의 통과가 힘들거나, 그 노력과 비용을 투자할 여유가 없는 기업들이 주로 이용한다. 두 번째는 세무상의 이유 때문인데 피매수기업의 세무상 이월결손금이 매수기업의 세무상 이월결손금 보다 커서 피매수기업을 존속법인으로 하는 합병을 할 경우 향후 발생하는 이익의 조세절감효과를 누리기 위해서이다. 법인세법에서는 역합병에 의한 조세회피를 방지하기 위해 엄격한 기준을 정하여 그 기준에 부합될 때만 이월결손금의 승계가 가능하도록 규정하고 있다.

역취득은 사업결합을 위하여 주식을 발행한 기업인 법적 취득자가 회계목적상 피취득자로 식별될 때 발생한다. 지분을 취득당한 기업(법적 피취득자)은 역취득으로 고려되는 거래에서 회계목적상 취득자이다. 예를 들어 역취득은 때로 비상장기업이 상장되기를 원하지만 자신의 지분이 등록되는 것은 원하지 않을 때 발생한다. 이를 위하여 비상장기업은 상장기업이 자신의 지분과 교환하여 비상장기업의 지분을 취득하도록 상장기업과 약정을 할 것이다. 이 예에서 상장기업은 지분을 발행하기 때문에 법적 취득자이고, 비상장기업은 지분을 취득당하기 때문에 법적 피취득자이다. 그러나 회계적으로 볼 때는 다음과 같이 식별하게 된다.

(1) **상장기업** : 법적으로는 취득자, 하지만 회계목적상으로는 피취득자
(2) **비상장기업** : 법적으로는 피취득자, 하지만 회계목적상으로는 취득자

거래가 역취득으로 회계처리되기 위하여 회계상 피취득자는 사업의 정의를 충족해야 하며, 영업권을 인식하기 위한 요구사항을 포함한 모든 회계처리는 기준서 제1103호 '사업결합'의 모든 인식원칙과 측정원칙을 적용한다.

(1) 이전대가의 측정

역취득에서 회계상 취득자는 보통 피취득자에 대한 대가를 발행하지 않는다. 그 대신에 회계상 피취득자가 보통 회계상 취득자의 소유주에게 자신의 지분을 발행한다. 따라서 회계상 피취득자의 지분에 대하여 회계상 취득자가 이전한 대가의 취득일의 공정가치는, 법적 지배기업의 소유주가 역취득의 결과로 결합기업에 대하여 보유하는 지분과 동일한 비율의 소유지분이 유지되도록, 법적 종속기업이 법적 지배기업의 소유주에게 교부하였어야 할 법적 종속기업 지분의 수량에 기초하여 산정한다. 이러한 방식으로 산정된 지분 수량에 대한 공정가치를 피취득자에 대한 교환으로 이전된 대가의 공정가치로 사용한다.

예를 들어, A회사의 발행주식수는 100주이며, B회사의 발행주식수는 60주인 상황에서 A회사는 B회사의 보통주 각 1주와 교환하여 2.5주를 발행하고, B회사 주주 모두 자신들이 보유하고 있는 B회사 주식을 A회사의 주식으로 교환한다고 가정하자. 즉, A회사는 B회사의 보통주 60주 모두에 대해 150주를 발행하여, 결합실체에서 A사의 주주가 차지하는 지분율이 40%이고, B회사의 주주가 차지하는 지분율이 60%라면, 법적으로는 지배기업이 A회사이지만 회계적으로는 지배기업이 B회사가 된다. 이러한 상황은 다음의 그림처럼 분석될 수 있다.

[역취득의 회계적 실질]

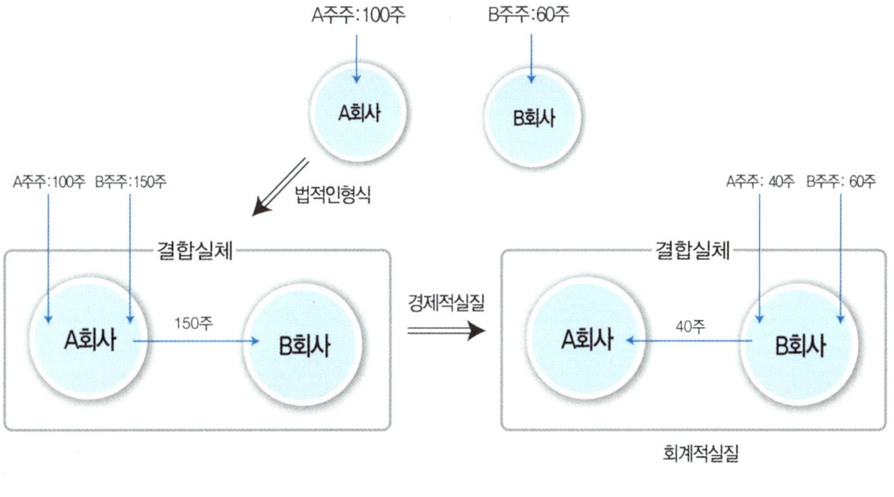

(2) 연결재무제표의 작성과 표시

역취득에 따라 작성된 연결재무제표는 법적 지배기업인 회계상 피취득자의 이름으로 발행하지만 법적 종속기업인 회계상 취득자의 재무제표가 지속되는 것으로 주석에 기재하되, 회계상 피취득자의 법적 자본을 반영하기 위하여 회계상 취득자의 법적 자본을 소급하여 수정한다. 이러한 수정은 법적 지배기업인 회계상 피취득자의 자본을 반영하기 위해 필요하다. 또한 연결재무제표에 표시된 비교정보도 법적 지배기업인 회계상 피취득자의 자본을 반영하기 위하여 소급하여 수정한다.

[역취득의 회계처리]

취 득 일	(차) 순자산공정가치(A)	×××	(대) 자 본 금(B)	×××
	영 업 권	×××	주식발행초과금	×××
자본금수정	(차) 자 본 금(B)	×××	(대) 자 본 금(A)	×××
	주식발행초과금	×××		

한편, 연결재무제표는 자본구조를 제외하고 법적 종속기업의 재무제표가 지속되는 것을 나타내기 때문에 연결재무제표는 다음 사항을 반영한다.

⑴ 법적 종속기업인 회계상 취득자의 자산과 부채는 사업결합 전의 장부금액으로 인식하고 측정하고, 법적 지배기업인 회계상 피취득자의 자산과 부채는 사업결합기준서의 규정에 따라 공정가치로 인식하고 측정

⑵ 사업결합 직전 법적 종속기업인 회계상 취득자의 이익잉여금과 기타자본의 잔액에 법적 지배기업인 회계상 피취득자의 순자산 공정가치에 사업결합 직전에 유통되던 법적 종속기업인 회계상 취득자의 발행지분을 더하여 결정한 연결재무제표상 발행 지분의 인식

⑶ 자본구조인 발행된 지분의 수량과 종류는 사업결합으로 법적 지배기업이 발행한 지분을 포함한 법적 지배기업인 회계상 피취득자의 자본구조를 반영한다. 따라서 법적 종속기업인 회계상 취득자의 자본구조는 역취득에서 발행한 법적 지배기업인 회계상 피취득자의 지분 수량을 반영하기 위하여 취득 약정에서 정한 교환비율을 이용하여 조정

⑷ 법적 종속기업인 회계상 취득자의 사업결합 전 이익잉여금과 기타 자본의 장부금액에 대한 비지배지분의 비례적 몫으로 측정

예제 10 역취득의 회계처리

20×1년 1월 1일 A회사가 B회사를 100% 취득하였다. 그러나 실제로는 B회사가 A회사를 취득한 역취득에 해당한다. 사업결합 직전 A회사와 B회사의 재무상태표는 다음과 같으며, A회사의 발행주식수는 100주이며, B회사의 발행주식수는 60주이다.

(1) 재무상태표

재무상태표
20×1년 1월 1일

	A회사	B회사		A회사	B회사
유동자산	500,000	700,000	유동부채	300,000	600,000
비유동자산	1,300,000	3,000,000	비유동부채	400,000	1,100,000
			납입자본	300,000	600,000
			이익잉여금	800,000	1,400,000
	1,800,000	3,700,000		1,800,000	3,700,000

(2) 20×1년 1월 1일에 A사는 B사의 보통주 각 1주와 교환하여 2.5주를 발행하여, B사 주주 모두 자신들이 보유하고 있는 B사 주식을 교환한다. 따라서 A사는 B사의 보통주 60주 모두에 대해 150주를 발행한다.

(3) 20×1년 1월 1일에 B사의 보통주 1주의 공정가치는 ₩40,000이다. 동일자에 A사 보통주의 공정가치는 ₩16,000이다.

(4) 20×1년 1월 1일에 A사의 비유동자산의 공정가치는 ₩1,500,000이며 이를 제외하고 20×1년 1월 1일에 A사의 식별가능한 자산과 부채의 공정가치는 장부금액과 동일하다.

물음
Question

1. 거래의 실질에 따라 역취득에서 발생한 이전대가의 공정가치를 계산하시오.
2. 사업결합의 결과로 발생하는 영업권의 금액을 계산하고, 경제적 실질에 따라 합병관련 회계처리를 수행하시오.
3. 결합직후 결합실체의 외부공표용 재무상태표를 제시하시오. 단, 자본금과 자본잉여금은 분리하여 표시할 필요 없다.
4. A회사와 B회사 주식의 액면금액이 모두 ₩1,000인 경우 납입자본을 자본금과 자본잉여금으로 분리하여 결합실체의 외부공표용 재무상태표를 제시하시오.

해 답

answer

[역취득의 회계적 실질]

구 분	A회사	B회사	합 계
사업결합 전 발행주식	100주	60주	
사업결합 후 발행주식(형식) : A가 주식을 발행	100주	150주	250주
지 분 율	40%	60%	100%
사업결합 후 발행주식(실질) : B가 주식을 발행	40주	60주	100주

1. 이전대가의 공정가치

A사(법적 지배기업, 회계상 피취득자)가 보통주 150주를 발행한 결과, B사의 주주는 결합실체의 발행 주식의 60%(즉, 발행주식 250주 중 150주)를 소유한다. 그 나머지 40%는 A사의 주주가 소유한다. 만일 이 사업결합에서 B사가 A사의 보통주와 교환하여 A사의 주주에게 추가 주식을 발행하는 형식을 취했다면, B사는 결합기업에 대한 소유지분비율을 동일하게 유지하기 위해 40주를 발행해야 했을 것이다. 그렇게 되면 B사의 주주는 B사의 발행 주식 100주 중 60주(결합기업의 60%)를 소유하게 될 것이다. 그 결과, B사의 사실상 이전대가의 공정가치는 A사에 대한 연결실체의 지분인 ₩1,600,000(주당 공정가치 ₩40,000인 40주)이다.

2. 영업권의 계산

영업권은 A사가 인식한 식별가능한 자산과 부채의 순금액에 대한 사실상 이전대가(A사에 대한 연결실체의 지분)의 공정가치의 초과분으로 인식하며 이는 다음과 같다.

(1) B회사가 제공한 사실상 이전대가		1,600,000
(2) A사의 식별가능한 자산과 인수부채		
① 유동자산	500,000	
② 비유동자산	1,500,000	
③ 유동부채	(300,000)	
④ 비유동부채	(400,000)	(1,300,000)
(3) 영업권		**300,000**

(4) 회계처리

20×1. 1. 1	(차)	유동자산(A)	500,000 ①	(대)	유동부채(A)	300,000 ③
		비유동자산(A)	1,500,000 ②		비유동부채(A)	400,000 ④
		영 업 권	300,000 ⑥		납입자본(B)	1,600,000 ⑤

3. 20×1년 1월 1일 결합 후 재무제표 (자본금을 분리하여 인식하지 않는 경우)

사업결합후 재무상태표

20×1년 1월 1일

유동자산 B+A	1,200,000	유동부채 B+A	900,000
비유동자산 B+A	4,500,000	비유동부채 B+A	1,500,000
영 업 권 A	300,000	납입자본 B	2,200,000
		이익잉여금 B	1,400,000
	6,000,000		6,000,000

4. 20×1년 1월 1일 결합 후 재무제표 (자본금을 분리하여 인식하는 경우)

사업결합후 재무상태표

20×1년 1월 1일

유동자산 B+A	1,200,000	유동부채 B+A	900,000
비유동자산 B+A	4,500,000	비유동부채 B+A	1,500,000
영 업 권 A	300,000	자본금(100주+150주) A	250,000
		주식발행초과금	1,950,000
		이익잉여금 B	1,400,000
	6,000,000		6,000,000

해설

1. 사업결합전 납입자본을 자본금과 주식발행초과금으로 구분하면 다음과 같다.

사업결합전 재무상태표

20×1년 1월 1일

	A회사	B회사		A회사	B회사
유동자산	500,000	700,000	유동부채	300,000	600,000
비유동자산	1,300,000	3,000,000	비유동부채	400,000	1,100,000
			자본금(₩1,000)	100,000	60,000
			주식발행초과금	200,000	540,000
			이익잉여금	800,000	1,400,000
	1,800,000	3,700,000		1,800,000	3,700,000

2. 자본금을 분리하여 인식하는 경우 아래와 같이 2단계로 구분하여 회계처리를 이해하면 훨씬 더 쉽다.

⑴ B회사가 A회사를 회계적으로 취득하는 회계처리

20×1. 1. 1	(차)	유동자산(A)	500,000 ①	(대)	유동부채(A)	300,000 ③
		비유동자산(A)	1,500,000 ②		비유동부채(A)	400,000 ④
		영 업 권	300,000 ⑦		자 본 금(B)	40,000 ⑤
					주식발행초과금	1,560,000 ⑥

⑵ 연결재무제표에 발행자본으로 인식된 금액인 ₩2,200,000은 사실상 이전대가의 공정가치 ₩1,600,000과 사업결합 직전 법적 종속기업의 발행자본 금액 ₩600,000을 합산하여 결정한다. 그러나 연결재무제표에 나타나는 자본구조(즉, 발행된 주식수와 유형)는 결합을 이루기 위해 법적 지배기업이 발행한 지분을 포함한 법적 지배기업의 자본구조를 반영해야 하므로, 다음과 같은 조정을 추가로 수행해주면 된다.

20×1. 1. 1	(차)	자 본 금(B)	100,000 ①	(대)	자 본 금(A)	250,000 ②
		주식발행초과금	150,000 ③			

보론 식별가능한 무형자산의 사례

취득자는 사업결합에서 취득한 식별가능한 무형자산을 영업권과 분리하여 인식한다. 무형자산은 분리가능성기준과 계약적·법적기준을 충족하는 경우에 식별가능하다고 본다. 다음은 사업결합에서 취득한 식별가능한 무형자산에 대한 사례이다. 이 사례 가운데 일부는 무형자산이 아닌 자산의 특성이 있을 수 있다. 취득자는 자산의 실질에 따라 이러한 자산을 회계처리하면 된다.

1 마케팅관련 무형자산

마케팅관련 무형자산은 주로 제품이나 용역의 마케팅 또는 촉진에 사용된다. 마케팅관련 무형자산의 예는 다음과 같다.

종 류	식별가능성 판단기준
등록상표, 상표명, 서비스마크, 단체마크(collective marks) 및 인증마크	계약적
거래표식 [Trade dress(독특한 색, 모양 또는 포장 디자인)]	계약적
신문 제호	계약적
인터넷 도메인 명	계약적
비경쟁 합의	계약적

(1) 등록상표, 상표명, 서비스마크, 단체마크 및 인증마크

등록상표는 제품의 원천을 나타내고 다른 제품과 구분하기 위하여 거래에서 사용하는 단어, 이름, 상징 또는 그 밖의 도안을 말한다. 서비스마크는 제품보다는 용역의 원천을 식별하고 구분한다. 단체마크는 단체 구성원들의 제품과 용역을 식별한다. 인증마크는 제품과 용역의 원산지나 그 밖의 특성을 증명한다.

등록상표, 상표명, 서비스마크, 단체마크 및 인증마크는 정부기관에 등록하거나 상업적으로 계속 사용하거나 또는 그 밖의 방법에 의해 법적으로 보호받을 수 있다. 등록이나 그 밖의 방법에 의해 법적으로 보호받는 경우, 사업결합에서 취득한 등록상표나 그 밖의 마크는 계약적·법적 기준을 충족하는 무형자산이다. 그렇지 않다면 사업결합에서 취득한 등록상표나 그 밖의 마크는 일반적으로 그렇듯이 분리가능성 기준을 충족한다면 영업권과 별도로 인식할 수 있다.

등록상표 그리고 그 밖의 마크와 동의어로 종종 사용되는 '브랜드'나 '브랜드 명'이라는 용어는 등록상표(또는 서비스마크), 이와 관련된 상표명, 공식, 조리법 그리고 기술적 전문지식과 같이 서로 보완적인 자산 집합을 전형적으로 나타내는 일반적인 마케팅 용어이다. 기준서 제1103호는 집합을 구성하는 자산들이 유사한 내용연수를 갖는 경우 일반적으로 브랜드로 불려지는 서로 보완적인 무형자산 집합을 영업권과 분리하여 단일 자산으로 인식하는 것을 배제하지 않는다.

(2) 인터넷 도메인 명

인터넷 도메인 명은 특정 숫자로 나타낸 인터넷 주소를 식별하는 데 사용하는 문자와 숫자를 조합한 독특한 이름이다. 도메인 명을 등록하면 등록기간 동안 그 이름과 인터넷상의 지정된 컴퓨터 간의 관계가 생성된다. 이러한 등록은 갱신가능하다. 사업결합에서 취득한 등록된 도메인 명은 계약적·법적 기준을 충족한다.

2 고객관련 무형자산

고객관련 무형자산의 예는 다음과 같다.

종 류	식별가능성 판단기준
고객목록	비계약적
주문잔고나 생산잔고	계약적
고객계약 및 관련 고객관계	계약적
비계약적 고객관계	비계약적

(1) 고객목록

고객목록은 고객명단과 계약정보와 같은 고객에 관한 정보로 구성된다. 또한 고객목록은 고객의 주문내력과 인구통계학적 정보와 같은 고객에 관한 그 밖의 정보를 포함한 데이터베이스의 형태로 존재할 수도 있을 것이다. 고객목록은 일반적으로 계약이나 그 밖의 법적 권리에서 발생하는 것이 아니다. 그러나 고객목록은 종종 리스되거나 교환된다. 따라서 사업결합에서 취득한 고객목록은 분리가능성 기준을 일반적으로 충족한다.

(2) 주문잔고나 생산잔고

주문잔고나 생산잔고는 매입주문이나 판매주문과 같은 계약에서 발생한다. 사업결합에서 취득한 주문잔고나 생산잔고는 매입주문이나 판매주문이 취소될 수 있는 경우에도 계약적·법적 기준을 충족한다.

(3) 고객계약 및 관련 고객관계

기업이 계약을 통해 고객과의 관계를 형성하는 경우, 그러한 고객관계는 계약적 권리에서 발생한다. 따라서 비밀유지 조건이나 그 밖의 계약적 조건으로 인해 피취득자와 분리하여 계약의 판매나 이전이 금지되는 경우에도 사업결합에서 취득한 고객계약 및 관련 고객관계는 계약적·법적 기준을 충족한다.

(4) 비계약적 고객관계

사업결합에서 취득한 고객관계가 계약에서 발생하지 않은 경우라 할지라도 그 관계가 분리가능하기 때문에 식별가능할 수도 있다. 다른 기업이 특정 유형의 비계약적 고객관계를 매각하였거나 이전하였다는 것을 나타내는 동일한 자산이나 유사한 자산의 교환거래가 있다면 그러한 거래는 그 관계가 분리가능하다는 증거가 될 것이다.

3 예술관련 무형자산

예술관련 무형자산의 예는 다음과 같다.

종 류	식별가능성 판단기준
연극, 오페라 및 발레	계약적
책, 잡지, 신문 및 그 밖의 저술 작품	계약적
작곡, 노래 가사 및 광고용 노래 등과 같은 음악 작품	계약적
그림, 사진	계약적
동영상이나 필름, 뮤직비디오 및 텔레비전 프로그램 등 시각 및 시청각 자료	계약적

사업결합에서 취득한 예술관련 자산이 저작권에 의해서 제공되는 자산과 같이 계약적·법적 권리에 의해서 발생하는 경우에는 식별가능하다. 그 보유자는 양도로 저작권 전체를 이전하거나 라이선스 약정을 통해 부분적으로 이전할 수 있다. 저작권 무형자산과 관련 양도나 라이선스 약정이 유사한 내용연수를 갖는다면, 취득자가 그러한 자산들을 하나의 자산으로 인식하는 것이 금지되지 않는다.

4 계약에 기초한 무형자산

계약에 기초한 무형자산은 계약적 약정에서 발생하는 권리의 가치를 나타낸다. 고객계약은 계약에 기초한 무형자산의 한 형태이다. 계약조건상 부채가 발생하는 경우(예 운용리스나 고객계약의 조건이 시장 조건에 비하여 불리한 경우) 취득자는 이를 사업결합에서 인수 부채로 인식한다. 계약에 기초한 무형자산의 예는 다음과 같다.

종 류	식별가능성 판단기준
라이선스, 로열티 및 불가침약정	계약적
광고, 건설, 경영, 용역 또는 공급 계약	계약적
리스 약정 (피취득자가 리스이용자나 리스제공자인 경우)	계약적
건축 허가	계약적
프랜차이즈 합의	계약적
운영권 및 방송권	계약적
관리용역계약 (예 모기지관리용역계약)	계약적
고용 계약	계약적
시추, 물, 공기, 벌목 및 노선 등에 대한 사용 권리	계약적

(1) 관리용역계약

금융자산을 관리하는 계약은 계약에 기초한 무형자산의 한 유형이다. 관리용역은 모든 금융자산에 내재되어 있지만 다음 중 하나에 의해 별개의 자산(또는 부채)이 된다.

① 관리용역은 보유하면서 자산을 매각하거나 증권화하여 대상이 되는 기초 금융자산과 계약적으로 분리되는 경우

② 관리용역을 별도로 매입하거나 인수하는 경우

모기지대여금, 신용카드 수취채권 또는 그 밖의 금융자산이 관련되는 보유된 관리용역과 함께 사업결합에서 취득되는 경우, 내재된 관리용역에 대한 권리의 공정가치는 취득한 금융자산의 공정가치 측정치에 포함되므로 그 내재된 관리용역에 대한 권리는 별도의 무형자산이 아니다.

(2) 고용 계약

계약의 가격이 시장조건에 비하여 유리하기 때문에 고용자의 관점에서 유리한 고용계약은 계약에 기초한 무형자산의 한 유형이다.

(3) 사용권리

사용권리는 시추, 물, 공기, 벌목 및 노선에 대한 권리를 포함한다. 일부 사용권리는 계약에 기초한 무형자산으로서 영업권과 분리하여 회계처리한다. 그 밖의 사용권리는 무형자산보다는 유형자산의 성격을 가질 수도 있다. 취득자는 그러한 자산의 성격에 기초하여 사용권리에 대해 회계처리하여야 한다.

5 기술에 기초한 무형자산

기술에 기초한 무형자산의 예는 다음과 같다.

종 류	식별가능성 판단기준
특허기술	계약적
컴퓨터 소프트웨어와 마스크 작업물	계약적
특허받지 않은 기술	비계약적
권원기록부(title plants)를 포함한 데이터베이스	비계약적
비밀 공식, 공정 및 조리법 등과 같은 거래상의 비밀	계약적

(1) 컴퓨터 소프트웨어와 마스크 작업물

법적으로 보호받는 특허권이나 저작권과 같이 사업결합에서 취득한 컴퓨터 소프트웨어와 프로그램 포맷은 무형자산으로 식별되기 위한 계약적·법적 기준을 충족한다.

마스크 작업물은 일련의 스텐실이나 통합된 회로로서 읽기전용기억장치칩에 영구히 저장된 소프트웨어이다. 마스크 작업물은 법적으로 보호받을 수 있다. 사업결합에서 취득한 법적으로 보호받는 마스크 작업물은 무형자산으로 식별되기 위한 계약적·법적 기준을 충족한다.

(2) 권원기록부를 포함한 데이터베이스

데이터베이스는 컴퓨터 디스크나 파일과 같은 전자 형태로 종종 저장되는 정보의 집합이다. 원작자의 원저작물을 포함하고 있는 데이터베이스는 저작권을 보호받을 권리를 가질 수 있다. 사업결합에서 취득하고 저작권에 의해 보호받는 데이터베이스는 계약적·법적 기준을 충족한다. 그러나 데이터베이스는 고객목록과 같은 기업의 일상적인 영업에 의해 생성된 정보 또는 과학적 정보나 신용정보와 같은 전문화된 정보를 전형적으로 포함하고 있다. 저작권에 의해서 보호되지 않는 데이터베이스는 그 전체나 일부를 외부와 교환하거나 라이선스하거나 리스할 수 있으며 종종 그렇게 하고 있다. 따라서 데이터베이스에 의한 미래경제적효익이 법적 권리에서 발생하지 않더라도, 사업결합에서 취득한 데이터베이스는 분리가능성 기준을 충족한다.

권원기록부는 특정 지역에 있는 토지의 필지에 대한 소유권에 영향을 주는 모든 사항들의 역사적 기록으로 구성된다. 권원기록부 자산은 교환거래를 통해 전부 혹은 부분적으로 매매되거나 라이선스 될 수 있다. 따라서 사업결합에서 취득한 권원기록부 자산은 분리가능성 기준을 충족한다.

(3) 비밀 공식, 공정 및 조리법 등과 같은 거래상의 비밀

거래상의 비밀은 (1) 일반적으로 알려지지 않기에 독립적인 경제적 가치(실질적인 가치 또는 잠재적인 가치)를 유발하며 (2) 비밀을 유지하기 위한 상황에 따른 합리적인 노력의 대상이 되는 정보로서 공식, 유형, 조리법, 편집, 프로그램, 고안, 방법, 기술 또는 공정을 포함한다. 사업결합에서 취득한 거래상의 비밀에서 나오는 미래경제적효익이 법적으로 보호되는 경우, 그러한 자산은 계약적·법적 기준을 충족한다. 그렇지 않다면 사업결합에서 취득한 거래상 비밀은 통상 그러하듯이 분리가능성 기준이 충족되는 경우에만 식별가능하다.

OX형 연습문제

1 기업은 거래나 그 밖의 사건이 사업결합인지에 대하여 이 기준서의 정의를 적용하여 결정하는데, 그 정의는 사업결합은 취득 자산과 인수 부채가 사업을 구성해야 한다고 규정하고 있다. 취득 자산이 사업이 아닐 경우에 보고기업은 그 거래나 그 밖의 사건을 자산의 취득으로 회계처리한다.

2 취득법 적용의 일환으로 인식요건을 충족하려면, 식별가능한 취득 자산과 인수 부채는 별도 거래의 결과가 아니라 사업결합 거래에서 취득자와 피취득자(또는 피취득자의 이전 소유주) 사이에 교환된 것의 일부이어야 한다.

3 취득자가 인식의 원칙과 조건을 적용할 경우에 피취득자의 이전 재무제표에 자산과 부채로 인식되었던 자산과 부채만이 인식될 수 있다.

4 모든 사업결합에서 취득자는 피취득자에 대한 비지배지분을 피취득자의 식별가능한 순자산 중 비지배지분의 비례적 지분으로만 측정한다.

5 과거사건에서 발생한 현재의무이고 그 공정가치를 신뢰성 있게 측정할 수 있다면, 취득자는 취득일 현재 사업결합에서 인수한 우발부채를 인식하며, 당해 의무를 이행하기 위하여 경제적효익을 갖는 자원이 유출될 가능성이 높지 않더라도 취득자는 취득일에 사업결합으로 인수한 우발부채를 인식한다.

6 단계적으로 이루어지는 사업결합의 경우 취득자가 이전에 보유하고 있던 피취득자에 대한 지분의 취득일의 공정가치를 이전대가로 측정한다.

7 측정기간 동안에, 취득일 현재 존재하던 사실과 상황에 대하여 새롭게 입수한 정보가 있는 경우 취득자는 취득일에 이미 알았더라면 취득일에 인식한 금액의 측정에 영향을 주었을 그 정보를 반영하기 위하여 취득일에 인식한 잠정금액을 소급하여 조정한다.

8 취득자는 취득관련 모든 원가에 대하여 당해 원가가 발생하고 용역을 제공받은 기간에 비용으로 회계처리한다.

해답
answer

1 ○

2 ○

3 × 취득자가 인식의 원칙과 조건을 적용할 경우에 피취득자의 이전 재무제표에 자산과 부채로 인식되지 않았던 자산과 부채가 일부 인식될 수 있다. 예를 들어 취득자는 피취득자가 내부에서 개발하고 관련 원가를 비용으로 처리하였기 때문에 피취득자 자신의 재무제표에 자산으로 인식하지 않았던 브랜드명, 특허권 또는 고객관계와 같은 취득한 식별가능한 무형자산을 인식한다.

4 × 모든 사업결합에서 취득자는 피취득자에 대한 비지배지분을 공정가치 또는 피취득자의 식별가능한 순자산 중 비지배지분의 비례적 지분으로 측정한다.

5 ○

6 ○

7 ○

8 × 채무증권과 지분증권의 발행원가는 당해 증권의 발행원가에서 직접 차감한다.

실전형 연습문제

01 선다형

ADVANCED ACCOUNTING

1 ㈜대한은 20×1년 7월 1일 ㈜민국의 A부문을 ₩450,000에 인수하였다. 다음은 20×1년 7월 1일 현재 ㈜민국의 A부문 현황이다. A부문에 귀속되는 부채는 없다.

A부문

㈜민국 20×1년 7월 1일 현재 (단위 : ₩)

계정과목	장부금액	공정가치
토 지	200,000	220,000
건 물	150,000	200,000
기계장치	50,000	80,000
	400,000	500,000

공정가치는 실제보다 과대평가되지 않았다. 20×1년 7월 1일 현재 건물과 기계장치의 잔존 내용연수는 각각 10년과 5년이며 모두 잔존가치 없이 정액법으로 감가상각한다. 20×1년 말까지 ㈜대한은 동 자산들을 보유하고 있으며 손상징후는 없다. 취득일 현재 ㈜민국의 A부문에 표시된 자산 외에 추가적으로 식별가능한 자산은 없으며 20×1년 말까지 다른 거래는 없다. ㈜민국의 A부문이 별도의 사업을 구성하고 ㈜대한이 지배력을 획득하여 사업결합 회계처리를 하는 상황과 별도의 사업을 구성하지 못하여 ㈜대한이 자산집단을 구성하는 각 자산의 취득원가를 결정하기 위한 회계처리를 하는 상황으로 나눈다. 각 상황이 20×1년 7월 1일부터 20×1년 12월 31일까지 ㈜대한의 당기순이익에 미치는 영향은 각각 얼마인가? (회계사 2019)

	사업구성	자산집단구성
①	₩32,000 증가	₩16,200 감소
②	₩32,000 감소	₩16,200 감소
③	₩18,000 감소	₩32,400 감소
④	₩18,000 증가	₩32,400 증가
⑤	₩18,000 감소	₩32,400 증가

해답

(1) 사업을 구성하는 경우의 회계처리

20×1. 7. 1	(차) 토　　지	220,000	(대) 현　　금	450,000
	건　　물	200,000	염가매수차익	50,000
	기계장치	80,000		
20×1. 12.31	(차) 감가상각비	10,000	(대) 건　　물	10,000
	(차) 감가상각비	8,000	(대) 기계장치	8,000

(2) 사업을 구성하지 않는 경우의 회계처리

① 토지로 배분되는 금액 : 일괄취득금액 450,000×토지공정가치 220,000÷총공정가치 500,000=198,000

② 건물로 배분되는 금액 : 일괄취득금액 450,000×건물공정가치 200,000÷총공정가치 500,000=180,000

③ 기계로 배분되는 금액 : 일괄취득금액 450,000×기계공정가치 80,000÷총공정가치 500,000=72,000

20×1. 7. 1	(차) 토　　지	198,000	(대) 현　　금	450,000
	건　　물	180,000		
	기계장치	72,000		
20×1. 12.31	(차) 감가상각비	9,000	(대) 건　　물	9,000
	(차) 감가상각비	7,200	(대) 기계장치	7,200

①

2 ㈜대한은 20×1년 중에 ㈜민국의 의결권 있는 보통주 150주(지분율 15%)를 ₩150,000에 취득하고, 이를 기타포괄손익-공정가치 측정 금융자산(FVOCI 금융자산)으로 분류하였다. ㈜대한은 20×2년 초에 추가로 ㈜민국의 나머지 의결권 있는 보통주 850주(지분율 85%)를 취득하여 합병하였다. 이 주식의 취득을 위해 ㈜대한은 ₩200,000의 현금과 함께 보통주 500주(액면총액 ₩500,000, 공정가치 ₩800,000)를 발행하여 ㈜민국의 주주들에게 지급하였다. 합병일 현재 ㈜민국의 의결권 있는 보통주 공정가치는 주당 ₩1,200, 액면가는 주당 ₩1,000이다. ㈜대한은 신주발행과 관련하여 ₩10,000의 신주발행비용을 지출하였다. ㈜대한이 합병일(20×2년 1월 1일)에 수행한 사업결합 관련 회계처리를 통해 인식한 영업권은 얼마인가? (회계사 2023)

(1) 취득일인 20×2년 1월 1일 현재 ㈜민국의 요약재무상태표는 다음과 같다.

구 분	장부금액	공정가치
유동자산	150,000	200,000
유형자산(순액)	1,050,000	1,280,000
자 산	1,200,000	
부 채	600,000	600,000
자 본 금	200,000	
이익잉여금	400,000	
부채와 자본	1,200,000	

(2) ㈜대한은 합병과 관련하여 만세회계법인에게 ㈜민국의 재무상태 실사 용역을 의뢰하였고, ₩30,000의 용역수수료를 지급하였다. 그리고 ㈜대한은 합병업무 전담팀을 구성하였는데, 이 팀 유지 원가로 ₩20,000을 지출하였다.

(3) 합병일 현재 ㈜민국의 종업원들은 회사 경영권의 변동에도 불구하고 대부분 이직하지 않았다. 이 때문에 ㈜대한은 합병일 이후 즉시 ㈜민국이 영위하던 사업을 계속 진행할 수 있었으며, ㈜대한의 경영진은 이러한 ㈜민국의 종업원들의 가치를 ₩80,000으로 추정하였다.

(4) 합병일 현재 ㈜민국의 상표명 'K-World'는 상표권 등록이 되어 있지 않아 법적으로 보호받을 수 없는 것으로 밝혀졌다. 그러나 ㈜민국이 해당 상표를 오랫동안 사용해왔다는 것을 업계 및 고객들이 인지하고 있어, 합병 이후 ㈜대한이 이 상표를 제3자에게 매각하거나 라이선스 계약을 체결할 수 있을 것으로 확인되었다. ㈜대한은 이 상표권의 가치를 ₩30,000으로 추정하였다.

① ₩240,000 ② ₩270,000 ③ ₩290,000
④ ₩300,000 ⑤ ₩330,000

해답

(1) 식별가능한 순자산공정가치 : 유동 200,000 + 유형 1,280,000 - 부채 600,000 + 상표권 30,000 = 910,000

(2) 이전대가의 공정가치 : 기보유 150주×₩1,200 + 현금 200,000 + 발행주식 800,000 = 1,180,000

(3) 영업권의 금액 : 1,180,000 - 910,000 = 270,000

일자		차변	금액		대변	금액
20×2. 1. 1	(차)	기타포괄금융자산	30,000	(대)	기타포괄평가이익	30,000
	(차)	식별가능순자산	910,000	(대)	기타포괄금융자산	180,000
		영 업 권	270,000		현 금	200,000
					자 본 금	500,000
					주식발행초과금	300,000
	(차)	기타포괄평가이익	30,000	(대)	미처분이익잉여금	30,000
	(차)	주식발행초과금	10,000	(대)	현 금	60,000
		수수료비용	30,000			
		유지관리비용	20,000			

②

3 ㈜대한은 20×1년 7월 1일을 취득일로 하여 ㈜민국을 흡수합병하고, ㈜민국의 기존 주주들에게 현금 ₩350,000을 이전대가로 지급하였다. ㈜대한과 ㈜민국은 동일 지배하에 있는 기업이 아니다. 합병 직전 양사의 장부금액으로 작성된 요약재무상태표는 다음과 같다. ㈜대한이 취득일(20×1년 7월 1일)에 수행한 사업결합 관련 회계처리를 통해 최초 인식한 영업권은 얼마인가?

(회계사 2020)

(1) 취득일인 20×1년 7월 1일의 ㈜대한과 ㈜민국의 재무상태표는 다음과 같다. 추가로 설명하는 사항을 제외하고 장부금액과 공정가치는 일치한다.

계정과목	㈜대한	㈜민국
현 금	200,000	100,000
재고자산	360,000	200,000
사용권자산(순액)	-	90,000
건물(순액)	200,000	50,000
토 지	450,000	160,000
무형자산(순액)	90,000	50,000
자산 총계	1,300,000	650,000
유동부채	250,000	90,000
리스부채	-	100,000
기타비유동부채	300,000	200,000
자 본 금	350,000	150,000
자본잉여금	100,000	50,000
이익잉여금	300,000	60,000
부채와 자본총계	1,300,000	650,000

(2) ㈜대한은 ㈜민국이 보유하고 있는 건물에 대해 독립적인 평가를 하지 못하여 취득일에 잠정적인 공정가치로 ₩60,000을 인식하였다. ㈜대한은 20×1년 12월 31일에 종료하는 회계연도의 재무제표 발행을 승인할 때까지 건물에 대한 가치평가를 완료하지 못했다. 하지만 20×2년 5월 초 잠정금액으로 인식했던 건물에 대한 취득일의 공정가치가 ₩70,000이라는 독립된 가치평가 결과를 받았다. 취득일 현재 양사가 보유하고 있는 모든 건물은 잔존내용연수 4년, 잔존가치 ₩0, 정액법으로 감가상각한다.

(3) ㈜민국은 기계장치를 기초자산으로 하는 리스계약의 리스이용자로 취득일 현재 잔여리스료의 현재가치로 측정된 리스부채는 ₩110,000이다. 리스의 조건은 시장조건에 비하여 유리하며, 유리한 금액은 취득일 현재 ₩10,000으로 추정된다. 동 리스는 취득일 현재 단기리스나 소액 기초자산 리스에 해당하지 않는다.

(4) ㈜민국은 취득일 현재 새로운 고객과 향후 5년간 제품을 공급하는 계약을 협상하고 있다. 동 계약의 체결가능성은 매우 높으며 공정가치는 ₩20,000으로 추정된다.

(5) ㈜민국의 무형자산 금액 ₩50,000 중 ₩30,000은 ㈜대한의 상표권을 3년 동안 사용할 수 있는 권리이다. 잔여계약기간인 2년에 기초하여 측정한 동 상표권의 취득일 현재 공정가치는 ₩40,000이다. 동 상표권을 제외하고 양사가 보유하고 있는 다른 무형자산의 잔존내용연수는 취득일 현재 모두 5년이며, 모든 무형자산(영업권 제외)은 잔존가치 없이 정액법으로 상각한다.

(6) ㈜민국은 취득일 현재 손해배상소송사건에 계류 중에 있으며 패소할 가능성이 높지 않아 이를 우발부채로 주석공시하였다. 동 소송사건에 따른 손해배상금액의 취득일 현재 신뢰성 있는 공정가치는 ₩10,000으로 추정된다.

① ₩40,000 ② ₩50,000 ③ ₩60,000
④ ₩70,000 ⑤ ₩90,000

해답

(1) 회계처리 (참고용)

20×1. 7. 1	(차)	현 금	100,000	(대)	유동부채	90,000
		재고자산	200,000		리스부채	110,000
		사용권자산	120,000		손실충당부채	10,000
		건 물	60,000		기타비유동부채	200,000
		토 지	160,000		현 금	350,000
		무형자산	60,000			
		영 업 권	60,000			

③

4 위의 [문제3]에서 제시한 자료를 제외하고 추가사항이 없을 때 20×2년 6월 30일 ㈜대한의 재무상태표에 계상될 건물(순액)과 영업권을 제외한 무형자산(순액)의 금액은 각각 얼마인가? 단, ㈜대한은 건물과 무형자산에 대하여 원가모형을 적용하고 있으며, 감가상각비와 무형자산상각비는 월할계산한다.

	건물(순액)	무형자산(순액)		건물(순액)	무형자산(순액)
①	₩187,500	₩108,000	②	₩195,000	₩108,000
③	₩195,000	₩116,000	④	₩202,500	₩108,000
⑤	₩202,500	₩116,000			

해답

(1) 건물(순액) : ㈜대한건물 200,000 - 상각 200,000÷4년 + ㈜민국건물 70,000 - 상각 70,000÷4년 = 202,500

(2) 무형자산(순액) : ㈜대한무형 90,000 - 상각 90,000÷5년 + ㈜민국상표 40,000 - 상각 40,000÷2년 + ㈜민국기타 20,000 - 상각 20,000÷5년 = 108,000

④

5 아래의 자료를 이용하는 경우 ㈜대한이 지배력 취득일인 20×1년 7월 1일에 수행한 사업결합 관련 회계처리를 통해 최초 인식한 영업권은 얼마인가? (회계사 2025)

(1) ㈜대한은 20×1년 초에 ㈜민국의 보통주 100주(지분율 10%)를 ₩120,000에 취득하고, 이를 당기손익-공정가치측정(FVPL) 금융자산으로 분류하였다.

(2) ㈜대한은 20×1년 7월 1일 ㈜민국의 보통주 900주(지분율 90%)를 추가 취득하여 기존의 보유주식과 함께 소각하고 ㈜민국을 흡수합병하였다. 이 주식의 취득을 위해 ㈜대한은 보통주 900주(1주당 액면금액 ₩500, 1주당 공정가치 ₩1,500)를 발행하여 ㈜민국의 기존 주주들에게 지급하였다. 지배력 취득일 현재 ㈜민국의 보통주 1주당 공정가치는 ₩1,400으로 추정된다. ㈜대한과 ㈜민국은 동일지배하에 있는 기업이 아니다.

(3) ㈜대한은 합병과 관련하여 회계법인 자문수수료 ₩10,000과 신주발행비용 ₩3,000을 지출하였다. 취득일인 20×1년 7월 1일 현재 ㈜민국의 요약재무상태표는 다음과 같다.

계정과목	장부금액	계정과목	장부금액
유동자산	600,000	부　채	300,000
유형자산(순액)	900,000	자 본 금	1,000,000
		이익잉여금	200,000
자산총계	1,500,000	부채및자본총계	1,500,000

(4) ㈜대한은 취득일 현재 ㈜민국의 유동자산과 부채의 공정가치를 각각 ₩800,000과 ₩300,000으로 추정하였다.

(5) ㈜대한은 ㈜민국의 유형자산에 대해 독립적인 가치평가를 하지 못하여 취득일에 잠정적인 공정가치로 ₩1,000,000을 인식하였다. ㈜대한은 20×1년 12월 31일에 종료하는 회계연도의 재무제표 발행을 승인할 때까지 유형자산에 대한 가치평가를 완료하지 못하였다. ㈜대한은 동 유형자산에 대하여 원가모형을 적용하고, 취득일 현재 잔존내용연수는 10년이며 잔존가치 없이 정액법으로 감가상각한다.

(6) 취득일 현재 ㈜민국은 고객의 주문내역과 고객에 대한 인구통계학적 정보를 포함한 데이터베이스를 보유하고 있으며, ㈜대한은 동 고객목록의 공정가치를 ₩50,000으로 추정하였다. 단, 동 고객목록은 비밀유지조건이나 그 밖의 약정 조건에서 매각 등을 금지하고 있지 않다.

(7) 취득일 현재 ㈜민국은 새로운 고객과 제품 공급 계약을 협상하고 있다. 동 계약의 체결가능성은 매우 높으며, ㈜대한은 동 계약의 공정가치를 ₩20,000으로 추정하였다.

(8) 취득일 현재 ㈜민국은 ㈜만세와 1건의 소송사건을 진행 중이며, 동 소송사건에서 ㈜민국이 승소하는 경우 ㈜대한은 ㈜민국의 기존 주주들에게 ₩150,000을 추가로 지급하기로 약정하였다. ㈜대한은 소송의 승소가능성을 고려하여 ㈜민국의 기존 주주들에게 지급할 금액을 ₩120,000으로 추정하였다.

(9) ㈜대한은 ㈜민국의 기존 주주들에게 취득일 이후 1년 간 영업성과에 따른 추가보상을 약정하였으며, 취득일 현재 동 약정에 따라 지급할 것으로 예상되는 금액을 ₩160,000으로 추정하였다.

① ₩180,000　② ₩200,000　③ ₩220,000
④ ₩230,000　⑤ ₩250,000

해답

(1) 이전대가 지급액 : 기보유지분 100주×₩1,400+추가발행주식 900주×₩1,500+조건부대가 120,000+조건부대가 160,000=1,770,000

(2) 식별가능한 순자산공정가치 : 유동 800,000−부채 300,000+유형 1,000,000+고객목록 50,000=1,550,000

(3) 영업권 : 1,770,000−1,550,000=220,000

일자	차변	계정	금액		대변	계정	금액	
20×1. 7. 1	(차)	당기손익금융자산	20,000	①	(대)	금융자산평가이익	20,000	②
20×1. 7. 1	(차)	유동자산	800,000	⑥	(대)	부 채	300,000	⑦
		유형자산	1,000,000	⑧		당기손익금융자산	140,000	①
		고객목록자산	50,000	⑨		자 본 금	450,000	②
		영 업 권	220,000	⑩		주식발행초과금	900,000	③
						조건부대가부채	120,000	④
						조건부대가부채	160,000	⑤
20×1. 7. 1	(차)	수수료비용	10,000	②	(대)	현 금	13,000	①
		주식발행초과금	3,000	③				

③

6 다음은 위의 [문제5]에 대한 ㈜대한과 ㈜민국의 추가자료이다. ㈜대한이 사업결합과 관련하여 20×2년 말 재무상태표에 계상할 영업권과 유형자산의 순장부금액은 각각 얼마인가?

(회계사 2025)

(1) ㈜민국의 유형자산에 대한 독립적인 가치평가는 20×2년 5월 1일에 완료되었으며, 동 가치평가에 의한 취득일 당시 ㈜민국의 유형자산 공정가치는 ₩1,100,000이다. 잔존내용연수, 잔존가치, 감가상각방법 등 기타 사항은 동일하다.

(2) 20×2년 6월 1일 ㈜민국은 취득일 당시 진행 중이던 ㈜만세와의 소송사건에서 승소하였으며, ㈜대한은 약정대로 ㈜민국의 기존 주주들에게 ₩150,000을 추가로 지급하였다.

(3) 20×2년 6월 30일 ㈜대한은 영업성과에 따른 추가보상약정에 따라 ㈜민국의 기존 주주들에게 ₩200,000을 추가로 지급하였다.

	영업권	유형자산(순액)		영업권	유형자산(순액)
①	₩110,000	₩935,000	②	₩150,000	₩935,000
③	₩150,000	₩940,000	④	₩190,000	₩935,000
⑤	₩190,000	₩940,000			

해답

(1) 조정후 영업권 : 조정전 220,000 − 잠정금액조정 100,000 + 조건부대가추가분 30,000 = 150,000

(2) 조정후 유형자산 : 1,100,000 − 1,100,000 × 18월 ÷ 120월 = 935,000

20×1.12.31	(차)	감가상각비	50,000	①	(대)	감가상각누계액	50,000	②
20×2. 5. 1	(차)	유형자산	100,000	①	(대)	영 업 권	100,000	②
	(차)	미처분이익잉여금	5,000	③	(대)	감가상각누계액	5,000	④
20×2.12.31	(차)	감가상각비	110,000	①	(대)	감가상각누계액	110,000	②

②

7 ㈜대한은 20×1년 초 두 개의 현금창출단위(A사업부와 B사업부)를 보유하고 있는 ㈜민국을 흡수합병(사업결합)하였다. 현금창출단위의 손상차손을 인식한 후, ㈜대한의 20×1년 말 재무상태표에 보고되는 A사업부의 기계장치 장부금액은 얼마인가? **(회계사 2022)**

(1) ㈜민국에게 이전대가로 지급한 ₩30,000이며, 각 현금창출단위에 이전대가와 식별가능한 순자산 공정가치는 다음과 같이 배분되었다.

구 분	이전대가	순자산 공정가치
A사업부	22,000	19,000
B사업부	8,000	6,000
합 계	30,000	25,000

(2) 20×1년 말 현재 강력한 경쟁기업의 등장으로 인해 A사업부의 매출이 상당히 위축될 것으로 예상되자, ㈜대한은 A사업부(현금창출단위)의 회수가능액을 ₩13,500으로 추정하였다. 손상차손을 인식하기 전 A사업부에 속하는 모든 자산의 20×1년 말 장부금액과 추가정보는 다음과 같다. 단, 현금창출단위에 포함된 개별자산의 손상에 대한 징후는 없는 것으로 가정한다.

구 분	손상 전 장부금액	추가정보
토 지	5,000	순공정가치는 ₩5,500
건 물	8,000	순공정가치는 ₩6,800, 사용가치는 ₩7,200
기계장치	2,000	회수가능액을 측정할 수 없음
영 업 권	?	

① ₩1,700　② ₩1,300　③ ₩1,200
④ ₩800　⑤ ₩500

해답

(1) A사업부 영업권 : 식별가능 순자산공정가치 19,000 - 이전대가 22,000 = 영업권 3,000

(2) 토지의 손상전 장부금액은 ₩5,000이며, 순공정가치는 ₩5,500이다. 따라서 토지는 장부금액이 순공정가치에 미달하므로 현금창출단위의 손상차손을 배분하지 않는다.

(3) 건물의 회수가능액은 ₩7,200이다. 따라서 현금창출단위의 손상차손을 배분하는 경우 ₩7,200을 한도로 배분해야 한다.

A사업부문	토 지	건 물	기계장치	영업권	합 계
20×1.12.31	5,000	8,000	2,000	3,000	18,000
1차 손상배분	-	(1,200)	(300)	(3,000)	(4,500)
손상차손 인식후	5,000	6,800	1,700	-	13,500
2차 손상배분	-	400	(400)	-	-
손상재배분 후	5,000	7,200	1,300	-	13,500

②

8 법적 취득자인 A회사는 20×1년 9월 30일에 법적 피취득자인 B회사의 보통주 1주당 A회사의 보통주 2주를 발행하여 취득하고, B회사의 주주는 자신들이 보유하고 있는 B회사의 주식을 모두 A회사의 주식으로 교환한다. 20×1년 9월 30일 현재 A회사와 B회사의 요약재무상태표는 다음과 같다. 회계상 취득자가 B회사라면 사업결합 직후 연결재무제표에 표시될 영업권 또는 염가매수차익은 얼마인가? **(회계사 2012)**

요약재무상태표

20×1년 9월 30일 현재 (단위 : ₩)

계정과목	A회사	B회사	계정과목	A회사	B회사
재고자산	1,000	1,400	부 채	1,400	3,400
유형자산	2,600	6,000	자 본 금	600	1,200
			이익잉여금	1,600	2,800
자산총계	3,600	7,400	부채및자본총계	3,600	7,400

(1) 취득 직전일 현재 두 회사의 발행주식은 다음과 같다.

구 분	A회사	B회사
발행주식수	100주	60주
주당 액면금액	₩6	₩20
주당 공정가치	₩30	₩60

(2) 취득일 현재 A회사의 유형자산의 공정가치는 ₩3,000이고, 유형자산을 제외한 자산과 부채의 공정가치는 장부금액과 동일하며, 관련 회계처리에서 법인세효과는 고려하지 않는다.

① 영업권 ₩7,000 ② 염가매수차익 ₩1,000 ③ 영업권 ₩1,000
④ 염가매수차익 ₩400 ⑤ 영업권 ₩400

해답

(1) 지분비율의 조정

구 분	A회사	B회사	합 계
사업결합전	100주	60주	
사업결합의 법적형식	100주	120주	220주
결합후 지분율	45.45%	54.55%	100%
사업결합의 경제적실질	50주 *2	60주	110주 *1

*1 60주÷54.55%=110주 *2 110주 - 60주=50주

(2) 영업권 : 순자산공정가치 (1,000 + 3,000 - 1,400) - 이전대가 50주×₩60 = 400이다.

⑤

9 위의 [문제8]에서 회계상 취득자가 B회사라면 사업결합 직후 연결재무제표에 표시될 납입자본중 자본금을 제외한 주식발행초과금의 금액은 얼마인가? **(회계사 2012 수정)**

① ₩2,200　　② ₩2,800　　③ ₩2,880
④ ₩4,200　　⑤ ₩4,380

해 답

(1) 위의 사업결합은 역취득으로 B회사 사업결합을 위하여 A회사의 주주에게 50주를 발행한 것으로 간주하고 접근해야 한다. 따라서 사업결합후 자본은 결합전 B의 납입자본 1,200+추가발행 주식 50주×₩60인 ₩4,200이다.

(2) 사업결합후 주식발행초과금의 금액 : 사업결합후 총납입자본 4,200－법적지배기업의 발행 주식 220주×액면금액 ₩6＝2,880

20×1. 9.30	(차)	식별가능순자산 A	2,600	(대)	납입자본 B	3,000
		영 업 권 A	400			
	(차)	납입자본 B	4,200	(대)	자 본 금 A	1,320
					주식발행초과금	2,880

③

02 사업결합과 무형자산

(회계사 2011)

A회사는 20×1년 1월 1일에 현금 ₩10,000,000을 지급하고 B회사의 자산과 부채를 모두 취득 · 인수하였으며, 이는 사업결합에 해당한다.

1. 두 회사는 모두 12월 말 결산법인이며, 취득일 현재 B회사의 자산 및 부채의 장부금액과 공정가치는 다음과 같다.

구 분	장부금액	공정가치
현 금	900,000	900,000
매출채권	1,200,000	1,100,000
재고자산	1,000,000	2,000,000
유형자산	1,500,000	2,200,000
자산총계	4,600,000	6,200,000
매입채무	1,850,000	2,300,000
충당부채	150,000	?
자 본	2,600,000	
부채와 자본총계	4,600,000	

2. A회사는 취득일 현재 B회사에 대해 다음과 같은 사실을 추가로 확인하였다.
   (1) B회사의 자산으로 인식하지 않았던 고객목록과 브랜드를 파악하였으며, 각각의 공정가치는 ₩1,000,000과 ₩2,500,000이다. A회사는 동 고객목록과 브랜드가 무형자산의 정의를 충족한다고 판단하였다.
   (2) B회사는 차세대 통신기술을 연구·개발하기 위하여 다음과 같이 지출하였다. A회사는 이러한 지출이 식별가능하고 신뢰성 있게 측정가능하다고 판단하였다.

항 목	지출금액	공정가치
연구원 교육비	400,000	
외부전문가 수수료	200,000	
부품 검사비용	300,000	
원재료 사용액	500,000	
합 계	1,400,000	1,500,000

   (3) A회사는 B회사의 충당부채의 공정가치를 잠정금액 ₩200,000으로 추정하였다.

물음
Question

1. 사업결합을 통하여 취득일에 A회사가 인식해야 할 ① 식별가능한 무형자산과 ② 영업권을 각각 계산하시오.

2. 20×1년 8월 1일에 A회사는 사업결합시 잠정금액으로 인식했던 충당부채의 공정가치가 ₩300,000임을 확인하였다. 또한, 20×1년 말 A회사는 영업권의 회수가능액을 ₩1,300,000으로 추정하였다.
   (1) A회사가 20×1년 말에 인식할 영업권의 손상차손을 계산하시오.
   (2) A회사는 20×2년 말에 영업권의 회수가능액을 ₩1,600,000으로 추정하였다. 20×2년 말에 인식해야 할 영업권의 손상차손환입액을 계산하시오.

다음 [물음3]과 [물음4]는 각각 독립된 상황이라고 가정하시오.

3. B회사는 20×1년 초 사업결합을 통하여 주파수이용권과 회원권을 무형자산으로 인식하였으며, 공정가치는 각각 ₩1,000,000과 ₩2,500,000이다. B회사는 무형자산에 대하여 매 보고기간 말에 원가모형을 적용하여 평가하며, 20×1년과 20×2년 말 현재 주파수이용권과 회원권의 회수가능액은 다음과 같다.

항 목	20×1.12.31	20×2.12.31
주파수이용권	720,000	900,000
회 원 권	2,500,000	2,000,000

주파수이용권의 내용연수는 5년이며, 회원권의 내용연수는 비한정으로 판단된다. B회사는 무형자산을 정액법으로 상각하며, 잔존가치는 영(0)으로 가정한다. 무형자산과 관련하여 B회사가 인식할 다음 ①부터 ⑥까지의 금액을 계산하시오. 단, 회수가능액이 장부금액보다 낮으면 손상징후가 있는 것으로 가정한다.

항 목	20×1년	20×2년
무형자산상각비	①	④
손상차손	②	⑤
손상차손환입	③	⑥

4. 다음은 C회사의 개발비와 특허권에 대한 자료이다. C회사는 차세대 통신기술에 대한 연구개발 활동을 진행하여 다음과 같은 항목을 지출하였다. 단, 아래 표의 금액은 각 단계에서 발생한 총 지출액이며, 매월 균등하게 발생한다고 가정한다. 아래의 자료를 이용하여 20×1년도 ① 개발비상각비와 ② 특허권상각비를 계산하시오.

항 목	개발단계 (20×1. 1. 1 ~ 6. 30)	생산단계 (20×1. 7. 1 ~ 12. 31)
연구원의 인건비	30,000	20,000
재 료 비	40,000	40,000
합리적으로 배분된 간접경비	50,000	70,000

(1) 개발단계에 사용할 설비자산은 20×1년 3월 1일 ₩100,000에 구입하였다. 설비자산의 잔존가치는 영(0)이며, 내용연수는 10년이다. 감가상각방법은 정률법이며, 상각률은 20%이다.

(2) 개발단계에서의 지출은 20×1년 4월 1일부터 무형자산의 인식요건을 모두 충족한다.

(3) 20×1년 7월 초에 개발이 종료되고, 즉시 생산이 시작되었다. 개발한 통신기술에 대하여 20×1년 10월 초에 특허권을 취득하였으며, 특허권과 직접 관련하여 특허권취득을 위한 비용과 특허권 침해방지를 위한 비용이 각각 ₩250,000과 ₩100,000 지출되었다. 이러한 지출은 특허권의 미래 경제적 효익을 실질적으로 증가시킬 가능성이 매우 높다고 판단된다.

(4) C회사의 무형자산의 내용연수는 10년, 잔존가치는 영(0)이며, 감가상각방법은 정액법이다.

해 답
answer

1. 무형자산과 영업권

(1) 회계처리

일자	차변	금액	대변	금액
20×1. 1. 1	(차) 현 금	900,000	(대) 매입채무	2,300,000
	매출채권	1,100,000	충당부채	200,000
	재고자산	2,000,000	현 금	10,000,000
	유형자산	2,200,000		
	고객목록자산	1,000,000		
	브랜드자산	2,500,000		
	연구개발자산	1,500,000		
	영 업 권	1,300,000		

(2) 각 금액의 계산

① 무형자산 : 1,000,000 + 2,500,000 + 1,500,000 = 5,000,000

② 영업권(차액) : 식별가능순자산공정가치 8,700,000 - 이전대가 10,000,000 = 1,300,000

2. 영업권의 손상과 환입

(1) 회계처리

일자	차변	금액	대변	금액
20×1. 8. 1	(차) 영 업 권	100,000	(대) 충당부채	100,000
20×1.12.31	(차) 영업권손상차손	100,000	(대) 영 업 권	100,000
20×2.12.31	회계처리 없음			

(2) 각 금액의 계산

① 20×2년 말 영업권의 손상차손 : 1,400,000 - 1,300,000 = 100,000

② 20×3년 말 영업권의 손상환입 : 없음

3. 주파수이용권과 회원권의 상각과 손상

(1) 계정별 장부금액의 변동

구 분	주파수이용권	회원권	합 계
20×1년 초 장부금액	1,000,000	2,500,000	3,500,000
20×1년 무형자산상각비	(200,000)	- *1	(200,000)
20×1년 말 손상전 장부금액	800,000	2,500,000	3,300,000
20×1년 손상차손	(80,000)	-	(80,000)
20×1년 말 장부금액	720,000	2,500,000	3,220,000
20×2년 무형자산상각비	(180,000)	-	(180,000)
20×2년 말 손상전 장부금액	540,000	2,500,000	3,040,000
20×2년 손상차손과 환입	60,000 *2	(500,000)	(440,000)
20×2년 말 장부금액	600,000	2,000,000	2,600,000

*1 회원권은 내용연수가 비한정이므로 무형자산의 상각을 수행하지 않는다

*2 주파수이용권의 회수가능액은 ₩900,000이지만, 20×2년 말의 손상전 장부금액이 ₩600,000이므로 이 금액을 한도로 하여 손상차손환입을 인식한다.

(2) 각 금액의 계산

항 목	20×1년	20×2년
무형자산상각비	200,000	180,000
손상차손	80,000	500,000
손상차손환입	-	60,000

4. 무형자산상각비의 계산

구 분	개발비관련	특허권관련	합 계
기본원가	120,000	350,000	470,000
개발관련자산의 감가상각비	6,667 *1	-	6,667
총지출원가	126,667	350,000	476,667
자본화원가	65,000 *2	350,000	415,000
무형자산상각비	(3,250) *3	(8,750) *4	(12,000)
	61,750	341,250	403,000

*1 100,000 × 20% × 4/12 = 6,667

*2 120,000 × 3/6 + 6,667 × 3/4 = 65,000

*3 65,000 ÷ 10년 × 6/12 = 3,250

*4 350,000 ÷ 10년 × 3/12 = 8,750

해설

2. 사업결합에 대한 최초 회계처리가 사업결합이 발생한 보고기간 말까지 완료되지 못한다면, 취득자는 회계처리가 완료되지 못한 항목의 잠정금액을 재무제표에 보고한다. 측정기간 동안에, 취득일 현재 존재하던 사실과 상황에 대하여 새롭게 입수한 정보가 있는 경우 취득자는 취득일에 이미 알았더라면 취득일에 인식한 금액의 측정에 영향을 주었을 그 정보를 반영하기 위하여 취득일에 인식한 잠정금액을 소급하여 조정한다. 측정기간 동안에, 취득일 현재 존재하던 사실과 상황에 대해 새로 입수한 정보가 있는 경우 취득자는 취득일에 이미 알았더라면 인식하였을 추가적인 자산과 부채를 인식한다. 취득자가 취득일 현재 존재하던 사실과 상황에 대하여 찾고자 하는 정보를 얻거나 더 이상의 정보를 얻을 수 없다는 것을 알게 된 시점에 측정기간은 종료한다. 그러나 측정기간은 취득일로부터 1년을 초과할 수 없다.

03 합병과 현금창출단위의 손상

(회계사 2020)

㈜대한은 20×1년 1월 1일에 ㈜민국의 보통주 90를 취득함으로써 ㈜민국을 흡수합병하였다. ㈜대한과 ㈜민국은 동일지배 하에 있는 기업이 아니다. 합병과 관련된 다음 자료를 이용하여 물음에 답하시오.

1. 취득 자산과 인수 부채에 관한 자료

(1) 아래의 요소를 제외한 취득일 현재 ㈜민국의 순자산 공정가치는 ₩540,000이다.

(2) 취득일 현재 ㈜민국이 진행하고 있는 연구개발프로젝트가 ㈜민국의 장부에 인식되어 있지 않다. ㈜대한은 동 프로젝트가 식별가능한 자산에 해당한다고 판단한다. 취득일 현재 ㈜대한은 동 프로젝트에 대한 공정가치를 ₩50,000으로 측정하였다.

(3) ㈜대한은 ㈜민국의 사업을 지속적으로 영위하기 위해 ㈜민국의 핵심 종업원이 반드시 필요한 것으로 판단하였다. 취득일 현재 ㈜대한은 이러한 집합적 노동력에 대한 가치를 ₩200,000으로 추정하고 있다.

(4) ㈜민국은 리스이용자로 취득일 현재 잔여리스기간이 3년인 리스계약에 따라 매년 말 ₩83,271을 지급하고 있다. 이러한 리스계약은 시장조건에 비해 매년 말 ₩3,331을 더 지급하는 것이다. 리스계약 체결일에 적용된 내재이자율은 연 10이며, 취득일에 재측정한 내재이자율은 연 12이다. 동 리스는 취득일 현재 소액기초자산 리스에 해당하지 않는다.

2. 이전대가에 관한 자료

(1) ㈜대한은 추가 취득의 대가로 취득일에 자사 보통주 200주(1주당 액면금액 ₩1,000, 1주당 공정가치 ₩3,000)를 신규로 발행 · 교부하고, 추가로 ㈜대한의 보유 토지(장부금액 ₩200,000, 공정가치 ₩250,000)를 이전하였다. 단, 이전한 토지는 사업결합 후 ㈜대한에 계속 남아 있으며, ㈜대한은 동 토지에 대한 통제를 계속 보유한다.

(2) ㈜대한은 합병을 위한 추가 취득 이전에 취득한 ㈜민국의 보통주 10주(발행주식 중 10%, 취득시 1주당 공정가치 ₩1,000)를 보유하고 있으며, 이를 기타포괄손익-공정가치 측정 금융자산으로 분류하고 있다. 취득일 현재 ㈜민국의 보통주 1주당 공정가치는 ₩2,500이다. ㈜대한은 보유 중인 ㈜민국의 보통주에 대해 신주를 교부하지 않았으며, 합병(취득)일에 소각하였다.

(3) ㈜대한은 20×1년 시장점유율이 특정 비율을 초과하게 되면, ㈜대한의 보통주 30주를 추가로 발행하기로 약정하였으며, 이러한 조건부대가의 취득일 현재 공정가치는 ₩10,000이다.

3. 합병과 관련한 ㈜대한의 추가 지출 내역

(1) 법률자문 수수료 : ₩50,000, 주식발행비용 : ₩10,000 건물 소유권 이전비용 : ₩15,000

물음
Question

1. ㈜대한이 20×1년 1월 1일 지출한 취득관련원가(법률자문 수수료, 주식발행비용, 건물 소유권 이전비용)가 각각 사업결합 회계처리에 어떻게 반영(예 부채인식 등)되는지 간략히 서술하시오.

항 목	회계처리방법
법률자문 수수료	①
주식발행비용	②
건물 소유권 이전비용	③

2. 사업결합을 통하여 취득일에 ㈜대한이 인식할 영업권을 계산하시오. 단, 3기간, 연 이자율 10%와 연 이자율 12%에 대한 정상연금 ₩1의 현가계수는 각각 2.4869와 2.4018이며, 답안 작성 시 원 이하는 반올림한다.

영 업 권	①

3. 다른 모든 상황은 상기와 같으나 만약 ㈜대한이 취득일 이전에 보유하고 있던 ㈜민국의 보통주 10주에 대하여 취득일에 ㈜대한의 보통주 10주를 발행 · 교부하였다고 할 경우, 사업결합을 통하여 취득일에 ㈜대한이 인식할 영업권을 계산하시오. 단, 답안작성 시 원 이하는 반올림한다.

영 업 권	①

4. 다음의 추가 자료를 이용하여 요구사항에 답하시오.

(1) ㈜대한은 합병 후 ㈜민국을 독립된 사업부(민국사업부)로 운영하고 있다.

(2) ㈜대한은 ㈜민국과의 합병 시 인식한 영업권을 현금창출단위에 배분하여 매년 해당 현금창출단위에 대한 손상검사를 하고 있다.

(3) 20×1년 말 현재 민국사업부는 A사업부문과 B사업부문이라는 두 개의 현금창출단위로 구성되어 있으며, B사업부문의 20×1년 말 감가상각을 완료한 후 손상차손 인식 전 식별가능한 자산과 배분된 영업권의 장부금액 등에 대한 정보는 다음과 같다. 상각대상 자산의 상각방법은 모두 정액법이다.

계 정	장부금액	순공정가치	비 고
건물(순액)	₩50,000	₩30,000	잔존내용연수 : 5년, 잔존가치 : ₩0
토 지	100,000	105,000	
기계장치(순액)	30,000	알수없음	잔존내용연수 : 5년, 잔존가치 : ₩0
개발비(순액)	20,000	알수없음	잔존내용연수 : 5년, 잔존가치 : ₩0
영 업 권	20,000	알수없음	

(4) 20×1년 말 현재 B사업부문 내의 개별 자산에 대해 손상을 시사하는 징후는 없었으나, 경기 침체로 인해 B사업부문의 사용가치에 근거한 회수가능액이 ₩140,000으로 추정됨에 따라 동 현금창출단위의 손상에 대한 회계처리를 적정하게 수행하였다.

(5) 20×2년 경기가 빠르게 회복되어 B사업부문의 상황이 크게 호전되었으며, 그 결과 20×2년 말 현재 B사업부문의 회수가능액이 ₩160,000으로 회복된 것으로 나타났다.

(6) B사업부문의 손상회계처리와 관련하여 다음 양식에 제시된 항목의 금액을 각각 계산하시오. 단, 20×2년 중 추가자료의 표에 제시된 자산 외에 B사업부문에서 추가 취득한 자산은 없으며, 감가상각비와 손상차손 및 손상차손환입은 개별 자산별로 구분하여 회계처리한다. ㈜대한은 모든 유·무형자산에 대해 원가모형을 적용한다.

20×1년 기계장치에 배분된 손상차손	①
20×2년 기계장치의 손상차손환입	②
20×2년 말 개발비의 장부금액(순액)	③

해답 answer

1. 사업결합시 거래원가의 처리방법

법률자문 수수료	주식발행비용	소유권이전비용
① **당기비용인식**	② **자본에서 직접차감**	③ **건물 취득원가가산**

2. 사업결합일의 영업권

(1) 식별가능한 순자산의 공정가치

① 리스부채 : 83,271×2.4018=200,000 ← 할인율 12% 적용

② 사용권자산 : 200,000-3,331×2.4018=192,000

③ 제공받은 토지 : 장부금액 200,000 ← 취득자가 토지를 계속 통제하기기 장부금액을 인식

(2) 이전대가

① 주식교부액의 공정가치 : 200주×₩3,000=600,000

② 제공한 토지의 장부금액 : 200,000 ← 취득자가 토지를 계속 통제하기기 장부금액을 인식

③ 기보유지분의 공정가치 : 10주×₩2,500=25,000

④ 사업결합의 회계처리

20×1. 1. 1	(차) 기타포괄금융자산	15,000	(대) 기타포괄평가이익	15,000
20×1. 1. 1	(차) 순 자 산	540,000	(대) 리스부채	200,000
	연구개발자산	50,000	자 본 금	200,000
	사용권자산	192,000	주식발행초과금	400,000
	토 지	200,000	토 지	200,000
	영 업 권	53,000	기타포괄금융자산	25,000
			조건부대가자본	10,000

영 업 권	
① **53,000**	

3. 기보유주식에 대하여도 주식을 발행하는 경우

⑴ 주식교부액의 공정가치 : 210주×₩3,000 = 630,000

⑵ 사업결합의 회계처리

20×1. 1. 1	(차) 기타포괄금융자산	15,000	(대) 기타포괄평가이익	15,000
20×1. 1. 1	(차) 순 자 산	540,000	(대) 리스부채	200,000
	연구개발자산	50,000	자 본 금	210,000
	사용권자산	192,000	주식발행초과금	420,000
	토 지	200,000	토 지	200,000
	영 업 권	58,000	조건부대가자본	10,000
	(차) 자기주식	25,000	(대) 기타포괄금융자산	25,000

영 업 권	
① **58,000**	

4. 현금창출단위의 손상

⑴ 토지의 경우 개별적인 회수가능액이 장부금액보다 크다. 따라서 토지는 현금창출단위 내에서 손상의 배분 대상이 아니다.

⑵ 손상차손 배분의 논리

① 20×1년 말 토지의 순공정가치가 ₩100,000이기에 손상차손이 토지에는 배분되지 않는다. 한편, 건물의 순공정가치가 ₩30,000이기에 해당 금액을 한도로 손상을 인식해야 한다. 건물에 배분되지 않은 손상금액은 기계장치와 개발비에 배분된다.

② 20×2년 말 건물의 손상환입한도가 ₩40,000이기에 건물에 배분된 손상환입 중 ₩5,000이 다시 기계장치와 개발비에 배분된다.

구 분	건물	토지	기계	개발비	영업권	합계
20×1년 말 손상전	50,000	100,000	30,000	20,000	20,000	220,000
20×1년 1차손상배분	(30,000)	-	(18,000)	(12,000)	(20,000)	(80,000)
20×1년 2차손상배분	10,000	-	(6,000)	(4,000)	-	-
20×1년 말 손상후	30,000	100,000	6,000	4,000	-	140,000
20×2년 상각비인식	(6,000)	-	(1,200)	(800)	-	(8,000)
20×2년 말 환입전	24,000	100,000	4,800	3,200	-	132,000
20×2년 1차환입배분	21,000	-	4,200	2,800	-	28,000
20×2년 2차환입배분	(5,000)	-	3,000	2,000		
20×2년 말 환입후	40,000	100,000	12,000	8,000	-	160,000
손상환입한도	40,000	100,000	24,000	16,000	-	180,000

20×1년 기계장치손상	20×2년 기계손상환입	20×2년 말 개발비
① 24,000	② 7,200	③ 8,000

04 사업결합으로 취득한 자산의 인식

(회계사 2014)

㈜대한은 20×1년 1월 1일에 ㈜민국의 주식 100%를 취득함으로써 ㈜민국을 흡수합병하였다. ㈜대한은 합병대가로 ㈜민국의 주주에게 자사 보통주 300주(1주당 액면금액 ₩1,000, 1주당 공정가치 ₩1,500)를 발행·교부하고, 현금 ₩100,000을 지급하였다. 단, ㈜대한과 ㈜민국은 동일지배 하에 있는 기업이 아니다. 합병 직전 ㈜대한과 ㈜민국의 재무상태표는 다음과 같다.

1. 합병 직전 양사의 재무상태표는 다음과 같다. 납입자본을 제외한 나머지 자본요소는 모두 기타자본으로 보고한다.

항 목	㈜대한	㈜민국
유동자산	300,000	200,000
유형자산	500,000	150,000
무형자산	100,000	150,000
자 산 계	900,000	500,000
부 채	300,000	100,000
납입자본	400,000	250,000
기타자본	200,000	150,000
부채 및 자본 계	900,000	500,000

2. 합병 직전에 ㈜민국의 자산과 부채에 대해 예비실사를 통해 ㈜대한이 산정한 공정가치(이하 예비실사가액)자료는 다음과 같다. 단, 아래의 [취득자산과 부채의 공정가치 관련 추가자료]에 제시되는 사항을 제외하고는 ㈜대한이 공정가치를 적정하게 산정한 것으로 가정한다.

항 목	예비실사가액	항 목	예비실사가액
유동자산	220,000	무형자산	160,000
유형자산	200,000	부 채	100,000

3. 합병과 관련하여 발생한 추가자료 중 조건부대가계약은 다음과 같다.
   (1) 합병 후 1년 간 시장점유율이 25%를 초과하면 20주를 발행하여 추가 교부한다. 합병일 현재 동 주식교부 조건부 대가는 자본으로 분류되고, 공정가치는 ₩25,000이다.
   (2) 20×1년의 이익실적에 따라 일정 금액의 현금을 추가 지급한다. 합병일 현재 동 현금지급 조건부대가는 부채로 분류되고, 공정가치는 ₩7,000이다.

4. 합병과 관련하여 발생한 추가자료 중 취득자산과 부채의 공정가치 관련 추가자료는 다음과 같다.
   (1) ㈜민국의 유동자산에는 수취채권(장부금액 ₩10,000)이 포함되어 있다. ㈜대한은 예비실사시 동 수취채권 중 ₩3,000만큼은 회수가 어려울 것으로 판단하여, 동 수취채권을 ₩7,000으로 산정하였다. 취득일에 동 수취채권의 공정가치는 ₩8,000이다.

(2) ㈜민국의 유형자산에는 운용리스자산이 포함되어 있다. ㈜대한은 동 운용리스계약이 시장조건에 비해 ₩5,000만큼 유리한 것으로 판단하여 예비실사가액에 해당 계약에 대한 무형자산 ₩5,000을 포함하였다.

(3) ㈜민국의 무형자산에는 ㈜한국으로부터 취득한 라이선스계약(장부금액 ₩5,000 및 취득일의 공정가치 ₩6,000)이 포함되어 있는데, ㈜대한도 이미 동일한 라이선스계약을 보유하고 있다. ㈜대한은 동 라이선스계약을 중복 보유하게 됨에 따라 사용가치가 없는 것으로 판단하여 예비실사가액 산정시 반영하지 않았다.

물음 Question

1. 제시된 [합병과 관련한 추가자료]를 반영하여 합병일에 ㈜대한이 작성하는 재무상태표상 아래 항목에 해당하는 금액을 구하시오. 해당 금액이 없는 경우에는 '없음'으로 표시하시오.

항 목	금 액	항 목	금 액
영 업 권	①	납입자본	④
무형자산(영업권제외)	②	기타자본	⑤
부　채	③		

2. 20×1년 12월 31일 현재 [합병과 관련한 추가자료]에 따른 2개의 조건부 대가 계약에 대한 조건이 모두 충족되었다. 이와 관련하여 ㈜대한은 ㈜민국의 주주에게 ㈜대한의 주식 20주와 현금 ₩5,000을 지급하였다. 20×1년 12월 31일 현재 ㈜대한의 주식 공정가치는 1주당 ₩2,000이다. 조건부 대가에 대한 지급이 납입자본에 영향을 미치는 금액과 당기손익에 영향을 미치는 금액을 각각 구하시오. 단, 감소의 경우에는 금액 앞에 (-)를 표시하시오.

해답 answer

1. 취득일인 20×1년 1월 1일

(1) 합병의 회계처리

일자	차변	금액	대변	금액
20×1. 1. 1	(차) 유동자산	220,000	(대) 부　채	100,000
	유형자산	200,000	자 본 금	300,000 *1
	무형자산	160,000	주식발행초과금	150,000 *2
	유형자산(수취채권)	1,000	현　금	100,000
	무형자산(유리한조건)	(5,000)	미교부주식(자본조정)	25,000
	유형자산(유리한조건)	5,000	미지급금	7,000
	무형자산(라이선스)	6,000		
	영 업 권	95,000		

*1 300주×₩1,000 = 300,000　　*2 300주×₩500 = 150,000

(2) 합병후 재무제표

구 분	㈜대한 합병전 장부금액	합병회계처리	㈜대한 합병후 장부금액
유동자산	300,000	121,000	421,000
유형자산	500,000	205,000	705,000
무형자산	100,000	161,000	261,000
영 업 권	-	95,000	95,000
합 계	900,000	582,000	1,482,000
부 채	300,000	107,000	407,000
납입자본	400,000	450,000	850,000
기타자본	200,000	25,000	225,000
합 계	900,000	582,000	1,482,000

(3) 답안의 작성

항 목	금 액	항 목	금 액
영 업 권	① 95,000	납입자본	③ 850,000
무형자산(영업권제외)	② 261,000	기타자본	④ 225,000
부 채	③ 407,000		

2. 조건부대가 정산일인 20×1년 12월 31일

(1) 조건부대가 정산의 회계처리

20×1.12.31	(차) 미교부주식(자본조정)	25,000	(대) 자 본 금	20,000 [*1]
			주식발행초과금	5,000
	(차) 미지급금	7,000	(대) 현 금	5,000
			미지급금상환이익	2,000
	[*1] 20주×₩1,000 = 20,000			

(2) 조건부대가의 지급으로 납입자본에 미치는 금액은 ₩25,000 증가이며, 당기손익에 미치는 영향은 ₩2,000 증가이다.

05 상호투자주식과 합병

(회계사 2012)

㈜갑은 20×1년 12월 31일에 ㈜을의 주식 90%를 추가로 취득함으로써 ㈜을을 흡수합병하였다. 취득일까지 합병 관련 거래를 제외한 모든 거래를 반영하여 작성된 ㈜갑과 ㈜을의 합병직전의 시산표는 다음과 같다. 단, 양사의 결산일은 모두 12월 31일이고, ㈜갑과 ㈜을은 동일지배 하에 있는 기업이 아니다. 한편, ㈜을이 보유한 기타포괄인식금융자산은 전액 ㈜갑의 주식을 취득하여 보유하고 있는 것이다.

구 분	㈜갑	㈜을	
	장부금액	장부금액	공정가치
현 금	200,000	55,000	55,000
기타포괄인식금융자산	35,000	45,000	45,000
건물(순액)	400,000	200,000	250,000
토 지	250,000	100,000	150,000
매출원가	300,000	200,000	-
기타비용	80,000	130,000	-
합 계	1,265,000	730,000	-
자 본 금	250,000	200,000	-
자본잉여금	310,000	80,000	-
이익잉여금	200,000	50,000	-
기타포괄손익누계액	5,000	-	-
매 출	500,000	400,000	-
합 계	1,265,000	730,000	-

1. 이전대가에 대한 자료
   (1) ㈜갑은 추가 취득의 대가로 자사 보통주 250주(1주당 액면금액 ₩1,000, 1주당 공정가치 ₩1,500)를 신규로 발행하였으며, 현금 ₩150,000을 함께 교부하였다.
   (2) 합병을 위한 추가 취득 이전에 ㈜갑은 ㈜을의 주식 10주(총 발행주식 중 10%, 취득시 1주당 공정가치 ₩3,000)를 보유하고 있었으며, 이를 기타포괄인식금융자산으로 분류하고 있다. ㈜갑의 기타포괄손익누계액은 전액 ㈜을의 주식을 공정가치로 평가한데 따른 것이며, 합병일 현재 ㈜을 주식의 공정가치는 합병 직전일과 동일하다.

2. 합병과 관련한 ㈜갑의 지출 내역은 법률자문 수수료가 ₩4,500, 주식발행비용이 ₩5,000이며, 건물 소유권 등기비용이 ₩7,000이다.

3. 취득 자산 및 부채에 대한 추가자료

(1) ㈜을은 생산부문, 영업부문, 관리부문으로 사업이 구성되어 있다.

(2) ㈜갑은 합병 직후 ㈜갑의 종업원과 업무가 중복되는 ㈜을의 관리부문 종업원에 대한 구조조정을 단행할 계획이며, 합병일 현재 ㈜을과 해당 종업원에게 이러한 사실을 통지하였다. 구조조정 대상 종업원에게는 통상적인 퇴직금 이외에 추가적인 보상을 해 주는 내용을 합병계약에 포함하였으며, 이는 구속력이 있는 계약이다. ㈜갑은 추가 보상액이 총 ₩30,000 발생할 것으로 추정하고 있다.

(3) ㈜갑은 ㈜을의 사업을 지속적으로 영위하기 위해서는 ㈜을의 영업부서 종업원이 반드시 필요한 것으로 판단하였다. 합병일 현재 ㈜갑은 이러한 '집합적 노동력'의 가치가 ₩15,000 정도일 것으로 추정하고 있다.

(4) ㈜갑은 ㈜을이 경쟁업체와 차별화된 제품을 생산할 수 있는 이유가 ㈜을의 생산부문이 갖는 독특한 '공정 비밀'에 기인한 것으로 판단하고 있다. ㈜갑은 합병 후에도 제품 경쟁력을 유지할 수 있도록 이러한 '공정 비밀'에 대한 보안을 강화할 계획이다. 동 '공정 비밀'을 경쟁기업에 판매할 수도 있으며, 이의 경제적 가치는 ₩20,000으로 추정된다.

물음
Question

1. 합병일에 ㈜갑이 위 합병 거래를 반영하여 작성하는 재무제표 상 다음 항목의 금액을 계산하시오. 단, 자본금, 자본잉여금, 이익잉여금을 제외한 자본요소는 '기타자본'으로 한다. 항목별로 해당하는 금액이 없는 경우에는 "0"으로 표시하고, 자본항목 중 자본을 감소시키는 경우에는 금액 앞에 (-)를 표시한다.

① 매 출	② 현 금	③ 기타포괄인식금융자산
④ 건물(순액)	⑤ 무형자산(영업권 제외)	
⑥ 충당부채	⑦ 자본금	⑧ 자본잉여금
⑨ 이익잉여금	⑩ 기타자본	⑪ 영업권

해답
answer

1. 상호투자주식과 사업결합

(1) 합병의 회계처리

20×1.12.31	(차) 현 금	55,000	(대) 구조조정충당부채	30,000
	기타포괄금융자산(갑)	45,000	기타포괄금융자산	35,000
	건물(순액)	250,000	자 본 금	250,000 *1
	토 지	150,000	주식발행초과금	125,000 *2
	공정비밀자산	20,000	현 금	150,000
	영 업 권	70,000		
	(차) 기타포괄평가이익	5,000	(대) 미처분이익잉여금	5,000
	(차) 자기주식	45,000	(대) 기타포괄금융자산(갑)	45,000
	(차) 수수료비용	4,500	(대) 현 금	16,500
	주식발행초과금	5,000		
	건 물	7,000		
	*1 250주×₩1,000 = 250,000		*2 250주×₩500 = 125,000	

(2) 합병회계처리를 반영한 합병후 재무제표

구 분	㈜갑 합병전 장부금액	합병회계처리	㈜갑 합병후 장부금액
현 금	200,000	(111,500)	88,500
기타포괄인식금융자산	35,000	(35,000)	-
건물(순액)	400,000	257,000	657,000
토 지	250,000	150,000	400,000
공정비밀자산	-	20,000	20,000
영 업 권	-	70,000	70,000
매출원가	300,000	-	300,000
기타비용	80,000	4,500	84,500
합 계	1,265,000	355,000	1,620,000
구조조정충당부채	-	30,000	30,000
자 본 금	250,000	250,000	500,000
자본잉여금	310,000	120,000	430,000
기타자본(자기주식)	-	(45,000)	(45,000)
이익잉여금	200,000	5,000	205,000
기타포괄손익누계액	5,000	(5,000)	-
매 출	500,000	-	500,000
합 계	1,265,000	355,000	1,620,000

(3) 각 금액의 계산

① 매출 : 500,000 ② 현금 : 88,500 ③ 기타포괄인식금융자산 : 0

④ 건물(순액) : 657,000 ⑤ 무형자산(영업권제외) : 20,000

⑥ 충당부채 : 30,000 ⑦ 자본금 : 500,000 ⑧ 자본잉여금 : 430,000

⑨ 이익잉여금 : 320,500 ⑩ 기타자본 : (-)45,000 ⑪ 영업권 : 70,000

06 역취득

(회계사 2011)

비상장기업인 A회사는 20×1년 4월 1일에 비상장기업인 B회사주식과 교환하여 A회사 주식을 발행함으로써 B회사를 취득하였다. 이와 같은 사업결합을 통하여 A회사와 B회사는 각각 법적 지배기업과 법적 종속기업이 되었다.

(1) 취득일 현재 A회사와 B회사의 재무상태표는 다음과 같다.

과 목	A회사	B회사
자산총계	55,000	110,000
부채총계	30,000	60,000
자본총계	25,000	50,000
- 납입자본 (보통주)	10,000	30,000
- 이익잉여금	15,000	20,000

(2) 취득 직전일 현재 두 회사의 발행주식은 다음과 같다.

구 분	A회사	B회사
발행주식수	100주	150주
주당 액면금액	₩100	₩200
주당 공정가치	₩200	₩800

(3) 취득일 현재 두 회사의 자산 및 부채의 공정가치는 다음과 같다.

구 분	A회사	B회사
자산의 공정가치	70,000	120,000
부채의 공정가치	33,000	70,000

(4) A회사는 사업결합 과정에서 B회사 주식 1주와 교환하여 A회사 주식 2주를 발행하기로 하고 총 300주를 발행하였다.

(5) 관련 회계처리에서 법인세 효과는 고려하지 않는다.

물음
Question

1. A회사의 경영자는 A회사가 취득자라고 주장하는데 반해, 회계전문가는 이를 역취득으로 보고 B회사가 회계상 취득자라고 판단하고 있다. 역취득이라고 판단하는 이유를 제시하시오.

2. 상기 사업결합에서 회계상 취득자가 A회사인 경우와 회계상 취득자가 B회사인 경우(역취득)로 구분하여 사업결합 직후 다음과 같이 연결재무상태표를 작성하였다. 공란에 들어 갈 금액(①부터 ⑧까지)을 모두 계산하시오.

과 목	회계상 취득자가 A회사인 경우	회계상 취득자가 B회사인 경우
자산총계 (영업권 포함)	①	⑤
부채총계	②	⑥
자본총계		
-납입자본	③	⑦
-이익잉여금	④	⑧

3. A회사가 사업결합 과정에서 B회사의 발행주식 150주 중 135주와 교환하여 A회사의 주식을 발행하기로 하고 총 270주를 발행하였으며, 이를 제외한 다른 모든 사실은 위와 동일하다고 가정한다. 이러한 사업결합이 역취득에 해당될 때 사업결합 직후 연결재무상태표에 표시될 비지배지분을 계산하시오.

해 답
answer

1. 역취득을 판단되는 이유

지분교환으로 이루어진 사업결합에서 취득자를 식별하기 위하여 고려하여야 할 사항은 사업결합 후 결합기업에 대한 상대적 의결권이다. A회사의 사업결합 전 발행주식은 총 100주이다. 사업결합으로 B회사의 주주에게 300주(=150주×2배)를 발행하면 사업결합 후 결합실체는 B회사가 지배력(300주/400주=75%)을 보유하게 된다. 따라서 이러한 사업결합은 형식적으로 A회사가 주식을 발행하여 B회사를 취득한 것처럼 보이기는 하나, 실질적으로는 B회사가 A회사를 취득하는 역취득으로 바라보아야 한다.

2. 사업결합후 재무제표

(1) 취득자를 A회사로 보는 경우

과 목	A회사		B회사결합효과		사업결합후
자 산	55,000	+	120,000	=	175,000
영 업 권(차액)	-	+	10,000	=	10,000
부채총계	30,000	+	70,000	=	100,000
자본총계					
-납입자본	10,000	+	*1 60,000	=	70,000
-이익잉여금	15,000	+	-	=	15,000

*1 150주×2배×A회사 주식의 공정가치 ₩200=60,000

⑵ 취득자를 B회사로 보는 경우

과 목	B회사		A회사결합효과		사업결합후
자 산	110,000	+	70,000	=	180,000
영 업 권(차액)	-	+	3,000	=	3,000
부채총계	60,000	+	33,000	=	93,000
자본총계					
-납입자본	30,000	+	*1 40,000	=	70,000
-이익잉여금	20,000	+	-	=	20,000

*1 사업결합후 결합실체에 대한 B회사의 지분율은 75%이다. 따라서 B회사가 주식을 발행하여 A회사를 취득하였다면 추가로 발행할 주식수는 50주이다. 왜냐하면 B회사의 기존주식수는 150주이며, 추가로 50주를 발행하여야 결합실체에 대한 지분율이 75%로 유지가 되기 때문이다. 따라서 이전대가는 50주×B회사주식의 공정가치 ₩800=40,000이다.

⑶ 답안작성

과 목	회계상 취득자가 A회사인 경우	회계상 취득자가 B회사인 경우
자산총계 (영업권 포함)	185,000	183,000
부채총계	100,000	93,000
자본총계		
-납입자본	70,000	70,000
-이익잉여금	15,000	20,000

3. 역취득의 경우 비지배지분

⑴ B사의 보통주 150주 중 135주만 교환된다는 것 이외에 모든 사실이 위와 동일하다고 가정한다. A사는 B사의 보통주 1주당 2주를 교환하였기 때문에 A사는 300주가 아닌 270주 만을 발행한다. 결과적으로 B사의 주주는 결합기업 발행주식의 72.97%를 소유한다(발행주식 370주 중 270주). 회계상 피취득자인 A사에 대한 이전대가의 공정가치는 A사에 대한 보통주와의 교환으로 B사가 A사의 주주에게 보통주를 추가 발행함으로써 결합이 이루어졌다고 가정하여 계산한다. 이는 A사가 회계상 피취득자이며 취득자가 회계상 피취득자에 대하여 교환한 대가를 측정하여야 하기 때문이다.

⑵ B사가 발행해야 했을 주식수를 계산할 때, 비지배지분은 계산에서 제외한다. 과반수지분 소유주가 B사의 135주를 소유하고 있다. 따라서 72.97%의 지분을 나타내기 위해 B사는 50주를 추가로 발행했어야 한다. 그렇게 되면 과반수 주주가 B사가 발행한 185주 중 135주, 즉 결합기업의 72.97%를 소유할 수 있게 된다. 결과적으로 회계상 피취득자인 A사에 대한 이전대가의 공정가치는 ₩40,000이다(즉, 주당 공정가치가 ₩800인 50주). 그것은 B사의 주주가 소유한 150주 전부를 교환의 대가로 제공한 경우와 동일한 금액이다. 회계상 피취득자인 A사에 대하여 연결실체가 인식한 금액은 B사의 주주의 일부가 그 교환에 참여하지 않은 경우에도 변경되지 않는다.

⑶ A사의 주식과 교환되지 않은 B사의 총 150주 중 15주는 비지배지분을 나타낸다. 따라서 비지배지분은 10%이다. 이 비지배지분은 법적 종속기업인 B사의 사업결합 전 순자산 장부금액에 대한 비지배주주의 비례적 지분을 반영한다. 따라서 B사의 사업결합 전 순자산 장부금액의 10%를 비지배지분으로 보여주기 위하여 연결재무상태표를 조정한다. 따라서 비지배지분은 50,000×10%인 ₩5,000이다.

CHAPTER

05

연결재무제표의 의의와 작성원칙

제 1 절 연결재무제표의 기초

1 연결재무제표의 의의

사업결합은 취득자가 하나 이상의 사업에 대한 지배력을 획득하는 거래나 그 밖의 사건을 말한다. 여기서 취득자는 피취득자에 대한 지배력을 획득하는 기업을 말하며, 피취득자는 취득자가 사업결합으로 지배력을 획득하는 대상 사업을 말한다. 취득자가 피취득자의 사업을 결합하는 방식은 다음의 두 가지 법적인 형태가 있다.

(1) 합 병

합병은 두 개 이상의 기업이 결합하여 법률적으로 하나의 실체가 되는 것을 의미하며, 취득자가 피취득자를 법률적으로 소멸시키는 형식의 사업결합을 말하는 것이다. 이때 취득자를 합병기업이라 하며, 피취득자를 피합병기업이라 한다. 합병방식의 사업결합은 합병 후에 합병기업과 피합병기업이 하나의 법률적인 실체를 구성하게 되며, 이 법률적인 실체가 경제적 실체와 동일하다는 특징을 가지고 있다.

[합병방식에 의한 사업결합]

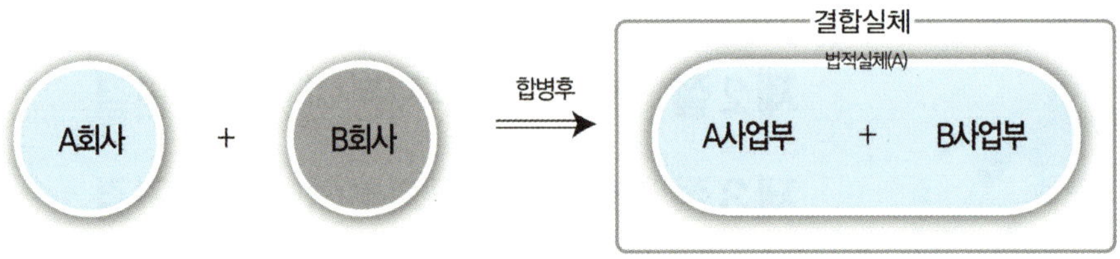

(2) 주식취득

주식취득은 지분인수라고도 불리우며, 취득자가 피취득자의 주식을 취득하지만 피취득자의 법률적 실체를 소멸시키지 않고, 피취득자를 지배하는 형식의 사업결합을 말하는 것이다. 여기서 취득자인 지배기업[1]은 하나 이상의 종속기업을 가지고 있는 기업을 말한다. 또한 피취득자인 종속기업[2]은 다른 기업의 지배를 받는 기업을 말한다. 주식취득을 통한 사업결합의 경우 합병방식을 통한 사업결합과 달리 지배기업과 종속기업이 사업결합으로 하나의 경제적 실체를 구성하고 있음에도 불구하고, 해당 지배기

---

1) A parent is an entity that has one or more subsidiaries.

2) A subsidiary is an entity, including an unincorporated entity such as a partnership, that is controlled by another entity.

업과 종속기업이 법적으로 독립된 실체로서 계속 존속하며 각각 별도의 회계시스템에 따라 재무제표를 작성하게 된다.

[주식취득방식에 의한 사업결합]

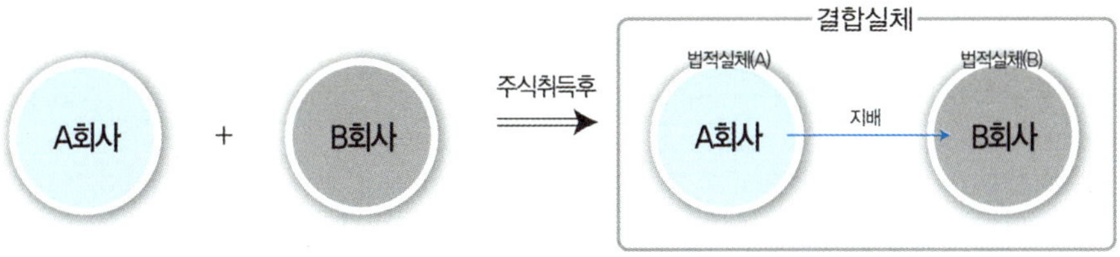

[사업결합의 당사자]

사업결합 방식	취 득 자	피 취 득 자
합 병	합병기업	피합병기업
주식취득(지분인수)	지배기업	종속기업

(3) 연결재무제표의 작성목적

사업결합의 방법 중 합병방식을 선택한 기업과 주식취득방식을 선택한 기업의 재무제표는 사업결합의 법적인 형식이 다르기 때문에 단순히 비교할 수 없다. 하지만, 두 가지 형태의 사업결합방식은 취득자가 피취득자에 대하여 지배력을 행사하고 있다는 측면에서 경제적 실질이 동일하다.

연결재무제표는 지배기업과 그 지배기업의 모든 종속기업을 단일 경제적 실체로 통합하여 작성하는 재무제표[3]를 말하며, 사업결합의 방식으로 주식취득방식을 선택한 기업의 재무제표를 지배력 취득일에 합병한 것으로 가정하여 재작성한 재무제표를 말한다. 이를 통해 사업결합방식간의 비교를 가능하게 해주어 정보이용자의 의사결정에 유용한 정보를 제공하는 것을 목적으로 한다.

3) Consolidated financial statements are the financial statements of a parent and all its subsidiaries presented as those of a single economic entity.

[연결재무제표의 작성목적]

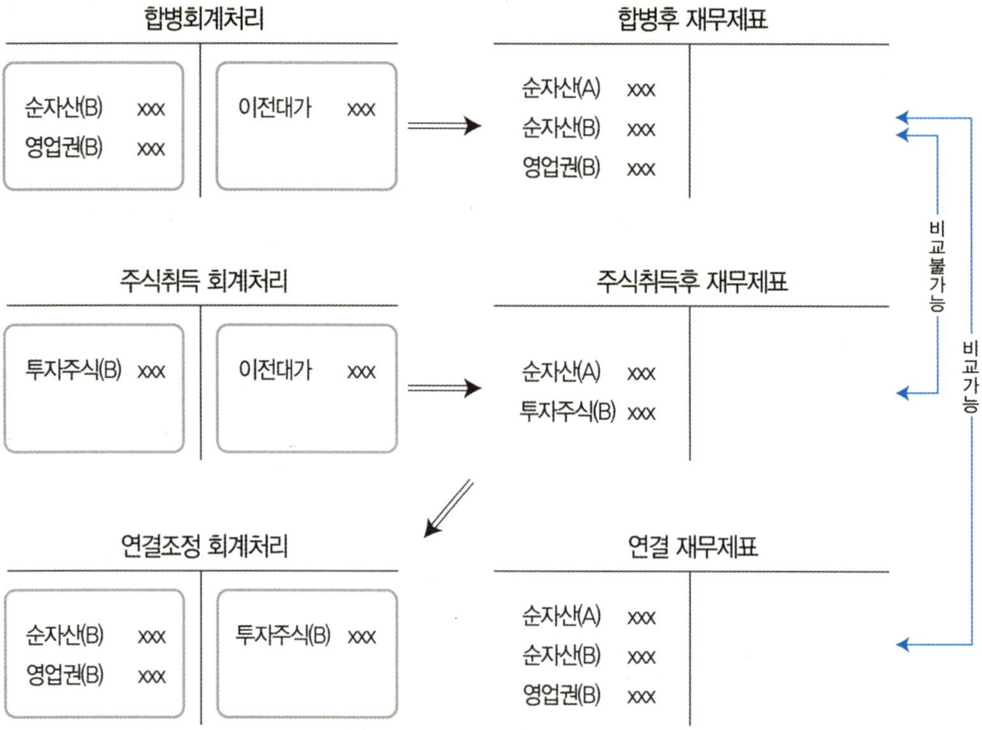

(4) 연결재무제표의 유용성과 한계

연결재무제표는 주식취득방식으로 결합한 개별 기업의 재무제표를 합병방식을 가정한 재무제표로 전환한 것을 말한다. 따라서 연결재무제표를 작성하기 위해서는 많은 노력과 사회적비용이 소요된다. 그럼에도 불구하고 연결재무제표를 작성해서 공시하는 이유는 지배·종속관계를 형성하고 있는 기업의 경우에는 각 기업별 개별재무제표가 제공할 수 없는 유용한 정보를 연결재무제표가 제공해 줄 수 있기 때문이다. 연결재무제표의 유용성은 다음과 같이 요약할 수 있다.

⑴ 지배·종속관계에 있는 기업실체를 단일 기업으로 간주하여 작성되기 때문에 지배·종속기업의 재무상태와 경영성과에 관한 정보를 포괄적으로 제시한다.

⑵ 지배·종속기업간의 상호출자와 부당내부거래 등을 상계 제거함으로써 개별재무제표의 왜곡을 방지하고, 특히 이익을 조작할 가능성을 감소시킨다.

⑶ 해외에서의 자금조달과 자본시장의 국제화에 따른 회계정보의 국제적 비교가능성을 증진시킨다. 특히 미국회계기준과 국제회계기준 모두 연결재무제표를 주재무제표로 하기 때문에 재무제표의 국제적인 비교가능성을 위해서 필요하다.

한편 연결재무제표의 한계는 다음과 같이 요약할 수 있다.

(1) 지배기업과 종속기업의 결산일, 회계정책과 업종이 다를 경우 통합재무제표인 연결재무제표의 유용성이 저하된다.

(2) 종속기업의 이해관계자가 연결재무제표로부터 유용한 정보를 얻기 어렵다. 연결재무제표는 지배기업의 주주 및 채권자들의 의사결정에 도움을 주기 위해 작성되기 때문이다.

2 연결재무제표의 도입 및 발전과정

우리나라의 경우 1974년의 '상장법인 등의 회계처리에 관한 규정'과 1975년의 '상장법인 등의 재무제표에 관한 규칙'에 의거하여 1976년 1월 1일에 시작되는 회계연도부터 연결재무제표를 작성하도록 최초로 제도화 하였다.

1985년에 연결회계절차를 보다 상세히 규정한 '연결재무제표기준'이 별도로 제정되었고, 이의 하부규정으로서 '연결재무제표에 관한 준칙'이 1987년 4월에 제정되었다. 1992년 6월, 1994년 6월 그리고 1996년 12월에 연결재무제표기준이 개정되었고, 연결재무제표의 작성에 대한 의무도 강화되었다. 1998년 4월에는 기업회계기준의 체계정비에 따라 종전의 연결재무제표기준과 연결재무제표에 대한 준칙이 '연결재무제표준칙'으로 통합되었다. 2000년에는 연결재무제표가 제공하는 정보의 신뢰성과 투명성을 제고하고 국제적 회계기준과의 조화를 도모하고자 연결재무제표준칙이 전면 개정되었다. 2007년에는 연결재무제표준칙의 문제점을 보완하고자 기업회계기준서 제25호인 '연결재무제표'가 제정되었다. 이처럼 우리나라에서 연결재무제표의 중요성은 점차 증가해 왔지만 기존의 우리나라 회계기준체계 하에 아직까지 기본재무제표는 개별기업의 재무제표이며, 따라서 연결재무제표가 지배기업의 개별재무제표를 대체할 정도의 비중을 가진 것은 아니었다.

그러나 2011년부터 국제회계기준을 전면 도입함에 따라 우리나라에서도 연결재무제표를 기업의 주재무제표로 전환하였다. 다만, 연결재무제표를 작성하기 위해서는 지배기업뿐만 아니라 모든 종속기업의 회계시스템의 정비가 필요함을 감안하여 기업규모에 따라 순차적으로 연결중심 공시체제로 전환하였으며, 이런 절차로 자산규모가 2조원 이상 상장기업에 대해서는 2011년부터, 기타상장기업에 대해서는 2013년부터 연결재무제표를 주요 재무제표로 공시하도록 규정하였다[4].

참 고 연결재무제표의 작성대상기업

2024년 12월 31일을 기준으로 자산총액이 120억 원을 초과하여 1년에 한 번 이상 재무제표를 공시해야 하는 외부감사대상 기업은 42,646개이다. 이 중에서 연결재무제표를 작성해야 하는 기업은 3,186개이며, 이는 전체 외부감사대상 기업의 7.47%에 해당한다.

4) K-IFRS 고급재무회계 '김문철, 송인만, 전영순 공저' 참조

3 연결재무제표의 작성의무

(1) 연결재무제표의 작성범위

기준서 제1110호 '연결재무제표'에서는 하나 이상의 다른 기업을 지배하는 기업은 당해 다른 기업을 포함한 연결재무제표를 작성하도록 규정[5]하고 있다. 여기서 지배력은 투자자가 피투자자에 대한 관여로 변동이익에 노출되거나 변동이익에 대한 권리가 있고, 피투자자에 대하여 자신의 힘으로 그러한 이익에 영향을 미치는 능력[6]을 말한다.

참 고 지배력 vs 공동지배력 vs 유의적인 영향력

(1) **지배력** : 투자자가 피투자자에 대한 관여로 변동이익에 노출되거나 변동이익에 대한 권리가 있고 피투자자에 대하여 자신의 힘으로 그러한 이익에 영향을 미치는 능력을 말한다. 투자자가 지배력을 행사하고 있는 대상기업을 종속기업이라 하며, 종속기업에 대한 투자지분의 회계처리는 기준서 제1110호 '연결재무제표'에서 규정하고 있다.

(2) **공동지배력** : 투자자가 계약상 합의에 의하여 피투자자의 경제활동에 대한 지배력을 공유하는 것을 말한다. 투자자가 공동지배력을 행사하고 있는 대상기업을 공동기업이라 한다.

(3) **유의적인 영향력** : 투자자가 피투자자의 재무정책과 영업정책에 관한 의사결정에 참여할 수 있는 능력을 말한다. 유의적인 영향력을 행사하고 있는 대상기업을 관계기업이라 하며, 공동기업 투자지분과 관계기업 투자지분의 회계처리는 기준서 제1028호 '관계기업과 공동기업에 대한 투자'에서 규정하고 있다.

[지분율에 따른 투자지분의 회계처리]

Joint Control (50%)

피투자자	0% ~ 20%	20% ~ 50%	50% ~ 100%
투자지분율	Disposal	Influence	Control
이해관계 :	영향력 없음	유의적인 영향력	지배력
투자지분평가방법 :	공정가치법	지분법	연결 F/S 작성
관련규정 :	금융상품 기준서	관계기업투자 기준서	연결 F/S 기준서

5) An entity (the parent) that controls one or more other entities (subsidiaries) required to present consolidated financial statements.

6) An investor controls an investee when it is exposed, or has rights, to variable returns from its involvement with the investee and has the ability to affect those returns through its power over the investee.

(2) 지배력의 평가

투자자는 피투자자에 대한 관여로 변동이익에 노출되거나 변동이익에 대한 권리가 있고 피투자자에 대하여 자신의 힘으로 그러한 이익에 영향을 미치는 능력이 있을 때 피투자자를 지배한다. 따라서, 투자자가 다음을 모두 가지고 있는 경우에만 투자자는 피투자자를 지배한다고 본다.

(1) 피투자자에 대한 **힘** (power)
(2) 피투자자에 대한 관여로 인한 변동이익에 대한 노출 또는 **권리** (rights)
(3) 투자자의 이익금액에 영향을 미치기 위하여 피투자자에 대하여 자신의 힘을 사용하는 **능력** (ability)

투자자는 자신이 피투자자를 지배하는지 평가할 때 모든 사실과 상황을 고려해야 한다. 사실과 상황이 지배력의 위의 세 가지 요소 중 하나 이상에 변화가 있음을 나타내는 경우 투자자는 자신이 피투자자를 지배하는지 재평가해야 하며, 그러한 평가는 법적인 형식이 아닌 경제적 실질에 근거해야 한다.

만약, 둘 이상의 투자자들이 관련활동을 지시하기 위해 함께 행동해야 할 경우에는 투자자들은 피투자자를 집합적으로 지배한다고 봐야 한다. 이러한 경우 투자자는 상대방의 협력 없이 관련활동을 지시할 수 없으므로 투자자 어느 누구도 개별적으로 피투자자를 지배한다고 할 수 없다. 이는 공동지배의 상황으로 보아야 하며, 연결재무제표를 작성하지 않는다. 이 경우 각 투자자는 기업회계기준서 제1111호 '공동약정', 제1028호 '관계기업과 공동기업에 대한 투자' 또는 제1109호 '금융상품'과 같은 관련 기준서에 따라 피투자자에 대한 자신의 투자지분을 회계처리 한다.

1) 피투자자에 대한 힘

피투자자의 이익에 유의적으로 영향을 미치는 활동(이하, 관련활동)을 지시하는 현재의 능력을 갖게 하는 현존 권리를 투자자가 보유하고 있을 때, 투자자는 피투자자에 대한 힘이 있다. 관련활동을 지시하는 현재의 능력이 있는 투자자는 그 지시하는 권리가 행사되기 전이더라도 힘을 가진다. 투자자가 관련활동을 지시하고 있다는 증거는 투자자가 힘을 가지는지 결정하는데 도움을 줄 수 있다. 그러나 그러한 증거 자체만으로는 투자자가 피투자자에 대한 힘을 가지고 있는지 결정하는 데 확증이 되지는 않는다.

한편, 둘 이상의 투자자들이 각각에게 다른 관련활동을 지시하는 일방적인 능력을 갖게 하는 현존 권리를 보유하는 경우, 피투자자의 이익에 가장 유의적으로 영향을 미치는 활동을 지시하는 현재의 능력이 있는 투자자가 피투자자에 대한 힘을 갖는다. 관련활동의 지시에 참여하는 현재의 능력을 갖게 하는 현존 권리(예 유의적인 영향력)를 다른 기업들이 보유하고 있더라도, 투자자는 피투자자에 대한 힘을 가질 수 있다. 그러나 방어권만을 보유하는 투자자는 피투자자에 대한 힘을 가지지 않으며, 따라서 피투자자를 지배하는 것이 아니다

이해 힘의 발생원천

힘은 권리에서 발생한다. 때로는 힘을 평가하는 것은 간단하다. 예를 들어 피투자자에 대한 힘은 주식 같은 지분증권에 의해 부여된 의결권만으로 직접적으로 획득되고, 그러한 보유지분의 의결권을 고려하여 평가될 수 있다. 이와 달리 어떤 경우에는 지배력 평가는 보다 복잡할 것이며 하나 이상의 요소들을 고려할 것이 요구된다. 예를 들어, 힘이 하나 이상의 계약상 약정에 기인하는 경우가 있다.

2) 피투자자에 대한 관여로 인한 변동이익에 대한 노출 또는 권리

피투자자에 대한 투자자의 관여로 투자자의 이익이 피투자자의 성과에 따라 달라질 가능성이 있는 경우 투자자는 변동이익에 노출되거나 변동이익에 대한 권리를 가진다. 투자자의 이익은 양(+)의 금액만이거나, 부(-)의 금액만이거나, 또는 두 경우 모두에 해당될 수 있다. 하나의 투자자만이 피투자자를 지배할 수 있더라도, 하나 이상의 당사자가 피투자자의 이익을 나누어 가질 수 있다. 예를 들어 비지배지분 소유주들은 피투자자의 이익이나 분배의 몫을 가질 수 있다.

3) 투자자의 이익금액에 영향을 미치기 위하여 피투자자에 대하여 자신의 힘을 사용하는 능력

투자자가 피투자자에 대한 힘을 갖고 있고 피투자자에 대한 관여로 변동이익에 노출되거나 변동이익에 대한 권리가 있을 뿐만 아니라, 피투자자에 대한 관여로 자신의 이익금액에 영향을 미치기 위하여 자신의 힘을 사용하는 능력이 있다면 투자자는 피투자자를 지배하는 것이다. 따라서, 의사결정권이 있는 투자자는 자신이 본인인지 또는 대리인인지를 결정해야 한다. 대리인인 투자자는 자신에게 위임된 의사결정권을 행사하는 경우에 피투자자를 지배하는 것이 아니다.

(3) 지배력보유 여부의 판단

이하 설명에서는 투자자가 피투자자에 대하여 지배력을 보유하고 있는지의 여부에 대한 판단기준을 수험목적에 국한하여 핵심적인 내용만을 설명할 것이다.

1) 의결권 기준

피투자자의 목적과 설계를 고려할 때, 피투자자의 보통주와 같이 보유자에게 비례의결권을 제공하는 지분상품을 수단으로 피투자자를 지배하는 것은 명백할 수 있다. 이 경우 의사결정을 변경하는 추가적인 약정이 없다면, 지배력의 평가는 누가 피투자자의 영업정책과 재무정책을 결정하기 위한 충분한 의결권을 행사 할 수 있는지에 중점을 둔다. 가장 단순한 경우, 다른 요소가 없다면 피투자자의 의결권 과반수를 보유하는 투자자는 아래의 조건을 만족하는 경우에 한하여 피투자자에 대하여 지배력을 가진다고 볼 수 있다.

(1) 의결권 과반수 보유자의 결의에 의해 관련활동이 지시되거나,
(2) 관련활동을 지시하는 의사결정기구 구성원의 과반수가 의결권 과반수 보유자의 결의에 의해 선임된다.

2) 실질지배력 기준

투자자가 피투자자에 대한 의결권 과반수를 보유하고 있더라도 그러한 권리가 실질적이지 않다면 피투자자에 대하여 지배력을 가질 수 없다. 예를 들어 관련활동이 정부, 법원, 관재인, 채권자, 청산인 또는 감독당국의 지시 대상이 된다면, 피투자자에 대한 의결권 과반수를 보유하는 투자자는 지배력을 가질 수 없다.

반면에, 투자자가 피투자자 의결권의 과반수 미만을 보유하더라도 지배력을 가질 수도 있다. 피투자자 의결권의 과반수 미만을 보유하는 경우에도 투자자는 다음의 예를 통하여 지배력을 가질 수 있기 때문이다.

(1) 투자자와 다른 의결권 보유자간의 계약상 약정에 의하여 과반수의 의결권을 행사할 수 있는 경우
(2) 계약상 약정에서 발생하는 권리가 의결권과 결합하여 피투자자의 관련활동을 지시할 수 있는 경우
(3) 투자자의 의결권이 과반수 미만이지만, 다른 의결권 보유자의 주식분산정도에 의해 투자자가 일방적으로 관련활동을 지시하는 실질적 능력을 가진 경우
(4) 투자자가 보유하고 있는 잠재적 의결권과 결합하여 피투자자의 관련활동을 지시할 수 있는 경우
(5) 상기 항목(1)부터 항목(4)까지의 조합

3) 잠재적 의결권의 고려여부

지배력을 평가할 때, 투자자는 자신이 힘을 갖는지 결정하기 위하여 다른 당사자가 보유한 잠재적 의결권뿐만 아니라 자신이 보유한 잠재적 의결권도 고려한다. 잠재적 의결권은 선도계약을 포함하는 전환상품이나 옵션에서 발생하는 권리와 같이 피투자자의 의결권을 획득하는 권리이다. 잠재적 의결권은 권리가 실질적일 경우에만 고려한다. 실질적인 잠재적 의결권은 단독으로 또는 다른 권리와 결합하여 투자자에게 관련활동을 지시하는 현재의 능력을 부여할 수 있기 때문이다. 예를 들어, 투자자가 피투자자의 의결권을 40% 보유하고 있고 추가로 의결권의 20%를 취득할 수 있는 옵션에서 발생하는 실질적인 권리를 갖고 있을 때, 이러한 경우가 될 가능성이 높다.

여기서 주의할 점은 연결재무제표를 작성할 때 잠재적 의결권이나 잠재적 의결권을 포함하는 그 밖의 파생상품이 있는 경우 당기순손익과 자본변동을 지배기업지분과 비지배주주에 배분하는 비율은 현재의 소유지분에만 기초하여 결정하고 잠재적 의결권과 그 밖의 파생상품의 행사가능성이나 전환가능성은 반영하지 아니한다는 것이다[7]. 즉 지배력여부에 대한 판단은 잠재적 의결권의 행사여부를 고려하지만, 실제 연결재무제표의 작성시에는 이를 고려하지 않는다.

---

7) 다만, 어떤 상황에서는 소유지분과 연계된 이익에 접근할 수 있게 하는 거래의 결과로 실질적으로는 현재의 소유지분을 보유한다. 그러한 상황에서는 연결재무제표를 작성할 때 이익에 접근할 수 있게 하는 잠재적 의결권과 그밖의 파생상품의 궁극적인 행사를 고려하여 지배기업지분과 비지배지분의 배분비율을 결정한다.

4 연결재무제표의 작성의무의 면제

지배기업은 모든 종속기업을 포함하여 연결재무제표를 작성해야 하는 것이 원칙이다. 하지만 지배기업이 다음과 같은 상황인 경우에는 연결재무제표의 작성의무가 면제된다.

(1) 중간지배기업

지배와 종속관계가 순차적으로 이루지는 경우에는 최상위지배기업만이 아니라, 중간지배기업도 원칙적으로는 자신의 종속기업을 대상으로 연결재무제표를 작성하여야 한다. 다만, 중간지배기업의 경우 다음의 네 가지 조건을 모두 충족하는 경우에는 연결재무제표를 작성하지 아니할 수도 있다. 이 경우 중간지배기업은 연결재무제표를 작성하지 않고 별도재무제표만을 작성하면 된다.

(1) 지배기업이 그 자체의 지분 전부를 소유하고 있는 다른 기업의 종속기업이거나, 지배기업이 그 자체의 지분 일부를 소유하고 있는 다른 기업의 종속기업이면서 그 지배기업이 연결재무제표를 작성하지 않는다는 사실을 그 지배기업의 다른 소유주들(의결권이 없는 소유주 포함)에게 알리고 그 다른 소유주들이 그것을 반대하지 않는 경우

(2) 지배기업의 채무상품이나 지분상품이 공개시장(국내 외 증권거래소나 장외시장과 지역시장 포함)에서 거래되지 않는 경우

(3) 지배기업이 공개시장에서 증권을 발행할 목적으로 증권감독기구나 그 밖의 감독기관에 재무제표를 제출한 적이 없으며 제출하는 과정에 있지도 않은 경우

(4) 지배기업의 최상위 지배기업이나 중간 지배기업이 국제회계기준을 적용하여 공용 가능한 연결재무제표를 작성한 경우

[지배 · 종속관계가 순차적으로 이루어진 경우]

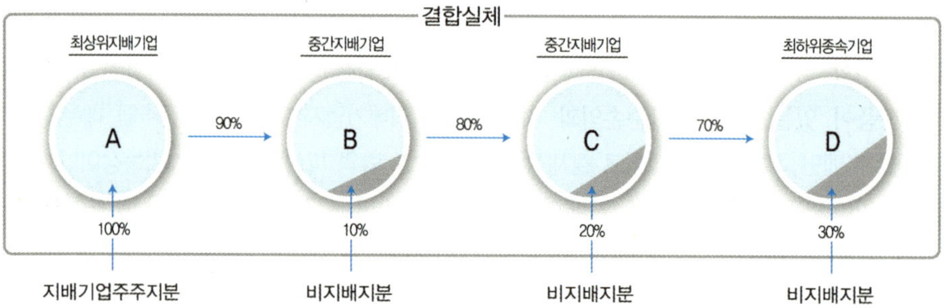

(2) 투자기업

다음의 요건을 모두 만족하는 투자전문기업이 종속기업을 보유하고 있는 경우에는 연결재무제표를 작성하지 않는다. 이 경우 투자기업(investment entities)은 연결재무제표를 작성하지 않고 별도재무제표만을 작성해야 하며, 해당 종속기업 투자자산을 공정가치로 측정하여 당기손익에 반영한다.

(1) 투자관리용역을 제공할 목적으로 하나 이상의 투자자로부터 자금을 획득한다.
(2) 사업목적이 시세차익, 투자수익, 또는 둘 모두를 위해서 자금을 투자하는 것임을 투자자에게 확약한다.
(3) 실질적으로 모든 투자자산에 대한 성과를 공정가치로 측정하고 평가한다.

5 연결재무제표의 종류와 양식

연결재무제표는 연결재무상태표, 연결포괄손익계산서, 연결자본변동표와 연결현금흐름표로 구성되며 재무제표에 대한 주석을 포함한다.

(1) 연결재무상태표

연결재무상태표의 양식은 기준서 제1001호 '재무제표의 표시'에서 규정하고 있는 재무상태표의 양식과 동일하다. 연결재무상태표의 구성요소 중 연결실체의 자본은 지배기업의 소유주지분과 비지배지분으로 구분하여 표시해야 하며, 비지배지분은 항목별로 구분하지 않고 단일금액으로 표시한다.

[유동성 · 비유동성 배열법에 의한 연결재무상태표]

재 무 상 태 표

20×1년 12월 31일 현재

A회사 (단위 : 원)

과 목	금 액		과 목	금 액	
유동자산		×××	**유동부채**		×××
현금및현금성자산	×××		매입채무 및 기타채무	×××	
매출채권 및 기타채권	×××		단기차입금	×××	
재고자산	×××		당기법인세부채	×××	
기타의 유동자산	×××		단기충당부채	×××	
매각예정비유동자산	×××		**비유동부채**		×××
비유동자산		×××	장기차입금	×××	
기타포괄금융자산	×××		이연법인세부채	×××	
상각후원가금융자산	×××		퇴직급여부채	×××	
관계기업투자주식	×××		장기충당부채	×××	
투자부동산	×××		**부 채 총 계**		×××
유형자산	×××		**지배기업의 소유주지분**		×××
영 업 권	×××		납입자본	×××	
기타의 무형자산	×××		이익잉여금	×××	
기타의 비유동자산	×××		기타포괄손익누계액	×××	
			비지배지분		×××
			자 본 총 계		×××
자 산 총 계		×××	**부 채 및 자 본 총 계**		×××

(2) 연결포괄손익계산서

연결포괄손익계산서의 양식은 기준서 제1001호 '재무제표의 표시'에서 규정하고 있는 포괄손익계산서의 양식과 동일하다. 연결포괄손익계산서의 구성요소 중 연결당기순이익과 연결포괄이익을 각각 지배기업의 소유주지분이익과 비지배주주지분이익으로 구분하여 각각 표시해야 한다.

[기능별비용 분류법에 의한 단일의 연결포괄손익계산서]

포 괄 손 익 계 산 서

당기 : 20×1년 1월 1일부터 20×1년 12월 31일까지

전기 : 20×0년 1월 1일부터 20×0년 12월 31일까지

A회사 (단위 : 원)

구 분	당 기	전 기
매출수익	×××	×××
매출원가	(×××)	(×××)
매출총이익	×××	×××
판매비와 관리비	×××	×××
영업이익	×××	×××
영업외수익과 차익	(×××)	(×××)
영업외비용과 차손	(×××)	(×××)
법인세비용차감전순이익	×××	×××
법인세비용	(×××)	(×××)
계속영업이익	×××	×××
중단영업손익	×××	×××
당기순이익 (net income)	×××	×××
재분류조정대상인 기타포괄손익	×××	×××
재분류조정대상이 아닌 기타포괄손익	×××	×××
총포괄이익 (comprehensive income)	×××	×××
당기순이익의 귀속 :		
지배기업의 소유주	×××	×××
비지배지분	×××	×××
총포괄이익의 귀속 :		
지배기업의 소유주	×××	×××
비지배지분	×××	×××
주당이익		
기본 및 희석	×××	×××

(3) 연결자본변동표

연결자본변동표의 양식은 기준서 제1001호 '재무제표의 표시'에서 규정하고 있는 자본변동표의 양식과 동일하다. 연결자본변동표의 구성요소 중 연결실체의 자본의 변동은 지배기업의 소유주지분과 비지배지분으로 구분하여 변동을 표시해야 한다. 지배기업 소유주지분은 주요항목별로 구분하여 자본의 변동을 표시한다. 이와는 달리 비지배지분은 항목별로 구분하지 않고, 단일금액으로 통합하여 자본의 변동을 표시한다. 연결자본변동표에는 다음의 항목을 별도로 표시한다.

(1) 지배기업의 소유주와 비지배지분에게 각각 귀속되는 금액으로 구분하여 표시한 해당 기간의 총포괄손익
(2) 자본의 각 구성요소별로, 기업회계기준서 제1008호에 따라 인식된 소급적용이나 소급재작성의 영향
(3) 자본의 각 구성요소별로 다음의 각 항목에 따른 변동액을 구분하여 표시한, 기초시점과 기말시점의 장부금액 조정내역
① 당기순손익과 기타포괄손익의 각 항목
② 소유주로서의 자격을 행사하는 소유주와의 거래 단, 소유주에 의한 출자와 소유주에 대한 배분, 그리고 지배력을 상실하지 않는 종속기업에 대한 소유지분의 변동을 구분하여 표시

[연결자본변동표]

자 본 변 동 표
20×1년 1월 1일부터 20×1년 12월 31일까지

A회사 (단위 : 원)

구 분	납입자본	이익 잉여금	기타자본 구성요소	지배기업 지분총계	비지배 지분	총 계
20×1. 1. 1 (보고금액)	×××	×××	×××	×××	×××	×××
연차배당	-	(×××)	-	(×××)	-	(×××)
지배기업의 유상증자	×××	-	-	×××	-	×××
총포괄이익	-	×××	-	×××	×××	×××
재평가잉여금의 대체	-	×××	(×××)	-	-	×××
20×1. 12. 31	×××	×××	×××	×××	×××	×××

(4) 연결현금흐름표

연결현금흐름표의 양식은 기준서 제1007호 '현금흐름표'에서 규정하고 있는 현금흐름표의 양식과 동일하다. 연결현금흐름표의 구성요소 중 종속기업과 기타 사업에 대한 지배력의 획득 또는 상실에 따른 총현금흐름은 별도로 표시한다.

[직접법에 의한 연결현금흐름표]

현금흐름표

A회사		20×1. 1. 1~20×1. 12. 31
Ⅰ. 영업활동으로 인한 현금흐름		×××
(1) 고객으로부터의 유입된 현금	×××	
(2) 공급자와 종업원에 대한 현금유출	(×××)	
영업으로부터 창출된 현금	×××	
(3) 이자의 수령	×××	
(4) 이자의 지급	(×××)	
(5) 법인세의 납부	×××	
Ⅱ. 투자활동으로 인한 현금흐름		×××
(1) 종속기업의 취득	(×××)	
(2) 유형자산의 취득	(×××)	
(3) 설비의 처분	×××	
(4) 무형자산의 취득	(×××)	
Ⅲ. 재무활동으로 인한 현금흐름		×××
(1) 유상증자	×××	
(2) 장기차입금의 차입	×××	
(3) 금융리스부채의 상환	(×××)	
(4) 배당금지급	(×××)	
Ⅳ. 현금및현금성자산의 순증가		×××
Ⅴ. 기초 현금및현금성자산		×××
Ⅵ. 기말 현금및현금성자산		×××

6 연결재무제표의 작성원칙

연결재무제표는 동일한 보고기간종료일과 회계정책으로 작성된 지배기업의 재무제표와 종속기업의 재무제표를 항목별로 합산하고, 여기에 연결제거분개를 조정하여 작성된다.

(1) 연결재무제표 작성기준일

지배기업의 보고기간종료일과 종속기업의 보고기간종료일이 다른 경우, 종속기업은 실무적으로 적용할 수 없지 않다면 연결재무제표를 작성하기 위하여 지배기업의 재무제표와 동일한 보고기간 종료일의 재무제표를 추가로 작성한다. 다만, 연결재무제표를 작성하기 위하여 사용되는 종속기업 재무제표의 보고기간종료일이 지배기업 재무제표의 보고기간종료일과 다른 경우에는 지배기업 재무제표의 보고기간종료일과 종속기업 재무제표의 보고기간종료일 사이에 발생한 유의적인 거래나 사건의 영향을 반영하여 수정한다. 어떠한 경우라도 종속기업의 보고기간종료일과 지배기업의 보고기간 종료일의 차이는 3개월을 초과해서는 안된다. 또한 보고기간의 길이 그리고 보고기간종료일의 차이는 매 기간마다 동일하여야 한다.

(2) 지배기업과 종속기업의 회계정책

지배기업과 종속기업의 회계정책이 다른 경우에도 유사한 상황에서 발생한 동일한 거래와 사건에 대하여 동일한 회계정책을 적용하여 연결재무제표를 작성해야 한다. 따라서 연결실체를 구성하는 기업이 유사한 상황에서 발생한 동일한 거래와 사건에 대하여 연결재무제표에서 채택한 회계정책과 다른 회계정책을 사용한 경우에는 그 재무제표를 적절히 수정하여 연결재무제표를 작성한다.

7 별도재무제표

(1) 별도재무제표의 의의

별도재무제표는 종속기업, 공동기업 및 관계기업에 대한 투자를 보유하고 있는 기업이 해당 투자지분을 원가법, 공정가치법이나 지분법 중 어느 하나를 적용하여 표시한 재무제표를 말한다. 별도재무제표(separate financial statement)는 다음과 같은 상황에서 작성하여 공시한다.

⑴ 종속기업에 대한 투자자산을 보유하여 연결재무제표를 작성하고 있는 경우 별도재무제표를 작성하여 연결재무제표에 추가하여 공시

⑵ 관계기업이나 공동기업에 대한 투자자산을 보유하여 지분법적용재무제표를 작성하고 있는 경우 별도재무제표를 작성하여 지분법적용재무제표에 추가하여 공시

⑶ 연결이나 지분법의 면제사유에 해당하여 연결재무제표나 지분법적용 재무제표를 작성하지 않는 경우에는 별도재무제표만을 작성하여 공시

여기서 유의할 점은 종속기업, 관계기업이나 공동기업 참여자로서 투자지분을 소유하지 않은 기업의 재무제표는 별도재무제표가 아니라는 것이다.

이해 별도재무제표의 작성이유

투자자가 종속기업 등에 대한 투자지분에 대하여 연결이나 지분법을 반영하여 재무제표를 공시하게 되면, 투자자만의 재무상태와 경영성과에 대한 정보는 공시용 재무제표에서는 드러나지 않게 된다. 따라서 연결재무제표나 지분법을 반영하여 재무제표를 공시하는 투자자는 자신만의 성과에 대한 정보를 공시할 필요가 생기게 된다. 이에 대한 보충적정보를 제공하는 것이 바로 별도재무제표이다. 따라서 별도재무제표에서는 지배기업과 종속기업 등이 별개의 독립된 실체라는 관점에서 종속기업 등에 대한 투자지분에 대하여 원가법이나 공정가치법을 적용하여 측정하는 것이 원칙이며, 예외적으로 지분법을 적용하여 측정하는 것도 인정하고 있다.

(2) 별도재무제표에서 종속기업 등에 대한 투자의 회계처리

별도재무제표를 작성할 때, 종속기업, 공동지배기업 및 관계기업에 대한 투자자산은 아래와 같은 방법 중 하나를 선택하여 회계처리한다.

⑴ 원가법
⑵ 기업회계기준서 제1109호 '금융상품'에 따른 공정가치법
⑶ 기업회계기준서 제1028호 '관계기업과 공동기업에 대한 투자'에서 규정하고 있는 지분법

공정가치법을 적용하는 경우에는 기업의 선택[8]에 따라 공정가치평가손익을 당기손익이나 기타포괄손익으로 별도재무제표에 인식할 수 있다. 또한 종속기업, 공동기업, 관계기업에서 받는 배당금은 기업이 배당을 받을 권리가 확정되는 시점에 그 기업의 별도재무제표에 인식한다. 기업이 배당금을 투자자산의 장부금액에서 차감하는 지분법을 사용하지 않는다면 수령한 배당금은 당기손익으로 인식한다.

[별도재무제표의 개념]

구 분	투자지분에 대한 회계처리	
	종속기업투자지분을 보유한 경우	관계기업과 공동기업투자지분을 보유한 경우
외부공표용 재무제표	연결재무제표	지분법재무제표
별도재무제표	원가법, 공정가치법, 지분법	원가법, 공정가치법
배당금을 수령하는 경우	배당수익이나 투자지분에서 차감	배당수익이나 투자지분에서 차감

8) 투자기업(investment entities)의 경우에는 별도재무제표에 종속기업에 대한 투자자산의 회계처리를 선택할 수 없으며, 해당 기업은 투자자산을 공정가치로 평가하여 당기손익으로만 인식해야 한다.

8 연결회계이론

연결재무제표를 작성방법은 연결실체의 두 이해관계자인 지배기업의 소유주와 비지배주주를 어떻게 보느냐에 따라 이론적으로 두 가지 방법이 존재한다. 지배기업의 소유주와 비지배주주를 모두 연결실체의 주주로 간주하여 접근하는 방법도 있으며, 지배기업의 소유주만이 연결실체의 주주이며, 비지배주주는 채권자로 간주하여 접근하는 방법도 있다.

(1) 실체이론

실체이론(entity theory)에서 연결재무제표는 지배기업과 종속기업으로 구성된 단일 기업실체에 대한 정보를 제공하는 것을 목적으로 한다. 따라서 실체이론에서는 연결실체를 구성하는 두 이해관계자인 지배기업의 소유주와 비지배주주를 모두 주주로 간주하여 재무제표를 작성하며, 연결실체를 구성하는 지배기업과 종속기업의 자산, 부채, 수익과 비용이 그대로 연결실체의 자산, 부채, 수익과 비용으로 보고된다. 실체이론에서는 비지배주주지분을 자본으로 인식하며, 비지배주주지분귀속 순이익을 연결당기순이익의 구성요소로 인식한다.

[실체이론]

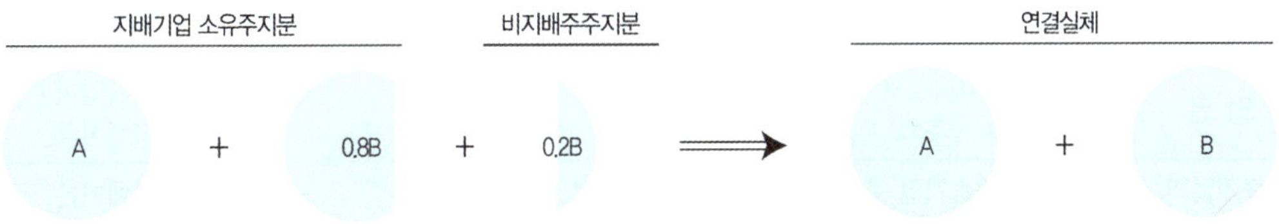

(2) 지배기업이론

지배기업이론(parent company theory)에서 연결재무제표는 지배기업 자체의 순자산과 종속기업의 순자산 중에서 지배기업에 속하는 지분에 대한 정보를 반영하는 것을 목적으로 한다. 따라서 지배기업이론에서는 연결실체를 구성하는 두 이해관계자 중에서 지배기업의 소유주만을 주주로 간주하고, 비지배주주는 채권자로 간주하여 재무제표를 작성하며, 연결실체를 구성하는 지배기업과 종속기업의 자산, 부채, 수익과 비용에서 종속기업에 대한 비지배주주지분의 해당액이 차감되는 형식으로 보고한다. 지배기업이론에서는 비지배주주지분을 부채로 인식하며, 비지배주주지분귀속 순이익을 연결당기순이익 계산시 비용으로 인식한다.

[지배기업이론]

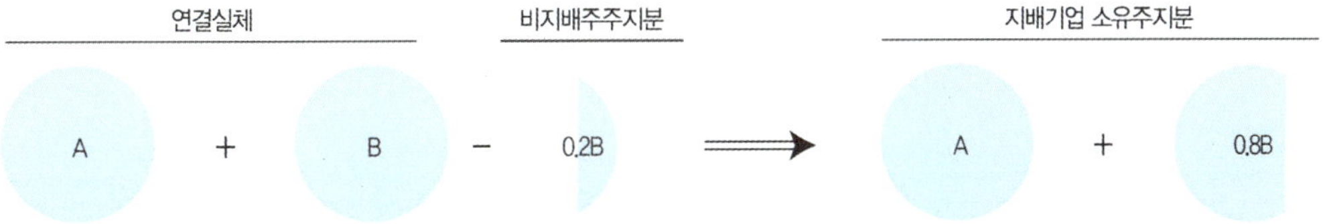

[연결재무제표의 작성이론]

구 분	실체이론	지배기업이론
영 업 권	지배주주지분과 비지배주주지분에 대한 영업권을 모두 인식	지배주주지분에 대한 영업권만을 인식
종속기업의 순자산	전체를 공정가치로 재측정	지배주주지분만 공정가치로 재측정
상향내부미실현손익	전액제거 후 지분율에 따라서 안분	지배주주지분만 제거
연결당기순이익	당기순이익을 지배주주지분귀속이익과 비지배주지분귀속이익으로 구분	비지배주주지분귀속이익을 비용으로 인식하여 당기순이익에서 차감
비지배지분의 성격	주주로 보아 자본으로 인식	채권자로 보아 부채로 인식
(-)의 비지배주주지분	비지배주주지분에 (-)를 반영함	인식하지 않음

(3) 국제회계기준

국제회계기준에서는 다음과 같이 실체이론에 근거하여 연결재무제표를 작성하도록 규정하고 있으며, 하지만, 영업권의 측정논리에는 지배기업이론의 논리도 함께 허용하고 있다.

[국제회계기준에 의한 연결재무제표 작성이론]

구 분	국제회계기준	이론적인 입장
영 업 권	지배주주지분의 영업권만을 인정 or 지배주주지분과 비지배주주지분의 영업권을 모두 인정	지배기업이론 실체이론
종속기업의 순자산	종속기업 순자산 전체를 공정가치로 재측정	실체이론
상향내부미실현손익	상향판매 미실현이익을 전액제거하고 지분율에 따라 배분	실체이론
연결당기순이익	연결손익계산서에서 연결실체 전체의 이익인 지배주주지분이익과 비지배지분이익의 합계를 연결당기순이익으로 인식	실체이론
비지배지분의 성격	연결재무상태표에서 비지배지분도 자본으로 계상	실체이론
(-)의 비지배주주지분	비지배주주지분에 (-)효과를 반영함	실체이론

제 2 절 비지배주주지분이 없는 연결

IFRS

연결재무제표는 지배기업과 종속기업을 단일 경제적 실체로 통합하여 작성하는 재무제표를 말한다. 연결재무제표의 작성목적은 사업결합의 방식으로 주식취득을 선택한 기업의 개별재무제표를 합병을 가정한 재무제표로 수정하여 사업결합방식간의 비교를 가능하게 해주어 정보이용자의 의사결정에 유용한 정보를 제공하는 것이다. 따라서 연결재무제표를 작성하게 되면, 그 결과물은 합병을 가정한 재무제표와 동일하게 된다. 제4장 '사업결합과 합병회계'에서 학습한 합병재무제표를 생각하면서 연결재무제표의 작성절차를 학습하면 연결을 어렵지 않게 정복할 수 있게 된다. 본 절에서는 지배기업이 종속기업을 100% 취득하여 비지배지분이 없는 상태에서의 연결재무제표 작성을 연도별로 분석해 보고자 한다.

이 해 연결수정분개와 오류수정분개의 연관성

합병의 경우에는 합병기업이 피합병기업을 결합하면서 피합병기업의 모든 회계기록을 합병기업이 인수하여 회계처리 한다. 따라서 사업결합후의 결합실체의 재무제표는 합병기업의 재무제표와 동일하므로 사업결합 후에는 후속적으로 결합조정회계처리가 필요없다. 하지만 주식취득의 경우에는 지배기업이 종속기업을 결합하여 하나의 경제적 실체가 되었음에도 불구하고, 지배기업과 종속기업이 별개의 회계적 실체로서 각각의 독립된 회계장부체계를 유지하므로, 하나의 연결실체인 지배기업과 종속기업의 통합장부는 존재하지 않는다. 따라서 연결재무제표는 연결실체의 통합장부로부터 작성되는 것이 아니며, 지배기업과 종속기업의 개별 회계장부에서 작성된 재무제표를 각 계정별로 합산하여 지배기업이 작성한다. 그러나 이러한 단순합산 재무제표는 내부거래 등으로 인하여 연결실체의 재무상태와 경영성과를 적절하게 보여주지는 못한다. 따라서 연결분개는 지배기업과 종속기업의 단순합산재무제표를 연결실체의 재무제표로 전환하기 위하여 조정하는 오류수정의 회계처리이다. 물론 이러한 조정과 제거의 회계처리는 연결과정에서만 나타나는 분개일 뿐이며, 연결대상기업들의 개별회계장부에는 영향을 주지 않는다.

1 순자산 과소금액과 영업권이 없는 경우

지배기업이 종속기업의 주식을 취득하면서 순자산 과소금액과 영업권이 없는 경우를 가정 해보자. 이 가정이 성립하려면, 종속기업의 식별가능한 순자산 장부금액과 공정가치가 동일해야 하며, 영업권에 대한 초과 이전대가도 없어야 하므로, 현실적으로는 발생할 수 없는 상황이다. 하지만 상황을 단순화시켜 연결재무제표 작성의 과정을 한눈에 파악하기 위하여 조금은 무리한 가정을 통해 설명하고자 한다.

(1) 지배력 획득일의 연결

지배기업 A가 종속기업 B의 지분을 20×1년 1월 1일에 100% 취득하였다고 가정하자. B회사의 순자산장부금액과 공정가치가 동일하며 영업권에 초과 이전대가도 없다면, 지배력 획득 직후 A회사의 재무상태표는 아래의 ❶과 같다. 이 상태에서 연결재무상태표를 작성하면 아래의 ❷의 연결분개를 반영하여 ❸의 연결재무상태표가 나오게 하면 된다.

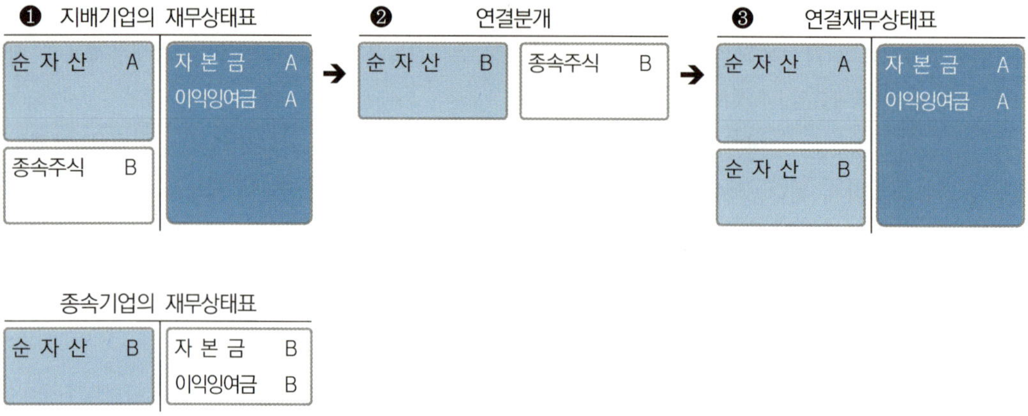

위의 ❷의 연결분개는 차변이 식별가능한 취득자산과 인수부채의 공정가치이며, 대변이 이전대가의 공정가치이므로 결국 합병분개와 동일함을 확인할 수 있다.

하지만 위와 같이 연결분개를 수행하는 경우에는 ❷의 차변 '순자산 B'의 분개시 계정과목이 많아져 회계처리가 번거롭게 된다. 따라서 회계처리의 간결함을 위하여 연결분개는 아래와 같이 지배기업의 재무상태표 ❶과 종속기업의 재무상태표 ❹를 단순합산한 후 ❺의 연결분개를 반영하여 동일한 ❸의 연결재무상태표가 나오게 한다.

위의 그림에서 알 수 있듯이 지배기업의 재무상태표와 종속기업의 재무상태표를 단순히 합산을 하고 연결분개를 반영하면 연결회계처리가 간결하게 산출됨을 알 수 있다. 여기서 ❺의 연결분개를 투자와 자본의 상계제거라 한다.

> **지배력 획득시점의 연결재무상태표** = 지배기업의 재무상태표 + 종속기업의 재무상태표 ± 연결수정분개

예제 1 지배력 획득일의 연결

20×1년 1월 1일 A회사는 B회사의 보통주 100%를 ₩1,500,000에 취득하여 지배권을 확보하였다. 20×1년 1월 1일 현재 B회사의 순자산은 자본금 ₩1,000,000과 이익잉여금 ₩500,000이었다. 취득일 현재 B회사의 식별가능한 순자산 장부금액과 공정가치는 동일하였다.

(1) 20×1년 초 A회사와 B회사의 재무상태표는 다음과 같다. A회사의 종속기업주식은 전액 B회사에 대한 것으로 A회사는 이를 원가법으로 평가하고 있다.

20×1년 1월 1일

	A회사	B회사		A회사	B회사
현금및현금성자산	2,000,000	1,300,000	유동부채	2,150,000	1,500,000
재고자산	700,000	400,000	자 본 금	2,500,000	1,000,000
종속기업주식	1,500,000	-	이익잉여금(×1초)	1,350,000	500,000
토 지	1,000,000	800,000			
건물(순액)	800,000	500,000			
	6,000,000	3,000,000		6,000,000	3,000,000

물음 Question

1. 20×1년 1월 1일을 기준으로 연결재무제표를 작성하는 경우 연결재무제표 작성을 위한 연결분개를 제시하시오.
2. A회사와 B회사로 구성된 연결실체의 재무상태표를 20×1년 1월 1일을 기준으로 작성하시오.

해답 answer

1. 20×1년 1월 1일 기준 연결분개

투자와 자본상계	(차) 자 본 금	1,000,000 ②	(대) 종속기업주식	1,500,000 ①
	이익잉여금(×1초)	500,000 ③		

2. 20×1년 1월 1일 기준 연결재무상태표

(1) 연결정산표(시산표)

계정과목	A회사	B회사	연결조정 & 제거	연결재무제표
현금및현금성자산	2,000,000	1,300,000		3,300,000
재고자산	700,000	400,000		1,100,000
종속기업주식	1,500,000	-	(1,500,000)	-
토　　지	1,000,000	800,000		1,800,000
건　　물	800,000	500,000		1,300,000
자산총계	6,000,000	3,000,000	(1,500,000)	7,500,000
유동부채	2,150,000	1,500,000		3,650,000
자 본 금	2,500,000	1,000,000	(1,000,000)	2,500,000
이익잉여금	1,350,000	500,000	(500,000)	1,350,000
부채와 자본총계	6,000,000	3,000,000	(1,500,000)	7,500,000

(2) 연결재무상태표

20×1년 1월 1일

현금및현금성자산	3,300,000	유동부채	3,650,000
재고자산	1,100,000	자 본 금	2,500,000
종속기업주식	-	이익잉여금	1,350,000
토　　지	1,800,000		
건물(순액)	1,300,000		
	7,500,000		7,500,000

해 설

1. A회사가 B회사를 합병했다고 가정하는 경우 합병분개는 다음과 같다. 결국 합병분개와 연결분개는 동일한 것임을 확인할 수 있다.

주식취득	(차)	종속기업주식	1,500,000 ②	(대) 현　　금	1,500,000 ①
법적통합	(차)	현금및현금성자산	1,300,000 ④	(대) 유동부채	1,500,000 ⑧
		재고자산	400,000 ⑤	종속기업주식	1,500,000 ③
		토　　지	800,000 ⑥		
		건　　물	500,000 ⑦		

(2) 지배력 획득일 이후의 연결

지배기업 A가 종속기업 B의 지분을 20×1년 1월 1일에 100% 취득하였으며, 20×1년에 B회사가 순이익으로 β_{01}을 보고한 경우 20×1년 12월 31일 A회사의 재무상태표는 아래의 ❶과 같다. 이 상태에서 연결재무상태표를 작성하기 위해서는 아래의 ❷의 연결분개를 반영하여 ❸의 연결재무상태표가 나오게 하면 된다.

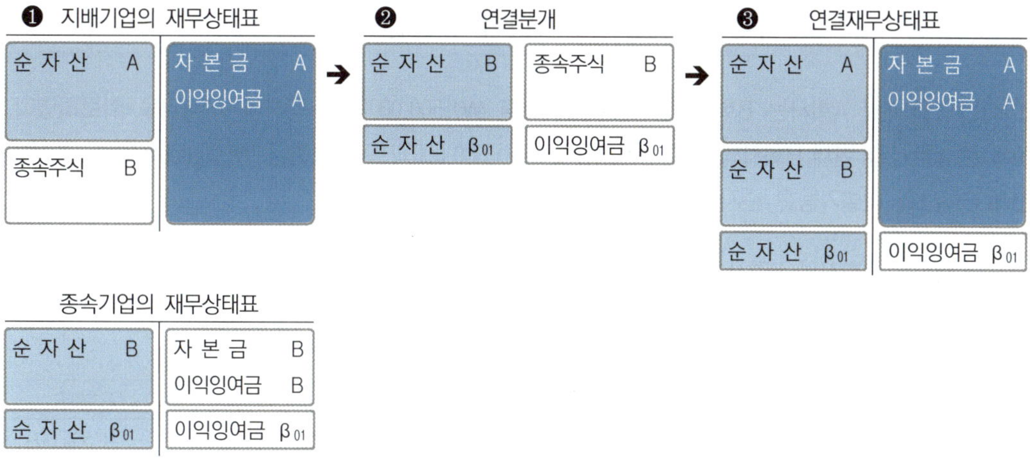

하지만 위와 같이 연결분개를 수행하는 경우에는 회계처리가 번거롭게 된다. 따라서 회계처리의 간결함을 위하여 연결분개는 아래와 같이 기말 지배기업의 재무상태표 ❶과 기말 종속기업의 재무상태표 ❹를 단순합산한 후 ❺의 연결분개를 반영하여 동일한 ❸의 연결재무상태표가 나오게 한다.

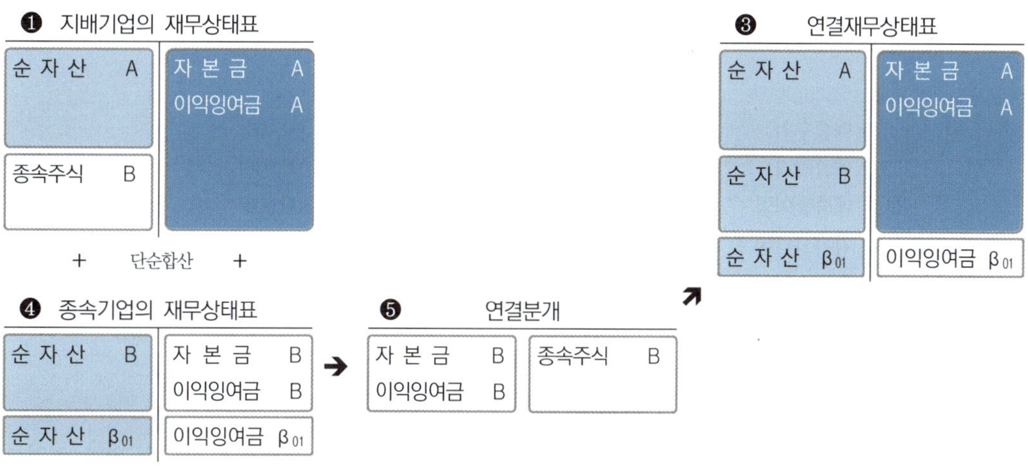

위의 그림에서 알 수 있듯이 지배기업의 재무제표와 종속기업의 재무제표를 단순히 합산을 하고 연결분개를 반영하면 연결회계처리가 간결하게 산출되며, 특히 지배력획득일 이후에도 연결분개는 지배력 획득일과 동일함을 확인할 수 있다. 여기서 주의할 점은 지배력 획득일 이후에는 합산대상 재무제표가 지배기업과 종속기업의 보고기간 말의 재무상태표가 아니라 보고기간 말의 수정후시산표라는 것이다. 지배력 획득일 이후에는 연결재무상태표와 연결포괄손익계산서를 모두 작성하여야 하므로, 수익과 비용계정을 마감하지 않은 지배기업과 종속기업의 수정후시산표를 이용해 연결분개를 수행하여야 한다.

지배력 획득이후 연결시산표의 작성 = 지배기업의 시산표 + 종속기업의 시산표 ± 연결수정분개

예제 2 지배력 획득일 이후 1년차의 연결

20×1년 1월 1일 A회사는 B회사의 보통주 100%를 ₩1,500,000에 취득하여 지배권을 확보하였다. 20×1년 1월 1일 현재 B회사의 순자산은 자본금 ₩1,000,000과 이익잉여금 ₩500,000이었다. 취득일 현재 B회사의 식별가능한 순자산 장부금액과 공정가치는 동일하였다.

(1) 20×1년 말 A회사와 B회사의 재무상태표는 다음과 같다. A회사의 종속기업주식은 전액 B회사에 대한 것으로 A회사는 이를 원가법으로 평가하고 있다.

20×1년 12월 31일

	A회사	B회사		A회사	B회사
현금및현금성자산	2,500,000	1,300,000	유동부채	2,400,000	1,500,000
재고자산	900,000	700,000	자 본 금	2,500,000	1,000,000
종속기업주식	1,500,000	-	이익잉여금(×1초)	1,350,000	500,000
토 지	1,000,000	800,000	이익잉여금(×1년)	250,000	200,000
건물(순액)	600,000	400,000			
	6,500,000	3,200,000		6,500,000	3,200,000

(2) 20×1년 말 A회사와 B회사의 손익계산서는 다음과 같다.

	A회사	B회사
매출수익	7,000,000	4,000,000
매출원가	(6,550,000)	(3,700,000)
매출총이익	450,000	300,000
감가상각비	(200,000)	(100,000)
당기순이익	250,000	200,000

물음 Question

1. 20×1년 12월 31일을 기준으로 연결재무제표를 작성하는 경우 연결재무제표 작성을 위한 연결분개를 제시하시오.
2. A회사와 B회사로 구성된 연결실체의 재무상태표와 포괄손익계산서를 20×1년 12월 31일을 기준으로 작성하시오.

해답 answer

1. 20×1년 12월 31일 기준 연결분개

투자와 자본상계	(차) 자 본 금	1,000,000 ②	(대) 종속기업주식	1,500,000 ①
	이익잉여금(×1초)	500,000 ③		

2. 20×1년 12월 31일 기준 연결재무제표

(1) 연결정산표(시산표)

계정과목	A회사	B회사	연결조정 & 제거	연결재무제표
현금및현금성자산	2,500,000	1,300,000		3,800,000
재고자산	900,000	700,000		1,600,000
종속기업주식	1,500,000	-	(1,500,000)	-
토 지	1,000,000	800,000		1,800,000
건 물	600,000	400,000		1,000,000
자산총계	6,500,000	3,200,000	(1,500,000)	8,200,000
유동부채	2,400,000	1,500,000		3,900,000
자 본 금	2,500,000	1,000,000	(1,000,000)	2,500,000
이익잉여금	1,350,000 *1	500,000 *2	(500,000)	1,350,000
매출수익	7,000,000	4,000,000		11,000,000
매출원가	(6,550,000)	(3,700,000)		(10,250,000)
감가상각비	(200,000)	(100,000)		(300,000)
부채와 자본총계	6,500,000	3,200,000	(1,500,000)	8,200,000

*1 기말이익잉여금 1,600,000 - 당기순이익 250,000 = 1,350,000

*2 기말이익잉여금 700,000 - 당기순이익 200,000 = 500,000

(2) 연결포괄손익계산서

20×1년 1월 1일부터 20×1년 12월 31일까지	
매출수익	11,000,000
매출원가	(10,250,000)
매출총이익	750,000
감가상각비	(300,000)
당기순이익	450,000

(3) 연결재무상태표

20×1년 12월 31일

현금및현금성자산	3,800,000	유동부채	3,900,000
재고자산	1,600,000	자 본 금	2,500,000
종속기업주식	-	이익잉여금	1,800,000
토 지	1,800,000		
건물(순액)	1,000,000		
	8,200,000		8,200,000

해설

1. 20×1년 말 연결재무상태표의 이익잉여금은 다음과 같이 계산할 수도 있다.

계정과목		20×1. 1. 1		당기순이익		20×1.12.31
이익잉여금	:	1,350,000	+	450,000	=	1,800,000

예제 3 지배력 획득일 이후 2년차의 연결

20×1년 1월 1일 A회사는 B회사의 보통주 100%를 ₩1,500,000에 취득하여 지배권을 확보하였다. 20×1년 1월 1일 현재 B회사의 순자산은 자본금 ₩1,000,000과 이익잉여금 ₩500,000이었다. 취득일 현재 B회사의 식별가능한 순자산 장부금액과 공정가치는 동일하였다.

(1) 20×2년 말 A회사와 B회사의 재무상태표는 다음과 같다. A회사의 종속기업주식은 전액 B회사에 대한 것으로 A회사는 이를 원가법으로 평가하고 있다.

20×2년 12월 31일

	A회사	B회사		A회사	B회사
현금및현금성자산	2,950,000	1,480,000	유동부채	2,400,000	1,500,000
재고자산	850,000	820,000	자 본 금	2,500,000	1,000,000
종속기업주식	1,500,000	-	이익잉여금(×1초)	1,350,000	500,000
토 지	1,000,000	800,000	이익잉여금(×1년)	250,000	200,000
건물(순액)	400,000	300,000	이익잉여금(×2년)	200,000	200,000
	6,700,000	3,400,000		6,700,000	3,400,000

(2) 20×2년 말 A회사와 B회사의 손익계산서는 다음과 같다.

	A회사	B회사
매출수익	8,250,000	4,350,000
매출원가	(7,850,000)	(4,050,000)
매출총이익	400,000	300,000
감가상각비	(200,000)	(100,000)
당기순이익	200,000	200,000

물음 Question

1. 20×2년 12월 31일을 기준으로 연결재무제표를 작성하는 경우 연결재무제표 작성을 위한 연결분개를 제시하시오.

2. A회사와 B회사로 구성된 연결실체의 재무상태표와 포괄손익계산서를 20×2년 12월 31일을 기준으로 작성하시오.

해 답
answer

1. 20×2년 12월 31일 기준 연결분개

투자와 자본상계	(차) 자 본 금	1,000,000 ②	(대) 종속기업주식	1,500,000 ①
	이익잉여금(×1초)	500,000 ③		

2. 20×2년 12월 31일 기준 연결재무제표

(1) 연결정산표(시산표)

계정과목	A회사	B회사	연결조정 & 제거	연결재무제표
현금및현금성자산	2,950,000	1,480,000		4,430,000
재고자산	850,000	820,000		1,670,000
종속기업주식	1,500,000	-	(1,500,000)	-
토 지	1,000,000	800,000		1,800,000
건 물	400,000	300,000		700,000
자산총계	6,700,000	3,400,000	(1,500,000)	8,600,000
유동부채	2,400,000	1,500,000		3,900,000
자 본 금	2,500,000	1,000,000	(1,000,000)	2,500,000
이익잉여금	1,600,000 *1	700,000 *2	(500,000)	1,800,000
매출수익	8,250,000	4,350,000		12,600,000
매출원가	(7,850,000)	(4,050,000)		(11,900,000)
감가상각비	(200,000)	(100,000)		(300,000)
부채와 자본총계	6,700,000	3,400,000	(1,500,000)	8,600,000

*1 기말이익잉여금 1,850,000 - 당기순이익 250,000 = 1,600,000 ← 20×1년 말 이익잉여금

*2 기말이익잉여금 900,000 - 당기순이익 200,000 = 700,000 ← 20×1년 말 이익잉여금

(2) 연결포괄손익계산서

20×2년 1월 1일부터 20×2년 12월 31일까지	
매출수익	12,600,000
매출원가	(11,900,000)
매출총이익	700,000
감가상각비	(300,000)
당기순이익	400,000

(3) 연결재무상태표

20×2년 12월 31일

현금및현금성자산	4,430,000	유동부채	3,900,000
재고자산	1,670,000	자 본 금	2,500,000
종속기업주식	-	이익잉여금	2,200,000
토 지	1,800,000		
건물(순액)	700,000		
	8,600,000		8,600,000

해 설

1. 20×2년 말 연결재무상태표의 이익잉여금은 다음과 같이 계산할 수도 있다.

계정과목		20×1. 1. 1		당기순이익		20×1.12.31		당기순이익		20×2.12.31
이익잉여금	:	1,350,000	+	450,000	=	1,800,000	+	400,000	=	2,200,000

(3) 지배기업이 종속기업으로부터 배당을 수령한 경우

회계연도 중에 종속기업이 지배기업에게 현금배당을 지급할 수 있다. 이 경우 종속기업의 현금이 감소하지만, 다시 지배기업의 현금이 증가하기에 연결실체의 순자산의 변동은 없다. 이는 지배기업과 종속기업간의 현금의 이동거래에 불과하므로 회계적 거래로 볼 수 없다. 따라서, 지배기업의 별도재무제표에 종속기업으로부터 현금배당을 수령하여 배당금수익을 인식한 금액이 있다면, 당해 배당금수익을 취소하고, 동액만큼 다시 이익잉여금을 증가시켜야 한다. 여기서 유의할 점은 아래의 그림에서 설명하고 있는 것처럼, 배당금수익을 취소하는 연결분개는 배당을 수령한 연도만 수행하면 되며, 이후 연도의 연결분개에서는 이를 반영할 필요가 없다는 것이다.

한편, 회계연도 중에 지배기업이 지배기업의 주주에게 현금배당을 지급할 수도 있다. 이는 연결실체의 입장에서도 실제 배당에 해당한다. 따라서 연결조정과정에서 이에 대하여는 조정할 필요가 없다.

[종속기업으로부터 배당을 수령한 회계연도의 연결]

[종속기업으로부터 배당을 수령한 이후 회계연도의 연결]

단순합산재무제표				연결재무제표	
현 금 1,000	이익잉여금 1,000	➔	회계처리 필요 없음	➔ 현 금 1,000	이익잉여금 1,000

예제 4 종속기업으로부터 배당을 수령한 경우의 연결

20×1년 1월 1일 A회사는 B회사의 보통주 100%를 ₩1,500,000에 취득하여 지배권을 확보하였다. 20×1년 1월 1일 현재 B회사의 순자산은 자본금 ₩1,000,000과 이익잉여금 ₩500,000이었다. 취득일 현재 B회사의 식별가능한 순자산 장부금액과 공정가치는 동일하였다.

(1) 20×2년 말 A회사와 B회사의 재무상태표는 다음과 같다.

20×2년 12월 31일

	A회사	B회사		A회사	B회사
현금및현금성자산	3,000,000	1,430,000	유동부채	2,400,000	1,500,000
재고자산	850,000	820,000	자 본 금	2,500,000	1,000,000
종속기업주식	1,500,000	-	이익잉여금(×1초)	1,350,000	500,000
토 지	1,000,000	800,000	이익잉여금(×1년)	250,000	150,000
건물(순액)	400,000	300,000	이익잉여금(×2년)	250,000	200,000
	6,750,000	3,350,000		6,750,000	3,350,000

(2) 20×2년 말 A회사와 B회사의 손익계산서는 다음과 같다.

	A회사	B회사
매출수익	8,250,000	4,350,000
매출원가	(7,850,000)	(4,050,000)
매출총이익	400,000	300,000
배당금수익	50,000	-
감가상각비	(200,000)	(100,000)
당기순이익	250,000	200,000

(3) B회사는 20×2년 중에 ₩50,000의 배당을 결의하였으며, 이를 지급하였다.

(4) A회사의 종속기업주식은 전액 B회사에 대한 것으로 A회사는 이를 원가법으로 평가하고 있다.

물음
Question

1. 20×2년 12월 31일을 기준으로 연결재무제표를 작성하는 경우 연결재무제표 작성을 위한 연결분개를 제시하시오.

2. A회사와 B회사로 구성된 연결실체의 재무상태표와 포괄손익계산서를 20×2년 12월 31일을 기준으로 작성하시오.

해답
answer

1. 20×2년 12월 31일 기준 연결분개

배당취소	(차) 배당금수익(×2년)	50,000 ①	(대) 이익잉여금(×1년)	50,000 ②
투자와 자본상계	(차) 자 본 금	1,000,000 ②	(대) 종속기업주식	1,500,000 ①
	이익잉여금(×1초)	500,000 ③		

2. 20×2년 12월 31일 기준 연결재무제표

(1) 연결정산표(시산표)

계정과목	A회사	B회사	연결조정 & 제거	연결재무제표
현금및현금성자산	3,000,000	1,430,000		4,430,000
재고자산	850,000	820,000		1,670,000
종속기업주식	1,500,000	-	(1,500,000)	-
토 지	1,000,000	800,000		1,800,000
건 물	400,000	300,000		700,000
자산총계	6,750,000	3,350,000	(1,500,000)	8,600,000
유동부채	2,400,000	1,500,000		3,900,000
자 본 금	2,500,000	1,000,000	(1,000,000)	2,500,000
이익잉여금	1,600,000 *1	650,000 *2	(450,000) *3	1,800,000
매출수익	8,250,000	4,350,000		12,600,000
매출원가	(7,850,000)	(4,050,000)		(11,900,000)
배당금수익	50,000	-	(50,000)	-
감가상각비	(200,000)	(100,000)		(300,000)
부채와 자본총계	6,750,000	3,350,000	(1,500,000)	8,600,000

*1 기말이익잉여금 1,850,000 - 당기순이익 250,000 = 1,600,000 ← 20×1년 말 이익잉여금

*2 기말이익잉여금 850,000 - 당기순이익 200,000 = 650,000 ← 20×1년 말 이익잉여금

*3 투자자본상계 500,000 - 배당수익취소 50,000 = 450,000

(2) 연결포괄손익계산서

20×2년 1월 1일부터 20×2년 12월 31일까지	
매출수익	12,600,000
매출원가	(11,900,000)
매출총이익	700,000
배당금수익	-
감가상각비	(300,000)
당기순이익	400,000

(3) 연결재무상태표

20×2년 12월 31일

현금및현금성자산	4,430,000	유동부채	3,900,000
재고자산	1,670,000	자 본 금	2,500,000
종속기업주식	-	이익잉여금	2,200,000
토 지	1,800,000		
건물(순액)	700,000		
	8,600,000		8,600,000

해 설

1. 20×2년 말 연결재무상태표의 이익잉여금은 다음과 같이 계산할 수도 있다.

계정과목		20×1. 1. 1		당기순이익		20×1.12.31		배 당		당기순이익		20×2.12.31
이익잉여금	:	1,350,000	+	450,000	=	1,800,000	+	-	+	400,000	=	2,200,000

2 순자산 과소금액과 영업권이 있는 경우

지배기업이 종속기업의 주식을 취득할 때 종속기업의 순자산장부금액과 일치하는 이전대가를 지불하지 않고 과다지급하거나 과소지급하는 경우에는 다음과 같은 취득시 차액이 발생하게 되며, 이 차액이 향후의 연결의 회계처리에 영향을 주게 된다.

주식취득일의 차액 = 종속기업 순자산장부금액 - 지배력획득을 위한 이전대가

주식취득시점의 차액은 다음의 두 가지로 구분할 수 있다. 이는 지분법회계에서 발생하는 두 가지 차액과 동일한 논리이다.

1) 순자산공정가치와 순자산장부금액의 차액

취득시점에 확인되는 종속기업의 식별가능한 자산과 부채를 공정가치로 평가한 금액과 장부금액의 차이금액인 순자산 과소금액은 다음과 같이 계산가능하다.

순자산 과소금액 = 종속기업 순자산공정가치 - 종속기업 순자산장부금액

종속기업의 순자산 과소금액은 종속기업의 순자산 장부금액에 지배기업이 추가로 지급한 금액이다. 합병회계에서는 순자산 과소금액이 합병분개를 수행하면서 개별자산별로 배분되어 인식되지만, 주식취득 방식에서는 이 금액이 종속기업투자주식의 장부금액에 포함되어 인식된다.

2) 투자차액

취득시점에 확인되는 종속기업의 식별가능한 자산과 부채의 공정가치와 이전대가에 해당하는 금액과의 차이를 투자차액이라 하며, 다음과 같이 계산가능하다.

투자차액(영업권효과) = 지배력획득을 위한 이전대가 - 종속기업 순자산공정가치

투자차액은 종속기업의 식별가능한 순자산공정가치에 추가하여 지배기업이 지급한 금액이므로 종속기업이 보유하고 있는 개별적으로는 식별이 불가능한 영업권에 대한 대가로 본다. 합병회계에서는 투자차액이 합병분개를 수행하면서 영업권으로 배분되어 인식되지만, 주식취득 방식에서는 이 금액이 종속기업투자주식의 장부금액에 포함되어 인식된다.

[순자산 장부금액과 시가총계의 차이]

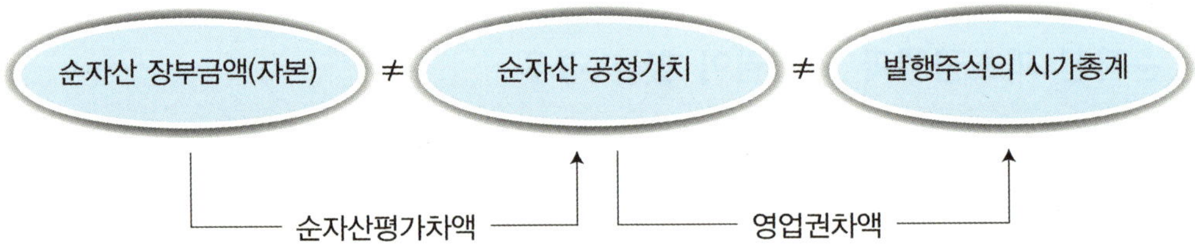

지배기업의 별도재무제표에서 종속기업투자주식은 원가법으로 평가되므로, 지배기업은 순자산과소금액과 투자차액을 모두 종속기업투자주식의 장부금액에 포함하여 인식해야 한다. 이 금액은 연결재무제표 작성을 위한 연결분개를 수행하면서 각각 개별 자산과 부채의 장부금액에 가산하거나 영업권의 장부금액에 가산하여 조정하면 된다.

참 고 **주식취득시 발생하는 염가매수차익**

주식취득시에 종속기업의 식별가능한 자산과 부채의 공정가치가 이전대가를 초과하는 경우가 발생하기도 한다. 이 경우에 발생하는 투자차액은 영업권효과가 아니라 염가매수효과이므로 즉시 이익으로 인식하여야 한다. 하지만 지배기업의 별도재무제표에서 종속기업투자주식은 원가법으로 평가되므로, 염가매수차익효과도 종속기업투자주식의 장부금액에 포함하여 인식해야 한다. 염가매수효과는 연결재무제표 작성을 위한 연결분개를 수행하면서 당기이익으로 대체하면 된다.

(1) 지배력 획득일의 연결

지배기업 A가 종속기업 B의 지분을 20×1년 1월 1일에 100% 취득하였다고 가정하자. B회사의 순자산장부금액과 공정가치가 차이가 나며, 영업권에 초과 이전대가가 있다면, 지배력 획득 직후 A회사의 재무상태표는 아래의 ❶과 같다. 이 상태에서 연결재무상태표를 작성하면 아래의 ❷의 연결분개를 반영하여 ❸의 연결재무상태표가 나오게 하면 된다.

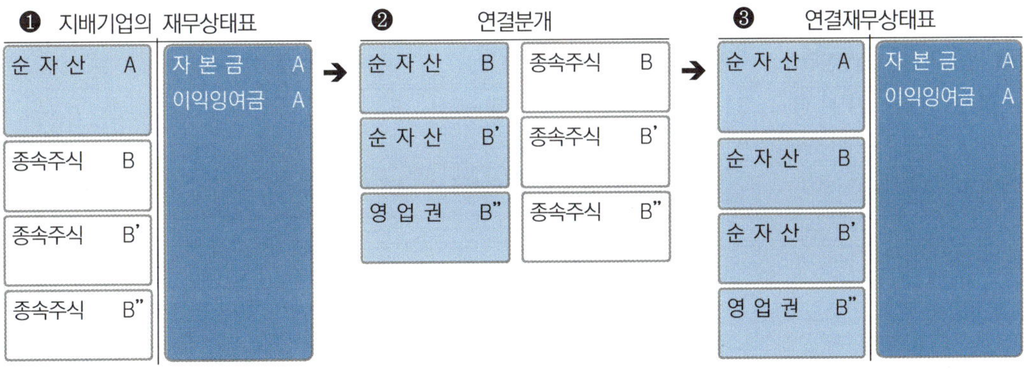

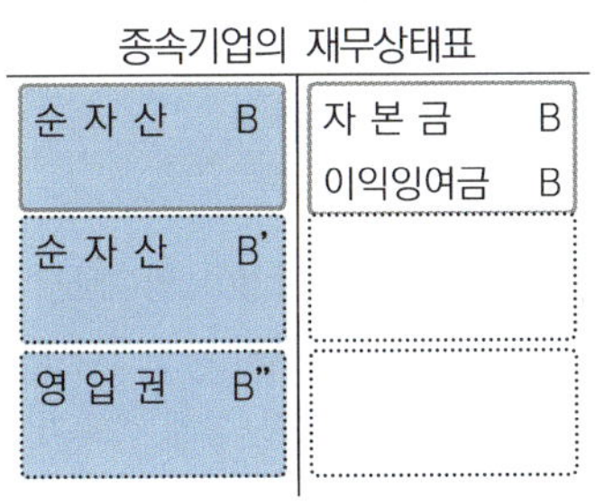

위의 ❷의 연결분개는 차변이 식별가능한 취득자산과 인수부채의 공정가치(순자산B + 순자산B')며, 대변이 이전대가의 공정가치이다. 또한 두 금액의 차이가 영업권으로 인식되고 있으므로, 결국 합병분개와 동일함을 확인할 수 있다.

하지만 위와 같이 연결분개를 수행하는 경우에는 ❷의 차변인 순자산B(장부금액)와 순자산B'(과소금액)의 분개시 계정과목이 많아져 회계처리가 번거롭게 된다. 따라서 회계처리의 간결함을 위하여 연결분개는 아래와 같이 지배기업의 재무상태표 ❶과 종속기업의 재무상태표 ❹를 단순합산한 후 ❺의 연결분개를 반영하여 동일한 ❸의 연결재무상태표가 나오게 한다.

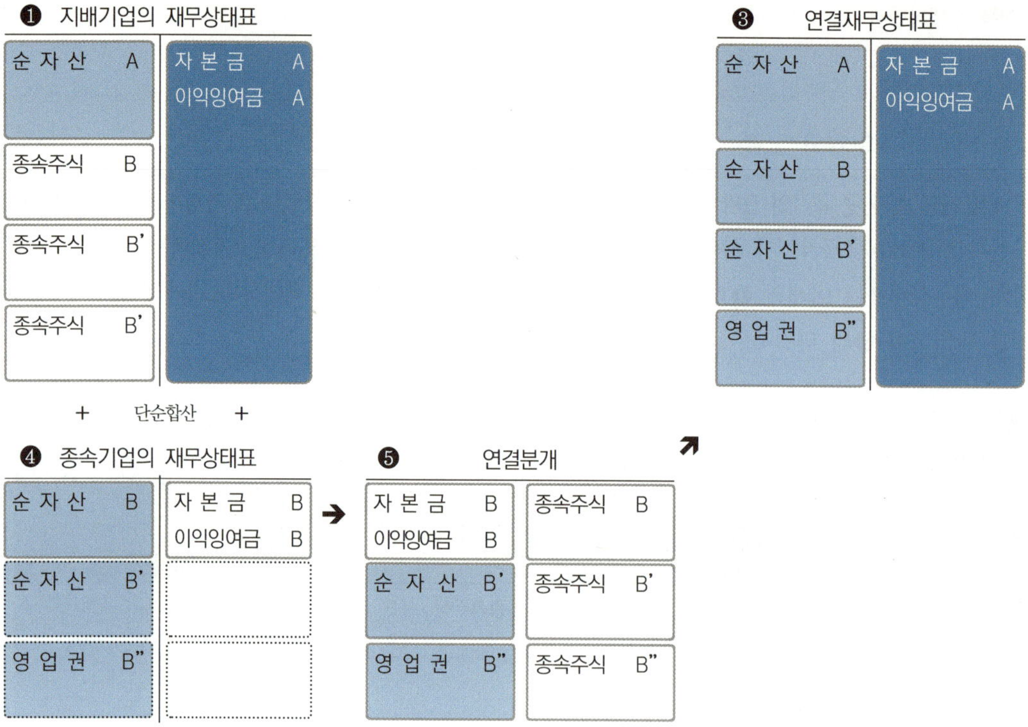

위의 그림에서 알 수 있듯이 지배기업의 재무상태표와 종속기업의 재무상태표를 단순히 합산을 하고 연결분개를 반영하면 연결회계처리가 간결하게 산출됨을 알 수 있다.

이 해 순자산 과소금액과 투자차액을 연결분개에 반영하는 이유

합병방식의 사업결합에서는 피합병기업의 식별가능한 순자산을 공정가치로 평가하여 합병기업이 인수하게 된다. 따라서 순자산과소금액은 합병기업의 장부에 이미 반영 되어 있다. 하지만 주식취득방식의 사업결합에서는 종속기업의 재무제표에 식별가능한 순자산 장부금액만이 반영되어 있으므로, 연결분개를 통해 종속기업의 재무제표에 순자산과소금액을 반영하여 합병방식의 사업결합과 동일한 결과가 나오게 하는 것이다.

예제 5 지배력 획득일의 연결 : [예제 1]과 비교

20×1년 1월 1일 A회사는 B회사의 보통주 100%를 ₩1,900,000에 취득하여 지배권을 확보하였다. 20×1년 1월 1일 현재 B회사의 순자산은 자본금 ₩1,000,000과 이익잉여금 ₩500,000이었다.

(1) 20×1년 초 A회사와 B회사의 재무상태표는 다음과 같다.

20×1년 1월 1일

	A회사	B회사		A회사	B회사
현금및현금성자산	1,600,000	1,300,000	유동부채	2,150,000	1,500,000
재고자산	700,000	400,000	자 본 금	2,500,000	1,000,000
종속기업주식	1,900,000	-	이익잉여금(×1초)	1,350,000	500,000
토 지	1,000,000	800,000			
건물(순액)	800,000	500,000			
	6,000,000	3,000,000		6,000,000	3,000,000

(2) 20×1년 1월 1일 현재 B회사 자산 중 장부금액과 공정가치가 상이한 것은 다음과 같다.

	장부금액	공정가치	차 액
재고자산	400,000	450,000	50,000
토 지	800,000	950,000	150,000
건 물	500,000	600,000	100,000
			300,000

① 재고자산은 선입선출법을 적용하며 20×1년에 모두 외부로 판매되었다.

② 상기 토지는 20×2년까지 보유 중이다.

③ 20×1년 1월 1일 현재 건물의 잔존내용연수는 5년이며, 잔존가액 없이 정액법으로 상각한다.

(3) A회사의 종속기업주식은 전액 B회사에 대한 것으로 A회사는 이를 원가법으로 평가하고 있다.

물음
Question

1. 20×1년 1월 1일을 기준으로 종속기업투자주식의 취득원가(이전대가)인 ₩1,900,000을 순자산장부금액 효과, 순자산과소금액효과와 영업권효과로 배분하시오.

2. 20×1년 1월 1일을 기준으로 연결재무제표를 작성하는 경우 연결재무제표 작성을 위한 연결분개를 제시하시오.

3. A회사와 B회사로 구성된 연결실체의 재무상태표를 20×1년 1월 1일을 기준으로 작성하시오.

해답
answer

1. 20×1년 1월 1일 이전대가의 배분

이전대가			식별가능한 순자산 공정가치				영업권
			순자산 장부금액		순자산 과소금액		
지배주주지분	1,900,000	=	1,500,000	+	300,000	+	100,000

2. 20×1년 1월 1일 기준 연결분개

(1) 종속기업주식을 분할한 회계처리

투자와 자본상계	(차)	자 본 금	1,000,000 ②	(대)	종속기업주식	1,500,000 ①
		이익잉여금(×1초)	500,000 ③			
과소금액	(차)	재고자산(×1초)	50,000 ②	(대)	종속기업주식	300,000 ①
		토 지(×1초)	150,000 ③			
		건 물(×1초)	100,000 ④			
투자차액	(차)	영 업 권(×1초)	100,000 ⑥	(대)	종속기업주식	100,000 ⑤

(2) 종속기업주식을 통합한 회계처리

투자와 자본상계	(차)	자 본 금	1,000,000 ①	(대)	종속기업주식	1,900,000 ⑥
		이익잉여금(×1초)	500,000 ②			
		재고자산(×1초)	50,000 ③			
		토 지(×1초)	150,000 ④			
		건 물(×1초)	100,000 ⑤			
		영 업 권(×1초)	100,000 ⑦			

3. 20×1년 1월 1일 기준 연결재무상태표

(1) 연결정산표(시산표)

계정과목	A회사	B회사	연결조정&제거	연결재무제표
현금및현금성자산	1,600,000	1,300,000		2,900,000
재고자산	700,000	400,000	50,000	1,150,000
종속기업주식	1,900,000	-	(1,900,000)	-
토 지	1,000,000	800,000	150,000	1,950,000
건 물	800,000	500,000	100,000	1,400,000
영업권	-	-	100,000	100,000
자산총계	6,000,000	3,000,000	(1,500,000)	7,500,000
유동부채	2,150,000	1,500,000		3,650,000
자본금	2,500,000	1,000,000	(1,000,000)	2,500,000
이익잉여금	1,350,000	500,000	(500,000)	1,350,000
부채와자본총계	6,000,000	3,000,000	(1,500,000)	7,500,000

⑵ 연결재무상태표

20×1년 1월 1일

현금및현금성자산	2,900,000	유동부채	3,650,000
재고자산	1,150,000	자 본 금	2,500,000
종속기업주식	-	이익잉여금	1,350,000
토 지	1,950,000		
건물(순액)	1,400,000		
영 업 권	100,000		
	7,500,000		7,500,000

해 설

1. A회사가 B회사를 합병했다고 가정하는 경우 합병분개는 다음과 같다. 결국 합병분개와 연결분개는 동일한 것임을 확인할 수 있다.

주식취득	(차)	종속기업주식	1,900,000 ②	(대)	현 금	1,900,000 ①
법적통합	(차)	현금및현금성자산	1,300,000 ④	(대)	유동부채	1,500,000 ⑧
		재고자산	450,000 ⑤		종속기업주식	1,900,000 ③
		토 지	950,000 ⑥			
		건 물	600,000 ⑦			
		영 업 권	100,000 ⑨			

2. 위의 [예제 1]과 비교한 각 금액의 차이는 다음과 같다. 순자산 과소금액과 투자차액이 있는 경우에도 주식취득일에는 차이가 없는 것을 확인할 수 있다.

구 분	자산총계	부채총계	이익잉여금	당기순손익
순자산 과소금액이 없는 경우	7,500,000	3,650,000	1,350,000	-
순자산 과소금액이 있는 경우	7,500,000	3,650,000	1,350,000	-
차이금액	-	-	-	-

(2) 지배력 획득일 이후의 연결

지배력 획득일 이후에는 보고기간 말 지배기업의 수정후시산표와 종속기업의 수정후시산표를 단순히 합산을 하고 연결분개를 반영하면 연결회계처리가 간결하게 산출된다. 여기서 주의할 점은 종속기업의 수정후시산표에는 과소금액의 상각효과가 반영이 되어 있지 않으므로 연결분개에서 이를 추가시켜주어야 한다는 것이다.

합병방식의 사업결합에서는 피합병기업의 식별가능한 순자산을 공정가치로 평가하여 합병기업이 인수하게 된다. 따라서 순자산과소금액은 합병기업의 장부에 이미 반영되어 있고, 합병기업이 이를 장부에 비용으로 반영하여 공정가치 기준으로 비용이 인식된다. 하지만 주식취득방식의 사업결합에서는 종속기업의 재무제표에 식별가능한 순자산 장부금액만이 반영되어 있으므로 종속기업은 공정가치가 아닌 장부금액을 기준으로 비용으로 인식하게 된다. 따라서 과소금액 상각효과를 연결분개에 추가시키는 이유는 연결분개를 통해 종속기업의 재무제표에 순자산과소금액 상각효과를 추가로 인식하여 합병방식의 사업결합과 동일하게 공정가치기준의 비용이 연결재무제표에 인식되게 하는 것이다.

[순자산 과소금액의 상각논리]

구 분	지배와 종속의 단순합계액		순자산과소금액 효과				연결재무제표
			과소금액		과소상각		
자산의 측정	×××	+	×××	−	×××	=	×××
비용의 인식	×××	+		+	×××	=	×××

한편, 종속기업의 순자산 차이금액이 과소금액이 아니라, 과대금액인 경우가 있다. 이 경우 연결재무제표를 작성할 때 순자산 과대금액의 환입효과를 추가로 인식해야 한다. 이로 인해 합병방식의 사업결합과 동일하게 공정가치기준의 비용이 연결재무제표에 인식된다.

이 해 세무조정 접근법에 의한 과소금액 상각

연결분개의 대부분의 논리는 세무조정의 논리와 유사하다. 지배기업과 종속기업의 단순합산재무제표를 연결재무제표로 전환시키기위한 조정회계처리가 바로 연결분개이기 때문이다. 과소금액은 지배기업이 종속기업의 순자산을 취득하기 위하여 초과로 지급한 금액이다. 이는 초과지출시에는 손금불산입·(+)유보로 조정하여 단순합산재무제표의 순자산장부금액을 증가시켜주는 것이며, 취득일 이후부터 손금산입·(-)유보로 추인하는 것이다. 여기서 재고자산 과소금액은 해당연도에 즉시 추인되는 조정사항이며, 토지 과소금액은 일정기간후에 처분되면서 추인되는 조정사항이고, 건물 과소금액은 감가상각기간에 걸쳐 일정한 금액이 추인되는 조정사항인 것이다. 따라서 수험목적으로는 순자산과소금액으로 재고자산, 토지 그리고 건물을 위주로만 학습하면 되는 것이다.

예제 6 지배력 획득일 이후 1년차의 연결 : [예제 2]와 비교

20×1년 1월 1일 A회사는 B회사의 보통주 100%를 ₩1,900,000에 취득하여 지배권을 확보하였다. 20×1년 1월 1일 현재 B회사의 순자산은 자본금 ₩1,000,000과 이익잉여금 ₩500,000이었다.

(1) 20×1년 1월 1일 현재 B회사 자산 중 장부금액과 공정가치가 상이한 것은 다음과 같다.

	장부금액	공정가치	차 액
재고자산	400,000	450,000	50,000
토 지	800,000	950,000	150,000
건 물	500,000	600,000	100,000
			300,000

① 재고자산은 선입선출법을 적용하며 20×1년에 모두 외부로 판매되었다.
② 상기 토지는 20×2년까지 보유 중이다.
③ 20×1년 1월 1일 현재 건물의 잔존내용연수는 5년이며, 잔존가액 없이 정액법으로 상각한다.

(2) 20×1년 말 A회사와 B회사의 재무상태표는 다음과 같다. A회사의 종속기업주식은 전액 B회사에 대한 것으로 A회사는 이를 원가법으로 평가하고 있다.

20×1년 12월 31일

	A회사	B회사		A회사	B회사
현금및현금성자산	2,100,000	1,300,000	유동부채	2,400,000	1,500,000
재고자산	900,000	700,000	자 본 금	2,500,000	1,000,000
종속기업주식	1,900,000	-	이익잉여금(×1초)	1,350,000	500,000
토 지	1,000,000	800,000	이익잉여금(×1년)	250,000	200,000
건물(순액)	600,000	400,000			
	6,500,000	3,200,000		6,500,000	3,200,000

(3) 20×1년 말 A회사와 B회사의 손익계산서는 다음과 같다.

	A회사	B회사
매출액	7,000,000	4,000,000
매출원가	(6,550,000)	(3,700,000)
매출총이익	450,000	300,000
감가상각비	(200,000)	(100,000)
당기순이익	250,000	200,000

물음
Question

1. 20×1년 1월 1일을 기준으로 종속기업투자주식의 취득원가(이전대가)인 ₩1,900,000을 순자산장부금액효과, 순자산과소금액효과와 영업권효과로 배분하시오.

2. 순자산과소금액효과에 대한 연도별 상각스케쥴을 제시하시오.

3. 20×1년 12월 31일을 기준으로 연결재무제표를 작성하는 경우 연결재무제표 작성을 위한 연결분개를 제시하시오.

4. A회사와 B회사로 구성된 연결실체의 재무상태표와 포괄손익계산서를 20×1년 12월 31일을 기준으로 작성하시오.

해답 answer

1. 20×1년 1월 1일 이전대가의 배분

이전대가			식별가능한 순자산 공정가치				영업권
			순자산 장부금액		순자산 과소금액		
지배주주지분	1,900,000	=	1,500,000	+	300,000	+	100,000

2. 순자산과소금액 상각스케쥴

내 역	FV－BV	상 각	
		20×1년	20×2년
재고자산	50,000	(50,000)	-
토 지	150,000	-	-
건 물	100,000	(20,000)	(20,000)
영 업 권	100,000	-	-

3. 20×1년 12월 31일 기준 연결분개

(1) 관련된 회계처리

투자와 자본상계	(차)	자 본 금	1,000,000 ①	(대)	종속기업주식	1,900,000 ⑥
		이익잉여금(×1초)	500,000 ②			
		재고자산(×1초)	50,000 ③			
		토 지(×1초)	150,000 ④			
		건 물(×1초)	100,000 ⑤			
		영 업 권(×1초)	100,000 ⑦			
과소금액상각	(차)	매출원가(×1년)	50,000 ②	(대)	재고자산	50,000 ①
		감가상각비(×1년)	20,000 ④		감가누계액(건물)	20,000 ③

(2) 종속기업 순자산 과소금액의 상각논리

구 분	기초재고		당기매입		매출원가		기말재고
개별 재고자산	400,000	+	4,000,000	-	3,700,000	=	700,000
재고자산 조정	50,000			-	50,000	=	-
연결 재고자산	450,000	+	4,000,000	-	3,750,000	=	700,000

구 분	기초토지		당기취득		토지처분		기말토지
개별 토지	800,000	+		-		=	800,000
토지 조정	150,000			-	-	=	150,000
연결 토지	950,000	+		-		=	950,000

구 분	기초건물		당기취득		감가상각		기말건물
개별 건물	500,000	+		-	100,000	=	400,000
건물 조정	100,000			-	20,000	=	80,000
연결 건물	600,000	+		-	120,000	=	480,000

4. 20×1년 12월 31일 기준 연결재무제표

(1) 연결정산표(시산표)

계정과목	A회사	B회사	연결조정&제거	연결재무제표
현금및현금성자산	2,100,000	1,300,000		3,400,000
재고자산	900,000	700,000	-	1,600,000
종속기업주식	1,900,000	-	(1,900,000)	-
토 지	1,000,000	800,000	150,000	1,950,000
건 물	600,000	400,000	80,000	1,080,000
영업권	-	-	100,000	100,000
자산총계	6,500,000	3,200,000	(1,570,000)	8,130,000
유동부채	2,400,000	1,500,000		3,900,000
자 본 금	2,500,000	1,000,000	(1,000,000)	2,500,000
이익잉여금	1,350,000	500,000	(500,000)	1,350,000
매출수익	7,000,000	4,000,000		11,000,000
매출원가	(6,550,000)	(3,700,000)	(50,000)	(10,300,000)
감가상각비	(200,000)	(100,000)	(20,000)	(320,000)
부채와 자본총계	6,500,000	3,200,000	(1,570,000)	8,130,000

(2) 연결포괄손익계산서

20×1년 1월 1일부터 20×1년 12월 31일까지	
매출수익	11,000,000
매출원가	(10,300,000)
매출총이익	700,000
감가상각비	(320,000)
당기순이익	380,000

(3) 연결재무상태표

20×1년 12월 31일

현금및현금성자산	3,400,000	유동부채	3,900,000
재고자산	1,600,000	자 본 금	2,500,000
종속기업주식	-	이익잉여금	1,730,000
토 지	1,950,000		
건물(순액)	1,080,000		
영 업 권	100,000		
	8,130,000		8,130,000

해 설

1. 위의 [예제 2]와 비교한 각 금액의 차이는 다음과 같다. 순자산과소금액 상각액만큼 차이가 발생하는 것을 확인할 수 있다.

구 분	자산총계	부채총계	이익잉여금	당기순손익
순자산 과소금액이 없는 경우	8,200,000	3,900,000	1,800,000	450,000
순자산 과소금액이 있는 경우	8,130,000	3,900,000	1,730,000	380,000
차이금액	70,000	-	70,000	70,000

2. 20×1년 말 연결재무상태표의 이익잉여금은 다음과 같이 계산할 수도 있다.

계정과목		20×1. 1. 1		당기순이익		20×1.12.31
이익잉여금	:	1,350,000	+	380,000	=	1,730,000

(3) 지배력획득일 이후 2년차의 연결

지배력획득일 이후 2년차의 연결부터는 1차년도의 과소금액상각효과를 전기에서 이월된 이익잉여금에 직접반영하여 인식하여야 한다. 이는 전기이전의 과소금액상각효과가 종속기업의 재무제표에 반영이 되어 있지 않기 때문이다.

예제 7 지배력 획득일 이후 2년차의 연결 : [예제 4]와 비교

20×1년 1월 1일 A회사는 B회사의 보통주 100%를 ₩1,900,000에 취득하여 지배권을 확보하였다. 20×1년 1월 1일 현재 B회사의 순자산은 자본금 ₩1,000,000과 이익잉여금 ₩500,000이었다.

(1) 20×1년 1월 1일 현재 B회사 자산 중 장부금액과 공정가치가 상이한 것은 다음과 같다.

	장부금액	공정가치	차 액
재고자산	400,000	450,000	50,000
토 지	800,000	950,000	150,000
건 물	500,000	600,000	100,000
			300,000

① 재고자산은 선입선출법을 적용하며 20×1년에 모두 외부로 판매되었다.
② 상기 토지는 20×2년까지 보유 중이다.
③ 20×1년 1월 1일 현재 건물의 잔존내용연수는 5년이며, 잔존가액 없이 정액법으로 상각한다.

(2) 20×2년 말 A회사와 B회사의 재무상태표는 다음과 같다. A회사의 종속기업주식은 전액 B회사에 대한 것으로 A회사는 이를 원가법으로 평가하고 있다.

20×2년 12월 31일

	A회사	B회사		A회사	B회사
현금및현금성자산	2,600,000	1,430,000	유동부채	2,400,000	1,500,000
재고자산	850,000	820,000	자 본 금	2,500,000	1,000,000
종속기업주식	1,900,000	-	이익잉여금(×1초)	1,350,000	500,000
토 지	1,000,000	800,000	이익잉여금(×1년)	250,000	150,000
건물(순액)	400,000	300,000	이익잉여금(×2년)	250,000	200,000
	6,750,000	3,350,000		6,750,000	3,350,000

(3) 20×2년 말 A회사와 B회사의 손익계산서는 다음과 같다.

	A회사	B회사
매출수익	8,250,000	4,350,000
매출원가	(7,850,000)	(4,050,000)
매출총이익	400,000	300,000
배당금수익	50,000	-
감가상각비	(200,000)	(100,000)
당기순이익	250,000	200,000

(4) B회사는 20×2년 중에 ₩50,000의 배당을 결의하였으며, 이를 지급하였다.

물음 Question

1. 20×2년 12월 31일을 기준으로 연결재무제표를 작성하는 경우 연결재무제표 작성을 위한 연결분개를 제시하시오.
2. A회사와 B회사로 구성된 연결실체의 재무상태표와 포괄손익계산서를 20×2년 12월 31일을 기준으로 작성하시오.

해답 answer

1. 20×2년 12월 31일 기준 연결분개

배당취소	(차)	배당금수익(×2년)	50,000 ①	(대)	이익잉여금(×1년)	50,000 ②
투자와 자본상계	(차)	자 본 금	1,000,000 ①	(대)	종속기업주식	1,900,000 ⑥
		이익잉여금(×1초)	500,000 ②			
		재고자산(×1초)	50,000 ③			
		토 지(×1초)	150,000 ④			
		건 물(×1초)	100,000 ⑤			
		영 업 권(×1초)	100,000 ⑦			
전기과소상각	(차)	이익잉여금(×1년)	70,000 ③	(대)	재고자산	50,000 ①
					감가누계액(건물)	20,000 ②
당기과소상각	(차)	감가상각비(×2년)	20,000 ②	(대)	감가누계액(건물)	20,000 ①

2. 20×2년 12월 31일 기준 연결재무제표

(1) 연결정산표(시산표)

계정과목	A회사	B회사	연결조정&제거	연결재무제표
현금및현금성자산	2,600,000	1,430,000		4,030,000
재고자산	850,000	820,000	-	1,670,000
종속기업주식	1,900,000	-	(1,900,000)	-
토 지	1,000,000	800,000	150,000	1,950,000
건 물	400,000	300,000	60,000	760,000
영업권	-	-	100,000	100,000
자산총계	6,750,000	3,350,000	(1,590,000)	8,510,000
유동부채	2,400,000	1,500,000		3,900,000
자 본 금	2,500,000	1,000,000	(1,000,000)	2,500,000
이익잉여금	1,600,000	650,000	(520,000)	1,730,000
매출수익	8,250,000	4,350,000		12,600,000
매출원가	(7,850,000)	(4,050,000)		(11,900,000)
배당금수익	50,000	-	(50,000)	-
감가상각비	(200,000)	(100,000)	(20,000)	(320,000)
부채와자본총계	6,750,000	3,350,000	(1,590,000)	8,510,000

⑵ 연결포괄손익계산서

20×2년 1월 1일부터 20×2년 12월 31일까지

매출수익	12,600,000
매출원가	(11,900,000)
매출총이익	700,000
배당금수익	-
감가상각비	(320,000)
당기순이익	380,000

⑶ 연결재무상태표

20×2년 12월 31일

현금및현금성자산	4,030,000	유동부채	3,900,000
재고자산	1,670,000	자 본 금	2,500,000
종속기업주식	-	이익잉여금	2,110,000
토　　지	1,950,000		
건물(순액)	760,000		
영 업 권	100,000		
	8,510,000		8,510,000

해설

1. 위의 [예제 2]와 비교한 각 금액의 차이는 다음과 같다. 순자산과소금액 상각액만큼 차이가 발생하는 것을 확인할 수 있다.

구 분	자산총계	부채총계	이익잉여금	당기순손익
순자산 과소금액이 없는 경우	8,600,000	3,900,000	2,200,000	400,000
순자산 과소금액이 있는 경우	8,510,000	3,900,000	2,110,000	380,000
차이금액	90,000	-	90,000	20,000

2. 20×2년 말 연결재무상태표의 이익잉여금은 다음과 같이 계산할 수도 있다.

계정과목		20×1. 1. 1		당기순이익		20×1.12.31		배 당		당기순이익		20×2.12.31
이익잉여금	:	1,350,000	+	380,000	=	1,730,000	+	-	+	380,000	=	2,110,000

3. 연결재무상태표의 계정잔액에 대한 이해를 돕기 위해 그림으로 연결재무상태표를 분석하면 다음과 같다. 아래의 그림은 지배기업의 지분율이 100%인 것을 가정한 것이다.

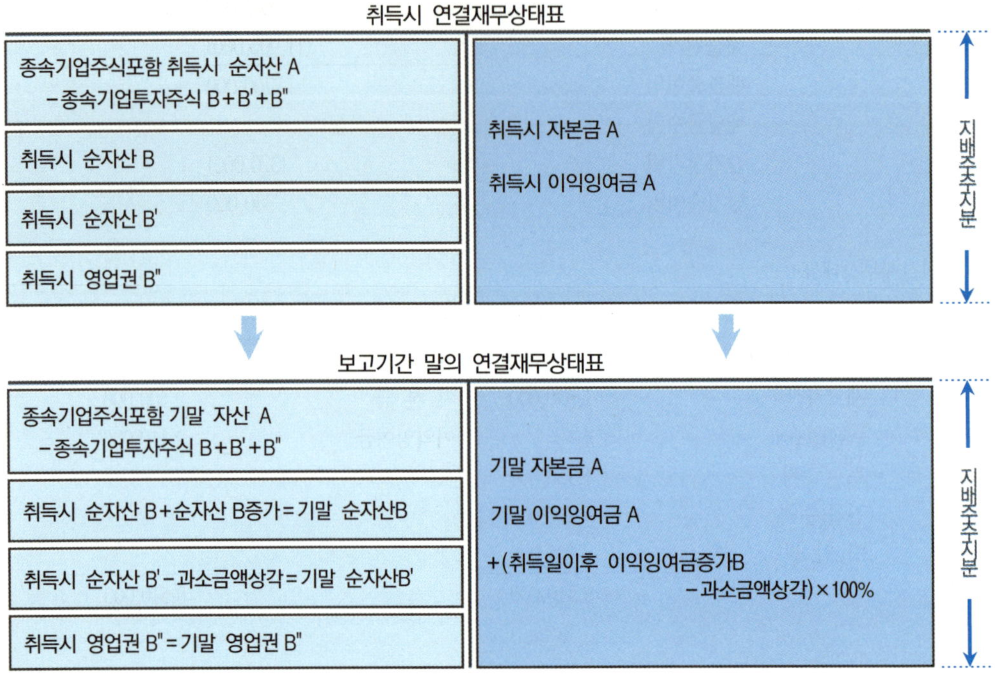

제 3 절 비지배주주지분이 있는 연결

IFRS

제2절에서는 지배기업이 종속기업에 대한 지배력을 획득하기 위하여 종속기업 지분의 100%를 취득한 것으로 가정하고 연결재무제표의 작성을 학습하였다. 지배기업이 종속기업지분의 100%를 취득하면 지배력획득을 위한 이전대가의 전부를 지배기업이 부담하므로, 연결재무제표가 합병재무제표와 완전히 동일하게 나오게 된다. 따라서 연결재무제표의 작성논리를 파악함에 있어서는 가장 수월한 설명 방법이다. 본절에서는 지배기업이 종속기업에 대하여 100% 미만의 지분을 보유하고 있는 경우 연결재무제표의 작성에 대해서 설명하고자 한다.

1 비지배지분

현실적으로 지배기업이 종속기업에 대한 지배력을 획득하기 위해서 종속기업의 지분 전부를 취득할 필요는 없다. 오히려 지배력획득을 위해서는 종속기업에 대해서 과반수이상만 확보하면 되기에 지배기업의 지분은 100% 미만인 경우가 더 일반적이다. 이러한 경우 종속기업에는 지배기업이 소유하고 있는 지분을 제외한 나머지 지분을 보유하는 주주가 존재한다. 이들을 비지배주주라고 하며, 이들이 보유하고 있는 종속기업에 대한 지분을 비지배지분이라 한다. 기준서 제1110호 '연결재무제표'에서는 비지배지분을 종속기업에 대한 지분 중 지배기업에 직접 또는 간접으로 귀속되지 않는 지분[9]으로 정의하고 있다. 비지배지분은 비지배주주에게 귀속되는 종속기업의 자본계정으로, 연결재무상태표에서 자본항목에 포함하되, 지배기업의 소유주지분과는 구분하여 별도로 표시하도록 규정하고 있다.

참 고 종속기업 자본에 대한 비지배지분의 표시방법

연결재무제표의 자본항목 중 지배기업주주지분의 경우 해당 자본의 성격에 따라 자본금과 자본잉여금, 자본조정, 기타포괄손익누계액, 이익잉여금을 세분하여 표시한다. 하지만 비지배주주지분의 경우 이를 세분하지 않고 비지배지분의 계정으로 통합하여 표시한다는 것에 유의해야 한다. 또한 연결포괄손익계산서의 수익과 비용의 금액은 지배기업지분과 비지배지분을 구분하여 표시하지 않는다. 하지만 연결재무상태표에서는 지배기업주주의 지분은 이익잉여금으로 표시하고, 비지배주주지분은 비지배지분으로 표시한다.

9) Non-controlling interest is the equity in a subsidiary not attributable, directly or indirectly, to a parent.

[연결실체주주의 구성]

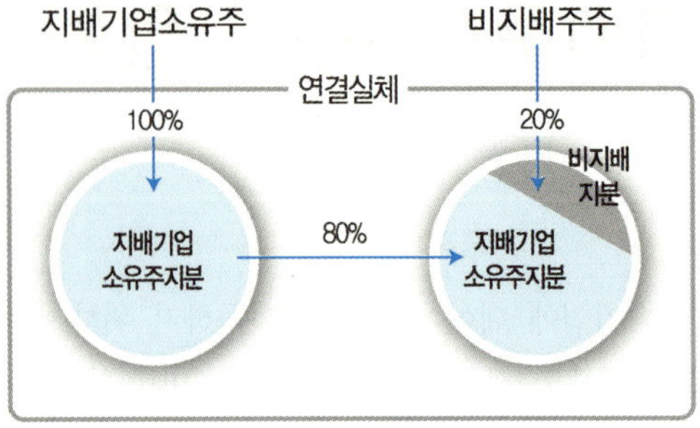

2 순자산 과소금액과 영업권이 없는 경우

(1) 지배력 획득일의 연결

지배기업 A가 종속기업 B의 지분을 20×1년 1월 1일에 80% 취득하였다고 가정하자. B회사의 순자산장부금액과 공정가치가 동일하며 영업권에 초과 이전대가도 없다면, 지배력 획득 직후 A회사의 재무상태표는 아래의 ❶과 같다. 이 상태에서 연결재무상태표를 작성하면 아래의 ❷의 연결분개를 반영하여 ❸의 연결재무상태표가 나오게 하면 된다.

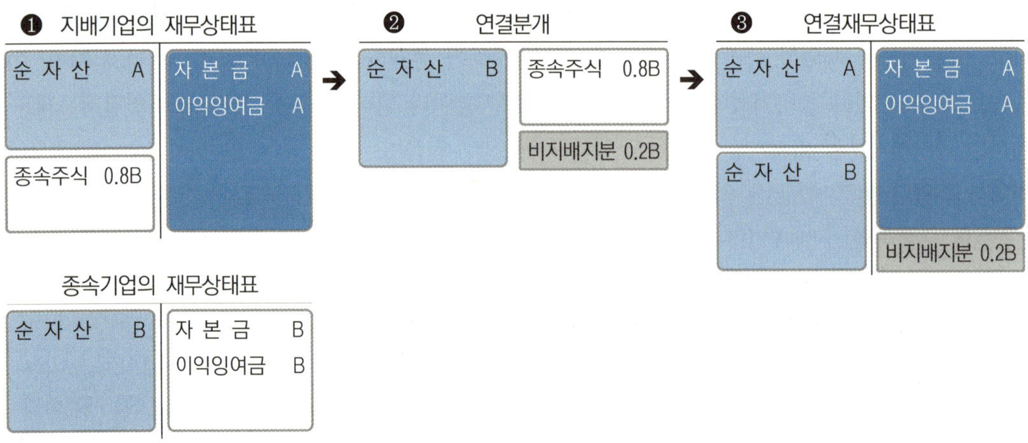

위의 ❷의 연결분개는 차변이 식별가능한 취득자산과 인수부채의 공정가치이며, 대변이 이전대가의 공정가치이므로 결국 합병분개와 동일함을 확인할 수 있다.

하지만 회계처리의 간결함을 위하여 연결분개는 아래와 같이 지배기업의 재무상태표 ❶과 종속기업의 재무상태표 ❹를 단순합산한 후 ❺의 연결분개를 반영하여 동일한 ❸의 연결재무상태표가 나오게 한다.

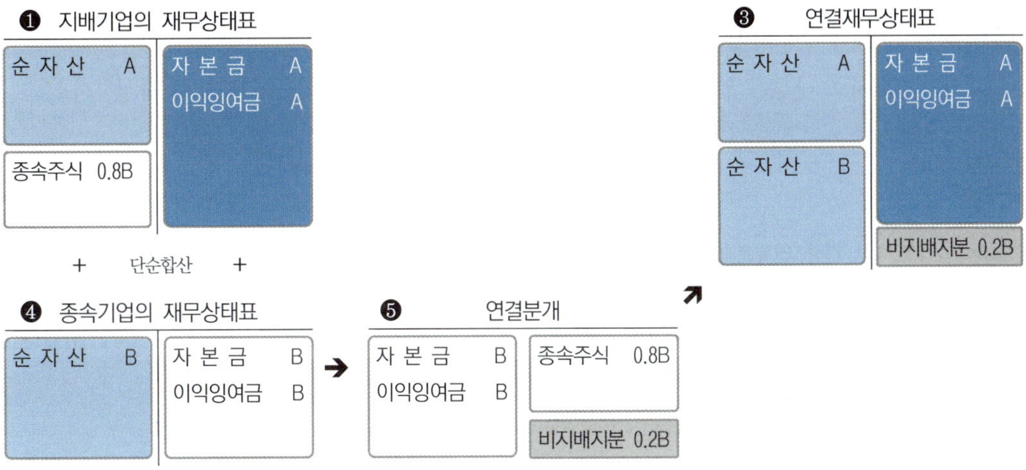

위의 그림에서 알 수 있듯이 지배기업의 재무상태표와 종속기업의 재무상태표를 단순히 합산을 하고 연결분개를 반영하면 연결회계처리가 간결하게 산출됨을 알 수 있다. 여기서 ❺의 연결분개를 투자와 자본의 상계제거와 재분류라 한다.

예제 8 지배력 획득일의 연결

20×1년 1월 1일 A회사는 B회사의 보통주 80%를 ₩1,200,000에 취득하여 지배권을 확보하였다. 20×1년 1월 1일 현재 B회사의 순자산은 자본금 ₩1,000,000과 이익잉여금 ₩500,000이었다. 취득일 현재 B회사의 식별가능한 순자산 장부금액과 공정가치는 동일하였다.

(1) 20×1년 초 A회사와 B회사의 재무상태표는 다음과 같다.

20×1년 1월 1일

	A회사	B회사		A회사	B회사
현금및현금성자산	2,300,000	1,300,000	유동부채	2,150,000	1,500,000
재고자산	700,000	400,000	자 본 금	2,500,000	1,000,000
종속기업주식	1,200,000	-	이익잉여금(×1초)	1,350,000	500,000
토 지	1,000,000	800,000			
건물(순액)	800,000	500,000			
	6,000,000	3,000,000		6,000,000	3,000,000

(2) A회사의 종속기업주식은 전액 B회사에 대한 것으로 A회사는 이를 원가법으로 평가하고 있다.

물음
Question

1. 20×1년 1월 1일을 기준으로 연결재무제표를 작성하는 경우 연결재무제표 작성을 위한 연결분개를 제시하시오.

2. A회사와 B회사로 구성된 연결실체의 재무상태표를 20×1년 1월 1일을 기준으로 작성하시오.

해답
answer

1. 20×1년 1월 1일 기준 연결분개

투자와 자본상계	(차) 자 본 금	1,000,000 ②	(대) 종속기업주식	1,200,000 ①
	이익잉여금(×1초)	500,000 ③	비지배지분(×1초)	300,000 ④

2. 20×1년 1월 1일 기준 연결재무상태표

(1) 연결정산표(시산표)

계정과목	A회사	B회사	연결조정 & 제거	연결재무제표
현금및현금성자산	2,300,000	1,300,000		3,600,000
재고자산	700,000	400,000		1,100,000
종속기업주식	1,200,000	-	(1,200,000)	-
토 지	1,000,000	800,000		1,800,000
건 물	800,000	500,000		1,300,000
자산총계	6,000,000	3,000,000	(1,200,000)	7,800,000
유동부채	2,150,000	1,500,000		3,650,000
자 본 금	2,500,000	1,000,000	(1,000,000)	2,500,000
이익잉여금	1,350,000	500,000	(500,000)	1,350,000
비지배지분	-	-	300,000	300,000
부채와 자본총계	6,000,000	3,000,000	(1,200,000)	7,800,000

(2) 연결재무상태표

① 계정별로 작성한 재무상태표

20×1년 1월 1일

현금및현금성자산	3,600,000	유동부채	3,650,000
재고자산	1,100,000	자 본 금	2,500,000
종속기업주식	-	이익잉여금	1,350,000
토 지	1,800,000	비지배지분	300,000
건물(순액)	1,300,000		
	7,800,000		7,800,000

② 위의 계정별 재무상태표는 이해를 위해 아래와 같이 재작성할 수 있다. 아래의 재무상태표를 이해 할수 있다면 연결재무제표 작성의 논리를 100% 이해한 것으로 볼 수 있다.

20×1년 1월 1일

취득일 순자산A	3,850,000	취득일 자본금A	2,500,000
취득일 종속기업주식	(1,200,000)	취득일 이익잉여금A	1,350,000
취득일 순자산B	1,500,000	증가한 이익잉여금B	-
		취득일 비지배지분	300,000
	4,150,000		4,150,000

해 설

1. 위의 연결분개의 논리는 다음과 같이 생각하면 쉽게 이해할 수 있다.

80% 취득	(차)	종속기업주식	1,200,000 ②	(대)	현 금	1,200,000 ①
80% 합병	(차)	현금및현금성자산	1,040,000 ④	(대)	유동부채	1,200,000 ⑧
		재고자산	320,000 ⑤		종속기업주식	1,200,000 ③
		토 지	640,000 ⑥			
		건 물	400,000 ⑦			
20% 합병	(차)	현금및현금성자산	260,000 ①	(대)	유동부채	300,000 ⑤
		재고자산	80,000 ②		자 본 금(×1초)	200,000 ⑥
		토 지	160,000 ③		이익잉여금(×1초)	100,000 ⑦
		건 물	100,000 ④			
비지배지분 계정재분류	(차)	자 본 금(×1초)	200,000 ①	(대)	비지배지분(×1초)	300,000 ③
		이익잉여금(×1초)	100,000 ②			

(2) 지배력 획득일 이후의 1차년도 연결

지배기업 A가 종속기업 B의 지분을 20×1년 1월 1일에 80% 취득하였으며, 20×1년에 B회사가 순이익으로 β_{01}을 보고한 경우 20×1년 12월 31일 A회사의 재무상태표는 아래의 ❶과 같다. 이 상태에서 연결재무상태표를 작성하기 위해서는 아래의 ❷의 연결분개를 반영하여 ❸의 연결재무상태표가 나오게 하면 된다. 여기서 종속기업의 당기순자산 증가효과는 지배기업소유주지분과 비지배지분으로 비례적으로 배분하여야 한다.

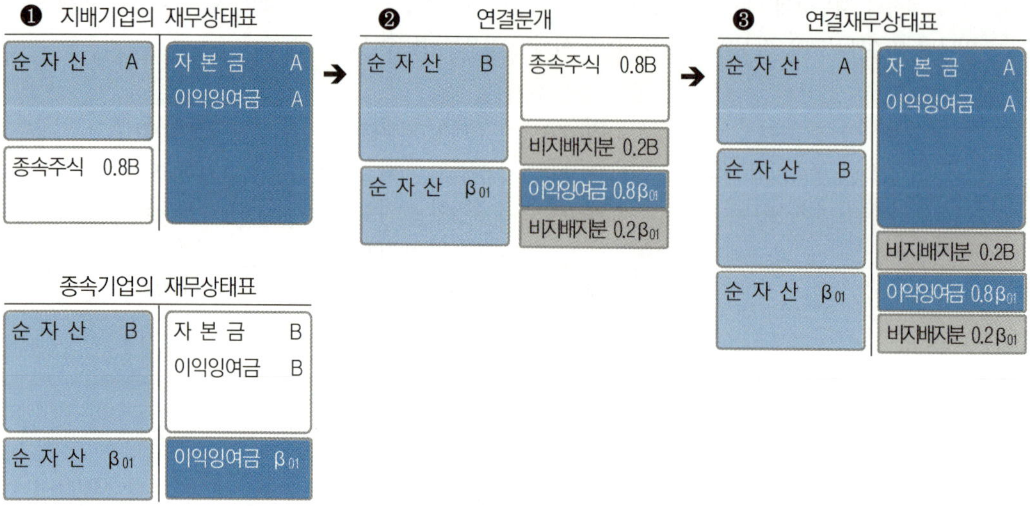

하지만 회계처리의 간결함을 위하여 연결분개는 아래와 같이 기말 지배기업의 재무상태표 ❶과 기말 종속기업의 재무상태표 ❹를 단순합산한 후 ❺의 연결분개를 반영하여 동일한 ❸의 연결재무상태표가 나오게 한다.

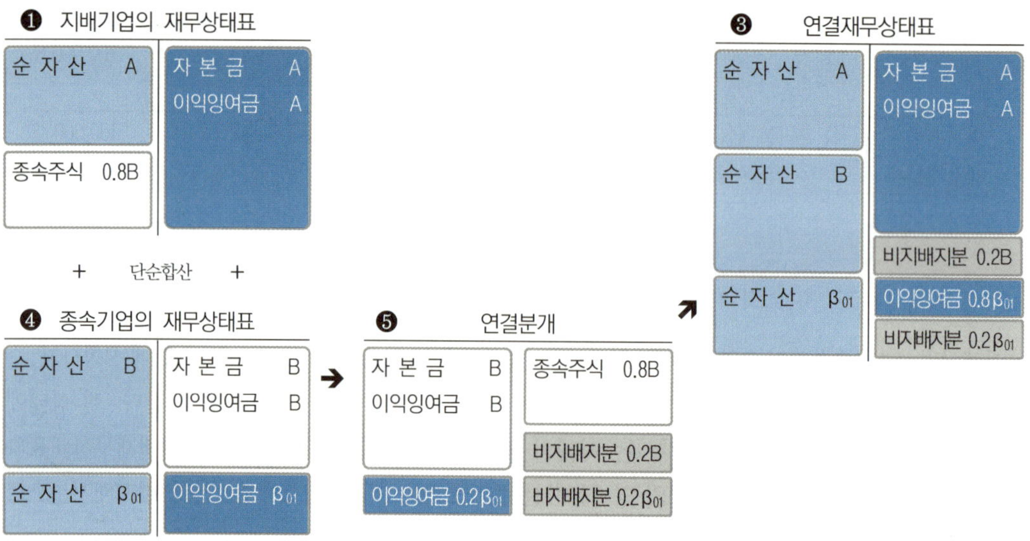

위의 그림에서 알 수 있듯이 지배기업의 재무제표와 종속기업의 재무제표를 단순히 합산을 하고 연결분개를 반영하면 연결회계처리가 간결하게 산출되며, 특히 지배력획득일 이후에는 종속기업의 순자산증가효과중에 비지배지분 귀속분만을 지배지분의 이익잉여금에서 비지배지분으로 대체하는 회계처리만 수행하면 됨을 확인할 수 있다.

예제 9 지배력 획득일 이후 1년차의 연결

20×1년 1월 1일 A회사는 B회사의 보통주 80%를 ₩1,200,000에 취득하여 지배권을 확보하였다. 20×1년 1월 1일 현재 B회사의 순자산은 자본금 ₩1,000,000과 이익잉여금 ₩500,000이었다. 취득일 현재 B회사의 식별가능한 순자산 장부금액과 공정가치는 동일하였다.

(1) 20×1년 말 A회사와 B회사의 재무상태표는 다음과 같다. A회사의 종속기업주식은 전액 B회사에 대한 것으로 A회사는 이를 원가법으로 평가하고 있다.

20×1년 12월 31일

	A회사	B회사		A회사	B회사
현금및현금성자산	2,800,000	1,300,000	유동부채	2,400,000	1,500,000
재고자산	900,000	700,000	자 본 금	2,500,000	1,000,000
종속기업주식	1,200,000	-	이익잉여금(×1초)	1,350,000	500,000
토 지	1,000,000	800,000	이익잉여금(×1년)	250,000	200,000
건물(순액)	600,000	400,000			
	6,500,000	3,200,000		6,500,000	3,200,000

(2) 20×1년 말 A회사와 B회사의 손익계산서는 다음과 같다.

	A회사	B회사
매출수익	7,000,000	4,000,000
매출원가	(6,550,000)	(3,700,000)
매출총이익	450,000	300,000
감가상각비	(200,000)	(100,000)
당기순이익	250,000	200,000

물음 Question

1. 20×1년 12월 31일을 기준으로 연결재무제표를 작성하는 경우 연결재무제표 작성을 위한 연결분개를 제시하시오.

2. A회사와 B회사로 구성된 연결실체의 재무상태표와 포괄손익계산서를 20×1년 12월 31일을 기준으로 작성하시오.

해답
answer

1. 20×1년 12월 31일 기준 연결분개

투자와 자본상계	(차)	자 본 금	1,000,000 ②	(대)	종속기업주식	1,200,000 ①
		이익잉여금(×1초)	500,000 ③		비지배지분(×1초)	300,000 ④
당기손익대체	(차)	이익잉여금(×1년)	40,000 ①	(대)	비지배지분(×1년)	40,000 ②
		① 비지배지분이익 : 200,000×20%=40,000				

2. 20×1년 12월 31일 기준 연결재무제표

(1) 연결정산표(시산표)

계정과목	A회사	B회사	연결조정 & 제거	연결재무제표
현금및현금성자산	2,800,000	1,300,000		4,100,000
재고자산	900,000	700,000		1,600,000
종속기업주식	1,200,000	-	(1,200,000)	-
토 지	1,000,000	800,000		1,800,000
건 물	600,000	400,000		1,000,000
자산총계	6,500,000	3,200,000	(1,200,000)	8,500,000
유동부채	2,400,000	1,500,000		3,900,000
자 본 금	2,500,000	1,000,000	(1,000,000)	2,500,000
이익잉여금	1,350,000	500,000	(540,000) *1	1,310,000
비지배지분	-	-	340,000 *2	340,000
매출수익	7,000,000	4,000,000		11,000,000
매출원가	(6,550,000)	(3,700,000)		(10,250,000)
감가상각비	(200,000)	(100,000)		(300,000)
부채와 자본총계	6,500,000	3,200,000	(1,200,000)	8,500,000

*1 취득당시 종속기업이익잉여금 500,000+비지배지분이익 40,000=540,000

*2 기초비지배지분 300,000+비지배지분이익 40,000=340,000

(2) 연결포괄손익계산서

20×1년 1월 1일부터 20×1년 12월 31일까지	
매출수익	11,000,000
매출원가	(10,250,000)
매출총이익	750,000
감가상각비	(300,000)
당기순이익	450,000
-지배기업지분순이익	410,000
-비지배지분순이익	40,000

(3) 연결재무상태표

① 계정별로 작성한 재무상태표

20×1년 12월 31일

현금및현금성자산	4,100,000	유동부채	3,900,000
재고자산	1,600,000	자 본 금	2,500,000
종속기업주식	-	이익잉여금	1,760,000
토 지	1,800,000	비지배지분	340,000
건물(순액)	1,000,000		
	8,500,000		8,500,000

② 위의 계정별 재무상태표는 이해를 위해 아래와 같이 재작성할 수 있다. 아래의 재무상태표를 이해 할수 있다면 연결재무제표 작성의 논리를 100% 이해한 것으로 볼 수 있다.

20×1년 12월 31일

기말 순자산 A	4,100,000	기말 자본금A	2,500,000
기말 종속기업주식	(1,200,000)	기말 이익잉여금A	1,600,000
기말 순자산 B	1,700,000	증가 이익잉여금B	160,000
		기말 비지배지분	340,000
	4,600,000		4,600,000

해 설

1. 20×1년 말 연결재무상태표의 이익잉여금과 비지배지분은 다음과 같이 계산할 수도 있다.

계정과목		20×1. 1. 1		당기순이익		20×1.12.31
이익잉여금	:	1,350,000	+	410,000	=	1,760,000
비지배지분	:	300,000	+	40,000	=	340,000

(3) 지배력 획득일 이후의 2차년도 연결

비지배주주지분이 존재하는 경우에는 지배력 획득일 이후 2차년도 연결에서 유의할 사항이 있다. 2차년도 말의 종속기업 시산표에는 1차년도의 종속기업의 순자산장부금액의 증가액이 모두 종속기업의 이익잉여금의 증가액으로 반영되어 있다. 따라서 종속기업의 1차년도 이익잉여금의 증가액 중에서 지배기업지분율에 상당하는 금액은 그대로 이익잉여금의 증가액으로 인식해야 하며, 비지배지분율에 상당하는 금액은 비지배지분의 직접증가액으로 반영해야 한다.

예제 10 지배력 획득일 이후 2년차의 연결

20×1년 1월 1일 A회사는 B회사의 보통주 80%를 ₩1,200,000에 취득하여 지배권을 확보하였다. 20×1년 1월 1일 현재 B회사의 순자산은 자본금 ₩1,000,000과 이익잉여금 ₩500,000이었다. 취득일 현재 B회사의 식별가능한 순자산 장부금액과 공정가치는 동일하였다.

(1) 20×2년 말 A회사와 B회사의 재무상태표는 다음과 같다. A회사의 종속기업주식은 전액 B회사에 대한 것으로 A회사는 이를 원가법으로 평가하고 있다.

20×2년 12월 31일

	A회사	B회사		A회사	B회사
현금및현금성자산	3,250,000	1,480,000	유동부채	2,400,000	1,500,000
재고자산	850,000	820,000	자 본 금	2,500,000	1,000,000
종속기업주식	1,200,000	-	이익잉여금(×1초)	1,350,000	500,000
토 지	1,000,000	800,000	이익잉여금(×1년)	250,000	200,000
건물(순액)	400,000	300,000	이익잉여금(×2년)	200,000	200,000
	6,700,000	3,400,000		6,700,000	3,400,000

(2) 20×2년 말 A회사와 B회사의 손익계산서는 다음과 같다.

	A회사	B회사
매출수익	8,250,000	4,350,000
매출원가	(7,850,000)	(4,050,000)
매출총이익	400,000	300,000
감가상각비	(200,000)	(100,000)
당기순이익	200,000	200,000

물음 Question

1. 20×2년 12월 31일을 기준으로 연결재무제표를 작성하는 경우 연결재무제표 작성을 위한 연결분개를 제시하시오.
2. A회사와 B회사로 구성된 연결실체의 재무상태표와 포괄손익계산서를 20×2년 12월 31일을 기준으로 작성하시오.

해 답

answer

1. 20×2년 12월 31일 기준 연결분개

투자와 자본상계	(차) 자 본 금	1,000,000 ②	(대) 종속기업주식	1,200,000 ①
	이익잉여금(×1초)	500,000 ③	비지배지분(×1초)	300,000 ④
전기손익대체	(차) 이익잉여금(×1년)	200,000 ⑤	(대) 이익잉여금(×1년)	160,000 ⑥
			비지배지분(×1년)	40,000 ⑦
	⑤ 시산표상 700,000 - 취득시 500,000 = 200,000 ⑥ 전기이전의 이익잉여금 증가액 200,000×지배기업지분율 80% = 160,000 ⑦ 전기이전의 이익잉여금 증가액 200,000×비지배지분율 20% = 40,000			
당기손익대체	(차) 이익잉여금(×2년)	40,000 ①	(대) 비지배지분(×2년)	40,000 ②
	① 비지배지분귀속이익 : 200,000×20% = 40,000			

2. 20×2년 12월 31일 기준 연결재무제표

(1) 연결정산표(시산표)

계정과목	A회사	B회사	연결조정 & 제거	연결재무제표
현금및현금성자산	3,250,000	1,480,000		4,730,000
재고자산	850,000	820,000		1,670,000
종속기업주식	1,200,000	-	(1,200,000)	-
토 지	1,000,000	800,000		1,800,000
건 물	400,000	300,000		700,000
자산총계	6,700,000	3,400,000	(1,200,000)	8,900,000
유동부채	2,400,000	1,500,000		3,900,000
자 본 금	2,500,000	1,000,000	(1,000,000)	2,500,000
이익잉여금	1,600,000	700,000	(580,000)	1,720,000
비지배지분	-	-	380,000	380,000
매출수익	8,250,000	4,350,000		12,600,000
매출원가	(7,850,000)	(4,050,000)		(11,900,000)
감가상각비	(200,000)	(100,000)		(300,000)
부채와 자본총계	6,700,000	3,400,000	(1,200,000)	8,900,000

(2) 연결포괄손익계산서

20×2년 1월 1일부터 20×2년 12월 31일까지	
매출수익	12,600,000
매출원가	(11,900,000)
매출총이익	700,000
감가상각비	(300,000)
당기순이익	400,000
- 지배기업지분순이익	360,000
- 비지배지분순이익	40,000

(3) 연결재무상태표

① 계정별로 작성한 재무상태표

20×2년 12월 31일

현금및현금성자산	4,730,000	유동부채	3,900,000
재고자산	1,670,000	자 본 금	2,500,000
종속기업주식	-	이익잉여금	2,120,000
토 지	1,800,000	비지배지분	380,000
건물(순액)	700,000		
	8,900,000		8,900,000

② 위의 계정별 재무상태표는 이해를 위해 아래와 같이 재작성할 수 있다. 아래의 재무상태표를 이해할 수 있다면 연결재무제표 작성의 논리를 100% 이해한 것으로 볼 수 있다.

20×2년 12월 31일

기말 순자산 A	4,300,000	기말 자본금A	2,500,000
기말 종속기업주식	(1,200,000)	기말 이익잉여금A	1,800,000
기말 순자산 B	1,900,000	증가 이익잉여금B	320,000
		기말 비지배지분	380,000
	5,000,000		5,000,000

해 설

1. 20×2년 말 연결재무상태표의 이익잉여금과 비지배지분은 다음과 같이 계산할 수도 있다.

계정과목		20×1. 1. 1		당기순이익		20×1.12.31		당기순이익		20×2.12.31
이익잉여금	:	1,350,000	+	410,000	=	1,760,000	+	360,000	=	2,120,000
비지배지분	:	300,000	+	40,000	=	340,000	+	40,000	=	380,000

(4) 지배기업이 종속기업으로부터 배당을 수령한 경우

회계연도 중에 종속기업이 지배기업과 비지배주주에게 현금배당을 지급할 수 있다. 이 경우 종속기업이 지배기업에게 지급한 현금배당으로 인해 종속기업의 현금이 감소하지만, 다시 지배기업의 현금이 증가하기에 지배기업이 수령한 부분만큼은 연결실체의 순자산의 변동은 없다. 이는 지배기업과 종속기업간의 현금의 이동거래에 불과하므로 회계적 거래로 볼 수 없다. 따라서, 지배기업의 별도재무제표에 종속기업으로부터 현금배당을 수령하여 배당금수익을 인식한 금액이 있다면, 연결조정분개에서 해당 배당금수익을 취소하고, 동액만큼 다시 이익잉여금을 증가시켜야 한다. 한편, 아래의 그림에서 설명하고 있는 것처럼, 배당금수익을 취소하는 연결분개는 배당을 수령한 연도만 수행하면 되며, 이후 연도의 연결분개에서는 이를 반영할 필요가 없다.

여기서 유의할 점은 종속기업이 비지배주주에게 지급하는 현금배당은 실제로 연결실체의 외부주주에게 연결실체가 지급하는 배당이라는 것이다. 연결에서는 연결실체인 지배기업과 종속기업간의 거래만 제거대상이 되므로, 종속기업과 비지배주주사이의 배당거래는 제거대상이 아니다.

참 고 비지배주주에게 지급한 배당까지 취소하는 연결분개

종속기업이 지배기업과 비지배주주에게 지급한 현금배당은 지배기업에게 지급한 부분만을 취소하는 분개를 수행하면 된다. 하지만 비지배주주가 수령한 배당금에 대하여도 내부거래처럼 비지배지분을 차감하면서 이익잉여금을 총액으로 환원시키는 분개법도 있다. 이 분개법에서는 배당취소단계에서 차감한 비지배지분이 전기손익배분단계에서 다시 이익잉여금과 비지배지분을 증가시키는 절차를 통해 원상태로 환원되게 된다. 따라서, 종속기업이 지배기업에게 지급한 현금배당만을 취소하는 분개법과 결과적으로는 동일하다.

[종속기업으로부터 배당을 수령한 회계연도의 연결]

단순합산재무제표

현 금 800	배당수익 800
현 금 −	이익잉여금 −

➔ 배당거래의 제거

배당수익 800	이익잉여금 800

➔ 연결재무제표

현 금 800	
	이익잉여금 800

[종속기업으로부터 배당을 수령한 이후 회계연도의 연결]

단순합산재무제표

현 금 800	이익잉여금 800

➔ 회계처리 필요 없음 ➔

연결재무제표

현 금 800	이익잉여금 800

예제 11 종속기업으로부터 배당을 수령한 경우의 연결

20×1년 1월 1일 A회사는 B회사의 보통주 80%를 ₩1,200,000에 취득하여 지배권을 확보하였다. 20×1년 1월 1일 현재 B회사의 순자산은 자본금 ₩1,000,000과 이익잉여금 ₩500,000이었다. 취득일 현재 B회사의 식별가능한 순자산 장부금액과 공정가치는 동일하였다.

(1) 20×2년 말 A회사와 B회사의 재무상태표는 다음과 같다. A회사의 종속기업주식은 전액 B회사에 대한 것으로 A회사는 이를 원가법으로 평가하고 있다.

20×2년 12월 31일

	A회사	B회사		A회사	B회사
현금및현금성자산	3,290,000	1,430,000	유동부채	2,400,000	1,500,000
재고자산	850,000	820,000	자 본 금	2,500,000	1,000,000
종속기업주식	1,200,000	-	이익잉여금(×1초)	1,350,000	500,000
토 지	1,000,000	800,000	이익잉여금(×1년)	250,000	150,000
건물(순액)	400,000	300,000	이익잉여금(×2년)	240,000	200,000
	6,740,000	3,350,000		6,740,000	3,350,000

(2) 20×2년 말 A회사와 B회사의 손익계산서는 다음과 같다. B회사는 20×2년 중에 ₩50,000의 배당을 결의하였으며, 이를 지급하였다.

	A회사	B회사
매출수익	8,250,000	4,350,000
매출원가	(7,850,000)	(4,050,000)
매출총이익	400,000	300,000
배당금수익	40,000	-
감가상각비	(200,000)	(100,000)
당기순이익	240,000	200,000

물음 Question

1. 20×2년 12월 31일을 기준으로 연결재무제표를 작성하는 경우 연결재무제표 작성을 위한 연결분개를 제시하시오.
2. 위의 [물음1]에서 종속기업이 비지배주주에게 지급된 배당금 효과까지 취소하여, 연결재무제표를 작성하는 경우 20×2년의 연결재무제표 작성을 위한 연결분개를 제시하시오.
3. A회사와 B회사로 구성된 연결실체의 재무상태표와 포괄손익계산서를 20×2년 12월 31일을 기준으로 작성하시오.

해답

answer

1. 20×2년 12월 31일 기준 연결분개

배당취소	(차) 배당금수익(×2년)	40,000 ①	(대) 이익잉여금(×1년)	40,000 ②
투자와 자본상계	(차) 자 본 금 이익잉여금(×1초)	1,000,000 ② 500,000 ③	(대) 종속기업주식 비지배지분(×1초)	1,200,000 ① 300,000 ④
전기손익 대체	(차) 이익잉여금(×1년) ⑤ 시산표상 650,000 - 취득시 500,000 = 150,000 ⑥ 배당고려 후 전기이전의 이익잉여금 증가액 150,000×지배기업지분율 80% = 120,000 ⑦ 배당고려 후 전기이전의 이익잉여금 증가액 150,000×비지배지분율 20% = 30,000	150,000 ⑤	(대) 이익잉여금(×1년) 비지배지분(×1년)	120,000 ⑥ 30,000 ⑦
당기손익 대체	(차) 이익잉여금(×2년) ① 종속기업 당기순이익 200,000×20% = 40,000	40,000 ①	(대) 비지배지분(×2년)	40,000 ②

2. 20×2년 12월 31일 기준 연결분개

배당취소	(차) 배당금수익(×2년) 비지배지분(×1년)	40,000 ① 10,000 ②	(대) 이익잉여금(×1년)	50,000 ③
투자와 자본상계	(차) 자 본 금 이익잉여금(×1초)	1,000,000 ② 500,000 ③	(대) 종속기업주식 비지배지분(×1초)	1,200,000 ① 300,000 ④
전기손익 대체	(차) 이익잉여금(×1년) ⑤ 시산표상 650,000 + 당기 배당취소 50,000 - 취득시 500,000 = 200,000 ⑥ 전기이전의 이익잉여금 증가액 200,000×지배기업지분율 80% = 160,000 ⑦ 전기이전의 이익잉여금 증가액 200,000×비지배지분율 20% = 40,000	200,000 ⑤	(대) 이익잉여금(×1년) 비지배지분(×1년)	160,000 ⑥ 40,000 ⑦
당기손익 대체	(차) 이익잉여금(×2년) ① 비지배지분귀속이익 : 200,000×20% = 40,000	40,000 ①	(대) 비지배지분(×2년)	40,000 ②

3. 20×2년 12월 31일 기준 연결재무제표

(1) 연결정산표(시산표)

계정과목	A회사	B회사	연결조정 & 제거	연결재무제표
현금및현금성자산	3,290,000	1,430,000		4,720,000
재고자산	850,000	820,000		1,670,000
종속기업주식	1,200,000	-	(1,200,000)	-
토　　지	1,000,000	800,000		1,800,000
건　　물	400,000	300,000		700,000
자산총계	6,740,000	3,350,000	(1,200,000)	8,890,000
유동부채	2,400,000	1,500,000		3,900,000
자 본 금	2,500,000	1,000,000	(1,000,000)	2,500,000
이익잉여금	1,600,000	650,000	(530,000)	1,720,000
비지배지분	-	-	370,000	370,000
매출수익	8,250,000	4,350,000		12,600,000
매출원가	(7,850,000)	(4,050,000)		(11,900,000)
배당금수익	40,000	-	(40,000)	-
감가상각비	(200,000)	(100,000)		(300,000)
부채와 자본총계	6,740,000	3,350,000	(1,200,000)	8,890,000

(2) 연결포괄손익계산서

20×2년 1월 1일부터 20×2년 12월 31일까지	
매출수익	12,600,000
매출원가	(11,900,000)
매출총이익	700,000
배당금수익	-
감가상각비	(300,000)
당기순이익	400,000
- 지배기업지분순이익	360,000
- 비지배지분순이익	40,000

(3) 연결재무상태표

① 계정별로 작성한 재무상태표

20×2년 12월 31일

현금및현금성자산	4,720,000	유동부채	3,900,000
재고자산	1,670,000	자 본 금	2,500,000
종속기업주식	-	이익잉여금	2,120,000
토　　지	1,800,000	비지배지분	370,000
건물(순액)	700,000		
	8,890,000		8,890,000

② 위의 계정별 재무상태표는 이해를 위해 아래와 같이 재작성할 수 있다. 아래의 재무상태표를 이해할 수 있다면 연결재무제표 작성의 논리를 100% 이해한 것으로 볼 수 있다.

20×2년 12월 31일

기말 순자산 A	4,340,000	기말 자본금 A	2,500,000
기말 종속기업주식	(1,200,000)	기말 이익잉여금 A	1,840,000
기말 순자산 B	1,850,000	증가 이익잉여금 B	280,000
		기말 비지배지분	370,000
	4,990,000		4,990,000

(4) 연도별 비지배지분의 검증

구 분	20×1. 1. 1		당기순이익		20×1.12.31		배 당		당기순이익		20×2.12.31
종속기업순자산	1,500,000	+	200,000	=	1,700,000	+	(50,000)	+	200,000	=	1,850,000
비지배지분율	20%		20%		20%		20%		20%		20%
비지배지분	300,000		40,000		340,000		(10,000)		40,000		370,000

해 설

1. 20×2년 말 연결재무상태표의 이익잉여금과 비지배지분은 다음과 같이 계산할 수도 있다.

계정과목		20×1. 1. 1		당기순이익		20×1.12.31		배 당		당기순이익		20×2.12.31
이익잉여금	:	1,350,000	+	410,000	=	1,760,000	+	-	+	360,000	=	2,120,000
비지배지분	:	300,000	+	40,000	=	340,000	+	(10,000)	+	40,000	=	370,000

3 순자산 과소금액과 영업권이 있는 경우

(1) 비지배지분의 인식과 측정

취득자(이하 지배기업)가 피취득자(이하 종속기업)에 대하여 100%미만의 지분을 취득하는 모든 사업결합에서 지배기업은 종속기업에 대한 비지배지분을 다음의 두 가지 측정 방법 중 하나를 선택하여 최초인식해야 한다.

(1) **부분영업권** : 종속기업의 식별가능한 순자산 중 비지배주주의 비례적 지분으로 측정
(2) **전부영업권** : 비지배지분의 공정가치로 측정

1) 비지배지분을 식별가능한 순자산공정가치 중 비례적지분으로 측정

이 방법은 비지배지분을 지배력획득일 현재 종속기업의 식별가능한 순자산 공정가치에 비지배지분율을 곱하여 측정하는 방식이다. 이 방법으로 비지배지분을 측정하게 되면 영업권에 대하여는 비지배지분을 인식하지 않게 되므로 지배기업 소유주지분만의 부분영업권(partial goodwill)이 발생하게 된다. 이는 종속기업이 내부적으로 창출한 영업권 중 지배기업 소유주지분에 해당하는 부분은 매수가 되어 신뢰성 있게 측정할 수 있지만, 비지배지분에 해당하는 부분은 계속 내부창출 영업권의 상태이기 때문에 연결재무제표에 인식할 수 없다는 논리이다. 이 방법은 영업권의 인식과 관련하여 비지배지분을 인정하지 않으므로 지배기업이론에 근거한 회계처리방법이다.

예를 들어, 종속기업의 식별가능한 순자산공정가치가 ₩100이며, 내부창출영업권의 측정금액이 ₩50인 것으로 가정한다. 지배기업이 종속기업의 지분 80%를 ₩120에 현금으로 취득한 경우 취득일의 연결분개를 수행하면 다음과 같다. 이 관점은 비지배주주를 과거부터 종속기업을 소유하고 있던 기존주주로 간주한다. 따라서 비지배주주에게 귀속되는 영업권은 내부창출영업권이기에 이를 인식하지 않는다.

[비지배지분을 식별가능한 순자산공정가치의 비례적지분으로 측정]

80% 지분	(차) 순자산공정가치	80 ②	(대) 현 금	120 ①
	영 업 권	40 ③		
20% 지분	(차) 순자산공정가치	20 ④	(대) 비지배지분	20 ⑤
		↓		
100% 지분	(차) 순자산공정가치	100 ②	(대) 현 금	120 ①
	영 업 권	40 ③	비지배지분	20 ④

2) 비지배지분을 비지배지분의 공정가치로 측정

이 방법은 지배력획득일 현재 비지배지분을 당해 비지배지분의 공정가치(비지배주주 보유주식수×지배권이 없는 주식의 주당 공정가치)로 측정하는 방식에서 사용하고 있는 방법[10]이다. 이 방법으로 비지배지분을 측정하게 되면 영업권에 대하여도 비지배지분을 인식하게 되므로 전부영업권(full goodwill)이 발생하게 된다. 이는 종속기업이 내부적으로 창출한 영업권 중 비지배지분에 해당하는 부분도 지배력 획득일 시점에 공정가치로 신뢰성 있게 측정할 수 있다는 논리이다. 이는 영업권의 인식과 관련하여 비지배지분도 인정하는 방법이므로 실체이론에 근거한 회계처리법이다.

예를 들어, 종속기업의 식별가능한 순자산공정가치가 ₩100이며, 내부창출영업권의 측정금액이 ₩50인 것으로 가정한다. 지배기업이 종속기업의 지분 80%를 ₩120에 현금으로 취득하였으며, 비지배주주가 소유한 나머지 지분 20%의 공정가치가 ₩30인 경우 취득일의 연결분개를 수행하면 다음과 같다.

10) 미국회계기준서 SFAS 160 '연결재무제표상의 비지배지분'에서는 비지배지분의 측정방법으로 비지배지분의 공정가치만을 사용하여 전부영업권이 인식되도록 규정하고 있다.

[비지배지분을 공정가치로 측정]

80% 지분	(차) 순자산공정가치	80 ②	(대) 현 금	120 ①
	영 업 권	40 ③		
20% 지분	(차) 순자산공정가치	20 ④	(대) 비지배지분	30 ⑥
	영 업 권	10 ⑤		
		↓		
100% 지분	(차) 순자산공정가치	100 ③	(대) 현 금	120 ①
	영 업 권	50 ④	비지배지분	30 ②

여기서 주의할 점은 종속기업에 대한 지배기업소유주 지분의 주당 공정가치와 비지배지분의 주당 공정가치는 다를 수 있기에 영업권의 인식금액이 지배기업지분과 비지배지분으로 비례적으로 배분되지 않을 수 있다는 것이다. 이는 종속기업에 대한 지배기업소유주 지분의 주당 공정가치에 지배력의 프리미엄이 포함되거나, 반대로 비지배지분의 주당 공정가치에 지배력의 결여에 대한 소수주주의 할인이 포함되기 때문이다. 만약 위의 사례에서 비지배주주가 보유한 지분 20%의 공정가치가 ₩28인 경우 취득일의 연결분개를 수행하면 다음과 같다.

[비지배지분을 공정가치로 측정]

80% 지분	(차) 순자산공정가치	80 ②	(대) 현 금	120 ①
	영 업 권	40 ③		
20% 지분	(차) 순자산공정가치	20 ④	(대) 비지배지분	28 ⑥
	영 업 권	8 ⑤		
		↓		
100% 지분	(차) 순자산공정가치	100 ③	(대) 현 금	120 ①
	영 업 권	48 ④	비지배지분	28 ②

[비지배지분의 측정방법에 따른 영업권의 인식]

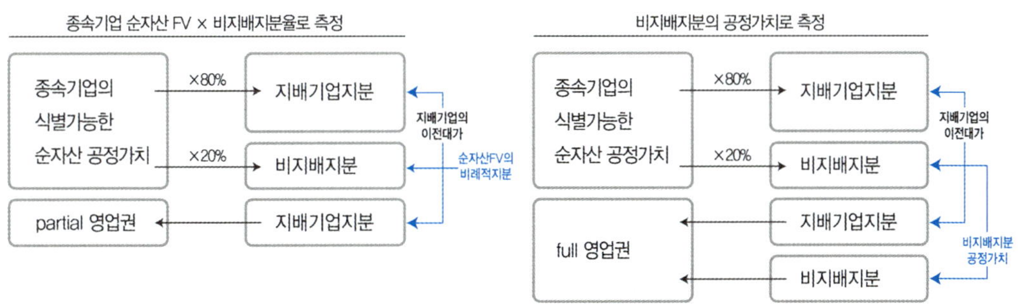

이 해 **비지배지분을 공정가치로 측정하는 것을 허용한 이유**

국제회계기준위원회는 비지배지분이 연결재무제표에서 자본의 한 구성요소이고, 비지배지분을 취득일의 공정가치로 측정하는 것이 자본의 다른 구성요소를 측정하는 방법과 일관된다고 보고 있다. 예를 들어, 사업결합을 달성하기 위해 피취득자의 이전 소유주에게 지배기업이 지배기업의 주식을 발행하였다면 지배기업이 발행한 주식은 그 주식이 발행된 날의 공정가치로 재무제표에서 측정되어 있다. 따라서 이러한 공정가치 측정원칙은 피취득자에 대한 비지배지분에도 동일하게 적용되어야 한다는 논리로 비지배지분을 취득일의 공정가치로 측정하는 것을 허용하는 것이다. 또한 비지배지분의 취득일 공정가치에 대한 정보는 취득일뿐만 아니라 미래에도 투자결정을 하기 위하여 지배기업의 주식가치를 추정하는 데 유용하다고 판단하고 있다.

(2) 지배력 획득일의 연결

지배기업 A가 종속기업 B의 지분을 20×1년 1월 1일에 80% 취득하였다고 가정하자. B회사의 순자산장부금액과 공정가치가 차이가 나며, 영업권에 초과 이전대가가 있다면, 지배력 획득 직후 A회사의 재무상태표는 아래의 ❶과 같다. 이 상태에서 연결재무상태표를 작성하면 아래의 ❷의 연결분개를 반영하여 ❸의 연결재무상태표가 나오게 하면 된다. 단 비지배지분은 종속기업의 식별가능한 순자산 공정가치의 비례적지분으로 측정한다고 가정한다.

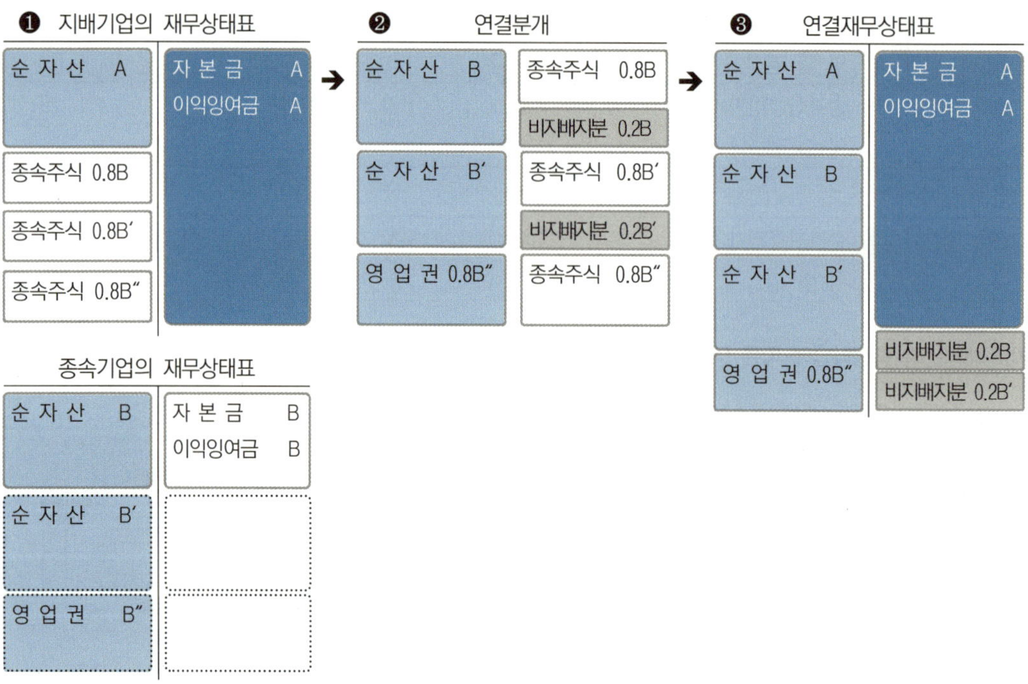

하지만 회계처리의 간결함을 위하여 연결분개는 아래와 같이 지배기업의 재무상태표 ❶과 종속기업의 재무상태표 ❹를 단순합산한 후 ❺의 연결분개를 반영하여 동일한 ❸의 연결재무상태표가 나오게 한다.

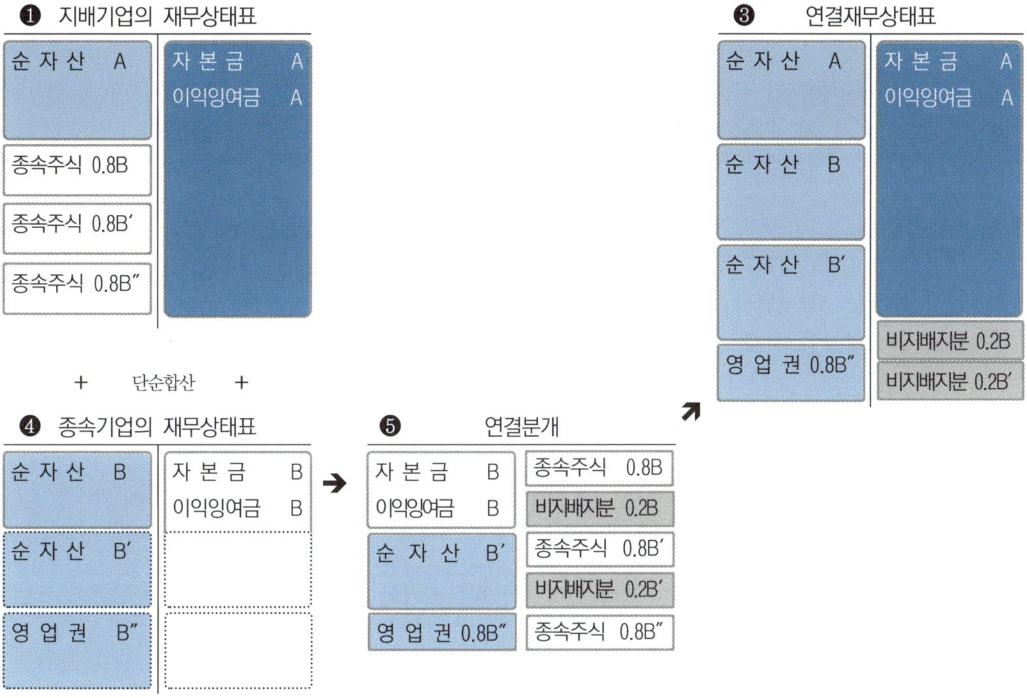

만약, 연결재무제표에서 비지배지분을 취득일 현재 비지배지분의 공정가치로 측정한다면 위의 연결분개에서 영업권에 대하여 비지배지분을 인식하는 것만을 추가하면 된다.

예제 12 지배력 획득일의 연결 : [예제 8]과 비교

20×1년 1월 1일 A회사는 B회사의 보통주 80%를 ₩1,520,000에 취득하여 지배권을 확보하였다. 20×1년 1월 1일 현재 B회사의 순자산은 자본금 ₩1,000,000과 이익잉여금 ₩500,000이었다. A회사는 비지배지분을 종속기업의 순자산공정가치에 대한 비례적지분으로 측정하고 있다.

(1) 20×1년 초 A회사와 B회사의 재무상태표는 다음과 같다.

20×1년 1월 1일

	A회사	B회사		A회사	B회사
현금및현금성자산	1,980,000	1,300,000	유동부채	2,150,000	1,500,000
재고자산	700,000	400,000	자 본 금	2,500,000	1,000,000
종속기업주식	1,520,000	-	이익잉여금(×1초)	1,350,000	500,000
토 지	1,000,000	800,000			
건물(순액)	800,000	500,000			
	6,000,000	3,000,000		6,000,000	3,000,000

(2) 20×1년 1월 1일 현재 B회사 자산 중 장부금액과 공정가치가 상이한 것은 다음과 같다.

	장부금액	공정가치	차 액
재고자산	400,000	450,000	50,000
토 지	800,000	950,000	150,000
건 물	500,000	600,000	100,000
			300,000

① 재고자산은 선입선출법을 적용하며 20×1년에 모두 외부로 판매되었다.
② 상기 토지는 20×2년까지 보유 중이다.
③ 20×1년 1월 1일 현재 건물의 잔존내용연수는 5년이며, 잔존가액 없이 정액법으로 상각한다.

(3) A회사의 종속기업주식은 전액 B회사에 대한 것으로 A회사는 이를 원가법으로 평가하고 있다.

물음
Question

1. 20×1년 1월 1일을 기준으로 종속기업투자주식의 취득원가와 비지배지분을 순자산장부금액 효과, 순자산과소금액효과와 영업권효과로 배분하시오.
2. 20×1년 1월 1일을 기준으로 연결재무제표를 작성하는 경우 연결재무제표 작성을 위한 연결분개를 제시하시오.
3. A회사와 B회사로 구성된 연결실체의 재무상태표를 20×1년 1월 1일을 기준으로 작성하시오.
4. A회사가 비지배지분을 취득일 현재의 공정가치 측정하는 경우 [물음1]과 [물음2]에 답하시오. 20×1년 1월 1일 현재 B회사의 발행주식수는 100주이며, 지배력이 있는 B회사 주식의 주당 공정가치는 ₩19,000이지만, 지배력이 없는 B회사 주식의 주당 공정가치는 ₩18,500이다.

해답
answer

1. 20×1년 1월 1일 이전대가의 배분

이전대가			식별가능한 순자산 공정가치				영업권
			순자산 장부금액		순자산 과소금액		
지배주주지분	1,520,000	=	(1,500,000	+	300,000) ×80%	+	80,000
비지배지분 *1	360,000	=	(1,500,000	+	300,000) ×20%	+	-

*1 비지배지분 : (1,500,000 + 300,000) × 20% = 360,000

2. 20×1년 1월 1일 기준 연결분개

⑴ 종속기업주식을 분할한 회계처리

투자와 자본상계	(차) 자 본 금	1,000,000 ②	(대) 종속기업주식	1,200,000 ①
	이익잉여금(×1초)	500,000 ③	비지배지분(×1초)	300,000 ④
과소금액	(차) 재고자산(×1초)	50,000 ②	(대) 종속기업주식	240,000 ①
	토 지(×1초)	150,000 ③	비지배지분(×1초)	60,000 ⑤
	건 물(×1초)	100,000 ④		
투자차액	(차) 영 업 권(×1초)	80,000 ⑦	(대) 종속기업주식	80,000 ⑥

⑵ 종속기업주식을 통합한 회계처리

투자와 자본상계	(차) 자 본 금	1,000,000 ①	(대) 종속기업주식	1,520,000 ⑥
	이익잉여금(×1초)	500,000 ②	비지배지분(×1초)	360,000 ⑦
	재고자산(×1초)	50,000 ③		
	토 지(×1초)	150,000 ④		
	건 물(×1초)	100,000 ⑤		
	영 업 권(×1초)	80,000 ⑧		

3. 20×1년 1월 1일 기준 연결재무상태표

⑴ 연결정산표(시산표)

계정과목	A회사	B회사	연결조정 & 제거	연결재무제표
현금및현금성자산	1,980,000	1,300,000		3,280,000
재고자산	700,000	400,000	50,000	1,150,000
종속기업주식	1,520,000	-	(1,520,000)	-
토 지	1,000,000	800,000	150,000	1,950,000
건 물	800,000	500,000	100,000	1,400,000
영 업 권	-	-	80,000	80,000
자산총계	6,000,000	3,000,000	(1,140,000)	7,860,000
유동부채	2,150,000	1,500,000		3,650,000
자 본 금	2,500,000	1,000,000	(1,000,000)	2,500,000
이익잉여금	1,350,000	500,000	(500,000)	1,350,000
비지배지분	-	-	360,000	360,000
부채와 자본총계	6,000,000	3,000,000	(1,140,000)	7,860,000

(2) 연결재무상태표

① 계정별로 작성한 재무상태표

20×1년 1월 1일

현금및현금성자산	3,280,000	유동부채	3,650,000
재고자산	1,150,000	자 본 금	2,500,000
종속기업주식	-	이익잉여금	1,350,000
토　　지	1,950,000	비지배지분	360,000
건물(순액)	1,400,000		
영 업 권	80,000		
	7,860,000		7,860,000

② 위의 계정별 재무상태표는 이해를 위해 아래와 같이 재작성할 수 있다. 아래의 재무상태표를 이해 할수 있다면 연결재무제표 작성의 논리를 100% 이해한 것으로 볼 수 있다.

20×1년 1월 1일

취득일 순자산 A	3,850,000	취득일 자본금 A	2,500,000
취득일 종속기업주식	(1,520,000)	취득일 이익잉여금 A	1,350,000
취득일 순자산 B	1,500,000	증가한 이익잉여금 B	-
취득일 순자산과소	300,000	취득일 비지배지분	360,000
취득일 영업권	80,000		
	4,210,000		4,210,000

4. 비지배지분을 공정가치로 측정

(1) 20×1년 1월 1일 이전대가의 배분

이전대가			식별가능한 순자산 공정가치				영업권
			순자산 장부금액		순자산 과소금액		
지배주주지분	1,520,000	=	(1,500,000	+	300,000) ×80%	+	80,000
비지배지분 [*1]	370,000	=	(1,500,000	+	300,000) ×20%	+	10,000

[*1] 비지배지분의 공정가치 : 100주×20%×₩18,500 = 370,000

(2) 종속기업주식을 분할한 회계처리

투자와 자본상계	(차)	자 본 금	1,000,000 ②	(대)	종속기업주식	1,200,000 ①
		이익잉여금(×1초)	500,000 ③		비지배지분(×1초)	300,000 ④
과소금액	(차)	재고자산(×1초)	50,000 ②	(대)	종속기업주식	240,000 ①
		토　　지(×1초)	150,000 ③		비지배지분(×1초)	60,000 ⑤
		건　　물(×1초)	100,000 ④			
투자차액	(차)	영 업 권(×1초)	90,000 ⑦	(대)	종속기업주식	80,000 ⑥
					비지배지분(×1초)	10,000 ⑧

(3) 종속기업주식을 통합한 회계처리

투자와 자본상계	(차) 자 본 금	1,000,000 ①	(대) 종속기업주식	1,520,000 ⑥
	이익잉여금(×1초)	500,000 ②	비지배지분(×1초)	370,000 ⑦
	재고자산(×1초)	50,000 ③		
	토　　지(×1초)	150,000 ④		
	건　　물(×1초)	100,000 ⑤		
	영 업 권(×1초)	90,000 ⑧		

해 설

1. 위의 연결분개의 논리는 다음과 같이 생각하면 쉽게 이해할 수 있다.

80% 취득	(차) 종속기업주식	1,520,000 ②	(대) 현　　금	1,520,000 ①
80% 통합	(차) 현금및현금성자산	1,040,000 ④	(대) 유동부채	1,200,000 ⑧
	재고자산	360,000 ⑤	종속기업주식	1,520,000 ③
	토　　지	760,000 ⑥		
	건　　물	480,000 ⑦		
	영 업 권	80,000 ⑨		
20% 통합	(차) 현금및현금성자산	260,000 ①	(대) 유동부채	300,000 ⑤
	재고자산	90,000 ②	비지배지분(×1초)	360,000 ⑥
	토　　지	190,000 ③		
	건　　물	120,000 ④		

(3) 지배력 획득일 이후 1차년도의 연결

지배력 획득일 이후에는 보고기간 말 지배기업과 종속기업의 수정후시산표를 단순히 합산을 하고 연결분개를 반영하면 연결회계처리가 간결하게 산출된다. 여기서 주의할 점은 종속기업의 수정후시산표에는 과소금액의 상각효과가 반영이 되어 있지 않으므로 연결분개에서 이를 추가시켜주어야 한다는 것이다.

(4) 지배력 획득일 이후 2차년도의 연결

지배력획득일 이후 2년차의 연결부터는 전기이전의 과소금액상각효과를 지분율에 비례하여 전기이월이익잉여금과 전기이월비지배지분에 직접반영하여 인식하여야 한다. 이는 전기이전의 과소금액상각효과가 종속기업의 재무제표에 반영이 되어 있지 않기 때문이다.

예제 13 지배력 획득일 이후 1년차의 연결 : [예제 9]과 비교

20×1년 1월 1일 A회사는 B회사의 보통주 80%를 ₩1,520,000에 취득하여 지배권을 확보하였다. 20×1년 1월 1일 현재 B회사의 순자산은 자본금 ₩1,000,000과 이익잉여금 ₩500,000이었다. A회사는 비지배지분을 종속기업의 순자산공정가치에 대한 비례적지분으로 측정하고 있다.

(1) 20×1년 1월 1일 현재 B회사 자산 중 장부금액과 공정가치가 상이한 것은 다음과 같다.

	장부금액	공정가치	차 액
재고자산	400,000	450,000	50,000
토 지	800,000	950,000	150,000
건 물	500,000	600,000	100,000
			300,000

① 재고자산은 선입선출법을 적용하며 20×1년에 모두 외부로 판매되었다.
② 상기 토지는 20×2년까지 보유 중이다.
③ 20×1년 1월 1일 현재 건물의 잔존내용연수는 5년이며, 잔존가액 없이 정액법으로 상각한다.

(2) 20×1년 말 A회사와 B회사의 재무상태표는 다음과 같다. A회사의 종속기업주식은 전액 B회사에 대한 것으로 A회사는 이를 원가법으로 평가하고 있다.

20×1년 12월 31일

	A회사	B회사		A회사	B회사
현금및현금성자산	2,480,000	1,300,000	유동부채	2,400,000	1,500,000
재고자산	900,000	700,000	자 본 금	2,500,000	1,000,000
종속기업주식	1,520,000	-	이익잉여금(×1초)	1,350,000	500,000
토 지	1,000,000	800,000	이익잉여금(×1년)	250,000	200,000
건물(순액)	600,000	400,000			
	6,500,000	3,200,000		6,500,000	3,200,000

(3) 20×1년 말 A회사와 B회사의 손익계산서는 다음과 같다.

	A회사	B회사
매출수익	7,000,000	4,000,000
매출원가	(6,550,000)	(3,700,000)
매출총이익	450,000	300,000
감가상각비	(200,000)	(100,000)
당기순이익	250,000	200,000

물음 Question

1. 20×1년 1월 1일을 기준으로 종속기업투자주식의 취득원가와 비지배지분을 순자산장부금액 효과, 순자산과소금액효과와 영업권효과로 배분하시오.
2. 순자산과소금액효과에 대한 연도별 상각스케쥴을 제시하시오.
3. 20×1년 12월 31일을 기준으로 연결재무제표를 작성하는 경우 연결재무제표 작성을 위한 연결분개를 제시하고, 연결당기순이익을 지배지분이익과 비지배지분이익으로 구분하시오.
4. A회사와 B회사로 구성된 연결실체의 재무상태표와 포괄손익계산서를 20×1년 12월 31일을 기준으로 작성하시오.
5. 20×1년 말 연결재무상태표의 자본계정 중 자본금, 이익잉여금과 비지배지분의 금액을 산식으로 계산하시오.

해답 answer

1. 20×1년 1월 1일 이전대가의 배분

이전대가			식별가능한 순자산 공정가치					영업권
			순자산 장부금액		순자산 과소금액			
지배주주지분	1,520,000	=	(1,500,000	+	300,000)	×80%	+	80,000
비지배지분 *1	360,000	=	(1,500,000	+	300,000)	×20%	+	-

*1 비지배지분 : (1,500,000 + 300,000) × 20% = 360,000

2. 순자산과소금액 상각스케쥴

내 역	FV－BV	상 각	
		20×1년	20×2년
재고자산	50,000	(50,000)	-
토 지	150,000	-	-
건 물	100,000	(20,000)	(20,000)
영업권(부분)	80,000	-	-

3. 20×1년 12월 31일 기준 연결분개

(1) 관련 회계처리

구분	차변	금액	대변	금액
투자와 자본상계	(차) 자 본 금	1,000,000 ①	(대) 종속기업주식	1,520,000 ⑥
	이익잉여금(×1초)	500,000 ②	비지배지분(×1초)	360,000 ⑦
	재고자산(×1초)	50,000 ③		
	토 지(×1초)	150,000 ④		
	건 물(×1초)	100,000 ⑤		
	영 업 권(×1초)	80,000 ⑧		
과소상각	(차) 매출원가(×1년)	50,000 ⑨	(대) 재고자산	50,000 ⑧
	감가상각비(×1년)	20,000 ⑪	감가누계액(건물)	20,000 ⑩
손익대체	(차) 이익잉여금(×1년)	26,000 ①	(대) 비지배지분(×1년)	26,000 ②
	① 비지배지분귀속이익 : (종속기업순이익 200,000 - 과소상각 70,000) × 20% = 26,000			

(2) 연결당기순이익의 계산과 지배지분이익과 비지배지분이익으로 배분

구 분	지배기업	종속기업	연결실체
보고된 당기순이익	250,000	200,000	450,000
매출원가	-	(50,000)	(50,000)
감가상각비	-	(20,000)	(20,000)
조정후 당기순이익	250,000	130,000	380,000
지배기업지분순이익	250,000	104,000	354,000
비지배지분순이익		26,000	26,000

4. 20×1년 12월 31일 기준 연결재무제표

(1) 연결정산표(시산표)

계정과목	A회사	B회사	연결조정 & 제거	연결재무제표
현금및현금성자산	2,480,000	1,300,000		3,780,000
재고자산	900,000	700,000	-	1,600,000
종속기업주식	1,520,000	-	(1,520,000)	-
토 지	1,000,000	800,000	150,000	1,950,000
건 물	600,000	400,000	80,000	1,080,000
영 업 권	-	-	80,000	80,000
자산총계	6,500,000	3,200,000	(1,210,000)	8,490,000
유동부채	2,400,000	1,500,000		3,900,000
자 본 금	2,500,000	1,000,000	(1,000,000)	2,500,000
이익잉여금	1,350,000	500,000	(526,000)	1,324,000
비지배지분	-	-	386,000	386,000
매출수익	7,000,000	4,000,000		11,000,000
매출원가	(6,550,000)	(3,700,000)	(50,000)	(10,300,000)
감가상각비	(200,000)	(100,000)	(20,000)	(320,000)
부채와 자본총계	6,500,000	3,200,000	(1,210,000)	8,490,000

⑵ 연결포괄손익계산서

20×1년 1월 1일부터 20×1년 12월 31일까지

매출수익	11,000,000
매출원가	(10,300,000)
매출총이익	700,000
감가상각비	(320,000)
당기순이익	380,000
– 지배기업지분순이익	354,000
– 비지배지분순이익	26,000

⑶ 연결재무상태표

① 계정별로 작성한 재무상태표

20×1년 12월 31일

현금및현금성자산	3,780,000	유동부채	3,900,000
재고자산	1,600,000	자 본 금	2,500,000
종속기업주식	-	이익잉여금	1,704,000
토　　지	1,950,000	비지배지분	386,000
건물(순액)	1,080,000		
영 업 권	80,000		
	8,490,000		8,490,000

② 위의 계정별 재무상태표는 이해를 위해 아래와 같이 재작성할 수 있다. 아래의 재무상태표를 이해 할수 있다면 연결재무제표 작성의 논리를 100% 이해한 것으로 볼 수 있다.

20×1년 12월 31일

기말 순자산 A	4,100,000	기말 자본금 A	2,500,000
기말 종속기업주식	(1,520,000)	기말 이익잉여금 A	1,600,000
기말 순자산 B	1,700,000	증가 이익잉여금 B	104,000
기말 순자산과소	230,000	기말 비지배지분	386,000
기말 영업권	80,000		
	4,590,000		4,590,000

5. 20×1년 12월 31일 연결재무상태표의 자본계정

(1) 기말잔액 접근법

① 연결자본금

		기 말		취득시		과소상각			
지배기업지분	:	2,500,000						=	2,500,000
종속기업지분	: (	1,000,000	−	1,000,000	−		)×80%	=	−
									2,500,000

② 연결이익잉여금

		기 말		취득시		과소상각			
지배기업지분	:	1,600,000						=	1,600,000
종속기업지분	: (	700,000	−	500,000	−	70,000	)×80%	=	104,000
									1,704,000

③ 비지배지분

		보고기간 말					
		취득시		취득이후			
순자산장부금액의 지분	: (	1,500,000	+	200,000	)×20%	=	340,000
순자산차액금액의 지분	: (	300,000	−	70,000	)×20%	=	46,000
순자산공정가치의 지분	:						386,000

(2) 가산접근법

계정과목		20×1. 1. 1		당기순이익		20×1.12.31
자 본 금	:	2,500,000	+	−	=	2,500,000
이익잉여금	:	1,350,000	+	354,000	=	1,704,000
비지배지분	:	360,000	+	26,000	=	386,000

예제 14 지배력 획득일 이후 2년차의 연결 : [예제 11]과 비교

20×1년 1월 1일 A회사는 B회사의 보통주 80%를 ₩1,520,000에 취득하여 지배권을 확보하였다. 20×1년 1월 1일 현재 B회사의 순자산은 자본금 ₩1,000,000과 이익잉여금 ₩500,000이었다.

(1) 20×1년 1월 1일 현재 B회사 자산 중 장부금액과 공정가치가 상이한 것은 다음과 같다.

	장부금액	공정가치	차 액
재고자산	400,000	450,000	50,000
토 지	800,000	950,000	150,000
건 물	500,000	600,000	100,000
			300,000

① 재고자산은 선입선출법을 적용하며 20×1년에 모두 외부로 판매되었다.
② 상기 토지는 20×2년까지 보유 중이다.
③ 20×1년 1월 1일 현재 건물의 잔존내용연수는 5년이며, 잔존가액 없이 정액법으로 상각한다.

(2) 20×2년 말 A회사와 B회사의 재무상태표는 다음과 같다. A회사의 종속기업주식은 전액 B회사에 대한 것으로 A회사는 이를 원가법으로 평가하고 있다.

20×2년 12월 31일

	A회사	B회사		A회사	B회사
현금및현금성자산	2,970,000	1,430,000	유동부채	2,400,000	1,500,000
재고자산	850,000	820,000	자 본 금	2,500,000	1,000,000
종속기업주식	1,520,000	-	이익잉여금(×1초)	1,350,000	500,000
토 지	1,000,000	800,000	이익잉여금(×1년)	250,000	150,000
건물(순액)	400,000	300,000	이익잉여금(×2년)	240,000	200,000
	6,740,000	3,350,000		6,740,000	3,350,000

(3) 20×2년 말 A회사와 B회사의 손익계산서는 다음과 같다. B회사는 20×2년 중에 ₩50,000의 배당을 결의하였으며, 이를 지급하였다.

	A회사	B회사
매출수익	8,250,000	4,350,000
매출원가	(7,850,000)	(4,050,000)
매출총이익	400,000	300,000
배당금수익	40,000	-
감가상각비	(200,000)	(100,000)
당기순이익	240,000	200,000

물음 Question

1. 20×2년 12월 31일을 기준으로 연결재무제표를 작성하는 경우 연결재무제표 작성을 위한 연결분개를 제시하고, 연결당기순이익을 지배지분이익과 비지배지분이익으로 구분하시오.
2. A회사와 B회사로 구성된 연결실체의 재무상태표와 포괄손익계산서를 20×2년 12월 31일을 기준으로 작성하시오.
3. 20×2년 말 연결재무상태표의 자본계정 중 자본금, 이익잉여금과 비지배지분의 금액을 산식으로 계산하시오.

해답 answer

1. 20×2년 12월 31일 기준 연결분개

(1) 관련 회계처리

구분	차변	금액	대변	금액
배당취소	(차) 배당금수익(×2년)	40,000 ①	(대) 이익잉여금(×1년)	40,000 ②
투자와 자본상계	(차) 자 본 금	1,000,000 ①	(대) 종속기업주식	1,520,000 ⑥
	이익잉여금(×1초)	500,000 ②	비지배지분(×1초)	360,000 ⑦
	재고자산(×1초)	50,000 ③		
	토 지(×1초)	150,000 ④		
	건 물(×1초)	100,000 ⑤		
	영 업 권(×1초)	80,000 ⑧		
전기손익대체	(차) 이익잉여금(×1년)	150,000 ①	(대) 이익잉여금(×1년)	120,000 ②
			비지배지분(×1년)	30,000 ③
	① 시산표상 650,000 - 취득시 500,000 = 150,000			
전기과소상각	(차) 이익잉여금(×1년)	56,000 ⑥	(대) 재고자산	50,000 ④
	비지배지분(×1년)	14,000 ⑦	감가누계액(건물)	20,000 ⑤
당기과소상각	(차) 감가상각비(×2년)	20,000 ②	(대) 감가누계액(건물)	20,000 ①
당기손익대체	(차) 이익잉여금(×2년)	36,000 ①	(대) 비지배지분(×2년)	36,000 ②
	① 비지배지분이익 : (종속기업순이익 200,000 - 과소상각 20,000) × 20% = 36,000			

(2) 연결당기순이익의 계산과 지배지분이익과 비지배지분이익으로 배분

구 분	지배기업	종속기업	연결실체
보고된 당기순이익	240,000	200,000	440,000
배당금수익	(40,000)	-	(40,000)
감가상각비	-	(20,000)	(20,000)
조정후 당기순이익	200,000	180,000	380,000
지배기업지분순이익	200,000	144,000	344,000
비지배지분순이익		36,000	36,000

2. 20×2년 12월 31일 기준 연결재무제표

(1) 연결정산표(시산표)

계정과목	A회사	B회사	연결조정 & 제거	연결재무제표
현금및현금성자산	2,970,000	1,430,000		4,400,000
재고자산	850,000	820,000	-	1,670,000
종속기업주식	1,520,000	-	(1,520,000)	-
토　　지	1,000,000	800,000	150,000	1,950,000
건　　물	400,000	300,000	60,000	760,000
영 업 권	-	-	80,000	80,000
자산총계	6,740,000	3,350,000	(1,230,000)	8,860,000
유동부채	2,400,000	1,500,000		3,900,000
자 본 금	2,500,000	1,000,000	(1,000,000)	2,500,000
이익잉여금	1,600,000	650,000	(582,000)	1,668,000
비지배지분	-	-	412,000	412,000
매출수익	8,250,000	4,350,000		12,600,000
매출원가	(7,850,000)	(4,050,000)		(11,900,000)
배당금수익	40,000	-	(40,000)	-
감가상각비	(200,000)	(100,000)	(20,000)	(320,000)
부채와 자본총계	6,740,000	3,350,000	(1,230,000)	8,860,000

(2) 연결포괄손익계산서

20×2년 1월 1일부터 20×2년 12월 31일까지	
매출수익	12,600,000
매출원가	(11,900,000)
매출총이익	700,000
배당금수익	-
감가상각비	(320,000)
당기순이익	380,000
- 지배기업지분순이익	344,000
- 비지배지분순이익	36,000

(3) 연결재무상태표

① 계정별로 작성한 재무상태표

20×2년 12월 31일

현금및현금성자산	4,400,000	유동부채	3,900,000
재고자산	1,670,000	자 본 금	2,500,000
종속기업주식	-	이익잉여금	2,048,000
토　　지	1,950,000	비지배지분	412,000
건물(순액)	760,000		
영 업 권	80,000		
	8,860,000		8,860,000

② 위의 계정별 재무상태표는 이해를 위해 아래와 같이 재작성할 수 있다. 아래의 재무상태표를 이해 할수 있다면 연결재무제표 작성의 논리를 100% 이해한 것으로 볼 수 있다.

20×2년 12월 31일

기말 순자산 A	4,340,000	기말 자본금 A	2,500,000
기말 종속기업주식	(1,520,000)	기말 이익잉여금 A	1,840,000
기말 순자산 B	1,850,000	증가 이익잉여금 B	208,000
기말 순자산과소	210,000	기말 비지배지분	412,000
기말 영업권	80,000		
	4,960,000		4,960,000

3. 20×2년 12월 31일 연결재무상태표의 자본계정

(1) 기말잔액 접근법

① 연결자본금

	기 말	취득시	과소상각		
지배기업지분 :	2,500,000			=	2,500,000
종속기업지분 : (	1,000,000 −	1,000,000		)×80% =	−
					2,500,000

② 연결이익잉여금

	기 말	취득시	과소상각		
지배기업지분 :	1,840,000			=	1,840,000
종속기업지분 : (	850,000 −	500,000 −	90,000	)×80% =	208,000
					2,048,000

③ 비지배지분

	보고기간 말			
	취득시	취득이후		
순자산장부금액의 지분 : (	1,500,000 +	350,000	)×20% =	370,000
순자산과소금액의 지분 : (	300,000 −	90,000	)×20% =	42,000
순자산공정가치의 지분 :				412,000

(2) 가산접근법

계정과목	20×1. 1. 1		당기순이익		20×1.12.31		배 당		당기순이익		20×2.12.31
자 본 금 :	2,500,000	+	−	=	2,500,000	+	−	+	−	=	2,500,000
이익잉여금 :	1,350,000	+	354,000	=	1,704,000	+	−	+	344,000	=	2,048,000
비지배지분 :	360,000	+	26,000	=	386,000	+	(10,000)	+	36,000	=	412,000

(3) 연도별 비지배지분의 검증

구 분	20×1. 1. 1		당기순이익		20×1.12.31		배 당		당기순이익		20×2.12.31
순자산장부금액	1,500,000	+	200,000	=	1,700,000	+	(50,000)	+	200,000	=	1,850,000
재고과소금액	50,000	+	(50,000)	=	-	+	-	+	-	=	-
토지과소금액	150,000	+	-	=	150,000	+	-	+	-	=	150,000
건물과소금액	100,000	+	(20,000)	=	80,000	+	-	+	(20,000)	=	60,000
순자산공정가치	1,800,000	+	130,000	=	1,930,000	+	(50,000)	+	180,000	=	2,060,000
비지배지분율	×20%		×20%		×20%		×20%		×20%		×20%
비지배지분	360,000	+	26,000	=	386,000	+	(10,000)	+	36,000	=	412,000

(4) 참고로 종속기업에 대한 지배기업소유주지분을 연도별로 검증하면 다음과 같다.

구 분	20×1. 1. 1		당기순이익		20×1.12.31		배 당		당기순이익		20×2.12.31
순자산공정가치	1,800,000	+	130,000	=	1,930,000	+	(50,000)	+	180,000	=	2,060,000
지배지분율	×80%		×80%		×80%		×80%		×80%		×80%
영업권가치	80,000	+	-	=	80,000	+	-	+	-	=	80,000
지배기업지분	1,520,000	+	104,000	=	1,624,000	+	(40,000)	+	144,000	=	1,728,000

해 설

1. 종속기업이 지급하고 지배기업이 수령한 배당금은 내부거래로 발생한 손익이므로, 연결이익잉여금을 계산하기 위한 풀이는 아래처럼 수행할 수도 있다.

		기 말		배당금효과		취득시		과소상각			
지배기업지분	:	1,840,000	-	40,000						=	1,800,000
종속기업지분	: (	850,000	+	50,000	-	500,000	-	90,000	)×80%	=	248,000
											2,048,000

2. 위의 방식처럼 내부거래손익인 배당은 각 지분별로 배분하여 조정하는 것이 논리적이나 지배기업지분 차감액(₩40,000)과 종속기업지분 가산액(50,000×80%)은 항상 일치하므로 양쪽 모두 고려하지 않는 것이 간편한 풀이법이다.
3. 하지만 특정연도의 연결당기순이익을 계산하는 경우에는 내부거래로 인한 배당금수익을 반드시 차감항목으로 고려하고 풀이해야 한다.
4. 비지배지분을 계산하는 경우에는 이미 종속기업의 자본에서 배당액이 차감된 상태이므로 추가조정은 필요가 없다. 비지배지분에 대한 종속기업의 배당은 당해 배당이 사외로 유출되므로 내부거래가 아니다.
5. 결론적으로 종속기업이 지급한 배당은 연결당기순이익에서만 내부거래손익으로 차감하여 주면 된다.

제 4 절 연결자본의 계산방법

IFRS

지금까지 설명한 방법대로 연결재무제표는 지배기업과 종속기업의 수정후시산표를 합산하고, 여기에 연결분개를 반영하여 작성된다. 실무적으로는 이러한 연결절차에 대한 자료관리를 위해 연결정산표(시산표)를 이용하여 연결재무제표를 도출한다. 하지만 수험목적으로는 연결정산표(시산표)를 작성하여 연결재무제표상의 각 금액을 도출하는 것은 시간상 제약으로 인해 적합하지 않다. 여기에서는 연결재무제표상의 각 계정의 잔액을 산식을 통해 계산하는 방법을 설명하고자 한다. 단, 내부거래가 존재하는 경우의 연결에 대하여는 제6장 '내부거래와 미실현손익'에서 설명할 것이므로 여기에서는 지배기업과 종속기업간의 내부거래는 없다고 가정한다.

1 연결당기순이익

연결당기순이익은 지배기업과 종속기업으로 구성된 연결실체가 당기에 창출한 순이익을 말한다. 이는 지배기업과 종속기업의 보고된 당기순이익에 연결분개를 조정하여 산정된다. 기준서 제1001호 '재무제표의 표시'에서는 연결실체의 당기순손익을 지배기업지분순이익과 비지배지분순이익으로 구분하여 표시[11]하도록 규정하고 있다.

연결당기순이익 = 지배기업지분순이익 + 비지배지분순이익

(1) 지배기업지분순이익

지배기업지분순이익(profit attributable to owners of the parent)은 연결실체의 당기순이익 중에 지배기업의 소유주에게 귀속되는 순이익을 말하며 다음과 같이 계산된다.

	지배기업에 대한 지분순이익	=	지배기업의 당기순이익 − 종속기업으로부터 수령한 배당금수익
+	**종속기업에 대한 지분순이익**	=	(종속기업의 당기순이익 − 과소금액 상각액) × 지배기업지분율

11) 기타포괄손익이 존재하는 경우에는 연결실체의 총포괄이익도 지배기업지분포괄이익과 비지배지분포괄이익으로 구분하여 표시하여야 한다.

종속기업이 보고한 당기순이익은 종속기업의 순자산 장부금액이 창출한 이익이다. 사업결합의 방식으로 주식취득이 아닌 합병을 했다면 종속기업의 순자산 공정가치가 창출한 이익이 산정되어야 하므로, 종속기업의 보고된 당기순이익은 과대계상되었다고 할 수 있다. 따라서 종속기업의 순자산과소금액에 대한 상각효과를 추가로 반영하여 종속기업의 당기순이익을 수정하여야 한다.

(2) 비지배지분순이익

비지배지분순이익(profit attributable to non-controlling interests)은 연결실체의 당기순이익 중에 비지배주주에게 귀속되는 순이익을 말하며 다음과 같이 계산된다.

종속기업에 대한 지분순이익 : (종속기업의 당기순이익 - 과소금액 상각액) × 비지배지분율

(3) 연결당기순이익

지배기업의 조정후 당기순이익은 전액 지배기업 소유주에게 귀속되며, 종속기업의 조정후 당기순이익은 지배기업 소유주와 비지배주주에게 비례적으로 귀속된다. 따라서 연결당기순이익은 다음과 같은 공식으로 정리할 수 있다.

구 분	지배기업	종속기업	연결실체	재무상태표 마감
보고된 당기순이익	×××	×××	×××	
배당금수익	(×××)	-	(×××)	
과소금액 상각액	-	(×××)	(×××)	
조정후 당기순이익	×××	×××	×××	
지배기업지분순이익	×××	×××	×××	➡ 이익잉여금 마감
비지배지분순이익		×××	×××	➡ 비지배지분 마감

2 연결실체의 자본

연결실체의 자본은 지배기업의 자본과 종속기업의 보고된 자본에 연결분개를 조정하여 산정된다. 기준서 제1001호 '재무제표의 표시'에서는 연결실체의 자본을 크게 지배기업의 소유주에게 귀속되는 자본과 비지배지분으로 구분하여 표시하도록 규정하고 있으며, 지배기업의 소유주에게 귀속되는 자본은 발생원인에 따라 납입자본, 이익잉여금과 기타포괄손익누계액으로 세분하여 표시하도록 규정하고 있다.

(1) 지배기업 소유주지분 : 납입자본

연결재무상태표의 납입자본은 지배기업과 종속기업으로 구성된 연결실체에 지배기업의 소유주가 납입한 자본을 말한다. 납입자본은 자본금과 자본잉여금으로 구성되어 있으며, 다음과 같이 계산된다.

	지배기업에 대한 지분 = 지배기업의 납입자본
+	**종속기업에 대한 지분** = (종속기업의 납입자본 － 취득시 납입자본) × 지배기업지분율

종속기업의 납입자본에 대한 지배기업의 지분은 투자와 자본상계제거를 통해 취득일을 기준으로 모두 제거되므로 항상 '0'이다. 결국 연결재무상태표의 납입자본은 지배기업의 납입자본과 항상 동일한 금액이다.

(2) 지배기업 소유주지분 : 이익잉여금

연결재무상태표의 이익잉여금은 지배기업과 종속기업으로 구성된 연결실체의 이익잉여금 중에 지배기업의 소유주에게 귀속되는 금액을 말한다. 연결이익잉여금은 다음과 같이 계산된다.

	지배기업에 대한 지분 = 지배기업의 이익잉여금
+	**종속기업에 대한 지분** = (종속기업의 이익잉여금 - 취득시 이익잉여금 - 과소상각누계액) × 지배기업지분율

종속기업의 이익잉여금에 대한 지배기업의 지분은 투자와 자본상계제거를 통해 취득일을 기준으로 모두 제거된다. 따라서 연결재무상태표의 이익잉여금은 지배기업의 이익잉여금과 취득일이후 증가한 종속기업의 이익잉여금에 지배기업지분율을 곱한 금액으로 산정된다. 여기서 주의할 점은, 종속기업의 이익잉여금 산정시 취득일의 과소금액에 대하여 상각한 금액의 누계액은 반드시 차감하여야 한다는 것이다. 이는 연결당기순이익 계산시 과소금액의 상각액을 차감한 것과 동일한 논리이다.

[연결재무상태표에서 종속기업 이익잉여금의 배분]

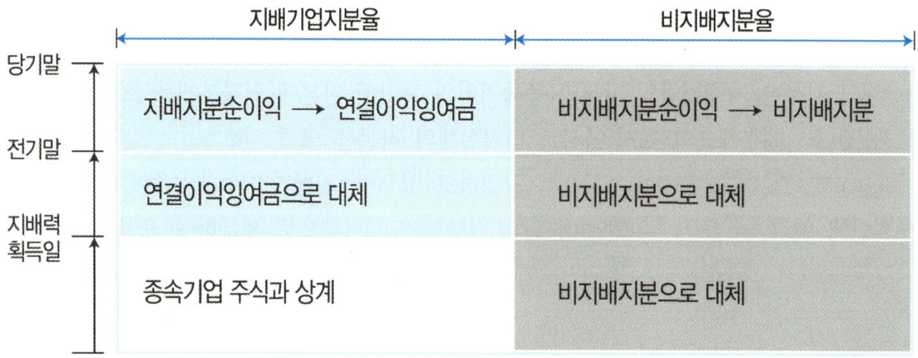

(3) 지배기업 소유주지분 : 기타포괄손익누계액

연결재무상태표의 기타포괄손익누계액은 지배기업과 종속기업으로 구성된 연결실체의 기타포괄손익누계액 중에 지배기업의 소유주에게 귀속되는 금액을 말한다. 연결기타포괄손익누계액은 자본조정과 기타포괄손익누계액으로 구성되며 다음과 같이 계산된다.

지배기업에 대한 지분 = 지배기업의 기타포괄누계액
\+ **종속기업에 대한 지분** = (종속기업의 기타포괄누계액 - 취득시 기타포괄누계액) × 지배기업지분율

종속기업의 기타포괄손익누계액에 대한 지배기업의 지분은 투자와 자본상계제거를 통해 취득일을 기준으로 모두 제거된다. 따라서 연결재무상태표의 기타포괄손익누계액은 지배기업의 기타포괄손익누계액과 취득일이후 증가한 종속기업의 기타포괄손익누계액에 지배기업지분율을 곱한 금액으로 산정된다.

(4) 비지배지분

연결재무상태표의 비지배지분은 지배기업과 종속기업으로 구성된 연결실체의 자본 중에 비지배주주에게 귀속되는 금액을 말한다. 비지배주주는 지배기업과는 무관하므로, 비지배지분은 종속기업의 자본 중에 비지배주주에게 귀속되는 금액으로 산정하면 된다. 여기서 주의할 점은 종속기업의 자본은 종속기업의 순자산 장부금액을 반영하고 있으므로, 종속기업의 순자산 과소금액에 대한 비지배주주의 비례적지분을 고려하여 비지배지분을 산정하여야 한다는 것이다.

종속기업의 장부금액에 대한 지분 : 보고기간 말 종속기업의 순자산장부금액 × 비지배지분율
\+ **종속기업의 과소금액에 대한 지분** : 보고기간 말 종속기업의 순자산과소금액 × 비지배지분율
\+ **비지배지분을 공정가치로 측정하는 경우에만** : 영업권에 대한 비지배지분

여기서 보고기간 말 종속기업의 순자산 장부금액은 종속기업의 자본금액과 동일한 금액이므로, 결국 종속기업의 자본 중에 지배기업지분으로 인식되지 않은 나머지의 지분이 비지배지분으로 인식되는 것이다. 한편, 비지배지분을 취득일의 공정가치로 최초 인식했다면, 보고기간 말의 비지배지분은 아래에서 산정된 금액에 종속기업의 영업권에 대한 비지배주주의 지분을 추가로 고려하면 된다.

종속기업의 장부금액에 대한 지분 : (취득시 자본+취득일이후 증가한 자본)×비지배지분율
\+ **종속기업의 과소금액에 대한 지분** : (취득시 과소금액-취득일이후 과소상각액)×비지배지분율
\+ **비지배지분 공정가치 측정하는 경우에만** : 영업권에 대한 비지배지분

(5) 그림으로 분석한 연결재무상태표의 공식

연결재무상태표의 순자산의 금액과 이에 해당하는 지배주주지분과 비지배주주지분의 금액을 계산하는 공식은 연결을 처음 공부하는 수험생입장에서는 상당히 이해하기 어렵다. 공식에 대한 이해를 돕기 위해 그림으로 연결재무상태표를 분석하면 다음과 같다.

[지배기업의 지분율이 80%인 경우 연결재무상태표]

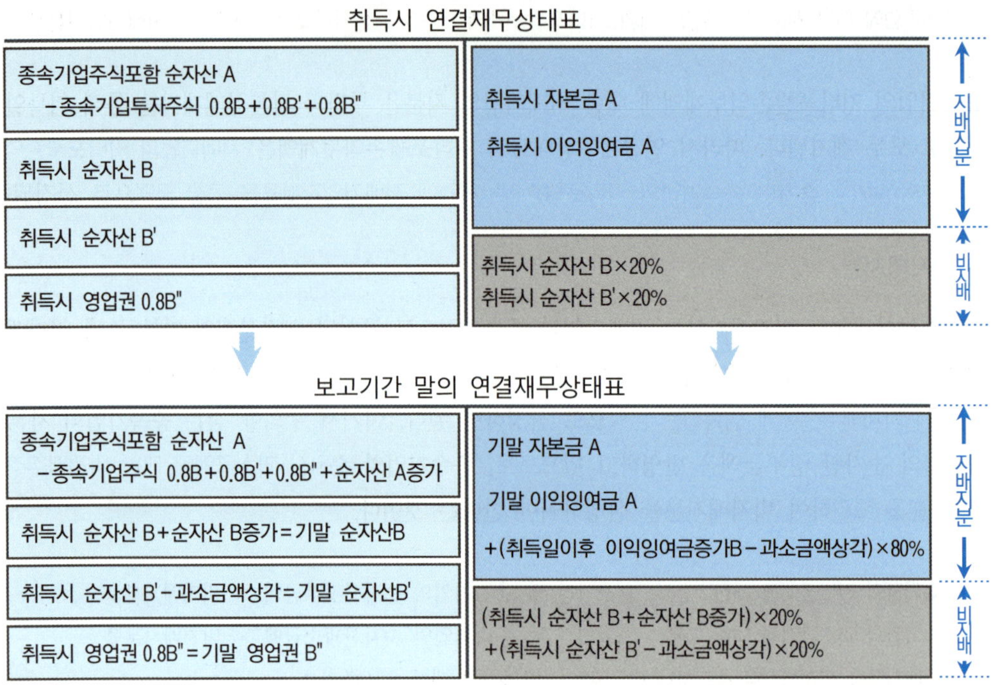

보론 염가매수차익이 있는 연결

주식취득시에 종속기업의 식별가능한 자산과 부채의 공정가치가 이전대가를 초과하는 경우가 발생하기도 한다. 이 경우에 발생하는 투자차액은 영업권효과가 아니라 염가매수효과이므로 사업결합일에 즉시 당기이익으로 인식하여야 한다. 하지만 지배기업의 별도재무제표에서 종속기업투자주식은 원가법으로 평가되므로, 염가매수차익효과도 종속기업투자주식의 장부금액에 포함하여 인식된다. 염가매수효과는 연결재무제표 작성을 위한 연결분개를 수행하면서 당기이익으로 인식하면 된다.

예제 15 염가매수차익이 있는 경우의 연결

20×1년 1월 1일 A회사는 B회사의 보통주 80%를 ₩1,400,000에 취득하여 지배권을 확보하였다. 20×1년 1월 1일 현재 B회사의 순자산은 자본금 ₩1,000,000과 이익잉여금 ₩500,000이었다. A회사는 비지배지분을 종속기업의 순자산공정가치에 대한 비례적지분으로 측정하고 있다.

(1) 20×1년 1월 1일 현재 B회사의 자산 중 장부금액과 공정가치가 상이한 것은 다음과 같다.

	장부금액	공정가치	차 액
재고자산	400,000	450,000	50,000
토 지	800,000	950,000	150,000
건 물	500,000	600,000	100,000
			300,000

① 재고자산은 선입선출법을 적용하며 20×1년에 모두 외부로 판매되었다.

② 상기 토지는 20×2년까지 보유 중이다.

③ 20×1년 1월 1일 현재 건물의 잔존내용연수는 5년이며, 잔존가액 없이 정액법으로 상각한다.

(2) 20×1년 말 A회사와 B회사의 재무상태표는 다음과 같다. A회사의 종속기업주식은 전액 B회사에 대한 것으로 A회사는 이를 원가법으로 평가하고 있다.

20×1년 12월 31일

	A회사	B회사		A회사	B회사
현금및현금성자산	2,600,000	1,300,000	유동부채	2,400,000	1,500,000
재고자산	900,000	700,000	자 본 금	2,500,000	1,000,000
종속기업주식	1,400,000	-	이익잉여금(×1초)	1,350,000	500,000
토 지	1,000,000	800,000	이익잉여금(×1년)	250,000	200,000
건물(순액)	600,000	400,000			
	6,500,000	3,200,000		6,500,000	3,200,000

(3) 20×1년 말 A회사와 B회사의 손익계산서는 다음과 같다.

	A회사	B회사
매출수익	7,000,000	4,000,000
매출원가	(6,550,000)	(3,700,000)
매출총이익	450,000	300,000
감가상각비	(200,000)	(100,000)
당기순이익	250,000	200,000

물음 Question

1. 20×1년 1월 1일을 기준으로 종속기업투자주식의 취득원가와 비지배지분을 순자산장부금액 효과, 순자산과소금액효과와 영업권효과로 배분하시오.
2. 순자산과소금액효과에 대한 연도별 상각스케쥴을 제시하시오.
3. 20×1년 12월 31일을 기준으로 연결재무제표를 작성하는 경우 연결재무제표 작성을 위한 연결분개를 제시하시오.
4. A회사와 B회사로 구성된 연결실체의 재무상태표와 포괄손익계산서를 20×1년 12월 31일을 기준으로 작성하시오.

해답 answer

1. 20×1년 1월 1일 이전대가의 배분

이전대가			식별가능한 순자산 공정가치				염가매수차익
			순자산 장부금액		순자산 과소금액		
지배주주지분	1,400,000	=	(1,500,000	+	300,000) ×80%	+	(40,000)
비지배지분 *1	360,000	=	(1,500,000	+	300,000) ×20%	+	-

*1 비지배지분 : (1,500,000 + 300,000) × 20% = 360,000

2. 순자산과소금액 상각스케쥴

내 역	FV－BV	상 각	
		20×1년	20×2년
재고자산	50,000	(50,000)	-
토 지	150,000	-	-
건 물	100,000	(20,000)	(20,000)
염가매수차익(부분)	(40,000)	40,000	-

3. 20×1년 12월 31일 기준 연결분개

투자와 자본상계	(차)	자 본 금	1,000,000 ①	(대)	종속기업주식	1,400,000 ⑥
		이익잉여금(×1초)	500,000 ②		비지배지분(×1초)	360,000 ⑦
		재고자산(×1초)	50,000 ③		염가매수차익(×1년)	40,000 ⑧
		토 지(×1초)	150,000 ④			
		건 물(×1초)	100,000 ⑤			
과소상각	(차)	매출원가(×1년)	50,000 ⑨	(대)	재고자산	50,000 ⑧
		감가상각비(×1년)	20,000 ⑪		감가누계액(건물)	20,000 ⑩
손익대체	(차)	이익잉여금(×1년)	26,000 ①	(대)	비지배지분(×1년)	26,000 ②
		① 비지배지분귀속이익 : (종속기업순이익 200,000 − 과소상각 70,000)×20% = 26,000				

구 분	지배기업	종속기업	연결실체
보고된 당기순이익	250,000	200,000	450,000
염가매수차익	40,000	-	40,000
매출원가	-	(50,000)	(50,000)
감가상각비	-	(20,000)	(20,000)
조정후 당기순이익	290,000	130,000	420,000
지배기업지분순이익	290,000	104,000	394,000
비지배지분순이익		26,000	26,000

4. 20×1년 12월 31일 기준 연결재무제표

(1) 연결포괄손익계산서

20×1년 1월 1일부터 20×1년 12월 31일까지	
매출수익	11,000,000
매출원가	(10,300,000)
매출총이익	700,000
감가상각비	(320,000)
염가매수차익	40,000
당기순이익	420,000
- 지배기업지분순이익	394,000
- 비지배지분순이익	26,000

(2) 연결재무상태표

20×1년 12월 31일

자산	금액	부채 및 자본	금액
현금및현금성자산	3,900,000	유동부채	3,900,000
재고자산	1,600,000	자 본 금	2,500,000
종속기업주식	-	이익잉여금	1,744,000
토 지	1,950,000	비지배지분	386,000
건물(순액)	1,080,000		
	8,530,000		8,530,000

해 설

1. 20×1년 말 연결재무상태표의 이익잉여금과 비지배지분은 다음과 같이 계산할 수도 있다.

계정과목		20×1. 1. 1		당기순이익		20×1.12.31
이익잉여금	:	1,350,000	+	394,000	=	1,744,000
비지배지분	:	360,000	+	26,000	=	386,000

보론 부의 비지배지분

최초인식일 이후 비지배지분은 종속기업의 순자산이 변동함에 따라 비례적으로 변동하게 된다. 즉 종속기업의 총포괄손익인 당기순손익과 기타포괄손익의 각 구성요소는 지배기업의 소유주와 비지배지분에 비례적으로 귀속되게 되며, 비지배지분이 부(-)의 잔액이 되더라도 총포괄손익은 지배기업의 소유주와 비지배지분에 비례적으로 귀속된다.

예제 16 부의 비지배지분

20×1년 1월 1일 A회사는 B회사의 보통주 80%를 ₩1,200,000에 취득하여 지배권을 확보하였다. 20×1년 1월 1일 현재 B회사의 순자산은 자본금 ₩1,000,000과 이익잉여금 ₩500,000이었다. 취득일 현재 B회사의 식별가능한 순자산 장부금액과 공정가치는 동일하였다.

(1) 20×1년 말 A회사와 B회사의 재무상태표는 다음과 같다. A회사의 종속기업주식은 전액 B회사에 대한 것으로 A회사는 이를 원가법으로 평가하고 있다.

20×1년 12월 31일

	A회사	B회사		A회사	B회사
현금및현금성자산	2,800,000	100,000	유동부채	2,400,000	1,500,000
재고자산	900,000	200,000	자 본 금	2,500,000	1,000,000
종속기업주식	1,200,000	-	이익잉여금(×1초)	1,350,000	500,000
토 지	1,000,000	600,000	이익잉여금(×1년)	250,000	(1,700,000)
건물(순액)	600,000	400,000			
	6,500,000	1,300,000		6,500,000	1,300,000

(2) 20×1년 말 A회사와 B회사의 손익계산서는 다음과 같다.

	A회사	B회사
매출수익	7,000,000	2,100,000
매출원가	(6,550,000)	(3,700,000)
매출총이익	450,000	(1,600,000)
감가상각비	(200,000)	(100,000)
당기순이익	250,000	(1,700,000)

물음
Question

1. 20×1년 12월 31일을 기준으로 연결재무제표를 작성하는 경우 연결재무제표 작성을 위한 연결분개를 제시하시오.

2. A회사와 B회사로 구성된 연결실체의 재무상태표와 포괄손익계산서를 20×1년 12월 31일을 기준으로 작성하시오.

해답
answer

1. 20×1년 12월 31일 기준 연결분개

투자와 자본상계	(차) 자 본 금	1,000,000 ②	(대) 종속기업주식	1,200,000 ①
	이익잉여금(×1초)	500,000 ③	비지배지분(×1초)	300,000 ④
당기손익대체	(차) 비지배지분(×1년)	340,000 ②	(대) 이익잉여금(×1년)	340,000 ①
	① 비지배지분이익 : 종속기업 당기순이익 (-)1,700,000×20% = (-)340,000			

2. 20×1년 12월 31일 기준 연결재무제표

(1) 연결이익잉여금

	기 말	취득시		
지배기업지분 :	1,600,000		=	1,600,000
종속기업지분 : (	(-)1,200,000 −	500,000)×80%	=	(1,360,000)
				240,000

(2) 비지배지분

	취득시	취득이후		
장부금액 지분 : (	1,500,000 +	(-)1,700,000)×20%	=	(-)40,000

(3) 연결정산표(시산표)

계정과목	A회사	B회사	연결조정 & 제거	연결재무제표
현금및현금성자산	2,800,000	100,000		2,900,000
재고자산	900,000	200,000		1,100,000
종속기업주식	1,200,000	-	(1,200,000)	-
토 지	1,000,000	600,000		1,600,000
건 물	600,000	400,000		1,000,000
자산총계	6,500,000	1,300,000	(1,200,000)	6,600,000

유동부채	2,400,000	1,500,000		3,900,000
자 본 금	2,500,000	1,000,000	(1,000,000)	2,500,000
이익잉여금	1,350,000	500,000	(160,000)	1,690,000
비지배지분	-	-	(40,000)	(40,000)
매출수익	7,000,000	2,100,000		9,100,000
매출원가	(6,550,000)	(3,700,000)		(10,250,000)
감가상각비	(200,000)	(100,000)		(300,000)
부채와 자본총계	6,500,000	1,300,000	(1,200,000)	6,600,000

(4) 연결포괄손익계산서

20×1년 1월 1일부터 20×1년 12월 31일까지	
매출수익	9,100,000
매출원가	(10,250,000)
매출총이익	(1,150,000)
감가상각비	(300,000)
당기순이익	(1,450,000)
- 지배기업지분이익	(1,110,000)
- 비지배지분이익	(340,000)

(5) 연결재무상태표

20×1년 12월 31일

현금및현금성자산	2,900,000	유동부채	3,900,000
재고자산	1,100,000	자 본 금	2,500,000
종속기업주식	-	이익잉여금	240,000
토 지	1,600,000	비지배지분	(40,000)
건물(순액)	1,000,000		
	6,600,000		6,600,000

보론 기타포괄손익이 있는 연결

본문에서는 지배기업과 종속기업의 손익 중에 기타포괄손익이 없는 것을 가정하여 설명하였다. 여기에서는 지배기업과 종속기업의 손익 중에 기타포괄손익이 있는 경우를 가정하여 연결당기순이익과 연결포괄이익의 차이를 설명하고자 한다.

예제 17 기타포괄손익이 있는 연결

20×1년 1월 1일 A회사는 B회사의 보통주 80%를 ₩1,200,000에 취득하여 지배권을 확보하였다. 20×1년 1월 1일 현재 B회사의 순자산은 자본금 ₩1,000,000과 이익잉여금 ₩500,000이었다. 취득일 현재 B회사의 식별가능한 순자산 장부금액과 공정가치는 동일하였다.

(1) 20×1년 말 A회사와 B회사의 재무상태표는 다음과 같다.

20×1년 12월 31일

	A회사	B회사		A회사	B회사
현금및현금성자산	2,800,000	1,180,000	유동부채	2,400,000	1,480,000
재고자산	900,000	700,000	자 본 금	2,500,000	1,000,000
종속기업주식	1,200,000	-	이익잉여금	1,600,000	700,000
기타포괄금융자산	-	120,000	기타포괄이익누계액	-	20,000
토 지	1,000,000	800,000			
건물(순액)	600,000	400,000			
	6,500,000	3,200,000		6,500,000	3,200,000

(2) 20×1년 말 A회사와 B회사의 손익계산서는 다음과 같다.

	A회사	B회사
매출수익	7,000,000	4,000,000
매출원가	(6,550,000)	(3,700,000)
매출총이익	450,000	300,000
감가상각비	(200,000)	(100,000)
당기순이익	250,000	200,000
기타포괄금융자산평가이익	-	20,000
총포괄이익	250,000	220,000

(3) A회사의 종속기업주식은 전액 B회사에 대한 것으로 A회사는 이를 원가법으로 평가하고 있다.

물음
Question

1. 20×1년 12월 31일을 기준으로 연결재무제표를 작성하는 경우 연결재무제표 작성을 위한 연결분개를 제시하시오.
2. A회사와 B회사로 구성된 연결실체의 재무상태표와 포괄손익계산서를 20×1년 12월 31일을 기준으로 작성하시오.

해답
answer

1. 20×1년 12월 31일 기준 연결분개

투자와 자본상계	(차)	자 본 금	1,000,000	(대)	종속기업주식	1,200,000
		이익잉여금(×1초)	500,000		비지배지분	300,000
당기손익대체	(차)	이익잉여금(×1년)	40,000	(대)	비지배지분(×1년)	40,000 [*1]
기타포괄대체	(차)	기타포괄누계(×1년)	4,000	(대)	비지배지분(×1년)	4,000 [*2]

[*1] 종속기업 당기순이익 200,000×20%=40,000
[*2] 종속기업 기타포괄이익 20,000×20%=4,000

2. 20×1년 12월 31일 기준 연결재무제표

(1) 연결정산표(시산표)

계정과목	A회사	B회사	연결조정 & 제거	연결재무제표
현금및현금성자산	2,800,000	1,180,000		3,980,000
재고자산	900,000	700,000		1,600,000
종속기업주식	1,200,000	-	(1,200,000)	-
기타포괄금융자산	-	120,000		120,000
토 지	1,000,000	800,000		1,800,000
건 물	600,000	400,000		1,000,000
자산총계	6,500,000	3,200,000	(1,200,000)	8,500,000
유동부채	2,400,000	1,480,000		3,880,000
자 본 금	2,500,000	1,000,000	(1,000,000)	2,500,000
이익잉여금	1,350,000	500,000	(540,000)	1,310,000
매도평가이익누계액		-	(4,000)	(4,000)
비지배지분	-	-	344,000	344,000
매출수익	7,000,000	4,000,000		11,000,000
매출원가	(6,550,000)	(3,700,000)		(10,250,000)
감가상각비	(200,000)	(100,000)		(300,000)
기타포괄이익	-	20,000		20,000
부채와 자본총계	6,500,000	3,200,000	(1,200,000)	8,500,000

(2) 연결포괄손익계산서

20×1년 1월 1일부터 20×1년 12월 31일까지	
매출수익	11,000,000
매출원가	(10,250,000)
매출총이익	750,000
감가상각비	(300,000)
당기순이익	450,000
기타포괄금융자산평가이익	20,000
총포괄이익	470,000
당기순이익의 귀속 :	
- 지배기업의 소유주	410,000
- 비지배지분	40,000
총포괄이익의 귀속 :	
- 지배기업의 소유주	426,000
- 비지배지분	44,000

(3) 연결재무상태표

20×1년 12월 31일			
현금및현금성자산	3,980,000	유동부채	3,880,000
재고자산	1,600,000	자 본 금	2,500,000
종속기업주식	-	이익잉여금	1,760,000
기타포괄금융자산	120,000	기타포괄이익누계액	16,000
토 지	1,800,000	비지배지분	344,000
건물(순액)	1,000,000		
	8,500,000		8,500,000

OX형 연습문제

1 지배기업은 하나 이상의 종속기업을 가지고 있는 기업을 말하며, 종속기업은 다른 기업(지배기업)의 지배를 받고 있는 기업을 말한다. 종속기업의 범위에는 파트너십과 같은 법인격이 없는 실체를 포함한다.

2 지배기업이 직접으로 또는 종속기업을 통하여 간접으로 기업 의결권의 과반수를 소유하는 경우에는 지배기업이 그 기업을 지배한다고 본다.

3 기업이 다른 기업의 재무정책과 영업정책을 결정할 수 있는 능력이 있는지 여부를 평가할 때에는, 다른 기업이 보유한 잠재적 의결권을 포함하여 현재 행사할 수 있거나 전환할 수 있는 잠재적 의결권의 존재와 영향을 고려하여서는 안된다.

4 투자자가 투자기업으로 분류되는 경우에는 투자기업의 종속기업에 대하여는 연결대상에서 제외한다.

5 잠재적 의결권이 있는 경우 당기순손익과 자본변동을 지배기업지분과 비지배지분에 배분할 때 현재 소유하고 있는 지분율에 기초하여 산정하며, 잠재적 의결권의 행사가능성이나 전환가능성은 반영하지 아니한다.

6 지배기업의 보고기간종료일과 종속기업의 보고기간종료일이 다른 경우, 종속기업은 실무적으로 적용할 수 없지 않다면 연결재무제표를 작성하기 위하여 지배기업의 재무제표와 동일한 보고기간종료일의 재무제표를 추가로 작성해야 한다.

7 비지배지분은 연결재무상태표에서 부채에 포함하되 지배기업의 소유주 지분과는 구분하여 표시한다.

8 당기순손익과 기타포괄손익의 각 구성요소는 지배기업의 소유주와 비지배지분에 귀속된다. 그 결과 비지배지분이 부(-)의 잔액이 되더라도 총포괄손익은 지배기업의 소유주와 비지배지분에 귀속된다.

9 기업은 종속기업, 공동지배기업 또는 관계기업으로부터 배당을 받을 권리가 확정되는 시점에 그 배당금은 지분법을 적용하지 않는 별도재무제표에서는 당기손익으로 인식한다.

해답

answer

1 ○

2 ○

3 × 기업이 다른 기업의 재무정책과 영업정책을 결정할 수 있는 능력이 있는지 여부를 평가할 때에는, 다른 기업이 보유한 잠재적 의결권을 포함하여 현재 행사할 수 있거나 전환할 수 있는 잠재적 의결권의 존재와 영향을 고려하여야 한다.

4 ○

5 ○

6 ○

7 × 비지배지분은 연결재무상태표에서 자본에 포함하되 지배기업의 소유주 지분과는 구분하여 표시한다.

8 ○

9 ○

실전형 연습문제

01 선다형, 단답형

1 다음의 자료를 이용하는 경우 ㈜대한의 20×1년도 연결재무상태표에 표시되는 비지배지분은 얼마인가? (회계사 2024)

(1) ㈜대한은 20×1년 초에 ㈜민국의 의결권 있는 보통주 80%를 ₩200,000에 취득하고 지배력을 획득하였다. 취득일 현재 ㈜민국의 요약재무상태표는 다음과 같다.

계정과목	장부금액	공정가치	계정과목	장부금액	공정가치
현금	20,000	20,000	부채	120,000	120,000
매출채권	40,000	40,000	자본금	50,000	
재고자산	60,000	70,000	이익잉여금	100,000	
유형자산	150,000	190,000			
	270,000			270,000	

(2) ㈜민국의 위 재고자산은 상품이며, 20×1년 중에 모두 외부로 판매되었다. ㈜민국의 위 유형자산은 기계장치이며, 지배력 획득일 현재 잔존내용연수는 8년이고 잔존가치 없이 정액법으로 상각한다.

(3) 20×1년 중에 ㈜대한은 장부금액 ₩20,000의 재고자산(제품)을 ㈜민국에게 ₩30,000에 판매하였다. ㈜민국은 이 재고자산의 50%를 20×1년 중에 외부로 판매하였으며, 나머지 50%를 20×2년 중에 외부로 판매하였다.

(4) ㈜대한과 ㈜민국이 20×1년도 및 20×2년도에 각각 보고한 당기순이익은 다음과 같다.

구분	20×1년	20×2년
㈜대한	₩50,000	₩60,000
㈜민국	₩30,000	₩20,000

(5) ㈜대한과 ㈜민국은 20×2년 3월에 각각 ₩20,000과 ₩10,000의 현금배당(결산배당)을 결의하고 지급하였다. ㈜대한은 별도재무제표에서 ㈜민국의 주식을 원가법으로 회계처리한다. 연결재무제표 작성 시 유형자산에 대해서는 원가모형을 적용하고, 비지배지분은 종속기업의 식별가능한 순자산 공정가치에 비례하여 결정한다.

① ₩40,000 ② ₩41,000 ③ ₩42,000
④ ₩43,000 ⑤ ₩44,000

해 답

(1) 20×1년 1월 1일 이전대가의 배분

이전대가			식별가능한 순자산 공정가치		영업권
지배주주지분	200,000	=	(장부 150,000+재고 10,000+유형 40,000)×80%	+	40,000
비지배지분	40,000	=	(장부 150,000+재고 10,000+유형 40,000)×20%	+	-

(2) 20×1년 말 비지배지분 : 기초비지배 40,000+비지배이익 (순이익 30,000－재고과소상각 10,000÷1년－유형자산상각 40,000÷8년)×20%＝43,000

④

2 위의 [문제1]의 자료를 이용하는 경우 ㈜대한의 20×2년도 연결포괄손익계산서에 표시되는 지배기업소유주귀속당기순이익은 얼마인가? (회계사 2024)

① ₩64,000 ② ₩69,000 ③ ₩72,000
④ ₩76,000 ⑤ ₩77,000

해 답

(1) 20×2년 연결당기순이익의 계산

구 분	지배기업	종속기업	연 결
조정전 당기순이익	60,000	20,000	80,000
배당금수익	(8,000)	-	(8,000)
유형과소금액의 상각	-	(5,000)	(5,000)
재고자산 실현이익	5,000	-	5,000
조정후 당기순이익	57,000	15,000	72,000
지배주주지분 순이익	57,000	12,000	69,000
비지배지분 순이익	-	3,000	3,000

②

3 A회사는 20×1년 1월 1일 B회사의 의결권있는 보통주식 80%를 ₩400,000에 취득하여 지배기업이 되었으며, 취득일 현재 B회사의 재무상태표는 다음과 같다. A회사가 20×1년 말 연결재무상태표에 표시할 비지배지분은 얼마인가? 단, 법인세효과는 없는 것으로 가정한다. (회계사 2012)

B회사 20×1년 1월 1일 현재 (단위 : ₩)

계정과목	장부금액	공정가치	계정과목	장부금액	공정가치
현 금	30,000	30,000	부 채	100,000	100,000
재고자산	150,000	180,000	자 본 금	200,000	-
건물(순액)	200,000	150,000	이익잉여금	80,000	-
자산총계	380,000		부채및자본총계	380,000	

(1) 취득일 현재 B회사의 재무상태표상 표시된 자산과 부채를 제외하고는 추가적으로 식별 가능한 자산과 부채는 존재하지 않는다.

(2) 건물의 잔존내용연수는 10년이고, 잔존가치는 없으며, 정액법으로 상각한다. 재고자산은 20×1년 중에 모두 외부로 판매되었다.

(3) B회사의 20×1년 당기순이익은 ₩80,000이며, 20×1년 중 B회사의 다른 자본변동거래는 없다. 비지배지분은 취득일의 공정가치로 측정하며, 취득일 현재 비지배지분의 공정가치는 ₩96,000이다.

① ₩61,000 ② ₩63,000 ③ ₩105,000
④ ₩107,000 ⑤ ₩110,000

해답

(1) 가산접근법 : 96,000 + (80,000 − 재고상각 30,000 + 건물환입 50,000 ÷ 10년) × 20% = 107,000

(2) 잔액접근법 : 장부금액지분 (280,000 + 80,000) × 20% + 과소금액지분 (30,000 − 50,000 − 30,000 + 5,000) × 20% + 영업권지분 44,000 = 107,000

④

4 ㈜대한은 20×1년 1월 1일 ㈜민국의 지배력을 획득하였다. 지배력 획득시점의 양사의 재무상태표와 연결재무상태표는 다음과 같다. ㈜대한이 지배력 획득을 위해 지급한 대가는 얼마인가? 단, 비지배지분은 종속기업의 식별가능한 순자산공정가치에 비례하여 결정한다. (회계사 2015)

구 분	㈜대한의 재무상태표	㈜민국의 재무상태표	㈜대한 및 ㈜민국의 연결재무상태표
현 금	400,000	60,000	460,000
재고자산	200,000	300,000	580,000
투자주식(㈜민국)	?	-	-
영업권	-	-	30,000
자산총계	?	360,000	1,070,000
매입채무	70,000	40,000	110,000
자 본 금	?	150,000	250,000
이익잉여금	?	170,000	550,000
비지배지분	-	-	160,000
부채와 자본총계	?	360,000	1,070,000

① ₩110,000 ② ₩192,000 ③ ₩222,000
④ ₩270,000 ⑤ ₩292,000

해 답

(1) 20×1년 1월 1일 이전대가의 배분

이전대가			식별가능한 순자산 공정가치				영업권
			순자산 장부금액		순자산 과소금액		
지배주주지분	270,000	=	(320,000	+	80,000) ×60%	+	30,000
비지배지분	160,000	=	(320,000	+	80,000) ×40%	+	-

(2) 비지배지분율의 계산 : (320,000 + 80,000) × X = 160,000 ➡ X = 40%

(3) 투자주식의 취득원가 : 순자산공정가치 (320,000 + 80,000) × 60% + 영업권 30,000 = 270,000

④

5 ㈜대한은 20×1년 1월 1일 ㈜민국의 의결권 있는 보통주를 ₩250,000에 취득하여 지배기업이 되었다. ㈜대한이 20×1년 말 연결재무상태표에 표시한 비지배지분이 ₩82,000일 때, 지배력 획득일인 20×1년 초에 ㈜대한의 ㈜민국에 대한 지분율은 몇 %인가? (회계사 2025)

(1) 취득일인 20×1년 1월 1일 현재 ㈜민국의 재무상태표는 다음과 같다.

계정과목	장부금액	공정가치	계정과목	장부금액	공정가치
현　금	20,000	20,000	부　채	20,000	20,000
재고자산	80,000	100,000	자본금	100,000	-
비품(순액)	130,000	100,000	이익잉여금	110,000	-
자산총계	230,000		부채및자본총계	230,000	

(2) 취득일 현재 ㈜민국의 재무상태표 상 표시된 자산과 부채를 제외하고는 추가로 식별가능한 자산과 부채는 없다. 재고자산은 20×1년 중 모두 외부로 판매되었다. 취득일 현재 비품의 잔존내용연수는 5년이며, 잔존가치 없이 정액법으로 감가상각한다.

(3) ㈜민국의 20×1년도 당기순이익은 ₩64,000이며, 20×1년 중 ㈜민국의 다른 자본 변동 거래는 없다. 20×1년 중 ㈜대한과 ㈜민국 간의 내부거래는 존재하지 않는다.

(4) ㈜대한은 연결재무제표 작성 시 비지배지분을 취득일의 공정가치로 측정하며, 취득일의 비지배지분 공정가치는 ₩70,000이다.

① 70%　② 72%　③ 75%
④ 76%　⑤ 80%

해답

(1) 20×1년 비지배지분순이익 : 20×1년 말 비지배 82,000 - 20×1년 초 비지배 70,000 = 12,000
(2) 20×1년 종속기업순이익 : 조정전 64,000 - 재고과소상각 20,000 + 비품과대상각 30,000 ÷ 5년 = 50,000
(3) 종속기업에 대한 비지배주주 지분율 : 종속순이익 50,000 × 비지배지분율 ***X*** = 12,000 → ***X*** = 24%
(4) 종속기업에 대한 지배기업의 지분율 : 100% - 24% = 76%

④

6 A회사는 20×1년 1월 1일에 B회사의 주식 70%를 ₩1,000,000에 취득하여 지배권을 획득하였다. 주식취득당시 B회사의 자본은 자본금 ₩700,000과 이익잉여금 ₩300,000으로 구성되어 있었으며, 자산과 부채의 장부금액과 공정가치는 차이가 없었다. B회사는 20×1년 ₩1,800,000의 당기순손실을 보고하였으나, 20×2년에는 ₩1,000,000의 당기순이익을 보고하였다. 20×1년 말과 20×2년 말의 연결재무상태표에 표시될 비지배지분은 얼마인가? 단, 비지배지분은 종속기업의 식별가능한 순자산 중 비지배지분의 비례적 지분으로 계산한다. 또한 B회사의 기타포괄손익은 없다고 가정한다. (세무사 2010)

	20×1년	20×2년		20×1년	20×2년
①	(-)₩240,000	₩60,000	②	(-)₩240,000	₩300,000
③	-	₩60,000	④	-	₩300,000
⑤	₩300,000	₩600,000			

해답

(1) 20×1년 비지배지분 : (700,000 + 300,000 − 1,800,000) × 30% = (-)240,000 (부의 비지배지분)

(2) 20×2년 비지배지분 : (700,000 + 300,000 − 1,800,000 + 1,000,000) × 30% = 60,000 (정의 비지배지분)

①

02 취득후 1차년도의 연결

20×1년 1월 1일 A회사는 B회사의 보통주 60%를 ₩700,000에 취득하여 지배권을 확보하였다. 20×1년 1월 1일 현재 B회사의 순자산은 자본금 ₩500,000과 이익잉여금 ₩200,000이었다. A회사는 연결실체의 비지배지분을 종속기업의 식별가능한 순자산 중 비지배지분의 비례적 지분으로 측정하고 있다.

(1) 20×1년 1월 1일 현재 B회사 자산과 부채 중 장부금액과 공정가치가 다른 항목은 다음과 같다. 재고자산은 선입선출법을 적용하며 20×1년에 모두 외부로 판매되었다. 토지는 20×2년까지 보유 중이며, 취득일 현재 건물의 잔존내용연수는 5년이며, 잔존가치 없이 정액법으로 상각한다.

	장부금액	공정가치	차 액
재고자산	200,000	250,000	50,000
토 지	800,000	900,000	100,000
건 물	500,000	650,000	150,000
			300,000

(2) 20×1년 말 A회사와 B회사의 개별 재무상태표는 다음과 같다. A회사의 종속기업투자주식은 전액 B회사에 대한 것으로 A회사는 이를 원가법으로 평가하고 있다.

	A회사	B회사		A회사	B회사
현금및현금성자산	500,000	400,000	단기차입금	1,400,000	1,000,000
재고자산	400,000	300,000	자 본 금	1,600,000	500,000
종속기업주식	700,000	-	이익잉여금(×1초)	400,000	200,000
토 지	1,200,000	800,000	이익잉여금(×1년)	400,000	200,000
건 물	1,500,000	500,000			
감가상각누계액	(500,000)	(100,000)			
	3,800,000	1,900,000		3,800,000	1,900,000

(3) 20×1년 말 A회사와 B회사의 개별 손익계산서

	A회사	B회사
매출수익	1,870,000	1,300,000
매출원가	(850,000)	(950,000)
매출총이익	1,020,000	350,000
이자비용	(120,000)	(50,000)
감가상각비	(500,000)	(100,000)
당기순이익	400,000	200,000

물음

Question

1. 20×1년 1월 1일을 기준으로 종속기업투자주식의 취득원가와 비지배지분을 순자산장부금액 효과, 순자산과소금액효과와 영업권효과로 배분하시오.
2. 순자산과소금액과 투자차액에 대한 연도별 상각스케쥴을 제시하시오.
3. 20×1년 12월 31일을 기준으로 연결포괄손익계산서를 작성하는 경우 연결실체의 당기순이익을 지배기업지분과 비지배지분으로 배분하시오.
4. 20×1년 12월 31일을 기준으로 연결재무상태표를 작성하는 경우 연결실체의 자본을 자본금, 이익잉여금과 비지배지분으로 배분하시오.
5. 20×1년 연결재무제표 작성을 위한 연결분개를 제시하시오.
6. 20×1년 연결재무상태표와 연결포괄손익계산서를 제시하시오.
7. 20×1년 말 영업권의 회수가능액이 ₩40,000으로 하락한 경우의 연결분개와 연결실체의 이익잉여금과 비지배지분을 계산하시오.
8. A회사가 연결재무제표의 작성시 비지배지분을 공정가치로 측정하고 있다고 가정하자. 20×1년 1월 1일 현재 비지배지분의 공정가치가 주당 ₩10,750인 경우 20×1년 1월 1일과 20×1년 12월 31일의 비지배지분 금액을 계산하시오.

해답

answer

1. 20×1년 1월 1일 이전대가의 배분

이전대가			식별가능한 순자산 공정가치				영업권
			순자산 장부금액		순자산 과소금액		
지배주주지분	700,000	=	(700,000	+	300,000) ×60%	+	100,000
비지배지분	400,000	=	(700,000	+	300,000) ×40%	+	-

2. 순자산과소금액 상각스케쥴

내 역	FV－BV	상 각	
		20×1년	20×2년
재고자산	50,000	(50,000)	-
토 지	100,000	-	-
건 물	150,000	(30,000)	(30,000)
영업권(부분)	100,000	-	-

3. 연결당기순이익의 배분

구 분	지배기업	종속기업	연결실체
보고된 당기순이익	400,000	200,000	600,000
매출원가	-	(50,000)	(50,000)
감가상각비	-	(30,000)	(20,000)
조정후 당기순이익	400,000	120,000	520,000
지배기업지분순이익	400,000	72,000	472,000
비지배지분순이익		48,000	48,000

4. 연결실체의 자본

(1) 연결자본금

	기 말	취득시	과소상각		
지배기업지분 :	1,600,000			=	1,600,000
종속기업지분 : (	500,000 -	500,000 -		)×60% =	-
					1,600,000

(2) 연결이익잉여금

	기 말	취득시	과소상각		
지배기업지분 :	800,000			=	800,000
종속기업지분 : (	400,000 -	200,000 -	80,000	)×60% =	72,000
					872,000

(3) 비지배지분

	취득시	취득이후		
순자산 장부금액 : (	700,000 +	200,000	)×40% =	360,000
순자산 과소금액 : (	300,000 -	80,000	)×40% =	88,000
순자산 공정가치				448,000

(4) 연결이익잉여금과 비지배지분 (가산접근법)

계정과목		20×1. 1. 1	당기순이익	20×1.12.31
이익잉여금	:	400,000 +	472,000 =	872,000
비지배지분	:	400,000 +	48,000 =	448,000

5. 20×1년 12월 31일 기준 연결분개

투자와 자본상계	(차) 자 본 금 500,000 이익잉여금(×1초) 200,000 재고자산 50,000 토　　지 100,000 건　　물 150,000 영 업 권 100,000	(대) 종속기업주식 700,000 비지배지분(×1초) 400,000	
과소상각	(차) 매출원가(×1년) 50,000 (차) 감가상각비(×1년) 30,000	(대) 재고자산 50,000 (대) 감가누계액 30,000	
손익대체	(차) 이익잉여금(×1년) 48,000	(대) 비지배지분(×1년) 48,000	

6. 20×1년 12월 31일 연결재무제표

(1) 연결포괄손익계산서

20×1년 1월 1일부터 20×1년 12월 31일까지	
매출수익	3,170,000
매출원가	(1,850,000)
매출총이익	1,320,000
이자비용	(170,000)
감가상각비	(630,000)
당기순이익	520,000
- 지배기업지분순이익	472,000
- 비지배지분순이익	48,000

(2) 연결재무상태표

20×1년 12월 31일

현금및현금성자산	900,000	단기차입금	2,400,000
재고자산	700,000	자 본 금	1,600,000
종속기업주식	-	이익잉여금	872,000
토　　지	2,100,000	비지배지분	448,000
건　　물	2,150,000		
감가상각누계액	(630,000)		
영 업 권	100,000		
	5,320,000		5,320,000

7. 영업권 손상시 20×1년 12월 31일 기준 연결분개

(1) 회계처리

투자와 자본상계	(차) 자 본 금	500,000	(대) 종속기업주식	700,000
	이익잉여금(×1초)	200,000	비지배지분(×1초)	400,000
	재고자산	50,000		
	토 지	100,000		
	건 물	150,000		
	영 업 권	100,000		
과소금액상각	(차) 매출원가(×1년)	50,000	(대) 재고자산	50,000
	(차) 감가상각비(×1년)	30,000	(대) 감가누계액	30,000
투자차액손상	(차) 영업권손상차손(×1년)	60,000	(대) 손상차손누계액	60,000
당기손익대체	(차) 이익잉여금(×1년)	48,000	(대) 비지배지분(×1년)	48,000

(2) 연결이익잉여금

	기 말	취득시	과소상각	영업권손상	
지배기업지분 :	800,000				= 800,000
종속기업지분 : (	400,000 −	200,000 −	80,000)×60% −	60,000 =	12,000
					812,000

❖ 영업권은 지배기업지분만을 인식하였으므로 종속기업에 대한 지배기업지분의 이익잉여금 산정시 별도로 차감하면 된다.

(3) 비지배지분

	취득시	취득이후	
순자산 장부금액 : (	700,000 +	200,000)×40% =	360,000
순자산 과소금액 : (	300,000 −	80,000)×40% =	88,000
순자산 공정가치			448,000

❖ 영업권은 지배기업지분만을 인식하였으므로 종속기업에 대한 비지배지분의 이를 고려하면 안된다.

(4) 연결이익잉여금과 비지배지분 (가산접근법)

계정과목	20×1. 1. 1	당기순이익	20×1.12.31
이익잉여금 :	400,000 +	412,000 =	812,000
비지배지분 :	400,000 +	48,000 =	448,000

8. 비지배지분을 공정가치로 측정하는 경우

(1) 20×1년 1월 1일의 비지배지분 : 40주×₩10,750 = 430,000

(2) 이전대가의 배분

이전대가			식별가능한 순자산 공정가치				영업권	
			순자산 장부금액		순자산 과소금액			
지배주주지분	700,000	=	700,000×60%	+	300,000×60%	+	100,000	
비지배지분	430,000	=	700,000×40%	+	300,000×40%	+	30,000	*1

*1 430,000 - 1,000,000×40% = 30,000

(3) 20×1년 12월 31일의 비지배지분

		취득시		취득이후			
순자산 장부금액	: (	700,000	+	200,000	)×40%	=	360,000
순자산 과소금액	: (	300,000	-	80,000	)×40%	=	88,000
영업권 효과	:						30,000
비지배지분							478,000

(4) 비지배지분 (가산접근법)

계정과목		20×1. 1. 1		비지배지분이익		20×1.12.31
비지배지분	:	430,000	+	48,000	=	478,000

03 취득후 2차년도의 연결

기본자료는 [연습문제2]와 동일하다.

(1) 20×2년 말 A회사와 B회사의 재무상태표는 다음과 같다.

	A회사	B회사		A회사	B회사
현금및현금성자산	1,190,000	520,000	단기차입금	1,380,000	1,000,000
재고자산	650,000	380,000	자 본 금	1,600,000	500,000
종속기업주식	700,000	-	이익잉여금(×1초)	400,000	200,000
토　　지	1,200,000	800,000	이익잉여금(×1년)	400,000	100,000
건　　물	1,500,000	500,000	이익잉여금(×2년)	460,000	200,000
감가상각누계액	(1,000,000)	(200,000)			
	4,240,000	2,000,000		4,240,000	2,000,000

(2) 다음은 20×2년 말 손익계산서이다. A회사의 배당금수익은 전액 B회사로부터 수령한 금액이다.

	A회사	B회사
매출수익	1,900,000	1,500,000
매출원가	(880,000)	(1,150,000)
매출총이익	1,020,000	350,000
배당금수익	60,000	-
이자비용	(120,000)	(50,000)
감가상각비	(500,000)	(100,000)
당기순이익	460,000	200,000

물음 Question

1. 20×2년 12월 31일을 기준으로 연결포괄손익계산서를 작성하는 경우 연결실체의 당기순이익을 지배기업지분과 비지배지분으로 배분하시오.
2. 20×2년 12월 31일을 기준으로 연결재무상태표를 작성하는 경우 연결실체의 자본을 자본금, 이익잉여금과 비지배지분으로 배분하시오.
3. 20×2년 연결재무제표 작성을 위한 연결분개를 제시하시오.
4. 20×2년 연결재무상태표와 연결포괄손익계산서를 제시하시오.
5. 20×1년 말에 영업권의 회수가능액이 ₩40,000으로 하락하였으며, 20×2년 말에 영업권의 회수가능액이 ₩70,000으로 상승한 경우 20×2년말 연결실체의 이익잉여금과 비지배지분을 계산하시오.

해 답

1. 연결당기순이익의 배분

구 분	지배기업	종속기업	연결실체
보고된 당기순이익	460,000	200,000	660,000
배당금수익	(60,000)		(60,000)
매출원가		-	-
감가상각비		(30,000)	(30,000)
조정후 당기순이익	400,000	170,000	570,000
지배기업지분순이익	400,000	102,000	502,000
비지배지분순이익		68,000	68,000

❖ 연결당기순이익을 계산하는 경우에는 종속기업으로부터 수령한 배당금을 반드시 차감하여야 한다.

2. 연결실체의 자본

(1) 연결자본금

	기 말	취득시	과소상각		
지배기업지분 :	1,600,000			=	1,600,000
종속기업지분 : (	500,000	500,000		) × 60% =	-
					1,600,000

(2) 연결이익잉여금 (배당금을 고려하지 않고 계산함)

	기 말	취득시	과소상각		
지배기업지분 :	1,260,000			=	1,260,000
종속기업지분 : (	500,000 −	200,000 −	110,000	) × 60% =	114,000
					1,374,000

(3) 비지배지분 (배당은 이미 차감되어 있으므로 추가조정이 필요 없음)

	취득시	취득이후		
순자산 장부금액 : (	700,000 +	300,000	) × 40% =	400,000
순자산 과소금액 : (	300,000 −	110,000	) × 40% =	76,000
순자산 공정가치				476,000

(4) 연결이익잉여금과 비지배지분 (가산접근법)

계정과목	20×1. 1. 1	당기순이익	20×1.12.31	배 당	당기순이익	20×2.12.31
이익잉여금 :	400,000 +	472,000 =	872,000 +	− +	502,000 =	1,374,000
비지배지분 :	400,000 +	48,000 =	448,000 +	(40,000) +	68,000 =	476,000

3. 20×2년 12월 31일 기준 연결분개

배당취소	(차)	배당금수익(×2년)	60,000	(대)	이익잉여금(×1년)	60,000
투자와 자본상계	(차)	자 본 금	500,000	(대)	종속기업주식	700,000
		이익잉여금(×1초)	200,000		비지배지분(×1초)	400,000
		재고자산	50,000			
		토 지	100,000			
		건 물	150,000			
		영 업 권	100,000			
전기손익대체	(차)	이익잉여금(×1년)	100,000	(대)	이익잉여금(×1년)	60,000
					비지배지분(×1년)	40,000
전기과소상각	(차)	이익잉여금(×1년)	48,000	(대)	재고자산	50,000
		비지배지분(×1년)	32,000		감가누계액	30,000
당기과소상각	(차)	감가상각비(×2년)	30,000	(대)	감가누계액	30,000
당기손익대체	(차)	이익잉여금(×2년)	68,000	(대)	비지배지분	68,000

4. 20×2년 12월 31일 연결재무제표

⑴ 연결포괄손익계산서

20×2년 1월 1일부터 20×2년 12월 31일까지

매출수익	3,400,000
매출원가	(2,030,000)
매출총이익	1,370,000
이자비용	(170,000)
감가상각비	(630,000)
당기순이익	570,000
－지배기업지분순이익	502,000
－비지배지분순이익	68,000

⑵ 연결재무상태표

20×2년 12월 31일

자산	금액	부채 및 자본	금액
현금및현금성자산	1,710,000	단기차입금	2,380,000
재고자산	1,030,000	자 본 금	1,600,000
종속기업주식	-	이익잉여금	1,374,000
토 지	2,100,000	비지배지분	476,000
건 물	2,150,000		
감가상각누계액	(1,260,000)		
영 업 권	100,000		
	5,830,000		5,830,000

5. 연결실체의 자본

(1) 연결이익잉여금

	기 말		취득시		과소상각		영업권손상		
지배기업지분 :	1,260,000							=	1,260,000
종속기업지분 : (	500,000	-	200,000	-	110,000) × 60%	-	60,000	=	54,000
									1,314,000

➡ 영업권은 회수가능액이 회복된 경우에도 환입을 인식하지 아니한다. 따라서 종속기업에 대한 지배기업 지분의 이익잉여금 산정시 과거에 손상된 영업권효과만을 별도로 차감하면 된다.

(2) 비지배지분

		취득시		취득이후		
순자산 장부금액	: (	700,000	+	300,000	) × 40% =	400,000
순자산 과소금액	: (	300,000	-	110,000	) × 40% =	76,000
순자산 공정가치						476,000

CHAPTER

06

내부거래와 미실현손익

제 1 절 내부거래와 미실현손익

IFRS

1 내부거래의 의의

내부거래는 연결실체내의 지배기업과 종속기업간의 거래를 말한다. 사업결합방식으로 합병을 선택했다면 내부거래(inter-company transaction)는 단순한 사업부간의 거래이므로 별도의 회계처리를 수행하지 않으며, 결합실체의 재무제표에 반영되지 않는다. 하지만 사업결합방식으로 주식취득을 선택하는 경우 지배기업과 종속기업간의 내부거래는 법적으로 별개실체간의 거래이므로, 지배기업과 종속기업의 별도재무제표에 자산과 부채 또는 수익과 비용으로 인식되게 된다.

여기서 지배기업이 종속기업에게 자산 등을 매각하는 내부거래를 하향거래라 하며, 종속기업이 지배기업에게 자산 등을 매각하는 내부거래를 상향거래라 한다. 기준서 제1110호 '연결재무제표'에서는 연결실체 내의 거래, 이와 관련된 잔액, 수익과 비용은 내부거래의 유형에 관계없이 모두 제거하여 합병방식의 사업결합과 동일한 재무제표가 작성되도록 규정하고 있다. 따라서 수익, 비용 및 배당을 포함하는 연결실체 내의 모든 거래와 잔액은 제거하여야 하며, 재고자산이나 유형자산과 같이 자산에 인식된 연결실체의 내부거래에서 발생한 손익까지도 제거하여야 한다.

2 제거대상 내부거래의 유형

제거대상 내부거래의 유형을 구분하는 것은 내부거래가 발생하였을 때 당해 거래로 인해 연결재무제표에 미치는 영향과 제거방식을 파악하는데 중요한 역할을 한다. 내부거래는 크게 연결실체의 순이익에 영향을 미치지 않는 단순내부거래와 연결실체의 순이익에 영향을 미치는 미실현손익거래로 구분할 수 있다.

(1) 당기손익에 영향이 없는 단순내부거래의 제거

당기손익에 영향이 없는 내부거래는 지배기업과 종속기업의 단순합산 재무제표에 동일한 금액의 채권과 채무를 계상하고 있거나, 동일한 금액의 수익과 비용을 계상하고 있는 경우에 발생한다. 이러한 내부거래는 당기손익에는 영향이 없을 지라도, 연결실체의 자산과 부채 또는 수익과 비용이 과대계상 될 수 있으므로 연결재무제표에서 모두 제거하여야 한다. 이는 채권과 채무의 상계제거와 수익과 비용의 상계제거로 구분할 수 있다.

① 채권과 채무의 상계제거

보고기간말 현재 지배기업과 종속기업의 별도재무상태표에 인식된 서로에 대한 채권과 채무는 연결실체의 입장에서 볼 때는 채권과 채무일 수가 없다. 따라서 연결분개를 수행하는 과정에서 이를 모두 제거해야 한다.

② 수익과 비용의 상계제거

보고기간말 현재 지배기업과 종속기업의 별도포괄손익계산서에 인식된 서로에 대한 수익과 비용은 연결실체의 입장에서 볼 때는 수익과 비용일 수가 없다. 따라서 연결분개를 수행하는 과정에서 이를 모두 제거해야 한다. 여기서 유의할 점은 수익과 비용의 상계제거를 수행하면, 해당 수익과 비용의 계정잔액은 감소하지만, 내부거래 미실현손익이 발생하지 않기에 지배기업순이익과 종속기업순이익에는 영향이 없다는 것이다.

이 해 지분법회계의 내부거래제거와 연결회계의 내부거래제거

내부거래의 제거는 제3장 '관계기업투자'에서도 학습한 바가 있다. 지분법에서는 연결과는 달리 관계기업의 재무제표를 투자기업과 합산하지 않으며, 관계기업이 보고한 순이익에 대한 비례적지분만을 고려하여 투자기업이 지분법이익으로 인식하게 된다. 따라서 지분법회계에서 내부거래의 제거는 당기손익에 영향이 있는 내부거래미실현손익만을 제거하면 된다. 하지만 연결회계에서는 지배기업과 종속기업의 재무제표를 합산하므로, 연결손익에 영향이 없는 내부거래의 경우에도 모두 제거하여 연결재무제표를 작성하여야 한다.

[채권·채무상계제거와 수익·비용상계제거]

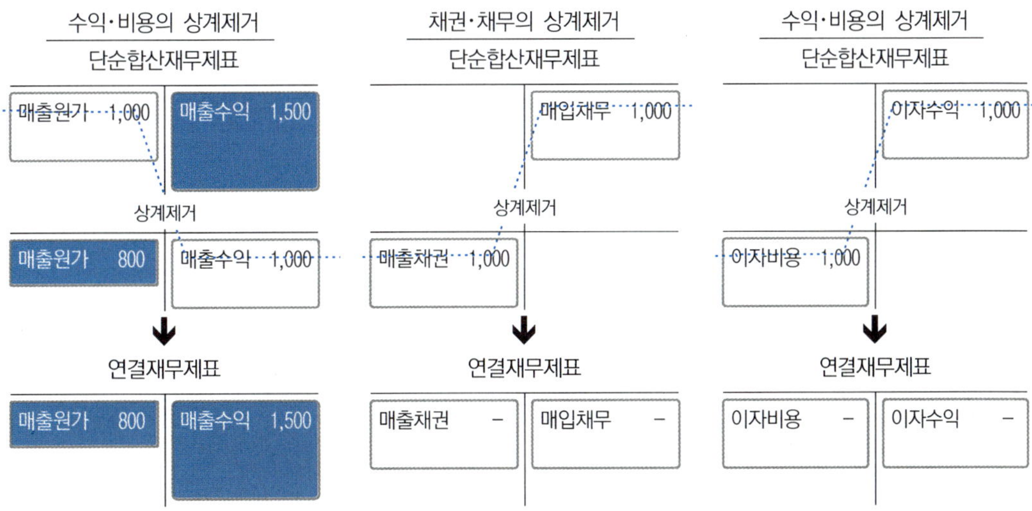

[채권·채무상계제거와 수익·비용상계제거의 회계처리]

매출거래	(차) 매출수익	1,000	(대) 매출원가	1,000
	(차) 매입채무	1,000	(대) 매출채권	1,000
대여거래	(차) 차 입 금	10,000	(대) 대 여 금	10,000
	(차) 이자수익	1,000	(대) 이자비용	1,000

예제 1 단순내부거래의 제거

20×1년 1월 1일 A회사는 B회사의 보통주 60%를 ₩420,000에 취득하여 지배권을 확보하였다. 20×1년 1월 1일 현재 B회사의 순자산은 자본금 ₩500,000과 이익잉여금 ₩200,000이었다. 취득일 현재 B회사의 식별가능한 순자산장부금액과 공정가치는 동일하다.

(1) 20×1년에 A회사는 B회사에 원가 ₩100,000인 상품을 ₩120,000에 판매하였으며, B회사는 당해 재고를 20×1년에 외부의 제3자에게 전량 ₩150,000에 처분하였다. 이와 관련하여 A회사는 B회사에 매출채권 ₩60,000을 계상하고 있다.

(2) 20×1년 1월 1일 B회사는 A회사에 ₩1,000,000을 연 10%의 이자율로 대여하였으며, 기말에 이에 대한 이자를 수령하였다.

(3) 20×1년 A회사의 당기순이익은 ₩400,000이며, B회사의 당기순이익은 ₩200,000이다.

물음 Question

20×1년 연결재무제표 작성을 위한 연결분개를 제시하시오.

해답 answer

20×1년 12월 31일 기준 연결분개

투자와 자본상계	(차) 자 본 금	500,000 ②	(대) 종속기업주식	420,000 ①
	이익잉여금(×1초)	200,000 ③	비지배지분(×1초)	280,000 ④
내부거래제거	(차) 매출수익	120,000 ①	(대) 매출원가	120,000 ②
	매입채무	60,000 ③	매출채권	60,000 ④
	(차) 차 입 금	1,000,000 ⑤	(대) 대 여 금	1,000,000 ⑥
	이자수익	100,000 ⑦	이자비용	100,000 ⑧
비지배이익	(차) 이익잉여금(×1년)	80,000 ①	(대) 비지배지분(×1년)	80,000 ②
	① 200,000×40%=80,000			

해설

1. 단순내부거래제거의 논리를 연결정산표로 표시하면 다음과 같다.

계정과목	A회사	B회사	연결조정 & 제거	연결재무제표
매출채권	60,000	-	(60,000)	-
매입채무	-	60,000	(60,000)	-
대 여 금	-	1,000,000	(1,000,000)	-
차 입 금	1,000,000	-	(1,000,000)	-
매출수익	120,000	150,000	(120,000)	150,000
매출원가	100,000	120,000	(120,000)	100,000
이자수익	-	100,000	(100,000)	-
이자비용	100,000	-	(100,000)	-

(2) 당기손익에 영향이 있는 내부거래미실현손익의 제거

이는 내부거래로 인해 재무상태표의 자산·부채 계정이 과대(과소)계상 되고, 동시에 포괄손익계산서의 수익·비용이 과대(과소)계상 되면서 발생한다. 이때 조정하는 내부거래의 제거를 내부거래미실현손익의 제거라 한다. 지배기업과 종속기업의 내부거래로 인해 미실현손익이 발생하게 되면 당기의 연결재무제표를 왜곡시키고, 당해 미실현손익이 실현되면서 차기의 연결재무제표도 왜곡시키게 된다. 따라서 내부거래미실현손익은 발생연도의 연결재무제표와 해소연도의 연결재무제표에서 관련 효과를 모두 제거하여야 한다.

하향내부거래에서 발생하는 미실현손익은 관련손익효과가 전액 지배기업의 별도재무제표에 반영되어 있다. 따라서 지배기업의 재무제표에서 제거된 미실현손익은 전액 지배기업지분손익에 반영하여야 한다. 한편 상향내부거래에서 발생하는 미실현손익은 관련손익효과가 전액 종속기업의 재무제표에 반영되어 있다. 이 경우 종속기업의 재무제표에서 제거된 미실현손익은 종속기업에 대한 지배기업지분순이익과 비지배지분순이익에서 비례적으로 반영하여야 한다.

[하향내부거래미실현손익의 제거]

구분	차변	금액	대변	금액
발생연도	(차) 자산처분이익(×1)	××× ①	(대) 순자산(×1말)	××× ②
소멸연도	(차) 이익잉여금(×1)	××× ①	(대) 자산처분이익(×2)	××× ②

[상향내부거래미실현손익의 제거]

구분	차변	금액	대변	금액
발생연도	(차) 자산처분이익(×1년)	××× ①	(대) 순자산(×1말)	××× ②
소멸연도	(차) 이익잉여금(×1년)	××× ①	(대) 자산처분이익(×2년)	××× ③
	비지배지분(×1년)	××× ②		

한편, 내부거래미실현손익의 제거는 관련자산의 성격에 따라, 재고자산 미실현손익거래와 비상각자산인 토지 미실현손익거래, 상각자산인 건물 미실현손익거래와 사채관련 미실현손익거래로 구분할 수 있다. 이에 대하여는 절을 달리하여 각각의 주제별로 설명하고자 한다.

[내부거래 미실현손익의 제거논리]

구 분	지배와 종속의 단순합계액		내부거래 미실현손익의 조정				연결재무제표
			미실현금액		실현금액		
자산의 측정	×××	−	×××	+	×××	=	×××
손익의 인식	×××	−	×××	+	×××	=	×××

이 해 세무조정 접근법에 의한 내부거래 미실현손익의 제거

연결분개의 대부분의 논리는 세무조정의 논리와 유사하다. 지배기업과 종속기업의 단순합산재무제표를 연결재무제표로 전환시키기위한 조정회계처리가 바로 연결분개이기 때문이다. 내부거래 미실현이익은 자산의 임의평가증효과라 할 수 있다. 이는 미실현이익이 발생한 회계연도에는 익금불산입·(-)유보로 조정하여 단순합산재무제표의 순자산장부금액과 관련이익을 감소시키고, 당해 미실현이익이 실현되면서 익금산입·(+)유보로 추인시켜주는 것이다. 여기서 재고자산 미실현이익은 해당연도에 즉시 추인되는 조정사항이며, 토지 미실현이익은 일정기간후에 처분되면서 추인되는 조정사항이고, 건물 미실현이익은 감가상각기간에 걸쳐 일정한 금액이 추인되는 조정사항인 것이다. 따라서 수험목적으로는 내부거래 미실현손익효과는 재고자산, 토지 그리고 건물을 위주로만 학습하면 되는 것이다.

제 2 절 재고자산 미실현손익

지배기업이 종속기업에 재고자산을 판매하고 종속기업이 이를 해당 회계연도에 모두 외부에 판매하였다면, 연결실체의 순이익에는 영향이 없다. 다만 연결실체의 매출과 매출원가가 동일한 금액만큼 과대계상 되므로, 이러한 경우에는 수익·비용 상계제거 단계를 통해 해결하면 된다.

예를 들어 지배기업이 종속기업에 ₩800의 재고자산을 ₩1,000에 판매하고, 종속기업은 외부의 제3자에게 ₩1,500에 판매하였다고 한다면 다음과 같은 조정을 통해 연결재무제표를 작성하면 된다. 여기서 유의할 점은 단순내부거래의 경우에는 연결실체의 순이익에 미치는 영향이 없으므로 내부거래미실현이익에서 수행하는 것과 같은 당기손익조정은 수행할 필요가 없다.

[내부거래의 제거회계처리]

수익·비용상계	(차) 매출수익	1,000	(대) 매출원가	1,000

계정과목	지배기업		종속기업		단순합산		연결분개		연결재무제표
매출수익	1,000	+	1,500	=	2,500	-	1,000	=	1,500
매출원가	800	+	1,000	=	1,800	-	1,000	=	800
매출총이익	200		500		700		-		700

구 분	20×1년		20×2년		합 계
	A회사	B회사	A회사	B회사	
조정전순이익	200	500	-	-	700
내부손익조정	-	-	-	-	-
조정후순이익	200	500	-	-	700

하지만, 지배기업과 종속기업간에 재고자산 매매거래가 발생하였고, 당해 재고자산의 일부를 지배기업이나 종속기업이 보유하고 있는 경우에는 연결실체의 순이익이 과대[1]계상되며, 이를 연결분개를 통해 제거하여야 한다. 이 때 지배기업이 종속기업에 재고자산을 판매하는 거래를 하향판매거래라 하며, 종속기업이 지배기업에 재고자산을 판매하는 거래를 상향판매거래라 한다. 하향판매거래와 상향판매거래에 따라 연결분개가 달라지므로 이를 구분하여 설명하고자 한다.

1) 당해 매매거래가 손실이 발생하는 거래였다면, 연결실체의 순이익이 과소 계상되게 된다. 이 경우에는 연결분개를 통하여 내부거래미실현손실을 취소하여야 한다. 이하 설명에서는 모두 내부거래미실현이익이 발생하는 경우를 가정하여 설명할 것이다.

1 하향판매 내부거래미실현이익

지배기업이 종속기업에 재고자산을 판매하고, 이를 종속기업이 보유하는 형태의 내부거래를 말한다. 이는 내부거래가 발생한 1차년도와 내부거래가 실현된 2차년도로 구분하여 다음과 같이 조정하여야 한다.

(1) 내부거래가 발생한 1차년도

내부거래가 발생한 1차년도에, 지배기업과 종속기업의 단순합산재무제표상의 당기손익은 내부거래 재고자산의 판매에 따른 미실현손익만큼 과대계상되어 있으며, 기말재고도 동일한 금액만큼 과대계상되어 있다. 따라서 연결실체의 재무제표를 작성하기 위해서는 당기손익의 과대계상과 기말재고의 과대계상을 제거하는 연결분개가 필요하다. 이는 세무조정의 논리로 접근한다면 익금불산입·(-)유보의 논리이므로 쉽게 이해할 수 있다. 이 경우에는 다음과 같은 연결분개를 수행하여 이를 제거하고, 하향판매 내부거래는 지배기업이 내부거래를 통해 손익을 조작한 것이므로 제거된 하향판매 미실현이익은 전액 지배기업지분순이익을 계산할 때 차감하면 된다.

예를 들어 지배기업이 종속기업에 ₩800의 재고자산을 ₩1,000에 판매하고, 종속기업이 이를 계속 보유하고 있다면 다음과 같은 조정을 통해 연결재무제표를 작성하면 된다.

[내부거래미실현이익 제거의 회계처리]

미실현이익제거	(차) 매출수익(×1년)	1,000 ①	(대) 매출원가(×1년)	800 ②
			재고자산(×1말)	200 ③

계정과목	지배기업		종속기업		단순합산		연결분개		연결재무제표
매출수익	1,000	+	-	=	1,000	-	1,000	=	-
매출원가	800	+	-	=	800	-	800	=	-
재고자산	-	+	1,000	=	1,000	-	200	=	800

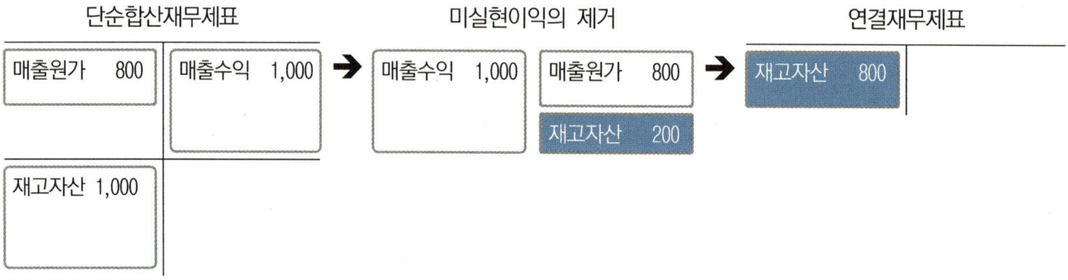

여기서 주의할 점은 위와 같이 연결분개를 수행하는 경우에는 내부거래로 실현된 재고자산 판매거래와 미실현된 재고자산 판매거래가 혼합되어 있는 경우, 이를 구분하여 회계처리를 수행하여야 하므로 복잡한 계산절차가 필요하다는 것이다. 따라서 연결분개에서는 아래와 같이 내부거래 매출액 기준으로 매출원가를 제거하는 수익과 비용상계제거를 수행하고, 미실현된 부분에 대하여는 매출원가와 재고자산을 추가로 조정하는 미실현이익제거의 회계처리를 별도로 수행한다. 따라서, 위에 제시된 일반사례의 경우에는 다음과 같이 연결분개를 순차적으로 수행하여 연결재무제표를 작성한다.

[내부거래미실현이익 제거의 회계처리]

수익·비용상계	(차)	매출수익	1,000 ①	(대)	매출원가	1,000 ②
미실현이익제거	(차)	매출원가(×1년)	200 ③	(대)	재고자산(×1말)	200 ④

(2) 내부거래가 실현된 2차년도

내부거래가 발생한 후 2차년도에는 지배기업과 종속기업의 단순합산재무제표상의 기초이익잉여금이 전기말 미실현이익만큼 과대계상되어 있으며, 기초재고자산도 동일한 금액만큼 과대계상되어 있게 된다. 하지만 일반적으로 내부거래 인하여 종속기업이 보유하고 있는 기초재고자산은 2차년도에 전액 외부로 판매되므로, 결국 단순합산재무제표상 기초 재고자산의 과대계상은 당기 매출원가의 과대계상을 초래하게 된다. 따라서 연결실체의 재무제표를 작성하기 위해서는 기초 이익잉여금의 과대계상과 당기 매출원가의 과대계상을 제거하는 연결분개가 필요하다. 이를 세무조정 논리로 접근하면 전기말 익금불산입·(-)유보의 조정사항이 당기에 손금불산입·(+)유보로 추인되는 논리이므로 쉽게 이해할 수 있다. 이 경우에는 다음과 같은 연결분개를 수행하여 이를 인식하고, 인식된 하향판매 실현이익은 전액 지배기업지분순이익을 계산할 때 가산하면 된다.

이 해 재고내부거래 미실현손익의 제거와 실현손익의 귀속

지배기업이 종속기업에 재고자산을 판매한 경우 내부거래의 발생에 대한 매출손익은 지배기업이 인식하며, 내부거래의 소멸에 대한 매출손익은 종속기업이 인식한다. 따라서 미실현이익의 제거를 지배기업의 매출손익에서 차감하고, 실현이익의 인식은 종속기업의 매출손익에서 가산한다고 생각할 수도 있다. 연결회계에서 내부거래 미실현손익의 제거논리는 내부거래를 발생시킨 대상기업의 손익의 귀속시기를 조정하는 것이지, 손익의 귀속금액을 조정하는 것이 아니다. 따라서 하향미실현이익의 제거를 지배기업의 손익에서 차감했으면, 해당 실현이익의 인식도 지배기업의 손익에서 가산해야 한다. 이는 상향내부거래의 경우에도 마찬가지이다.

예를 들어 위의 일반사례에서 2차년도에 종속기업이 당해 재고자산을 외부에 ₩1,500에 판매를 한 경우 다음과 같은 조정을 통해 연결재무제표를 작성하면 된다.

[내부거래실현이익 인식의 회계처리]

실현이익인식	(차) 이익잉여금(×1년)	200 ①	(대) 매출원가(×2년)	200 ②

계정과목	지배기업		종속기업		단순합산		연결분개		연결재무제표
매출수익	-	+	1,500	=	1,500	-	-	=	1,500
매출원가	-	+	1,000	=	1,000	-	200	=	800
재고자산	-	+	-	=	-	-	-	=	-
기초이익잉여금	200	+	-	=	200	-	200	=	-

구 분	20×1년		20×2년		합 계
	A회사	B회사	A회사	B회사	
조정전순이익	200	-	-	500	700
내부손익조정	**(200)**	**-**	**200**	**-**	**-**
조정후순이익	-	-	200	500	700

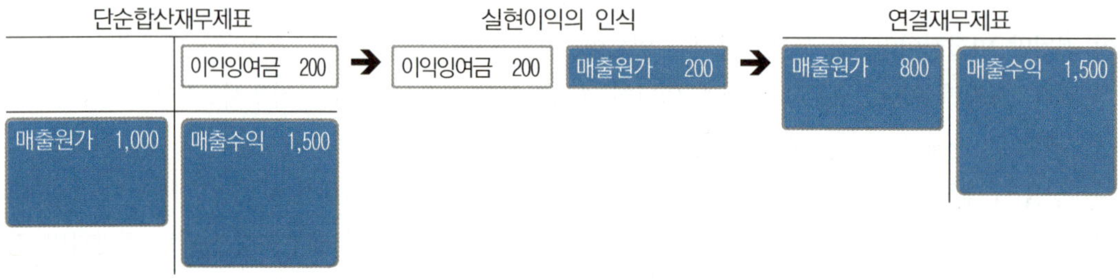

2 상향판매 내부거래미실현이익

종속기업이 지배기업에 재고자산을 판매하고, 이를 지배기업이 보유하는 형태의 내부거래를 말한다. 이는 내부거래가 발생한 1차년도와 내부거래가 발생한 2차년도로 구분하여 다음과 같이 조정하여야 한다.

(1) 내부거래가 발생한 1차년도

내부거래가 발생한 1차년도에, 지배기업과 종속기업의 단순합산재무제표상의 당기손익은 내부거래 재고자산의 판매에 따른 미실현손익만큼 과대계상되어 있으며, 기말재고도 동일한 금액만큼 과대계상되어 있다. 따라서 연결실체의 재무제표를 작성하기 위해서는 당기손익의 과대계상과 기말재고의 과대계상을 제거하는 연결분개가 필요하다. 상향판매 내부거래는 종속기업이 내부거래를 통해 손익을 조작한 것이므로 제거된 상향판매 미실현이익은 종속기업에 대한 지배기업지분순이익과 비지배지분순이익을 계산할 때 비례적으로 차감하면 된다.

예를 들어 종속기업이 지배기업에 ₩800의 재고자산을 ₩1,000에 판매하고, 지배기업이 이를 계속 보유하고 있다면 다음과 같은 조정을 통해 연결재무제표를 작성하면 된다. 단, 지배기업의 종속기업에 대한 지분은 80%이다.

[내부거래미실현이익 제거의 회계처리]

수익·비용상계	(차)	매출수익	1,000 ①	(대)	매출원가	1,000 ②
미실현이익제거	(차)	매출원가(×1년)	200 ③	(대)	재고자산(×1말)	200 ④

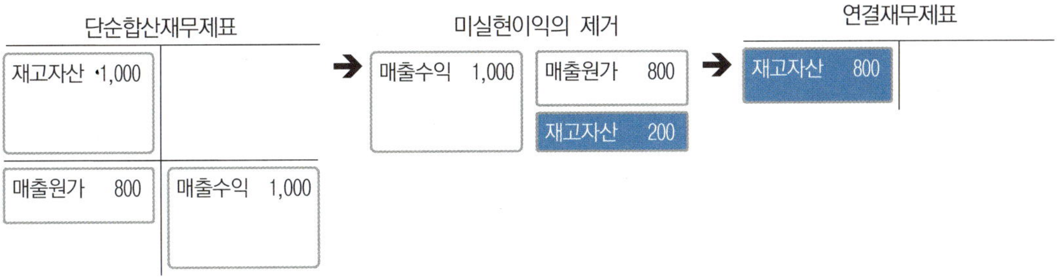

위의 회계처리 중 비지배지분이익의 인식단계에서 이익잉여금을 가산하고 비지배지분을 차감하는 이유를 살펴보자. 미실현이익의 제거단계에서 비용으로 인식한 매출원가는 기말에 이익잉여금의 차감항목으로 마감되면서 지배기업지분의 이익잉여금을 100%감소시키게 된다. 따라서 비지배지분이익 배분단계에서 비지배지분의 지분율에 해당하는 금액만큼의 이익잉여금을 다시 증가시키고, 이를 비지배지분에서 차감하여 종속기업으로 인한 내부거래 미실현이익이 지배기업지분과 비지배지분에 비례적으로 반영되도록 조정하는 것이다. 또한 위의 일반사례에 대하여 하향판매와 상향판매를 비교하여 설명하면 다음과 같이 정리할 수 있다. 결론적으로 단순합산재무제표의 순자산 과대계상효과를 조정하게 되면, 동일한 금액만큼 연결실체의 자본이 차감되는 것을 확인할 수 있다.

[내부거래 미실현이익 제거의 효과]

구 분		하향판매 미실현이익 제거효과	상향판매 미실현이익 제거효과
자 산	재고자산	200 감소	200 감소
자 본	이익잉여금	200 감소	160 감소
	비지배지분	-	40 감소

(2) 내부거래가 실현된 2차년도

내부거래가 발생한 후 2차년도에는 연결실체의 재무제표를 작성하기 위해서 기초 이익잉여금의 과대계상과 당기 매출원가의 과대계상을 제거하는 연결분개가 필요하다. 이는 하향판매거래의 경우와 마찬가지이다. 하지만 상향판매로 인한 미실현이익은 종속기업의 이익잉여금 과대계상효과이므로 연결분개의 전기손익배분단계에서 이를 이익잉여금과 비지배지분으로 배분하여 인식하게 된다. 따라서 내부거래제거단계에서의 이익잉여금 제거시에는 이를 지배기업지분과 비지배지분으로 구분하여 조정하여야 한다. 한편, 상향판매로 인한 실현이익은 종속기업에 대한 지배기업지분순이익과 비지배지분순이익으로 구분하여 비례적으로 가산하여야 한다.

예를 들어 위의 일반사례에서 2차년도에 지배기업이 당해 재고자산을 외부에 ₩1,500에 판매를 한 경우 다음과 같은 조정을 통해 연결재무제표를 작성하면 된다.

[내부거래실현이익 인식의 회계처리]

전기손익배분	(차) 이익잉여금(×1년)	200 ①	(대) 이익잉여금(×1년)	160 ②
			비지배지분(×1년)	40 ③
실현이익인식	(차) 이익잉여금(×1년)	160 ④	(대) 매출원가(×2년)	200 ⑥
	비지배지분(×1년)	40 ⑤		

계정과목	지배기업		종속기업		단순합산		연결분개		연결재무제표
매출수익	-	+	1,500	=	1,500	-	-	=	1,500
매출원가	-	+	1,000	=	1,000	-	200	=	800
재고자산	-	+	-	=	-	-	-	=	-
기초이익잉여금	200	+	-	=	200	-	200	=	-

구 분	20×1년		20×2년		합 계
	A회사	B회사	A회사	B회사	
조정전순이익	-	200	500	-	700
내부손익조정	**-**	**(200)**	**-**	**200**	**-**
조정후순이익	-	-	500	200	700

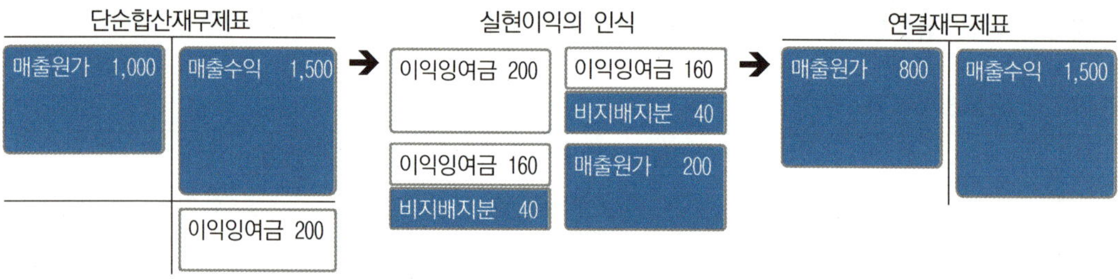

예 제 2 재고자산 미실현이익의 제거

20×1년 1월 1일 A회사는 B회사의 보통주 60%를 ₩420,000에 취득하여 지배권을 확보하였다. 20×1년 1월 1일 현재 B회사의 순자산은 자본금 ₩500,000과 이익잉여금 ₩200,000이었다. 취득일 현재 B회사의 식별가능한 순자산장부금액과 공정가치는 동일하다.

(1) 20×1년에 A회사는 B회사에 원가 ₩100,000인 상품을 ₩120,000에 판매하였으며, B회사는 당해 재고자산 중 60%를 20×1년에 외부의 제3자에게 판매하였고, 나머지 40%는 20×2년 중에 외부판매를 완료하였다.

(2) 20×1년 A회사의 당기순이익은 ₩400,000이며, B회사의 당기순이익은 ₩200,000이다.

(3) 20×2년 A회사의 당기순이익은 ₩300,000이며, B회사의 당기순이익은 ₩150,000이다. 당기순이익을 제외한 자본의 변동내역은 없다.

물음 Question

1. 20×1년과 20×2년의 연결재무제표에 표시될 지배기업지분순이익과 비지배지분순이익을 계산하시오.
2. 20×1년과 20×2년의 연결재무제표 작성을 위한 연결분개를 제시하시오.
3. 상기의 내부거래가 하향판매가 아닌 상향판매라고 가정하고 [물음1]에 답하시오.
4. 상기의 내부거래가 하향판매가 아닌 상향판매라고 가정하고 [물음2]에 답하시오.

해답 answer

❖ 재고자산 미실현손익의 실현스케쥴

구 분	20×1년	20×2년	20×3년
재고자산 미실현손익	(8,000) *1	8,000 *2	-

*1 (120,000 - 100,000) × 40% = 8,000　　*2 전액 실현됨

1. 하향판매 내부거래 연결순이익

(1) 20×1년

구 분	지배기업	종속기업	연결실체
보고된 당기순이익	400,000	200,000	600,000
재고미실현이익	(8,000) *1	-	(8,000)
조정후 당기순이익	392,000	200,000	592,000
지배기업지분순이익	392,000	120,000	512,000
비지배지분순이익		80,000	80,000

*1 내부거래미실현이익은 하향판매거래이므로 지배기업순이익에서 조정한다.

(2) 20×2년

구 분	지배기업	종속기업	연결실체
보고된 당기순이익	300,000	150,000	450,000
재고실현이익	8,000	-	8,000
조정후 당기순이익	308,000	150,000	458,000
지배기업지분순이익	308,000	90,000	398,000
비지배지분순이익		60,000	60,000

2. 연결분개

(1) 20×1년

투자와 자본상계	(차)	자 본 금 이익잉여금(×1초)	500,000 ② 200,000 ③	(대)	종속기업주식 비지배지분(×1초)	420,000 ① 280,000 ④
내부거래제거	(차) (차)	매출수익 매출원가(×1년)	120,000 ① 8,000 ③	(대) (대)	매출원가 재고자산(×1말)	120,000 ② 8,000 ④
비지배이익	(차)	이익잉여금(×1년) ① 200,000×40%=80,000	80,000 ①	(대)	비지배지분(×1년)	80,000 ②

(2) 20×2년

투자와 자본상계	(차)	자 본 금 이익잉여금(×1초)	500,000 ② 200,000 ③	(대)	종속기업주식 비지배지분(×1초)	420,000 ① 280,000 ④
전기손익배분	(차)	이익잉여금(×1년)	200,000 ⑤	(대)	이익잉여금(×1년) 비지배지분(×1년)	120,000 ⑥ 80,000 ⑦
내부거래제거	(차)	이익잉여금(×1년)	8,000 ①	(대)	매출원가(×2년)	8,000 ②
비지배이익	(차)	이익잉여금(×2년) ① 150,000×40%=60,000	60,000 ①	(대)	비지배지분(×2년)	60,000 ②

3. 상향판매 내부거래 연결순이익

(1) 20×1년

구 분	지배기업	종속기업	연결실체
보고된 당기순이익	400,000	200,000	600,000
재고미실현이익	-	(8,000) *1	(8,000)
조정후 당기순이익	400,000	192,000	592,000
지배기업지분순이익	400,000	115,200	515,200
비지배지분순이익		76,800	76,800

*1 내부거래미실현이익은 상향판매거래이므로 전액 종속기업순이익에서 조정한다.

(2) 20×2년

구 분	지배기업	종속기업	연결실체
보고된 당기순이익	300,000	150,000	450,000
재고실현이익	-	8,000	8,000
조정후 당기순이익	300,000	158,000	458,000
지배기업지분순이익	300,000	94,800	394,800
비지배지분순이익		63,200	63,200

4. 연결분개

(1) 20×1년

투자와 자본상계	(차) 자 본 금	500,000 ②	(대) 종속기업주식	420,000 ①
	이익잉여금(×1초)	200,000 ③	비지배지분(×1초)	280,000 ④
내부거래제거	(차) 매출수익	120,000 ①	(대) 매출원가	120,000 ②
	(차) 매출원가(×1년)	8,000 ③	(대) 재고자산(×1말)	8,000 ④
비지배이익	(차) 이익잉여금(×1년)	76,800 ①	(대) 비지배지분(×1년)	76,800 ②
	① (200,000 − 8,000) × 40% = 76,800			

(2) 20×2년

투자와 자본상계	(차) 자 본 금	500,000 ②	(대) 종속기업주식	420,000 ①
	이익잉여금(×1초)	200,000 ③	비지배지분(×1초)	280,000 ④
전기손익배분	(차) 이익잉여금(×1년)	200,000 ⑤	(대) 이익잉여금(×1년)	120,000 ⑥
			비지배지분(×1년)	80,000 ⑦
내부거래제거	(차) 이익잉여금(×1년)	4,800 ①	(대) 매출원가(×2년)	8,000 ③
	비지배지분(×1년)	3,200 ②		
비지배이익	(차) 이익잉여금(×2년)	63,200 ①	(대) 비지배지분(×2년)	63,200 ②
	① (150,000 + 8,000) × 40% = 63,200			

해 설

1. 하향판매거래와 상향판매거래의 20×1년 연결순이익을 비교하면 다음과 같다. 여기서 내부거래의 유형에 상관이 없이 연결당기순이익이 동일함을 발견할 수 있다. 결국 하향판매거래와 상향판매거래 모두 연결재무제표에서 전액제거되고 있는 것을 확인할 수 있다.

[20×1년]

구 분	지배기업지분이익	비지배지분이익	연결순이익
하향판매 내부거래시	512,000	80,000	592,000
상향판매 내부거래시	515,200	76,800	592,000
차이금액	(3,200)	3,200	-

2. 하향판매거래와 상향판매거래의 20×2년 연결순이익을 비교하면 다음과 같다. 여기서 내부거래의 유형에 상관이 없이 연결당기순이익이 동일함을 발견할 수 있다. 결국 하향판매거래와 상향판매거래 모두 연결재무제표에서 전액실현되고 있는 것을 확인할 수 있다.

[20×2년]

구 분	지배기업지분이익	비지배지분이익	연결순이익
하향판매 내부거래시	398,000	60,000	458,000
상향판매 내부거래시	394,800	63,200	458,000
차이금액	3,200	(3,200)	-

제 3 절 비상각자산의 미실현손익

IFRS

내부거래로 발생한 미실현손익은 발생한 시점에서 연결실체의 순이익에서 제거되며, 당해 미실현손익이 실현된 시점에 연결실체의 순이익으로 인식되게 된다. 비상각자산의 내부거래에 따른 미실현손익은 당해 비상각자산을 외부에 매각하는 경우에 실현된다. 따라서 비상각자산 미실현손익에 대한 연결조정 절차는 재고자산 내부거래 미실현손익에 대한 연결조정 절차와 유사하다. 다만, 재고자산의 경우에는 일반적으로 내부거래가 발생한 다음 회계연도에 곧바로 실현되지만, 비상각자산의 경우에는 일정기간 보유 후에 처분된다는 차이점이 있을 뿐이다. 이하 설명은 비상각자산의 대표적인 사례인 토지를 중심으로 내부거래의 제거에 대하여 설명할 것이다.

이 해 **토지의 내부거래에 따른 미실현손익의 제거와 압축기장충당금**

토지의 내부거래로 인한 미실현손익은 발생시점에 연결실체의 당기순이익을 과대계상시키며, 소멸시점에 연결실체의 당기순이익을 과소계상시킨다. 따라서 이에 대한 연결조정사항은 세법에서 공부하는 압축기장충당금의 논리와 동일하다. 즉, 내부거래 발생시에는 익금불산입·(-)유보로 압축기장충당금을 설정하여 회사가 인식한 내부거래미실현이익을 취소하고, 당해 내부거래가 처분을 통하여 소멸하는 시점에 익금산입·(+)유보로 압축기장충당금을 환입하여 회사가 인식하지 않은 내부거래실현이익을 인식하는 것이다.

1 하향판매 내부거래미실현이익

지배기업이 종속기업에 토지를 처분하고, 이를 종속기업이 보유하는 형태의 내부거래를 말한다. 이는 내부거래가 발생한 1차년도, 내부거래가 유지되고 있는 2차년도, 그리고 내부거래가 실현된 3차년도로 구분하여 다음과 같이 조정하여야 한다.

(1) 내부거래가 발생한 1차년도

내부거래가 발생한 1차년도에, 지배기업과 종속기업의 단순합산재무제표상의 당기손익은 내부거래 토지의 처분에 따른 미실현손익만큼 과대계상되어 있으며, 기말 토지도 동일한 금액만큼 과대계상되어 있다. 따라서 연결실체의 재무제표를 작성하기 위해서는 당기손익의 과대계상과 토지의 과대계상을 제거하는 연결분개가 필요하다. 이는 세무조정의 논리로 접근한다면 익금불산입·(-)유보의 논리이므로 쉽게 이해할 수 있다. 이 경우에는 다음과 같은 연결분개를 수행하여 이를 제거하고, 하향판매 내부거래는 지배기업이 내부거래를 통해 손익을 조작한 것이므로 제거된 하향판매 미실현이익은 전액 지배기업지분순이익을 계산할 때 차감하면 된다.

예를 들어 지배기업이 종속기업에 ₩800의 토지를 ₩1,000에 판매하고, 종속기업이 이를 계속 보유하고 있다면 다음과 같은 조정을 통해 연결재무제표를 작성하면 된다.

[내부거래미실현이익 제거의 회계처리]

미실현이익제거	(차) 유형처분이익(×1년)	200 ①	(대) 토 지(×1말)	200 ②

계정과목	지배기업		종속기업		단순합산		연결분개		연결재무제표
토지처분이익	200	+	-	=	200	-	200	=	-
토 지	-	+	1,000	=	1,000	-	200	=	800

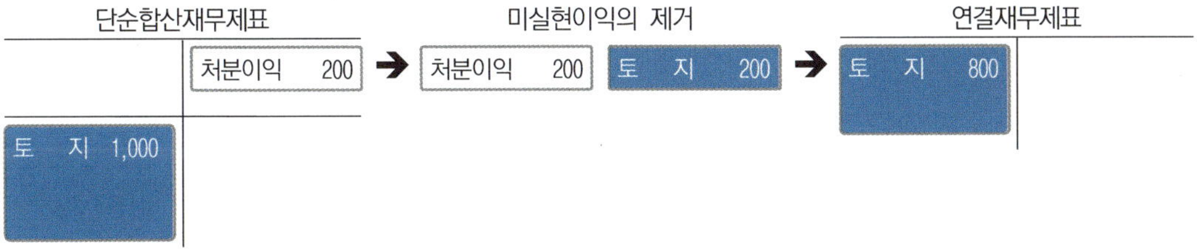

(2) 내부거래가 유지되고 있는 2차년도

내부거래가 발생한 후 2차년도에는 지배기업과 종속기업의 단순합산재무제표상의 기초이익잉여금이 전기말 미실현이익만큼 과대계상되어 있으며, 기초 토지도 동일한 금액만큼 과대계상되어 있게 된다. 하지만 일반적으로 내부거래로 인하여 종속기업이 보유하고 있는 토지는 2차년도에도 외부로 판매되지 않으므로, 결국 단순합산재무제표상 기초 토지의 과대계상은 기말 토지의 과대계상으로 계속 유지가 된다. 따라서 연결실체의 재무제표를 작성하기 위해서는 기초 이익잉여금의 과대계상과 기말 토지의 과대계상을 제거하는 연결분개가 필요하다. 이를 세무조정 논리로 접근하면 전기말 익금불산입·(-)유보의 조정사항이 당기에도 익금불산입·(-)유보로 유지되는 논리이므로 쉽게 이해할 수 있다. 이 경우에는 다음과 같은 연결분개를 수행하며, 실현되지 않은 하향판매 미실현이익은 당기손익 효과가 없으므로 지배기업지분순이익을 계산할 때는 고려하지 않는다. 다만, 지배기업지분의 기말연결이익잉여금을 계산하는 경우에만 이를 차감하면 된다.

예를 들어 위의 일반사례에서 2차년도에 종속기업이 당해 토지를 계속보유하고 있는 경우 다음과 같은 조정을 통해 연결재무제표를 작성하면 된다.

[내부거래실현이익 인식의 회계처리]

미실현이익유지	(차) 이익잉여금(×1년)	200 ①	(대) 토 지(×2말)	200 ②

계정과목	지배기업		종속기업		단순합산		연결분개		연결재무제표
토지처분이익	-	+	-	=	-	-	-	=	-
토 지	-	+	1,000	=	1,000	-	200	=	800
기초이익잉여금	200	+	-	=	200	-	200	=	-

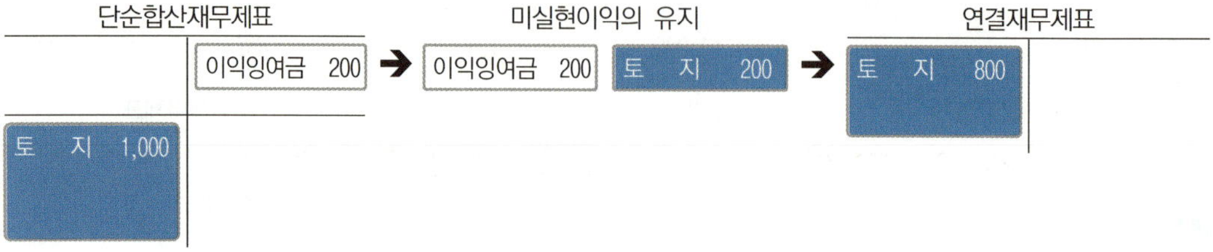

(3) 내부거래가 실현된 3차년도

내부거래가 발생한 후 3차년도에는 지배기업과 종속기업의 단순합산재무제표상의 기초이익잉여금이 과거의 미실현이익만큼 과대계상되어 있으며, 기초 토지도 동일한 금액만큼 과대계상되어 있게 된다. 하지만 당해 토지가 3차년도에 전액 외부로 처분되면, 결국 단순합산재무제표상 기초 토지의 과대계상은 당기 유형자산처분이익의 과소계상을 초래하게 된다. 따라서 연결실체의 재무제표를 작성하기 위해서는 기초 이익잉여금의 과대계상과 당기 유형자산처분이익의 과소계상을 제거하는 연결분개가 필요하다. 이를 세무조정 논리로 접근하면 전기말 익금불산입·(-)유보의 조정사항이 당기에 익금산입·(+)유보로 추인되는 논리이므로 쉽게 이해할 수 있다. 이 경우에는 다음과 같은 연결분개를 수행하여 이를 인식하고, 인식된 하향판매 실현이익은 전액 지배기업지분순이익을 계산할 때 가산하면 된다.

이 해 **토지내부거래 미실현손익의 제거와 실현손익의 귀속**

지배기업이 종속기업에게 토지를 처분하는 경우 내부거래의 발생에 대한 손익은 지배기업이 인식하며, 내부거래의 소멸에 대한 손익은 종속기업이 인식한다. 따라서 미실현이익의 제거를 지배기업의 토지처분손익에서 차감하고, 실현이익의 인식은 종속기업의 토지처분손익에서 가산한다고 생각할 수도 있다. 연결회계에서 내부거래 미실현손익의 제거논리는 내부거래를 발생시킨 대상기업의 손익의 귀속시기를 조정하는 것이지, 손익의 귀속금액을 조정하는 것이 아니다. 따라서 미실현이익의 제거를 지배기업의 손익에서 차감했으면, 해당 실현이익의 인식도 지배기업의 손익에서 가산해야 한다.

예를 들어 위의 일반사례에서 3차년도에 종속기업이 당해 토지를 외부에 ₩1,500에 판매를 한 경우 다음과 같은 조정을 통해 연결재무제표를 작성하면 된다.

[내부거래실현이익 인식의 회계처리]

실현이익인식	(차) 이익잉여금(×1년)	200 ①	(대) 토지처분이익(×3년)	200 ②

계정과목	지배기업		종속기업		단순합산		연결분개		연결재무제표
토지처분이익	-	+	500	=	500	+	200	=	700
토　　지	-	+	-	=	-	-	-	=	-
기초이익잉여금	200	+	-	=	200	-	200	=	-

구 분	20×1년		20×2년		20×3년		합 계
	A회사	B회사	A회사	B회사	A회사	B회사	
조정전순이익	200	-	-	-	-	500	700
내부손익조정	**(200)**	**-**	**-**	**-**	**200**	**-**	**-**
조정후순이익	-	-	-	-	200	500	700

2 상향판매 내부거래미실현이익

종속기업이 지배기업에 토지를 처분하고, 이를 지배기업이 보유하는 형태의 내부거래를 말한다. 이는 내부거래가 발생한 1차년도, 내부거래가 유지되고 있는 2차년도, 그리고 내부거래가 실현된 3차년도로 구분하여 다음과 같이 조정하여야 한다.

(1) 내부거래가 발생한 1차년도

내부거래가 발생한 1차년도에, 지배기업과 종속기업의 단순합산재무제표상의 당기손익은 내부거래 토지의 판매에 따른 미실현손익만큼 과대계상되어 있으며, 기말 토지도 동일한 금액만큼 과대계상되어 있다. 따라서 연결실체의 재무제표를 작성하기 위해서는 당기손익의 과대계상과 토지의 과대계상을 제거하는 연결분개가 필요하다. 상향판매 내부거래는 종속기업이 내부거래를 통해 손익을 조작한 것이므로 제거된 상향판매 미실현이익은 종속기업에 대한 지배기업지분순이익과 비지배지분순이익을 계산할 때 비례적으로 차감하면 된다. 예를 들어 종속기업이 지배기업에 ₩800의 토지를 ₩1,000에 판매하고, 지배기업이 이를 계속보유하고 있다면 다음과 같은 조정을 통해 연결재무제표를 작성하면 된다. 단, 지배기업의 종속기업에 대한 지분은 80%이다.

[내부거래미실현이익 제거의 회계처리]

미실현이익제거	(차) 유형처분이익(×1년)	200 ①	(대) 토　지(×1말)	200 ②

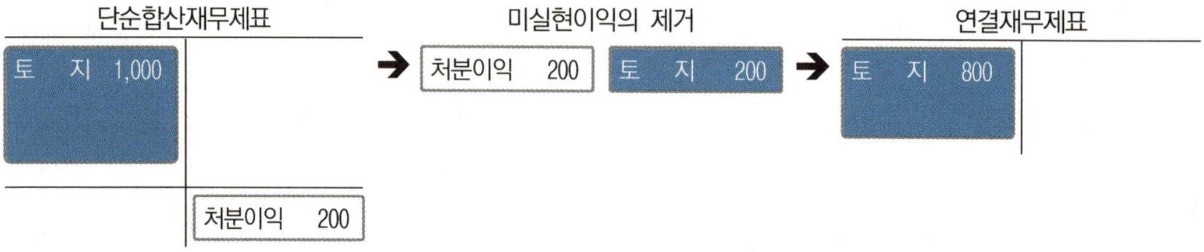

[내부거래 미실현이익 제거의 효과]

구　분		하향판매 미실현이익 제거효과	상향판매 미실현이익 제거효과
자　산	토　지	200 감소	200 감소
자　본	이익잉여금	200 감소	160 감소
	비지배지분	-	40 감소

(2) 내부거래가 유지되고 있는 2차년도

내부거래가 발생한 후 2차년도에도 토지가 외부에 처분되지 않고 있다면, 지배기업과 종속기업의 단순합산재무제표상의 기초이익잉여금이 전기말 미실현이익만큼 과대계상되어 있으며, 기말 토지도 동일한 금액만큼 과대계상되어 있게 된다. 따라서 연결실체의 재무제표를 작성하기 위해서는 기초 이익잉여금의 과대계상과 기말 토지의 과대계상을 제거하는 연결분개가 필요하다. 하지만 상향판매로 인한 미실현이익은 종속기업의 이익잉여금 과대계상효과이므로 연결분개의 전기손익배분단계에서 이를 이익잉여금과 비지배지분으로 배분하여 인식하게 된다. 따라서 내부거래제거단계에서의 이익잉여금 제거시에는 이를 지배기업지분과 비지배지분으로 구분하여 조정하여야 한다. 한편, 실현되지 않은 상향판매 미실현이익은 당기손익 효과가 없으므로 지배기업지분순이익과 비지배지분순이익을 계산할 때는 고려하지 않는다. 다만, 지배기업지분의 기말연결이익잉여금과 비지배지분을 계산하는 경우에만 이를 차감하면 된다. 예를 들어 위의 일반사례에서 2차년도에 지배기업이 당해 토지를 계속보유하고 있는 경우 다음과 같은 조정을 통해 연결재무제표를 작성하면 된다.

[내부거래실현이익 인식의 회계처리]

전기손익배분	(차) 이익잉여금(×1년)	200 ①	(대) 이익잉여금(×1년)	160 ②
			비지배지분(×1년)	40 ③
미실현이익유지	(차) 이익잉여금(×1년)	160 ④	(대) 토　지(×2말)	200 ⑥
	비지배지분(×1년)	40 ⑤		

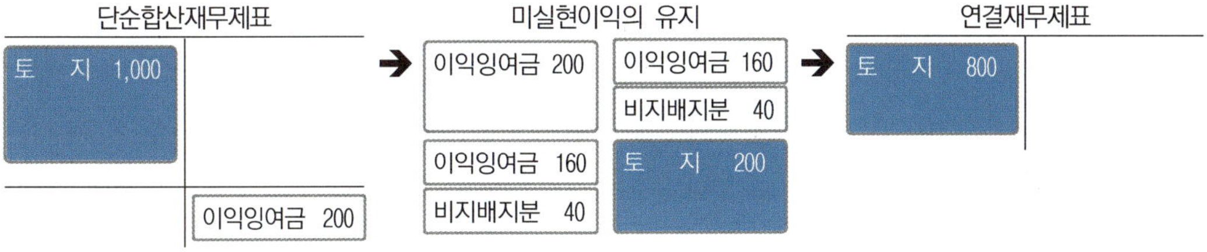

(3) 내부거래가 실현된 3차년도

내부거래가 발생한 후 3차년도에 당해 토지가 외부로 처분되었다면, 지배기업과 종속기업의 단순합산재무제표상의 기초이익잉여금이 과거의 미실현이익만큼 과대계상되어 있으며, 기초 토지의 과대계상으로 인해 당기 유형자산처분이익의 과소계상을 초래하게 된다. 따라서 연결실체의 재무제표를 작성하기 위해서는 기초 이익잉여금의 과대계상과 당기 유형자산처분이익의 과소계상을 조정하는 연결분개가 필요하다. 하지만 상향판매로 인한 미실현이익은 종속기업의 이익잉여금 과대계상효과이므로 연결분개의 전기손익배분단계에서 이를 이익잉여금과 비지배지분으로 배분하여 인식하게 된다. 따라서 내부거래제거단계에서의 이익잉여금 제거시에는 이를 지배기업지분과 비지배지분으로 구분하여 조정하여야 한다. 한편, 상향판매로 인한 실현이익은 종속기업에 대한 지배기업지분순이익과 비지배지분순이익으로 구분하여 비례적으로 가산하여야 한다.

예를 들어 위의 일반사례에서 3차년도에 지배기업이 당해 토지를 외부에 ₩1,500에 판매를 한 경우 다음과 같은 조정을 통해 연결재무제표를 작성하면 된다.

[내부거래실현이익 인식의 회계처리]

전기손익배분	(차)	이익잉여금(×1년)	200 ①	(대)	이익잉여금(×1년)	160 ②
					비지배지분(×1년)	40 ③
실현이익인식	(차)	이익잉여금(×1년)	160 ④	(대)	토지처분이익 (×3년)	200 ⑥
		비지배지분(×1년)	40 ⑤			

구 분	20×1년		20×2년		20×3년		합 계
	A회사	B회사	A회사	B회사	A회사	B회사	
조정전순이익	-	200	-	-	500	-	700
내부손익조정	**-**	**(200)**	**-**	**-**	**-**	**200**	**-**
조정후순이익	-	-	-	-	500	200	700

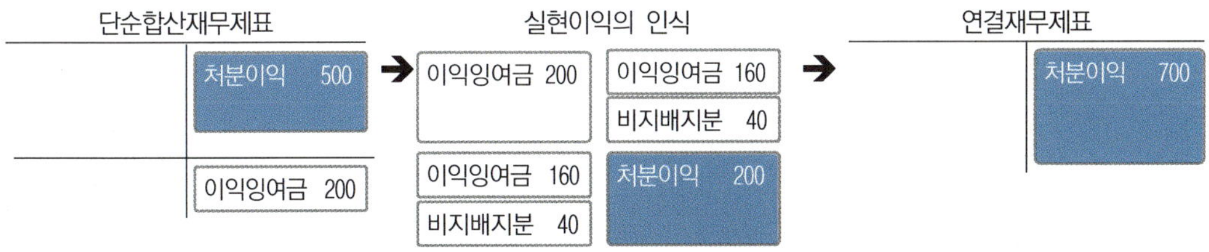

예제 3 토지 미실현이익의 제거

20×1년 1월 1일 A회사는 B회사의 보통주 60%를 ₩420,000에 취득하여 지배권을 확보하였다. 20×1년 1월 1일 현재 B회사의 순자산은 자본금 ₩500,000과 이익잉여금 ₩200,000이었다. 취득일 현재 B회사의 식별가능한 순자산장부금액과 공정가치는 동일하다.

(1) 20×1년에 A회사는 B회사에 취득원가 ₩40,000인 토지를 ₩48,000에 판매하였다. B회사는 당해 토지를 20×3년에 외부의 제3자에게 판매하였다.

(2) 20×1년 A회사의 당기순이익은 ₩400,000이며, B회사의 당기순이익은 ₩200,000이다.

(3) 20×2년 A회사의 당기순이익은 ₩300,000이며, B회사의 당기순이익은 ₩150,000이다.

(4) 20×3년 A회사의 당기순이익은 ₩200,000이며, B회사의 당기순이익은 ₩100,000이다. 당기순이익을 제외한 자본의 변동내역은 없다.

물음 Question

1. 20×1년, 20×2년과 20×3년의 연결재무제표에 표시될 지배기업지분순이익과 비지배지분순이익을 계산하시오.
2. 20×1년, 20×2년과 20×3년의 연결재무제표 작성을 위한 연결분개를 제시하시오.
3. 상기의 내부거래가 하향판매가 아닌 상향판매라고 가정하고 [물음1]에 답하시오.
4. 상기의 내부거래가 하향판매가 아닌 상향판매라고 가정하고 [물음2]에 답하시오.

해답 answer

❖ 토지거래 미실현손익의 실현스케쥴

구 분	20×1년	20×2년	20×3년
토지 미실현손익	(8,000) *1	-	8,000 *2

*1 48,000 - 40,000 = 8,000　　*2 전액 실현됨

1. 하향판매 내부거래 연결순이익

(1) 20×1년

구 분	지배기업	종속기업	연결실체
보고된 당기순이익	400,000	200,000	600,000
토지미실현이익	(8,000) [*1]	-	(8,000)
조정후 당기순이익	392,000	200,000	592,000
지배기업지분순이익	392,000	120,000	512,000
비지배지분순이익		80,000	80,000

[*1] 내부거래미실현이익은 하향판매거래이므로 전액 지배기업순이익에서 조정한다.

(2) 20×2년

구 분	지배기업	종속기업	연결실체
보고된 당기순이익	300,000	150,000	450,000
토지실현이익	-	-	-
조정후 당기순이익	300,000	150,000	450,000
지배기업지분순이익	300,000	90,000	390,000
비지배지분순이익		60,000	60,000

(3) 20×3년

구 분	지배기업	종속기업	연결실체
보고된 당기순이익	200,000	100,000	300,000
토지실현이익	8,000	-	8,000
조정후 당기순이익	208,000	100,000	308,000
지배기업지분순이익	208,000	60,000	268,000
비지배지분순이익		40,000	40,000

2. 연결분개

(1) 20×1년

구분	차변	금액	대변	금액
투자와 자본상계	(차) 자 본 금	500,000 ②	(대) 종속기업주식	420,000 ①
	이익잉여금(×1초)	200,000 ③	비지배지분(×1초)	280,000 ④
내부거래제거	(차) 토지처분이익(×1년)	8,000 ①	(대) 토 지(×1말)	8,000 ②
비지배이익	(차) 이익잉여금(×1년)	80,000 ①	(대) 비지배지분(×1년)	80,000 ②
	① 200,000×40%=80,000			

(2) 20×2년

구분	차변	금액	대변	금액
투자와 자본상계	(차) 자 본 금	500,000 ②	(대) 종속기업주식	420,000 ①
	이익잉여금(×1초)	200,000 ③	비지배지분(×1초)	280,000 ④
전기손익배분	(차) 이익잉여금(×1년)	200,000 ⑤	(대) 이익잉여금(×1년)	120,000 ⑥
			비지배지분(×1년)	80,000 ⑦
내부거래제거	(차) 이익잉여금(×1년)	8,000 ①	(대) 토 지(×2말)	8,000 ②
비지배이익	(차) 이익잉여금(×2년)	60,000 ①	(대) 비지배지분(×2년)	60,000 ②
	① 150,000×40% = 60,000			

(3) 20×3년

구분	차변	금액	대변	금액
투자와 자본상계	(차) 자 본 금	500,000 ②	(대) 종속기업주식	420,000 ①
	이익잉여금(×1초)	200,000 ③	비지배지분(×1초)	280,000 ④
전기손익배분	(차) 이익잉여금(×2말)	350,000 ⑤	(대) 이익잉여금(×2말)	210,000 ⑥
			비지배지분(×2말)	140,000 ⑦
내부거래제거	(차) 이익잉여금(×1년)	8,000 ①	(대) 토지처분이익(×3년)	8,000 ②
비지배이익	(차) 이익잉여금(×3년)	40,000 ①	(대) 비지배지분(×3년)	40,000 ②
	① 100,000×40% = 40,000			

3. 상향판매 내부거래 연결순이익

(1) 20×1년

구 분	지배기업	종속기업	연결실체
보고된 당기순이익	400,000	200,000	600,000
토지미실현이익	-	(8,000) *1	(8,000)
조정후 당기순이익	400,000	192,000	592,000
지배기업지분순이익	400,000	115,200	515,200
비지배지분순이익		76,800	76,800

*1 내부거래미실현이익은 상향판매거래이므로 전액 종속기업순이익에서 조정한다.

(2) 20×2년

구 분	지배기업	종속기업	연결실체
보고된 당기순이익	300,000	150,000	450,000
토지실현이익	-	-	-
조정후 당기순이익	300,000	150,000	450,000
지배기업지분순이익	300,000	90,000	390,000
비지배지분순이익		60,000	60,000

(3) 20×3년

구 분	지배기업	종속기업	연결실체
보고된 당기순이익	200,000	100,000	300,000
토지실현이익		8,000	8,000
조정후 당기순이익	200,000	108,000	308,000
지배기업지분순이익	200,000	64,800	264,800
비지배지분순이익		43,200	43,200

4. 연결분개

(1) 20×1년

구분	차변	금액	대변	금액
투자와 자본상계	(차) 자 본 금	500,000 ②	(대) 종속기업주식	420,000 ①
	이익잉여금(×1초)	200,000 ③	비지배지분(×1초)	280,000 ④
내부거래제거	(차) 토지처분이익(×1년)	8,000 ①	(대) 토 지(×1말)	8,000 ②
비지배이익	(차) 이익잉여금(×1년)	76,800 ①	(대) 비지배지분(×1년)	76,800 ②
	① (200,000 − 8,000) × 40% = 76,800			

(2) 20×2년

구분	차변	금액	대변	금액
투자와 자본상계	(차) 자 본 금	500,000 ②	(대) 종속기업주식	420,000 ①
	이익잉여금(×1초)	200,000 ③	비지배지분(×1초)	280,000 ④
전기손익배분	(차) 이익잉여금(×1년)	200,000 ④	(대) 이익잉여금(×1년)	120,000 ⑤
			비지배지분(×1년)	80,000 ⑥
내부거래제거	(차) 이익잉여금(×1년)	4,800 ①	(대) 토 지(×2말)	8,000 ③
	비지배지분(×1년)	3,200 ②		
비지배이익	(차) 이익잉여금(×2년)	60,000 ①	(대) 비지배지분(×2년)	60,000 ②
	① (150,000 − 0) × 40% = 60,000			

(3) 20×3년

구분	차변	금액	대변	금액
투자와 자본상계	(차) 자 본 금	500,000 ②	(대) 종속기업주식	420,000 ①
	이익잉여금(×1초)	200,000 ③	비지배지분(×1초)	280,000 ④
전기손익배분	(차) 이익잉여금(×2말)	350,000 ④	(대) 이익잉여금(×2말)	210,000 ⑤
			비지배지분(×2말)	140,000 ⑥
내부거래제거	(차) 이익잉여금(×1년)	4,800 ①	(대) 토지처분이익(×3년)	8,000 ③
	비지배지분(×1년)	3,200 ②		
비지배이익	(차) 이익잉여금(×3년)	43,200 ①	(대) 비지배지분(×3년)	43,200 ②
	① (100,000 + 8,000) × 40% = 43,200			

해설

1. 하향판매거래와 상향판매거래의 20×1년 연결순이익을 비교하면 다음과 같다. 여기서 내부거래의 유형에 상관이 없이 연결당기순이익이 동일함을 발견할 수 있다. 결국 하향판매거래와 상향판매거래 모두 연결재무제표에서 전액제거되고 있는 것을 확인할 수 있다.

[20×1년]

구 분	지배기업지분이익	비지배지분이익	연결순이익
하향판매 내부거래시	512,000	80,000	592,000
상향판매 내부거래시	515,200	76,800	592,000
차이금액	(3,200)	3,200	-

2. 하향판매거래와 상향판매거래의 20×2년과 20×3년의 연결순이익을 비교하면 다음과 같다. 여기서 내부거래의 유형에 상관이 없이 연결당기순이익이 동일함을 발견할 수 있다. 결국 하향판매거래와 상향판매거래 모두 연결재무제표에서 전액실현되고 있는 것을 확인할 수 있다.

[20×2년]

구 분	지배기업지분이익	비지배지분이익	연결순이익
하향판매 내부거래시	390,000	60,000	450,000
상향판매 내부거래시	390,000	60,000	450,000
차이금액	-	-	-

[20×3년]

구 분	지배기업지분이익	비지배지분이익	연결순이익
하향판매 내부거래시	268,000	40,000	308,000
상향판매 내부거래시	264,800	43,200	308,000
차이금액	3,200	(3,200)	-

제 4 절 상각자산의 미실현손익

IFRS

내부거래로 발생한 미실현손익은 발생한 시점에서 연결실체의 순이익에서 제거되며, 당해 미실현손익이 실현된 시점에 연결실체의 순이익으로 인식되게 된다. 상각자산의 내부거래에 따른 미실현손익은 당해 상각자산을 감가상각하면서 일부가 실현되며, 또한 외부에 매각하는 경우에도 실현된다. 이하 설명은 비상각자산의 대표적인 사례인 건물을 중심으로 내부거래의 제거에 대하여 설명할 것이다.

이 해 **상각자산의 내부거래에 따른 미실현손익의 제거와 일시상각충당금**

상각자산의 내부거래로 인한 미실현손익은 발생시점에 연결실체의 당기순이익을 과대계상시키며, 소멸시점에 연결실체의 당기순이익을 과소계상시킨다. 따라서 이에 대한 연결조정사항은 세법에서 공부하는 일시상각충당금의 논리와 동일하다. 즉, 내부거래 발생시에는 익금불산입·(-)유보로 일시상각충당금을 설정하여 회사가 인식한 내부거래미실현이익을 취소하고, 당해 내부거래효과가 감가상각등을 통하여 소멸하는 시점에 익금산입·(+)유보로 일시상각충당금을 환입하여 회사가 인식하지 않은 내부거래실현이익을 인식하는 것이다.

1 하향판매 내부거래미실현이익

지배기업이 종속기업에 건물을 처분하고, 이를 종속기업이 보유하는 형태의 내부거래를 말한다. 이는 내부거래가 발생한 1차년도, 내부거래 후 2차년도, 그리고 3차년도로 구분하여 다음과 같이 조정하여야 한다.

(1) 내부거래가 발생한 1차년도

예를 들어, 20×1년 초에 지배기업이 종속기업에 취득원가 ₩2,000, 감가상각누계액 ₩1,200, 잔존내용연수 4년인 장부금액 ₩800의 건물을 ₩1,000에 처분하고, 종속기업이 이를 계속보유하고 있다면 다음과 같은 조정을 통해 연결재무제표를 작성하면 된다. 연결분개 이후에는 결국 지배기업이 당해 유형자산을 처분하지 않고 계속 보유하는 것과 동일한 재무제표가 나오게 된다.

지배기업의 기말재무제표	
건 물	−
감가상각누계액	−
감가상각비	−
유형자산처분이익	200

종속기업의 기말재무제표	
건 물	1,000
감가상각누계액	(250)
감가상각비	250
유형자산처분이익	−

연결재무제표 (지배기업 계속보유가정)		
건 물	2,000	← 1,000 인식
감가상각누계액	(1,400)	← 1,150 인식
감가상각비	200	← 50 취소
유형자산처분이익	−	← 200 취소

[상각자산의 미실현이익제거]

미실현이익제거	(차) 유형처분이익(×1년)	200 ①	(대) 감가상각비(×1년)	50 ②
	건 물(×1말)	1,000 ③	감가누계액(×1말)	1,150 ④

① 처분가액 1,000 − 장부금액 800 = 200
② 내부거래처분이익 200 ÷ 잔존내용연수 4년 = 50
③ 처분전 취득원가 2,000 − 처분후 취득원가 1,000 = 1,000
④ 처분하지 않은 경우 감가누계액 (1,200 + 800 ÷ 4년) − 처분후 감가누계액 1,000 ÷ 4년 = 1,150

↓

미실현이익제거	(차) 유형처분이익(×1년)	200 ①	(대) 감가상각비(×1년)	50 ②
			건물(순액)(×1말)	150 ③

계정과목	지배기업		종속기업		단순합산		연결분개		연결재무제표
건물처분이익	200	+	−	=	200	−	200	=	−
건 물	−	+	1,000	=	1,000	+	1,000	=	2,000
감가누계액	−	+	250	=	250	+	1,150	=	1,400
감가상각비	−	+	250	=	250	−	50	=	200

위의 사례를 세무조정의 논리로 접근한다면 내부거래가 발생한 시점인 20×1년 초에는 ₩200 익금불산입·(−)유보로 조정한 후, 20×1년 말에 당해 조정사항이 4년간에 걸쳐 추인되므로 ₩50 손금불산입·(+)유보로 조정된 것으로 이해할 수 있다. 하향판매 내부거래는 지배기업이 내부거래를 통해 손익을 조작한 것이므로 위의 손익효과를 전액 지배기업지분순이익을 계산할 때 고려하면 된다.

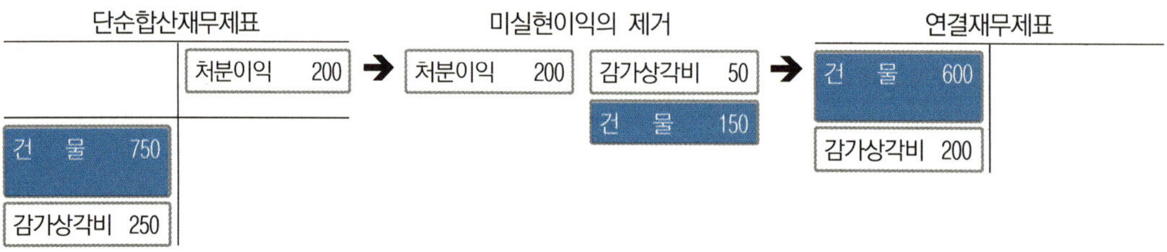

참 고 상각자산의 미실현손익의 실현

상각자산 미실현손익의 실현시기는 감가상각방법이 정액법인 경우 내부거래에 따른 유형자산처분손익을 잔여내용연수에 걸쳐 배분하면 된다. 내부거래전의 감가상각비는 '내부거래전 장부금액÷잔여내용연수'이며 내부거래후 감가상각비는 '내부거래후 장부금액÷잔여내용연수'이다. 따라서 감가상각비의 차이는 '(내부거래후 장부금액 - 내부거래전 장부금액)÷잔여내용연수'이므로 결국 '내부거래처분손익÷잔여내용연수'와 동일한 것이다. 단, 감가상각방법이 정률법인 경우에는 내부거래전 감가상각비와 내부거래후 감가상각비를 별도로 계산하여 이를 실현손익으로 인식하여야 한다.

(2) 내부거래 이후 2차년도

내부거래가 발생한 후 2차년도에 당해 상각자산을 종속기업이 계속보유하고 있다면 지배기업과 종속기업의 단순합산재무제표상의 기초이익잉여금이 전기말 미실현이익만큼 과대계상되어 있으며, 상각자산의 장부금액도 동일한 금액만큼 과대계상되어 있게 된다. 하지만 과대계상된 장부금액의 일부가 2차년도에 감가상각을 통해 실현되므로 다음과 같이 분석하여 연결분개를 수행하면 된다.

[상각자산의 미실현이익제거]

실현이익인식	(차) 이익잉여금(×1년)	150 ①	(대) 감가상각비(×2년)	50 ②
	건　물(×2말)	1,000 ③	감가누계액(×2말)	1,100 ④
	① 전기미실현이익 잔액 200 - 200÷4년×1년 = 150 ② 전기미실현이익 잔액 150÷잔존내용연수 3년 = 50 ③ 처분전 취득원가 2,000 - 처분후 취득원가 1,000 = 1,000 ④ 대차차액			

↓

실현이익인식	(차) 이익잉여금(×1년)	150 ①	(대) 감가상각비(×2년)	50 ②
			건물(순액)(×2말)	100 ③

위의 사례를 세무조정의 논리로 접근한다면 내부거래가 발생한 이후 2차년도에 전기의 미실현손익 잔액 ₩150 중 ₩50이 손금불산입·(+)유보로 추인된 것으로 이해할 수 있다. 그리고 해당 손익효과는 하향판매에서 발생한 손익이므로 전액 지배기업지분순이익을 계산할 때 고려하면 된다.

(3) 내부거래 이후 3차년도

내부거래가 발생한 후 3차년도에 당해 상각자산을 종속기업이 기말에 ₩500 처분하였다면, 다음과 같이 분석하여 연결분개를 수행하면 된다.

[상각자산의 미실현이익제거]

실현이익인식	(차) 이익잉여금(×2말)	100 ①	(대) 감가상각비(×3년)	50 ②
			유형처분이익(×3년)	50 ③
	① 전기미실현이익 잔액 200 - 200÷4년×2년 = 100 ② 전기미실현이익 잔액 100÷잔존내용연수 2년 = 50 ③ 대차차액			

위의 사례를 세무조정의 논리로 접근한다면 내부거래가 발생한 이후 3차년도에 전기의 미실현손익 잔액 ₩100 중 ₩50은 감가상각을 통해 손금불산입·(+)유보로 추인되고, 나머지 ₩50은 처분을 통해 손금불산입·(+)유보로 추인된 것으로 이해할 수 있다. 그리고 해당 손익효과는 하향판매에서 발생한 손익이므로 전액 지배기업지분순이익을 계산할 때 고려하면 된다.

이 해 **상각자산 내부거래 미실현손익의 제거와 실현손익의 귀속**

지배기업이 종속기업에게 상각자산을 처분하는 경우 내부거래의 발생에 대한 처분손익은 지배기업이 인식하며, 내부거래후의 감가상각비는 종속기업이 인식한다. 따라서 미실현이익의 제거를 지배기업의 상각자산처분손익에서 차감하고, 실현이익의 인식은 종속기업의 감가상각비를 취소하면서 인식한다고 생각할 수도 있다. 연결회계에서 내부거래 미실현손익의 제거논리는 내부거래를 발생시킨 대상기업의 손익의 귀속시기를 조정하는 것이지, 손익의 귀속금액을 조정하는 것이 아니다. 따라서 미실현이익의 제거를 지배기업의 손익에서 차감했으면, 해당 실현이익의 인식도 지배기업의 손익에서 가산해야 한다.

(4) 상각자산내부거래 미실현손익의 제거논리

상각자산관련 내부거래 미실현손익제거의 논리를 직관적으로 그림과 회계처리를 통해 설명하면 다음과 같다. 결론적으로 말하면, 상각자산관련 연결조정의 회계처리는 개별실체가 인식한 유형자산처분손익을 부인하고, 이를 감가상각비로 추인해가는 과정으로 볼 수 있다.

[회사 회계처리]

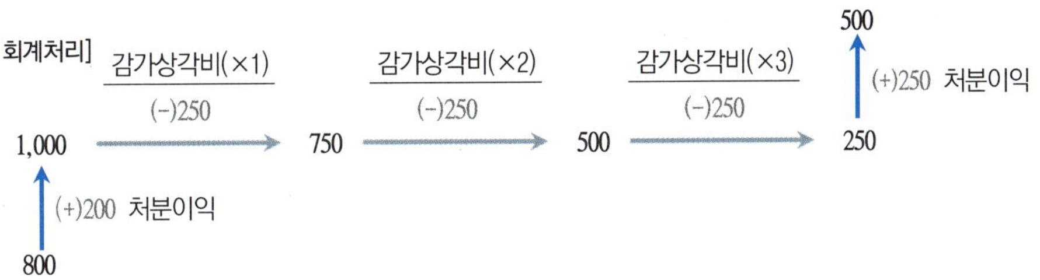

[올바른 회계처리]

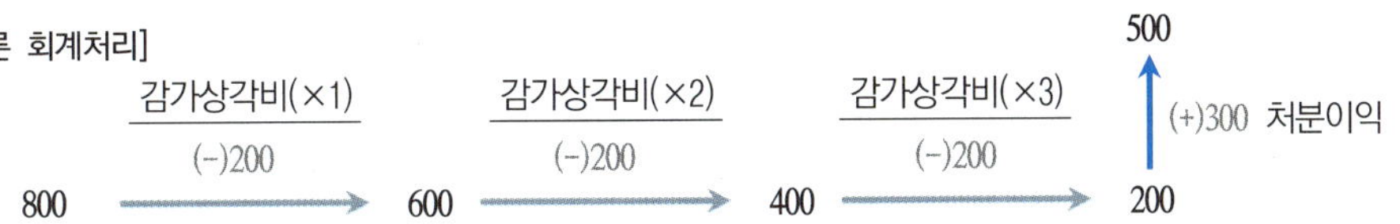

[수정 회계처리]

처분이익(×1)	감가상각비(×1)	감가상각비(×2)	감가상각비(×3)	처분이익(×3)
(-)200	(+)50	(+)50	(+)50	(+)50

[상각자산 내부거래제거의 회계처리]

1차년도 초	(차) 유형처분이익(×1년)	200 ①	(대)	건물(순액)(×1초)	200 ②
1차년도 말	(차) 유형처분이익(×1년)	200 ①	(대)	감가상각비(×1년)	50 ②
				건물(순액)(×1말)	150 ③
2차년도 말	(차) 이익잉여금(×1년)	150 ①	(대)	감가상각비(×2년)	50 ②
				건물(순액)(×2말)	100 ③
3차년도 말	(차) 이익잉여금(×2말)	100 ①	(대)	감가상각비(×3년)	50 ②
				유형처분이익(×3년)	50 ③

구 분	20×1년		20×2년		20×3년		합 계
	A회사	B회사	A회사	B회사	A회사	B회사	
조정전순이익	200	(250)	-	(250)	-	0	(550)
내부손익조정	**(200)**	-	-	-	-	-	**(200)**
내부손익조정	**50**	-	**50**	-	**100**	-	**200**
조정후순이익	50	(250)	50	(250)	100	0	(550)

2 상향판매 내부거래미실현이익

종속기업이 지배기업에 건물을 처분하고, 이를 지배기업이 보유하는 형태의 내부거래를 말한다. 이는 내부거래가 발생한 1차년도, 내부거래 후 2차년도, 그리고 3차년도로 구분하여 다음과 같이 조정하여야 한다.

(1) 내부거래가 발생한 1차년도

예를 들어, 20×1년 초에 종속기업이 지배기업에 취득원가 ₩2,000, 감가상각누계액 ₩1,200, 잔존내용연수 4년인 장부금액 ₩800의 건물을 ₩1,000에 처분하고, 지배기업이 이를 계속 보유하고 있다면 다음과 같은 조정을 통해 연결재무제표를 작성하면 된다. 연결분개 이후에는 결국 종속기업이 당해 유형자산을 처분하지 않고 계속 보유하는 것과 동일한 재무제표가 나오게 된다. 단, 종속기업에 대한지배기업의 지분율은 80%를 가정한다.

[상각자산의 미실현이익제거]

미실현이익제거	(차)	유형처분이익(×1년)	200 ①	(대)	감가상각비(×1년)	50 ②
		건 물(×1말)	1,000 ③		감가누계액(×1말)	1,150 ④
		① 처분가액 1,000 - 장부금액 800 = 200 ② 내부거래처분이익 200÷잔존내용연수 4년 = 50 ③ 처분전 취득원가 2,000 - 처분후 취득원가 1,000 = 1,000 ④ 처분하지 않은 경우 감가누계액 (1,200 + 800÷4년) - 처분후 감가누계액 1,000÷4년 = 1,150				

↓

미실현이익제거	(차)	유형처분이익(×1년)	200 ①	(대)	감가상각비(×1년)	50 ②
					건물(순액)(×1말)	150 ③

위의 사례를 세무조정의 논리로 접근한다면 내부거래가 발생한 시점인 20×1년 초에는 ₩200 익금불산입·(-)유보로 조정한 후, 20×1년 말에 당해 조정사항이 4년간에 걸쳐 추인되므로 ₩50 손금불산입·(+)유보로 조정된 것으로 이해할 수 있다. 상향판매 내부거래는 종속기업이 내부거래를 통해 손익을 조작한 것이므로 위의 손익효과를 종속기업에 대한 지배기업지분순이익과 비지배지분순이익으로 구분하여 비례적으로 가감하여야 한다.

(2) 내부거래 이후 2차년도

내부거래가 발생한 후 2차년도에는 다음과 같이 분석하여 연결분개를 수행하면 된다. 여기서 주의할 점은 전기이월이익잉여금 수정시 지배기업지분과 비지배지분으로 구분하여 조정하여야 한다는 것이다.

[상각자산의 미실현이익제거]

실현이익인식	(차) 이익잉여금(×1년)	120 ①	(대) 감가상각비(×2년)	50 ③
	비지배지분(×1년)	30 ②	감가누계액(×2말)	1,100 ⑤
	건　　물(×2말)	1,000 ④		
	① 전기미실현이익 잔액×지배기업지분율 : (200 - 200÷4년×1년)×80% = 120 ② 전기미실현이익 잔액×지배기업지분율 : (200 - 200÷4년×1년)×20% = 30 ③ 전기미실현이익 잔액 150÷잔존내용연수 3년 = 50 ④ 처분전 취득원가 2,000 - 처분후 취득원가 1,000 = 1,000 ⑤ 대차차액			

↓

실현이익인식	(차) 이익잉여금(×1년)	120 ①	(대) 감가상각비(×2년)	50 ③
	비지배지분(×1년)	30 ②	건물(순액)(×2말)	100 ④

위의 사례를 세무조정의 논리로 접근한다면 내부거래가 발생한 이후 2차년도에 전기의 미실현손익 잔액 ₩150 중 ₩50이 손금불산입·(+)유보로 추인된 것으로 이해할 수 있다. 그리고 해당 손익효과는 상향판매에서 발생한 손익이므로 종속기업에 대한 지배기업지분순이익과 비지배지분순이익으로 구분하여 비례적으로 가감하여야 한다.

(3) 내부거래 이후 3차년도

내부거래가 발생한 후 3차년도에 당해 상각자산을 지배기업이 기말에 처분하였다면, 다음과 같이 분석하여 연결분개를 수행하면 된다.

[상각자산의 미실현이익제거]

실현이익인식	(차) 이익잉여금(×2말)	80 ①	(대) 감가상각비(×3년)	50 ③
	비지배지분(×2말)	20 ②	유형처분이익(×3년)	50 ④
	①② 전기미실현이익 잔액 200 - 200÷4년×2년 = 100 ③ 전기미실현이익 잔액 100÷잔존내용연수 2년 = 50 ④ 대차차액			

위의 사례를 세무조정의 논리로 접근한다면 내부거래가 발생한 이후 3차년도에 전기의 미실현손익 잔액 ₩100 중 ₩50은 감가상각을 통해 손금불산입·(+)유보로 추인되고, 나머지 ₩50은 처분을 통해 손금불산입·(+)유보로 추인된 것으로 이해할 수 있다. 그리고 해당 손익효과는 상향판매에서 발생한 손익이므로 종속기업에 대한 지배기업지분순이익과 비지배지분순이익으로 구분하여 비례적으로 가감하여야 한다.

[상각자산의 미실현이익제거시 손익효과]

구 분	20×1년		20×2년		20×3년		합 계
	A회사	B회사	A회사	B회사	A회사	B회사	
조정전순이익	(250)	200	(250)	-	(250)	-	(550)
내부손익조정	-	(200)	-	-	-	-	(200)
내부손익조정	-	50	-	50	-	100	200
조정후순이익	(250)	50	(250)	50	(250)	100	(550)

예제 4 상각자산 미실현이익의 제거

20×1년 1월 1일 A회사는 B회사의 보통주 60%를 ₩420,000에 취득하여 지배권을 확보하였다. 20×1년 1월 1일 현재 B회사의 순자산은 자본금 ₩500,000과 이익잉여금 ₩200,000이었다. 취득일 현재 B회사의 식별가능한 순자산장부금액과 공정가치는 동일하다.

(1) 20×1년에 A회사는 B회사에 장부금액 ₩40,000인 기계장치를 ₩48,000에 판매하였다. B회사는 당해 기계장치를 20×3년 말에 외부의 제3자에게 판매하였다.

(2) 내부거래가 발생할 당시 기계장치의 취득원가는 ₩100,000이며, 감가상각누계액은 ₩60,000이었다. 잔존내용연수는 4년이고, 감가상각은 정액법을 사용한다.

(3) 20×1년 A회사의 당기순이익은 ₩400,000이며, B회사의 당기순이익은 ₩200,000이다.

(4) 20×2년 A회사의 당기순이익은 ₩300,000이며, B회사의 당기순이익은 ₩150,000이다.

(5) 20×3년 A회사의 당기순이익은 ₩200,000이며, B회사의 당기순이익은 ₩100,000이다. 당기순이익을 제외한 자본의 변동내역은 없다.

물음
Question

1. 20×1년, 20×2년과 20×3년의 연결재무제표에 표시될 지배기업지분순이익과 비지배지분순이익을 계산하시오.
2. 20×1년, 20×2년과 20×3년의 연결재무제표 작성을 위한 연결분개를 제시하시오.
3. 상기의 내부거래가 하향판매가 아닌 상향판매라고 가정하고 [물음1]에 답하시오.
4. 상기의 내부거래가 하향판매가 아닌 상향판매라고 가정하고 [물음2]에 답하시오.

해답

❖ 상각자산거래 미실현손익의 실현스케쥴

구 분	20×1년	20×2년	20×3년
기계장치의 처분이익	(8,000) *1	-	2,000
기계장치의 감가상각비	2,000 *2	2,000	2,000

*1 48,000 - 40,000 = 8,000   *2 8,000 ÷ 4년 = 2,000

1. 하향판매 내부거래 연결순이익

(1) 20×1년

구 분	지배기업	종속기업	연결실체
보고된 당기순이익	400,000	200,000	600,000
기계처분미실현이익	(8,000)	-	(8,000)
기계처분실현이익	2,000	-	2,000
조정후 당기순이익	394,000	200,000	594,000
지배기업지분순이익	394,000	120,000	514,000
비지배지분순이익		80,000	80,000

(2) 20×2년

구 분	지배기업	종속기업	연결실체
보고된 당기순이익	300,000	150,000	450,000
기계처분실현이익	2,000	-	2,000
조정후 당기순이익	302,000	150,000	452,000
지배기업지분순이익	302,000	90,000	392,000
비지배지분순이익		60,000	60,000

(3) 20×3년

구 분	지배기업	종속기업	연결실체
보고된 당기순이익	200,000	100,000	300,000
기계처분실현이익	4,000	-	4,000
조정후 당기순이익	204,000	100,000	304,000
지배기업지분순이익	204,000	60,000	264,000
비지배지분순이익		40,000	40,000

2. 연결분개

(1) 20×1년

투자와 자본상계	(차) 자 본 금	500,000 ②	(대) 종속기업주식	420,000 ①
	이익잉여금(×1초)	200,000 ③	비지배지분(×1초)	280,000 ④
내부거래제거	(차) 유형처분이익(×1년)	8,000 ①	(대) 감가상각비(×1년)	2,000 ②
	기계장치(×1말)	52,000 ③	감가누계액(×1말)	58,000 ④
	① 48,000 - 40,000 = 8,000 ② 8,000 ÷ 4년 = 2,000 ③ 100,000 - 48,000 = 52,000 ④ 대차차액			
비지배이익	(차) 이익잉여금(×1년)	80,000 ①	(대) 비지배지분(×1년)	80,000 ②
	① 200,000 × 40% = 80,000			

(2) 20×2년

투자와 자본상계	(차) 자 본 금	500,000 ②	(대) 종속기업주식	420,000 ①
	이익잉여금(×1초)	200,000 ③	비지배지분(×1초)	280,000 ④
전기손익배분	(차) 이익잉여금(×1년)	200,000 ⑤	(대) 이익잉여금(×1년)	120,000 ⑥
			비지배지분(×1년)	80,000 ⑦
내부거래제거	(차) 이익잉여금(×1년)	6,000 ①	(대) 감가상각비(×2년)	2,000 ②
	기계장치(×2말)	52,000 ③	감가누계액(×2말)	56,000 ④
	① 전기말 미실현이익 잔액 ② 6,000 ÷ 3년 = 2,000 ③ 100,000 - 48,000 = 52,000 ④ 대차차액			
비지배이익	(차) 이익잉여금(×2년)	60,000 ①	(대) 비지배지분(×2년)	60,000 ②
	① 150,000 × 40% = 60,000			

(3) 20×3년

투자와 자본상계	(차) 자 본 금	500,000 ②	(대) 종속기업주식	420,000 ①
	이익잉여금(×1초)	200,000 ③	비지배지분(×1초)	280,000 ④
전기손익배분	(차) 이익잉여금(×2말)	350,000 ⑤	(대) 이익잉여금(×2말)	210,000 ⑥
			비지배지분(×2말)	140,000 ⑦
내부거래제거	(차) 이익잉여금(×2말)	4,000 ①	(대) 감가상각비(×3년)	2,000 ②
			유형처분이익(×3년)	2,000 ③
	① 전기말 미실현이익 잔액 ② 4,000 ÷ 2년 = 2,000 ③ 대차차액			
비지배이익	(차) 이익잉여금(×3년)	40,000 ①	(대) 비지배지분(×3년)	40,000 ②
	① 100,000 × 40% = 40,000			

3. 상향판매 내부거래 연결순이익

(1) 20×1년

구 분	지배기업	종속기업	연결실체
보고된 당기순이익	400,000	200,000	600,000
기계처분미실현이익	-	(8,000)	(8,000)
기계처분실현이익	-	2,000	2,000
조정후 당기순이익	400,000	194,000	594,000
지배기업지분순이익	400,000	116,400	516,400
비지배지분순이익		77,600	77,600

(2) 20×2년

구 분	지배기업	종속기업	연결실체
보고된 당기순이익	300,000	150,000	450,000
기계처분실현이익	-	2,000	2,000
조정후 당기순이익	300,000	152,000	452,000
지배기업지분순이익	300,000	91,200	391,200
비지배지분순이익		60,800	60,800

(3) 20×3년

구 분	지배기업	종속기업	연결실체
보고된 당기순이익	200,000	100,000	300,000
기계처분실현이익	-	4,000	4,000
조정후 당기순이익	200,000	104,000	304,000
지배기업지분순이익	200,000	62,400	262,400
비지배지분순이익		41,600	41,600

4. 연결분개

(1) 20×1년

구분	차변	금액	대변	금액
투자와 자본상계	(차) 자 본 금 이익잉여금(×1초)	500,000 ② 200,000 ③	(대) 종속기업주식 비지배지분(×1초)	420,000 ① 280,000 ④
내부거래제거	(차) 유형처분이익(×1년) 기계장치(×1말) ① 48,000 − 40,000 = 8,000 ② 8,000 ÷ 4년 = 2,000 ③ 100,000 − 48,000 = 52,000 ④ 대차차액	8,000 ① 52,000 ③	(대) 감가상각비(×1년) 감가누계액(×1말)	2,000 ② 58,000 ④
비지배이익	(차) 이익잉여금(×1년) ① (200,000 − 8,000 + 2,000) × 40% = 77,600	77,600 ①	(대) 비지배지분(×1년)	77,600 ②

(2) 20×2년

구분	차변	금액	대변	금액
투자와 자본상계	(차) 자 본 금	500,000 ②	(대) 종속기업주식	420,000 ①
	이익잉여금(×1초)	200,000 ③	비지배지분(×1초)	280,000 ④
전기손익배분	(차) 이익잉여금(×1년)	200,000 ⑤	(대) 이익잉여금(×1년)	120,000 ⑥
			비지배지분(×1년)	80,000 ⑦
내부거래제거	(차) 이익잉여금(×1년)	3,600 ①	(대) 감가상각비(×2년)	2,000 ③
	비지배지분(×1년)	2,400 ②	감가누계액(×2말)	56,000 ⑤
	기계장치(×2말)	52,000 ④		
	① 전기말 미실현이익 잔액×지배기업지분율 : 6,000×60% = 3,600			
	③ 6,000÷3년 = 2,000			
	④ 100,000 − 48,000 = 52,000			
비지배이익	(차) 이익잉여금(×2년)	60,800 ①	(대) 비지배지분(×2년)	60,800 ②
	① (150,000 + 2,000)×40% = 60,800			

(3) 20×3년

구분	차변	금액	대변	금액
투자와 자본상계	(차) 자 본 금	500,000 ②	(대) 종속기업주식	420,000 ①
	이익잉여금(×1초)	200,000 ③	비지배지분(×1초)	280,000 ④
전기손익배분	(차) 이익잉여금(×2말)	350,000 ⑤	(대) 이익잉여금(×2말)	210,000 ⑥
			비지배지분(×2말)	140,000 ⑦
내부거래제거	(차) 이익잉여금(×2말)	2,400 ①	(대) 감가상각비(×3년)	2,000 ③
	비지배지분(×2말)	1,600 ②	유형처분이익(×3년)	2,000 ④
	① 전기말 미실현이익 잔액×지배기업지분율 : 4,000×60% = 2,400			
	③ 4,000÷2년 = 2,000			
	④ 대차차액			
비지배이익	(차) 이익잉여금(×3년)	41,600 ①	(대) 비지배지분(×3년)	41,600 ②
	① (100,000 + 2,000 + 2,000)×40% = 41,600			

해설

1. 하향판매거래와 상향판매거래의 20×1년 연결순이익을 비교하면 다음과 같다. 여기서 내부거래의 유형에 상관이 없이 연결당기순이익이 동일함을 발견할 수 있다. 결국 하향판매거래와 상향판매거래 모두 연결재무제표에서 전액제거 되고 있는 것을 확인할 수 있다.

[20×1년]

구 분	지배기업지분이익	비지배지분이익	연결순이익
하향판매 내부거래시	514,000	80,000	594,000
상향판매 내부거래시	516,400	77,600	594,000
차이금액	(2,400)	2,400	-

2. 하향판매거래와 상향판매거래의 20×2년과 20×3년의 연결순이익을 비교하면 다음과 같다. 여기서 내부거래의 유형에 상관이 없이 연결당기순이익이 동일함을 발견할 수 있다. 결국 하향판매거래와 상향판매거래 모두 연결재무제표에서 전액실현 되고 있는 것을 확인할 수 있다.

[20×2년]

구 분	지배기업지분이익	비지배지분이익	연결순이익
하향판매 내부거래시	392,000	60,000	452,000
상향판매 내부거래시	391,200	60,800	452,000
차이금액	800	(800)	-

[20×3년]

구 분	지배기업지분이익	비지배지분이익	연결순이익
하향판매 내부거래시	264,000	40,000	304,000
상향판매 내부거래시	262,400	41,600	304,000
차이금액	1,600	(1,600)	-

제 5 절 사채의 미실현손익

연결대상기업이 사채를 발행하고, 동일한 시점에 또 다른 연결대상기업이 이를 원시취득하여 상각후원가측정금융자산(또는 기타포괄손익-공정가치 측정 금융자산)으로 인식하는 거래가 발생할 수 있다. 이 경우 연결실체의 관점에 본다면, 연결대상기업이 재취득한 사채는 자기사채가 된다. 국제회계기준에 의하면 자기사채는 기 발행사채의 상환으로 회계처리 해야 하므로 취득한 상각후원가측정금융자산과 발행한 사채는 상계제거하고, 관련된 손익인 이자수익과 이자비용을 제거하면 된다. 이는 다음과 같이 채권·채무상계제거와 수익·비용상계제거만을 수행하면 되므로 어렵지 않다.

[연결대상기업간의 직접거래]

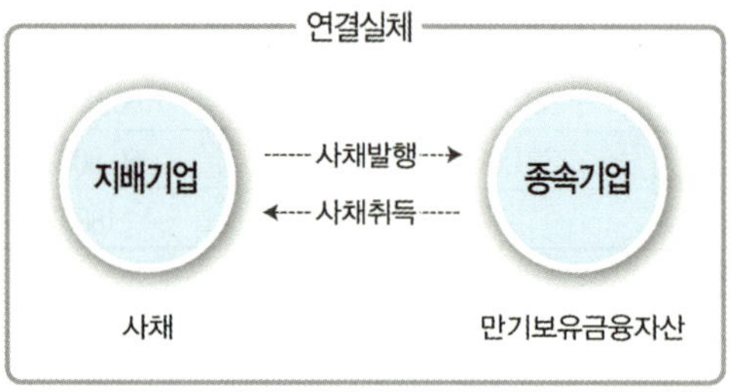

[연결대상기업간 직접거래의 제거]

채권·채무상계	(차) 사 채	×××	(대)	상각후원가금융자산	×××
				사채할인발행차금	×××
수익·비용상계	(차) 이자수익	×××	(대)	이자비용	×××

하지만 연결대상기업이 외부의 제3자에게 사채를 발행하고, 후속적으로 또 다른 연결대상기업이 이를 승계취득하여 상각후원가측정금융자산으로 인식하는 거래가 발생할 수도 있다. 이때 사채의 장부금액과 상각후원가측정금융자산의 장부금액이 다르므로, 연결분개시 자산과 부채를 제거하면서 손익이 발생하게 된다. 또한 지배권획득일 이후 연결대상기업의 단순합산 재무제표에는 사채와 상각후원가측정금융자산 이외에도 각각에 대하여 이자비용과 이자수익이 인식되어 있으므로 이를 제거하면서도 손익이 발생하게 된다.

[외부의 제3자를 이용한 간접거래]

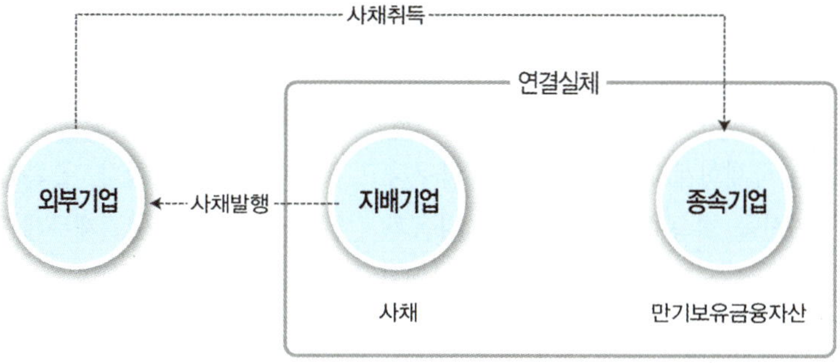

이 해 **사채의 장부금액과 상각후원가측정자산의 취득금액이 다른 이유**

내부거래 발생시 사채의 장부금액은 발행당시의 유효이자율로 할인하여 상각후원가로 측정한다. 하지만 상각후원가측정금융자산의 취득금액은 당해 자산의 취득당시의 시장이자율로 할인한 공정가치로 측정한다. 즉 사채의 발행당시의 이자율과 취득당시의 이자율 차이로 인해 사채의 재취득손익이 계상되는 것이다.

사채 내부거래에 대한 미실현손익의 제거 논리는 앞에서 학습한 미실현손익의 제거논리와 다르다. 재고자산 내부거래와 토지 내부거래, 그리고 상각자산 내부거래는 연결대상회사가 내부거래 발생일에 인식한 미실현이익을 제거하고, 내부거래일 이후연도에 당해 미실현이익을 추인하는 회계처리를 수행한다. 이를 세무조정의 논리를 이용하여 설명한다면 내부거래발생일에 익금불산입·(-)유보로 조정하고, 이를 후속적으로 익금산입·(+)유보로 추인한다고 할 수 있다.

하지만 사채 내부거래의 경우에는 내부거래 발생일에 연결대상기업이 인식하지 않은 사채상환손익을 실현손익으로 인식하고, 내부거래일 이후연도에 당해 사채상환손익을 이자수익과 이자비용으로 추인하는 회계처리를 수행한다. 이를 세무조정의 논리를 이용하여 설명한다면 내부거래 발생일에는 익금산입·(+)유보로 조정하고, 이를 후속적으로 익금불산입·(-)유보로 추인한다고 할 수 있다. 이하 설명은 지배기업이 사채를 발행하는 하향거래와 종속기업이 사채를 발행하는 상향거래로 구분하여 설명할 것이다.

1 하향내부거래

지배기업이 사채를 발행하고, 이를 종속기업이 보유하는 형태의 내부거래를 말한다. 이는 내부거래가 발생한 1차년도, 내부거래 후 2차년도, 그리고 3차년도로 구분하여 다음과 같이 조정하여야 한다.

(1) 내부거래가 발생한 1차년도

예를 들어, 20×1년 초에 지배기업의 재무제표에 계상되어 있는 사채의 장부금액은 ₩9,700이며, 잔여만기는 20×3년 말, 액면금액은 ₩10,000, 표시이자율은 10%로 가정하자. 종속기업은 당해 사채를 20×1년 초에 외부에서 ₩9,550에 취득하였으며 이를 상각후원가측정금융자산으로 분류하고 있다. 사채발행차금은 국제회계기준의 규정에도 불구하고 정액법으로 상각한다. 종속기업이 취득한 상각후원가측정금융자산을 계속보유하고 있다면 다음과 같은 조정을 통해 연결재무제표를 작성하면 된다. 연결분개 이후에는 결국 지배기업이 당해 사채를 상환한 것으로 인식된다.

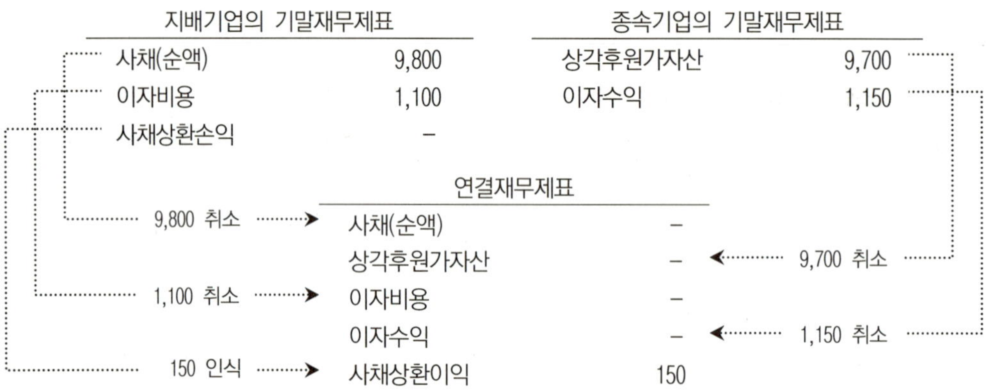

[사채내부거래의 제거]

미실현이익제거	(차) 사　　채	10,000 ④	(대) 상각후원가금융자산	9,700 ⑤
	이자수익(×1년)	1,150 ③	사채할인발행차금	200 ④
			이자비용(×1년)	1,100 ②
			사채상환이익(×1년)	150 ①
	① 사채상환이익 : 9,700 − 9,550 = 150		② 이자비용 : 1,000 + 300 ÷ 3년 = 1,100	
	③ 이자수익 : 1,000 + 450 ÷ 3년 = 1,150		④ 사채의 장부금액 : 9,700 + 300 ÷ 3년 × 1년 = 9,800	
	⑤ 상각후원가측정금융자산의 장부금액 : 9,550 + 450 ÷ 3년 × 1년 = 9,700			

↓

미실현이익제거	(차) 순이자수익(×1년)	50 ②	(대) 사채상환이익(×1년)	150 ①
	순 사 채(×1말)	100 ③		
	① 사채상환이익 : 9,700 − 9,550 = 150		② 순이자수익 : 150 ÷ 3년 = 50	
	③ 순사채 : 대차차액			

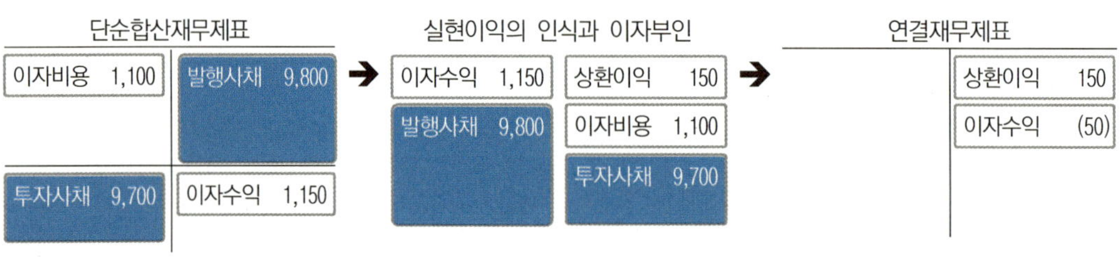

위의 사례를 세무조정의 논리로 접근한다면 내부거래가 발생한 시점인 20×1년 초에는 ₩150 익금산입·(+)유보로 조정한 후, 20×1년 말에 당해 조정사항이 3년간에 걸쳐 추인되므로 ₩50 익금불산입·(-)유보로 조정된 것으로 이해할 수 있다. 한편, 하향판매 내부거래는 지배기업이 내부거래를 통해 손익을 조작한 것이므로 위의 손익효과를 전액 지배기업지분순이익을 계산할 때 고려하면 된다.

참 고 사채거래에서 미실현손익의 실현

사채거래에서 발생한 미실현손익의 실현스케쥴은 사채발행차금에 대한 상각방법이 정액법인 경우 내부거래에 따른 사채상환손익을 잔여내용연수에 걸쳐 배분하면 된다. 단, 상각방법이 유효이자율법인 경우에는 내부거래전 이자손익과 내부거래후 이자손익을 별도로 계산하여 이를 실현손익으로 인식하여야 한다.

(2) 내부거래 이후 2차년도

내부거래가 발생한 후 2차년도에 당해 상각후원가측정금융자산을 종속기업이 계속보유하고 있다면 다음과 같이 분석하여 연결분개를 수행하면 된다.

[사채내부거래의 제거]

실현손익인식	(차) 사　　채	10,000 ④	(대) 상각후원가금융자산	9,850 ⑤
	이자수익(×2년)	1,150 ③	사채할인발행차금	100 ④
			이자비용(×2년)	1,100 ②
			이익잉여금(×1년)	100 ①

① 전기미실현이익 : 150 − 50 = 100　　② 이자비용 : 1,000 + 300 ÷ 3년 = 1,100
③ 이자수익 : 1,000 + 450 ÷ 3년 = 1,150　　④ 사채의 장부금액 : 9,700 + 300 ÷ 3년 × 2년 = 9,900
⑤ 상각후원가측정금융자산의 장부금액 : 9,550 + 450 ÷ 3년 × 2년 = 9,850

↓

실현손익인식	(차) 순이자수익(×2년)	50 ②	(대) 이익잉여금(×1년)	100 ①
	순 사 채(×2말)	50 ③		

① 전기미실현이익 : 150 − 50 = 100　　② 순이자수익 : 100 ÷ 2년 = 50
③ 순사채 : 대차차액

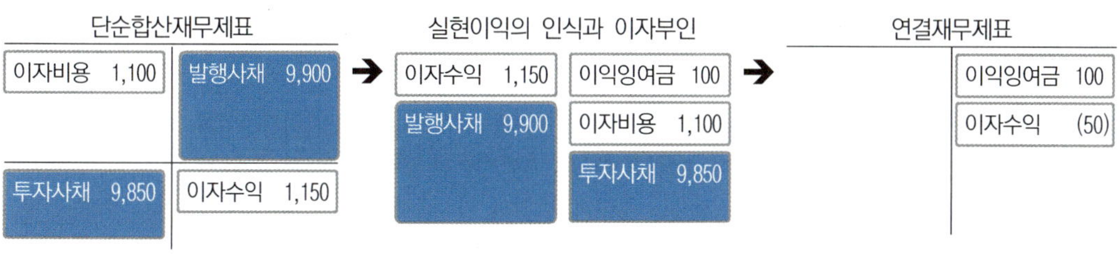

위의 사례를 세무조정의 논리로 접근한다면 내부거래가 발생한 이후 2차년도에 전기의 미실현손익 잔액 ₩100 중 ₩50이 익금불산입·(-)유보로 추인된 것으로 이해할 수 있다. 그리고 해당 손익효과는 하향판매에서 발생한 손익이므로 전액 지배기업지분순이익을 계산할 때 고려하면 된다.

(3) 내부거래 이후 3차년도

내부거래가 발생한 후 3차년도에 당해 상각후원가측정금융자산을 종속기업이 회수하였다면, 다음과 같이 분석하여 연결분개를 수행하면 된다.

[사채내부거래의 제거]

실현이익인식	(차) 이자수익(×3년)	1,150 ③	(대) 이자비용(×3년)	1,100 ②
			이익잉여금(×2말)	50 ①
	① 전기미실현이익 : 150 − 50 − 50 = 50		② 이자비용 : 1,000 + 300 ÷ 3년 = 1,100	
	③ 이자수익 : 1,000 + 450 ÷ 3년 = 1,150			

↓

실현손익인식	(차) 순이자수익(×3년)	50 ②	(대) 이익잉여금(×2말)	50 ①
	① 전기미실현이익 : 150 − 50 − 50 = 50		② 순이자수익 : 50 ÷ 1년 = 50	

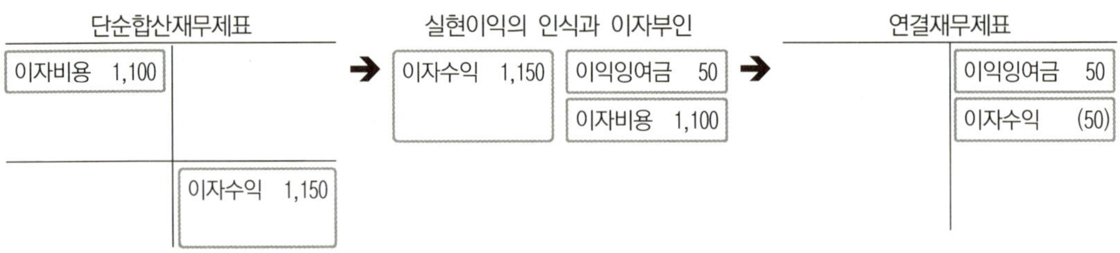

위의 사례를 세무조정의 논리로 접근한다면 내부거래가 발생한 이후 3차년도에 전기의 미실현손익 잔액 ₩50 중 ₩50이 익금불산입·(-)유보로 추인된 것으로 이해할 수 있다. 그리고 해당 손익효과는 하향판매에서 발생한 손익이므로 전액 지배기업지분순이익을 계산할 때 고려하면 된다.

이 해 **사채 내부거래 실현손익의 인식과 미실현손익의 귀속**

지배기업이 발행한 사채를 종속기업이 취득하는 경우 사채이자비용은 지배기업이 인식하며, 사채이자수익은 종속기업이 인식한다. 따라서, 이자비용과 이자수익의 제거를 각각 지배기업의 이자수익과 종속기업의 이자비용에서 제거한다고 생각할 수도 있다. 연결회계에서 내부거래 미실현손익의 제거논리는 내부거래를 발생시킨 대상기업의 손익의 귀속시기를 조정하는 것이지, 손익의 귀속금액을 조정하는 것이 아니다. 따라서, 사채상환이익의 인식을 지배기업의 손익에서 가산했으면, 해당 이자수익의 부인도 지배기업의 손익에서 차감해야 한다.

(4) 사채내부거래 미실현손익의 제거논리

사채관련 내부거래 미실현손익제거의 논리를 직관적으로 그림과 회계처리를 통해 설명하면 다음과 같다. 결론적으로 말하면, 사채관련 연결조정의 회계처리는 연결실체가 인식하여야 할 사채상환손익을 개별실체에서 이자손익으로 인식하고 있으므로, 이를 부인해가는 과정으로 볼 수 있다. 이는 상각자산의 내부거래제거논리와 100% 동일하다.

[회사의 회계처리]

		이자비용(×1) 1,100 − 1,000		이자비용(×2) 1,100 − 1,000		이자비용(×3) 1,100 − 1,000	
사　채	9,700	→	9,800	→	9,900	→	10,000

		이자수익(×1) 1,150 − 1,000		이자수익(×2) 1,150 − 1,000		이자수익(×3) 1,150 − 1,000	
투자사채	9,550	→	9,700	→	9,850	→	10,000

[올바른 회계처리]

사　채 9,700

↓ (+)150 상환이익

상　환 9,550 → 없음 → 없음 → 없음

[수정 회계처리]

상환이익(×1)	순이자수익(×1)	순이자수익(×2)	순이자수익(×3)
(+)150	(−)50	(−)50	(−)50

[사채내부거래제거의 회계처리]

사채취득일	(차)	순 사 채(×1초)	150 ②	(대) 사채상환이익(×1년)	150 ①
1차년도 말	(차)	순이자수익(×1년)	50 ②	(대) 사채상환이익(×1년)	150 ①
		순 사 채(×1말)	100 ③		
2차년도 말	(차)	순이자수익(×2년)	50 ②	(대) 이익잉여금(×1년)	100 ①
		순 사 채(×2말)	50 ③		
3차년도 말	(차)	순이자수익(×3년)	50 ②	(대) 이익잉여금(×2말)	50 ①

구 분	20×1년		20×2년		20×3년		합 계
	A회사	B회사	A회사	B회사	A회사	B회사	
조정전순이익	(1,100)	1,150	(1,100)	1,150	(1,100)	1,150	150
내부손익조정	**150**	**−**	**−**	**−**	**−**	**−**	**150**
내부손익조정	**(50)**	**−**	**(50)**	**−**	**(50)**	**−**	**(150)**
조정후순이익	(1,000)	1,150	(1,150)	1,150	(1,150)	1,150	150

2 상향내부거래

종속기업이 사채를 발행하고, 이를 지배기업이 보유하는 형태의 내부거래를 말한다. 이는 내부거래가 발생한 1차년도, 내부거래 후 2차년도, 그리고 3차년도로 구분하여 다음과 같이 조정하여야 한다.

(1) 내부거래가 발생한 1차년도

위의 기본사례에서 지배기업이 취득한 상각후원가측정금융자산을 계속보유하고 있다면 다음과 같은 조정을 통해 연결재무제표를 작성하면 된다. 단, 지배기업의 종속기업에 대한 지분율은 80%를 가정한다. 연결분개 이후에는 결국 종속기업이 당해 사채를 상환한 것으로 인식된다.

[사채내부거래의 제거]

구분	차변	금액	대변	금액
미실현이익제거	(차) 사　　채	10,000 ④	(대) 상각후원가금융자산	9,700 ⑤
	이자수익(×1년)	1,150 ③	사채할인발행차금	200 ④
			이자비용(×1년)	1,100 ②
			사채상환이익(×1년)	150 ①
	① 사채상환이익 : 9,700 − 9,550 = 150		② 이자비용 : 1,000 + 300 ÷ 3년 = 1,100	
	③ 이자수익 : 1,000 + 450 ÷ 3년 = 1,150		④ 사채의 장부금액 : 9,700 + 300 ÷ 3년 × 1년 = 9,800	
	⑤ 상각후원가측정금융자산의 장부금액 : 9,550 + 450 ÷ 3년 × 1년 = 9,700			

↓

구분	차변	금액	대변	금액
미실현이익제거	(차) 순이자수익(×1년)	50 ②	(대) 사채상환이익(×1년)	150 ①
	순 사 채(×1말)	100 ③		
	① 사채상환이익 : 9,700 − 9,550 = 150		② 순이자수익 : 150 ÷ 3년 = 50	
	③ 순사채 : 대차차액			

위의 사례를 세무조정의 논리로 접근한다면 내부거래가 발생한 시점인 20×1년 초에는 ₩150 익금산입·(+)유보로 조정한 후, 20×1년 말에 당해 조정사항이 3년간에 걸쳐 추인되므로 ₩50 익금불산입·(−)유보로 조정된 것으로 이해할 수 있다. 한편, 상향내부거래는 종속기업이 내부거래를 통해 손익을 조작한 것이므로 위의 손익효과를 종속기업에 대한 지배기업지분순이익과 비지배지분순이익으로 구분하여 비례적으로 가감하여야 한다.

(2) 내부거래 이후 2차년도

내부거래가 발생한 후 2차년도에 당해 상각후원가측정금융자산을 지배기업이 계속보유하고 있다면 다음과 같이 분석하여 연결분개를 수행하면 된다.

[사채내부거래의 제거]

실현손익인식	(차) 사　　채	10,000 ④	(대) 상각후원가금융자산	9,850 ⑤
	이자수익(×2년)	1,150 ③	사채할인발행차금	100 ④
			이자비용(×2년)	1,100 ②
			이익잉여금(×1년)	80 ①
			비지배지분(×1년)	20 ①
	① 전기미실현이익 : 150 − 50 = 100		② 이자비용 : 1,000 + 300 ÷ 3년 = 1,100	
	③ 이자수익 : 1,000 + 450 ÷ 3년 = 1,150		④ 사채의 장부금액 : 9,700 + 300 ÷ 3년 × 2년 = 9,900	
	⑤ 상각후원가측정금융자산의 장부금액 : 9,550 + 450 ÷ 3년 × 2년 = 9,850			

↓

실현손익인식	(차) 순이자수익(×2년)	50 ②	(대) 이익잉여금(×1년)	80 ①
	순 사 채(×2말)	50 ③	비지배지분(×1년)	20 ①
	① 전기미실현이익 : 150 − 50 = 100		② 순이자수익 : 100 ÷ 2년 = 50	
	③ 순사채 : 대차차액			

위의 사례를 세무조정의 논리로 접근한다면 내부거래가 발생한 이후 2차년도에 전기의 미실현손익 잔액 ₩100 중 ₩50이 익금불산입·(−)유보로 추인된 것으로 이해할 수 있다. 그리고 해당 손익효과는 상향내부거래에서 발생했으므로 종속기업에 대한 지배기업지분순이익과 비지배지분순이익으로 구분하여 비례적으로 가감하여야 한다.

(3) 내부거래 이후 3차년도

내부거래가 발생한 후 3차년도에 당해 상각후원가측정금융자산을 종속기업이 회수하였다면, 다음과 같이 분석하여 연결분개를 수행하면 된다.

[사채내부거래의 제거]

실현이익인식	(차) 이자수익(×3년)	1,150 ③	(대) 이자비용(×3년)	1,100 ②
			이익잉여금(×2말)	40 ①
			비지배지분(×2말)	10 ①
	① 전기미실현이익 : 150 − 50 − 50 = 50			
	② 이자비용 : 1,000 + 300 ÷ 3년 = 1,100		③ 이자수익 : 1,000 + 450 ÷ 3년 = 1,150	

↓

실현손익인식	(차) 순이자수익(×3년)	50 ②	(대) 이익잉여금(×2말)	40 ①
			비지배지분(×2말)	10 ①
	① 전기미실현이익 : 150 − 50 − 50 = 50		② 순이자수익 : 50 ÷ 1년 = 50	

위의 사례를 세무조정의 논리로 접근한다면 내부거래가 발생한 이후 3차년도에 전기의 미실현손익 잔액 ₩50 중 ₩50이 익금불산입·(-)유보로 추인된 것으로 이해할 수 있다. 그리고 해당 손익효과는 상향내부거래에서 발생했으므로 종속기업에 대한 지배기업지분순이익과 비지배지분순이익으로 구분하여 비례적으로 가감하여야 한다.

[사채내부거래 제거의 손익효과]

구 분	20×1년		20×2년		20×3년		합 계
	A회사	B회사	A회사	B회사	A회사	B회사	
조정전순이익	1,150	(1,100)	1,150	(1,100)	1,150	(1,100)	150
내부손익조정	-	150	-	-	-	-	150
내부손익조정	-	(50)	-	(50)	-	(50)	(150)
조정후순이익	1,150	(1,000)	1,150	(1,150)	1,150	(1,150)	150

예제 5 사채 내부거래

20×1년 1월 1일 A회사는 B회사의 보통주 60%를 ₩420,000에 취득하여 지배권을 확보하였다. 20×1년 1월 1일 현재 B회사의 순자산은 자본금 ₩500,000과 이익잉여금 ₩200,000이었다. 취득일 현재 B회사의 식별가능한 순자산장부금액과 공정가치는 동일하다.

(1) 20×1년 초 A회사는 액면금액 100,000이며, 장부금액 ₩96,000의 사채를 발행하고 있다. 사채의 만기는 20×4년 말이며, 표시이자율은 10%이다. A회사는 사채발행차금을 정액법으로 상각한다.

(2) 20×1년 초 B회사는 A회사가 발행한 사채를 외부에서 ₩94,000에 취득하였다. B회사는 사채발행차금을 정액법으로 상각한다.

(3) 20×1년 A회사의 당기순이익은 ₩400,000이며, B회사의 당기순이익은 ₩200,000이다.

(4) 20×2년 A회사의 당기순이익은 ₩300,000이며, B회사의 당기순이익은 ₩150,000이다.

물음
Question

1. 20×1년과 20×2년의 연결재무제표에 표시될 지배기업지분순이익과 비지배지분순이익을 계산하시오.
2. 20×1년과 20×2년의 연결재무제표 작성을 위한 연결분개를 제시하시오.
3. 상기의 내부거래가 하향판매가 아닌 상향판매라고 가정하고 [물음1]에 답하시오.
4. 상기의 내부거래가 하향판매가 아닌 상향판매라고 가정하고 [물음2]에 답하시오.

해 답

answer

❖ 사채내부거래 미실현손익의 실현스케쥴

구 분	20×1년	20×2년	20×3년	20×4년
사채의 상환손익	2,000			
사채의 순이자손익	(500)	(500)	(500)	(500)

*1 96,000 − 94,000 = 2,000 *2 2,000 ÷ 4년 = 2,000

1. 하향판매 내부거래 연결순이익

(1) 20×1년

구 분	지배기업	종속기업	연결실체
보고된 당기순이익	400,000	200,000	600,000
사채실현이익	2,000 *1	-	2,000
사채미실현이익	(500)	-	(500)
조정후 당기순이익	401,500	200,000	601,500
지배기업지분순이익	401,500	120,000	521,500
비지배지분순이익		80,000	80,000

*1 사채의 경우에는 다른 내부거래와 달리 부채의 내부거래이므로 부호에 주의하여야 한다.

(2) 20×2년

구 분	지배기업	종속기업	연결실체
보고된 당기순이익	300,000	150,000	450,000
사채미실현이익	(500)	-	(500)
조정후 당기순이익	299,500	150,000	449,500
지배기업지분순이익	299,500	90,000	389,500
비지배지분순이익		60,000	60,000

2. 연결분개

(1) 20×1년

구분	차변	금액	대변	금액
투자와 자본상계	(차) 자 본 금	500,000 ②	(대) 종속기업주식	420,000 ①
	이익잉여금(×1초)	200,000 ③	비지배지분(×1초)	280,000 ④
내부거래제거	(차) 사 채	100,000 ④	(대) 상각후원가금융자산	95,500 ⑤
	이자수익(×1년)	11,500 ③	사채할인발행차금	3,000 ④
			이자비용(×1년)	11,000 ②
			사채상환이익(×1년)	2,000 ①
	① 96,000 − 94,000 = 2,000 ② 10,000 + 4,000 ÷ 4년 = 11,000 ③ 10,000 + 6,000 ÷ 4년 = 11,500 ④ 96,000 + 4,000 ÷ 4년 × 1년 = 97,000 ⑤ 94,000 + 6,000 ÷ 4년 × 1년 = 95,500			
비지배이익	(차) 이익잉여금(×1년)	80,000 ①	(대) 비지배지분(×1년)	80,000 ②
	① 200,000 × 40% = 80,000			

(2) 20×2년

구분	차변	금액	대변	금액
투자와 자본상계	(차) 자 본 금	500,000 ②	(대) 종속기업주식	420,000 ①
	이익잉여금(×1초)	200,000 ③	비지배지분(×1초)	280,000 ④
전기손익배분	(차) 이익잉여금(×1년)	200,000 ①	(대) 이익잉여금(×1년)	120,000 ②
			비지배지분(×1년)	80,000 ③
내부거래제거	(차) 사 채	100,000 ④	(대) 상각후원가금융자산	97,000 ⑤
	이자수익(×2년)	11,500 ③	사채할인발행차금	2,000 ④
			이자비용(×2년)	11,000 ②
			이익잉여금(×1년)	1,500 ①
	① 전기미실현손익 : 2,000 − 500 = 1,500 ② 10,000 + 4,000 ÷ 4년 = 11,000 ③ 10,000 + 6,000 ÷ 4년 = 11,500 ④ 96,000 + 4,000 ÷ 4년 × 2년 = 98,000 ⑤ 94,000 + 6,000 ÷ 4년 × 2년 = 97,000			
비지배이익	(차) 이익잉여금(×2년)	60,000 ①	(대) 비지배지분(×2년)	60,000 ②
	① 150,000 × 40% = 60,000			

3. 상향판매 내부거래 연결순이익

(1) 20×1년

구 분	지배기업	종속기업	연결실체
보고된 당기순이익	400,000	200,000	600,000
사채실현이익	-	2,000	2,000
사채미실현이익	-	(500)	(500)
조정후 당기순이익	400,000	201,500	601,500
지배기업지분순이익	400,000	120,900	520,900
비지배지분순이익		80,600	80,600

(2) 20×2년

구 분	지배기업	종속기업	연결실체
보고된 당기순이익	300,000	150,000	450,000
사채미실현이익	-	(500)	(500)
조정후 당기순이익	300,000	149,500	449,500
지배기업지분순이익	300,000	89,700	389,700
비지배지분순이익		59,800	59,800

4. 연결분개

(1) 20×1년

투자와 자본상계	(차) 자 본 금	500,000 ②	(대) 종속기업주식	420,000 ①
	이익잉여금	200,000 ③	비지배지분	280,000 ④
내부거래제거	(차) 사 채	100,000 ④	(대) 상각후원가금융자산	95,500 ⑤
	이자수익(×1년)	11,500 ③	사채할인발행차금	3,000 ④
			이자비용(×1년)	11,000 ②
			사채상환이익(×1년)	2,000 ①
	① 96,000 − 94,000 = 2,000 ② 10,000 + 4,000 ÷ 4년 = 11,000 ③ 10,000 + 6,000 ÷ 4년 = 11,500 ④ 96,000 + 4,000 ÷ 4년 × 1년 = 97,000 ⑤ 94,000 + 6,000 ÷ 4년 × 1년 = 95,500			
비지배이익	(차) 이익잉여금	80,600 ①	(대) 비지배지분	80,600 ②
	① (200,000 + 2,000 − 500) × 40% = 80,600			

(2) 20×2년

투자와 자본상계	(차) 자 본 금	500,000 ②	(대) 종속기업주식	420,000 ①
	이익잉여금	200,000 ③	비지배지분	280,000 ④
전기손익배분	(차) 이익잉여금	200,000 ⑤	(대) 이익잉여금	120,000 ⑥
			비지배지분	80,000 ⑦
내부거래제거	(차) 사 채	100,000 ④	(대) 상각후원가금융자산	97,000 ⑤
	이자수익(×2년)	11,500 ③	사채할인발행차금	2,000 ④
			이자비용(×2년)	11,000 ②
			이익잉여금(×1년)	900 ①
			비지배지분(×1년)	600 ①
	① 전기미실현손익 : 2,000 − 500 = 1,500 ② 10,000 + 4,000 ÷ 4년 = 11,000 ③ 10,000 + 6,000 ÷ 4년 = 11,500 ④ 96,000 + 4,000 ÷ 4년 × 2년 = 98,000 ⑤ 94,000 + 6,000 ÷ 4년 × 2년 = 97,000			
비지배이익	(차) 이익잉여금	59,800 ①	(대) 비지배지분	59,800 ②
	① (150,000 − 500) × 40% = 59,800			

해 설

1. 하향판매거래와 상향판매거래의 20×1년 연결순이익을 비교하면 다음과 같다. 여기서 내부거래의 유형에 상관이 없이 연결당기순이익이 동일함을 발견할 수 있다. 결국 하향판매거래와 상향판매거래 모두 연결재무제표에서 전액제거 되고 있는 것을 확인할 수 있다.

[20×1년]

구 분	지배기업지분이익	비지배지분이익	연결순이익
하향판매 내부거래시	521,500	80,000	601,500
상향판매 내부거래시	520,900	80,600	601,500
차이금액	600	(600)	-

2. 하향판매거래와 상향판매거래의 20×2년의 연결순이익을 비교하면 다음과 같다. 여기서 내부거래의 유형에 상관이 없이 연결당기순이익이 동일함을 발견할 수 있다. 결국 하향판매거래와 상향판매거래 모두 연결재무제표에서 전액실현 되고 있는 것을 확인할 수 있다.

[20×2년]

구 분	지배기업지분이익	비지배지분이익	연결순이익
하향판매 내부거래시	389,500	60,000	449,500
상향판매 내부거래시	389,700	59,800	449,500
차이금액	(200)	200	-

제 6 절 내부거래와 관련된 기타사항

1 채권과 채무상계 제거시 특이상황

(1) 내부거래 매출채권의 금융기관 양도

연결실체내에서 제거대상 내부거래 채권을 금융기관에 양도하는 경우가 있다. 이 경우 해당 채권의 양도거래가 금융자산의 제거요건을 만족하지 않는다면, 채권·채무상계제거 연결분개시 제거대상 채권과 채무의 금액이 일치하므로 아무런 문제가 되지 않는다. 하지만 당해 양도거래가 금융자산의 제거요건을 충족한다면, 채권·채무상계제거 연결분개시 제거대상 채권과 채무가 일치하지 않게 된다. 이 경우 제거되지 않은 채무는 관련 채권의 양도로 인하여 금융기관에 상환을 해야 하므로, 단기차입금으로 대체하는 다음과 같은 연결분개가 필요하다. 한편, 단순합산재무제표에서 채권의 양도와 관련하여 매출채권처분손실로 인식한 금액이 있다면, 이를 이자비용으로 대체하는 연결분개도 필요하다.

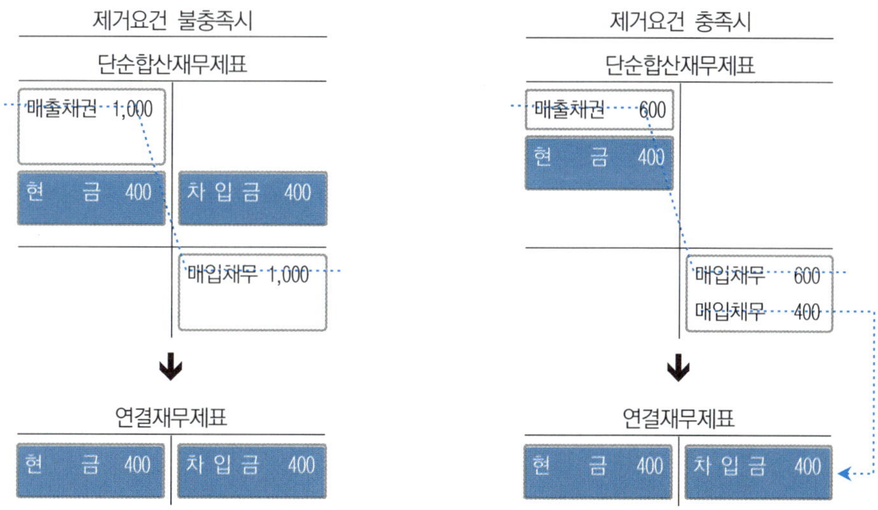

[채권·채무의 상계제거]

제거요건불충족	(차)	매입채무 1,000	(대)	매출채권	1,000
제거요건충족됨	(차)	매입채무 1,000	(대)	매출채권	600
				단기차입금	400

(2) 내부거래 매출채권에 대한 대손충당금

단순합산재무제표에 내부거래 제거대상 채권에 대한 대손충당금이 계상되어 있을 수 있다. 내부거래채권은 채권·채무 상계제거를 통해 제거되므로, 이와 관련한 대손충당금이 있다면 함께 제거해야 하며, 제거에 따른 손익을 연결재무제표에 반영하여야 한다. 물론 제거에 따른 손익은 지배기업의 대손충당금을 제거하는 하향거래에서는 전액 지배기업지분순이익에 반영하여야 하며, 종속기업의 대손충당금을 제거하는 상향거래에서는 종속기업에 대한 지배기업지분순이익과 비지배지분순이익으로 구분하여 비례적으로 반영하여야 한다. 예를 들어 지배기업이 종속기업에 대하여 내부거래채권이 ₩1,000이 있으며, 지배기업이 종속기업 채권에 대하여 10%의 대손충당금을 설정한 상태라고 가정하자.

[대손충당금의 제거_1차년도]

채권·채무상계	(차)	매입채무	1,000 ①	(대)	매출채권	1,000 ②
	(차)	대손충당금(×1말)	100 ④	(대)	대손상각비(×1년)	100 ③

[대손충당금의 제거_2차년도]

채권·채무상계	(차)	대손상각비(×2년)	100 ②	(대)	이익잉여금(×1년)	100 ①
	① 종속기업의 대손충당금이 상계되는 거래인 경우에는 상향거래이므로 지분율에 따라 지배기업지분과 비지배지분으로 배분하여야 함					

2 수익과 비용의 상계제거시 용역내부거래

연결실체내에서 용역내부거래를 수행하는 경우가 있다. 예를 들어, 광고용역 제공기업인 종속기업이 지배기업을 위하여 광고용역을 제공할 수가 있다. 종속기업이 지배기업을 위하여 용역원가 ₩800을 지출하여 용역수익 ₩1,000을 발생시켰으며, 지배기업이 광고비용 ₩1,000을 종속기업에게 지급한 경우 다음과 같이 수익과 비용의 상계제거를 수행하면 된다.

[20×1년의 연결조정분개]

단순합산거래	(차)	광고비용	1,000	(대)	현 금	1,000
	(차)	현 금	1,000	(대)	광고용역수익	1,000
		광고용역원가	800		현 금	800
연결조정분개	(차)	광고용역수익	1,000 ①	(대)	광고용역원가	800 ②
					광고비용	200 ④
연결실체분개	(차)	광고비용	800	(대)	현 금	800

위의 회계처리의 결과 연결재무제표에는 판매비와 관리비인 광고비용 ₩800만이 계상된다. 이는 미실현손익이 아닌 단순 수익과 비용의 상계제거이기에 연결실체의 당기손익에는 조정사항이 없다.

3 재고자산 내부거래 제거시 특이상황

(1) 내부거래 2차년도에 재고자산의 일부판매

재고자산 내부거래의 특징은 발생한 미실현손익이 내부거래 2차년도에 외부판매를 통해 전액 실현된다는 것이다. 하지만 2차년도에 전액 판매가 되지 않고, 일부판매가 되는 경우에는 비상각자산인 토지 미실현손익과 유사하게 조정하면 된다. 예를 들어 20×1년 지배기업이 종속기업에 ₩800의 재고자산을 ₩1,000에 판매하고, 종속기업이 이를 계속보유하고 있으며, 20×2년에 종속기업이 이 중 60%만을 외부에 판매하는 경우에는 다음과 같은 조정을 통해 연결재무제표를 작성하면 된다.

[20×1년의 연결조정분개]

미실현이익제거	(차)	매출수익	1,000 ①	(대)	매출원가	1,000 ②
		매출원가(×1년)	200 ③		재고자산(×1말)	200 ④

[20×2년의 연결조정분개]

미실현이익제거	(차)	이익잉여금(×1년)	200 ①	(대)	매출원가(×2년)	120 ②
					재고자산(×2말)	80 ③
	① 상향거래에서는 지분율에 따라 지배기업지분과 비지배지분으로 배분하여야 함 ② 전기미실현이익 실현분 : 200×60%=120 ③ 전기미실현이익 미실현분 : 200×40%=80					

(2) 내부거래 재고자산에서 발생하는 평가손실

연결대상기업으로부터 구입한 내부거래 재고자산을 기말에 저가평가하여 재고자산평가손실이 발생하는 경우가 있다. 예를 들어 20×1년 지배기업이 종속기업에 ₩800의 재고자산을 ₩1,000에 판매하고, 종속기업이 이를 계속보유하고 있으며, 기말 재고자산의 순실현가능가치가 ₩500으로 하락하여 종속기업이 ₩500에 해당하는 재고자산평가손실을 계상하였다면 다음과 같은 조정을 통해 연결재무제표를 작성하면 된다. 단, 재고자산평가손실에 대하여는 재고자산평가충당금 계정은 사용하지 않고, 당해 재고자산에서 직접차감한다고 가정한다.

[20×1년의 연결조정분개]

미실현이익제거	(차)	매출수익	1,000 ①	(대)	매출원가	1,000 ②
		매출원가(×1년)	200 ③		재고자산평가손실(×1년)	200 ④

위의 회계처리는 당기에 발생한 내부거래미실현손익이 저가법의 적용으로 전액 실현되어 재고자산평가손실로 추인되는 논리이며, 연결분개후 연결재무제표에는 재고자산평가손실로 ₩300만이 인식된다. 회사가 재고자산평가손실을 매출원가로 인식하는 회계정책을 채택하고 있다면, 미실현손익을 조정하는 회계처리는 필요 없으며 매출과 매출원가만을 제거하는 회계처리만 수행하면 된다.

한편 20×1년 지배기업이 종속기업에 ₩800의 재고자산을 ₩1,000에 판매하고, 종속기업이 이를 계속보유하고 있으며, 기말 재고자산의 순실현가능가치가 ₩950으로 하락하여 종속기업이 ₩50에 해당하는 재고자산평가손실을 계상하였다면 다음과 같은 조정을 통해 연결재무제표를 작성하면 된다. 단, 재고자산평가손실에 대하여는 재고자산평가충당금 계정은 사용하지 않고, 당해 재고자산에서 직접차감한다고 가정한다.

[20×1년의 연결조정분개]

미실현이익제거	(차)	매출수익	1,000 ①	(대)	매출원가	1,000 ②
		매출원가(×1년)	200 ③		재고자산평가손실(×1년)	50 ④
					재고자산(×1말)	150 ⑤

위의 회계처리는 당기에 발생한 내부거래미실현손익이 저가법의 적용으로 일부 실현되어 재고자산평가손실로 추인되고, 미추인된 금액은 미실현손익으로 재고자산에서 차감하는 논리이다. 연결분개후 연결재무제표에는 재고자산평가손실은 계상되지 않으며 연결실체의 재고자산은 ₩800으로 보고된다. 회사가 재고자산평가손실을 매출원가로 인식하는 회계정책을 채택하고 있다면, 수익·비용상계제거와 함께 미실현손익 ₩150에 대하여만 조정하면 된다.

(3) 내부거래 재고자산을 유형자산으로 사용하는 경우

연결대상기업으로부터 구입한 내부거래 재고자산을 해당 기업이 유형자산으로 사용하면서 감가상각하는 경우가 있다. 예를 들어 20×1년 초에 지배기업이 종속기업에 ₩800의 재고자산을 ₩1,000에 판매하고, 종속기업이 이를 내용연수 4년, 정액법으로 상각하는 기계장치로 사용하는 것으로 가정한다. 이 경우 다음과 같은 조정을 통해 연결재무제표를 작성하면 된다.

[20×1년의 연결조정분개]

미실현이익제거	(차)	매출수익	1,000 ①	(대)	매출원가	1,000 ②
		매출원가(×1년)	200 ③		감가상각비(×1년)	50 ④
					기계장치(×1말)	150 ⑤

위의 회계처리는 당기에 발생한 내부거래미실현손익이 감가상각으로 일부 실현되어 감가상각비로 추인되고, 미추인된 금액은 미실현손익으로 유형자산에서 차감하는 논리이다. 연결분개후 연결재무제표의 기계장치는 내부취득원가 ₩1,000 - 감가상각 ₩250 - 미실현조정 ₩150 = ₩600으로 보고된다. 연결실체 관점에서 위의 회계처리를 제시하면 다음과 같다.

[20×1년의 연결관점분개]

미실현이익제거	(차)	기계장치(×1초)	800 ②	(대)	재고자산(×1초)	800 ①
		감가상각비(×1년)	200 ③		기계장치(×1년)	200 ④

4 유형자산 내부거래 제거시 특이상황

(1) 내부거래제거와 자산손상

내부거래미실현손실이 자산손상에 관한 국제회계기준에 따른 손상차손에 해당할 경우에는 당기손실로 인식하여야 한다. 예를 들어 지배기업이 종속기업에 ₩800의 자산손상의 징후가 있는 토지를 회수가능가액인 ₩500에 판매하였으며, 종속기업이 이를 계속보유하고 있다면 다음과 같은 조정을 통해 연결재무제표를 작성하면 된다.

[20×1년의 연결조정분개]

미실현손실제거	(차) 토 지(×1말)	300 ②	(대) 유형자산처분손실(×1년)	300 ①
손상차손추인	(차) 유형자산손상차손(×1년)	300 ③	(대) 손상차손누계액(×1말)	300 ④

위의 회계처리는 당기에 발생한 내부거래미실현손실이 손상차손의 적용으로 실현되어 유형자산손상차손으로 추인되는 것이다.

(2) 내부거래 유형자산의 재평가

개별실체가 내부거래 유형자산에 재평가모형을 적용하여 자산가치를 증가시키는 경우에는 내부거래미실현손익을 재평가손익으로 추인해야 한다. 연결실체의 관점에서 본다면 해당금액만큼 재평가손익이 추가로 발생해야 하기 때문이다. 예를 들어, 20×1년 1월 1일에 지배기업이 종속기업에 장부금액 ₩800의 토지를 ₩1,000에 처분하고, 20×2년 12월 31일에 이를 ₩1,500으로 재평가한 경우 다음과 같은 조정을 통해 연결재무제표를 작성하면 된다.

[연도별 연결조정분개]

20×1.12.31	(차) 유형처분이익(×1년)	200 ①	(대) 토 지(×1말)	200 ②
20×2.12.31	(차) 이익잉여금(×1년)	200 ③	(대) 재평가잉여금(×2년)	200 ④

(3) 상각가능자산의 내부거래가 기중에 발생한 경우

상각가능자산의 내부거래가 기중에 발생한다면 내부거래 미실현손익의 당기 실현시 유의하여야 한다. 예를 들어, 20×1년 7월 1일에 지배기업이 종속기업에 취득원가 ₩2,000, 감가상각누계액 ₩1,200, 잔존내용연수 4년인 장부금액 ₩800의 건물을 ₩1,000에 처분하고, 종속기업이 이를 계속보유하고 있다면 다음과 같은 조정을 통해 연결재무제표를 작성하면 된다.

[20×1년의 연결조정분개]

구분	차변	금액	대변	금액
미실현이익제거	(차) 유형처분이익(×1년)	200 ①	(대) 감가상각비(×1년)	25 ②
	건　　물(×1말)	1,000 ③	감가누계액(×1말)	1,175 ③
	① 처분가액 1,000 - 장부금액 800 = 200 ② 내부거래처분이익 200 ÷ 잔존내용연수 4년 × 6/12 = 25 ③ 처분전 취득원가 2,000 - 처분후 취득원가 1,000 = 1,000			

↓

구분	차변	금액	대변	금액
미실현이익제거	(차) 유형처분이익(×1년)	200 ①	(대) 감가상각비(×1년)	25 ②
			건물(순액)(×1말)	175 ③
	① 처분가액 1,000 - 장부금액 800 = 200 ② 내부거래처분이익 200 ÷ 잔존내용연수 4년 × 6/12 = 25		③ 대차차액	

(4) 상각가능자산의 내부거래가 기중에 실현된 경우

상각가능자산을 내부거래가 기중에 실현된다면 감가상각비와 처분손익의 인식시 유의하여야 한다. 예를 들어, 20×1년 1월 1일에 지배기업이 종속기업에 취득원가 ₩2,000, 감가상각누계액 ₩1,200, 잔존내용연수 4년인 장부금액 ₩800의 건물을 ₩1,000에 처분하고, 20×3년 7월 1일 종속기업이 이를 외부에 판매한 경우에는 다음과 같은 조정을 통해 연결재무제표를 작성하면 된다.

[20×3년의 연결조정분개]

구분	차변	금액	대변	금액
실현이익인식	(차) 이익잉여금(×2말)	100 ①	(대) 감가상각비(×3년)	25 ②
			유형처분이익(×3년)	75 ③
	① 전기미실현이익 잔액 200 - 200 ÷ 4년 × 2년 = 100 ② 전기미실현이익 잔액 100 ÷ 잔존내용연수 2년 × 6/12 = 25 ③ 대차차액			

5 사채 내부거래 제거시 특이상황

(1) 내부거래 투자채권의 처분

지배기업이 발행한 사채를 취득한 종속기업이 당해 투자채권(상각후원가측정금융자산 등)을 기중에 외부의 제3자에게 처분하는 경우가 있다. 이는 자기사채의 재발행이므로 신규사채의 발행으로 간주하여연결분개를 수행하여야 한다. 예를 들어, 20×1년 초에 지배기업의 재무제표에 계상되어 있는 사채의 장부금액은 ₩9,700이며, 잔여만기는 20×3년 말, 액면금액은 ₩10,000, 표시이자율은 10%로 가정하자. 종속기업은 당해 사채를 20×1년 초에 외부에서 ₩9,550에 취득하였으며 이를 상각후원가측정금융자산으로 분류하고 있다. 20×1년 말에 종속기업은 취득한 상각후원가측정금융자산을 계속 보유하였으며, 20×2년 말에 외부에 ₩9,950에 매각하였다면 다음과 같은 조정을 통해 연결재무제표를 작성하면 된다. 단, 사채발행차금은 국제회계기준의 규정에도 불구하고 정액법으로 상각한다.

[20×1년 연결분개]

구분	차변	금액	대변	금액
미실현이익제거	(차) 사 채	10,000 ④	(대) 상각후원가금융자산	9,700 ⑤
	이자수익(×1년)	1,150 ③	사채할인발행차금	200 ④
			이자비용(×1년)	1,100 ②
			사채상환이익(×1년)	150 ①

① 사채상환이익 : 9,700 − 9,550 = 150
② 이자비용 : 1,000 + 300 ÷ 3년 = 1,100
③ 이자수익 : 1,000 + 450 ÷ 3년 = 1,150
④ 사채의 장부금액 : 9,700 + 300 ÷ 3년 × 1년 = 9,800
⑤ 상각후원가측정금융자산의 장부금액 : 9,550 + 450 ÷ 3년 × 1년 = 9,700

↓

구분	차변	금액	대변	금액
미실현이익제거	(차) 순이자수익(×1년)	50 ②	(대) 사채상환이익(×1년)	150 ①
	순 사 채(×1말)	100 ③		

[20×2년 연결분개]

구분	차변	금액	대변	금액
실현손익인식	(차) 사 채	10,000 ⑤	(대) 사 채	10,000 ⑥
	사채할인발행차금	50 ⑥	사채할인발행차금	100 ⑤
	금융자산처분이익(×2년)	100 ④	이자비용(×2년)	1,100 ②
	이자수익(×2년)	1,150 ③	이익잉여금(×1년)	100 ①

① 전기미실현이익 : 150 − 50 = 100 or 대차차액
② 이자비용 : 1,000 + 300 ÷ 3년 = 1,100
③ 이자수익 : 1,000 + 450 ÷ 3년 = 1,150
④ 상각후원가측정금융자산처분이익 : 9,950 − (9,550 + 450 ÷ 3년 × 2년) = 100
⑤ 사채의 장부금액 : 9,700 + 300 ÷ 3년 × 2년 = 9,900
⑥ 신규사채의 장부금액 : 9,950

↓

구분	차변	금액	대변	금액
미실현이익제거	(차) 순이자수익(×2년)	50 ②	(대) 이익잉여금(×1년)	100 ①
	금융자산처분이익(×2년)	100 ③	순 사 채(×2말)	50 ④

(2) 유효이자율법에 의한 상각

지금까지의 설명은 연결실체간의 내부거래에서 발생한 사채와 상각후원가측정금융자산에 대하여 정액법을 이용하여 사채발행차금을 상각한다고 가정하여 설명하였다. 하지만 국제회계기준에 의하면 사채발행차금의 상각에 대하여 유효이자율법만을 인정하고 있으므로 이에 대하여 설명하고자 한다. 예를 들어 지배기업이 20×1년 초에 ₩951,963에 발행한 사채(유효이자율 12%, 표시이자율 10%, 만기 3년)를 20×2년 초 ₩934,133에 취득하여 상각후원가측정금융자산(유효이자율 14%, 표시이자율 10%, 잔여만기 2년)으로 분류하고 있다면 연결조정분개는 다음과 같다. 편의상 사채를 순액으로 표시할 것이다.

[20×2년 연결분개]

미실현이익제거	(차)	사　　채	982,143 ④	(대)	상각후원가금융자산	964,912 ⑤
		이자수익(×2년)	130,779 ③		이자비용(×2년)	115,944 ②
					사채상환이익(×2년)	32,066 ①

① 사채상환이익 : 966,199 − 934,133 = 32,066
② 이자비용 : 966,199 × 12% = 115,944
③ 이자수익 : 934,133 × 14% = 130,779
④ 사채의 장부금액 : (951,963 × 1.12 − 100,000) × 1.12 − 100,000 = 982,143
⑤ 상각후원가측정금융자산의 장부금액 : 934,133 × 1.14 − 100,000 = 964,912

↓

미실현이익제거	(차)	순이자수익(×1년)	14,835 ②	(대)	사채상환이익(×1년)	32,066 ①
		순 사 채(×1말)	17,231 ③			

[사채발행회사의 상각표]

일　자	유효이자(12%)	액면이자(10%)	상각액	장부금액
20×1. 1. 1				951,963
20×1.12.31	114,236	(100,000)	14,236	966,199
20×2.12.31	115,944	(100,000)	15,944	982,143
20×3.12.31	117,857	(100,000)	17,857	1,000,000
	348,037	(300,000)	48,037	

[사채투자회사의 상각표]

일　자	유효이자(14%)	액면이자(10%)	상각액	장부금액
20×2. 1. 1				934,133
20×2.12.31	130,779	(100,000)	30,779	964,912
20×3.12.31	135,088	(100,000)	35,088	1,000,000
	265,867	(200,000)	65,867	

위와 같이 사채내부거래에 대하여 사채발행차금의 상각을 유효이자율법으로 제시하는 경우에는 유효이자율법에 의한 장부금액과 이자손익에 대한 자료관리가 필요하므로 상각표를 작성하고, 이를 비교하면서 연결분개를 수행하여야 한다.

제 7 절 연결자본의 계산방법

IFRS

수험목적으로는 연결정산표를 작성하여 연결재무제표상의 각 금액을 도출하는 것은 시간상 제약으로 인해 적합하지 않다. 여기에서는 내부거래가 존재하는 경우 연결재무제표상의 각 계정의 잔액을 산식을 통해 계산하는 방법을 설명하고자 한다.

1 연결당기순이익

연결당기순이익은 지배기업과 종속기업으로 구성된 연결실체가 당기에 창출한 순이익을 말한다. 이는 지배기업과 종속기업의 보고된 당기순이익에 연결분개를 조정하여 산정된다. 기준서 제1001호 '재무제표의 표시'에서는 연결실체의 당기순손익을 지배기업지분순이익과 비지배지분순이익으로 구분하여 표시[2]하도록 규정하고 있다.

연결당기순이익 : 지배기업지분순이익 + 비지배지분순이익

(1) 지배기업지분순이익

지배기업지분순이익(profit attributable to owners of the parent)은 연결실체의 당기순이익 중에 지배기업의 소유주에게 귀속되는 순이익을 말하며 다음과 같이 계산된다.

지배기업순이익 : 지배기업당기순이익 - 배당금수익 - 하향미실현이익 + 하향실현이익
\+ 종속기업순이익 : (종속기업당기순이익 - 평가상각액 - 상향미실현이익 + 상향실현이익) × 지배기업지분율

종속기업이 보고한 당기순이익은 종속기업의 순자산 장부금액이 창출한 이익이다. 사업결합의 방식으로 주식취득이 아닌 합병을 했다면 종속기업의 순자산 공정가치가 창출한 이익이 산정되어야 하므로, 종속기업의 보고된 당기순이익은 과대계상되었다고 할 수 있다. 따라서 종속기업의 순자산과소금액에 대한 상각효과와 내부거래효과를 추가로 반영하여 종속기업의 당기순이익을 수정하여야 한다.

2) 기타포괄손익이 존재하는 경우에는 연결실체의 총포괄이익도 지배기업지분포괄이익과 비지배지분포괄이익으로 구분하여 표시하여야 한다.

(2) 비지배지분순이익

비지배지분순이익(profit attributable to non-controlling interests)은 연결실체의 당기순이익 중에 비지배주주에게 귀속되는 순이익을 말하며 다음과 같이 계산된다.

종속기업순이익 : (종속기업당기순이익 - 평가상각액 - 상향미실현이익 + 상향실현이익) × 비지배지분율

(3) 연결당기순이익

지배기업의 조정후 당기순이익은 전액 지배기업 소유주에게 귀속되며, 종속기업의 조정후 당기순이익은 지배기업 소유주와 비지배주주에게 비례적으로 귀속된다. 따라서 연결당기순이익은 다음과 같은 공식으로 정리할 수 있다.

구 분	지배기업	종속기업	연결실체
보고된 당기순이익	×××	×××	×××
배당금수익	(×××)	-	(×××)
과소금액 상각액	-	(×××)	(×××)
내부거래미실현손익	(×××)	(×××)	(×××)
내부거래실현손익	×××	×××	×××
조정후 당기순이익	×××	×××	×××
지배기업지분순이익	×××	×××	×××
비지배지분순이익	-	×××	×××

2 연결실체의 자본

연결실체의 자본은 지배기업의 자본과 종속기업의 보고된 자본에 연결분개를 조정하여 산정된다. 기준서 제1001호 '재무제표의 표시'에서는 연결실체의 자본을 크게 지배기업의 소유주에게 귀속되는 자본과 비지배지분으로 구분하여 표시하도록 규정하고 있으며, 지배기업의 소유주에게 귀속되는 자본은 발생원인에 따라 납입자본, 이익잉여금과 기타포괄손익누계액으로 세분하여 표시하도록 규정하고 있다.

(1) 지배기업 소유주지분 : 납입자본

연결재무상태표의 납입자본은 지배기업과 종속기업으로 구성된 연결실체에 지배기업의 소유주가 납입한 자본을 말한다. 납입자본은 자본금과 자본잉여금으로 구성되어 있으며, 다음과 같이 계산된다.

  지배기업에 대한 지분 : 지배기업의 납입자본
\+ 종속기업에 대한 지분 : (종속기업의 납입자본 - 취득시 납입자본) × 지배기업지분율

종속기업의 납입자본에 대한 지배기업의 지분은 투자와 자본상계제거를 통해 취득일을 기준으로 모두 제거되므로 항상 '0'이다. 결국 연결재무상태표의 납입자본은 지배기업의 납입자본과 항상 동일한 금액이다.

(2) 지배기업 소유주지분 : 이익잉여금

연결재무상태표의 이익잉여금은 지배기업과 종속기업으로 구성된 연결실체의 이익잉여금 중에 지배기업의 소유주에게 귀속되는 금액을 말한다. 연결이익잉여금은 다음과 같이 계산된다.

지배기업에 대한 지분 : 지배기업의 이익잉여금 - 하향판매미실현손익잔액
\+ 종속기업에 대한 지분 : (종속기업의 이익잉여금 - 취득시 이익잉여금 - 차액상각누계액 - 상향판매미실현손익잔액) × 지배기업지분율

종속기업의 이익잉여금에 대한 지배기업의 지분은 투자와 자본상계제거를 통해 취득일을 기준으로 모두 제거된다. 따라서 연결재무상태표의 이익잉여금은 지배기업의 이익잉여금과 취득일이후 증가한 종속기업의 이익잉여금에 지배기업지분율을 곱한 금액으로 산정된다. 여기서 주의할 점은, 종속기업의 이익잉여금 산정시 취득일의 과소금액에 대하여 상각한 금액의 누계액은 반드시 차감하여야 한다는 것이다. 또한 내부거래에 따른 미실현손익잔액이 존재하는 경우 하향내부거래와 상향내부거래로 구분하여 지배기업과 종속기업의 이익잉여금을 조정하여야 한다.

(3) 지배기업 소유주지분 : 기타포괄손익누계액

연결재무상태표의 기타포괄손익누계액은 지배기업과 종속기업으로 구성된 연결실체의 기타포괄손익누계액 중에 지배기업의 소유주에게 귀속되는 금액을 말한다. 연결기타포괄손익누계액은 다음과 같이 계산된다.

지배기업에 대한 지분 : 지배기업의 기타포괄손익누계액
\+ 종속기업에 대한 지분 : (종속기업 기타포괄손익누계액 - 취득시 기타포괄손익누계액) × 지배기업지분율

종속기업의 기타포괄손익누계액에 대한 지배기업의 지분은 투자와 자본상계제거를 통해 취득일을 기준으로 모두 제거된다. 따라서 연결재무상태표의 기타포괄손익누계액은 지배기업의 기타포괄손익누계액과 취득일이후 증가한 종속기업의 기타포괄손익누계액에 지배기업지분율을 곱한 금액으로 산정된다.

(4) 비지배지분

연결재무상태표의 비지배지분은 지배기업과 종속기업으로 구성된 연결실체의 자본 중에 비지배주주에게 귀속되는 금액을 말한다. 비지배주주는 지배기업과는 무관하므로, 비지배지분은 종속기업의 자본 중에 비지배주주에게 귀속되는 금액으로 산정하면 된다. 여기서 주의할 점은 종속기업의 자본은 종속기업의 순자산 장부금액을 반영하고 있으므로, 종속기업의 순자산 과소금액에 대한 비지배주주의 비례적지분을 고려하여 비지배지분을 산정하여야 한다는 것이다.

	종속기업장부금액에 대한 지분 : (보고기간말 종속기업의 순자산장부금액 - 상향판매미실현손익잔액) × 비지배지분율
+	종속기업과소금액에 대한 지분 : 보고기간말 종속기업의 순자산과소금액 × 비지배지분율

여기서 보고기간말 종속기업의 순자산 장부금액은 종속기업의 자본금액과 동일한 금액이므로, 결국 종속기업의 자본 중에 지배기업지분으로 인식되지 않은 나머지의 지분이 비지배지분으로 인식되는 것이다.

	종속기업장부금액에 대한 지분 : (보고기간말 납입자본 + 이익잉여금 + 기타자본요소 - 상향판매미실현손익잔액) × 비지배지분율
+	종속기업과소금액에 대한 지분 : 보고기간말 종속기업의 순자산과소금액 × 비지배지분율

(5) 그림으로 분석한 연결재무상태표의 공식

내부거래가 있는 상태에서 연결재무상태표의 순자산의 금액과 이에 해당하는 지배주주지분과 비지배주주지분의 금액을 계산하는 공식은 연결을 처음 공부하는 수험생입장에서는 상당히 이해하기 어렵다. 공식에 대한 이해를 돕기 위해 그림으로 연결재무상태표를 분석하면 다음과 같다.

[지배기업의 지분율이 80%인 경우 연결재무상태표]

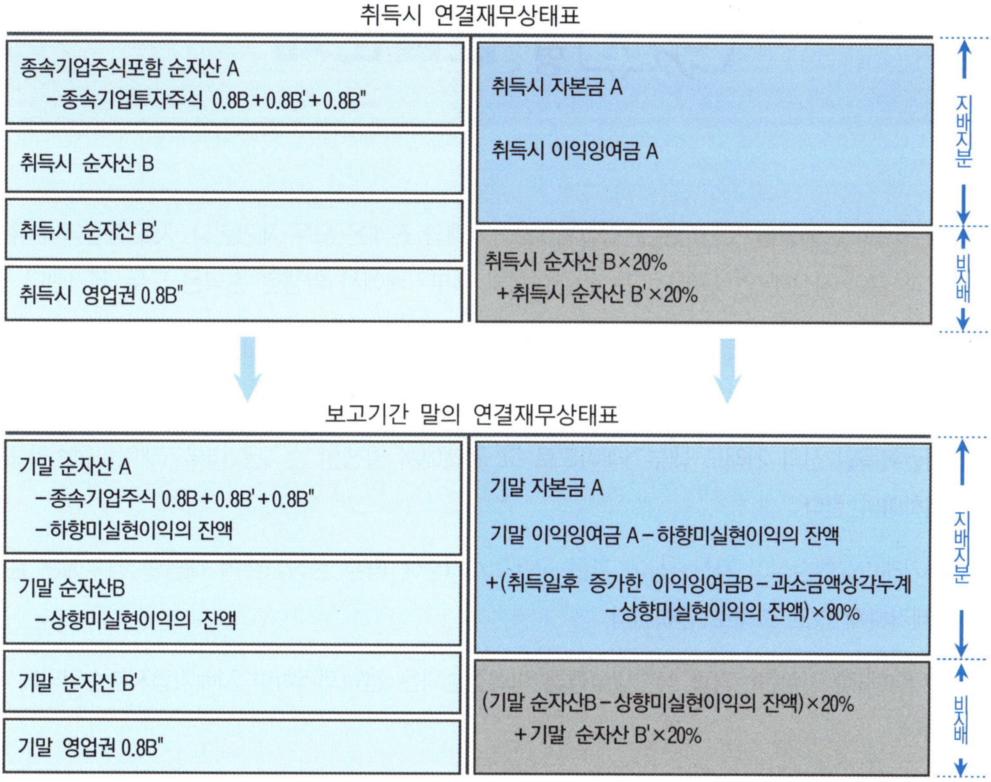

참 고 비지배지분을 취득일의 공정가치로 측정한 경우

비지배지분을 취득일의 공정가치로 최초 인식했다면, 특정 보고기간말의 비지배지분은 위에서 산정된 금액에 종속기업의 영업권에 대한 비지배주주의 지분을 추가로 고려하면 된다.

OX형 연습문제

1 수익, 비용 및 배당을 포함하는 연결실체 내의 거래와 잔액은 모두 제거한다. 재고자산이나 유형자산과 같이 자산에 인식되어 있는 연결실체의 내부거래에서 발생한 손익은 모두 제거한다.

2 연결실체 외부의 회사를 매개로 하여 거래를 하더라도 그 거래가 실질적으로 연결실체 내 회사 간의 거래인 경우에는 내부거래로 보아 회계처리한다.

3 지배권획득일 전의 거래도 내부거래이므로 그 거래에서 발생한 손익은 내부거래미실현손익으로 제거하여야 한다.

4 내부거래미실현손실이 자산손상에 관한 국제회계기준에 따른 손상차손에 해당할 경우에는 손실을 제거하지 않고 그대로 인식한다.

5 하향내부거래 미실현손익과 상향내부거래 미실현손익은 전액제거하여 지배기업지분순이익에 반영한다.

6 사채의 경우 지배기업이 발행한 사채를 종속기업이 취득하는 경우 하향내부거래로 보며, 종소기업이 발행한 사채를 지배기업이 취득하는 경우 상향내부거래로 본다.

7 연결재무상태표의 자본을 계산하는 경우 미실현손익으로 인한 효과는 미실현손익 누적액을 자본에서 차감하여 계산한다.

해답

answer

1 ○

2 ○

3 × 지배권획득일 전의 거래는 내부거래가 아니므로 그 거래에서 발생한 손익은 내부거래미실현손익으로 제거하지 아니한다.

4 ○

5 × 하향내부거래 미실현손익은 전액제거하여 지배기업지분순이익에 반영하고, 하향내부거래 미실현손익은 전액제거하여 지배기업지분순이익과 비지배지분순이익에 비례적으로 반영한다.

6 ○

7 ○

실전형 연습문제

01 선다형

1 12월 결산법인인 A회사는 20×1년 중에 B회사 및 C회사와 다음과 같은 거래를 행하였다. 20×1년 말 연결재무상태표를 작성할 때 재고자산계정에서 차감할 미실현이익은 얼마인가?

(회계사 2007)

> (1) A회사는 원가 ₩100,000의 상품을 B회사에 ₩120,000의 가격으로 매출하였다. 20×1년 기말 현재 B회사는 동 재고자산 중 40%를 재고자산으로 보유하고 있다. A회사는 B회사의 의결권주식의 25%를 보유하고 있으며 유의적인 영향력을 행사하므로 동 주식에 대하여 지분법을 적용하여 회계처리하고 있다.
>
> (2) A회사는 C회사로부터 ₩300,000의 재고자산을 구입하였다. 동 재고자산의 판매로부터 C회사가 인식한 매출총이익은 ₩50,000이다. A회사는 20×1년 기말 현재 동 재고자산의 50%를 재고자산으로 보유하고 있다. A회사는 C회사의 의결권주식 60%를 소유함으로써 C회사에 A회사 지배권을 가지고 있다.

① ₩10,000 ② ₩15,000 ③ ₩25,000
④ ₩27,000 ⑤ ₩33,000

해답

(1) 내부미실현이익 : 50,000 × 50% = 25,000

(2) 종속회사가 아닌 경우에 지분법을 적용하면 연결재무상태표상의 재고자산에 영향을 미치지 않는다.

(3) 연결조정 회계처리

20×1.12.31	(차) 매출수익	300,000	(대) 매출원가	300,000
	(차) 매출원가	25,000	(대) 재고자산	25,000

③

2 A회사는 20×1년 1월 1일 B회사의 발행주식 중 70%를 ₩20,000,000에 취득하여 지배력을 획득하였다. 취득 당시 B회사의 자본은 자본금 ₩20,000,000과 이익잉여금 ₩5,000,000으로 구성되어 있으며, B회사의 순자산의 공정가치와 장부금액의 차이는 ₩500,000이다. 이는 건물(잔존내용연수 5년, 정액법 상각)의 공정가치 ₩2,500,000과 장부금액 ₩2,000,000의 차이이다. 한편, A회사는 20×1년 7월 2일 B회사에 원가 ₩1,000,000인 제품을 ₩1,200,000에 매출하였으며, B회사는 20×1년 말 현재 동 제품을 판매하지 못하고 보유하고 있다. B회사가 20×1년도 포괄손익계산서의 당기순이익으로 ₩7,000,000을 보고하였다면, A회사가 20×1년 말 연결재무상태표에 인식할 비지배지분은 얼마인가? 단, 비지배지분은 종속기업 순자산의 공정가치에 비례하여 인식한다.

(세무사 2011)

① ₩9,660,000 ② ₩9,720,000 ③ ₩9,750,000
④ ₩9,780,000 ⑤ ₩9,840,000

해답

(1) 종속기업의 순자산장부금액에 대한 비지배지분 : (25,000,000 + 7,000,000) × 30% = 9,600,000
(2) 종속기업의 순자산과소금액에 대한 비지배지분 : (500,000 − 500,000 ÷ 5년) × 30% = 120,000
(3) 20×1년 말 비지배지분 : 9,600,000 + 120,000 = 9,720,000
(4) 지배기업과 종속기업의 내부거래는 하향판매거래이므로 제거하여 전액 지배기업에 배분하므로 종속기업에 대한 비지배지분의 금액과는 관련성이 없다.

②

3 ㈜지배는 ㈜종속 보통주의 80%를 소유하고 있는 지배기업이다. 20×1년중 ㈜지배는 취득원가 ₩25,000의 토지를 ㈜종속에 매각하였으며, 20×1년 말 현재 해당 토지는 ㈜종속이 보유하고 있다. 20×1년 말 ㈜지배와 ㈜종속의 별도재무제표와 연결재무제표상 토지의 장부금액이 아래와 같다면, ㈜지배와 ㈜종속간 토지의 매매금액은 얼마인가? 단, ㈜지배와 ㈜종속은 토지를 취득원가로 기록하고 있으며, 위 매각거래 이외의 내부거래는 없다. (회계사 2014)

계정과목	㈜지배	㈜종속	연결재무제표
토 지	₩100,000	₩80,000	₩168,000

① ₩10,000　② ₩13,000　③ ₩25,000
④ ₩37,000　⑤ ₩40,000

해답

(1) 토지의 내부거래 미실현이익 : 100,000 + 80,000 − 168,000 = 12,000
(2) 내부거래로 인한 토지의 처분금액 : $\boldsymbol{X}$ − 25,000 = 12,000 ➡ $\boldsymbol{X}$ = 37,000

④

4 ㈜대한은 20×1년 초에 ㈜민국의 보통주 60%를 취득하여 지배력을 획득하였다. 지배력 획득일 현재 ㈜민국의 순자산 장부금액과 공정가치는 일치하였다. 아래의 자료를 이용하는 경우 ㈜대한의 20×3년도 연결포괄손익계산서에 표시되는 지배기업소유주 귀속당기순이익은 얼마인가? (회계사 2023)

(1) 20×2년 초에 ㈜대한은 사용 중이던 기계장치(취득원가 ₩50,000, 감가상각누계액 ₩30,000, 잔존내용연수 5년, 잔존가치 ₩0, 정액법 상각, 원가모형 적용)를 ㈜민국에 ₩40,000에 매각하였다. 20×3년 말 현재 해당 기계장치는 ㈜민국이 사용하고 있다.

(2) ㈜대한과 ㈜민국이 별도(개별)재무제표에서 보고한 20×3년도 당기순이익은 다음과 같다.

구 분	㈜대한	㈜민국
당기순이익	₩20,000	₩10,000

① ₩22,000　② ₩23,600　③ ₩26,000
④ ₩28,400　⑤ ₩30,000

해 답

(1) 20×2년 초 하향기계장치 미실현이익 : 매각금액 40,000 - 순장부금액 20,000 = 20,000

(2) 20×3년 하향기계장치 실현이익 : 미실현이익 20,000 ÷ 내용연수 5년 = 4,000

(3) 20×3년 지배주주지분이익 : (20,000 + 4,000) × 100% + 10,000 × 60% = 30,000

⑤

5 ㈜갑은 20×1년 1월 1일 ㈜을의 의결권 있는 보통주식 60%를 취득하여 지배력을 획득하였으며, 지배력 획득 시점에서 ㈜을의 모든 자산과 부채의 공정가치는 장부금액과 일치하였다. ㈜을은 20×1년에 ₩50,000의 당기순이익을 보고하였으며, 비지배지분은 종속기업의 식별가능한 순자산 공정가치에 비례하여 결정한다. 20×1년 말 ㈜갑과 ㈜을 사이에 발생한 거래는 다음과 같다. 각 상황은 독립적일 경우 각 상황에서 20×1년 비지배주주귀속 순이익은 얼마인가? (회계사 2015)

> (1) 상황 : 20×1년 말 ㈜갑은 장부금액 ₩10,000(취득원가 ₩30,000, 감가상각누계액 ₩20,000, 잔존내용연수 5년, 잔존가치 ₩0, 정액법 상각)인 기계를 ㈜을에 ₩13,000에 판매하였다. ㈜을은 이 기계를 20×2년에 외부로 판매하였다.
>
> (2) 상황 : 20×1년 말 ㈜을은 장부금액 ₩10,000(취득원가 ₩30,000, 감가상각누계액 ₩20,000, 잔존내용연수 5년, 잔존가치 ₩0, 정액법 상각)인 기계를 ㈜갑에 ₩13,000에 판매하였다. ㈜갑은 이 기계를 20×2년에 외부로 판매하였다.

	상황 (1)	상황 (2)		상황 (1)	상황 (2)
①	₩18,800	₩19,040	②	₩18,800	₩20,000
③	₩19,040	₩20,000	④	₩20,000	₩18,800
⑤	₩20,000	₩19,040			

해 답

(1) 하향내부거래의 상황에서 비지배지분이익 : (50,000 - 0) × 40% = 20,000

(2) 상향내부거래의 상황에서 비지배지분이익 : (50,000 - 3,000) × 40% = 18,800

④

6 제조업을 영위하는 ㈜대한은 20×1년 초에 ㈜민국의 보통주 60%를 ₩140,000에 취득하여 지배력을 획득하였다. 취득일 현재 ㈜민국의 순자산 장부금액은 ₩150,000(자본금 ₩100,000, 이익잉여금 ₩50,000)이다. 추가자료는 다음과 같다. ㈜대한의 20×1년 말 연결재무상태표에 표시되는 비지배지분은 얼마인가? (회계사 2022)

(1) 취득일 현재 ㈜민국의 식별가능한 자산과 부채 중 장부금액과 공정가치가 다른 내역은 다음과 같다. 상품재고는 20×1년 중에 모두 외부판매되었으며, 취득일 현재 기계장치의 잔존내용연수는 8년이고, 잔존가치 없이 정액법으로 상각한다.

구 분	장부금액	공정가치
상품재고	50,000	60,000
기계장치	120,000	160,000

(2) 20×1년 중에 ㈜대한은 장부금액 ₩20,000의 재고자산(제품)을 ㈜민국에게 ₩30,000에 판매하였다. ㈜민국은 이 재고자산의 50%를 20×1년에, 나머지 50%를 20×2년에 외부로 판매하였다.

(3) 20×2년 1월 1일에 ㈜민국은 ㈜대한으로부터 ₩100,000을 차입하였다. 동 차입금의 만기는 20×2년 12월 31일이며, 이자율은 연 10%이다.

(4) ㈜대한과 ㈜민국이 별도(개별)재무제표에서 보고한 20×1년과 20×2년의 당기순이익은 다음과 같다.

구 분	20×1년	20×2년
㈜대한	80,000	100,000
㈜민국	30,000	50,000

(5) ㈜대한은 별도재무제표에서 ㈜민국에 대한 투자주식을 원가법으로 회계처리한다. 연결재무제표 작성 시 유형자산에 대해서는 원가모형을 적용하고, 비지배지분은 종속기업의 식별가능한 순자산 공정가치에 비례하여 결정한다.

① ₩80,000 ② ₩82,000 ③ ₩84,000
④ ₩86,000 ⑤ ₩92,000

해답

(1) 20×1년 1월 1일 이전대가의 배분

이전대가			식별가능한 순자산 공정가치		영업권
지배주주지분	140,000	=	(장부 150,000 + 상품 10,000 + 기계 40,000) × 60%	+	20,000
비지배지분	80,000	=	(장부 150,000 + 상품 10,000 + 기계 40,000) × 40%	+	-

(2) 20×1년 연결당기순이익의 계산

구　분	지배기업	종속기업	연　결
조정전 당기순이익	80,000	30,000	110,000
상품과소금액의 상각	-	(10,000)	-
기계과소금액의 상각	-	(5,000)	-
재고미실현이익	(5,000)	-	-
조정후 당기순이익	75,000	15,000	110,000
지배주주지분 순이익	75,000	9,000	84,000
비지배지분 순이익	-	6,000	6,000

(3) 20×1년 말 비지배지분 : 기초비지배 80,000 + 비지배이익 6,000 = 86,000

④

7 위의 [문제6]에서 ㈜대한의 20×2년도 연결포괄손익계산서에 표시되는 지배기업소유주귀속당기순이익은 얼마인가? **(회계사 2020)**

① ₩132,000　② ₩130,000　③ ₩128,000
④ ₩127,000　⑤ ₩123,000

해답

(1) 20×2년 연결당기순이익의 계산 → 차입금 내부거래는 미실현손익거래가 아니기에 연결당기순이익 계산 시 고려할 필요가 없다.

구　분	지배기업	종속기업	연　결
조정전 당기순이익	100,000	50,000	150,000
기계과소금액의 상각	-	(5,000)	-
재고실현이익	5,000	-	-
조정후 당기순이익	105,000	45,000	150,000
지배주주지분 순이익	105,000	27,000	132,000
비지배지분 순이익	-	18,000	18,000

(2) 지배기업 소유주지분 당기순이익 : 132,000

①

02 재고자산 내부거래의 연결_1차년도 말

20×1년 1월 1일 A회사는 B회사의 보통주 80%를 ₩1,520,000에 취득하여 지배권을 확보하였다. 20×1년 1월 1일 현재 B회사의 순자산은 자본금 ₩1,000,000과 이익잉여금 ₩500,000이었다. A회사는 비지배지분을 종속기업의 순자산공정가치에 대한 비례적지분으로 측정하고 있다.

(1) 20×1년 1월 1일 현재 B회사 자산 중 장부금액과 공정가치가 상이한 것은 다음과 같다.

	장부금액	공정가치	차 액
재고자산	400,000	450,000	50,000
토 지	800,000	950,000	150,000
건 물	500,000	600,000	100,000
			300,000

① 재고자산은 선입선출법을 적용하며 20×1년에 모두 외부로 판매되었다.
② 상기 토지는 20×2년까지 보유 중이다.
③ 20×1년 1월 1일 현재 건물의 잔존내용연수는 5년이며, 잔존가액 없이 정액법으로 상각한다.

(2) 20×1년 말 A회사와 B회사의 재무상태표는 다음과 같다. A회사의 종속기업주식은 전액 B회사에 대한 것으로 A회사는 이를 원가법으로 평가하고 있다.

20×1년 12월 31일

	A회사	B회사		A회사	B회사
현금및현금성자산	2,480,000	1,300,000	유동부채	2,400,000	1,500,000
재고자산	900,000	700,000	자 본 금	2,500,000	1,000,000
종속기업주식	1,520,000	-	이익잉여금	1,600,000	700,000
토 지	1,000,000	800,000			
건물(순액)	600,000	400,000			
	6,500,000	3,200,000		6,500,000	3,200,000

(3) 20×1년 말 A회사와 B회사의 손익계산서는 다음과 같다.

	A회사	B회사
매 출 액	7,000,000	4,000,000
매출원가	(6,550,000)	(3,700,000)
매출총이익	450,000	300,000
감가상각비	(200,000)	(100,000)
당기순이익	250,000	200,000

(4) 20×1년과 20×2년의 재고자산 내부거래는 다음과 같다. 양사의 내부거래에 대한 매출총이익률은 모두 20%이다. 내부거래 미실현재고는 다음연도에 모두 판매되는 것으로 가정한다.

판매회사	내부거래액		매입회사 보유분 기말재고	
	20×1년	20×2년	20×1년	20×2년
A회사	1,000,000	1,300,000	100,000	150,000
B회사	800,000	1,000,000	80,000	120,000

물음 Question

1. 20×1년 1월 1일을 기준으로 종속기업투자주식의 취득원가와 비지배지분을 순자산장부금액 효과, 순자산과소금액효과와 영업권효과로 배분하시오.

2. 순자산과소금액효과에 대한 연도별 상각스케쥴을 제시하시오.

3. 내부거래 미실현손익에 대한 연도별 실현스케쥴을 제시하시오.

4. 20×1년 12월 31일을 기준으로 연결포괄손익계산서를 작성하는 경우 연결실체의 당기순이익을 지배기업지분과 비지배지분으로 배분하시오.

5. 20×1년 12월 31일을 기준으로 연결재무상태표를 작성하는 경우 연결실체의 자본을 자본금, 이익잉여금과 비지배지분으로 배분하시오.

6. 20×1년 12월 31일을 기준으로 연결재무제표 작성을 위한 연결분개를 제시하시오.

해답 answer

1. 20×1년 1월 1일 이전대가의 배분

이전대가			식별가능한 순자산 공정가치				영업권
			순자산 장부금액		순자산 과소금액		
지배주주지분	1,520,000	=	1,500,000×80%	+	300,000×80%	+	80,000
비지배지분 [*1]	360,000	=	1,500,000×20%	+	300,000×20%	+	-

[*1] 비지배지분 : (1,500,000 + 300,000) × 20% = 360,000

2. 순자산과소금액 상각스케쥴

내 역	FV－BV	상 각	
		20×1년	20×2년
재고자산	50,000	(50,000)	-
토 지	150,000	-	-
건 물	100,000	(20,000)	(20,000)
영 업 권	80,000	-	-
합 계	380,000	(70,000)	(20,000)

3. 내부거래 미실현손익 실현스케쥴

구 분	계정과목	손익의 인식		
		20×1년	20×2년	20×3년
재고자산(하향)	매출원가	(20,000)	20,000	
			(30,000)	30,000
재고자산(상향)	매출원가	(16,000)	16,000	
			(24,000)	24,000

4. 20×1년 연결당기순이익

구 분	지배기업	종속기업	연결실체
보고된 당기순이익	250,000	200,000	450,000
과소금액상각	-	(70,000)	(70,000)
재고미실현이익	(20,000)	(16,000)	(36,000)
조정후 당기순이익	230,000	114,000	344,000
지배기업지분순이익	230,000	91,200	321,200
비지배지분순이익		22,800	22,800

5. 연결자본

(1) 연결자본금

	기 말		취득시	차액상각		
지배기업지분 :	2,500,000				=	2,500,000
종속기업지분 : (	1,000,000	−	1,000,000		)×80% =	-
						2,500,000

(2) 연결이익잉여금

	기 말		취득시		차액상각		내부거래		
지배기업지분 :	1,600,000					−	20,000	=	1,580,000
종속기업지분 : (	700,000	−	500,000	−	70,000	−	16,000	)×80% =	91,200
									1,671,200

(3) 비지배지분

	취득시		취득이후		내부거래		
순자산 장부금액 : (	1,500,000	+	200,000	−	16,000	)×20% =	336,800
순자산 과소금액 : (	300,000	−	70,000			)×20% =	46,000
순자산 공정가치							382,800

6. 20×1년 12월 31일 기준 연결분개

투자와 자본상계	(차)	자 본 금	1,000,000 ①	(대)	종속기업주식	1,520,000 ⑥
		이익잉여금(×1초)	500,000 ②		비지배지분(×1초)	360,000 ⑦
		재고자산(×1초)	50,000 ③			
		토 지(×1초)	150,000 ④			
		건 물(×1초)	100,000 ⑤			
		영 업 권(×1초)	80,000 ⑧			
과소금액상각	(차)	매출원가(×1년)	50,000	(대)	재고자산	50,000
		감가상각비(×1년)	20,000		감가누계액(건물)	20,000
수익·비용상계	(차)	매출수익	1,800,000	(대)	매출원가	1,800,000
당기미실현(하)	(차)	매출원가 (×1년)	20,000	(대)	재고자산(×1말)	20,000
당기미실현(상)	(차)	매출원가 (×1년)	16,000	(대)	재고자산(×1말)	16,000
당기손익대체	(차)	이익잉여금(×1년)	22,800	(대)	비지배지분(×1년)	22,800

해 설

(1) 연결포괄손익계산서

20×1년 1월 1일부터 20×1년 12월 31일까지	
매 출 액	9,200,000
매출원가	(8,536,000)
매출총이익	664,000
감가상각비	(320,000)
당기순이익	344,000
– 지배기업지분순이익	321,200
– 비지배지분순이익	22,800

(2) 연결재무상태표

① 계정별로 작성한 재무상태표

20×1년 12월 31일

현금및현금성자산	3,780,000	유동부채	3,900,000
재고자산	1,564,000	자 본 금	2,500,000
종속기업주식	–	이익잉여금	1,671,200
토 지	1,950,000	비지배지분	382,800
건물(순액)	1,080,000		
영 업 권	80,000		
	8,454,000		8,454,000

② 위의 계정별 재무상태표는 이해를 위해 아래와 같이 재작성할 수 있다. 아래의 재무상태표를 이해할 수 있다면 연결재무제표 작성의 논리를 100% 이해한 것으로 볼 수 있다.

20×1년 12월 31일

기말 순자산 A	4,100,000	기말 자본금 A	2,500,000
기말 종속기업주식	(1,520,000)	기말 이익잉여금 A	1,580,000
기말 하향미실현이익	(20,000)	증가 이익잉여금 B	91,200
기말 순자산 B	1,700,000	기말 비지배지분	382,800
기말 순자산과소	230,000		
기말 상향미실현이익	(16,000)		
기말 영업권	80,000		
	4,554,000		4,554,000

03 재고자산내부거래의 연결_2차년도 말

20×1년 1월 1일 A회사는 B회사의 보통주 80%를 ₩1,520,000에 취득하여 지배권을 확보하였다. 20×1년 1월 1일 현재 B회사의 순자산은 자본금 ₩1,000,000과 이익잉여금 ₩500,000이었다. A회사는 비지배지분을 종속기업의 순자산공정가치에 대한 비례적지분으로 측정하고 있다.

(1) 20×1년 1월 1일 현재 B회사 자산 중 장부금액과 공정가치가 상이한 것은 다음과 같다.

	장부금액	공정가치	차 액
재고자산	400,000	450,000	50,000
토 지	800,000	950,000	150,000
건 물	500,000	600,000	100,000
			300,000

① 재고자산은 선입선출법을 적용하며 20×1년에 모두 외부로 판매되었다.

② 상기 토지는 20×2년까지 보유 중이다.

③ 20×1년 1월 1일 현재 건물의 잔존내용연수는 5년이며, 잔존가액 없이 정액법으로 상각한다.

(2) 20×2년 말 A회사와 B회사의 재무상태표는 다음과 같다. A회사의 종속기업주식은 전액 B회사에 대한 것으로 A회사는 이를 원가법으로 평가하고 있다.

20×2년 12월 31일

	A회사	B회사		A회사	B회사
현금및현금성자산	2,970,000	1,430,000	유동부채	2,400,000	1,500,000
재고자산	850,000	820,000	자 본 금	2,500,000	1,000,000
종속기업주식	1,520,000	-	이익잉여금	1,840,000	850,000
토 지	1,000,000	800,000			
건물(순액)	400,000	300,000			
	6,740,000	3,350,000		6,740,000	3,350,000

(3) 20×2년 말 A회사와 B회사의 손익계산서는 다음과 같다. B회사는 20×2년 중에 ₩50,000의 배당을 결의하였으며, 이를 지급하였다.

	A회사	B회사
매 출 액	8,250,000	4,350,000
매출원가	(7,850,000)	(4,050,000)
매출총이익	400,000	300,000
배당금수익	40,000	-
감가상각비	(200,000)	(100,000)
당기순이익	240,000	200,000

(4) 20×1년과 20×2년의 재고자산 내부거래는 다음과 같다. 양사의 내부거래에 대한 매출총이익률은 모두 20%이다.

판매회사	내부거래액		매입회사 보유분 기말재고	
	20×1년	20×2년	20×1년	20×2년
A회사	1,000,000	1,300,000	100,000	150,000
B회사	800,000	1,000,000	80,000	120,000

물음
Question

1. 20×2년 12월 31일을 기준으로 연결포괄손익계산서를 작성하는 경우 연결실체의 당기순이익을 지배기업지분과 비지배지분으로 배분하시오.
2. 20×2년 12월 31일을 기준으로 연결재무상태표를 작성하는 경우 연결실체의 자본을 자본금, 이익잉여금과 비지배지분으로 배분하시오.
3. 20×2년 12월 31일을 기준으로 연결재무제표 작성을 위한 연결분개를 제시하시오.

해답
answer

1. 20×2년 연결당기순이익

구 분	지배기업	종속기업	연결실체
보고된 당기순이익	240,000	200,000	440,000
배당금수익	(40,000)	-	(40,000)
과소금액상각	-	(20,000)	(20,000)
재고실현이익	20,000	16,000	36,000
재고미실현이익	(30,000)	(24,000)	(54,000)
조정후 당기순이익	190,000	172,000	362,000
지배기업지분순이익	190,000	137,600	327,600
비지배지분순이익		34,400	34,400

2. 연결자본

(1) 연결자본금

	기 말	취득시	차액상각		
지배기업지분 :	2,500,000			=	2,500,000
종속기업지분 : (	1,000,000 -	1,000,000		)×80% =	-
					2,500,000

⑵ 연결이익잉여금

	기 말	취득시	차액상각	내부거래		
지배기업지분 :	1,840,000			− 30,000	=	1,810,000
종속기업지분 : (	850,000 −	500,000 −	90,000 −	24,000)×80%	=	188,800
						1,998,800

⑶ 비지배지분

	취득시	취득이후	내부거래		
순자산 장부금액 : (	1,500,000 +	350,000 −	24,000)×20%	=	365,200
순자산 과소금액 : (	300,000 −	90,000	)×20%	=	42,000
순자산 공정가치					407,200

3. 20×2년 12월 31일 기준 연결분개

배당취소	(차)	배당금수익(×2년)	40,000 ①	(대)	이익잉여금(×1년)	40,000 ②
투자와 자본상계	(차)	자 본 금	1,000,000 ①	(대)	종속기업주식	1,520,000 ⑥
		이익잉여금(×1초)	500,000 ②		비지배지분(×1초)	360,000 ⑦
		재고자산(×1초)	50,000 ③			
		토 지(×1초)	150,000 ④			
		건 물(×1초)	100,000 ⑤			
		영 업 권(×1초)	80,000 ⑧			
전기손익대체	(차)	이익잉여금(×1년)	150,000 ①	(대)	이익잉여금(×1년)	120,000 ②
					비지배지분(×1년)	30,000 ③
전기차액상각	(차)	이익잉여금(×1년)	56,000 ⑥	(대)	재고자산	50,000 ④
		비지배지분(×1년)	14,000 ⑦		감가누계액(건물)	20,000 ⑤
당기차액상각	(차)	감가상각비(×2년)	20,000 ⑨	(대)	감가누계액(건물)	20,000 ⑧
전기분실현(하)	(차)	이익잉여금(×1년)	20,000 ①	(대)	매출원가(×2년)	20,000 ②
전기분실현(상)	(차)	이익잉여금(×1년)	12,800 ③	(대)	매출원가(×2년)	16,000 ⑤
		비지배지분(×1년)	3,200 ④			
수익비용상계	(차)	매출수익	2,300,000 ⑥	(대)	매출원가	2,300,000 ⑦
당기미실현(하)	(차)	매출원가(×2년)	30,000 ⑧	(대)	재고자산(×2말)	30,000 ⑨
당기미실현(상)	(차)	매출원가(×2년)	24,000 ⑩	(대)	재고자산(×2말)	24,000 ⑪
당기손익대체	(차)	이익잉여금(×2년)	34,400 ①	(대)	비지배지분(×2년)	34,400 ②

해설

(1) 연결포괄손익계산서

20×2년 1월 1일부터 20×2년 12월 31일까지

매 출 액	10,300,000
매출원가	(9,618,000)
매출총이익	682,000
감가상각비	(320,000)
당기순이익	362,000
- 지배기업지분순이익	327,600
- 비지배지분순이익	34,400

(3) 연결재무상태표

① 계정별로 작성한 재무상태표

20×2년 12월 31일

현금및현금성자산	4,400,000	유동부채	3,900,000
재고자산	1,616,000	자 본 금	2,500,000
종속기업주식	-	이익잉여금	1,998,800
토 지	1,950,000	비지배지분	407,200
건물(순액)	760,000		
영 업 권	80,000		
	8,806,000		8,806,000

② 위의 계정별 재무상태표는 이해를 위해 아래와 같이 재작성할 수 있다. 아래의 재무상태표를 이해할 수 있다면 연결재무제표 작성의 논리를 100% 이해한 것으로 볼 수 있다.

20×2년 12월 31일

기말 순자산A	4,340,000	기말 자본금A	2,500,000
기말 종속기업주식	(1,520,000)	기말 이익잉여금A	1,810,000
기말 하향미실현재고	(30,000)	증가 이익잉여금B	188,800
기말 순자산B	1,850,000	기말 비지배지분	407,200
기말 순자산과소	210,000		
기말 상향미실현재고	(24,000)		
기말 영업권	80,000		
	4,906,000		4,906,000

(4) 연도별 비지배지분의 검증

구 분	20×1. 1. 1	당기순이익	20×1.12.31	배 당	당기순이익	20×2.12.31
순자산장부금액	1,500,000 +	200,000 =	1,700,000 +	(50,000) +	200,000 =	1,850,000
재고과소금액	50,000 +	(50,000) =	− +	− +	− =	−
토지과소금액	150,000 +	− =	150,000 +	− +	− =	150,000
건물과소금액	100,000 +	(20,000) =	80,000 +	− +	(20,000) =	60,000
상향미실현재고	−	(16,000)	(16,000)	−	(8,000)	(24,000)
순자산공정가치	1,800,000 +	114,000 =	1,914,000 +	(50,000) +	172,000 =	2,036,000
비지배지분율	×20%	×20%	×20%	×20%	×20%	×20%
비지배지분	360,000	22,800	382,800	(10,000)	34,400	407,200

04 다양한 내부거래 (회계사 2021)

㈜대한은 20×1년 초에 ㈜민국의 의결권 있는 보통주식 600주(60)를 ₩720,000에 취득하여 실질지배력을 획득하였다.

⑴ 다음은 ㈜대한과 ㈜민국의 20×1년 및 20×2년 별도(개별)자본변동표이다.

㈜대한 자본변동표 (단위 : ₩)

구 분	자 본 금	자본잉여금	기타자본	이익잉여금	합 계
20×1. 1. 1	700,000	400,000	50,000	200,000	1,350,000
토지재평가	-	-	20,000	-	20,000
당기순이익	-	-	-	250,000	250,000
20×1.12.31	700,000	400,000	70,000	450,000	1,620,000
20×2. 1. 1	700,000	400,000	70,000	450,000	1,620,000
토지재평가	-	-	20,000	-	20,000
당기순이익	-	-	-	300,000	300,000
20×2.12.31	700,000	400,000	90,000	750,000	1,940,000

㈜민국 자본변동표 (단위 : ₩)

구 분	자 본 금	자본잉여금	기타자본	이익잉여금	합 계
20×1. 1. 1	500,000	300,000	140,000	100,000	1,040,000
당기순이익	-	-	-	100,000	100,000
20×1.12.31	500,000	300,000	140,000	200,000	1,140,000
20×2. 1. 1	500,000	300,000	140,000	200,000	1,140,000
현금배당	-	-	-	(-)50,000	(-)50,000
토지재평가	-	-	10,000	-	10,000
당기순이익	-	-	-	150,000	150,000
20×2.12.31	500,000	300,000	150,000	300,000	1,250,000

⑵ ㈜대한과 ㈜민국이 발행하고 있는 주식은 모두 의결권이 있는 보통주이며 1주당 액면금액은 ₩500으로 동일하다.

⑶ 지배력 취득일 현재 기계장치 이외에 순자산의 장부금액은 공정가치와 일치한다. 지배력 취득일 현재 ㈜민국의 기계장치 장부금액은 ₩200,000이며, 공정가치는 ₩300,000이다. 기계장치의 잔존내용연수는 10년이며 잔존가치 없이 정액법으로 감가상각한다.

⑷ 종속기업투자에 따른 영업권 이외에 다른 영업권은 없다. 영업권에 대한 손상 검토를 수행한 결과, 영업권이 배부된 현금창출단위의 20×1년 말 및 20×2년 말 현재 회수가능금액은 각각 ₩31,000과 ₩16,000이다.

(5) 20×1년과 20×2년 ㈜대한과 ㈜민국 간의 재고자산 내부거래는 다음과 같다. 매입회사는 재고자산을 매입 후 6개월간 매월 균등하게 연결실체 외부로 판매한다.

일 자	판매회사 → 매입회사	판매회사 매출액	판매회사 매출원가
20×1.10.1	㈜대한 → ㈜민국	₩90,000	₩72,000
20×1.11.1	㈜민국 → ㈜대한	₩40,000	₩28,000
20×2.10.1	㈜대한 → ㈜민국	₩80,000	₩64,000
20×2.10.1	㈜민국 → ㈜대한	₩100,000	₩80,000

(6) ㈜대한은 20×1년 4월 1일에 보유 토지 가운데 ₩90,000을 ㈜민국에게 ₩110,000에 현금 매각하였다. ㈜대한과 ㈜민국은 20×1년 말부터 보유중인 토지에 대해 원가모형에서 재평가모형으로 회계정책을 최초로 변경 · 채택하기로 하였으며, 재평가에 따른 차액은 기타자본에 반영되어 있다. 동 내부거래 이전에 ㈜민국은 토지를 보유하지 않았으며, 20×1년과 20×2년 중 동 내부거래 이외에 추가 토지 취득이나 처분은 없다.

(7) ㈜민국의 20×2년도 현금배당은 20×1년 성과에 대한 주주총회 결의에 따라 확정된 것이다.

(8) ㈜대한은 ㈜민국의 종속기업투자주식을 별도재무제표 상 원가법으로 평가하고 있다. 연결재무제표 상 비지배지분은 종속기업의 순자산의 변동과 관련된 경우 식별가능한 순자산의 공정가치에 비례하여 배분한다.

물음
Question

1. ㈜대한의 20×1년도 연결재무제표에 표시되는 다음의 금액을 계산하시오. 단, 영업권은 손상 인식 전 금액을 계산하되 염가매수차익인 경우에는 괄호 안에 금액(예시 : (1,000))을 표시하시오.

손상 인식 전 영업권(또는 염가매수차익)	①
총연결당기순이익	②

2. ㈜대한의 20×2년도 연결재무제표에 표시되는 다음의 금액을 계산하시오.

연결이익잉여금	①
연결자본잉여금	②
연결기타자본	③
비지배지분	④

해답

1. 20×1년 말 각 금액의 계산

(1) 20×1년 초 이전대가의 배분

이전대가			식별가능한 순자산 공정가치		영업권
지배주주지분	720,000	=	(장부 1,040,000 + 과소 100,000) × 60%	+	36,000
비지배지분	456,000	=	(장부 1,040,000 + 과소 100,000) × 40%	+	-

(2) 순자산과소금액 상각스케쥴

내 역	FV - BV	상 각	
		20×1년	20×2년
기계장치	100,000	(10,000)	(10,000)
부분영업권	36,000	(5,000)	(15,000)

(3) 내부거래의 실현스케쥴

① 20×1년 말의 재고자산미실현이익(하향) : (90,000 - 72,000) × 3/6 = 9,000

② 20×1년 말의 재고자산미실현이익(상향) : (40,000 - 28,000) × 4/6 = 8,000

③ 20×2년 말의 재고자산미실현이익(하향) : (80,000 - 64,000) × 3/6 = 8,000

④ 20×2년 말의 재고자산미실현이익(상향) : (100,000 - 80,000) × 4/6 = 10,000

⑤ 20×1년 토지내부거래 미실현이익(하향) : 110,000 - 90,000 = 20,000

⑥ 참고로 20×1년의 연결재무제표 작성을 위한 내부거래만의 분개를 수행하면 다음과 같다.

수익비용제거	(차) 매출수익	130,000	(대) 매출원가	130,000
하향재고자산	(차) 매출원가	9,000	(대) 재고자산	9,000
상향재고자산	(차) 매출원가	8,000	(대) 재고자산	8,000
하향토지거래	(차) 유형자산처분이익	20,000	(대) 재평가잉여금(기포익)	20,000

구 분	20×1년	20×2년	20×2년말
재고자산 관련손익 (하향)	(9,000)	1,000	이잉 (8,000)
재고자산 관련손익 (상향)	(8,000)	(2,000)	이잉 (10,000)
토지거래 관련 미실현손익 (하향)	(20,000)	-	이잉 (20,000)
토지거래 관련 실현손익 (하향)	20,000	-	기포누 20,000

⑦ 참고로 20×2년말 연결재무상태표 작성만을 위한 내부거래만의 분개를 수행하면 다음과 같다.

하향재고자산	(차) 이익잉여금	8,000	(대) 재고자산	8,000
상향재고자산	(차) 이익잉여금	6,000	(대) 재고자산	10,000
	비지배지분	4,000		
하향토지거래	(차) 이익잉여금	20,000	(대) 재평가잉여금(기포누)	20,000

⑷ 20×1년 연결당기순이익의 계산

구 분	A회사	B회사	연결실체
조정전 당기순이익	250,000	100,000	350,000
기계장치 상각	-	(10,000)	(10,000)
재고자산 미실현이익	(9,000)	(8,000)	(17,000)
토지 미실현이익	(20,000)	-	(20,000)
영업권 손상차손	(5,000)	-	(5,000)
조정후 당기순이익	216,000	82,000	298,000
지배기업지분이익	216,000	49,200	265,200
비지배지분이익	-	32,800	32,800

구 분	금 액
손상 인식 전 영업권	① **36,000**
총연결당기순이익	② **298,000**

2. 20×2년 말 각 금액의 계산

⑴ 연결이익잉여금

		기 말		취득시		차액상각		미실현		
지배기업지분	:	750,000			-	영업 20,000	-	28,000	=	702,000
종속기업지분	: (	300,000	-	100,000	-	기계 20,000	-	10,000	)×60% =	102,000
										804,000

⑵ 연결자본잉여금

		기 말		취득시	차액상각	미실현		
지배기업지분	:	400,000					=	400,000
종속기업지분	: (	300,000	-	300,000			)×60% =	-
								400,000

⑶ 연결기타자본

		기 말		취득시	차액상각		실현		
지배기업지분	:	90,000				+	20,000	=	110,000
종속기업지분	: (	150,000	-	140,000				)×60% =	6,000
									116,000

➡ 20×2년 말 토지의 재평가잉여금 120,000 - 90,000 = 30,000 중 지배기업에게 귀속되는 금액은 ₩20,000이며, 종속기업에게 귀속되는 금액은 ₩10,000이다. 종속기업에게 귀속되는 금액 ₩10,000은 다시 지배기업지분 ₩6,000과 비지배지분 ₩4,000으로 배분된다.

(4) 비지배지분의 계산

	보고기간 말		
순자산 장부금액지분	: (자본금 500,000 + 기타 750,000 - 재고과대 10,000)×40%	=	496,000
순자산 과소금액지분	: (최초금액 100,000 - 상각액 20,000)×40%	=	32,000
			528,000

구 분	금 액
연결이익잉여금	① **804,000**
연결자본잉여금	② **400,000**
연결기타자본	③ **116,000**
비지배지분	④ **528,000**

05 내부거래의 추정 (회계사 2022)

㈜대한은 20×1년 1월 1일에 ㈜민국의 의결권 있는 보통주식 80%를 취득하여 실질지배력을 획득하였다. ㈜대한이 지배력 획득일에 주식의 취득대가로 ㈜민국의 순자산 장부금액을 초과하여 지급한 금액은 전액 건물에 배분되며, 동 건물은 4년의 잔존 내용연수 기간 동안 잔존가치 없이 정액법으로 감가상각된다. 아래 자료를 이용하여 물음에 답하시오.

(1) ㈜민국은 ㈜대한의 유일한 종속기업이며, 20×2년 말 ㈜대한과 ㈜민국의 별도(개별)재무제표와 연결실체 재무제표를 표시하면 다음과 같다.

재무상태표

20×2년 12월 31일

	㈜대한	㈜민국	연결실체
현 금	278,000	63,000	341,000
매출채권	40,000	30,000	?
재고자산	80,000	40,000	100,000
종속기업투자주식	?	-	?
토 지	200,000	110,000	300,000
건 물	100,000	40,000	160,000
감가상각누계액	(50,000)	(30,000)	?
기계장치	20,000	8,000	29,000
감가상각누계액	(8,000)	(1,000)	?
자산총계	?	260,000	?
매입채무	38,000	20,000	53,000
단기차입금	?	50,000	?
자 본 금	200,000	100,000	200,000
이익잉여금	450,000	90,000	?
비지배지분	-	-	?
부채 및 자본총계	?	260,000	?

포괄손익계산서

20×2년 1월 1일~20×2년 12월 31일

	㈜대한	㈜민국	연결실체
매출수익	200,000	130,000	300,000
매출원가	120,000	70,000	165,000
감가상각비	15,000	10,000	29,500
이자비용	2,000	1,000	3,500
기타수익	20,000	11,000	19,000
기타비용	2,000	1,000	2,500
당기순이익	81,000	59,000	118,500
당기순이익의 귀속 :			
지배기업의 소유주			113,700
비지배지분			4,800
			118,500

(2) ㈜대한은 별도재무제표 상 ㈜민국에 대한 종속기업투자주식을 원가법으로 평가하고 있으며, 연결재무제표 작성 시 비지배지분은 종속기업 순자산의 공정가치에 대한 비례적 지분에 기초하여 결정한다.

(3) 20×1년과 20×2년에 ㈜대한과 ㈜민국 모두 배당을 선언한 바가 없다.

(4) ㈜대한과 ㈜민국은 매년 재고자산 내부거래를 하고 있다. 20×2년 1월 1일 현재 재고자산 내부거래에 따른 미실현이익의 잔액은 모두 전기에 ㈜대한이 ㈜민국에 판매하여 발생한 것이며, 이는 20×2년 중에 모두 실현되었다.

(5) ㈜대한은 20×2년에 ㈜민국에 대한 매출채권 중 ₩2,000을 은행에서 할인하였으며, 동 할인거래는 매출채권의 제거조건을 만족하는 거래이다. 이와 관련하여 ㈜대한은 매출채권 처분손실(기타비용) ₩500을 인식하였다.

(6) ㈜대한은 20×2년 1월 1일 취득원가 ₩5,000, 장부금액 ₩2,000의 기계장치를 ㈜민국에게 ₩4,000에 현금 매각하였다. 매각일 현재 동 기계장치의 잔존내용연수는 4년이며, 잔존가치 없이 정액법으로 감가상각한다. ㈜민국은 동 기계장치를 20×2년 말 현재 사용하고 있다.

(7) ㈜민국은 20×2년 1월 1일에 보유 토지 중 1필지(장부금액 : ₩50,000)를 ㈜대한에게 ₩60,000에 현금 매각하였으며, ㈜대한은 20×2년 말 현재 동 토지를 계속 보유하고 있다.

(8) ㈜대한과 ㈜민국은 모든 유형자산(토지, 건물, 기계장치)에 대해 원가모형을 적용하고 있다. 또한 ㈜대한과 ㈜민국이 20×1년 1월 1일 이후 상기 내부거래 외에 추가적으로 취득하거나 처분한 유형자산은 없다.

(9) ㈜대한과 ㈜민국의 별도(개별)재무상태표 상 자본항목은 자본금과 이익잉여금으로 구성되어 있다.

물음 Question

1. 지배력 획득일인 20×1년 1월 1일에 ㈜민국의 이익잉여금은 ₩40,000이었으며, 20×1년 1월 1일 이후 ㈜민국의 자본금 변동은 없다. 20×2년 말 ㈜대한의 별도재무상태표에 표시될 종속기업투자주식의 금액을 계산하시오.

종속기업투자주식	①

2. ㈜대한의 20×2년 말 연결재무상태표에 표시될 다음의 금액을 계산하시오.

매출채권	①
감가상각누계액(건물)	②
감가상각누계액(기계장치)	③

3. 20×2년 말 ㈜대한과 ㈜민국 간의 ① 재고자산 내부거래에 따른 미실현이익의 잔액을 계산하시오. 또한 ② 20×2년에 ㈜대한과 ㈜민국 간에 이루어진 재고자산 내부거래의 유형(상향판매 또는 하향판매 : 아래 표 참조)을 구분하고, ③ 그렇게 판단한 근거를 간략히 서술하시오. 단, 20×2년에는 단 1건의 재고자산 내부거래만이 발생하였으며, 동 내부거래 재고자산은 20×2년 12월 31일 현재 연결실체 외부로 판매되지 않고 매입회사의 장부에 모두 남아 있다.

재고자산 내부거래 유형	판매회사	매입회사
상향판매	㈜민국	㈜대한
하향판매	㈜대한	㈜민국

20×2년 12월 31일 현재 재고자산 내부거래에 따른 미실현이익의 잔액	①
재고자산 내부거래 유형 구분 (상향판매 또는 하향판매)	②
'②'에 표시한 답에 대한 판단근거	③

4. 20×2년 1월 1일에 존재한 ㈜대한과 ㈜민국 간의 재고자산 내부거래에 따른 전기이월 미실현이익의 잔액을 계산하시오.

20×2년 초 현재 재고자산 내부거래에 따른 미실현이익의 잔액	①

5. ㈜대한의 20×2년 말 연결재무상태표에 표시될 이익잉여금과 비지배지분의 금액을 각각 계산하시오.

연결이익잉여금	①
비지배지분	②

해답

1. 종속기업투자주식의 취득원가

(1) 20×1년 초 종속기업순자산 공정가치 : 자본금 100,000 + 이익잉여금 40,000 + 건물과소액 20,000 = 160,000

(2) 이전대가의 배분

이전대가			식별가능한 순자산 공정가치		영업권
지배주주지분	128,000	=	(장부 140,000 + 과소 20,000) × 80%	+	-
비지배지분	32,000	=	(장부 140,000 + 과소 20,000) × 20%	+	-

종속기업투자주식	① 128,000

(3) 순자산과소금액 상각스케쥴

내 역	FV - BV	상각 20×1년	상각 20×2년
건 물	20,000	(5,000)	(5,000)

2. 매출채권과 기계내부거래 수정분개

구분		차변	금액		대변	금액
채권·채무상계	(차)	매입채무	5,000	(대)	매출채권	3,000
					단기차입금	2,000
계정재분류	(차)	이자비용	500	(대)	매출채권처분손실	500
기계내부거래	(차)	기계처분이익	2,000	(대)	감가상각비	500
		기계장치	1,000		감가상각누계액	2,500

① 20×2년 말 매출채권 : 40,000 + 30,000 - 내부채권 3,000 = 67,000

② 20×2년 말 건물 감가상각누계액 : 50,000 + 30,000 + 과소금액 상각 10,000 = 90,000

③ 20×2년 말 기계 감가상각누계액 : 8,000 + 1,000 + 내부거래 2,500 = 11,500

매출채권	① 67,000
건물 감가상각누계액	② 90,000
기계 감가상각누계액	③ 11,500

3. 연결순이익의 검증

(1) 재고자산 내부거래의 추정

구분		차변	금액			대변	금액	
수익비용상계	(차)	매출수익	30,000	①	(대)	매출원가	30,000	②
당기미실현(상)	(차)	매출원가	20,000	④	(대)	재고자산	20,000	③
전기분실현(하)	(차)	이익잉여금	15,000	⑥	(대)	매출원가	15,000	⑤

(2) 연결순이익의 검증

구 분	지배기업	종속기업	연결실체
보고된 당기순이익	81,000	59,000	140,000
건물과소 상각	-	(5,000)	(5,000)
하향재고 실현	15,000	-	15,000
상향재고 미실현	-	(20,000)	(20,000)
하향기계 미실현	(2,000)	-	(2,000)
하향기계 실현	500	-	500
상향토지 미실현	-	(10,000)	(10,000)
조정후 당기순이익	94,500	24,000	118,500
지배기업지분순이익	94,500	19,200	113,700
비지배지분순이익	-	4,800	4,800

20×2년 말 재고자산 미실현이익 잔액	① **20,000**
재고자산 내부거래의 유형	② **상향판매**
이에 대한 근거	③ **비지배지분순이익의 계산을 통해서 확인함**

4. 20×2년 초 내부거래의 추정

20×2년 초 현재 재고자산 내부거래 미실현이익의 잔액	① **15,000**

5. 20×2년 말 자본계정의 잔액

(1) 20×2년 말 이익잉여금

	기 말	취득시	차액상각	미실현이익		
지배기업지분 :	450,000			− 1,500		= 448,500
종속기업지분 : (	90,000 −	40,000 −	10,000 −	30,000	)×80%	= 8,000
						456,500

(2) 20×2년 말 비지배지분

	보고기간 말		
순자산 장부금액의 지분	: (자본금 100,000 + 잉여금 90,000 − 미실현 30,000)	×20%	= 32,000
순자산 과소금액의 지분	: (최초액 20,000 − 상각액 10,000)	×20%	= 2,000
순자산 공정가치의 지분			**34,000**

연결이익잉여금	① **456,500**
비지배지분	② **34,000**

CHAPTER

07

소유지분의 변동

ADVANCED ACCOUNTING

제 1 절 단계적 취득

IFRS

지배기업은 종속기업에 대하여 단 한 번의 주식취득으로 지배력을 획득할 수 있지만, 점차적으로 지분을 늘려나가는 단계적 취득을 통하여 지배력을 획득하기도 한다. 예를 들어 20×1년 7월 1일에 A회사는 B회사에 대한 지분 10%를 취득하였다. 여기에 추가하여 20×1년 12월 31일에 B회사의 지분 50%를 추가로 매수하면 A회사는 B회사에 대한 지배력을 획득하게 된다. 이러한 거래를 단계적으로 이루어지는 사업결합이라 하며, 때로는 단계적 취득이라고도 한다.

단계적 취득에서 발생하는 회계처리의 문제는 지배기업의 단계적인 지분 취득시점 중 어느 시점을 사업결합을 위한 취득일로 보아야 하는지와 사업결합의 이전대가를 어떻게 측정하는 지이다. 이하에서는 단계적 취득을 통한 지배력의 최초획득과 지배력 획득일 이후 지분의 추가취득으로 구분하여 설명하고자 한다.

1 단계적 취득을 통한 지배력의 획득

기준서 제1110호 '연결재무제표'에서는 단계적으로 종속기업의 주식을 취득하는 것에 대한 구체적인 규정이 없다. 하지만, 사업결합에서 생기는 영업권을 포함한 사업결합에 관한 회계처리와 이러한 회계처리가 연결재무제표에 미치는 효과에 대하여는 기준서 제1103호 '사업결합'의 규정을 참조하도록 규정하고 있다. 따라서 단계적으로 종속기업의 주식을 취득하여 지배력을 획득하는 거래는 기준서 제1103호의 규정과 일관되게 이루어져야 한다.

(1) 사업결합을 위한 취득일

종속기업의 주식을 단계적으로 취득하여 지배력을 획득하는 경우 사업결합을 위한 취득일은 최초지분취득일이 아닌 추가취득으로 지배력을 획득한 시점이다.

(2) 이전대가의 측정

단계적으로 이루어지는 사업결합에서 취득자는 이전에 보유하고 있던 피취득자에 대한 지분을 취득일의 공정가치로 재측정하며, 이 금액에 추가로 지분을 취득하기 위하여 지급한 대가의 공정가치를 합산하여 이전대가를 측정한다. 여기서 기존보유지분에 대한 공정가치 재측정손익은 해당 투자지분의 분류방식에 따라 당기손익이나 기타포괄손익으로 인식한다. 즉 기존보유지분을 사업결합일에 처분하고 다시 일괄 취득한 것으로 보아 이전대가를 산정하며 구체적으로는 다음과 같다.

지배력 획득시 지배기업지분의 이전대가
= 취득일 직전 까지 보유한 기존지분의 공정가치 + 취득일에 추가 취득한 지분의 취득원가

한편, 이전의 보고기간에 취득자가 피취득자에 대한 지분의 가치변동을 기타포괄손익(예 기존의 보유지분이 기타포괄손익-공정가치 측정 지분상품인 경우)으로 인식하였을 수 있다. 이 경우 기타포괄손익으로 인식한 금액에 대해 취득자가 이전에 보유하던 지분을 직접 처분한다면 적용하였을 동일한 근거로 인식한다. 즉 기존지분에 대한 기타포괄평가손익은 취득일에 당기손익으로 재분류하지 않으며, 이익잉여금으로 대체할 수는 있다.

이 해 지배권 획득일 이전보유지분을 공정가치로 재측정하는 이유

특정 기업에 대한 비지배 투자금융자산을 보유하는 것에서 해당 기업에 대해 지배력을 획득하게 되는 변화는 그 투자금융자산의 본질과 그 투자와 관련된 경제적 상황의 유의적인 변화로 볼 수 있다. 이러한 변화는 그 투자금융자산에 대한 분류와 측정의 변화를 정당화한다. 지배력을 획득하면 취득자는 더 이상 피취득자에 대한 비지배 투자자산 소유자가 아니다. 이 경우 취득자는 투자금융자산에 대한 회계처리를 중단하고 피취득자의 자산, 부채와 영업성과를 재무제표에 보고하기 시작한다. 사실상, 취득자는 종속기업에 대한 투자자산 소유자로서의 지위를 종속기업의 모든 자산과 부채에 대한 재무적 지배지분 및 피취득자와 그 경영진이 영업에서 그 자산을 사용하는 방법을 지시하는 권리와 교환한다. 따라서 단계적취득은 상업적실질이 있는 취득거래이므로 기보유지분을 공정가치로 재측정하는 것이 합리적이다.

[단계적 취득시 기존보유지분의 회계처리]

기존 보유지분의 분류	공정가치 재측정손익의 처리방법
당기손익-공정가치 측정 금융자산	공정가치 재측정손익을 당기손익으로 인식
기타포괄손익-공정가치 측정 금융자산	공정가치 재측정손익을 기타포괄손익으로 인식
관계기업투자주식	공정가치 재측정손익을 당기손익으로 인식
공동기업투자주식	공정가치 재측정손익을 당기손익으로 인식

예제 1 단계적 취득을 통한 지배력의 획득

A회사는 B회사의 주식을 단계적으로 취득하여 20×3년 초에 지배력을 획득하였다. 다음의 자료는 A회사의 B회사에 대한 지분증가 현황과 B회사의 자본의 변동내역이다. 단, B회사의 식별가능한 순자산장부금액은 공정가치와 일치하였으며, B회사의 비지배지분에 대하여는 영업권을 인정하지 않는다.

(1) 20×1년 말 A회사가 보유중인 B회사주식의 공정가치는 ₩210,000이며, A회사의 B회사주식의 취득내역은 다음과 같다. 취득원가는 해당 시점의 공정가치와 동일한 금액이다. 기존 보유지분의 공정가치는 신규 취득지분의 취득원가를 이용하여 추정하는 것으로 가정한다.

구 분	20×1년 1월 1일	20×2년 1월 1일	20×3년 1월 1일	20×3년 12월 31일
취득지분율	10%	30%	40%	-
취득원가	₩200,000	₩690,000	₩1,200,000	-

(2) B회사의 자본변동 내역은 다음과 같으며, 이익잉여금은 당기순이익으로 증가한 것이며, 기타포괄손익누계액은 B회사가 보유한 유형자산의 재평가로 인한 것으로, 당기손익 재분류조정을 하지 않는 기타포괄손익이다.

구 분	20×1년 1월 1일	20×2년 1월 1일	20×3년 1월 1일	20×3년 12월 31일
자 본 금	1,000,000	1,000,000	1,000,000	1,000,000
자본잉여금	500,000	500,000	500,000	500,000
기타포괄손익누계액	-	-	200,000	200,000
이익잉여금	500,000	700,000	1,000,000	1,100,000
자본 총계	2,000,000	2,200,000	2,700,000	2,800,000

물음 Question

1. A회사의 개별회계상 B회사주식에 대한 회계처리를 20×1년 초부터 20×4년 말까지를 연도별로 수행하시오. 단, 20×1년 초 B회사에 대한 투자지분을 당기손익-공정가치 측정 금융자산으로 분류하고 있으며, 관계기업에 대한 투자지분은 지분법을 적용하는 것으로 가정한다.
2. A회사의 개별회계상 B회사주식에 대한 회계처리를 20×1년 초부터 20×4년 말까지를 연도별로 수행하시오. 단, 20×1년 초 B회사에 대한 투자지분을 기타포괄손익-공정가치 측정 금융자산으로 분류하고 있으며, 관계기업에 대한 투자지분은 지분법을 적용하는 것으로 가정한다.
3. 지배권획득일에 연결재무상태표에 인식할 영업권금액을 계산하시오.
4. 20×3년 말 연결재무제표 작성을 위한 연결분개를 제시하시오.

해답
answer

1. 기존보유지분을 당기손익-공정가치 측정 금융자산으로 분류한 경우

일자	차변	금액	대변	금액
20×1. 1. 1	(차) 당기손익금융자산	200,000 ②	(대) 현 금	200,000 ①
20×1.12.31	(차) 당기손익금융자산	10,000 ①	(대) 금융자산평가이익	10,000 ②
20×2. 1. 1	(차) 당기손익금융자산	20,000 ②	(대) 금융자산평가이익	20,000 ①
	(차) 관계기업주식	920,000 ⑤	(대) 당기손익금융자산	230,000 ③
			현 금	690,000 ④
	④ 기존보유지분의 공정가치 690,000÷30%×10%+신규취득원가 690,000=920,000			
20×2.12.31	(차) 관계기업주식	200,000 ③	(대) 지분법이익	120,000 ①
			지분법기타포괄이익	80,000 ②
	① (1,000,000－700,000)×40%=120,000		② (200,000－0)×40%=80,000	
20×3. 1. 1	(차) 관계기업주식	80,000 ①	(대) 관계주식처분이익	80,000 ②
	(차) 종속기업주식	2,400,000 ⑤	(대) 관계기업주식	1,200,000 ③
			현 금	1,200,000 ④
	(차) 지분법기타포괄이익	80,000 ⑥	(대) 미처분이익잉여금	80,000 ⑦
20×3.12.31	회계처리 없음			
20×4. 1. 1	회계처리 없음			
20×4.12.31	회계처리 없음			

2. 기존보유지분을 기타포괄손익-공정가치 측정 금융자산으로 분류한 경우

일자	차변	금액	대변	금액
20×1. 1. 1	(차) 기타포괄금융자산	200,000 ②	(대) 현 금	200,000 ①
20×1.12.31	(차) 기타포괄금융자산	10,000 ①	(대) 기타포괄평가이익	10,000 ②
20×2. 1. 1	(차) 기타포괄금융자산	20,000 ②	(대) 기타포괄평가이익	20,000 ①
	(차) 관계기업주식	920,000 ⑤	(대) 기타포괄금융자산	230,000 ③
			현 금	690,000 ④
	(차) 기타포괄평가이익	30,000 ⑤	(대) 미처분이익잉여금	30,000 ⑥
20×2.12.31	(차) 관계기업주식	200,000 ③	(대) 지분법이익	120,000 ①
			지분법기타포괄이익	80,000 ②
20×3. 1. 1	(차) 관계기업주식	80,000 ①	(대) 관계주식처분이익	80,000 ②
	(차) 종속기업주식	2,400,000 ⑤	(대) 관계기업주식	1,200,000 ③
			현 금	1,200,000 ④
	(차) 지분법기타포괄이익	80,000 ⑥	(대) 미처분이익잉여금	80,000 ⑦
20×3.12.31	회계처리 없음			
20×4. 1. 1	회계처리 없음			
20×4.12.31	회계처리 없음			

3. 연결재무상태표의 영업권

이전대가			식별가능한 순자산 공정가치				영업권
			순자산 장부금액		순자산 과소금액		
지배주주지분	2,400,000	=	2,700,000×80%	+	-	+	240,000
비지배지분	540,000	=	2,700,000×20%	+	-	+	-

4. 20×3년 말의 연결분개

투자와 자본상계	(차)	자 본 금	1,000,000 ①	(대)	종속기업주식	2,400,000 ⑤
		자본잉여금	500,000 ②		비지배지분(×3초)	540,000 ⑥
		기타포괄누계액	200,000 ③			
		이익잉여금(×3초)	1,000,000 ④			
		영 업 권(×3초)	240,000 ⑦			
비지배이익	(차)	이익잉여금(×3년)	20,000 ①	(대)	비지배지분(×3년)	20,000 ②
		① (1,100,000 - 1,000,000)×20% = 20,000				

2 지배력획득 후 주식의 추가취득

지배기업은 지배력을 획득한 이후에도 종속기업의 주식을 추가로 취득할 수 있다. 이러한 거래를 연결실체의 관점에서 본다면 연결실체의 주주인 지배주주가 비지배주주로부터 지분을 매입하여 비지배지분을 감소시키는 주주간의 거래로 볼 수 있다. 이러한 논리를 반영하여 기준서 제1110호 '연결재무제표'에서는 지배력을 상실하지 않는 종속기업에 대한 지배기업의 소유지분 변동은 자본거래로 회계처리 하도록 규정하고 있다.

[지배기업의 종속기업주식 추가취득]

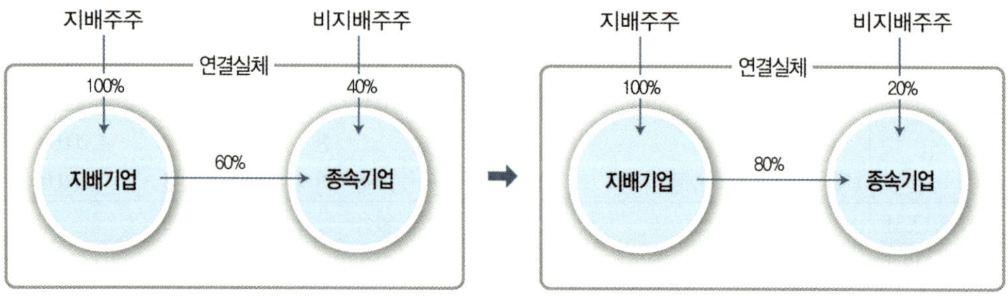

(1) 사업결합을 위한 취득일과 이전대가

지배력을 행사하고 있는 종속기업의 주식을 추가로 취득하는 경우 사업결합을 위한 취득일은 추가취득일이 아닌 최초 지배력을 획득한 시점이다. 따라서 종속기업에 대하여 최초 지배력을 획득한 시점을 기준으로 이전대가를 측정하고, 이를 기준으로 연결실체의 영업권을 산정한다. 즉 추가취득원가는 영업권을 산정하기 위한 이전대가로 보지 않는다.

(2) 추가취득원가의 조정방법

지배력을 획득한 이후 종속기업의 주식을 추가로 취득하는 것은 지배기업의 별도재무제표에서는 종속기업주식의 증가거래이지만, 연결재무제표의 관점에서는 비지배지분의 소각거래인 자본거래로 봐야 한다. 따라서 비지배주주 보유주식의 취득대가와 연결재무제표상 비지배지분 감소액의 차이는 자본거래손익이기에 자본에 직접 반영하여 지배기업의 소유주지분에 직접 귀속시킨다.

추가취득에서 발생하는 자본거래손익 = 연결재무상태표의 비지배지분 감소액 - 추가취득원가

여기서 주의할 점은, 지배기업의 별도재무제표에서는 종속기업 주식의 추가취득에 대하여 취득원가만을 인식하여 회계처리 할 것이므로, 연결재무제표 작성을 위한 연결분개에서 관련거래를 자본거래손익으로 수정해야 한다는 것이다.

예를 들어, 지배기업이 종속기업주식 60%를 취득한 상태에서, 추가로 종속기업주식 20%를 비지배주주로부터 ₩100,000에 취득한 것으로 가정한다. 이로 인한 연결재무상태표의 비지배지분의 변동액이 ₩85,000인 경우 관련 회계처리는 다음과 같다.

[종속기업투자주식의 추가취득]

구분	차변	금액	대변	금액
지배재무제표	(차) 종속기업투자주식	100,000 ②	(대) 현 금	100,000 ①
연결수정분개	(차) 비지배지분	85,000 ②	(대) 종속기업투자주식	100,000 ①
	자본거래손실	15,000 ③		
연결재무제표	(차) 비지배지분	85,000 ②	(대) 현 금	100,000 ①
	자본거래손실	15,000 ③		

[종속기업 지분의 단계적취득]

구 분	회계처리
지배력의 최초취득	기보유지분에 대하여 공정가치로 재측정한 후 사업결합의 회계처리 수행
지배력의 추가취득	추가취득지분에 대한 손익을 자본거래손익으로 인식하여 연결분개를 수행

예제 2 종속기업주식의 추가취득

A회사는 B회사의 주식의 80% 취득하여 20×1년 초에 지배력을 획득하였다. 다음의 자료는 A회사의 B회사에 대한 지분증가 현황과 B회사의 자본의 변동내역이다. 단, B회사의 식별가능한 순자산장부금액은 공정가치와 일치하였으며, B회사의 비지배지분에 대하여는 영업권을 인정하지 않는다.

(1) A회사의 B회사주식의 취득내역은 다음과 같다. 주식의 취득원가는 해당 시점의 공정가치와 동일한 금액이다.

구 분	20×1년 1월 1일	20×2년 1월 1일
취득지분율	80%	10%
취득원가	₩2,400,000	₩350,000

(2) 20×2년 말 지배기업인 A회사의 별도재무제표 상 자본잉여금과 이익잉여금은 각각 ₩800,000과 ₩1,000,000이다. 종속기업인 B회사의 자본변동 내역은 다음과 같으며, 이익잉여금은 당기순이익으로 증가한 것이다.

구 분	20×1년 1월 1일	20×1년 12월 31일	20×2년 12월 31일
자 본 금	1,000,000	1,000,000	1,000,000
자본잉여금	500,000	500,000	500,000
기타포괄손익누계액	200,000	200,000	200,000
이익잉여금	1,000,000	1,100,000	1,300,000
자본 총계	2,700,000	2,800,000	3,000,000

물음 (Question)

1. 지배권획득일에 연결재무상태표에 인식할 영업권금액과 비지배지분을 계산하시오.
2. A회사의 개별회계상 B회사주식에 대한 회계처리를 20×1년과 20×2년으로 구분하여 수행하시오.
3. 20×2년 종속기업 주식의 추가취득으로 연결재무제표에 계상되는 자본거래손익을 계산하고, 연결실체입장에서 당해 취득거래를 회계처리 하시오.
4. 20×1년 말 연결재무제표 작성을 위한 연결분개를 제시하시오.
5. 20×2년 말 연결재무제표 작성을 위한 연결분개를 제시하시오. 연결재무상태표의 자본잉여금과 이익잉여금, 비지배지분을 계산하시오.

해답

1. 지배권획득일의 영업권

이전대가			식별가능한 순자산 공정가치				영업권
			순자산 장부금액		순자산 과소금액		
지배주주지분	2,400,000	=	2,700,000 × 80%	+	-	+	240,000
비지배지분	540,000	=	2,700,000 × 20%	+	-	+	-

2. 연도별 개별회계상 회계처리

20×1. 1. 1	(차) 종속기업주식	2,400,000 ②	(대) 현 금	2,400,000 ①
20×1.12.31	회계처리 없음			
20×2. 1. 1	(차) 종속기업주식	350,000 ④	(대) 현 금	350,000 ③
20×2.12.31	회계처리 없음			

3. 추가취득으로 인한 자본거래손익

(1) 자본거래손익의 계산

비지배지분의 변동액	(1,000,000 + 500,000 + 200,000 + 1,100,000) × 10% =	280,000
추가 취득원가		(350,000)
지배지분이 부담할 자본거래손실		(70,000)

20×2. 1. 1	(차) 비지배지분(×2초)	280,000 ②	(대) 현 금	350,000 ①
	자본잉여금	70,000 ③		

(2) 지배권 획득일 이후의 단계적 취득거래를 연결재무제표의 관점에서 그림으로 바라본다면 다음과 같이 분석할 수 있다. 그림으로 분석하는 경우 좀 더 명확하게 효과를 판단할 수 있다.

단계적 취득거래의 연결재무상태표 효과

현 금 (−)350,000	비지배지분 (−)280,000 자본잉여금(자본손실) (−)70,000

(3) 만일, 종속기업의 지분 10%를 추가로 취득하기 위하여 지배기업이 ₩260,000을 지급한 경우에는 다음과 같이 자본거래이익이 인식되게 된다.

단계적 취득거래의 연결재무상태표 효과

현 금 (−)260,000	비지배지분 (−)280,000 자본잉여금(자본이익) (+)20,000

4. 지배권획득 연도인 20×1년 말의 연결분개

투자와 자본상계	(차) 자 본 금	1,000,000 ①	(대) 종속기업주식	2,400,000 ⑤
	자본잉여금	500,000 ②	비지배지분(×1초)	540,000 ⑥
	기타포괄누계액	200,000 ③		
	이익잉여금(×1초)	1,000,000 ④		
	영 업 권(×1초)	240,000 ⑦		
비지배이익	(차) 이익잉여금(×1년)	20,000 ①	(대) 비지배지분(×1년)	20,000 ②
	① 종속기업순이익 100,000×20% = 20,000			

5. 지배권획득 후인 20×2년 말의 연결분개

(1) 관련된 회계처리

투자와 자본상계	(차) 자 본 금	1,000,000 ①	(대) 종속기업주식	2,400,000 ⑤
	자본잉여금	500,000 ②	비지배지분(×1초)	540,000 ⑥
	기타포괄누계액	200,000 ③		
	이익잉여금(×1초)	1,000,000 ④		
	영 업 권(×1초)	240,000 ⑦		
전기손익배분	(차) 이익잉여금(×1년)	100,000 ①	(대) 이익잉여금(×1년)	80,000 ②
			비지배지분(×1년)	20,000 ③
	② 전기손익 100,000×80% = 80,000		③ 전기손익 100,000×20% = 20,000	
추가취득 분개의 수정	(차) 비지배지분(×2초)	280,000 ②	(대) 종속기업주식	350,000 ①
	자본잉여금	70,000 ③		
비지배이익	(차) 이익잉여금(×2년)	20,000 ①	(대) 비지배지분(×2년)	20,000 ②
	① 종속기업순이익 200,000×10% = 20,000			

(2) 연결자본잉여금 : 지배기업 기말자본잉여금 800,000 − 자본거래손실 70,000 = 730,000

(3) 연결이익잉여금

		기 말		취득시			
지배기업지분	:	1,000,000				=	1,000,000
종속기업지분	: (	1,300,000	−	1,000,000	)×80%	=	240,000
	(	1,300,000	−	1,100,000	)×10%	=	20,000
							1,260,000

(4) 비지배지분 : 기말순자산 3,000,000×비지배지분율 10% = 300,000

제 2 절 단계적 처분

지배기업은 종속기업의 지분에 대하여 단 한번의 처분을 통하여 지분전부를 매각할 수 있다. 이 경우에는 당해 주식의 처분으로 인한 손익을 포괄손익계산서에 당기손익으로 인식하면 된다. 하지만 지배기업은 종속기업의 지분을 단계적으로 처분하면서 지배력을 상실하기도 한다. 종속기업의 주식을 단계적으로 처분하는 경우에는 당해 종속기업에 대하여 지배기업이 지배력을 상실하였는지의 여부에 따라 처분손익의 인식여부가 달라지게 된다.

1 처분 후에도 지배력을 상실하지 않는 경우

지배기업은 지배력을 획득한 이후에도 종속기업의 주식의 일부를 처분할 수 있다. 이는 지배기업의 별도재무제표에서는 종속기업주식의 처분거래이지만, 연결재무제표 관점에서는 종속기업에 대한 지배기업지분의 감소거래로 봐야 한다. 즉, 연결실체의 주주인 지배주주가 비지배주주에게 종속기업지분을 매각하여 비지배지분을 증가시키는 주주간의 거래로 볼 수 있다. 이러한 논리를 반영하여 기준서 제1110호 '연결재무제표'에서는 지배력을 상실하지 않는 종속기업에 대한 지배기업의 소유지분 변동은 자본거래로 회계처리 하도록 규정하고 있다.

[지배기업의 종속기업주식 일부처분]

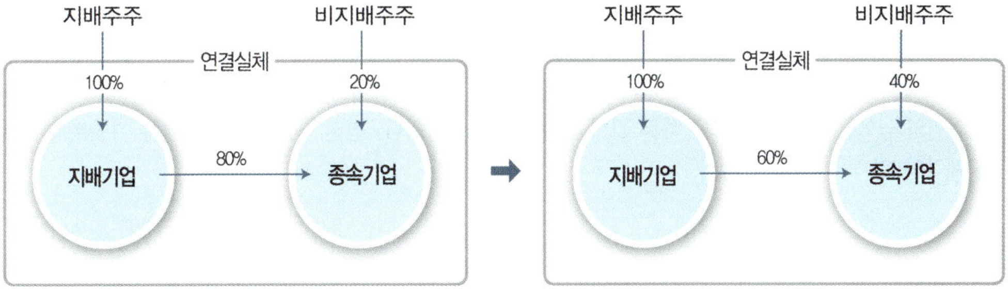

지배기업이 종속기업의 주식을 일부 처분하는 경우 수령한 금액과 연결재무제표상 비지배지분 증가액의 차이는 자본거래손익이기에 자본에 직접 반영하여 지배기업의 소유주지분에 직접 귀속시킨다.

일부처분에서 발생하는 자본거래손익 = 처분가액 - 연결재무상태표의 비지배지분 증가액

여기서 주의할 점은, 지배기업의 별도재무제표에서는 종속기업 주식의 일부처분에 대하여 원가법을 적용하여 처분손익으로 인식하였다는 것이다. 당기손익으로 인식한 종속기업주식처분손익은 연결실체의 입장에서는 당기손익이 아니므로 연결분개시 이를 자본거래손익으로 수정해야 한다.

예를 들어, 지배기업이 종속기업주식 80%를 ₩500,000에 취득한 상태에서, 종속기업주식 20%를 비지배주주에게 ₩130,000에 처분한 것으로 가정한다. 이로 인한 연결재무상태표의 비지배지분의 변동액이 ₩110,000인 경우 관련 회계처리는 다음과 같다.

[종속기업투자주식의 일부처분]

지배재무제표	(차) 현 금	130,000 ①	(대) 종속기업투자주식	125,000 ②
			종속주식처분이익	5,000 ③
연결수정분개	(차) 종속기업투자주식	125,000 ①	(대) 비지배지분	110,000 ③
	종속주식처분이익	5,000 ②	자본거래이익	20,000 ④
연결재무제표	(차) 현 금	130,000 ①	(대) 비지배지분	110,000 ②
			자본거래이익	20,000 ③

[종속기업 지분의 단계적처분]

구 분	회계처리
지배력의 유지	처분한 지분에 대한 손익을 자본거래손익으로 인식하여 연결분개를 수행
지배력의 상실	처분한 지분과 잔여지분 모두를 공정가치로 재측정하여 당기손익으로 인식

참 고　지배력의 일부 상실시 영업권의 변동여부

종속기업주식의 일부를 처분한 후에도 지배기업이 종속기업에 대한 지배력을 유지하고 있다면, 연결재무제표 작성시 처분비율에 상당하는 지배기업지분의 영업권을 감소시켜야 한다는 주장도 있다. 이는 지배기업이론에 근거한 논리이다. 실체이론에 근거하면 지배력이 상실되지 않는 한, 지배주주와 비지배주주간의 자본거래로 인해서 연결실체의 순자산은 변동하면 안된다. 단지, 영업권을 포함한 순자산의 귀속이 지배주주에서 비지배주주로 이전되는 것일 뿐이다. 따라서, 지배력의 유지하는 상태에서 종속기업주식의 취득과 처분거래로 영업권의 금액은 변동이 없어야 하는 것이 논리적으로 타당하다. 한편, 국제회계기준에는 이 상황과 관련된 구체적인 회계처리규정은 없다.

예제 3 종속기업주식 일부처분으로 지배력의 유지

A회사는 B회사의 주식의 80% 취득하여 20×1년 초에 지배력을 획득하였다. 20×2년 초에 종속기업에 대한 일부지분을 처분하였으나 계속 지배력을 행사하고 있다. 다음의 자료는 A회사의 B회사에 대한 지분증감 현황과 B회사의 자본의 변동내역이다. 단, B회사의 식별가능한 순자산장부금액은 공정가치와 일치하였으며, 비지배지분은 식별가능한 순자산 공정가치에 대한 비례적지분으로 측정한다.

(1) A회사의 B회사주식의 취득과 처분내역은 다음과 같다. 주식의 처분가액은 해당 시점의 공정가치와 동일한 금액이다.

구 분	20×1년 1월 1일	구 분	20×2년 1월 1일
취득지분율	80%	처분지분율	10%
취득원가	₩2,400,000	처분가액	₩350,000

(2) 20×2년 말 지배기업인 A회사의 별도재무제표 상 자본잉여금과 이익잉여금은 각각 ₩800,000과 ₩1,000,000이다. B회사의 자본변동 내역은 다음과 같으며, 이익잉여금은 당기순이익으로 증가한 것이다.

구 분	20×1년 1월 1일	20×1년 12월 31일	20×2년 12월 31일
자 본 금	1,000,000	1,000,000	1,000,000
자본잉여금	500,000	500,000	500,000
기타포괄손익누계액	200,000	200,000	200,000
이익잉여금	1,000,000	1,100,000	1,300,000
자본 총계	2,700,000	2,800,000	3,000,000

물음
Question

1. 지배권획득일에 연결재무상태표에 인식할 영업권금액과 비지배지분을 계산하시오.
2. A회사의 개별회계상 B회사주식에 대한 회계처리를 20×1년과 20×2년으로 구분하여 수행하시오. 단, A회사의 별도재무제표에서 B회사에 대한 투자주식은 원가법을 적용한 것으로 가정한다.
3. 20×2년 종속기업 주식의 일부처분으로 연결재무제표에 계상되는 자본거래손익을 계산하고, 연결실체의 관점에서 당해 처분거래를 회계처리하시오. 단, 자본거래 전과 후에 영업권의 잔액은 변동이 없는 것으로 가정한다.
4. 20×1년 말 연결재무제표 작성을 위한 연결분개를 제시하시오.
5. 20×2년 말 연결재무제표 작성을 위한 연결분개를 제시하고, 연결재무상태표의 자본잉여금과 이익잉여금, 비지배지분의 금액을 계산하시오.

해 답

answer

1. 지배권획득일의 영업권

이전대가			식별가능한 순자산 공정가치				영업권
			순자산 장부금액		순자산 과소금액		
지배주주지분	2,400,000	=	2,700,000×80%	+	-	+	240,000
비지배지분	540,000	=	2,700,000×20%	+	-	+	-

2. 연도별 개별회계상 회계처리

일자	차변		대변	
20×1. 1. 1	(차) 종속기업주식	2,400,000 ②	(대) 현 금	2,400,000 ①
20×1.12.31	회계처리 없음			
20×2. 1. 1	(차) 현 금	350,000 ②	(대) 종속기업주식	300,000 ①
			종속주식처분이익	50,000 ③
	① 2,400,000÷80%×10%=300,000			
20×2.12.31	회계처리 없음			

3. 일부처분으로 인한 자본거래손익

(1) 처분으로 인한 손익계산 : 지배지분의 감소액=비지배지분의 증가액

처분가액		350,000
순자산공정가치 지배지분의 감소액	(1,000,000+500,000+200,000+1,100,000)×10%=	(280,000)
영업권에 대한 지배지분의 감소액	240,000×10%÷80%=	(30,000)
지배지분이 부담할 자본거래이익		40,000

일자	차변		대변	
20×2. 1. 1	(차) 현 금	350,000 ①	(대) 비지배지분	310,000 ②
			자본잉여금	40,000 ④

(2) 단계적 처분거래를 연결재무제표의 관점에서 그림으로 바라본다면 다음과 같이 분석할 수 있다. 그림으로 분석하는 경우 좀 더 명확하게 효과를 판단할 수 있다.

단계적 처분거래의 연결재무상태표 효과

차변	대변
현 금 (+)350,000	비지배지분 (+)310,000
	자본잉여금(자본이익) (+)40,000

4. 지배권획득연도인 20×1년 말의 연결분개

투자와 자본상계	(차) 자 본 금	1,000,000 ①	(대) 종속기업주식	2,400,000 ⑤
	자본잉여금	500,000 ②	비지배지분(×1초)	540,000 ⑥
	기타포괄누계액	200,000 ③		
	이익잉여금(×1초)	1,000,000 ④		
	영 업 권(×1초)	240,000 ⑦		
비지배이익	(차) 이익잉여금(×1년)	20,000 ①	(대) 비지배지분(×1년)	20,000 ②
	① 종속기업순이익 100,000×20%=20,000			

5. 지배권획득후인 20×2년 말의 연결분개

(1) 관련된 회계처리

구분	차변	금액	대변	금액
투자와 자본상계	(차) 자 본 금	1,000,000 ①	(대) 종속기업주식	2,400,000 ⑤
	자본잉여금	500,000 ②	비지배지분(×1초)	540,000 ⑥
	기타포괄누계액	200,000 ③		
	이익잉여금(×1초)	1,000,000 ④		
	영 업 권(×1초)	240,000 ⑦		
전기손익배분	(차) 이익잉여금(×1년)	100,000 ⑦	(대) 이익잉여금(×1년)	80,000 ⑧
			비지배지분(×1년)	20,000 ⑨
일부처분의 수정분개	(차) 종속기업주식	300,000 ①	(대) 비지배지분(×2초)	310,000 ③
	종속주식처분이익	50,000 ②	자본잉여금	40,000 ④
	③ 순자산공정가치 2,800,000×10%+영업권 30,000=310,000			
비지배이익	(차) 이익잉여금(×2년)	60,000 ①	(대) 비지배지분(×2년)	60,000 ②
	① 종속기업순이익 200,000×30%=60,000			

(2) 연결자본잉여금 : 지배기업 기말자본잉여금 800,000+자본거래이익 40,000=840,000

(3) 연결이익잉여금

		기 말		취득시			
지배기업지분	:	1,000,000				=	1,000,000
종속기업지분	: (	1,100,000	−	1,000,000	)×80%	=	80,000
	(	1,300,000	−	1,100,000	)×70%	=	140,000
종속기업주식 처분이익의 취소	:						(50,000)
							1,170,000

(4) 비지배지분 : 기말순자산 3,000,000×비지배지분율 30%+영업권지분 30,000=930,000

해 설

1. 일부 처분후 지배력이 유지되는 경우 다음과 같이 연결실체의 영업권을 감소시키는 방법도 가능할 수 있다. 이는 지배주주가 처분한 지분에 해당하는 비율만큼 영업권이 직접 감소해야 한다는 논리이며, 지배기업이론에 근거한 회계처리이다.

일자	차변	금액	대변	금액
20×2. 1. 1	(차) 현 금	350,000 ①	(대) 영 업 권	30,000 ②
			비지배지분	280,000 ③
			자본잉여금	40,000 ④

2. 지배기업이론에 근거한 단계적 처분거래를 연결재무제표의 관점에서 그림으로 바라본다면 다음과 같이 분석할 수도 있다.

단계적 처분거래의 연결재무상태표 효과

차변		대변	
현 금	(+)350,000	비지배지분	(+)280,000
영 업 권	(−)30,000	자본잉여금(자본이익)	(+)40,000

2 처분후에 지배력을 상실하는 경우

지배기업은 지배력을 획득한 이후에도 종속기업의 주식의 일부를 처분할 수 있다. 이러한 거래를 통해 지배기업이 종속기업에 대한 지배력을 상실하는 경우, 연결실체의 관점에서 본다면 지배기업이 연결실체의 외부이해관계자에게 종속기업주식을 처분한 것에 해당하므로 처분에서 발생한 손익은 당기손익으로 인식하여야 한다. 지배기업이 종속기업에 대한 지배력을 상실하는 경우에는 기준서 제1110호 '연결재무제표'의 규정에 따라 다음과 같이 회계처리 하여야 한다.

(1) 지배력을 상실한 날에 종속기업의 모든 자산(영업권 포함)과 부채의 장부금액을 제거한다. 또한 지배력을 상실한 날에 이전의 종속기업에 대한 비지배지분이 있다면 그 장부금액을 제거한다.
(2) 지배력을 상실하게 한 거래, 사건 또는 상황에서 수취한 대가가 있다면 공정가치로 인식[1)]한다. 또한 이전의 종속기업에 대한 투자가 남아 있다면 그 투자를 지배력을 상실한 한 날의 공정가치로 인식한다.
(3) 회계처리에 따른 (1)과 (2)의 차이는 손익으로서 지배기업에 귀속하는 당기손익으로 인식한다. 한편, 지배기업이 종속기업과 관련하여 기타포괄손익으로 인식한 금액이 있다면, 이를 당기손익으로 재분류하거나 직접 이익잉여금으로 대체한다.

[지배력상실의 회계처리]

연결재무제표	(차) 현　　금	××× ⑤	(대) 순자산장부금액	××× ①
	당기손익금융자산	××× ⑥	순자산과소금액	××× ②
	비지배지분	××× ④	영 업 권	××× ③
			종속기업처분손익	××× ⑦

여기서 주의할 점은, 종속기업에 대한 지배력 상실의 회계처리를 수행하는 경우 지배력을 상실하기 직전에 종속기업을 포함한 연결재무제표를 먼저 작성하고, 이후에 연결재무제표상에서 지배력상실의 회계처리를 수행해야 한다는 것이다. 하지만 종속기업에 대한 지배력을 상실하고 나면 지배기업은 더 이상 연결재무제표를 작성할 의무가 없으므로 불필요한 연결절차를 수행해야 한다는 단점이 있다.

이 경우 지배기업의 별도재무제표 상 원가법을 적용한 종속기업투자주식에 대하여 지분법을 수행하여 투자주식의 장부금액을 수정하고, 지분법을 적용한 장부금액을 기준으로 지배력상실의 회계처리를 수행하면 명쾌하게 처분의 회계처리를 수행할 수 있게 된다.

한편 지배력상실 후에 이전의 종속기업에 대한 투자가 있다면 해당 잔여지분에 대하여는 지배력을 상실한 날의 공정가치로 재측정[2)]하여 인식한다. 결국, 종속기업투자주식의 일부를 처분하여 지배력을 상실하는 경우에는 전체지분에 대하여 처분손익을 인식하는 것과 결과가 동일해지게 된다.

---

1) 한편, 지배력을 상실하게 한 거래에 소유주로서의 자격을 행사하는 소유주에게 종속기업에 대한 지분을 분배하는 것이 포함될 경우 그 분배금액도 추가로 인식한다.

2) 이는 단계적처분으로 유의적인 영향력을 상실하는 경우에도 동일한 논리가 적용된다.

[종속기업 지분의 단계적처분]

구 분	회계처리
지배력의 유지	처분한 지분에 대한 손익을 자본거래손익으로 인식하여 연결분개를 수행
지배력의 상실	처분한 지분과 잔여지분 모두를 공정가치로 재측정하여 당기손익으로 인식

예제 4 종속기업주식 일부처분으로 지배력의 상실

A회사는 B회사의 주식의 80% 취득하여 20×1년 초에 지배력을 획득하였다. 20×2년 초에 종속기업에 대한 대부분의 지분을 처분하여 지배력을 상실하였다. 다음의 자료는 A회사의 B회사에 대한 지분증감 현황과 B회사의 자본의 변동내역이다. 단, B회사의 식별가능한 순자산장부금액은 공정가치와 일치하였으며, 비지배지분은 식별가능한 순자산공정가치의 비례적지분으로 측정한다.

(1) A회사의 B회사주식의 취득내역은 다음과 같다. 주식의 취득원가와 처분가액은 해당 시점의 공정가치와 동일한 금액이다. A회사는 B회사의 잔여주식에 대하여 당기손익-공정가치 측정 금융자산으로 분류하고 있으며 보유주식의 20×2년 말 공정가치는 ₩380,000이다.

구 분	20×1년 1월 1일	구 분	20×2년 1월 1일
취득지분율	80%	처분지분율	70%
취득원가	₩2,400,000	처분가액	₩2,450,000

(2) B회사의 자본변동 내역은 다음과 같으며, 이익잉여금은 당기순이익으로 증가한 것이다.

구 분	20×1년 1월 1일	20×1년 12월 31일	20×2년 12월 31일
자 본 금	1,000,000	1,000,000	1,000,000
자본잉여금	500,000	500,000	500,000
기타포괄손익누계액	200,000	200,000	200,000
이익잉여금	1,000,000	1,100,000	1,300,000
자본 총계	2,700,000	2,800,000	3,000,000

물음
Question

1. 지배권획득일에 연결재무상태표에 인식할 영업권금액과 비지배지분을 계산하시오.
2. A회사가 20×2년 초 B회사의 지분 70%를 처분하기 직전에 연결재무제표를 작성하고, 연결논리를 적용하여 20×2년 A회사의 관련된 회계처리를 수행하시오.
3. A회사가 별도재무제표에서 B회사의 주식에 대하여 지분법을 적용하였을 경우 B회사주식의 20×2년 초 주식처분 직전의 장부금액을 제시하고, 이를 이용하여 처분한 종속기업 지분인 70%에 대한 손익을 계산하시오. 또한, A회사가 자분법 논리를 적용하여 20×2년 외부공표목적의 재무제표를 작성하는 경우 수행하여야 할 회계처리를 제시하시오.

해 답
answer

1. 지배권획득일의 영업권

이전대가			식별가능한 순자산 공정가치					영업권
			순자산 장부금액		순자산 과소금액			
지배주주지분	2,400,000	=	2,700,000×80%	+	-	+		240,000
비지배지분	540,000	=	2,700,000×20%	+	-	+		-

2. 관련된 회계처리

일자		차변	금액		대변	금액
20×2. 1. 1	(차)	자 본 금	1,000,000 ①	(대)	종속기업주식	2,400,000 ⑤
		자본잉여금	500,000 ②		비지배지분(×1초)	540,000 ⑥
		기타포괄누계액	200,000 ③			
		이익잉여금(×1초)	1,000,000 ④			
		영 업 권(×1초)	240,000 ⑦			
20×2. 1. 1	(차)	이익잉여금(×1년)	100,000 ⑦	(대)	이익잉여금(×1년)	80,000 ⑧
					비지배지분(×1년)	20,000 ⑨
20×2. 1. 1	(차)	비지배지분	560,000 ③	(대)	종속기업순자산	2,800,000 ①
		현 금	2,450,000 ④		영 업 권	240,000 ②
		당기손익금융자산	350,000 ⑤		종속기업처분이익	320,000 ⑥
20×2.12.31	(차)	당기손익금융자산	30,000 ①	(대)	금융자산평가이익	30,000 ②

3. 지분법적용을 가정한 종속기업주식

(1) 조정후 장부금액

취득원가		2,400,000
취득일 이후 증가한 순자산에 대한 지분	(2,800,000 - 2,700,000)×80% =	80,000
수정후 장부금액		2,480,000

(2) 70% 지분에 대한 처분손익

처분가액		2,450,000
처분주식의 장부금액	2,480,000×70%÷80% =	(2,170,000)
종속기업주식 처분손익		280,000

(3) 지분법을 적용한 회계처리

일자		차변	금액		대변	금액
20×2. 1. 1	(차)	종속기업주식	80,000 ②	(대)	이익잉여금(×1년)	80,000 ①
	(차)	현 금	2,450,000 ④	(대)	종속기업주식	2,480,000 ③
		당기손익금융자산	350,000 ⑤		종속주식처분이익	320,000 ⑥
20×2.12.31	(차)	당기손익금융자산	30,000 ①	(대)	금융자산평가이익	30,000 ②

(4) 실무적으로는 회계처리의 간편화를 위해 별도재무제표에서 종속기업주식에 대하여 원가법을 적용하여 처분이익을 계산하고, 처분이익의 일부를 전기손익으로 조정하는 회계처리를 많이 수행한다.

20×2. 1. 1	(차)	현　　금	2,450,000 ②	(대)	종속기업주식	2,400,000 ①
		당기손익금융자산	350,000 ③		종속주식처분이익	400,000 ④
	(차)	종속주식처분이익	80,000 ⑤	(대)	이익잉여금(×1년)	80,000 ⑥
20×2.12.31	(차)	당기손익금융자산	30,000 ①	(대)	금융자산평가이익	30,000 ②

제 3 절 종속기업의 자본거래

단계적 취득과 단계적 처분은 지배기업이 연결실체의 비지배주주와 지분거래를 통해 지분율이 증감하는 거래이다. 하지만 지배기업의 지분율은 종속기업이 유상증자나 유상감자, 혹은 자기주식의 취득 등 자본거래를 하는 경우 불균등하게 참여하여 변동될 수도 있다. 종속기업의 자본거래를 통하여 지배기업의 지분율이 변동하는 경우에도 지배기업이 종속기업에 대한 지배력을 계속 유지하고 있다면, 이는 연결실체의 주주인 지배주주와 비지배주주간의 자본거래라 할 수 있다.

1 종속기업의 유상증자

종속기업의 유상증자로 인하여 지배기업의 지분이 변동하는 경우에는 지분변동차액을 계산하고, 지배력을 상실하지 않는 단계적취득과 단계적처분과 유사하게 당해 지분변동차액을 지배기업의 소유주지분에 직접 귀속시킨다. 여기서 유의할 점은 종속기업의 유상증자에서 발생하는 지분변동손익은 단계적 취득이나 처분과 유사하게 비지배지분의 변동액을 이용해서 산정해야 한다는 것이다. 따라서 유상증자에서 발생하는 비지배지분변동손익은 다음과 같이 계산한다.

	순자산		비지배지분율		비지배지분액	
(1) 비지배지분변동액						
- 유상증자 후	×××	×	증자후 지분율	=	×××	
- 유상증자 전	×××	×	증자전 지분율	=	(×××)	×××
(2) 비지배지분의 유상증자 참여액						- ×××
(2) 비지배지분변동손익						= ×××

[종속기업의 유상증자거래]

지배재무제표	(차) 종속기업투자주식	××× ②	(대) 현　　금	××× ①
종속재무제표	(차) 현　　금	××× ③	(대) 자 본 금	××× ④
			주식발행초과금	××× ⑤
연결수정분개	(차) 자 본 금	××× ①	(대) 종속기업투자주식	××× ③
	주식발행초과금	××× ②	비지배지분	××× ④
			자본거래이익	××× ⑤
연결재무제표	(차) 순 현 금	××× ①	(대) 비지배지분	××× ②
			자본거래이익	××× ③

[종속기업의 유상증자거래]

구 분	회계처리
지분율이 증가하는 경우	단계적인 취득행위이므로 지분변동차액을 연결실체의 자본잉여금에 가감함
지분율이 감소하는 경우	단계적인 처분행위이므로 지분변동차액을 연결실체의 자본잉여금에 가감함

예제 5 종속기업의 유상증자 [균등참여]

A회사는 B회사(총 발행주식수 1,000주) 주식의 80%인 800주를 취득하여 20×1년 초에 지배력을 획득하였다. 20×2년 초에 B회사는 500주를 ₩1,500에 발행하는 유상증자를 실시하였으며, A회사는 기존지분율에 따라 400주를 취득하였다. 다음의 자료는 A회사의 B회사에 대한 지분증감 현황과 B회사의 자본의 변동내역이다. 단, B회사의 식별가능한 순자산장부금액은 공정가치와 일치하였으며, 비지배지분은 식별가능한 순자산 공정가치에 대한 비례적지분으로 측정한다.

(1) A회사의 B회사주식의 취득내역은 다음과 같으며, A회사는 별도재무제표에서 종속기업투자지분을 원가법으로 평가하고 있다.

구 분	20×1년 1월 1일	구 분	20×2년 1월 1일
취득지분율	80%	유상증자후지분율	80%
취득원가	₩2,400,000	증자참여액	₩600,000

(2) B회사의 자본변동 내역은 다음과 같으며, 이익잉여금은 당기순이익으로 증가한 것이다.

구 분	20×1년 1월 1일	20×1년 12월 31일	20×2년 12월 31일
자 본 금	1,000,000	1,000,000	1,500,000
자본잉여금	500,000	500,000	750,000
기타포괄손익누계액	200,000	200,000	200,000
이익잉여금	1,000,000	1,100,000	1,300,000
자본 총계	2,700,000	2,800,000	3,750,000

물음
Question

1. 지배권획득일에 연결재무상태표에 인식할 영업권금액과 비지배지분을 계산하시오.
2. A회사와 B회사의 개별회계상 회계처리를 20×1년과 20×2년으로 구분하여 수행하시오.
3. 20×2년 종속기업에 대한 유상증자의 참여로 연결재무제표에 계상되는 자본거래손익을 계산하고, 연결실체의 관점에서 당해 증자거래를 회계처리하시오.
4. 20×2년 말 연결재무제표 작성을 위한 연결분개를 제시하시오.

해 답

answer

1. 지배권획득일의 영업권

이전대가			식별가능한 순자산 공정가치				영업권
			순자산 장부금액		순자산 과소금액		
지배주주지분	2,400,000	=	2,700,000×80%	+	-	+	240,000
비지배지분	540,000	=	2,700,000×20%	+	-	+	-

2. 연도별 개별회계상 회계처리

일자	차변	금액	대변	금액
20×1. 1. 1	(차) 종속기업주식	2,400,000 ②	(대) 현 금	2,400,000 ①
20×1.12.31	회계처리 없음			
20×2. 1. 1	(차) 종속기업주식	600,000 ②	(대) 현 금	600,000 ①
	(차) 현 금	750,000 ③	(대) 자 본 금	500,000 ④
			주식발행초과금	250,000 ⑤
20×2.12.31	회계처리 없음			

3. 유상증자로 인한 자본거래손익

(1) 지배기업지분의 변동액으로 계산하는 방법

① 증자후 종속기업자본 : 2,800,000+500주×₩1,500=3,550,000

② 증자후 지배기업지분율 : (800주+400주)÷(1,000주+500주)=80%

③ 증자로 인한 지분변동차액 (자본거래손익)

	순자산		지분율		지배기업 지분액
유상증자후 지분액	3,550,000	×	80%	=	2,840,000
유상증자전 지분액	2,800,000	×	80%	=	(2,240,000)
지분변동액					600,000
증자참여액			400주×₩1,500	=	(600,000)
지분변동차액 (자본거래손익)					-

(2) 비지배지분의 변동액으로 계산하는 방법

① 증자후 종속기업자본 : 2,800,000+500주×₩1,500=3,550,000

② 증자후 비지배지분율 : (200주+100주)÷(1,000주+500주)=20%

③ 증자로 인한 지분변동차액 (자본거래손익)

	순자산		지분율		비지배지분액
유상증자후 비지배지분	3,550,000	×	20%	=	710,000
유상증자전 비지배지분	2,800,000	×	20%	=	(560,000)
비지배지분의 증가액					150,000
연결실체 현금증가액			100주×₩1,500	=	(150,000)
지분변동차액					-

(3) 연결실체의 입장에서 회계처리

20×2. 1. 1	(차) 현 금	750,000 ②	(대) 현 금	600,000 ①
			비지배지분(×2초)	150,000 ③

유상증자 거래의 연결재무상태표 효과

현 금 (−)600,000 현 금 (+)750,000	비지배지분 (+)150,000

4. 지배권획득후인 20×2년 말의 연결분개

투자와 자본상계	(차) 자 본 금	1,000,000 ①	(대) 종속기업주식	2,400,000 ⑤
	자본잉여금	500,000 ②	비지배지분(×1초)	540,000 ⑥
	기타포괄누계액	200,000 ③		
	이익잉여금(×1초)	1,000,000 ④		
투자차액	영 업 권(×1초)	240,000 ⑦		
전기손익배분	(차) 이익잉여금(×1년)	100,000 ①	(대) 이익잉여금(×1년)	80,000 ②
			비지배지분(×1년)	20,000 ③
유상증자의 수정분개	(차) 자 본 금	500,000 ②	(대) 종속기업주식	600,000 ①
	자본잉여금	250,000 ③	비지배지분	150,000 ④
비지배이익	(차) 이익잉여금	40,000 ①	(대) 비지배지분	40,000 ②
	① 종속기업순이익 200,000×20%=40,000			

예제 6 종속기업의 유상증자 [지분율의 증가]

A회사는 B회사(총 발행주식수 1,000주) 주식의 80%인 800주를 취득하여 20×1년 초에 지배력을 획득하였다. 20×2년 초에 B회사는 500주를 ₩1,500에 발행하는 유상증자를 실시하였으며, A회사는 475주를 취득하였다. 다음의 자료는 A회사의 B회사에 대한 지분증감 현황과 B회사의 자본의 변동내역이다. 단, B회사의 식별가능한 순자산장부금액은 공정가치와 일치하였으며, B회사의 비지배지분에 대하여는 영업권을 인정하지 않는다.

(1) A회사의 B회사주식의 취득내역은 다음과 같으며, A회사는 별도재무제표에서 종속기업투자지분을 원가법으로 평가하고 있다.

구 분	20×1년 1월 1일	구 분	20×2년 1월 1일
취득지분율	80%	유상증자후지분율	85%
취득원가	₩2,400,000	증자참여액	₩712,500

(2) B회사의 자본변동 내역은 다음과 같으며, 이익잉여금은 당기순이익으로 증가한 것이다.

구 분	20×1년 1월 1일	20×1년 12월 31일	20×2년 12월 31일
자 본 금	1,000,000	1,000,000	1,500,000
자본잉여금	500,000	500,000	750,000
기타포괄손익누계액	200,000	200,000	200,000
이익잉여금	1,000,000	1,100,000	1,300,000
자본 총계	2,700,000	2,800,000	3,750,000

물음
Question

1. 지배권획득일에 연결재무상태표에 인식할 영업권금액과 비지배지분을 계산하시오.
2. A회사와 B회사의 개별회계상 회계처리를 20×1년과 20×2년으로 구분하여 수행하시오.
3. 20×2년 종속기업에 대한 유상증자의 참여로 연결재무제표에 계상되는 자본거래손익을 계산하고, 연결실체의 관점에서 당해 증자거래를 회계처리하시오.
4. 20×2년 말 연결재무제표 작성을 위한 연결분개를 제시하시오.

해답
answer

1. 지배권획득일의 영업권

이전대가			식별가능한 순자산 공정가치			
			순자산 장부금액		순자산 과소금액		영업권
지배주주지분	2,400,000	=	2,700,000×80%	+	-	+	240,000
비지배지분	540,000	=	2,700,000×20%	+	-	+	-

2. 연도별 개별회계상 회계처리

20×1. 1. 1	(차) 종속기업주식	2,400,000 ②	(대) 현 금	2,400,000 ①
20×1.12.31	회계처리 없음			
20×2. 1. 1	(차) 종속기업주식	712,500 ②	(대) 현 금	712,500 ①
	(차) 현 금	750,000 ③	(대) 자 본 금	500,000 ④
			주식발행초과금	250,000 ⑤
20×2.12.31	회계처리 없음			

3. 유상증자로 인한 자본거래손익

(1) 지배기업지분의 변동액으로 계산하는 방법

① 증자후 종속기업자본 : 2,800,000 + 500주 × ₩1,500 = 3,550,000

② 증자후 지배기업지분율 : (800주 + 475주) ÷ (1,000주 + 500주) = 85%

③ 증자로 인한 지분변동차액 (자본거래손익)

	순자산		지분율		지배기업 지분액
유상증자후 지분액	3,550,000	×	85%	=	3,017,500
유상증자전 지분액	2,800,000	×	80%	=	(2,240,000)
지분변동액					777,500
증자참여액			400주×₩1,500	=	(712,500)
지분변동차액 (자본거래이익)					65,000

(2) 비지배지분의 변동액으로 계산하는 방법

① 증자후 종속기업자본 : 2,800,000 + 500주 × ₩1,500 = 3,550,000

② 증자후 비지배지분율 : (200주 + 25주) ÷ (1,000주 + 500주) = 15%

③ 증자로 인한 지분변동차액 (자본거래손익)

	순자산		지분율		비지배지분액
유상증자후 비지배지분	3,550,000	×	15%	=	532,500
유상증자전 비지배지분	2,800,000	×	20%	=	(560,000)
비지배지분의 감소액					(27,500)
연결실체 현금증가액			25주×₩1,500	=	37,500
지분변동차액 (자본거래이익)					65,000

(3) 연결실체의 입장에서 회계처리

20×2. 1. 1	(차) 현 금	750,000 ②	(대) 현 금	712,500 ①
	비지배지분	27,500 ③	자본잉여금	65,000 ④

유상증자 거래의 연결재무상태표 효과

현 금	(+)750,000	비지배지분	(−)27,500
현 금	(−)712,500	자본잉여금	(+)65,000

4. 지배권획득후인 20×2년 말의 연결분개

투자와 자본상계	(차) 자 본 금	1,000,000 ①	(대) 종속기업주식	2,400,000 ⑤
	자본잉여금	500,000 ②	비지배지분(×1초)	540,000 ⑥
	기타포괄누계액	200,000 ③		
	이익잉여금(×1초)	1,000,000 ④		
투자차액	영 업 권(×1초)	240,000 ⑦		
전기손익배분	(차) 이익잉여금(×1년)	100,000 ⑦	(대) 이익잉여금(×1년)	80,000 ⑧
			비지배지분(×1년)	20,000 ⑨
유상증자의 수정분개	(차) 자 본 금	500,000 ②	(대) 종속기업주식	712,500 ①
	자본잉여금	250,000 ③	자본잉여금	65,000 ⑤
	비지배지분(×2초)	27,500 ④		
비지배이익	(차) 이익잉여금(×2년)	30,000 ①	(대) 비지배지분(×2년)	30,000 ②
	① 종속기업순이익 200,000 × 15% = 30,000			

예제 7 종속기업의 유상증자 [지분율의 감소]

A회사는 B회사(총 발행주식수 1,000주) 주식의 80%인 800주를 취득하여 20×1년 초에 지배력을 획득하였다. 20×2년 초에 B회사는 500주를 ₩1,500에 발행하는 유상증자를 실시하였으며, A회사는 325주를 취득하였다. 다음의 자료는 A회사의 B회사에 대한 지분증감 현황과 B회사의 자본의 변동내역이다. 단, B회사의 식별가능한 순자산장부금액은 공정가치와 일치하였으며, B회사의 비지배지분에 대하여는 영업권을 인정하지 않는다.

(1) A회사의 B회사주식의 취득내역은 다음과 같으며, A회사는 별도재무제표에서 종속기업투자지분을 원가법으로 평가하고 있다.

구 분	20×1년 1월 1일	구 분	20×2년 1월 1일
취득지분율	80%	유상증자후지분율	75%
취득원가	₩2,400,000	증자참여액	₩487,500

(2) B회사의 자본변동 내역은 다음과 같으며, 이익잉여금은 당기순이익으로 증가한 것이다.

구 분	20×1년 1월 1일	20×1년 12월 31일	20×2년 12월 31일
자 본 금	1,000,000	1,000,000	1,500,000
자본잉여금	500,000	500,000	750,000
기타포괄손익누계액	200,000	200,000	200,000
이익잉여금	1,000,000	1,100,000	1,300,000
자본 총계	2,700,000	2,800,000	3,750,000

물음 (Question)

1. 지배권획득일에 연결재무상태표에 인식할 영업권금액과 비지배지분을 계산하시오.
2. A회사와 B회사의 개별회계상 회계처리를 20×1년과 20×2년으로 구분하여 수행하시오.
3. 20×2년 종속기업에 대한 유상증자의 참여로 연결재무제표에 계상되는 자본거래손익을 계산하고, 연결실체의 관점에서 당해 증자거래를 회계처리하시오.
4. 20×2년 말 연결재무제표 작성을 위한 연결분개를 제시하시오.

해 답
answer

1. 지배권획득일의 영업권

이전대가			식별가능한 순자산 공정가치				영업권
			순자산 장부금액		순자산 과소금액		
지배주주지분	2,400,000	=	2,700,000×80%	+	-	+	240,000
비지배지분	540,000	=	2,700,000×20%	+	-	+	-

2. 연도별 개별회계상 회계처리

일자	차변	금액	대변	금액
20×1. 1. 1	(차) 종속기업주식	2,400,000 ②	(대) 현 금	2,400,000 ①
20×1.12.31	회계처리 없음			
20×2. 1. 1	(차) 종속기업주식	487,500 ②	(대) 현 금	487,500 ①
	(차) 현 금	750,000 ③	(대) 자 본 금	500,000 ④
			주식발행초과금	250,000 ⑤
20×2.12.31	회계처리 없음			

3. 유상증자로 인한 자본거래손익

(1) 지배기업지분의 변동액으로 계산하는 방법

① 증자후 종속기업자본 : 2,800,000 + 500주 × ₩1,500 = 3,550,000

② 증자후 지배기업지분율 : (800주 + 325주) ÷ (1,000주 + 500주) = 75%

③ 증자로 인한 지분변동차액 (자본거래손익)

	순자산		지분율		지배기업 지분액
유상증자후 지분액	3,550,000	×	75%	=	2,662,500
유상증자전 지분액	2,800,000	×	80%	=	(2,240,000)
지분변동액					422,500
증자참여액			400주 × ₩1,500	=	(487,500)
지분변동차액 (자본거래손실)					(65,000)

(2) 비지배지분의 변동액으로 계산하는 방법

① 증자후 종속기업자본 : 2,800,000 + 500주 × ₩1,500 = 3,550,000

② 증자후 비지배지분율 : (200주 + 175주) ÷ (1,000주 + 500주) = 25%

③ 증자로 인한 지분변동차액 (자본거래손익)

	순자산		지분율		비지배지분액
유상증자후 비지배지분	3,550,000	×	25%	=	887,500
유상증자전 비지배지분	2,800,000	×	20%	=	(560,000)
비지배지분의 증가액					327,500
연결실체 현금증가액			175주×₩1,500	=	262,500
지분변동차액 (자본거래손실)					(65,000)

(3) 연결실체의 입장에서 회계처리

20×2. 1. 1	(차) 현　　금	750,000 ②	(대) 현　　금	487,500 ①
	자본잉여금	65,000 ④	비지배지분	327,500 ③

유상증자거래의 연결재무상태표 효과

차변		대변	
현　금	(−)487,500	비지배지분	(+)327,500
현　금	(+)750,000	자본잉여금(자본손실)	(−)65,000

4. 지배권획득후인 20×2년 말의 연결분개

구분	차변	금액	대변	금액
투자와 자본상계	(차) 자 본 금	1,000,000 ①	(대) 종속기업주식	2,400,000 ⑤
	자본잉여금	500,000 ②	비지배지분(×1초)	540,000 ⑥
	기타포괄누계액	200,000 ③		
	이익잉여금(×1초)	1,000,000 ④		
투자차액	영 업 권(×1초)	240,000 ⑦		
전기손익배분	(차) 이익잉여금	100,000 ⑦	(대) 이익잉여금	80,000 ⑧
			비지배지분	20,000 ⑨
유상증자의 수정분개	(차) 자 본 금	500,000 ②	(대) 종속기업주식	487,500 ①
	자본잉여금	250,000 ③	비지배지분	327,500 ④
	자본잉여금	65,000 ⑤		
비지배이익	(차) 이익잉여금	50,000 ①	(대) 비지배지분	50,000
	① 종속기업순이익 200,000×25%=50,000			

2 종속기업의 자기주식 취득

종속기업이 종속기업의 자기주식을 비지배주주로부터 취득하는 경우에도 지배기업의 상대적 지분율은 변동하게 된다. 종속기업이 비지배주주로부터 자기주식을 취득하는 거래는 해당대가를 지급하고 비지배지분을 감자시키는 자본거래와 동일하다. 따라서, 이 경우 지분율 변동으로 인한 지분변동차액을 계산하고, 지분변동차액을 자본에 직접 반영하여 지배기업의 소유주지분에 귀속시킨다.

자기주식취득거래에서 발생하는 지분변동차액은 구체적으로 다음과 같이 계산한다. 여기서 유의할 점은 지분변동차액을 단계적 취득이나 처분과 유사하게 비지배지분의 변동액을 이용해서 산정해야 한다는 것이다.

	순자산		비지배지분율		비지배지분액	
(1) **비지배지분변동액**						
- 자기주식취득 후	×××	×	취득후 지분율	=	×××	
- 자기주식취득 전	×××	×	취득전 지분율	=	(×××)	×××
(2) **자기주식취득액**						-×××
(3) **비지배지분변동손익**						=×××

[종속기업의 자기주식취득 회계처리]

구분	차변	금액	대변	금액
종속재무제표	(차) 자기주식	××× ②	(대) 현　　금	××× ①
연결수정분개	(차) 비지배지분	××× ②	(대) 자기주식	××× ①
			자본거래이익	××× ③
연결재무제표	(차) 비지배지분	××× ②	(대) 현　　금	××× ①
			자본거래이익	××× ③

예제 8 종속기업의 자기주식 취득

A회사는 B회사(총 발행주식수 1,000주) 주식의 60%인 600주를 취득하여 20×1년 초에 지배력을 획득하였다. 20×2년 초에 B회사는 비지배주주로부터 자기주식 200주를 주당 ₩2,000에 취득하였다. 다음의 자료는 A회사의 B회사에 대한 지분증감 현황과 B회사의 자본의 변동내역이다. 단, B회사의 식별가능한 순자산장부금액은 공정가치와 일치하였으며, B회사의 비지배지분에 대하여는 영업권을 인정하지 않는다.

⑴ A회사의 B회사주식의 취득내역은 다음과 같으며, A회사는 별도재무제표에서 종속기업투자지분을 원가법으로 평가하고 있다.

구 분	20×1년 1월 1일	구 분	20×2년 1월 1일
취득지분율	60%	자기주식취득 후 지분율	75%
취득원가	₩1,800,000	자기주식취득 금액	₩400,000

⑵ B회사의 자본변동 내역은 다음과 같다. 자본조정은 자기주식의 취득으로 인한 것이며, 이익잉여금은 당기순이익으로 증가한 것이다.

구 분	20×1년 1월 1일	20×1년 12월 31일	20×2년 12월 31일
자 본 금	1,000,000	1,000,000	1,000,000
자본잉여금	500,000	500,000	500,000
자본조정(자기주식)	-	-	(400,000)
기타포괄손익누계액	200,000	200,000	200,000
이익잉여금	1,000,000	1,100,000	1,300,000
자본 총계	2,700,000	2,800,000	2,600,000

물음 Question

1. 지배권획득일에 연결재무상태표에 인식할 영업권금액과 비지배지분을 계산하시오.
2. A회사와 B회사의 개별회계상 회계처리를 20×1년과 20×2년으로 구분하여 수행하시오.
3. 20×2년 종속기업이 자기주식의 취득으로 연결재무제표에 계상되는 자본거래손익을 계산하고, 연결실체의 관점에서 당해 자기주식거래를 회계처리하시오.
4. 20×2년 말 연결재무제표 작성을 위한 연결분개를 제시하시오.

해답 answer

1. 지배권획득일의 영업권

이전대가			식별가능한 순자산 공정가치				영업권
			순자산 장부금액		순자산 과소금액		
지배주주지분	1,800,000	=	2,700,000×60%	+	-	+	180,000
비지배지분	1,080,000	=	2,700,000×40%	+	-	+	-

2. 연도별 개별회계상 회계처리

20×1. 1. 1	(차) 종속기업주식	1,800,000 ②	(대) 현 금	1,800,000 ①
20×1.12.31	회계처리 없음			
20×2. 1. 1	(차) 자기주식	400,000 ②	(대) 현 금	400,000 ①
20×2.12.31	회계처리 없음			

3. 자기주식취득으로 인한 자본거래손익

(1) 지분변동차액의 계산

	순자산		비지배지분율		비지배지분액
자기주식취득후 비지배지분	2,400,000	×	25%	=	600,000
자기주식취득전 비지배지분	2,800,000	×	40%	=	(1,120,000)
비지배지분변동액(감소액)					(520,000)
자기주식취득액			200주×₩2,000	=	400,000
지분변동차액 (자본거래이익)					120,000

(2) 연결실체의 입장에서 회계처리

20×2. 1. 1	(차) 비지배지분	520,000 ③	(대) 현 금	400,000 ①
			자본잉여금	120,000 ④

자기주식취득거래의 연결재무상태표 효과

현 금	(−)400,000	비지배지분	(−)520,000
		자본잉여금	(+)120,000

4. 지배권획득후인 20×2년 말의 연결분개

투자와 자본상계	(차) 자 본 금	1,000,000 ①	(대) 종속기업주식	1,800,000 ⑤
	자본잉여금	500,000 ②	비지배지분(×1초)	1,080,000 ⑥
	기타포괄누계액	200,000 ③		
	이익잉여금(×1초)	1,000,000 ④		
	영 업 권(×1초)	180,000 ⑦		
전기손익배분	(차) 이익잉여금(×1년)	100,000 ⑦	(대) 이익잉여금(×1년)	60,000 ⑧
			비지배지분(×1년)	40,000 ⑨
자기주식거래 수정분개	(차) 비지배지분(×2초)	520,000 ②	(대) 자기주식	400,000 ①
			자본잉여금	120,000 ③
비지배이익	(차) 이익잉여금(×2년)	50,000 ①	(대) 비지배지분(×2년)	50,000 ②
	① 종속기업순이익 200,000×25%=50,000			

3 종속기업의 주식배당과 무상증자

종속기업이 미처분이익잉여금을 자본금에 전입하여 주식배당을 하거나, 자본잉여금을 자본금에 전입하여 무상증자를 할 수 있다. 이 경우 종속기업 순자산의 변동은 없으며, 지배기업과 비지배주주도 수취한 주식배당과 무상증자에 대하여는 회계처리를 수행하지 않는다. 따라서 다음과 같이 주식배당과 무상증자를 하기전의 상태로 환원하는 연결수정분개를 수행하면 된다.

[종속기업의 자본금 전입 회계처리]

주식배당시	(차) 자 본 금	××× ②	(대) 이익잉여금	××× ①
무상증자시	(차) 자 본 금	××× ②	(대) 자본잉여금	××× ①

OX형 연습문제

1 종속기업주식을 단계적으로 취득하여 지배권을 획득하는 경우 기보유지분의 장부금액을 사업결합을 위한 이전대가의 일부로 인식한다.

2 지배력을 상실하지 않는 종속기업에 대한 지배기업의 소유지분 변동은 자본거래(즉 소유주로서의 자격을 행사하는 소유주와의 거래)로 회계처리한다.

3 지배기업은 절대적이거나 상대적인 소유 수준의 변동에 따라 또는 소유 수준이 변동하지 않더라도 종속기업에 대한 지배력을 상실할 수 있다. 예를 들어 종속기업이 정부, 법원, 관재인 또는 감독기구의 통제를 받게 되는 경우에 지배력을 상실할 수 있다. 또 계약상 합의로도 지배력을 상실할 수 있다.

4 지배기업이 종속기업에 대한 지배력을 상실한 경우에도 관련손익은 자본거래로 회계처리 한다.

5 종속기업에 대한 지배력을 상실하면서, 이전의 종속기업에 대한 투자자산이 있는 경우에는 그 투자를 지배력을 상실한 한 날의 장부금액으로 인식한다.

6 종속기업의 자본거래로 발생하는 지분변동차액은 연결실체의 입장에서는 자본거래에 해당하므로 관련손익은 전액 자본항목으로 인식한다.

해 답

answer

1 × 종속기업주식을 단계적으로 취득하여 지배권을 획득하는 경우 기보유지분의 공정가치를 사업결합을 위한 이전대가의 일부로 인식한다.

2 ○

3 ○

4 × 지배력을 상실하는 거래에서 발생하는 모든 차이는 손익으로서 지배기업에 귀속하는 당기손익으로 인식한다.

5 × 이전의 종속기업에 대한 투자자산이 있는 경우에는 그 투자를 지배력을 상실한 한 날의 공정가치로 인식한다.

6 ○

실전형 연습문제

01 선다형

1 20×1년 1월 1일 A회사는 자본금과 이익잉여금이 각각 ₩200,000과 ₩80,000인 B회사의 보통주식 20%를 ₩60,000에 취득하여 유의적인 영향력을 행사하게 되었다. B회사는 20×1년도 당기순이익 ₩20,000을 보고하였으며 20×1년 중 다른 자본거래는 없었다. 20×2년 1월 1일 A회사는 B회사의 보통주식 40%를 ₩140,000에 추가 취득하여 두 회사간에 지배·종속관계가 성립되었다. 20×2년 초 B회사에 대한 A회사 투자지분의 공정가치는 ₩70,000이다. 또한 20×1년 초와 20×2년 초 B회사 자산·부채의 장부금액과 공정가치는 일치하며, 주당 순자산 공정가치와 주당 주식의 공정가치도 일치한다. 국제회계기준에 근거할 때 20×2년 말 연결재무상태표에 계상되는 영업권은 얼마인가? 단, 비지배지분은 종속기업의 식별가능한 순자산에 대한 비례적 지분으로 측정한다. (회계사 2002)

① ₩23,200 ② ₩30,000 ③ ₩29,000
④ ₩24,800 ⑤ ₩50,000

해답

(1) 주식의 추가취득으로 최초로 지배권을 획득하는 경우에는 일괄법을 적용한다. 즉, 기존주식의 공정가치와 추가취득 주식의 취득원가의 합계와 종속기업 순자산 공정가치에 대한 지분액의 차액을 영업권으로 인식한다.

(2) 20×2년 초 투자차액(영업권) : (280,000 + 20,000) × 60% − (70,000 + 140,000) = (−)30,000 (영업권)

(3) 회계처리

20×1. 1. 1	(차)	관계기업투자주식	60,000	(대)	현 금	60,000
20×1.12.31	(차)	관계기업투자주식	4,000	(대)	지분법이익	4,000 *1
		*1 20,000 × 20% = 4,000				
20×2. 1. 1	(차)	종속기업투자주식	210,000	(대)	관계기업투자주식	64,000
					관계기업주식처분이익	6,000
					현 금	140,000

②

2 ㈜대한은 20×1년 1월 1일 ㈜민국의 의결권 있는 보통주식 70주(지분율 70%)를 ₩210,000에 취득하여 지배력을 획득하였다. 취득일 현재 ㈜민국의 자본은 자본금 ₩200,000과 이익잉여금 ₩100,000이며, 자산과 부채의 장부금액과 공정가치는 일치하였다. ㈜대한은 ㈜민국의 주식을 원가법으로 회계처리하며, 연결재무제표 작성시 비지배지분은 ㈜민국의 식별가능한 순자산 공정가치에 비례하여 결정한다. 20×2년 1월 1일 ㈜대한은 ㈜민국의 보통주식 10주(지분율 10%)를 ₩40,000에 추가로 취득하였다. 20×1년과 20×2년에 ㈜민국이 보고한 당기순이익은 각각 ₩20,000과 ₩40,000이며, 동 기간에 이익처분은 없었다. ㈜대한이 작성하는 20×2년 말 연결재무상태표상 비지배지분은? (회계사 2017)

① ₩64,000 ② ₩66,000 ③ ₩68,000
④ ₩70,000 ⑤ ₩72,000

해답

(1) 20×2년 초 비지배지분 : 장부금액지분 (300,000 + 20,000) × 30% = 96,000
(2) 20×2년 초 자본거래손익 : 비지배지분감소액 96,000 × 10% ÷ 30% − 현금지급 40,000 = (−)8,000
(3) 연결실체관점의 회계처리

20×2. 1. 1	(차) 비지배지분	32,000	(대) 현 금	40,000
	자본거래손실	8,000		

(4) 20×2년 비지배지분이익 : 40,000 × 20% = 8,000
(5) 20×2년 말 비지배지분(가산접근) : 20×2년초 96,000 − 일부처분 32,000 + 비지배이익 8,000 = 72,000
(6) 20×2년 말 비지배지분(잔액접근) : 장부금액지분 (300,000 + 20,000 + 40,000) × 20% = 72,000

⑤

3 A회사는 20×1년 1월 1일에 B회사의 발행주식 70%를 ₩800,000에 취득하여 지배권을 획득하였다. 지배권 획득일 현재 B회사의 순자산의 장부금액은 ₩1,000,000이고 공정가치는 ₩1,100,000이며, 양자의 차이는 건물(잔존내용연수 10년, 잔존가치 없이 정액법 상각)의 공정가치가 장부금액을 ₩100,000 초과하기 때문이다. B회사의 20×1년도와 20×2년도 당기순이익은 각각 ₩80,000과 ₩90,000이다. A회사는 비지배주주지분에 대하여는 영업권을 인식하지 않는다. 20×2년 1월 1일 A회사가 B회사의 발행주식 10%를 ₩110,000에 추가로 취득하는 경우 20×2년 12월 31일 현재의 연결재무상태표에 영업권으로 보고할 금액은 얼마인가?

① ₩35,000 ② ₩30,000 ③ ₩39,000
④ ₩45,000 ⑤ ₩32,000

해답

(1) 지배권획득일 이후의 추가취득은 자본거래로 회계처리하므로 영업권의 장부금액에 영향을 주지 않는다.
(2) 지배권획득일의 영업권 : 순자산공정가치 1,100,000×70% - 취득원가 800,000 = 초과지급 30,000 (영업권)
(3) 20×2년 초 비지배지분 : 장부금액지분 (1,000,000 + 순이익 80,000)×30% + 과소금액지분 (100,000 - 건물상각 10,000)×30% = 351,000
(4) 20×2년 초 자본거래손익 : 비지배지분감소액 351,000×10%÷30% - 현금지급 110,000 = (+)7,000
(5) 연결실체관점의 회계처리 (참고용)

20×2. 1. 1	(차) 비지배지분	117,000	(대) 현 금	110,000
			자본거래이익	7,000

②

4 ㈜대한은 20×1년 초에 ㈜민국의 보통주 80주(80%)를 ₩240,000에 취득하여 지배력을 획득하였다. 취득일 현재 ㈜민국의 순자산은 자본금 ₩150,000과 이익잉여금 ₩100,000이며, 식별가능한 자산과 부채의 장부금액과 공정가치는 일치하였다.

(1) 취득일 이후 20×2년까지 ㈜대한과 ㈜민국이 별도(개별)재무제표에 보고한 순자산변동(당기순이익)은 다음과 같으며, 이들 기업 간에 발생한 내부거래는 없다.

구 분	20×1년	20×2년
㈜대한	80,000	120,000
㈜민국	20,000	30,000

(2) 20×3년 1월 1일에 ㈜대한은 보유 중이던 ㈜민국의 보통주 50주(50%)를 ₩200,000에 처분하여 ㈜민국에 대한 지배력을 상실하였다. 남아있는 ㈜민국의 보통주 30주(30%)의 공정가치는 ₩120,000이며, ㈜대한은 이를 관계기업투자주식으로 분류하였다.

㈜민국에 대한 지배력 상실시점의 회계처리가 ㈜대한의 20×3년도 연결당기순이익에 미치는 영향은 얼마인가? 단, 20×3년 말 현재 ㈜대한은 다른 종속기업을 지배하고 있어 연결재무제표를 작성한다. **(회계사 2022)**

① ₩10,000 감소　② ₩10,000 증가　③ ₩40,000 증가
④ ₩50,000 증가　⑤ ₩80,000 증가

해답

(1) 20×1년 초 영업권 : 순자산공정가치 250,000×80% - 이전대가 240,000 = 초과지급액 40,000
(2) 20×3년 초 지배주주지분 : (250,000 + 20,000 + 30,000)×80% + 부분영업권 40,000 = 280,000
(3) 20×3년 초 지배주주지분 : 종속기업순자산 (250,000 + 20,000 + 30,000)×100% - 비지배주주지분 (250,000 + 20,000 + 30,000)×20% + 부분영업권 40,000 = 280,000
(4) 20×3년 초 지배주주지분 처분손익 : 현금수령액 200,000 + 잔여지분공정가치 120,000 - 지배주주지분 장부금액 280,000 = 처분이익 40,000
(5) 연결재무제표 관점의 회계처리

20×3. 1. 1	(차) 현 금	200,000 ④	(대) 종속기업순자산	300,000 ①
	관계기업주식	120,000 ⑤	영 업 권	40,000 ②
			비지배지분	(60,000) ③
			지배주주지분처분이익	40,000 ⑥

③

5 ㈜지배는 20×1년 초 ㈜종속의 의결권 있는 보통주 800주(총 발행주식의 80%)를 취득하여 지배력을 획득하였다. 지배력획득일 현재 ㈜종속의 순자산 장부금액은 ₩250,000이며, 순자산 공정가치와 장부금액은 동일하다. ㈜종속의 20×1년과 20×2년의 당기순이익은 각각 ₩100,000과 ₩150,000이다. ㈜종속은 20×2년 1월 1일에 200주를 유상증자(주당 발행가액 ₩1,000, 주당 액면가액 ₩500)하였으며, 이 중 100주를 ㈜지배가 인수하였다. ㈜지배는 별도재무제표상 ㈜종속 주식을 원가법으로 회계처리하고 있으며, 비지배지분은 종속기업의 식별가능한 순자산공정가치에 비례하여 결정한다. 20×2년 말 ㈜지배의 연결재무상태표에 표시되는 비지배지분은 얼마인가?

(회계사 2020)

① ₩100,000 ② ₩112,500 ③ ₩125,000
④ ₩140,000 ⑤ ₩175,000

해답

(1) 유상증자후 비지배지분율 : (200주 + 100주) ÷ (1,000주 + 200주) = 25%
(2) 20×2년 말 순자산 : 취득시 250,000 + 순이익 100,000 + 증자액 200주 × ₩1,000 + 순이익 150,000 = 700,000
(3) 20×2년 말 비지배지분 : 700,000 × 25% = 175,000
(4) 유상증자 관련손익 (참고용)
  ① 유상증자 후 종속기업순자산 : 취득시 250,000 + 순이익 100,000 + 증자액 200주 × ₩1,000 = 550,000
  ② 유상증자로 인한 비지배지분의 증가액 : 증자후 550,000 × 25% − 증자전 350,000 × 20% = 67,500
  ③ 자본거래손익 : 현금증가 100주 × ₩1,000 − 비지배지분증가 67,500 = 이익 32,500
(5) 연결실체관점의 회계처리

일자	차변	금액	대변	금액
20×2. 1. 1	(차) 현 금	100,000	(대) 비지배지분	67,500
			자본잉여금	32,500

⑤

02 단계적취득

(회계사 2013 수정)

20×1년 초에 ㈜지배는 ㈜종속의 의결권 주식 10주(10%)를 공정가치인 주당 ₩1,000에 취득하여 당기손익-공정가치측정 금융자산으로 회계처리 하였다. 20×1년 4월 1일에 ㈜종속의 주식 공정가치는 주당 ₩2,500이다. 동일자에 ㈜지배는 ㈜종속의 주식을 추가로 60주(60%)를 ₩155,000에 취득하여 지배기업이 되었다.

(1) 지배력획득일 현재 ㈜종속의 순자산은 모두 장부금액과 공정가치가 일치하고, 자본항목은 자본금, 이익잉여금, 기타자본으로 구성되어 있다.

(2) 20×1년 초 ㈜지배와 ㈜종속의 자본의 내용은 아래와 같다. 기타자본은 자본 요소 중 자본금과 이익잉여금을 제외한 나머지 항목을 말하며, ㈜지배와 ㈜종속 모두 20×2년 말까지 자본금과 기타자본의 변동액은 없다.

항 목	㈜지배	㈜종속
자 본 금	₩300,000	₩100,000
이익잉여금	200,000	50,000
기타자본	100,000	50,000
자본 합계	600,000	200,000

(3) 20×1년 ㈜지배와 ㈜종속의 당기순이익은 다음과 같다. ㈜지배와 ㈜종속 모두 20×1년 중에 결의하거나 지급한 배당은 없다.

항 목	㈜지배	㈜종속	
	1월 1일 ~ 12월 31일	1월 1일 ~ 3월 31일	4월 1일 ~ 12월 31일
당기순이익	₩250,000	₩20,000	₩80,000

(4) 지배력획득일 이후 ㈜지배는 ㈜종속에 대한 투자주식을 원가법으로 회계처리하고, 비지배지분을 ㈜종속의 식별가능한 순자산공정가치에 비례하여 결정한다. 영업권의 손상은 없는 것으로 가정한다.

물음 Question

1. 20×1년 말에 ㈜지배가 작성하는 연결재무상태표에 보고되는 다음 금액을 계산하시오.

구 분	금 액
영 업 권	①
비지배지분	②
이익잉여금	③

2. 20×2년 초에 ㈜지배는 ㈜종속의 주식 10주(10%)를 주당 ₩3,500에 추가로 취득하였다. 이로 인해 ㈜지배의 ㈜종속에 대한 지분율은 80%가 되었다.

(1) 20×2년 초 추가 취득시 ㈜종속의 자본은 자본금 ₩100,000, 이익잉여금 ₩150,000, 기타자본 ₩50,000으로 구성되어 있으며, ㈜종속의 순자산은 모두 장부금액과 공정가치가 일치한다.

(2) ㈜종속은 20×2년에 ₩100,000의 당기순이익을 보고하였으며, 배당은 없었다. 20×2년에 ㈜지배가 작성하는 연결재무제표를 이용하여 다음 항목의 금액을 계산하시오. 단, 변동액 계산시 전년 말에 비해 감소하는 경우 금액 앞에 (-)를 표시하고, 변동이 없으면 '변동없음'으로 표시하시오.

구 분	금 액
영업권의 전년 말 대비 변동액	①
연결포괄손익계산서상 비지배지분이익	②
연결재무상태표에 보고되는 기타자본	③
연결재무상태표에 보고되는 비지배지분	④

3. [물음2]에서 20×2년 초 ㈜지배가 ㈜종속의 주식 10주(10%)를 추가 취득하기 위해 지불한 주당 ₩2,500이라고 가정한다. 이 외의 자료는 [물음2]에 제시된 내용과 동일하다. 20×2년 말 연결재무상태표에 보고되는 기타자본의 금액을 계산하시오.

해답

1. 20×1년 연결재무제표 효과

(1) 20×1년 4월 1일 이전대가의 배분

① 종속기업에 대한 지배주주지분 : 25,000 + 155,000 = 180,000

② 참고로 지배력획득일의 회계처리를 제시하면 다음과 같다.

20×1. 4. 1	(차) 당기손익금융자산	15,000	(대) 당기손익평가이익	15,000
	(차) 종속기업투자주식	180,000	(대) 당기손익금융자산	25,000
			현 금	155,000

③ 지배력획득일의 종속기업 순자산장부금액 : 20×1년초 200,000 + 1분기순이익 20,000 = 220,000

이전대가			식별가능한 순자산 공정가치		영업권
지배주주지분	180,000	=	(장부 220,000 + 과소 0) × 70%	+	26,000
비지배지분	66,000	=	(장부 220,000 + 과소 0) × 30%	+	-

(2) 연결당기순이익의 배분

구 분	지배기업(12개월)	종속기업(9개월)	연결실체
조정후 당기순이익	250,000	80,000	330,000
- 지배기업지분순이익	250,000	56,000	306,000
- 비지배지분순이익	-	24,000	24,000

(3) 20×1년 말 비지배지분 : 4월 1일 66,000 + 9개월의 비지배지분순이익 24,000 = 90,000

(4) 20×1년 말 이익잉여금 : 1월 1일 200,000 + 12개월의 지배지분순이익 306,000 = 506,000

구 분	금 액	
영 업 권	①	**26,000**
비지배지분	②	**90,000**
이익잉여금	③	**506,000**

2. 지배권획득일 이후의 추가취득

(1) 20×2년 초 지배력획득일 이후의 추가취득으로 인한 투자차액은 연결실체의 자본거래손익으로 인식하므로 연결재무상태표의 영업권 금액에는 변화가 없다.

단계적취득거래 연결재무상태표 효과

현 금 (-)35,000	비지배지분 (-)30,000 기타자본(자본손실) (-)5,000

(2) 20×2년 비지배지분순이익 : 100,000×20% = 20,000

(3) 20×2년 말 연결재무상태표의 기타자본

① 지배기업의 기타자본 : 100,000

② 취득일 이후 증가한 종속기업 기타자본에 대한 지배기업지분 : (50,000 - 50,000)×80% = 0

③ 추가취득으로 인한 자본거래손익

- 비지배지분 변동액 : 취득후 300,000×20% - 취득전 300,000×30% = (-)30,000
- 자본거래손익 : 비지배지분 변동액 30,000 - 현금지급액 35,000 = (-)5,000

20×2. 1. 1	(차) 비지배지분	30,000	(대) 현 금	35,000
	자본거래손실	5,000		

④ 연결재무상태표의 기타자본 : 100,000 + 0 - 5,000 = 95,000

(4) 20×2년 말 비지배지분(잔액접근) : (200,000 + 20,000 + 80,000 + 100,000)×20% = 80,000

(5) 20×2년 말 비지배지분(가산접근) : 기초 90,000 - 처분 30,000 + 비지배이익 20,000 = 80,000

구 분		금 액
영업권의 전년 말 대비 변동액	①	-
연결포괄손익계산서상 비지배지분 순이익	②	20,000
연결재무상태표에 보고되는 기타자본	③	95,000
연결재무상태표에 보고되는 비지배지분	④	80,000

3. 지배권획득일 이후의 추가취득

(1) 지배기업의 기타자본 : 100,000

(2) 취득일 이후 증가한 종속기업 기타자본에 대한 지배기업 지분 : (50,000 - 50,000) × 80% = 0

(3) 추가취득으로 인한 자본거래손익

① 비지배지분 변동액 : 취득후 300,000 × 20% - 취득전 300,000 × 30% = (-)30,000

② 자본거래손익 : 비지배지분 변동액 30,000 - 현금지급액 25,000 = (+)5,000

20×2. 1. 1	(차) 비지배지분	30,000	(대) 현 금	25,000
			자본거래이익	5,000

(4) 연결재무상태표의 기타자본 : 100,000 + 0 + 5,000 = **105,000**

단계적취득거래 연결재무상태표 효과

현 금	(-)25,000	비지배지분	(-)30,000
		기타자본(자본이익)	(+)5,000

03 단계적취득과 처분에 따른 연결재무제표 (회계사 2006 수정)

20×1년 1월 1일 A회사는 B회사 발행주식의 20%를 ₩75,000에 취득하여 지분법으로 회계처리하고 있다. 20×1년 1월 1일 현재 B회사의 자산과 부채의 장부금액과 공정가치는 일치한다.

(1) 20×2년 1월 1일 A회사는 B회사 발행주식의 40%를 ₩250,000에 추가 취득하여 지배·종속관계가 성립되었다. 20×2년 1월 1일 A회사가 보유하고 있는 B회사의 기존지분의 공정가치는 ₩125,000 이며, A회사는 비지배지분에 대하여는 영업권을 인식하지 않고 있다.

(2) A회사는 20×3년 1월 1일 B회사의 발행주식의 10%를 ₩55,000에 추가 취득하여 지분율이 70%로 증가하였다.

(3) A회사가 보유한 B회사 주식에 대한 취득원가, 처분가액, 지분율 변동, B회사의 자본관련계정을 일자별로 정리하면 다음과 같으며 동 기간 중에 결의·지급된 배당은 없다.

구 분	20×1년 1월 1일	20×2년 1월 1일	20×3년 1월 1일
취득원가 (지분율)	75,000 (20%)	250,000 (40%)	55,000 (10%)
처분가액 (지분율)	-	-	-
자 본 금	200,000	200,000	200,000
이익잉여금	100,000	150,000	220,000

(4) 20×2년 1월 1일 현재 B회사의 자산과 부채 중에서 공정가치와 장부금액이 일치하지 않는 항목은 다음과 같다. 아래의 재고자산은 20×2년 중에 모두 외부로 판매되었으며, 20×2년 1월 1일 현재 동 건물의 잔존내용연수는 5년, 잔존가치는 없으며, 정액법으로 상각한다.

구 분	장부금액	공정가치
재고자산	60,000	70,000
건 물	125,000	160,000

(5) A회사는 B회사에 원가 ₩10,000의 상품을 ₩15,000에 외상매출하였으며 B회사는 20×2년 중에 동 상품의 60%를 외부로 판매하였다. B회사에 대한 매출채권은 20×3년 중에 회수될 예정이며, A회사는 동 매출채권에 대하여 2%의 대손충당금을 설정하고 있다.

(6) B회사는 20×2년 1월 1일에 장부금액 ₩30,000의 비품을 ₩50,000의 가격으로 A회사에 매각하였다. 처분시 비품의 잔존내용연수는 10년이며 잔존가치는 없다. A회사와 B회사는 비품을 정액법으로 상각한다.

(7) 20×2년 1월 1일 A회사는 B회사가 20×0년 1월 1일에 발행한 사채(액면 ₩50,000, 액면이자율 10%, 발행가액 ₩53,000, 5년 만기)를 ₩48,500에 취득하고 이를 상각후원가자산으로 회계처리하였다. A회사와 B회사는 정액법을 사용하여 사채관련차금을 상각한다.

(8) 20×2년 A회사와 B회사의 부분재무제표는 다음과 같다. 20×2년 지배기업인 A회사의 당기순이익은 ₩100,000이다.

재무상태표 항목	A회사	B회사
매출채권(순액)	200,000	120,000
건　　물(순액)	140,000	100,000
비　　품(순액)	120,000	40,000
사　　채(순액)	98,000	51,200

손익계산서 항목	A회사	B회사
매출수익	350,000	210,000
매출원가	250,000	160,000
감가상각비	30,000	15,000
이자비용	10,500	4,400

물음
Question

1. 20×2년 연결재무제표에 표시될 다음 각 계정의 금액을 계산하시오.

① 매출채권　② 건물　③ 비품　④ 영업권　⑤ 매출수익
⑥ 매출원가　⑦ 감가상각비　⑧ 사채상환이익　⑨ 비지배지분이익

2. 20×3년 1월 1일 A회사가 B회사 주식을 ₩55,000에 추가 취득하면서 수행할 회계처리를 A회사의 별도재무제표와 연결재무제표의 관점에서 수행하시오.

3. [물음2]에서 A회사가 B회사의 주식을 취득하는데 소요된 ₩55,000은 동년도 A회사의 별도현금흐름표와 연결현금흐름표상에서 각각 어떠한 활동으로 분류되어 보고되는지 설명하시오.

해 답
answer

1. 각 계정금액의 계산

(1) 20×2년 1월 1일 이전대가의 배분

① 지배기업지분 : 기보유지분의 공정가치 125,000 + 추가취득원가 250,000 = 375,000

② 참고로 지배력회득일에 A회사의 회계처리는 다음과 같다.

20×2. 1. 1	(차) 관계기업투자주식	40,000	(대) 관계주식처분이익	40,000
	(차) 종속기업투자주식	375,000	(대) 관계기업투자주식	125,000
			현 금	250,000

③ 이전대가의 배분

이전대가			식별가능한 순자산 공정가치		영업권
지배주주지분	375,000	=	(장부 350,000 + 과소 45,000) × 60%	+	138,000
비지배지분	158,000	=	(장부 350,000 + 과소 45,000) × 40%	+	-

(2) 투자·평가차액의 배분과 상각

내 역	FV - BV	상 각	
		20×2년	20×3년
재고자산	10,000	(10,000)	-
건 물	35,000	(7,000)	(7,000)
영 업 권	138,000	-	-

(3) 내부거래의 실현스케쥴

구 분	계정과목	손익의 인식		
		20×2년	20×3년	20×4년
재고자산(하향)	매출원가	(2,000)	2,000	-
대손상각비(하향)	대손상각비	300	(300)	-
비품(상향)	유형자산처분이익	(20,000)	-	-
	감가상각비	2,000	2,000	2,000
사채(상향)	사채상환손익	3,300	-	-
	이자손익	(1,100)	(1,100)	(1,100)

(4) 20×2년 연결당기순이익의 계산

구 분	지배기업	종속기업	연결실체
보고된 당기순이익	100,000	70,000	170,000
배당금수익	-	-	-
과소금액상각	-	(17,000)	(17,000)
재고자산 미실현이익	(2,000)	-	(2,000)
대손상각 미실현손실	300	-	300
유형자산 미실현이익	-	(18,000)	(18,000)
사채 실현이익	-	2,200	2,200
조정후 당기순이익	98,300	37,200	135,500
지배기업지분순이익	98,300	22,320	120,620
비지배지분순이익		14,880	14,880

(5) 참고목적으로 20×2년의 연결재무제표 작성을 위한 분개를 제시하면 다음과 같다.

구분	차변	금액	대변	금액
투자와 자본상계	(차) 자 본 금	200,000	(대) 종속기업주식	375,000
	이익잉여금 (×2초)	150,000	비지배지분 (×2초)	158,000
평가차액	(차) 재고자산	10,000		
	건 물	35,000		
투자차액	(차) 영 업 권	138,000		
과소상각	(차) 매출원가	10,000	(대) 재고자산	10,000
	(차) 감가상각비	7,000	(대) 건 물	7,000
내부거래제거	(차) 매출수익	15,000	(대) 매출원가	15,000
	(차) 매출원가	2,000	(대) 재고자산	2,000
	(차) 매입채무	15,000	(대) 매출채권	15,000
	(차) 대손충당금	300	(대) 대손상각비	300
	(차) 유형자산처분이익	20,000	(대) 감가상각비	2,000
			비 품	18,000
	(차) 사 채	51,200	(대) 상각후원가금융자산	49,000
	이자수익	5,500	이자비용	4,400
			사채상환이익	3,300
비지배이익	(차) 이익잉여금 (×2년)	14,880	(대) 비지배지분 (×2년)	14,880

(6) 연결재무제표상 계정별 장부금액

	A회사		B회사		연결조정		연결 F/S
매출채권	200,000	+	120,000	−	(15,000 − 300)	=	① 305,300
건　　물	140,000	+	100,000	+	(35,000 − 7,000)	=	② 268,000
비　　품	120,000	+	40,000	−	(20,000 − 2,000)	=	③ 142,000
영 업 권	−	+	−	+	138,000	=	④ 138,000
매출수익	350,000	+	210,000	−	15,000	=	⑤ 545,000
매출원가	250,000	+	160,000	+	10,000	=	⑥ 407,000
				−	15,000		
				+	2,000		
감가상각비	30,000	+	15,000	+	7,000	=	⑦ 50,000
				−	2,000		
사채추정상환이익	−	+	−	+	3,300	=	⑧ 3,300
비지배주주지분순이익	−	+	−	−	14,880	=	⑨ 14,880

➡ 20×2년 말 비지배지분(가산접근법) : 158,000 + 14,880 = 172,880

➡ 20×2년 말 비지배지분(잔액접근법) : (기말장부 420,000 − 비품미실현 18,000 + 사채미실현 2,200 + 과소금액 45,000 − 상각액 17,000) × 40% = 432,200 × 40% = 172,880

2. 단계적 취득의 회계처리

(1) 별도재무제표

20×3. 1. 1	(차) 종속기업투자주식	55,000	(대) 현　　금	55,000

(2) 연결재무제표

① 20×3년 초 비지배지분 변동액 : 취득후 432,200 × 30% − 취득전 432,200 × 40% = (−)43,220

② 별해 : 비지배지분 172,880 × 감소지분율 10% ÷ 기존지분율 40% = 43,220

20×3. 1. 1	(차) 비지배지분	43,220	(대) 현　　금	55,000
	자본거래손실	11,780		

3. 단계적 취득의 현금흐름표 공시

(1) 별도재무제표

투자자산의 취득활동이므로 **투자활동으로 인한 현금유출로 ₩55,000을 인식**한다.

(2) 연결재무제표

지배기업주주와 비지배주주와의 자본거래이므로 **재무활동으로 인한 현금유출로 ₩55,000을 인식**한다.

CHAPTER

08

연결회계의 기타사항

제 1 절 복잡한 지배구조

지금까지는 지배기업이 하나의 종속기업을 소유하고 있는 경우의 연결절차에 대하여 살펴보았다. 그러나 지배·종속관계의 유형은 대단히 복잡하고, 다양한 형태로 존재한다. 여기에서는 지배·종속관계의 유형을 일반화하고, 이에 따른 연결절차에 대하여 학습하게 될 것이다.

1 복잡한 지배구조의 유형

(1) 지배기업의 종속기업에 대한 직접소유

지배기업이 하나 이상의 종속기업을 직접적으로 소유하는 형태의 지배구조이며, 지배기업이 하나의 종속기업을 소유하고 있는 경우와 하나 이상의 종속기업을 소유하고 있는 경우로 구분할 수 있다. 이를 그림으로 표현하면 다음과 같다.

[종속기업에 대한 직접소유]

단일의 종속기업

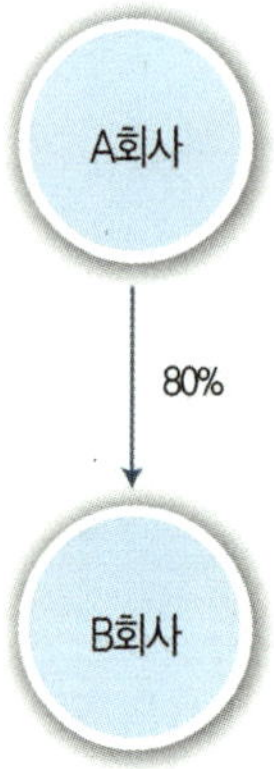

다수의 종속기업

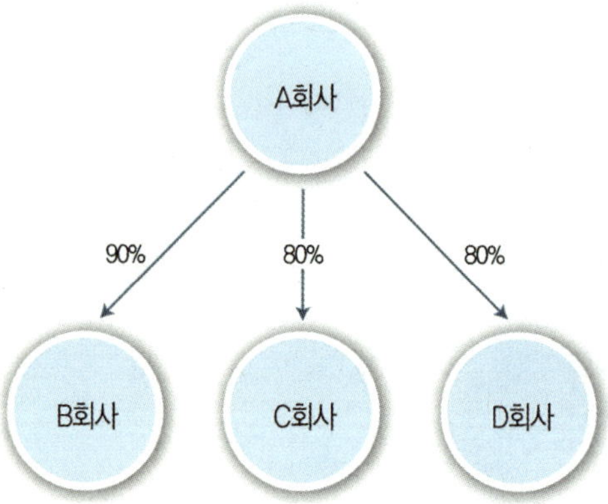

(2) 지배기업의 종속기업에 대한 간접소유

지배기업이 하나 이상의 종속기업을 간접적으로 소유하는 형태의 지배구조이며, 최상위 지배기업이 종속기업인 중간지배기업을 이용하여 최하위 종속기업을 소유하고 있는 단계적소유와 지배기업의 종속기업과 함께 또 다른 종속기업을 지배하고 있는 합동소유로 구분할 수 있다. 이를 그림으로 표현하면 다음과 같다.

[종속기업에 대한 간접소유]

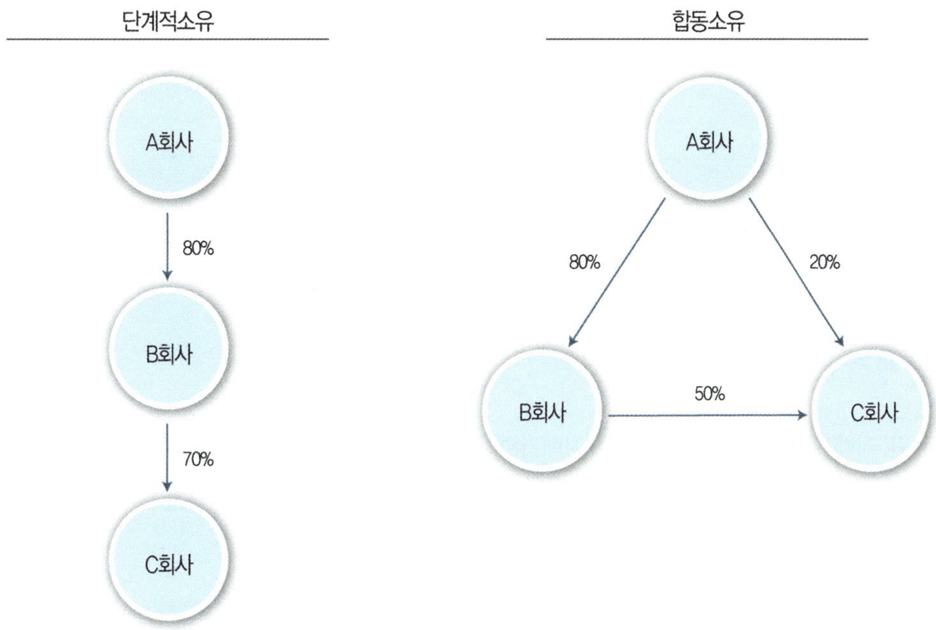

(3) 지배기업과 종속기업의 상호소유

지배기업과 종속기업이 지분을 상호 소유하는 형태의 지배구조이며, 지배기업과 종속기업간의 상호소유 구조와 종속기업간의 상호소유 구조로 구분할 수 있다. 이를 그림으로 표현하면 다음과 같다. 하지만 우리나라의 상법에서는 종속기업이 지배기업의 주식을 취득하는 것을 금지[1]하고 있으므로, 현실적으로 나타나기 어려운 지배구조의 형태이다.

---

1) 상법 제342조의 2 [자회사에 의한 모회사주식의 취득]

① 다른 회사의 발행주식의 총수의 100분의 50을 초과하는 주식을 가진 회사인 모회사의 주식은 다음의 경우를 제외하고는 그 다른 회사인 자회사가 이를 취득할 수 없다. (2001.7.24. 개정)부칙

1. 주식의 포괄적 교환, 주식의 포괄적 이전, 회사의 합병 또는 다른 회사의 영업전부의 양수로 인한 때
2. 회사의 권리를 실행함에 있어 그 목적을 달성하기 위하여 필요한 때

[지배기업과 종속기업의 상호소유]

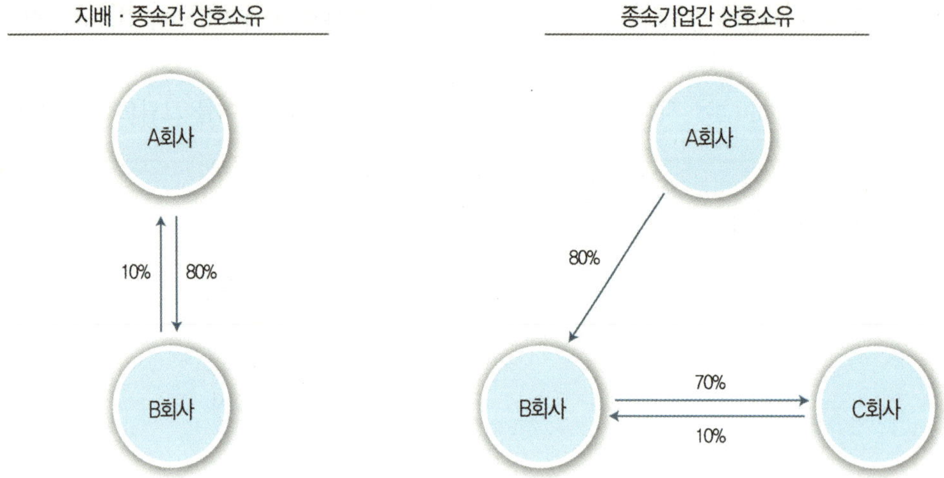

2 단계적소유

최상위 지배기업이 종속기업인 중간지배기업을 이용하여 최하위 종속기업을 소유하고 있는 지배구조를 말한다. 이는 다음 그림의 논리로 연결분개를 수행하여 연결재무제표를 작성하면 된다.

[단계적소유시 연결분개]

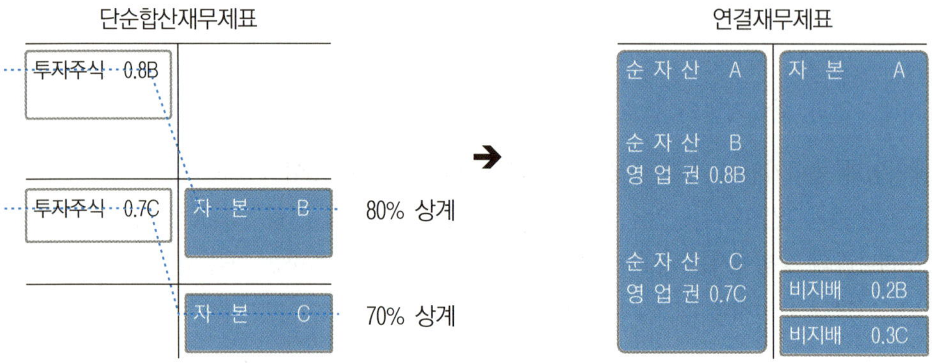

예제 1 단계적소유

다음은 단계적소유와 관련된 사항이다. 아래의 자료를 이용하여 물음에 답하시오. 단, 취득시 B회사의 순자산 공정가치는 장부금액과 동일하며, 비지배지분에 대하여는 영업권을 인식하지 않는다.

(1) A회사는 20×1년 1월 1일 B회사의 주식 80%를 ₩5,000,000에 취득하였으며, 동일자로 B회사는 C회사의 주식 70%를 ₩2,800,000에 취득하였다. 20×1년 1월 1일 A회사, B회사 및 C회사의 자본내역은 다음과 같다.

구 분	A회사	B회사	C회사
자 본 금	5,000,000	3,500,000	2,200,000
이익잉여금	2,000,000	2,000,000	1,600,000
합 계	7,000,000	5,500,000	3,800,000

(2) 20×1년 중 연결실체간의 재고자산 내부거래의 내용은 다음과 같다. 재고자산 판매에 따른 매출총이익률은 모두 20%이다.

판매회사	매입회사	내부거래액	재고자산보유액
A회사	B회사	1,000,000	100,000
B회사	C회사	800,000	80,000
C회사	B회사	900,000	90,000

(3) 20×1년 말 각 회사의 재무상태표와 포괄손익계산서는 다음과 같다.

20×1년 12월 31일의 재무상태표

	A회사	B회사	C회사		A회사	B회사	C회사
현금성자산	1,000,000	800,000	1,100,000	매입채무	1,900,000	900,000	1,200,000
재고자산	6,500,000	4,500,000	4,800,000	차 입 금	4,100,000	3,500,000	1,300,000
종속기업주식	5,000,000	2,800,000	-	자 본 금	5,000,000	3,500,000	2,200,000
토 지	1,300,000	2,500,000	1,000,000	이익잉여금	2,800,000	2,700,000	2,200,000
	13,800,000	10,600,000	6,900,000		13,800,000	10,600,000	6,900,000

20×1년의 포괄손익계산서

	A회사	B회사	C회사
매 출 액	9,000,000	10,000,000	5,000,000
매출원가	(7,200,000)	(8,000,000)	(4,000,000)
매출총이익	1,800,000	2,000,000	1,000,000
물류및관리원가	(1,000,000)	(1,300,000)	(400,000)
당기순이익	800,000	700,000	600,000

물음
Question

1. 연결실체의 영업권을 계산하시오.
2. 연결실체의 당기순이익을 지배기업지분과 비지배지분으로 배분하시오.
3. 연결재무제표 작성을 위한 연결분개를 제시하시오.
4. 20×1년의 연결포괄손익계산서와 연결재무상태표를 작성하시오.

해답
answer

1. 20×1년 1월 1일 이전대가의 배분

(1) A회사의 B회사지분 취득

이전대가			식별가능한 순자산 공정가치				영업권
			순자산 장부금액		순자산 과소금액		
지배주주지분	5,000,000	=	5,500,000×80%	+	-	+	600,000
비지배지분	1,100,000	=	5,500,000×20%	+	-	+	-

(2) B회사의 C회사지분 취득

이전대가			식별가능한 순자산 공정가치				영업권
			순자산 장부금액		순자산 과소금액		
지배주주지분	2,800,000	=	3,800,000×70%	+	-	+	140,000
비지배지분	1,140,000	=	3,800,000×30%	+	-	+	-

2. 20×1년 연결당기순이익의 배분

구 분	A회사		B회사		C회사		연결실체
보고된 당기순이익	800,000		700,000		600,000		2,100,000
재고미실현이익	(20,000)		(16,000)		(18,000)		(54,000)
조정후 당기순이익	780,000		684,000		582,000		2,046,000
지배기업지분순이익	780,000	100%	547,200	80%	325,920	56%*1	1,653,120
비지배지분순이익(0.2B)			136,800	20%	81,480	14%*2	218,280
비지배지분순이익(0.3C)					174,600	30%*3	174,600

*1 80%×70%=56%　　*2 20%×70%=14%　　*3 100%－(56%+14%)=30%

❖ 연결실체의 이익계산 (검증용)

A회사의 이익 : A=780,000+0.8B=1,653,120 → 지배기업지분이익=1,653,120

B회사의 이익 : B=684,000+0.7C=1,091,400 → 비지배지분이익(0.2B)=218,280

C회사의 이익 : C=582,000 → 비지배지분이익(0.3C)=174,600

3. 20×1년 12월 31일 기준 연결분개

투자와 자본상계 투자차액	(차)	자 본 금(B)	3,500,000 ①	(대)	종속기업주식	5,000,000 ③
		이익잉여금(B)	2,000,000 ②		비지배지분	1,100,000 ④
		영 업 권	600,000 ⑤			
투자와 자본상계 투자차액	(차)	자 본 금(C)	2,200,000 ①	(대)	종속기업주식	2,800,000 ③
		이익잉여금(C)	1,600,000 ②		비지배지분	1,140,000 ④
		영 업 권	140,000 ⑤			
내부거래제거	(차)	매출수익	2,700,000 ①	(대)	매출원가	2,700,000 ②
	(차)	매출원가	20,000 ③	(대)	재고자산	20,000 ④
	(차)	매출원가	16,000 ⑤	(대)	재고자산	16,000 ⑥
	(차)	매출원가	18,000 ⑦	(대)	재고자산	18,000 ⑧
비지배이익	(차)	이익잉여금	218,280 ①	(대)	비지배지분	218,280 ②
	(차)	이익잉여금	174,600 ③	(대)	비지배지분	174,600 ④

4. 연결재무제표

(1) 연결정산표

계정과목	A회사	B회사	C회사	연결조정	연결재무제표
현금성자산	1,000,000	800,000	1,100,000		2,900,000
재고자산	6,500,000	4,500,000	4,800,000	(54,000)	15,746,000
종속기업주식	5,000,000	2,800,000	-	(7,800,000)	-
토 지	1,300,000	2,500,000	1,000,000		4,800,000
영 업 권	-	-	-	740,000	740,000
자산총계	13,800,000	10,600,000	6,900,000	(7,114,000)	24,186,000
매입채무	1,900,000	900,000	1,200,000		4,000,000
차입금	4,100,000	3,500,000	1,300,000		8,900,000
자 본 금	5,000,000	3,500,000	2,200,000	(5,700,000)	5,000,000
이익잉여금	2,000,000	2,000,000	1,600,000	(3,992,880)	1,607,120
비지배지분	-	-	-	2,632,880	2,632,880
매 출 액	9,000,000	10,000,000	5,000,000	(2,700,000)	21,300,000
매출원가	(7,200,000)	(8,000,000)	(4,000,000)	2,646,000	(16,554,000)
물류및관리원가	(1,000,000)	(1,300,000)	(400,000)		(2,700,000)
부채와 자본총계	13,800,000	10,600,000	6,900,000	(7,114,000)	24,186,000

(2) 연결포괄손익계산서

20×1년 1월 1일부터 20×1년 12월 31일까지	
매 출 액	21,300,000
매출원가	(16,554,000)
매출총이익	4,746,000
물류및관리원가	(2,700,000)
당기순이익	2,046,000
- 지배기업지분순이익	1,653,120
- 비지배지분순이익	392,880

(3) 연결재무상태표

20×1년 12월 31일

현금및현금성자산	2,900,000	매입채무	4,000,000
재고자산	15,746,000	차 입 금	8,900,000
종속기업주식	-	자 본 금	5,000,000
토 지	4,800,000	이익잉여금	3,653,120
영 업 권	740,000	비지배지분	2,632,880
	24,186,000		24,186,000

3 합동소유

합동소유는 지배기업이 종속기업과 함께 또 다른 종속기업을 지배하고 있는 지배구조를 말한다. 이는 다음 그림의 논리로 연결분개를 수행하여 연결재무제표를 작성하면 된다.

[합동소유시 연결분개]

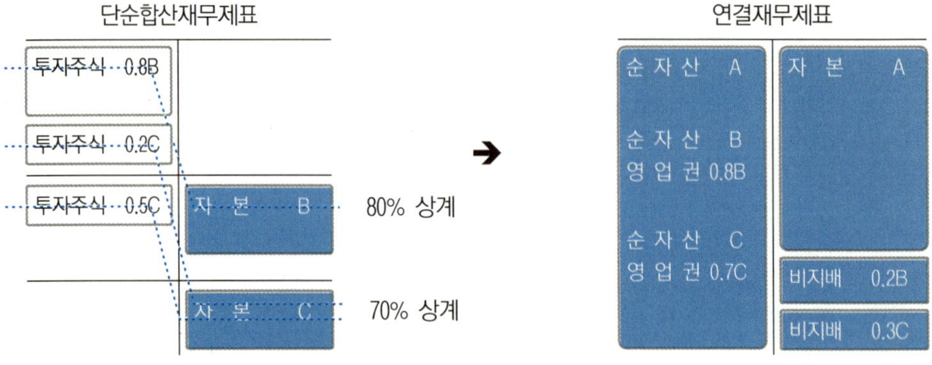

예제 2 합동소유

다음은 합동소유와 관련된 사항이다. 아래의 자료를 이용하여 물음에 답하시오. 단, 취득시 B회사와 C회사의 순자산 공정가치는 장부금액과 동일하다.

(1) A회사는 20×1년 1월 1일 B회사의 주식 80%와 C회사의 주식 20%를 각각 ₩5,000,000과 ₩800,000에 취득하였으며, 동일자로 B회사는 C회사의 주식 50%를 ₩2,000,000에 취득하였다. 20×1년 1월 1일 A회사, B회사 및 C회사의 자본내역은 다음과 같다.

구 분	A회사	B회사	C회사
자 본 금	5,000,000	3,500,000	2,200,000
이익잉여금	2,000,000	2,000,000	1,600,000
합 계	7,000,000	5,500,000	3,800,000

(2) 20×1년 중 연결실체간의 재고자산 내부거래의 내용은 다음과 같다. 재고자산 판매에 따른 매출총이익률은 모두 20%이다.

판매회사	매입회사	내부거래액	재고자산보유액
A회사	B회사	1,000,000	100,000
B회사	C회사	800,000	80,000
C회사	B회사	900,000	90,000

(3) 20×1년 말 각 회사의 재무상태표와 포괄손익계산서는 다음과 같다.

20×1년 12월 31일의 재무상태표

	A회사	B회사	C회사		A회사	B회사	C회사
현금성자산	200,000	1,600,000	1,100,000	매입채무	1,900,000	900,000	1,200,000
재고자산	6,500,000	4,500,000	4,800,000	차 입 금	4,100,000	3,500,000	1,300,000
종속기업주식	5,800,000	2,000,000	-	자 본 금	5,000,000	3,500,000	2,200,000
토 지	1,300,000	2,500,000	1,000,000	이익잉여금	2,800,000	2,700,000	2,200,000
	13,800,000	10,600,000	6,900,000		13,800,000	10,600,000	6,900,000

20×1년의 포괄손익계산서

	A회사	B회사	C회사
매 출 액	9,000,000	10,000,000	5,000,000
매출원가	(7,200,000)	(8,000,000)	(4,000,000)
매출총이익	1,800,000	2,000,000	1,000,000
물류및관리원가	(1,000,000)	(1,300,000)	(400,000)
당기순이익	800,000	700,000	600,000

물음
Question

1. 연결실체의 당기순이익을 지배기업지분과 비지배지분으로 배분하시오.
2. 연결재무제표 작성을 위한 연결분개를 제시하시오.
3. 20×1년의 연결포괄손익계산서와 연결재무상태표를 작성하시오.

해답
answer

1. 20×1년 연결당기순이익의 배분

구 분	A회사		B회사		C회사		연결실체
보고된 당기순이익	800,000		700,000		600,000		2,100,000
재고미실현이익	(20,000)		(16,000)		(18,000)		(54,000)
조정후 당기순이익	780,000		684,000		582,000		2,046,000
지배기업지분순이익	780,000	100%	547,200	80%	349,200	60%*1	1,676,400
비지배지분순이익(0.2B)			136,800	20%	58,200	10%*2	195,000
비지배지분순이익(0.3C)					174,600	30%	174,600

*1 80%×50%+20%=60%

*2 20%×50%=10%

❖ 연결실체의 이익계산 (검증용)

A회사의 이익 : A=780,000+0.8B+0.2C=1,676,400 → 지배기업지분이익=1,676,400

B회사의 이익 : B=684,000+0.5C=975,000 → 비지배지분이익(0.2B)=195,000

C회사의 이익 : C=582,000 → 비지배지분이익(0.3C)=174,600

2. 20×1년 12월 31일 기준 연결분개

구분	차변	금액	대변	금액
투자와	(차) 자 본 금(B)	3,500,000 ①	(대) 종속기업주식	5,000,000 ③
자본상계	이익잉여금(B)	2,000,000 ②	비지배지분	1,100,000 ④
투자차액	영 업 권	600,000 ⑤		
투자와	(차) 자 본 금(C)	2,200,000 ①	(대) 종속기업주식(B소유)	2,000,000 ③
자본상계	이익잉여금(C)	1,600,000 ②	종속기업주식(A소유)	800,000 ④
투자차액	영 업 권	140,000 ⑥	비지배지분	1,140,000 ⑤
내부거래제거	(차) 매출수익	2,700,000 ①	(대) 매출원가	2,700,000 ②
	(차) 매출원가	20,000 ③	(대) 재고자산	20,000 ④
	(차) 매출원가	16,000 ⑤	(대) 재고자산	16,000 ⑥
	(차) 매출원가	18,000 ⑦	(대) 재고자산	18,000 ⑧
비지배이익	(차) 이익잉여금	195,000 ①	(대) 비지배지분	195,000 ②
	(차) 이익잉여금	174,600 ③	(대) 비지배지분	174,600 ④

3. 연결재무제표

(1) 연결정산표

계정과목	A회사	B회사	C회사	연결조정	연결재무제표
현금성자산	200,000	1,600,000	1,100,000		2,900,000
재고자산	6,500,000	4,500,000	4,800,000	(54,000)	15,746,000
종속기업주식	5,800,000	2,000,000	-	(7,800,000)	-
토 지	1,300,000	2,500,000	1,000,000		4,800,000
영 업 권	-	-	-	740,000	740,000
자산총계	13,800,000	10,600,000	6,900,000	(7,114,000)	24,186,000
매입채무	1,900,000	900,000	1,200,000		4,000,000
차입금	4,100,000	3,500,000	1,300,000		8,900,000
자 본 금	5,000,000	3,500,000	2,200,000	(5,700,000)	5,000,000
이익잉여금	2,000,000	2,000,000	1,600,000	(3,969,600)	1,630,400
비지배지분	-	-	-	2,609,600	2,609,600
매 출 액	9,000,000	10,000,000	5,000,000	(2,700,000)	21,300,000
매출원가	(7,200,000)	(8,000,000)	(4,000,000)	2,646,000	(16,554,000)
물류및관리원가	(1,000,000)	(1,300,000)	(400,000)		(2,700,000)
부채와 자본총계	13,800,000	10,600,000	6,900,000	(7,114,000)	24,186,000

(2) 연결포괄손익계산서

20×1년 1월 1일부터 20×1년 12월 31일까지	
매 출 액	21,300,000
매출원가	(16,554,000)
매출총이익	4,746,000
물류및관리원가	(2,700,000)
당기순이익	2,046,000
- 지배기업지분순이익	1,676,400
- 비지배지분순이익	369,600

(3) 연결재무상태표

20×1년 12월 31일

현금및현금성자산	2,900,000	매입채무	4,000,000
재고자산	15,746,000	차 입 금	8,900,000
종속기업주식	-	자 본 금	5,000,000
토 지	4,800,000	이익잉여금	3,676,400
영 업 권	740,000	비지배지분	2,609,600
	24,186,000		24,186,000

4 지배기업과 종속기업의 상호소유

지배기업과 종속기업의 상호소유는 종속기업이 지배기업의 지분일부를 보유하고 있는 구조를 말한다. 연결재무제표를 작성하고 나면 종속기업이 소유하고 있는 지배기업주식은 자기주식이 되게 된다. 따라서 다음 그림의 논리로 연결분개를 수행하여 연결재무제표를 작성하면 되며, 연결당기순이익 등의 계산은 지배기업이 종속기업을 직접소유하고 있는 것과 동일하게 수행하면 된다.

[지배기업과 종속기업의 상호소유시 연결분개]

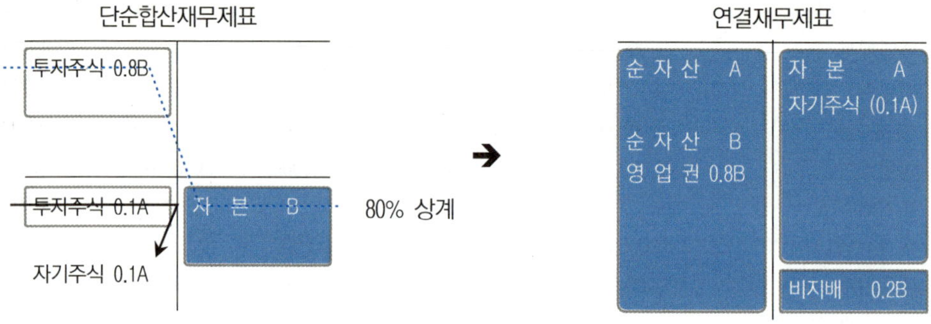

예제 3 지배기업과 종속기업의 상호소유

20×1년 1월 1일 A회사는 B회사의 보통주 80%를 ₩600,000에 취득하여 지배권을 확보하였다. 동일자로 B회사는 A회사의 지분 10%를 ₩100,000에 취득하였다. 20×1년 1월 1일 현재 B회사의 순자산은 자본금 ₩500,000과 이익잉여금 ₩200,000이었다. 취득일 현재 B회사의 식별가능한 순자산장부금액과 공정가치는 동일하다.

(1) 20×1년에 A회사는 B회사에 원가 ₩100,000인 상품을 ₩120,000에 판매하였으며, B회사는 당해 재고자산 중 60%를 20×1년에 외부의 제3자에게 판매하였고, 나머지 40%는 20×2년 중에 외부판매를 완료하였다.

(2) 20×1년 A회사의 당기순이익은 ₩400,000이며, B회사의 당기순이익은 ₩200,000이다.

(3) B회사는 지배기업투자주식에 대하여 기타포괄손익-공정가치 선택 금융자산으로 분류하고 있으며 20×1년 말 공정가치는 ₩120,000이다.

물음
Question

1. 20×1년의 연결재무제표에 표시될 지배기업지분순이익과 비지배지분순이익을 계산하시오.
2. 20×1년의 연결재무제표 작성을 위한 연결분개를 제시하시오.

해답
answer

1. 하향판매 내부거래 연결순이익

(1) 20×1년

구 분	지배기업	종속기업	연결실체
보고된 당기순이익	400,000	200,000	600,000
재고미실현이익	(8,000)	-	(8,000)
조정후 당기순이익	392,000	200,000	592,000
지배기업지분순이익	392,000	160,000	552,000
비지배지분순이익		40,000	40,000

2. 연결분개

구분	차변	금액	대변	금액
투자와 자본상계	(차) 자 본 금	500,000 ①	(대) 종속기업주식	600,000 ③
	이익잉여금(B)	200,000 ②	비지배지분	140,000 ④
	영 업 권	40,000 ⑤		
자기주식대체	(차) 자기주식	100,000 ③	(대) 기타포괄금융자산	120,000 ①
	기타포괄평가이익	20,000 ②		
내부거래제거	(차) 매출수익	120,000 ①	(대) 매출원가	120,000 ②
	(차) 매출원가	8,000 ③	(대) 재고자산	8,000 ④
비지배이익	(차) 이익잉여금	40,000 ①	(대) 비지배지분	40,000 ②
	① 200,000×20% = 40,000			

5 종속기업간의 상호소유

종속기업간의 상호소유는 지배기업의 종속기업간에 지분일부를 보유하고 있는 구조를 말한다. 이는 다음 그림의 논리로 연결분개를 수행하여 연결재무제표를 작성하면 된다.

[종속기업간의 상호소유시 연결분개]

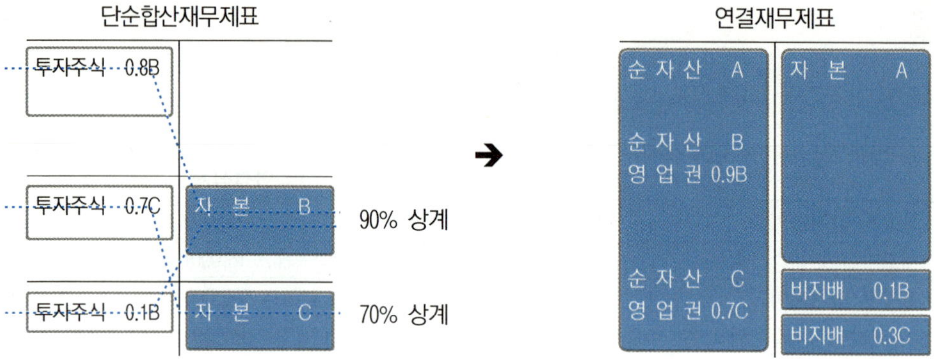

예제 4 종속기업간의 상호소유

다음은 종속기업간의 상호소유와 관련된 사항이다. 아래의 자료를 이용하여 물음에 답하시오. 단, 취득시 B회사와 C회사의 순자산 공정가치는 장부금액과 동일하다.

(1) A회사는 20×1년 1월 1일 B회사의 주식 80%를 ₩5,000,000에 취득하였으며, 동일자로 B회사는 C회사의 주식 70%를 ₩2,800,000에 취득하였다. 한편, C회사는 동일자로 B회사주식의 10%를 ₩625,000에 취득하여 기타포괄손익-공정가치 선택 금융자산으로 분류하고 원가법으로 측정하고 있다. 20×1년 1월 1일 A회사, B회사 및 C회사의 자본내역은 다음과 같다.

구 분	A회사	B회사	C회사
자 본 금	5,000,000	3,500,000	2,200,000
이익잉여금	2,000,000	2,000,000	1,600,000
합 계	7,000,000	5,500,000	3,800,000

(2) 20×1년 중 연결실체간의 재고자산 내부거래의 내용은 다음과 같다. 재고자산 판매에 따른 매출총이익률은 모두 20%이다.

판매회사	매입회사	내부거래액	재고자산보유액
A회사	B회사	1,000,000	100,000
B회사	C회사	800,000	80,000
C회사	B회사	900,000	90,000

(3) 20×1년 말 각 회사의 재무상태표와 포괄손익계산서는 다음과 같다.

20×1년 12월 31일의 재무상태표

	A회사	B회사	C회사		A회사	B회사	C회사
현금성자산	1,000,000	800,000	1,100,000	매입채무	1,900,000	900,000	1,200,000
재고자산	6,500,000	4,500,000	4,800,000	차 입 금	4,100,000	3,500,000	1,925,000
종속기업주식	5,000,000	2,800,000	-	자 본 금	5,000,000	3,500,000	2,200,000
기타포괄주식	-	-	625,000		2,800,000	2,700,000	2,200,000
토 지	1,300,000	2,500,000	1,000,000	이익잉여금			
	13,800,000	10,600,000	7,525,000		13,800,000	10,600,000	7,525,000

20×1년의 포괄손익계산서

	A회사	B회사	C회사
매 출 액	9,000,000	10,000,000	5,000,000
매출원가	(7,200,000)	(8,000,000)	(4,000,000)
매출총이익	1,800,000	2,000,000	1,000,000
물류및관리원가	(1,000,000)	(1,300,000)	(400,000)
당기순이익	800,000	700,000	600,000

물음 Question

1. 연결실체의 당기순이익을 지배기업지분과 비지배지분으로 배분하시오.
2. 연결재무제표 작성을 위한 연결분개를 제시하시오.
3. 20×1년의 연결포괄손익계산서와 연결재무상태표를 작성하시오.

해답 answer

1. 20×1년 연결당기순이익의 배분

구 분	A회사	B회사	C회사	연결실체
보고된 당기순이익	800,000	700,000	600,000	2,100,000
재고미실현이익	(20,000)	(16,000)	(18,000)	(54,000)
조정후 당기순이익	780,000	684,000	582,000	2,046,000
지배기업지분순이익				1,718,839
비지배지분순이익(0.1B)				117,355
비지배지분순이익(0.3C)				209,806

❖ 연결실체의 이익계산 (연립방정식을 이용하여 각각의 값을 구하여야 함)

A회사의 이익 : A = 780,000 + 0.8B = 1,718,838 ➡ 지배기업지분이익 = 1,718,838
B회사의 이익 : B = 684,000 + 0.7C = 1,173,548 ➡ 비지배지분이익(0.1B) = 117,355
C회사의 이익 : C = 582,000 + 0.1B = 699,355 ➡ 비지배지분이익(0.3C) = 209,806

2. 20×1년 12월 31일 기준 연결분개

구분	차변 계정	차변 금액	대변 계정	대변 금액
투자와 자본상계 투자차액	(차) 자 본 금(B)	3,500,000 ①	(대) 종속기업주식	5,000,000 ③
	이익잉여금(B)	2,000,000 ②	기타포괄금융자산	625,000 ④
	영 업 권	675,000 ⑥	비지배지분	550,000 ⑤
투자와 자본상계 투자차액	(차) 자 본 금(C)	2,200,000 ①	(대) 종속기업주식	2,800,000 ③
	이익잉여금(C)	1,600,000 ②	비지배지분	1,140,000 ④
	영 업 권	140,000 ⑤		
내부거래제거	(차) 매출수익	2,700,000 ①	(대) 매출원가	2,700,000 ②
	(차) 매출원가	20,000 ③	(대) 재고자산	20,000 ④
	(차) 매출원가	16,000 ⑤	(대) 재고자산	16,000 ⑥
	(차) 매출원가	18,000 ⑦	(대) 재고자산	18,000 ⑧
비지배이익	(차) 이익잉여금	117,355 ①	(대) 비지배지분	117,355 ②
	(차) 이익잉여금	209,806 ③	(대) 비지배지분	209,806 ④

3. 연결재무제표

(1) 연결정산표

계정과목	A회사	B회사	C회사	연결조정	연결재무제표
현금성자산	1,000,000	800,000	1,100,000		2,900,000
재고자산	6,500,000	4,500,000	4,800,000	(54,000)	15,746,000
종속기업주식	5,000,000	2,800,000	-	(7,800,000)	-
기타포괄주식	-	-	625,000	(625,000)	-
토 지	1,300,000	2,500,000	1,000,000		4,800,000
영 업 권	-	-	-	815,000	815,000
자산총계	13,800,000	10,600,000	7,525,000	(7,664,000)	24,261,000
매입채무	1,900,000	900,000	1,200,000		4,000,000
차입금	4,100,000	3,500,000	1,925,000		9,525,000
자 본 금	5,000,000	3,500,000	2,200,000	(5,700,000)	5,000,000
이익잉여금	2,000,000	2,000,000	1,600,000	(3,927,161)	1,672,839
비지배지분	-	-	-	2,017,161	2,017,161
매 출 액	9,000,000	10,000,000	5,000,000	(2,700,000)	21,300,000
매출원가	(7,200,000)	(8,000,000)	(4,000,000)	2,646,000	(16,554,000)
물류및관리원가	(1,000,000)	(1,300,000)	(400,000)		(2,700,000)
부채와 자본총계	13,800,000	10,600,000	7,525,000	(7,664,000)	24,261,000

(2) 연결포괄손익계산서

20×1년 1월 1일부터 20×1년 12월 31일까지

매 출 액	21,300,000
매출원가	(16,554,000)
매출총이익	4,746,000
물류및관리원가	(2,700,000)
당기순이익	2,046,000
- 지배기업지분순이익	1,718,839
- 비지배지분순이익	327,161

(3) 연결재무상태표

20×1년 12월 31일

현금및현금성자산	2,900,000	매입채무	4,000,000
재고자산	15,746,000	차 입 금	9,525,000
종속기업주식	-	자 본 금	5,000,000
기타포괄주식	-	이익잉여금	3,718,839
토 지	4,800,000	비지배지분	2,017,161
영 업 권	815,000		
	24,261,000		24,261,000

제 2 절 연결재무제표와 이연법인세

지금까지 학습한 연결재무제표는 법인세가 없다는 가정을 하고 작성한 것이었다. 하지만 법인세효과를 고려하여 연결재무제표를 작성한다면, 연결분개의 과정 중에 자산·부채의 장부금액을 조정하거나 손익을 조정하는 회계처리가 이루어지는 경우, 이와 관련된 법인세효과를 고려하여 각각 이연법인세자산(부채)을 인식하거나 법인세비용을 인식하는 회계처리를 추가로 수행하여야 한다.

1 연결재무제표에서 법인세기간간배분의 의의

기준서 제1012호 '법인세'에서는 자산·부채의 회계상 장부금액이 세무상 장부금액과 차이가 나는 경우, 당해 일시적차이에 대하여 이연법인세자산이나 이연법인세부채를 인식하도록 규정하고 있다. 하지만 여기서 주의할 점은, 연결실체내의 기업들은 개별회계에서 자산·부채의 회계상 장부금액과 세무상 장부금액과의 차이에 대하여 이미 당기법인세자산·부채나 이연법인세자산·부채를 인식하고 있는 상태라는 것이다. 이는 연결재무제표 작성시에도 그대로 합산하여 인식된다. 따라서 연결재무제표 작성시에는 이것과 관련된 법인세효과에 대한 별도의 조정은 필요가 없으며, 개별회계의 결과를 그대로 연결재무제표에 반영하면 된다.

한편, 연결재무제표 작성을 위해 연결분개를 수행할 때 종속기업에 대한 순자산과소금액을 인식하거나 지배기업과 종속기업간의 내부거래미실현손익을 제거하는 경우에는 개별회계에서 인식한 자산과 부채의 장부금액을 연결재무제표에서 추가로 조정하게 된다. 이로 인하여 발생하는 일시적차이에 대한 법인세효과를 연결재무상태표와 연결포괄손익계산서에 추가로 반영하여야 한다. 다만, 이러한 조정으로 인하여 연결실체가 실제로 납부해야 할 세액이 변동하는게 아니므로, 당기법인세자산과 당기법인세부채가 아닌 이연법인세자산과 이연법인세부채를 인식하면 된다.

[연결법인세효과]

연결세전이익 :	지배기업세전이익 + 종속기업세전이익	− 과소금액세전상각액 − 내부미실현세전이익
	↓ ×(1 − 법인세율) : 당기법인세효과	↓ ×(1 − 법인세율) : 이연법인세효과
연결순이익 :	지배기업 순이익 + 종속기업 순이익	− 과소금액세후상각액 − 내부미실현세후이익

이 해 **순자산과소금액과 내부거래미실현손익에 대한 법인세효과**

순자산과소금액은 세법의 입장에서 본다면 연결실체 순자산의 임의평가증이다. 따라서 세법상 이를 익금불산입·(-)유보로 조정하고, 해당 순자산이 소멸할 때 익금산입·(+)유보로 추인하는 논리이다. 이는 미래에 가산할 일시적차이 효과에 해당하므로 관련된 법인세효과는 이연법인세부채로 인식하여야 한다. 한편, 내부거래미실현손익의 제거는 세법의 입장에서 본다면 연결실체 순자산의 임의평가감이다. 따라서 세법상 이를 익금산입·(+)유보로 조정하고, 해당 순자산이 소멸할 때 익금불산입·(-)유보로 추인하는 논리이다. 이는 미래에 차감할 일시적차이 효과에 해당하므로 관련된 법인세효과는 이연법인세자산으로 인식하여야 한다.

2 순자산과소금액과 영업권에서 발생하는 일시적차이

(1) 순자산과소금액에서 발생하는 이연법인세부채

연결재무제표를 작성하는 과정에서 종속기업의 순자산 장부금액은 지배기업의 지배력획득일을 기준으로 하여 공정가치로 재측정한다. 즉 연결재무제표상 종속기업의 자산과 부채의 장부금액은 지배력을 획득한 일자의 공정가치를 반영하고 있다. 하지만 세무상으로는 종속기업의 기존 장부금액만을 인정하므로 연결재무제표상의 순자산장부금액과 세무상 순자산장부금액에 차이가 발생하게 된다. 여기서 발생한 차이금액은 가산할 일시적차이이며, 연결분개를 수행하는 과정에 이연법인세부채를 인식해야 한다.

(2) 영업권에서 발생하는 이연법인세부채

사업결합에서 발생한 영업권은 피취득자의 식별가능한 자산, 부채 및 우발부채의 순공정가치에 대한 취득자 지분을 초과하는 사업결합원가로 측정된다. 하지만 많은 과세당국은 영업권 장부금액의 감소를 과세소득에서 손금으로 산입하는 것을 인정하지 않는다. 또한 종속기업이 당해 사업을 처분할 때에도 영업권의 원가가 세무상 손금으로 공제되지 않는다. 이 경우 영업권의 세무상 장부금액은 영(0)이고, 당해 영업권의 장부금액과의 차이는 가산할 일시적차이가 된다. 하지만, 영업권으로 인하여 발생한 가산할 일시적차이에 대하여는 이연법인세부채를 인식하지 않는다. 왜냐하면 영업권은 잔여금액으로 측정되므로 이연법인세부채의 인식은 영업권의 장부금액을 다시 증가시키며, 이를 다시 이연법인세부채로 추가 인식하게 되는 순환적인 과정을 반복하게 되기 때문이다.

연결재무제표의 이연법인세부채 = (식별가능 순자산 공정가치 - 순자산 장부금액) × 종속기업의 법인세율

예를 들어, 종속기업의 순자산 장부금액이 ₩1,000,000이고, 재고과소금액이 ₩100,000이며, 건물과소금액은 ₩400,000인 것을 가정한다. 지배기업이 종속기업주식 80%를 ₩1,150,000에 취득한 경우 관련된 회계처리는 다음과 같다. 단, 종속기업이 부담하는 법인세율은 30%이며, 재고자산은 1차년도에 모두 판매되었고, 건물은 내용연수 10년, 정액법으로 상각한다.

[순자산과소금액과 영업권에 대한 이연법인세의 인식]

투자와 자본상계	(차) 자 본 금	800,000 ①	(대) 이연법인세부채	150,000 ⑤
	이익잉여금(×1초)	200,000 ②	종속기업주식	1,150,000 ⑥
	재고자산(×1초)	100,000 ③	비지배지분(×1초)	270,000 ⑦
	건 물(×1초)	400,000 ④		
	영 업 권(×1초)	70,000 ⑧		
	③+④ 취득일 종속기업 순자산과소금액 ⑤ 취득일 종속기업 순자산과소금액×법인세율 ①+②+③+④-⑤=취득일 종속기업 세후순자산공정가치			
차액상각	(차) 매출원가	100,000 ②	(대) 재고자산(×1초)	100,000 ①
	(차) 감가상각비	40,000 ④	(대) 건 물(×1초)	40,000 ③
	(차) 이연법인세부채	42,000 ⑤	(대) 법인세비용	42,000 ⑥
	⑤ (재고상각액+건물상각액)×법인세율			

3 내부거래미실현손익의 제거시 발생하는 일시적차이

연결재무제표를 작성하는 과정에서 지배기업과 종속기업의 내부거래가 발생하고 이것이 연결실체의 장부금액에 반영되어 있어 미실현상태라면 당해 미실현손익은 제거를 수행한다. 이 때 미실현손익을 제거하면서 당해 미실현손익을 포함하고 있는 자산과 부채의 장부금액도 함께 제거한다. 이 경우 연결재무제표의 장부금액은 미실현이익이 제거된 상태로 보고되지만, 당해 자산과 부채의 세무상 장부금액은 내부거래미실현이익이 포함된 금액으로 유지되므로, 연결재무제표의 장부금액과 세무상 장부금액사이에 차이가 발생하게 된다. 여기서 발생한 차이금액은 차감할 일시적차이이며, 연결분개를 수행하는 과정에 이연법인세자산을 인식해야 한다.

연결재무제표의 이연법인세자산 = (내부거래전 장부금액 - 내부거래후 장부금액) × 보유기업의 법인세율

예를 들어, 재고자산 미실현이익이 ₩10,000이며, 관련된 법인세율이 30%인 경우 연결재무제표 작성을 위한 수정분개는 다음과 같다.

[내부거래미실현이익에 대한 이연법인세 인식회계처리]

미실현손익	(차) 매출원가(×1년)	10,000 ①	(대) 재고자산(×1말)	10,000 ②
	이연법인세자산(×1말)	3,000 ④	법인세비용(×1년)	3,000 ③
	④ 내부거래미실현이익×법인세율			
실현손익시	(차) 이익잉여금(×1년)	10,000 ①	(대) 매출원가(×2년)	10,000 ②
	법인세비용(×2년)	3,000 ④	이익잉여금(×1년)	3,000 ③
	④ 내부거래실현이익×법인세율 ③ 상향내부거래의 경우 이를 이익잉여금과 비지배지분으로 배분하여야 함			

4 지배기업과 종속기업의 세율이 다른 경우

취득자인 지배기업과 피취득자인 종속기업에 적용되는 법인세율이 다를 수도 있다. 사업결합 거래 중 연결에서는 피취득자인 종속기업이 법적으로 소멸하지 않으므로 순자산과소금액과 내부거래 미실현손익에서 발생한 일시적차이는 각각 관련 자산을 법적으로 보유하고 있는 기업의 세율을 적용해야 한다.

[일시적차이에 적용할 세율]

구 분		적용세율
합병재무제표 순자산 과소금액		순자산 과소금액 × 법적 보유기업인 합병기업의 세율
연결 재무제표	순자산 과소금액	순자산 과소금액 × 법적 보유기업인 종속기업의 세율
	하향미실현이익	내부거래 미실현이익 × 법적 보유기업인 종속기업의 세율
	상향미실현이익	내부거래 미실현이익 × 법적 보유기업인 지배기업의 세율

예제 5 법인세를 고려한 연결

A회사는 20×1년 1월 1일 B회사의 보통주 80%를 ₩300,000에 취득하였고, 취득 당시 B회사의 순자산 장부금액은 자본금 ₩200,000과 이익잉여금 ₩100,000으로 구성되어 있었다.

(1) B회사의 자산·부채 중 공정가치가 장부금액을 초과하는 금액은 재고자산 ₩10,000과 건물 ₩50,000이다. 당해 재고자산은 20×1년 중에 전액 외부로 매출되었으며, 건물은 잔존가치 없이 5년간 정액법으로 상각한다.

(2) 20×1년중에 A회사는 B회사에 판매가격 ₩10,000의 현금매출을 실시하였고, B회사는 이 중 60%는 20×1년에, 나머지 40%는 20×2년에 외부에 판매하였다. 한편, B회사는 A회사에 ₩20,000의 현금매출을 실시하였고, A회사는 이 중 60%는 20×1년에, 나머지 40%는 20×2년에 외부에 판매하였다. 양사의 매출총이익률은 모두 20%이며 상기 매출은 세법상 적절한 것이다.

(3) 법인세율은 양사 모두 30%이고 이는 계속 적절히 유지될 것이다.

(4) A회사의 당기순이익은 20×1년에 ₩100,000이며, 20×2년에 ₩160,000이다. 20×2년의 당기순이익 ₩160,000에는 종속기업으로부터 수령한 배당금 ₩8,000이 포함되어 있다.

(5) B회사는 당기순이익으로 20×1년에 ₩40,000, 20×2년에 ₩45,000을 보고하였다.

(6) A회사는 비지배지분을 종속기업의 식별가능한 순자산공정가치의 비례적 지분으로 측정하고 있다.

물 음 Question

1. 20×1년의 연결재무제표 작성을 위한 연결분개를 제시하시오. 단, 이연법인세자산과 이연법인세부채는 상계하지 말고 총액으로 분개하시오.

2. 20×2년의 연결재무제표 작성을 위한 연결분개를 제시하시오. 단, 이연법인세자산과 이연법인세부채는 상계하지 말고 총액으로 분개하시오.

해 답 answer

1. 20×1년의 연결분개

(1) 이전대가의 배분

이전대가			식별가능한 순자산 공정가치				영업권
			순자산 장부		순자산 과소액		
지배주주지분	300,000	=	(300,000	+	60,000 - 18,000)×80%	+	26,400
비지배지분	68,400	=	(300,000	+	60,000 - 18,000)×20%	+	-

(2) 과소금액의 상각스케쥴

내 역	FV - BV	상 각	
		20×1년	20×2년
재고자산	10,000	(10,000)	-
건 물	50,000	(10,000)	(10,000)
이연법인세부채	(18,000) *1	6,000 *2	3,000
영 업 권	26,400	-	-

*1 (재고자산 10,000 + 건물 50,000) × 법인세율 30% = 18,000

*2 (매출원가 10,000 + 감가상각비 10,000) × 법인세율 30% = 6,000

(3) 내부거래미실현손익의 실현스케쥴

구 분	계정과목	손익의 인식	
		20×1년	20×2년
재고자산(하향)	매출원가	(800) *1	800
	법인세비용	240 *2	(240)
재고자산(상향)	매출원가	(1,600)	1,600
	법인세비용	480	(480)

*1 재고자산 내부거래액 10,000 × 미판매비율 40% × 매출총이익률 20% = 800

*2 재고자산미실현이익 800 × 법인세율 30% = 240

(4) 연결순이익의 계산

구 분	지배기업	종속기업	연결실체
보고된 당기순이익	100,000	40,000	140,000
과소금액상각	-	(20,000)	(20,000)
법인세비용	-	6,000	6,000
재고미실현이익	(800)	(1,600)	(2,400)
법인세비용	240	480	720
조정후 당기순이익	99,440	24,880	124,320
지배기업지분순이익	99,440	19,904	119,344
비지배지분순이익		4,976	4,976

(5) 20×1년 12월 31일 기준 연결분개

투자와 자본상계	(차)	자 본 금	200,000 ①	(대)	이연법인세부채	18,000 ⑤
		이익잉여금(×1초)	100,000 ②		종속기업주식	300,000 ⑥
		재고자산(×1초)	10,000 ③		비지배지분(×1초)	68,400 ⑦
		건 물(×1초)	50,000 ④			
		영 업 권(×1초)	26,400 ⑧			
과소금액상각	(차)	매출원가(×1년)	10,000 ①	(대)	재고자산	10,000 ②
		감가상각비(×1년)	10,000 ③		감가누계액(건물)	10,000 ④
		이연법인세부채	6,000 ⑥		법인세비용(×1년)	6,000 ⑤
수익·비용상계	(차)	매출수익	30,000 ①	(대)	매출원가	30,000 ②
당기미실현(하)	(차)	매출원가(×1년)	800 ③	(대)	재고자산	800 ④
		이연법인세자산	240 ⑥		법인세비용(×1년)	240 ⑤
당기미실현(상)	(차)	매출원가(×1년)	1,600 ⑦	(대)	재고자산	1,600 ⑧
		이연법인세자산	480 ⑩		법인세비용(×1년)	480 ⑨
당기손익대체	(차)	이익잉여금 (×1말)	4,976 ①	(대)	비지배지분 (×1말)	4,976 ②

2. 20×2년의 연결분개

(1) 연결순이익의 계산

구 분	지배기업	종속기업	연결실체
보고된 당기순이익	160,000	45,000	205,000
배당금수익	(8,000)	-	(8,000)
법인세비용	2,400	-	2,400
과소금액상각	-	(10,000)	(10,000)
법인세비용	-	3,000	3,000
재고실현이익	800	1,600	2,400
법인세비용	(240)	(480)	(720)
조정후 당기순이익	154,960	39,120	194,080
지배기업지분순이익	154,960	31,296	186,256
비지배지분순이익		7,824	7,824

⑵ 20×2년 12월 31일 기준 연결분개

배당취소	(차)	배당금수익(×2년)	8,000 ①	(대)	이익잉여금(×1년)	8,000 ②
	(차)	이연법인세부채	2,400 ④	(대)	법인세비용(×2년)	2,400 ③
투자와 자본상계 과소금액	(차)	자 본 금	200,000 ①	(대)	이연법인세부채	18,000 ⑤
		이익잉여금(×1초)	100,000 ②		종속기업주식	300,000 ⑥
		재고자산(×1초)	10,000 ③		비지배지분(×1초)	68,400 ⑦
		건 물(×1초)	50,000 ④			
		영 업 권(×1초)	26,400 ⑧			
전기손익	(차)	이익잉여금(×1년)	30,000 ⑤	(대)	이익잉여금(×1년)	24,000 ⑥
					비지배지분(×1년)	6,000 ⑦
전기차액상각	(차)	이익잉여금(×1년)	16,000 ③	(대)	재고자산	10,000 ①
		비지배지분(×1년)	4,000 ④		감가누계액(건물)	10,000 ②
	(차)	이연법인세부채	6,000 ⑤	(대)	이익잉여금(×1년)	4,800 ⑥
					비지배지분(×1년)	1,200 ⑦
당기차액상각	(차)	감가상각비(×2년)	10,000 ⑩	(대)	감가누계액(건물)	10,000 ⑨
	(차)	이연법인세부채	3,000 ⑫	(대)	법인세비용(×2년)	3,000 ⑪
당기실현(하)	(차)	이익잉여금(×1년)	800 ①	(대)	매출원가(×2년)	800 ②
		법인세비용(×2년)	240 ④		이익잉여금(×1년)	240 ③
당기실현(상)	(차)	이익잉여금(×1년)	1,280 ⑤	(대)	매출원가(×2년)	1,600 ⑦
		비지배지분(×1년)	320 ⑥			
	(차)	법인세비용(×2년)	480 ⑩	(대)	이익잉여금 (×1년)	384 ⑧
					비지배지분(×1년)	96 ⑨
당기손익대체	(차)	이익잉여금(×2년)	7,824 ①	(대)	비지배지분(×2년)	7,824 ②

제 3 절 연결자본변동표

IFRS

연결자본변동표(statement of changes in equity)는 연결실체의 자본의 크기와 그 변동에 관한 정보를 제공하는 재무제표로서 연결실체의 납입자본, 이익잉여금, 그리고 기타자본과 비지배지분의 변동에 대한 포괄적인 정보를 제공한다. 연결자변동표에서는 연결실체의 자본의 변동을 지배기업의 소유주지분의 변동과 비지배지분의 변동으로 구분하여 표시해야 하며, 다음의 정보를 포함한다.

(1) 지배기업의 소유주와 비지배주주지분에게 각각 귀속되는 금액으로 구분하여 표시한 해당 기간의 총포괄손익
(2) 회계정책을 소급적용하거나, 전기오류수정으로 인해 재무제표가 소급재작성된 경우 이로 인해 영향을 받는 자본의 각 구성요소
(3) 자본의 각 구성요소별로 다음의 각 항목에 따른 변동액을 구분하여 표시한, 기초시점과 기말시점의 장부금액 조정내역
 ① 당기순손익과 기타포괄손익
 ② 소유주로서의 자격을 행사하는 소유주와의 거래(소유주에 의한 출자와 소유주에 대한 배분, 그리고 지배력을 상실하지 않는 종속기업에 대한 소유지분의 변동을 구분하여 표시)

여기서 유의할 점은 종속기업이 배당을 지급하는 경우 지배기업이 수령하는 부분은 표시되지 않으며, 비지배주주가 수령하는 부분만 비지배지분에서 직접 차감하여 표시된다는 것이다. 이는 종속기업의 유상증자에도 동일한 논리가 적용된다.

예를 들어, 지배기업과 종속기업에서 발생한 현금배당과 유상증자, 당기순이익과 기타포괄이익이 모두 각각 ₩1,000인 경우 연결자본변동표에 반영되는 금액은 다음과 같다.

[연결자본변동표]

20×1년 1월 1일부터 20×1년 12월 31일까지

A회사 (단위 : 원)

구 분	납입자본	이익 잉여금	기타포괄 손익누계	지배기업 지분총계	비지배 지분	총 계
20×1년 1월 1일	×××	×××	×××	×××	×××	×××
현금배당	-	(1,000)	-	(1,000)	(200)	(1,200)
유상증자	1,000	-	-	1,000	200	1,200
당기순이익	-	1,800	-	1,800	200	2,000
기타포괄이익	-	-	1,800	1,800	200	2,000
20×1년 12월 31일	×××	×××	×××	×××	×××	×××

예제 6 연결자본변동표

A회사는 20×1년 1월 1일 B회사의 보통주 80%를 ₩1,500,000에 취득하였다, 취득 당시 B회사의 순자산 장부금액과 공정가치는 일치하였다. 20×1년에 대한 A회사와 B회사의 자본의 변동내역은 다음과 같다. A회사는 B회사에 대한 투자주식에 대하여 별도재무제표에서 원가법을 적용하여 회계처리하고 있다.

(1) A회사의 자본변동내역

구 분	납입자본	이익잉여금	기타포괄손익누계액	합 계
20×1년 1월 1일 (당기초)	2,000,000	1,000,000	-	3,000,000
유상증자	1,800,000	-	-	1,800,000
현금배당	-	(200,000)	-	(200,000)
주식배당	300,000	(300,000)	-	-
기타포괄금융자산평가이익	-	-	350,000	350,000
당기순이익	-	500,000	-	500,000
20×1년 12월 31일 (당기말)	4,100,000	1,000,000	350,000	5,450,000

(2) B회사의 자본변동내역

구 분	납입자본	이익잉여금	기타포괄손익누계액	합 계
20×1년 1월 1일 (당기초)	1,200,000	375,000	-	1,575,000
현금배당	-	(75,000)	-	(75,000)
주식배당	150,000	(150,000)	-	-
기타포괄금융자산평가이익	-	-	375,000	375,000
당기순이익	-	300,000	-	300,000
20×1년 12월 31일 (당기말)	1,350,000	450,000	375,000	2,175,000

물음
Question

1. 연결당기순이익을 지배기업지분과 비지배지분으로 구분하시오.
2. 연결기타포괄이익을 지배기업지분과 비지배지분으로 구분하시오.
3. 20×1년의 연결자본변동표를 작성하시오.

해 답

answer

1. 연결당기순이익

지배기업지분순이익	500,000 − 75,000 × 80% + 300,000 × 80% =	680,000
비지배지분순이익	300,000 × 20% =	60,000
		740,000

2. 연결기타포괄손익

지배기업지분기타포괄손익	350,000 + 375,000 × 80% =	650,000
비지배지분기타포괄손익	375,000 × 20% =	75,000
		725,000

3. 연결자본변동표

구 분	납입자본	이익잉여금	기타포괄평가이익	지배기업지분총계	비지배지분	총자본
20×1년 1월 1일	2,000,000	1,000,000	-	3,000,000	315,000	3,315,000
유상증자	1,800,000	-	-	1,800,000	-	1,800,000
현금배당	-	(200,000)	-	(200,000)	(15,000)	(215,000)
주식배당	300,000	(300,000)	-	-	-	-
당기순이익	-	680,000	-	680,000	60,000	740,000
기타포괄평가이익	-	-	650,000	650,000	75,000	725,000
20×1년 12월 31일	4,100,000	1,180,000	650,000	5,930,000	435,000	6,365,000

❖ 지배기업이 지급한 현금배당은 전액 연결실체의 이익잉여금에 반영되나, 종속기업이 지급한 배당은 비지배지분율에 해당하는 금액을 비지배지분에서 직접 차감한다. 종속기업이 지급한 배당금 중에서 지배기업이 수령한 부분은 내부거래에 해당하므로 연결자본변동표에 인식되지 않는다.

제 4 절 연결현금흐름표

IFRS

(1) 연결현금흐름표의 의의와 양식

연결현금흐름표(consolidated statement of cash flow)는 일정기간 동안 연결실체의 현금이 어떻게 조달되고 사용되는지를 나타내는 재무제표로 연결실체의 기간별 현금의 유입과 유출 내용을 표시함으로써 향후 발생할 기업자금의 과부족현상을 미리 파악할 수 있는 중요한 정보를 제공하는 재무제표이다.

[직접법에 의한 연결현금흐름표]

현금흐름표

A회사　　20×1년 1월 1일부터 20×1년 12월 31일까지

Ⅰ. 영업활동으로 인한 현금흐름		×××
(1) 고객으로부터의 유입된 현금	×××	
(2) 공급자와 종업원에 대한 현금유출	(×××)	
영업으로부터 창출된 현금	×××	
(3) 이자의 수령	×××	
(4) 이자의 지급	(×××)	
(5) 법인세의 납부	×××	
Ⅱ. 투자활동으로 인한 현금흐름		×××
(1) 종속기업의 취득에 따른 순현금흐름	×××	
(2) 유형자산의 취득	(×××)	
(3) 설비의 처분	×××	
(4) 무형자산의 취득	×××	
Ⅲ. 재무활동으로 인한 현금흐름		×××
(1) 유상증자	×××	
(2) 장기차입금의 차입	×××	
(3) 리스부채의 상환	(×××)	
(4) 배당금지급	(×××)	
Ⅳ. 현금및현금성자산의 순증가		×××
Ⅴ. 기초 현금및현금성자산		×××
Ⅵ. 기말 현금및현금성자산		×××

(2) 연결현금흐름표의 작성방법

연결현금흐름표의 작성방법에는 다음의 두 가지 방법이 있다. 아래의 두 가지 방법 중에서 첫 번째 방법이 실무적으로 많이 이용되고 있다.

① 연결재무상태표와 연결포괄손익계산서를 이용하는 방법

이미 작성된 연결재무상태표와 연결포괄손익계산서를 조정하여 연결현금흐름표를 작성하는 방법이다. 이 방법은 개별현금흐름표를 작성하는 논리와 동일한 논리이며, 연결재무제표를 작성하는 과정에서 연결실체간의 내부거래가 제거되었으므로 간편하게 현금흐름표를 작성할 수 있다.

② 개별현금흐름표를 이용하는 방법

연결대상기업들의 개별현금흐름표를 합산한 후 연결회사간의 내부거래가 현금흐름에 미친 영향을 고려하여 조정하는 방법이다. 이 방법은 연결회사간의 내부거래가 복잡한 경우에는 현금흐름표 작성에 오류가 발생할 수 있으므로 많이 사용하지는 않는 방법이다.

(3) 지배력을 획득하거나 상실하는 소유지분의 변동

종속기업과 기타 사업에 대한 지배력의 획득 또는 상실에 따른 총현금흐름은 별도로 표시하고 투자활동으로 분류한다. 여기서 주의할 점은, 종속기업 또는 기타 사업에 대한 지배력 획득 또는 상실의 대가로 현금을 지급하거나 수취한 경우에는 그러한 거래, 사건 또는 상황변화의 일부로서 취득이나 처분 당시 종속기업 또는 기타 사업이 보유한 현금및현금성자산을 가감한 순액으로 현금흐름표에 보고한다는 것이다.

예를 들어 종속기업이 현금 ₩100,000을 보유한 상태에서 종속기업에 대한 지배력을 획득하기 위하여 지배기업이 현금 ₩1,000,000을 지급한 경우에는 지배력획득을 위한 현금흐름으로 ₩900,000을 투자활동에 별도로 보고하여야 한다. 회계기간 중 종속기업이나 기타 사업에 대한 지배력을 획득 또는 상실한 경우에는 다음 사항을 총액으로 공시한다.

(1) 총취득대가 또는 총처분대가
(2) 매수대가 또는 처분대가 중 현금및현금성자산으로 지급하거나 수취한 부분
(3) 지배력을 획득하거나 상실한 종속기업 또는 기타 사업이 보유한 현금및현금성자산의 금액
(4) 지배력을 획득하거나 상실한 종속기업 또는 기타 사업이 보유한 현금및현금성자산 이외의 자산·부채 금액에 대한 주요 항목별 요약정보

종속기업 또는 기타 사업에 대한 지배력 획득 또는 상실에 따른 현금흐름효과를 한 항목으로 구분표시하고 취득하거나 처분한 자산·부채 금액을 주석에 별도로 공시하면, 다른 영업활동, 투자활동 및 재무활동으로 인한 현금흐름과 쉽게 구별할 수 있다. 지배력 상실의 현금흐름 효과는 지배력 획득의 현금흐름효과에서 차감하지 않는다.

(4) 지배력을 상실하지 않는 소유지분의 변동

지배력을 상실하지 않는 종속기업에 대한 소유지분의 변동으로 발생한 현금흐름은 재무활동 현금흐름으로 분류한다. 지배력을 상실하지 않는 종속기업에 대한 소유지분의 변동(예 지배기업이 종속기업의 지분상품을 후속적으로 매입하거나 처분하는 경우)은 자본거래로 회계처리 하므로, 그러한 현금흐름은 소유주와의 그 밖의 거래와 동일한 방법으로 재무활동으로 분류해야 한다.

제 5 절 주당이익과 해외사업장의 연결

IFRS

1 연결주당이익

연결재무제표를 작성하는 기업이 연결포괄손익계산서에 주당이익을 공시하는 경우, 이를 연결재무제표 관점에서 계산하여 공시해야 한다. 여기서 주의할 점은 연결재무상태표의 자본금계정은 지배기업의 자본금만이 인식되며, 종속기업의 자본금은 연결재무제표를 작성하는 과정에서 제거되거나, 비지배주주지분으로 대체된다는 것이다. 따라서 주당이익을 계산할 때 분모로 사용하여야 할 가중평균보통주식수는 지배기업과 종속기업의 유통보통주식수의 합계가 아닌 지배기업의 유통보통주식수를 대상으로 한다는 것이며, 분자로 사용하여야 할 보통주귀속이익은 연결당기순이익이 아닌 지배기업의 보통주에 귀속되는 지배기업소유주지분이익이라는 것이다. 연결주당이익의 공시와 관련된 기준서 제1033호 '주당이익'의 규정은 다음과 같다.

참 고 기준서 제1033호 주당이익

[문단 10] 연결기본주당이익
지배기업의 보통주에 귀속되는 당기순손익에 대하여 기본주당이익을 계산하고, 지배기업의 보통주에 귀속되는 계속영업손익을 표시할 경우 이에 대하여 기본주당이익을 계산한다.

[문단 11] 연결희석주당이익
지배기업의 보통주에 귀속되는 당기순손익에 대하여 희석주당이익을 계산하고, 지배기업의 보통주에 귀속되는 계속영업손익을 표시할 경우 이에 대하여 희석주당이익을 계산한다.

예제 7 연결주당이익

A회사는 B회사의 보통주 800주와 전환우선주 300주를 소유하고 있는 지배기업이다. 제시되는 내용은 연결실체의 20×1년 주당이익을 계산하기위한 자료이다.

(1) 지배기업인 A회사는 보통주 10,000주를 발행하고 있으며, 우선주는 발행하지 않고 있다. A회사는 종속기업인 B회사가 발행한 전환우선주 400주 중 300주를 보유하고 있으며, B회사가 발행한 주식매입권 150개 중 30개를 보유하고 있다.

(2) A회사의 20×1년 별도재무제표상 당기순이익은 ₩12,000이며, 20×1년 중에 종속기업인 B사로부터 수령한 배당금은 없다.

(3) 종속기업인 B회사의 발행보통주식수는 1,000주이며, 발행전환우선주식수는 400주이다. 전환우선주는 보통주와 1 : 1의 비율로 전환이 가능하며, 20×1년 12월 31일 현재 전환청구된 우선주는 없다. 우선주는 1주당 연평균 ₩1의 배당을 지급하는 누적적우선주이다.

(4) B회사는 총 150개의 주식매입권을 발행하고 있으며, 주식매입권의 행사가격은 ₩10이며, B회사의 20×1년 중 평균주가는 ₩20이다. B회사의 20×1년 포괄손익계산서상 당기순이익은 ₩5,400이다.

물음 Question

1. 종속기업인 B회사의 손익계산서에 공시할 20×1년 기본주당순이익을 계산하고, 이를 이용하여 희석주당순이익을 계산하시오. 단, 주당이익의 계산은 소수점 셋째자리에서 반올림 하시오.
2. [물음1]의 자료를 이용하여 A회사의 연결손익계산서에 공시할 20×1년 기본주당순이익과 희석주당순이익을 계산하시오.

해답 answer

1. 종속기업의 주당순이익

(1) 종속기업의 기본주당이익

① 보통주귀속이익 : 당기순이익 5,400 - 우선주귀속이익 400주×₩1 = 5,000

② 기본주당이익 : 5,000÷1,000주 = ₩5.00

(2) 종속기업의 희석주당이익

기본보통주		주식매입권		전환우선주		희석주당이익
5,000	+	-	+	400	=	₩3.66
1,000주	+	*1 75주	+	400주		

*1 150주×(₩20 - ₩10)÷₩20 = 75주

2. 연결실체의 주당순이익

(1) 기본주당순이익

구 분	A회사	B회사			합 계
		보통주지분	전환우선주지분	주식매입권지분	
지배기업주주귀속이익	12,000	*1 4,000	*2 300	-	16,300
지배기업의 보통주식수					÷10,000주
연결기본주당순이익					₩1.63/주

*1 800주×₩5 = 4,000

*2 300주×₩1 = 300

⑵ 희석주당순이익

구 분	A회사	B회사			합 계
		보통주지분	전환우선주지분	주식매입권지분	
지배기업주주귀속이익	12,000	*1 2,928	*2 1,098	*3 55	16,081
지배기업의 보통주식수					÷10,000주
연결희석주당순이익					₩1.61/주

*1 800주×₩3.66 = 2,928 *2 300주×₩3.66 = 1,098 *3 15주×₩3.66 = 55

2 해외종속기업의 연결

종속기업이 국내사업장이 아니고, 해외사업장인 경우에는 해외종속기업의 재무제표에 적용된 기능통화와 지배기업의 연결재무제표에 적용할 표시통화가 다를 수 있다. 이 경우에는 해외종속기업의 기능통화 재무제표를 지배기업의 표시통화로 환산한 후 이를 이용하여 연결재무제표를 작성하면 된다.

(1) 해외사업장의 환산

해외사업장은 보고기업과 다른 국가에서 또는 다른 통화로 영업활동을 하는 종속기업, 공동기업, 관계기업을 말한다. 이 때 해외사업장의 기능통화가 보고기업의 표시통화와 다르다면 기능통화로 작성된 해외사업장의 재무제표를 보고기업의 표시통화로 환산하여 각각 연결이나 지분법을 적용하고, 이 결과를 보고기업의 재무제표에 반영하여야 한다.

[해외사업장이 있는 보고기업의 재무제표 공시]

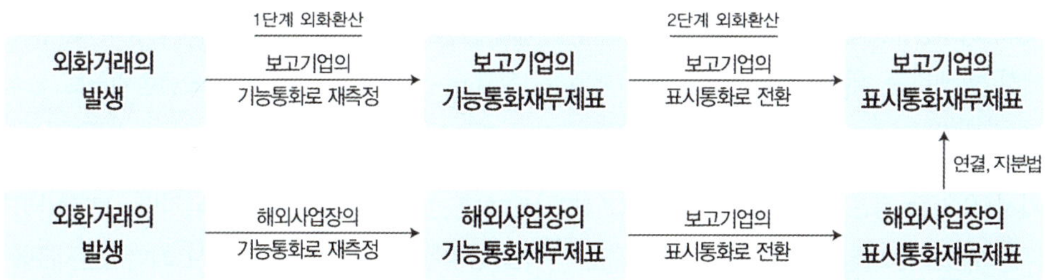

해외사업장의 기능통화가 보고기업의 표시통화와 다른 경우에 기능통화 재무제표를 표시통화 재무제표로 환산하는 방법은 다음과 같다.

⑴ 재무상태표의 자산과 부채 : 해당 보고기간 말의 마감환율로 환산

⑵ 재무상태표의 자본 : 해당 거래발생일의 환율로 환산

⑶ 포괄손익계산서의 수익과 비용 : 해당 거래일의 환율, 혹은 해당기간의 평균환율로 환산

⑷ 위 ⑴, ⑵와 ⑶의 환산에서 생기는 외환차이 : 기타포괄손익으로 인식

이는 보고기업의 기능통화 재무제표를 표시통화로 환산하는 방법과 동일하며, 환산에서 발생하는 외환차이는 해외사업환산손익의 계정으로 기타포괄손익으로 인식하면 된다.

[해외사업장 기능통화 재무제표의 표시통화 환산]

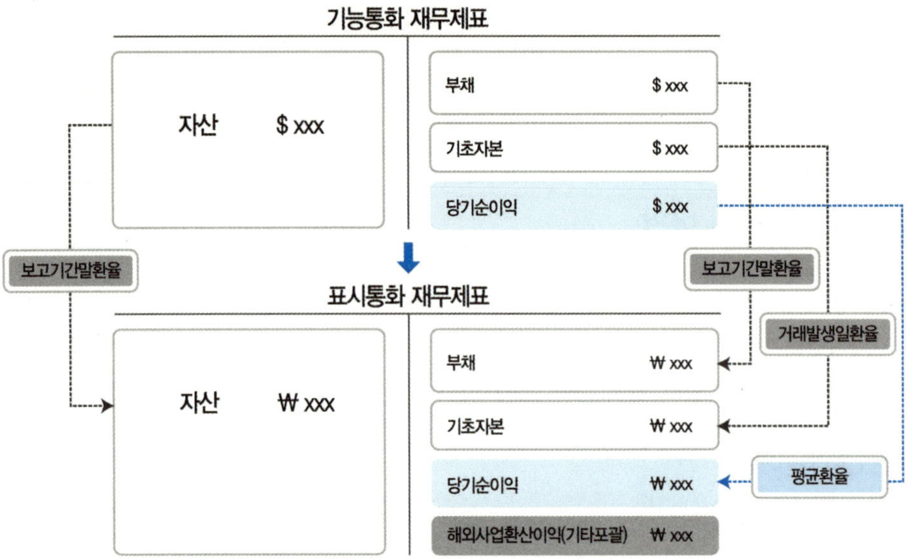

(2) 해외사업장의 순자산과소금액과 영업권에 적용할 환율

해외사업장의 취득으로 생기는 순자산 과소금액과 투자차액인 영업권은 해외사업장의 자산과 부채의 일부로 본다. 따라서 이러한 순자산 과소금액과 영업권은 해외사업장의 기능통화로 표시하고 보고기간 말의 마감환율로 환산한다. 표시통화로의 환산에서 발생하는 외환차이는 해외사업장의 순자산 장부금액에서 발생하는 외환차이와 동일하게 해외사업장환산손익의 계정으로 기타포괄손익으로 인식하면 된다.

여기서 유의할 점은 포괄손익계산서에서는 해외사업장환산손익이 100%가 인식되지만, 재무상태표에서는 비지배지분율에 상당하는 금액은 비지배지분에 직접 반영된다는 것이다. 따라서 지배기업지분에 대한 해외사업장환산손익만 연결재무상태표의 기타포괄손익누계액에 반영된다.

한편, 영업권을 식별가능한 순자산공정가치에 대한 비례적지분으로 인식한 경우 영업권에 대한 해외사업장환산손익은 전액 연결재무상태표의 기타포괄손익누계액에 반영된다.

(3) 해외사업장과의 내부거래에 적용할 환율

지배기업인 국내사업장과 종속기업인 해외사업장간에 내부거래가 존재할 수 있다. 이 경우 기중에 발생한 내부거래 수익과 비용에 적용할 환율과 기말에 존재하는 미실현손익과 미실현자산에 적용할 환율에 대하여 국제회계기준은 구체적인 규정이 없다. 따라서 내부거래가 발생한 시점의 환율이나 보고기간의 평균환율, 보고기간 말의 마감환율을 선택적으로 적용할 수 있다. 수험목적으로는 문제에서 제시되는 단서에 따라 환율을 적용하면 된다. 만약에 내부거래 미실현손익에 적용할 환율과 미실현자산에 적용할 환율이 다르다면, 차액은 해외사업환산손익의 계정으로 기타포괄손익으로 인식하면 된다.

예제 8 해외사업장의 연결

기능통화와 표시통화가 모두 원화인 A회사는 20×1년 초에 미국에 소재하는 B회사의 의결권 있는 주식 70%를 $900에 취득하여 지배기업이 되었다.

(1) 취득일 현재 B회사 순자산의 장부금액은 $1,000이며, 자본금 $800과 이익잉여금 $200로 구성되어 있다. 순자산 장부금액은 공정가치와 동일한 금액이며, 20×1년 중에 두 회사 간의 내부거래는 없었다.

(2) 20×1년도 B회사의 당기순이익은 $100이고, 그 이외의 자본변동은 없다. B회사의 외화재무제표를 원화로 환산할 때 수익과 비용은 평균환율을 적용하며, A회사의 별도재무제표에는 외환차이가 표시되어 있지 않다. 일자별 환율은 다음과 같다.

20×1년 초	20×1년 평균	20×1년 말
₩1,000	₩1,150	₩1,200

(3) 비지배지분은 종속기업 순자산의 공정가치에 지분율을 적용한 금액으로 측정하며, 법인세효과는 고려하지 않는다.

물음
Question

1. A회사의 연결재무제표 작성을 위해 B회사의 외화재무제표를 표시통화인 원화로 환산하시오. 단, 투자차액인 영업권까지 포함하여 작성하시오.

2. A회사의 연결재무제표 작성을 위한 분개를 수행하고, 20×1년의 연결포괄손익계산서의 기타포괄손익과 20×1년 말 연결재무상태표의 기타포괄손익누계액을 계산하시오.

해 답
answer

1. 해외사업장 재무제표의 환산

계정과목	외 화	환 율	원 화	계정과목	외 화	환 율	원 화
순 자 산	$1,100	₩1,200	1,320,000	자 본 금	$800	₩1,000	800,000
영업권(부분)	$200	₩1,200	240,000	이익잉여금	$200	₩1,000	200,000
				투자차액	$200	₩1,000	200,000
				당기순이익	$100	₩1,150	115,000
				해외환산차이(장부금액)			205,000
				해외환산차이(영업권)			40,000
합 계	$1,300		1,560,000	합 계	$1,300		1,560,000

2. 연결재무제표의 작성

(1) 연결회계처리

구분	차변	금액	대변	금액
투자와 자본상계	(차) 자 본 금	800,000	(대) 종속기업주식	900,000
	이익잉여금(×1초)	200,000	비지배지분(×1초)	300,000
	영 업 권(×1초)	200,000		
영업권환산	(차) 영 업 권(×1년)	40,000	(대) 해외사업환산이익	40,000
당기손익대체	(차) 이익잉여금(×1말)	34,500	(대) 비지배지분(×1말)	34,500 ②
	해외사업환산이익(×1말)	61,500	비지배지분(×1말)	61,500

(2) 연결포괄손익계산서의 기타포괄이익 : 순자산환산이익 205,000 + 영업권환산이익 40,000 = 245,000

(3) 연결재무상태표의 기타포괄이익누계액 : 순자산환산이익 205,000 × 70% + 영업권환산이익 40,000 = 183,500

실전형 연습문제

01 선다형, 단답형

1 ㈜갑은 20×1년 1월 1일에 ㈜을의 보통주 70%를 ₩210,000에 취득하였으며, 동 일자에 ㈜을은 ㈜병의 보통주 80%를 ₩80,000에 취득하였다. 취득일 현재 ㈜을과 ㈜병의 주주지분은 다음과 같으며, 순자산의 장부금액과 공정가치는 일치하였다. 20×1년 ㈜을과 ㈜병의 당기순이익은 각각 ₩26,000과 ₩5,000이며, 배당 및 기타 자본변동은 없다. ㈜갑과 ㈜을은 각각 ㈜을과 ㈜병의 투자주식을 원가법으로 회계처리하고 있으며, 비지배지분은 종속기업의 식별가능한 순자산 공정가치에 비례하여 결정한다. 20×1년 말 연결재무제표상 비지배지분은 얼마인가? 단, 영업권은 손상되지 않았으며, 법인세효과는 고려하지 않는다. (회계사 2014)

구 분	㈜을	㈜병
자 본 금	150,000	50,000
이익잉여금	100,000	30,000
합 계	250,000	80,000

① ₩91,000　② ₩98,800　③ ₩99,800
④ ₩101,000　⑤ ₩101,300

해답

(1) 20×1년 초 비지배지분 : 250,000×30%+80,000×20%=91,000

(2) 20×1년 비지배지분이익

		㈜갑		㈜을		㈜병	합 계
보고이익		×××		26,000		5,000	×××
지배기업지분이익	100%	×××	70%	18,200	56%	2,800	×××
비지배지분이익			30%	7,800	44%	2,200	10,000

(3) 20×1년 말 비지배지분 : 91,000+10,000=101,000

④

2 ㈜대한은 20×1년 1월 1일 ㈜민국의 보통주 80%를 ₩450,000에 취득하여 지배력을 획득하였으며, 동일자에 ㈜민국은 ㈜만세의 주식 60%를 ₩200,000에 취득하여 지배력을 획득하였다. 지배력 획득시점에 ㈜민국과 ㈜만세의 순자산 공정가치와 장부금액은 동일하다. ㈜대한과 ㈜민국은 종속회사 투자주식을 별도재무제표상 원가법으로 표시하고 있다.

(1) 다음은 지배력 획득시점 이후 20×1년 말까지 회사별 순자산 변동내역과 내부거래의 내역이다.

구 분	㈜대한	㈜민국	㈜만세
20×1년 1월 1일	800,000	420,000	300,000
별도(개별)재무제표상 당기순이익	100,000	80,000	50,000
20×1년 12월 31일	900,000	500,000	350,000

(2) 20×1년 7월 1일 ㈜대한은 ㈜민국에게 장부금액 ₩150,000인 기계장치를 ₩170,000에 매각하였다. 매각시점에 기계장치의 잔존 내용연수는 5년, 정액법으로 상각하며 잔존가치는 없다.

(3) 20×1년 중 ㈜민국이 ㈜만세에게 판매한 재고자산 매출액은 ₩100,000(매출총이익률은 30%)이다. 20×1년 말 현재 ㈜만세는 ㈜민국으로부터 매입한 재고자산 중 40%를 보유하고 있다.

㈜대한의 20×1년도 연결포괄손익계산서에 표시되는 비지배지분귀속당기순이익은 얼마인가? 단, 연결재무제표 작성 시 비지배지분은 종속기업의 식별가능한 순자산 공정가치에 비례하여 결정한다. (회계사 2019)

① ₩19,600 ② ₩20,000 ③ ₩38,600
④ ₩39,600 ⑤ ₩49,600

해답

(1) 기계장치 미실현이익 : 170,000 - 150,000 = 20,000 → 기계장치 실현이익 : 20,000 ÷ 5년 × 6/12 = 2,000

(2) 재고자산 미실현이익 : 내부거래이익 30,000 × 미실현비율 40% = 12,000

20×1년	㈜대한	㈜민국	㈜만세	합 계
보고된 순이익	100,000	80,000	50,000	230,000
기계미실현이익	(20,000)	-	-	(20,000)
기계실현이익	2,000	-	-	2,000
재고자산 미실현이익	-	(12,000)	-	(12,000)
조정후 이익	82,000	68,000	50,000	200,000
지배지분 순이익	100% 82,000	80% 54,400	48% 24,000	160,400
비지배지분 순이익	-	20% 13,600	12% 6,000	19,600
비지배지분 순이익	-	-	40% 20,000	20,000

(3) 비지배지분이익 : 19,600 + 20,000 = 39,600

④

3 ㈜대한은 20×1년 초에 ㈜민국의 보통주 75%를 ₩150,000에 취득하여 지배력을 획득하였다. 지배력 획득일 현재 종속기업인 ㈜민국의 순자산 장부금액은 ₩150,000(자본금 ₩100,000, 이익잉여금 ₩50,000)이다. 아래의 추가자료와 법인세효과를 고려하는 경우, ㈜대한이 지배력 획득일에 인식할 영업권은 얼마인가? (회계사 2023)

(1) 지배력 획득일 현재 ㈜민국의 식별가능한 자산과 부채 중 장부금액과 공정가치가 다른 내역은 다음과 같다. 유형자산은 원가모형을 적용하여 후속측정한다.

구 분	장부금액	공정가치
토 지	₩50,000	₩80,000

(2) 20×1년 중에 ㈜민국은 원가 ₩10,000의 재고자산(제품)을 ㈜대한에게 ₩20,000에 판매하였다. ㈜대한은 이 재고자산의 50%를 20×1년 중에 외부로 판매하고, 나머지 50%는 20×1년 말 현재 재고자산으로 보유하고 있다.

(3) ㈜민국이 보고한 20×1년도 당기순이익은 ₩30,000이다. ㈜대한은 별도재무제표에서 ㈜민국에 대한 투자주식을 원가법으로 회계처리하고 있다.

(4) 연결재무제표 작성 시 비지배지분은 종속기업의 식별가능한 순자산공정가치에 비례하여 결정한다. 한편, ㈜대한과 ㈜민국에 적용되는 법인세율은 모두 20%이며, 이는 당분간 유지될 전망이다.

① ₩10,500 ② ₩15,000 ③ ₩19,500
④ ₩32,000 ⑤ ₩43,500

해 답

(1) 이전대가의 배분

이전대가			식별가능한 순자산 공정가치			영업권
			순자산장부	과소금액		
지배주주지분	150,000	=	(장부 150,000	+ 토지 30,000 − 이법부채 6,000) × 75%	+	19,500
비지배지분	43,500	=	(장부 150,000	+ 토지 30,000 − 이법부채 6,000) × 25%	+	−

③

4 위의 [문제3]에서 법인세효과를 고려하는 경우, ㈜대한의 20×1년 말 연결포괄손익계산서에 표시되는 비지배지분귀속당기순이익은 얼마인가? (회계사 2023)

① ₩6,000 ② ₩6,500 ③ ₩7,000
④ ₩8,000 ⑤ ₩8,500

해답

(1) 20×1년 말 상향재고미실현손익 : 내부거래이익 10,000×미실현비율 50%=5,000
(2) 20×1년 비지배지분이익 : (세후순이익 30,000−세전미실현이익 5,000+세금효과 1,000)×25%=6,500

②

5 ㈜대한(기능통화와 표시통화는 원화(₩))은 20×1년 1월 1일에 일본소재 기업인 ㈜동경(기능통화는 엔화(¥))의 보통주 80%를 ¥80,000에 취득하여 지배력을 획득하였다. 지배력 획득일 현재 ㈜동경의 순자산 장부금액과 공정가치는 ¥90,000으로 동일하다. ㈜동경의 20×1년도 당기순이익은 ¥10,000이며 수익과 비용은 연중 균등하게 발생하였다. 20×1년 말 ㈜동경의 재무제표를 표시통화인 원화로 환산하는 과정에서 대변에 발생한 외환차이는 ₩19,000이다. ㈜동경은 종속회사가 없으며, 20×1년의 환율정보는 다음과 같다.

20×1년 1월 1일	20×1년 12월 31일	20×1년 평균
₩10.0/¥	₩10.2/¥	₩10.1/¥

㈜대한은 ㈜동경 이외의 종속회사는 없으며 지배력 획득일 이후 ㈜대한과 ㈜동경 간의 내부거래는 없다. 기능통화와 표시통화는 초인플레이션 경제의 통화가 아니며, 위 기간에 환율의 유의한 변동은 없었다. 20×1년 말 ㈜대한의 연결재무상태표상 영업권 금액과 비지배지분 금액은 각각 얼마인가? 단, 연결재무제표 작성 시 비지배지분은 종속기업의 식별가능한 순자산 공정가치에 비례하여 결정한다. (회계사 2019)

	영업권	비지배지분		영업권	비지배지분
①	₩80,000	₩190,000	②	₩80,800	₩204,000
③	₩81,600	₩204,000	④		
⑤	₩82,000	₩206,000			

해답

⑴ 20×1년 초 기능통화기준 영업권 : ¥90,000×80% - ¥80,000 = (-)¥8,000 → 영업권 ¥8,000

⑵ 20×1년 말 표시통화기준 영업권 : ¥8,000×기말환율 10.2 = 81,600

⑶ 연결포괄손익계산서의 해외사업장환산손익(기타포괄손익)

① 기말 순자산 환산손익효과 : ¥100,000×₩10.2 - (¥90,000×₩10.0 + ¥10,000×₩10.1) = (+)19,000

② 기말 지배지분영업권 환산손익효과 : ¥8,000×(₩10.2 - ₩10.0) = (+)1,600

⑷ 20×1년 말 비지배지분(잔액접근) : 영업권제외 순자산 ¥100,000×기말환율 ₩10.2×지분율 20% = 204,000

⑸ 연결재무제표 작성을 위한 공정가치기준 해외종속기업 재무제표의 환산

계정과목	외 화	환 율	원 화	계정과목	외 화	환 율	원 화
순 자 산	¥100,000	₩10.2	1,020,000	자본금등	¥90,000	₩10	900,000
영업권(부분)	¥8,000	₩10.2	81,600	차액자본	¥8,000	₩10	80,000
				당기순이익	¥10,000	₩10.1	101,000
				해외환산이익(장부금액)			19,000
				해외환산이익(영업권)			1,600
합 계	¥108,000		1,101,600	합 계	¥108,000		1,101,600

⑹ 연결회계처리 (참고용)

구분	차변	금액	대변	금액
투자와 자본상계	(차) 자본금등	900,000	(대) 종속기업주식	800,000
	영 업 권(×1초)	80,000	비지배지분(×1초)	180,000
영업권환산	(차) 영 업 권(×1년)	1,600	(대) 해외사업환산이익	1,600
당기손익대체	(차) 이익잉여금(×1말)	20,200	(대) 비지배지분(×1말)	20,200
	해외사업환산이익(×1말)	3,800	비지배지분(×1말)	3,800

⑺ 연결포괄손익계산서의 기타포괄이익 : 순자산환산이익 19,000 + 영업권환산이익 1,600 = 20,600

⑻ 연결재무상태표의 기타포괄이익누계액 : 순자산환산이익 19,000×80% + 영업권환산이익 1,600 = 16,800

③

02 복잡한 지배구조하의 연결

(회계사 2014)

20×1년 1월 1일에 ㈜대한은 ㈜민국의 발행주식 70%를 ₩250,000에 취득하였으며, 또한 ㈜서울의 발행주식 40%를 ₩40,000에 취득하였다. 그리고 동 일자에 ㈜민국은 ㈜서울의 발행주식 20%를 ₩20,000에 취득하였다. 20×1년 1월 1일 현재 ㈜대한, ㈜민국, ㈜서울의 자본계정은 다음과 같으며, 순자산장부금액과 공정가치는 일치하였다.

구 분	㈜대한	㈜민국	㈜서울
자 본 금	700,000	200,000	60,000
이익잉여금	300,000	100,000	30,000

1. ㈜대한은 ㈜민국과 ㈜서울에 대한 투자주식을 원가법으로 회계처리하고 있으며, ㈜민국은 ㈜서울의 주식을 지분법으로 회계처리하고 있다.
2. ㈜대한, ㈜민국, ㈜서울이 보고한 20×1년도의 당기순이익은 아래와 같다. 이 중 ㈜민국의 당기순이익에는 ㈜서울 주식에 대한 관계기업투자주식평가손익(지분법손익)이 포함되어 있다.

	㈜대한	㈜민국	㈜서울
당기순이익	115,000	32,000	8,000

3. 연결재무제표 작성시 비지배지분은 종속기업의 식별가능한 순자산 공정가치에 비례하여 결정한다.

물음 Question

1. ㈜서울에 대한 투자주식과 관련하여, ㈜민국의 20×1년 말 재무제표에 계상되는 관계기업투자주식의 장부금액을 구하시오. 단, 20×1년 말 현재 영업권에 대한 손상은 발생하지 않은 것으로 가정한다.
2. ㈜대한이 작성하는 20×1년도의 연결재무제표에 계상될 다음의 금액을 구하시오. 단, 20×1년 말 현재 영업권에 대한 손상은 발생하지 않은 것으로 가정하며, 해당 금액이 없는 경우에는 "0"으로 표시하시오.

계정과목	연결재무제표
[연결재무상태표 항목]	
영 업 권	①
[연결포괄손익계산서 항목]	
연결당기순익	
- 지배기업소유주순이익	②
- 비지배지분순이익	③

해 답

answer

1. 20×1년 말 관계기업투자주식의 장부금액

(1) 관계기업투자주식의 장부금액 : 취득원가 20,000 + 지분법이익 8,000 × 20% = 21,600

2. 20×1년 연결재무제표의 각금액

(1) 영업권

① ㈜대한 ➡ ㈜민국 : 300,000 × 70% − 250,000 = (−)40,000 (초과지급효과 : 영업권)

② ㈜대한과 ㈜민국 ➡ ㈜서울 : 90,000 × 60% − 40,000 − 20,000 = (−)6,000 (초과지급효과 : 영업권)

③ 연결재무상태표의 영업권 금액 : 40,000 + 6,000 = 46,000

(2) 손익효과의 배분

		㈜대한		㈜민국		㈜서울	합 계
보고이익		115,000		32,000		8,000	155,000
지분법이익의 제거		-		(1,600)		-	(1,600)
조정후 당기순이익		115,000		30,400		8,000	153,400
지배기업지분이익	100%	115,000	70%	21,280	54%	4,320	140,600
비지배지분이익(㈜민국×30%)		-	30%	9,120	6%	480	9,600
비지배지분이익(㈜서울×40%)		-		-	40%	3,200	3,200

(3) 답안의 작성

계정과목	연결재무제표
[연결재무상태표 항목]	
영 업 권	① 46,000
[연결포괄손익계산서 항목]	
연결당기순익	
- 지배기업소유주순이익	② 140,600
- 비지배지분순이익	③ 12,800

해 설

2. 연결당기순이익을 계산하는 경우에는 별도재무제표상의 순이익을 기준으로 계산해야 한다. 따라서, ㈜민국의 당기순이익에 지분법이익이 포함되어 있으므로, 이 효과를 제거한 후 연결실체의 이익을 계산해야 한다. 이는 종속기업으로부터 수령한 배당금수익을 취소하고 연결분개를 수행하는 논리와 동일하다.

03 연결과 이연법인세

(회계사 2013)

㈜대한은 20×1년 1월 1일 ㈜민국의 의결권 있는 보통주 80%를 ₩380,000에 취득하여 지배력을 획득하였다. 주식 취득일 현재 ㈜민국의 자본계정은 자본금 ₩300,000과 이익잉여금 ₩100,000으로 구성되어 있으며, ㈜민국의 자산부채 중에서 장부금액과 공정가치가 일치하지 않는 항목은 다음과 같다.

계정과목	장부금액	공정가치
재고자산	₩200,000	₩230,000
건　　물	180,000	200,000

(1) 위 자산 중 재고자산은 20×1년 중에 모두 외부로 판매되었으며, 20×1년 1월 1일 현재 건물의 잔존 내용연수는 10년, 잔존가치는 ₩0이고 정액법으로 상각한다.

(2) ㈜대한과 ㈜민국의 20×1년 별도(개별)재무제표상 당기순이익은 각각 ₩150,000과 ₩50,000이다. ㈜대한은 ㈜민국의 주식을 원가법으로 회계처리하고 있으며, 연결재무제표 작성시 비지배지분은 종속기업의 식별가능한 순자산공정가치에 비례하여 결정한다.

물음 (Question)

1. 20×1년 연결포괄손익계산서에 보고되는 ① 당기순이익과 20×1년 말 연결재무상태표(자본)에 보고되는 ② 비지배지분을 계산하시오. 단, 법인세 효과는 고려하지 않는다.

구　분	금　액
연결당기순이익	①
비지배지분	②

2. 20×1년 말 현재 ㈜대한과 ㈜민국의 법인세율은 25%이고, 이는 향후에도 유지될 예정이다. 이러한 법인세 효과를 고려할 때, 주식취득일에 ㈜대한의 연결재무상태표에 계상될 ① 영업권과 20×1년 말 연결재무상태표에 계상될 ② 이연법인세자산(또는 부채)을 계산하시오. 단, '이연법인세자산' 또는 '이연법인세부채' 여부를 명확히 표시하시오.

구　분	금　액
영 업 권	①
이연법인세자산(부채)	②

해답

answer

1. 20×1년 연결재무제표 효과

(1) 20×1년 1월 1일 이전대가의 배분

이전대가			식별가능한 순자산 공정가치				영업권
			순자산 장부금액		순자산 과소금액		
지배주주지분	380,000	=	400,000×80%	+	50,000×80%	+	20,000
비지배지분 *1	90,000	=	400,000×20%	+	50,000×20%	+	-

*1 비지배지분 : (400,000+500,000)×20%=90,000

(2) 순자산과소금액 상각스케쥴

내 역	FV-BV	상 각	
		20×1년	20×2년
재고자산	30,000	(30,000)	-
건 물	20,000	(2,000)	(2,000)
영 업 권	20,000	-	-

(3) 연결당기순이익의 배분

구 분	지배기업	종속기업	연결실체
보고된 당기순이익	150,000	50,000	200,000
매출원가	-	(30,000)	(30,000)
감가상각비	-	(2,000)	(2,000)
조정후 당기순이익	150,000	18,000	168,000
지배기업지분순이익	150,000	14,400	164,400
비지배지분순이익	-	3,600	3,600

(4) 비지배지분

장부금액 지분	(400,000+50,000)×20%=	90,000
과소금액 지분	(50,000-32,000)×20%=	3,600
		93,600

구 분	금 액	
연결당기순이익	①	168,000
비지배지분	②	93,600

2. 20×1년 말 이연법인세효과

(1) 20×1년 1월 1일 이전대가의 배분

이전대가			식별가능한 순자산 공정가치				영업권
			순자산 장부금액		순자산 과소금액		
지배주주지분	380,000	=	400,000×80%	+	50,000×(1－25%)×80%	+	30,000
비지배지분	87,500	=	400,000×20%	+	50,000×(1－25%)×20%	+	-

(2) 순자산과소금액 상각스케쥴

내 역	FV－BV	상 각	
		20×1년	20×2년
재고자산	30,000	(30,000)	-
건 물	20,000	(2,000)	(2,000)
이연법인세부채	(12,500)	8,000	500
영 업 권	30,000	-	-

(3) 답안의 작성

구 분	금 액	
영 업 권	①	30,000
이연법인세부채	②	4,500

04 해외사업장의 연결

(회계사 2021)

대한민국 소재 기업인 ㈜대한(기능통화와 표시통화는 원화(₩))은 20×1년 초 일본에 소재하는 ㈜동경(기능통화는 엔화(¥))의 주식 80%를 ¥48,000에 취득하여 지배기업이 되었다. 다음의 자료를 이용하여 물음에 답하시오.

(1) 다음은 ㈜대한과 ㈜동경의 20×1년 요약 별도(개별)재무제표이다.

계정과목	20×1년	
	㈜대한 (단위 : ₩)	㈜동경 (단위 : ¥)
매출수익	1,000,000	60,000
매출원가	(700,000)	(30,000)
기타수익	200,000	10,000
기타비용	(300,000)	(20,000)
당기순이익	200,000	20,000
여러자산	500,000	60,000
종속기업투자주식	480,000	-
토 지	300,000	20,000
자산총계	1,280,000	80,000
부 채	780,000	10,000
자 본 금	300,000	40,000
이익잉여금	200,000	30,000
부채와 자본총계	1,280,000	80,000

(2) 지배력 취득일 현재 토지를 제외한 ㈜동경의 순자산 장부금액은 공정가치와 일치한다. 지배력 취득일 현재 ㈜동경의 토지 공정가치는 ¥22,000이다.

(3) ㈜대한은 종속기업투자에 따른 영업권 이외에 다른 영업권은 없다. 영업권에 대한 손상 검토를 수행한 결과 손상징후는 없다.

(4) ㈜대한의 제자산 중에는 20×1년 초 지분인수와 함께 ㈜동경에 무이자로 장기 대여한 ¥10,000이 포함되어 있다. 동 대여금은 예측할 수 있는 미래에 결제계획이나 결제될 가능성이 낮아서 사실상 ㈜동경에 대한 순투자의 일부를 구성한다.

(5) ㈜대한의 ㈜동경에 대한 대여금에서 신용손실이 발생하거나 유의한 신용위험 변동에 따른 채무불이행 위험은 없는 것으로 판단하였다. 대여금 이외에 20×1년 중 ㈜대한과 ㈜민국 간의 내부거래는 없다.

(6) 기능통화와 표시통화는 초인플레이션 경제의 통화가 아니며, 위 기간에 환율의 유의한 변동은 없었다. 연결재무제표 작성 시 비지배지분은 종속기업의 식별가능한 순자산의 변동과 관련된 경우 순자산의 공정가치에 비례하여 배분한다. 20×1년 일자별 환율(₩/¥)은 다음과 같다.

20×1. 1. 1.	20×1. 12. 31.	20×1년 평균
₩10.0	₩10.3	₩10.2

물음
Question

1. ㈜동경의 재무제표를 ㈜대한의 표시통화로 환산하면서 발생하는 외환차이(기타포괄손익)금액을 계산하시오. 외환차이가 차변금액인 경우 해당 금액 앞에 (-)를 표시하시오.

외환차이(기타포괄손익)	①

2. ㈜대한의 ㈜동경에 대한 대여금에서 발생하는 외화환산차이에 대해 기업회계기준서 제1021호 '환율변동효과'에 따른 ㈜대한의 ① 별도(개별)포괄손익계산서와 ② 연결포괄손익계산서 상 표시방법에 대해 약술하시오.

별도(개별)포괄손익계산서	①
연결포괄손익계산서	②

3. ㈜대한의 20×1년도 연결재무제표에 표시되는 다음의 금액을 계산하시오. 염가매수차익이 발생하는 경우 괄호 안에 금액(예시 : (1,000))을 기재하고, 외환차이가 차변금액인 경우에는 해당 금액 앞에 (-)를 표시하시오.

영업권(염가매수차익)	①
외환차이(기타포괄손익)	②

해답

1. 해외사업장의 환산으로 인한 외환차이

(1) 해외사업장 재무제표의 환산

계정과목	외 화	환 율	원 화	계정과목	외 화	환 율	원 화
순 자 산	¥70,000	₩10.3	721,000	자 본 금	¥40,000	₩10.0	400,000
				이익잉여금	¥10,000	₩10.0	100,000
				당기순이익	¥20,000	₩10.2	204,000
				해외환산차이(장부금액)			17,000
합 계	¥70,000		721,000	합 계	¥70,000		721,000

구 분	금 액
외환차이(기타포괄손익)	① **17,000**

2. 해외사업장 순투자의 환산

(1) 지배기업의 별도재무제표 환산손익 : ¥10,000×(₩10.3－₩10.0)＝당기손익 3,000

(2) 연결포괄손익계산서 : 기타포괄손익 3,000

구 분	금 액
별도 포괄손익계산서	① **당기손익으로 인식**
연결 포괄손익계산서	② **기타포괄손익으로 인식**

3. 해외종속기업의 연결

(1) 이전대가의 배분

이전대가			식별가능한 순자산 공정가치		영업권
지배주주지분	¥48,000	＝	(장부 ¥50,000＋과소 ¥2,000)×80%	＋	¥6,400
비지배지분	¥10,400	＝	(장부 ¥50,000＋과소 ¥2,000)×20%	＋	－

(2) 취득시 차액의 배분

계정과목	20×1년 초	20×1년	20×2년
토 지	¥2,000	－	－
영 업 권	¥6,400	－	－

(3) 연결재무제표 작성을 위한 해외사업장 재무제표의 환산

계정과목	외 화	환 율	원 화	계정과목	외 화	환 율	원 화
순 자 산	¥70,000	₩10.3	721,000	자 본 금	¥40,000	₩10.0	400,000
토 지	¥2,000	₩10.3	20,600	이익잉여금	¥10,000	₩10.0	100,000
영업권(부분)	¥6,400	₩10.3	65,920	토지차액	¥2,000	₩10.0	20,000
				영업권차액	¥6,400	₩10.0	64,000
				당기순이익	¥20,000	₩10.2	204,000
				해외환산차이(장부금액)			17,000
				해외환산차이(토지)			600
				해외환산차이(영업권)			1,920
합 계	¥78,400		807,520	합 계	¥70,000		807,520

(4) 연결기타포괄손익 : 해외사업장환산 17,000 + 600 + 1,920 + 순투자환산 3,000 = 22,520

구 분	금 액
영업권 (염가매수차익)	① 65,920
외환차이 (기타포괄손익)	② 22,520

➠ 만약 이 문제가 20×1년 말 재무상태표의 기타포괄손익누계액을 물어보고자 하는 의도였다면, 해외사업장환산 17,000×80% + 600×80% + 1,920 + 순투자환산 3,000 = 19,000이 정답이 될 수 있다.

CHAPTER

부 록

국제회계기준 재무제표

현재가치 계수표

ADVANCED ACCOUNTING

사례 국제회계기준 재무제표

외부감사인의 감사보고서

팬오션 주식회사
주주 및 이사회 귀중

우리는 별첨된 팬오션주식회사 및 그 종속기업의 연결재무제표를 감사하였습니다. 동 연결재무제표는 2016년 12월 31일 현재의 연결재무상태표, 동일로 종료되는 보고기간의 연결포괄손익계산서, 연결자본변동표 및 연결현금흐름표 그리고 유의적인 회계정책의 요약과 그 밖의 설명정보로 구성되어 있습니다.

연결재무제표에 대한 경영진의 책임

경영진은 한국채택국제회계기준에 따라 이 연결재무제표를 작성하고 공정하게 표시할 책임이 있으며, 부정이나 오류로 인한 중요한 왜곡표시가 없는 재무제표를 작성하는데 필요하다고 결정한 내부통제에 대해서도 책임이 있습니다.

감사인의 책임

우리의 책임은 우리가 수행한 감사를 근거로 해당 연결재무제표에 대하여 의견을 표명하는데 있습니다. 우리는 대한민국의 회계감사기준에 따라 감사를 수행하였습니다. 이 기준은 우리가 윤리적 요구사항을 준수하며 재무제표에 중요한 왜곡표시가 없는지에대한 합리적인 확신을 얻도록 감사를 계획하고 수행할 것을 요구하고 있습니다. 감사는 연결재무제표의 금액과 공시에 대한 감사증거를 입수하기 위한 절차의 수행을 포함합니다. 절차의 선택은 부정이나 오류로 인한 연결재무제표의 중요한 왜곡표시위험에 대한 평가 등 감사인의 판단에 따라 달라집니다. 감사인은 이러한 위험을 평가할 때, 상황에 적합한 감사절차를 설계하기 위하여 기업의 연결재무제표 작성 및공정한 표시와 관련된 내부통제를 고려합니다. 그러나 이는 내부통제의 효과성에 대한 의견을 표명하기 위한 것이 아닙니다. 감사는 또한 연결재무제표의 전반적 표시에대한 평가뿐 아니라, 연결재무제표를 작성하기 위하여 경영진이 적용한 회계정책의 적합성과 경영진이 도출한 회계추정치의 합리성에 대한 평가를 포함합니다. 우리가 입수한 감사증거가 감사의견을 위한 근거로서 충분하고 적합하다고 우리는 믿습니다.

감사의견

우리의 의견으로는 회사의 연결재무제표는 팬오션 주식회사와 그 종속기업의 2016년 12월 31일 현재의 재무상태, 동일로 종료되는 보고기간의 재무성과 및 현금흐름을 한국채택국제회계기준에 따라 중요성의 관점에서 공정하게 표시하고 있습니다.

강조사항

감사의견에 영향을 미치지 않는 사항으로서 이용자는 다음 사항에 주의를 기울여야 할 필요가 있습니다.

추정의 불확실성 및 중요한 우발상황의 존재

재무제표에 대한 주석 20와 31에서 설명하고 있는 바와 같이, 회사는 회생채무 관련 조사확정재판 등 현실화 가능한 우발채무를 충당부채로 계상하였습니다. 그러나, 현실화 가능성이 높지않다고 판단한 우발부채(총 시인금액 및 소송제기금액 96,021백만원 중 66,736백만원)는 채권조사확정재판 등의 결과에 따라 추가적인 의무를 부담할 수 있는 불확실성에 노출되어 있습니다

기타사항

연결회사는 연결회사 내 개별기업의 재무제표에 포함되는 항목들을 각각의 영업활동이 이뤄지는 주된 경제 환경에서의 통화인 기능통화를 적용하여 측정하고 있습니다. 연결회사의 기능통화는 미국달러(US Dollar)이나 대한민국에 소재하는 연결회사의 재무제표는 원화로 공시할 것이 요구되므로 회사의 재무제표는 표시통화인 원화로 환산하여 보고하고 있습니다.

서울특별시 용산구 한강대로 92
삼일회계법인
대표이사 김영식

2017년 3월 14일

이 감사보고서는 감사보고서일 (2017년 3월 14일) 현재로 유효한 것입니다. 따라서 감사보고서일 이후 이 보고서를 열람하는 시점까지의 기간 사이에 별첨된 회사의 재무제표에중대한 영향을 미칠 수 있는 사건이나 상황이 발생할 수도 있으며 이로 인하여 이 감사보고서가 수정될 수도 있습니다.

연 결 재 무 상 태 표

제 51 기 2016년 12월 31일 현재
제 50 기 2015년 12월 31일 현재

팬오션 주식회사와 그 종속기업 (단위 : 백만원)

과 목	제 51 기		제 50 기	
Ⅰ. 유동자산		573,324		626,182
현금및현금성자산	245,090		278,168	
매출채권	93,201		115,140	
기타채권	24,186		24,596	
파생금융자산	2,962		38	
기타금융자산	7,994		1,372	
재고자산	47,794		40,040	
기타자산	152,097		163,995	
매각예정자산	-		2,833	
Ⅱ. 비유동자산		3,757,322		3,688,102
매출채권	-		83	
기타채권	23,662		14,831	
기타금융자산	37,774		18,811	
관계기업/공동기업	1,999		1,562	
유형자산	3,678,016		3,640,361	
무형자산	10,264		8,510	
기타자산	5,607		3,944	
자산 총계		4,330,646		4,314,284

과 목	제 51 기		제 50 기	
Ⅰ. 유동부채		523,904		499,045
매입채무	81,410		85,134	
차입금 등	325,457		273,055	
파생금융부채	635		2,077	
기타채무	42,510		51,245	
충당부채	691		2,153	
기타부채	73,201		85,381	
Ⅱ. 비유동부채		1,240,882		1,383,800
차입금 등	1,194,852		1,246,829	
파생금융부채	109		250	
충당부채	38,664		125,487	
퇴직급여부채	7,158		11,164	
기타채무	99		70	
부채 총계		1,764,786		1,882,845
Ⅰ. 지배기업소유주지분		2,540,675		2,406,172
자본금	534,393		524,425	
자본잉여금	715,497		688,339	
기타자본	1,500,555		1,501,601	
결손금	(209,770)		(308,193)	
Ⅱ. 비지배지분		25,185		25,267
자본 총계		2,565,860		2,431,439
부채와자본총계		4,330,646		4,314,284

연 결 포 괄 손 익 계 산 서

제 51 기 2016년 1월 1일부터 2016년 12월 31일까지
제 50 기 2015년 1월 1일부터 2015년 12월 31일까지

팬오션 주식회사와 그 종속기업 (단위 : 백만원)

과 목	제 51 기	제 50 기
I.매 출 액	1,873,986	1,819,313
II. 매출원가	(1,650,381)	(1,531,706)
III. 매출총이익	223,605	287,607
판매비와관리비	(55,704)	(58,237)
IV.영업이익	167,901	229,370
금융수익	15,598	45,230
금융원가	(60,328)	(118,416)
지분법손익	409	(319)
기타영업외손익	(24,443)	(108,075)
V. 법인세비용차감전순이익	99,137	47,790
법인세비용	2,048	824
VI. 계속영업순이익	97,089	46,966
VII. 세후중단영업순손익	–	(1,419)
VIII. 당기순이익	97,089	45,547
IX.기타포괄손익		
1. 후속적으로 당기손익으로 재분류되는 기타포괄손익	106	1,113
공정가치 평가손익: 매도가능금융자산	(1,171)	867
공정가치 평가손익: 파생금융자산/부채	882	(58)
지분법자본변동	395	304
2. 후속적으로 당기손익으로 재분류되지 않는 기타포괄손익	78,596	123,709
확정급여제도의 재측정요소	544	(678)
환율변동차이	78,052	124,387
X. 총포괄이익	175,791	170,369

과 목	제 51 기	제 50 기
당기순이익의 귀속 :		
지배기업 소유주주지분	97,879	45,537
비지배지분	(790)	10
총포괄이익의 귀속 :		
지배기업 소유주주지분	175,873	170,293
비지배지분	(82)	76
XI. 주당순이익 (단위 : 원)		
기본주당 당기순이익	184	118
기본주당 계속영업순이익	184	122

연 결 자 본 변 동 표

제 51 기 2016년 1월 1일부터 2016년 12월 31일까지
제 50 기 2015년 1월 1일부터 2015년 12월 31일까지

팬오션 주식회사와 그 종속기업 (단위 : 백만원)

과 목	자본금	자 본 잉여금	기타 자본	이 익 잉여금	비지배 지분	총 계
2015년 1월 1일 (전기초)	214,539	150,010	1,409,792	(353,052)	1,292	1,422,581
총포괄손익 :						
당기순손실	-	-	-	45,537	10	45,547
기타포괄손익 :						
- 공정가치평가손익 : 매도가능금융자산	-	-	867	-	-	867
- 공정가치평가손익 : 파생금융상품	-	-	(58)	-	-	(58)
- 지분법자본변동	-	-	304	-	-	304
- 확정급여제도의 재측정요소	-	-	-	(678)	-	(678)
자본에 직접 인식된 주주와의 거래 :						
- 출자전환 등으로 인한 자본변동	16,046	30,234	(79,785)	-	-	(33,505)
- 유상증자	340,000	507,859	-	-	-	847,859
- 무상감자	(46,160)	-	46,160	-	-	-
- 연결범위의 변동 등	-	236		-	23,899	24,135
- 환율변동차이	-	-	124,321	-	23,899	124,387
2015년 12월 31일 (전기말)	524,425	688,339	1,501,601	(308,193)	25,267	2,431,439

과 목	자본금	자 본 잉여금	기타 자본	이 익 잉여금	비지배 지분	총 계
2016년 1월 1일 (전기초)	524,425	688,339	1,501,601	(308,193)	25,267	2,431,439
총포괄손익 :						
당기순이익	-	-	-	97,879	-	97,879
기타포괄손익 :						
- 공정가치평가손익 : 매도가능금융자산	-	-	(1,171)	-	-	(1,171)
- 공정가치평가손익 : 파생금융상품	-	-	882	-	-	882
- 지분법자본변동	-	-	395	-	-	395
- 확정급여제도의 재측정요소	-	-		544		544
- 환율변동차이	-	-	77,344	-	708	78,052
자본에 직접 인식된 주주와의 거래 :						
- 출자전환 등으로 인한 자본변동	9,968	27,158	(78,496)	-	-	(41,370)
2016년 12월 31일 (전기말)	534,393	715,497	1,500,555	(209,770)	25,185	2,565,860

연 결 현 금 흐 름 표

제 51 기 2016년 1월 1일부터 2016년 12월 31일까지
제 50 기 2015년 1월 1일부터 2015년 12월 31일까지

팬오션 주식회사와 그 종속기업 (단위 : 백만원)

과 목	제 44 기	제 43 기
I. 영업활동으로 인한 현금흐름	**250,956**	**305,314**
영업에서 창출된 현금	300,182	371,707
이자의 지급	(48,092)	(64,891)
법인세의 납부	(1,134)	(1,502)
II. 투자활동으로으로 인한 현금흐름	**(92,398)**	**(39,240)**
유형자산의 취득	(99,399)	(54,731)
무형자산의 취득	(2,307)	(962)
유형자산의 처분	23,883	64
무형자산의 처분	-	461
기타금융자산의 취득	(50,882)	(6,569)
기타금융자산의 처분	26,900	10,995
매각예정자산의 처분	3,125	5,243
관계기업/조인트벤처투자지분증권의 취득	(48)	(45)
배당금수익	554	1,146
대여금의 증가	(6)	(6)
대여금의 감소	3,362	253
연결범위변동으로 인한 현금변동액	-	(732)
이자수취	2,420	5,643
III. 재무활동으로 인한 현금흐름	**(197,949)**	**(417,071)**
차입금등의 증가	166,129	196,414
차입금등의 감소	(364,078)	(541,189)
회생채무의 감소	-	(890,343)
유상증자	-	794,293
종속기업소유지분변동	-	23,754
IV.환율변동차이(현금및현금성자산 등)	**6,313**	**28,456**
V.현금및현금성자산의 순증감	**(33,078)**	**(122,541)**
VI.기초 현금및현금성자산	**278,168**	**400,709**
VII.기말 현금및현금성자산	**245,090**	**278,168**

부록 - 〈표 1〉 미래가치계수 = 복리이자요소(CVIF)

CVIF = $(1+i)^n$(n= 기간, i=기간당 이자율)

	1.0	2.0	3.0	4.0	5.0	6.0	7.0	8.0	9.0	10.0
1	1.01000	1.02000	1.03000	1.04000	1.05000	1.06000	1.07000	1.08000	1.09000	1.10000
2	1.02010	1.04040	1.06090	1.08160	1.10250	1.12360	1.14490	1.16640	1.18810	1.21000
3	1.03030	1.06121	1.09273	1.12486	1.15763	1.19102	1.22504	1.25971	1.29503	1.33100
4	1.04060	1.08243	1.12551	1.16986	1.21551	1.26248	1.31080	1.36049	1.41158	1.46410
5	1.05101	1.10408	1.15927	1.21665	1.27628	1.33823	1.40255	1.46933	1.53862	1.61051
6	1.06152	1.12616	1.19405	1.26532	1.34010	1.41852	1.50073	1.58687	1.67710	1.77156
7	1.07214	1.14869	1.22987	1.31593	1.40710	1.50363	1.60578	1.71382	1.82804	1.94872
8	1.08286	1.17166	1.26677	1.36857	1.47746	1.59385	1.71819	1.85093	1.99256	2.14359
9	1.09369	1.19509	1.30477	1.42331	1.55133	1.68948	1.83846	1.99900	2.17189	2.35795
10	1.10462	1.21899	1.34392	1.48024	1.62889	1.79085	1.96715	2.15892	2.36736	2.59374
11	1.11567	1.24337	1.38423	1.53945	1.71034	1.89830	2.10485	2.33164	2.58043	2.85312
12	1.12683	1.26824	1.42576	1.60103	1.79586	2.01220	2.25219	2.51817	2.81266	3.13843
13	1.13809	1.29361	1.46853	1.66507	1.88565	2.13293	2.40985	2.71962	3.06580	3.45227
14	1.14947	1.31948	1.51259	1.73168	1.97993	2.26090	2.57853	2.93719	3.34173	3.79750
15	1.16097	1.34587	1.55797	1.80094	2.07893	2.39656	2.75903	3.17217	3.64248	4.17725
16	1.17258	1.37279	1.60471	1.87298	2.18287	2.54035	2.95216	3.42594	3.97031	4.59497
17	1.18430	1.40024	1.65285	1.94790	2.29202	2.69277	3.15882	3.70002	4.32763	5.05447
18	1.19615	1.42825	1.70243	2.02582	2.40662	2.85434	3.37993	3.99602	4.71712	5.55992
19	1.20811	1.45681	1.75351	2.10685	2.52695	3.02560	3.61653	4.31570	5.14166	6.11591
20	1.22019	1.48595	1.80611	2.19112	2.65330	3.20714	3.86968	4.66096	5.60441	6.72750

	11.0	12.0	13.0	14.0	15.0	16.0	17.0	18.0	19.0	20.0
1	1.11000	1.12000	1.13000	1.14000	1.15000	1.16000	1.17000	1.18000	1.19000	1.20000
2	1.23210	1.25440	1.27690	1.29960	1.32250	1.34560	1.36890	1.39240	1.41610	1.44000
3	1.36763	1.40493	1.44290	1.48154	1.52088	1.56090	1.60161	1.64303	1.68516	1.72800
4	1.51807	1.57352	1.63047	1.68896	1.74901	1.81064	1.87389	1.93878	2.00534	2.07360
5	1.68506	1.76234	1.84244	1.92541	2.01136	2.10034	2.19245	2.28776	2.38635	2.48832
6	1.87041	1.97382	2.08195	2.19497	2.31306	2.43640	2.56516	2.69955	2.83976	2.98598
7	2.07616	2.21068	2.35261	2.50227	2.66002	2.82622	3.00124	3.18547	3.37932	3.58318
8	2.30454	2.47596	2.65844	2.85259	3.05902	3.27841	3.51145	3.75886	4.02139	4.29982
9	2.55804	2.77308	3.00404	3.25195	3.51788	3.80296	4.10840	4.43545	4.78545	5.15978
10	2.83942	3.10585	3.39457	3.70722	4.04556	4.41144	4.80683	5.23384	5.69468	6.19174
11	3.15176	3.47855	3.83586	4.22623	4.65239	5.11726	5.62399	6.17593	6.77667	7.43008
12	3.49845	3.89598	4.33452	4.81790	5.35025	5.93603	6.58007	7.28759	8.06424	8.91610
13	3.88328	4.36349	4.89801	5.49241	6.15279	6.88579	7.69868	8.59936	9.59645	10.69932
14	4.31044	4.88711	5.53475	6.26135	7.07571	7.98752	9.00745	10.14724	11.41977	12.83918
15	4.78459	5.47357	6.25427	7.13794	8.13706	9.26552	10.53872	11.97375	13.58953	15.40702
16	5.31089	6.13039	7.06733	8.13725	9.35762	10.74800	12.33030	14.12902	16.17154	18.48843
17	5.89509	6.86604	7.98608	9.27646	10.76126	12.46768	14.42646	16.67225	19.24413	22.18611
18	6.54355	7.68997	9.02427	10.57517	12.37545	14.46251	16.87895	19.67325	22.90052	26.62333
19	7.26334	8.61276	10.19742	12.05569	14.23177	16.77652	19.74838	23.21444	27.25162	31.94800
20	8.06231	9.64629	11.52309	13.74349	16.36654	19.46076	23.10560	27.39303	32.42942	38.33760

부록 - 〈표 2〉 연금 미래가치계수=연금 복리이자요소(CVIFa)

$$CVIFa = \frac{(1+i)^n - 1}{i}$$

	1.0	2.0	3.0	4.0	5.0	6.0	7.0	8.0	9.0	10.0
1	1.00000	1.00000	1.00000	1.00000	1.00000	1.00000	1.00000	1.00000	1.00000	1.00000
2	2.01000	2.02000	2.03000	2.04000	2.05000	2.06000	2.07000	2.08000	2.09000	2.10000
3	3.03010	3.06040	3.09090	3.12160	3.15250	3.18360	3.21490	3.24640	3.27810	3.31000
4	4.06040	4.12161	4.18363	4.24646	4.31013	4.37462	4.43994	4.50611	4.57313	4.64100
5	5.10101	5.20404	5.30914	5.41632	5.52563	5.63709	5.75074	5.86660	5.98471	6.10510
6	6.15202	6.30812	6.46841	6.63298	6.80191	6.97532	7.15329	7.33593	7.52333	7.71561
7	7.21354	7.43428	7.66246	7.89829	8.14201	8.39384	8.65402	8.92280	9.20043	9.48717
8	8.28567	8.58297	8.89234	9.21423	9.54911	9.89747	10.25980	10.63663	11.02847	11.43589
9	9.36853	9.75463	10.15911	10.58280	11.02656	11.49132	11.97799	12.48756	13.02104	13.57948
10	10.46221	10.94972	11.46388	12.00611	12.57789	13.18079	13.81645	14.48656	15.19293	15.93742
11	11.56683	12.16872	12.80780	13.48635	14.20679	14.97164	15.78360	16.64549	17.56029	18.53117
12	12.68250	13.41209	14.19203	15.02581	15.91713	16.86994	17.88845	18.97713	20.14072	21.38428
13	13.80933	14.68033	15.61779	16.62684	17.71298	18.88214	20.14064	21.49530	22.95338	24.52271
14	14.94742	15.97394	17.08632	18.29191	19.59863	21.01507	22.55049	24.21492	26.01919	27.97498
15	16.09690	17.29342	18.59891	20.02359	21.57856	23.27597	25.12902	27.15211	29.36092	31.77248
16	17.25786	18.63929	20.15688	21.82453	23.65749	25.67253	27.88805	30.32428	33.00340	35.94973
17	18.43044	20.01207	21.76159	23.69751	25.84037	28.21288	30.84022	33.75023	36.97370	40.54470
18	19.61475	21.41231	23.41444	25.64541	28.13238	30.90565	33.99903	37.45024	41.30134	45.59917
19	20.81090	22.84056	25.11687	27.67123	30.53900	33.75999	37.37896	41.44626	46.01846	51.15909
20	22.01900	24.29737	26.87037	29.77808	33.06595	36.78559	40.99549	45.76196	51.16012	57.27500

	11.0	12.0	13.0	14.0	15.0	16.0	17.0	18.0	19.0	20.0
1	1.00000	1.00000	1.00000	1.00000	1.00000	1.00000	1.00000	1.00000	1.00000	1.00000
2	2.11000	2.12000	2.13000	2.14000	2.15000	2.16000	2.17000	2.18000	2.19000	2.20000
3	3.34210	3.37440	3.40690	3.43960	3.47250	3.50560	3.53890	3.57240	3.60610	3.64000
4	4.70973	4.77933	4.84980	4.92114	4.99338	5.06650	5.14051	5.21543	5.29126	5.36800
5	6.22780	6.35285	6.48027	6.61010	6.74238	6.87714	7.01440	7.15421	7.29660	7.44160
6	7.91286	8.11519	8.32271	8.53552	8.75374	8.97748	9.20685	9.44197	9.68295	9.92992
7	9.78327	10.08901	10.40466	10.73049	11.06680	11.41387	11.77201	12.14152	12.52271	12.91590
8	11.85943	12.29969	12.75726	13.23276	13.72682	14.24009	14.77325	15.32700	15.90203	16.49908
9	14.16397	14.77566	15.41571	16.08535	16.78584	17.51851	18.28471	19.08585	19.92341	20.79890
10	16.72201	17.54874	18.41975	19.33730	20.30372	21.32147	22.39311	23.52131	24.70886	25.95868
11	19.56143	20.65458	21.81432	23.04452	24.34928	25.73290	27.19994	28.75514	30.40355	32.15042
12	22.71319	24.13313	25.65018	27.27075	29.00167	30.85017	32.82393	34.93107	37.18022	39.58050
13	26.21164	28.02911	29.98470	32.08865	34.35192	36.78620	39.40399	42.21866	45.24446	48.49660
14	30.09492	32.39260	34.88271	37.58107	40.50471	43.67199	47.10267	50.81802	54.84091	59.19592
15	34.40536	37.27971	40.41746	43.84241	47.58041	51.65951	56.11013	60.96527	66.26068	72.03511
16	39.18995	42.75328	46.67173	50.98035	55.71747	60.92503	66.64885	72.93901	79.85021	87.44213
17	44.50084	48.88367	53.73906	59.11760	65.07509	71.67303	78.97915	87.06804	96.02175	105.93056
18	50.39594	55.74971	61.72514	68.39407	75.83636	84.14072	93.40561	103.74028	115.26588	128.11667
19	56.93949	63.43968	70.74941	78.96923	88.21181	98.60323	110.28456	123.41353	138.16640	154.74000
20	64.20283	72.05244	80.94683	91.02493	102.44358	115.37975	130.03294	146.62797	165.41802	186.68800

부록 - 〈표 3〉 현재가치계수 = 현가이자요소(PVIF)

$$\text{PVIF} = \frac{1}{(1+i)^n} \quad (n = \text{기간},\ i = \text{기간당 이자율})$$

	1.0	2.0	3.0	4.0	5.0	6.0	7.0	8.0	9.0	10.0
1	0.99010	0.98039	0.97087	0.96154	0.95238	0.94340	0.93458	0.92593	0.91743	0.90909
2	0.98030	0.96117	0.94260	0.92456	0.90703	0.89000	0.87344	0.85734	0.84168	0.82645
3	0.97059	0.94232	0.91514	0.88900	0.86384	0.83962	0.81630	0.79383	0.77218	0.75131
4	0.96098	0.92385	0.88849	0.85480	0.82270	0.79209	0.76290	0.73503	0.70843	0.68301
5	0.95147	0.90573	0.86261	0.82193	0.78353	0.74726	0.71299	0.68058	0.64993	0.62092
6	0.94205	0.88797	0.83748	0.79031	0.74622	0.70496	0.66634	0.63017	0.59627	0.56447
7	0.93272	0.87056	0.81309	0.75992	0.71068	0.66506	0.62275	0.58349	0.54703	0.51316
8	0.92348	0.85349	0.78941	0.73069	0.67684	0.62741	0.58201	0.54027	0.50187	0.46651
9	0.91434	0.83676	0.76642	0.70259	0.64461	0.59190	0.54393	0.50025	0.46043	0.42410
10	0.90529	0.82035	0.74409	0.67556	0.61391	0.55839	0.50835	0.46319	0.42241	0.38554
11	0.89632	0.80426	0.72242	0.64958	0.58468	0.52679	0.47509	0.42888	0.38753	0.35049
12	0.88745	0.78849	0.70138	0.62460	0.55684	0.49697	0.44401	0.39711	0.35553	0.31863
13	0.87866	0.77303	0.68095	0.60057	0.53032	0.46884	0.41496	0.36770	0.32618	0.28966
14	0.86996	0.75788	0.66112	0.57748	0.50507	0.44230	0.38782	0.34046	0.29925	0.26333
15	0.86135	0.74301	0.64186	0.55526	0.48102	0.41727	0.36245	0.31524	0.27454	0.23939
16	0.85282	0.72845	0.62317	0.53391	0.45811	0.39365	0.33873	0.29189	0.25187	0.21763
17	0.84438	0.71416	0.60502	0.51337	0.43630	0.37136	0.31657	0.27027	0.23107	0.19784
18	0.83602	0.70016	0.58739	0.49363	0.41552	0.35034	0.29586	0.25025	0.21199	0.17986
19	0.82774	0.68643	0.57029	0.47464	0.39573	0.33051	0.27651	0.23171	0.19449	0.16351
20	0.81954	0.67297	0.55368	0.45639	0.37689	0.31180	0.25842	0.21455	0.17843	0.14864

	11.0	12.0	13.0	14.0	15.0	16.0	17.0	18.0	19.0	20.0
1	0.90090	0.89286	0.88496	0.87719	0.86957	0.86207	0.85470	0.84746	0.84034	0.83333
2	0.81162	0.79719	0.78315	0.76947	0.75614	0.74316	0.73051	0.71818	0.70616	0.69444
3	0.73119	0.71178	0.69305	0.67497	0.65752	0.64066	0.62437	0.60863	0.59342	0.57870
4	0.65873	0.63552	0.61332	0.59208	0.57175	0.55229	0.53365	0.51579	0.49867	0.48225
5	0.59345	0.56743	0.54276	0.51937	0.49718	0.47611	0.45611	0.43711	0.41905	0.40188
6	0.53464	0.50663	0.48032	0.45559	0.43233	0.41044	0.38984	0.37043	0.35214	0.33490
7	0.48166	0.45235	0.42506	0.39964	0.37594	0.35383	0.33320	0.31393	0.29592	0.27908
8	0.43393	0.40388	0.37616	0.35056	0.32690	0.30503	0.28478	0.26604	0.24867	0.23257
9	0.39092	0.36061	0.33288	0.30751	0.28426	0.26295	0.24340	0.22546	0.20897	0.19381
10	0.35218	0.32197	0.29459	0.26974	0.24718	0.22668	0.20804	0.19106	0.17560	0.16151
11	0.31728	0.28748	0.26070	0.23662	0.21494	0.19542	0.17781	0.16192	0.14757	0.13459
12	0.28584	0.25668	0.23071	0.20756	0.18691	0.16846	0.15197	0.13722	0.12400	0.11216
13	0.25751	0.22917	0.20416	0.18207	0.16253	0.14523	0.12989	0.11629	0.10421	0.09346
14	0.23199	0.20462	0.18068	0.15971	0.14133	0.12520	0.11102	0.09855	0.08757	0.07789
15	0.20900	0.18270	0.15989	0.14010	0.12289	0.10793	0.09489	0.08352	0.07359	0.06491
16	0.18829	0.16312	0.14150	0.12289	0.10686	0.09304	0.08110	0.07078	0.06184	0.05409
17	0.16963	0.14564	0.12522	0.10780	0.09293	0.08021	0.06932	0.05998	0.05196	0.04507
18	0.15282	0.13004	0.11081	0.09456	0.08081	0.06914	0.05925	0.05083	0.04367	0.03756
19	0.13768	0.11611	0.09806	0.08295	0.07027	0.05961	0.05064	0.04308	0.03670	0.03130
20	0.12403	0.10367	0.08678	0.07276	0.06110	0.05139	0.04328	0.03651	0.03084	0.02608

부록 - 〈표 4〉 연금 현재가치계수 = 연금 현가이자요소(PVIFa)

$$PVIFa = \frac{1 - \frac{1}{(1+i)^n}}{i}$$

	1.0	2.0	3.0	4.0	5.0	6.0	7.0	8.0	9.0	10.0
1	0.99010	0.98039	0.97087	0.96154	0.95238	0.94340	0.93458	0.92593	0.91743	0.90909
2	1.97040	1.94156	1.91347	1.88609	1.85941	1.83339	1.80802	1.78326	1.75911	1.73554
3	2.94099	2.88388	2.82861	2.77509	2.72325	2.67301	2.62432	2.57710	2.53129	2.48685
4	3.90197	3.80773	3.71710	3.62990	3.54595	3.46511	3.38721	3.31213	3.23972	3.16987
5	4.85343	4.71346	4.57971	4.45182	4.32948	4.21236	4.10020	3.99271	3.88965	3.79079
6	5.79548	5.60143	5.41719	5.24214	5.07569	4.91732	4.76654	4.62288	4.48592	4.35526
7	6.72819	6.47199	6.23028	6.00205	5.78637	5.58238	5.38929	5.20637	5.03295	4.86842
8	7.65168	7.32548	7.01969	6.73274	6.46321	6.20979	5.97130	5.74664	5.53482	5.33493
9	8.56602	8.16224	7.78611	7.43533	7.10782	6.80169	6.51523	6.24689	5.99525	5.75902
10	9.47130	8.98259	8.53020	8.11090	7.72173	7.36009	7.02358	6.71008	6.41766	6.14457
11	10.36763	9.78685	9.25262	8.76048	8.30641	7.88687	7.49867	7.13896	6.80519	6.49506
12	11.25508	10.57534	9.95400	9.38507	8.86325	8.38384	7.94269	7.53608	7.16073	6.81369
13	12.13374	11.34837	10.63496	9.98565	9.39357	8.85268	8.35765	7.90378	7.48690	7.10336
14	13.00370	12.10625	11.29607	10.56312	9.89864	9.29498	8.74547	8.24424	7.78615	7.36669
15	13.86505	12.84926	11.93794	11.11839	10.37966	9.71225	9.10791	8.55948	8.06069	7.60608
16	14.71787	13.57771	12.56110	11.65230	10.83777	10.10590	9.44665	8.85137	8.31256	7.82371
17	15.56225	14.29187	13.16612	12.16567	11.27407	10.47726	9.76322	9.12164	8.54363	8.02155
18	16.39827	14.99203	13.75351	12.65930	11.68959	10.82760	10.05909	9.37189	8.75563	8.20141
19	17.22601	15.67846	14.32380	13.13394	12.08532	11.15812	10.33560	9.60360	8.95011	8.36492
20	18.04555	16.35143	14.87747	13.59033	12.46221	11.46992	10.59401	9.81815	9.12855	8.51356

	11.0	12.0	13.0	14.0	15.0	16.0	17.0	18.0	19.0	20.0
1	0.90090	0.89286	0.88496	0.87719	0.86957	0.86207	0.85470	0.84746	0.84034	0.83333
2	1.71252	1.69005	1.66810	1.64666	1.62571	1.60523	1.58521	1.56564	1.54650	1.52778
3	2.44371	2.40183	2.36115	2.32163	2.28323	2.24589	2.20958	2.17427	2.13992	2.10648
4	3.10245	3.03735	2.97447	2.91371	2.85498	2.79818	2.74324	2.69006	2.63859	2.58873
5	3.69590	3.60478	3.51723	3.43308	3.35216	3.27429	3.19935	3.12717	3.05763	2.99061
6	4.23054	4.11141	3.99755	3.88867	3.78448	3.68474	3.58918	3.49760	3.40978	3.32551
7	4.71220	4.56376	4.42261	4.28830	4.16042	4.03857	3.92238	3.81153	3.70570	3.60459
8	5.14612	4.96764	4.79877	4.63886	4.48732	4.34359	4.20716	4.07757	3.95437	3.83716
9	5.53705	5.32825	5.13166	4.94637	4.77158	4.60654	4.45057	4.30302	4.16333	4.03097
10	5.88923	5.65022	5.42624	5.21612	5.01877	4.83323	4.65860	4.49409	4.33893	4.19247
11	6.20652	5.93770	5.68694	5.45273	5.23371	5.02864	4.83641	4.65601	4.48650	4.32706
12	6.49236	6.19437	5.91765	5.66029	5.42062	5.19711	4.98839	4.79322	4.61050	4.43922
13	6.74987	6.42355	6.12181	5.84236	5.58315	5.34233	5.11828	4.90951	4.71471	4.53268
14	6.98187	6.62817	6.30249	6.00207	5.72448	5.46753	5.22930	5.00806	4.80228	4.61057
15	7.19087	6.81086	6.46238	6.14217	5.84737	5.57546	5.32419	5.09158	4.87586	4.67547
16	7.37916	6.97399	6.60388	6.26506	5.95423	5.66850	5.40529	5.16235	4.93770	4.72956
17	7.54879	7.11963	6.72909	6.37286	6.04716	5.74870	5.47461	5.22233	4.98966	4.77463
18	7.70162	7.24967	6.83991	6.46742	6.12797	5.81785	5.53385	5.27316	5.03333	4.81219
19	7.83929	7.36578	6.93797	6.55037	6.19823	5.87746	5.58449	5.31624	5.07003	4.84350
20	7.96333	7.46944	7.02475	6.62313	6.25933	5.92884	5.62777	5.35275	5.10086	4.86958